제2판

경영자 관점의

전자상거래

홍일유 · 이지은 공저

Electronic Commerce

法 文 社

제2판 머리말

연구목적으로 탄생한 인터넷이 상업적인 목적으로 이용될 수 있도록 규제가 완화되고 기업들의 상거래 수단으로 활용되기 시작된 지 이미 20년이 가까워지고 있다. 1990년대에는 인터넷과 웹이 기업들에게 가치 창출 및 혁신 기회를 제공할 수 있다는 기대 속에서 기업들 간에 매우 빠르게 성장해 오다가 2000년 초에는 닷컴버블 위기에 직면하면서 한 때 주춤하기도 했지만, 인터넷이 개인 생활 및 기업 활동에 미치는 영향은 끊임없이 증가해 왔다. 월마트, 델컴퓨터, 시스코, 인텔과 같은 선두 기업들은 비즈니스 프로세스를 혁신하기 위한 목적으로 인터넷 기술을 이용하고 있고, 아마존, 이베이, 이트레이드 등 온라인 기업들도 인터넷의 창의적인 활용을 통해 고객을 위해 가치를 창출하는데 주력하고 있다. 인터넷을 회사성장을 위한 핵심수단으로 이용해 온 이 기업들은 모두 전통적 경제에서 디지털 경제로의 전환에 앞장서온 IT 리더들이다.

하루가 다르게 기술이 발전하고 혁신을 하지 않으면 살아남기 어려워지는 오늘날 경영환경에서, 온라인 기업이든 오프라인 기업이든 인터넷 및 컴퓨터 기술을 기반으로 한 상거래의 추세를 이해하고 어떻게 이들 기술을 주요 지렛대로 활용하여 급변하는 환경변화에 신속하고 유연하게 대응해 나갈 수 있는지 진지한 고민이 필요한 때다. 경영학 분야의 학생들은 10여 년 후 탁월한 경영관리자가 되기 위해, 전자상거래에 대한 깊이 있는 이해가 필요하다. 본서는 이러한 미래의 경영자들을 위해 기획되었으며, 경영자의 관점에서 전자상거래 트렌드가 어떻게 진행되고 있고 전자상거래 기술을 기업이 어떻게 활용할 수 있는지를 조명하는데 중점을 두었다.

본서의 주된 목적은 인터넷이 어떻게 기업의 상거래 활동을 변화시키고 있는지 이해하기 위한 기초를 제공하는데 있다. 본서는 이러한 개념적 기초를 제공하기 위해, 세 가지의 주요 영역을 다루고 있다. 첫째는 비즈니스 패러다임의 변화로서, 전통적 경제에서 디지털 경제로 전환되는 과정을 살펴보며, 이러한 새 패러다임하에서 나타나는 인터넷 비즈니스 모델들을 소개하고 있다. 둘째 영역인 전자상거래의 기술 인프라와 관련해서는 인터넷 및 웹 기술, 보안, 전자지불시스템 등의 기술적 요소들에 대해 알아본다. 셋째, 전자상거래의 응용 영역에서는 전자상거래의 기본적 개념들을 알아보며 사물인터넷, 소셜커머스, 모바일 결제 등 최근 전자상거래 트렌드를 살펴본다. 끝으로, 온라인 마케팅 영역은 전자상거래에서 중요한 비중을 차지하는 온라인 마케팅의 개념과 마케팅 커뮤니케이션 기법들을 소개하고 있다.

본서가 다른 전자상거래 책들과 다른 가장 대표적인 특징은 전자상거래의 기술적 시각과 마케팅 시각 중 어느 한 쪽으로도 치우치지 않고 이들 두 시각을 조화롭게 혼합시켜 독자에게 균형감 있는 이해를 제공한다는 점이다. 본서는 독자에게 보다 높은 가치를 제공하기 위해 사례중심, 풍부한 예시, 이해용이성의 세 가지 목표를 염두에 두고 집필되었다. 첫째, 최근 전자상거래 현상들은 이론보다는 실세계의 사례들을 통해 더 효과적으로 이해할 수 있기 때문에, 본서를 사례 중심의 책으로 만드는데 주력하였다. 이를테면 각 장마다 최근 전자상거래의 주요 이슈, 현상 및 트렌드와 관련한 개념사례, 현장사례 및 사례연구를 배치하였다. 개념사례는 각 장에서 다루고 있는 주요 주제의 개념을 쉽게 이해할 수 있는 도입부 미니사례이고, 현장사례는 본문에서 소개하는 개념이 기업 현장에서 어떻게 나타나고 있는지 보여주는 미니사례이며, 또 사례연구는 각 장의 본문을 통해 종합적으로 이해한 내용을 실세계 현상들과 연계시키는 심층사례이다. 둘째, 최대한 풍부한 예시들을 본문에 삽입함으로써 시각적인 학습효과를 극대화하는데 초점을 맞추고자 하였다. 예를 들면, 관련 웹사이트의 캡처 이미지는 물론, 사진, 그래픽, 표 등의 예시자료를 충분하게 제공해 딱딱한 내용을 쉽고 빠르게 이해할 수 있도록 하였다. 셋째, 학생들은 누구나 자신의 지적 능력에 관계없이 학습내용을 이해하기가 용이하도록 최대한 단순하고 쉬운 표현 및 문장스타일을 적용하였다. 아무리 중요한 개념이라도 그 설명의 수준이 학생의 눈높이와 다르다면 학생은 관심을 잃을 수밖에 없기 때문이다.

여러 날 밤을 지새우며 정성을 들여 만든 책이지만, 막상 원고가 인쇄된 책으로 나온다고 생각하니 기대에 미치지도 못하고 부족한 부분도 남아 있어 아쉬운 마음이 앞선다. 독자들이 기업현장에서부터 우리의 일상생활에까지 깊숙이 스며든 전자상거래에 대해 이해하고 미래를 준비하는데 조금이라도 도움이 되었으면 하는 바람이다. 부족한 부분들은 여러 독자들의 도움을 받아 끊임없이 보완해 나갈 계획이다.

본서는 여러 사람들의 헌신적인 노력이 없었다면 빛을 볼 수가 없었을 것이다. 우선, 온라인 여행업계의 최근 동향과 관련해 경기대학교 관광대학원의 이경모 교수 및 연구팀이 소중한 조언을 제공하였다. 또 국내 증권사들의 전자상거래 관련 자료를 제공해 준 한국증권업협회, 그리고 우리나라 온라인 보험시장의 현황 및 트렌드에 관한 자료를 제공한 대한 손해보험협회에 감사의 뜻을 전하고 싶다. 또한 책의 개념 단계부터 최종 필름작업 단계에 이르기까지 치밀한 기획, 편집 및 교정 작업으로 책의 가치를 높이는데 기여해 주신 법문사의 김제원 부장과 최문용 차장께 감사를 드리고자 한다. 끝으로, 자료수집 및 교정 과정에서 정성어린 도움을 준 중앙대 대학원의 김희원 조교에게도 고마움을 표시하는 바이다.

2014년 2월
명수대 연구실에서
공동저자 씀

차 례

제3장 인터넷 및 웹 기술

제4장 인터넷 보안과 암호화

제5장 전자지불시스템

제6장 전자상거래의 개념적 틀

제7장 B2C 전자상거래

제8장 B2B 전자상거래

제9장 서비스 부문의 전자상거래

제10장 인터넷 마케팅 전략수립

제11장 전자상거래 마케팅 커뮤니케이션

제 1 장

Electronic Commerce

전통적 경제에서 디지털 경제로

개념 사례

런던 시가지를 3D 영상으로 재현한다

최근 세계 관광업계에는 웨어러블 컴퓨팅 기술을 접목한 휴먼 디바이스, 모션·음성인식 기술을 활용한 여가 콘텐츠 서비스 등 센서·인지·증강현실 등의 ICT 신기술이 반영된 새로운 유형의 관광 서비스가 대거 등장하고 있다. 한국정보통신정책연구원에 따르면 최근 영국의 런던박물관(Museum of London)에 '스트리트 뮤지엄(Street Museum)'이란 서비스가 등장했다. ICT를 접목해 영국의 과거 역사를 체험할 수 있도록 한 사례다. 서비스 프로그램 안에는 최첨단 기술들이 들어 있다. 아이폰 애플리케이션을 예로 들 수 있다. 증강현실을 이용해 런던의 역사 현장을 생생하게 탐색할 수 있도록 만들었다.

▶ 런던 박물관에서 선보이고 있는 '스트리트 뮤지엄(Street Museum)' 프로그램 화면.

■ 전시물 전후좌우까지 시뮬레이션으로 감상

구글맵 또는 GPS 기능을 열면 사용자의 현 위치가 화살표로 표시되고, '3D 뷰(VIEW)'로 역사체험을 할 수 있는 런던의 명소들이 줄줄이 펼쳐진다. 사용자의 현 위치나 목적지를 선택하면 스트리트 뮤지엄을 경험할 수 있는 가장 가까운 장소를 지도상에 표시해준다.

어떤 특정 장소를 선택해 '3D 뷰'를 누르면 현재의 모습 위로 런던의 옛 이미지가 줄줄이 부가돼 나타난다. 이를 통해 그 장소의 역사적 정보나 과거 사진들을 추가로 확인할 수 있다. 예술 명소에서 작품을 감상할 수 있는 정보도 제공하고 있다.

민간 컨소시엄이 만든 '시간여행 탐험(Time Travel Explorer)'이란 서비스도 있다. 100년 전 지도를 바탕으로 제작했다. 모바일 기반의 스마트폰, 태블릿 PC 등을 통해 런던의 옛 모습을 시간을 따라 생생하게 체험할 수 있게 한 프로그램이다. 런던의 한 거리 위에서 애플리케이션을 실행하면, 증강현실을 활용한 3D 영상과 2천여 장의 생생한 고화질 사진, 그리고 150여 편의 음성 안내 파일이 실시간으로 제공된다. 특히 블루 뱃지가 표시된 주요 명소에서는 60여 명으로 구성된 전문가 해설이 첨부돼 있다.

프랑스 루브르 박물관은 '루브르-DNP 박물관랩(Louvre-DNP Museum Lab)'을 선보였다. 3D, 증강현실 기술 등을 적용해 자신이 보고 있는 전시물들을 더 자세하게, 더 생생하게 입체 영상 시뮬레이션으로 보여주는 기능이다.

관광객이 박물관 단말기를 들고 예술품 앞에 서면 IC(집적회로) 태그가 자동으로 전시물을 인식하고, 관련된 해설을 수행한다. 관광객은 또 증강현실 기술을 적용해 평소 볼 수 없는 조각, 도자기의 뒷면까지 360도 입체 영상 시뮬레이션으로 감상할 수 있다. 특히 예술품의 닳아 없어진 부분이나 재현된 부분도 컴퓨터 그래픽으로 재구성해 볼 수 있다. 루브르 박물관은 또 관광객이 선택한 언어에 따라 맞춤형 음성 안내를 제공하는 '가상풍선 찾기(Follow the Virtual Balloon)' 서비스를 도입해 큰 호응을 얻고 있다. 관광객이 갖고 있는 모바일 기기 등을 통해 큐레이터의 역할을 하는 도슨트(Docent)가 나타나 증강현실 등의 기술이 접목된 가상 안내를 해주고 있다. 이 도슨트는 매우 친절해 특정 관람시간에 작품 혹은 작가에 관련된 영상 콘텐츠를 단말기에 전송해주기도 한다.

■ **장애인·노인들을 위한 무한 서비스 관광**

싱가포르 관광청은 '한계가 없는 관광(Tourism Unlimited)'이란 슬로건을 내걸고 장애인, 고령자를 포함한 모든 연령대의 이용자를 대상으로 교육과 의료를 주 타깃으로 한 국제적인 관광서비스를 선보이고 있다.

의료관광을 위해 ICT를 접목한 외국인 환자 원스톱 서비스센터(International Patients Centre)를 개설했다. 그리고 관광도시별 병원정보 제공, 진료예약, 항공권 구입대행, 숙박 및 관광정보 제공, 통역서비스 등 전반적인 서비스를 온 · 오프라인 채널을 통해 제공하고 있다.

장애인과 고령인구를 위한 휠체어나 보조기구 대여, 이동도우미나 의료요원 동반 등의 서비스도 제공하고 있다.

최근 유럽에는 장애인을 위한 '세이지 트래블링(Sage Traveling)'이 주목받고 있다. 이 서비스는 신체장애를 가진 존 세이지(John Sage)란 사람이 자신과 같은 장애인을 위해 개발한 프로그램이다. 아테네, 베를린, 더블린, 파리, 로마 등 유럽 유명 관광명소에 관한 장애인 이용시설, 정보 시스템 등을 실감나게 제공하고 있다. 장애인 블로거들의 생생한 정보를 바탕으로 한 '장애인의 101가지 유럽여행 팁', '장애인 여행루트', '실제 관광시설 이용후기와 평가' 등의 유용한 정보가 실시간으로 업데이트돼 모바일 기기 등을 통해 장애인 여행자들에게 전달되고 있다.

관광 산업에 있어 ICT의 역할이 커질 것이라는 사실은 이미 예견됐던 일이다. 그러나 최근 등장하고 있는 서비스들은 기존의 관광 패턴을 흔들어놓을 만큼 관광객들에게 큰 놀라움으로 다가오고 있다. 기술을 통해 순기능을 살리고, 웰빙 측면에서 그 기능을 발전시켜 나갈 경우 관광산업의 미래를 바꾸어 놓는 요인으로 작용할 전망이다.

▶ 출처: ScienceTimes, 2013. 11. 06.

1.1 디지털 혁명이 시작되다

기본 경제 패러다임의 변화

농경사회에서 산업화사회로의 전환에 불을 붙인 산업혁명은 증기엔진과 전기를 주요 수단으로 하여 시작되었다. 증기엔진 및 전기동력의 발명으로 수작업에만 의존해야만 했던 농경사회와 달리 제조프로세스가 더욱 효율화됨에 따라 더 적은 노동력으로도 제품생산이 가능해졌고, 또 제품대량 생산의 길이 드디어 열리기 시작했다.

이와 같이 산업혁명으로 점화된 전통적 경제는 20세기 중반 등장한 컴퓨터 및 인터넷 기술을 통해 디지털 경제로 바뀌기 시작했다. 드디어 디지털 혁명이 시작된 것이다. 거의

▶ 산업혁명에 의해 농경사회가 산업화사회로 전환된 것처럼, 최근에는 컴퓨터 및 인터넷 기술에 의해 산업화사회가 정보화사회로 바뀌었다.

순간적인 커뮤니케이션을 가능하게 하는 광섬유선 기술 및 거대한 용량의 정보를 처리 및 저장할 수 있게 하는 컴퓨터 기술이 바로 이와 같은 경제적 변환을 가져오고 있는 것이다.

1946년 세계 최초로 등장한 디지털 컴퓨터인 에니액(ENIAC)은 거대한 크기에 비용만도 수백만 달러에 달했지만, 처리능력은 초당 5천 개의 명령을 처리할 수 있는 수준이었다. 그러나 그 후 1970년대 초반에 나타난 인텔의 마이크로컴퓨터 칩은 단 200달러에 불과했으나 처리능력은 에니액의 12배를 능가했다. 최근 널리 이용되고 있는 인텔의 쿼드코어 i7 칩은 초당 거의 2,000억 개 명령을 처리할 수 있는 능력을 갖춘 것으로 알려지고 있다.

지난 반세기 동안 컴퓨터 기술과 함께 통신기술도 눈부신 발전을 거듭해 왔다. 산업화사회에서 오랜 기간 동안 중요한 커뮤니케이션 수단이 되어온 전화회선은 음성신호만을 전송할 수 있었지만, 디지털 혁명이 시작되면서 음성은 물론 정지화상, 동화상, 그래픽, 데이터 등 다양한 신호를 전송할 수 있는 통신기술이 출현했다. 전화통화 전송에 이용되는 구리선은 초당 한 페이지 분량의 정보를 전송할 수 있는데 반해, 오늘날 머리카락만큼 미세한 광섬유선은 초당 백과사전 9만권 분량의 정보를 전송할 수 있다.

최근 들어서는 데이터 통신을 위해 만들어진 인터넷을 전화통화 목적으로 활용하여 장거리 전화비용을 절감하려는 개인 및 기업들이 늘고 있다. 또 통신과 방송의 융합화 현상이 가속화되면서 인터넷을 이용해 데이터는 물론 TV방송을 제공함으로써 정보화 시대에 소비자가 보다 풍요로운 삶의 질을 누릴 수 있는 시대가 열리고 있다.

산업화 사회가 소품종 대량생산의 패러다임에 초점이 맞춰졌다면, 정보화 사회 경영패러다임의 핵심 키워드는 다품종 소량생산이다. 오늘날 기업들은 고객마다 지닌 니즈가 독특하다고 보고 이들 독특한 니즈를 충족시키기 위해 다양한 제품모델을 개발함과 동시에 끊임없는 커스토마이징 노력을 기울이고 있다.

디지털 경제의 개념

'디지털 경제'라는 용어는 돈 탭스콧의 1995년 저서 「디지털 경제: 그 전망과 위험」에서 처음 등장했다. 이 책은 인터넷이 기존의 비즈니스 수행방식을 어떻게 변화시킬 수 있는지를 보여주는 주요 초창기 서적 중의 하나였다. 한편, 니콜라스 네그로폰테는 자신의 1995년 저서 「디지털 세계」(Being Digital)에서 물질 최소 처리 단위인 원자(atom)에서 정보 최소 처리단위인 비트(bit)로 이전되는 변화를 은유적으로 설명하였다. 그는 질량, 물질, 교통과 같은 물리적 세계의 단점이 무중력, 가상, 순간적 글로벌 이동과 같은 디지털 세계의 장점으로 해소될 수 있음을 예견하였다. 디지털 경제에서 개인과 기업들은 디지털 네트워크 및 통신 기술 인프라를 기반으로 시간적, 지리적 장벽에 구애받지 않고 상호대화, 의사소통, 협업 및 정보검색을 할 수가 있다.

이러한 흐름 속에서, 전통적 기업들은 디지털 경제가 가지고 올 변화에 대응하기 위한 방안을 활발하게 모색하고 있다. 은행들은 디지털 기술을 이용해 기존의 뱅킹 거래를 향상시키기 위해 노력하고 있으며, 교육기관들도 물리적 이동없이 편리하게 원격학습 기회를 제공하기 위해 혁신을 거듭하고 있다.

IT 산업 비중의 증가

디지털 경제로 전환하면서 나타나는 가장 뚜렷한 현상 중의 하나는 IT 산업 비중의 증가이다. 전체산업 중에서 IT 산업이 차지하는 비중은 1978년과 1998년 사이 꾸준히 증가해 왔다.

컴퓨터 및 통신 부문을 포함하는 IT 산업의 규모가 미국 GDP 가운데서 차지하는 비율이 1977년에 비해 1998년에는 거의 두 배 수준까지 늘어난 것으로 나타나고 있다. 특히 1993년에서 1998년 사이에 두드러지게 그 비율이 증가한 데에는 인터넷의 폭발적 성장이 크게 기여한 것으로 분석된다.

IT 산업의 급속한 성장은 GDP 대비 IT 산업의 비중의 증가에서만 찾아볼 수 있는 것이 아니었다. 컴퓨터가 1초당 처리할 수 있는 백만 개의 명령을 가리켜 MIPS(million instructions per second)라고 하는데, MIPS당 평균비용이 1991년의 $230에서 1997년의 $3.42로 기하급수적으로 하락했다. 즉, 마이크로프로세서의 눈부신 발전이 컴퓨터 가격의 하락을 가속화시키는 결과를 가져와 누구나 컴퓨터를 쉽게 보유할 수 있게 됐다. 더구나 컴퓨터 및 통신제품들의 가격 하락은 인플레이션을 저하시키는 요인으로도 작용해 경제에 긍정적인 영향을 미친 것으로 평가되고 있다. 가령, 1996년 및 1997년 2년 동안 IT 산업 가격하락으로 인해 미국경제 인플레이션이 1퍼센트 포인트가 더 낮아진 것으로 분석됐다.

1.2 구경제에서 신경제로

신경제의 출현

오늘날 우리는 예전의 경제와는 다른 새로운 패러다임의 경제 속에서 살고 있다. 국내에서 필요한 근로자들을 해외에서 고용하여 현지에서 근무토록 하고 해당국 근로자들과 네트워킹을 통해 업무를 처리하는 기업들이 늘고 있다. 또한 비즈니스 활동에 대한 정보기술의 응용으로 기업의 생산성이 높아지고 비즈니스 효율성이 향상됨은 물론, 수작업에 의한 옛 직업들이 사라지는가 하면 정보기술을 이용하는 새로운 직업들이 크게 증가하고 있는 추세이다.

예전과는 패러다임 자체가 다른 이러한 경제를 일컬어 **신경제**(new economy)라고 일컫는다. 구경제에서는 정보흐름이 물리적인 특징을 나타내는데, 이를테면 현금, 수표, 신용장, 보고서, 대면 회의, 전화, 라디오, TV, 청사진 등이 그 예에 속한다. 반면, 신경제에서는 정보가 모두 디지털 형태로 존재하며, 컴퓨터에 저장된 디지털 정보는 네트워크들 사이를 빛의 속도로 이동하며 이용자들 간의 정보교류를 가속화시킨다.

신경제는 또 제품 및 제품의 생산방법을 개발하는데 인간의 노하우가 중요하게 요구되므로, **지식경제**(knowledge-based economy)이기도 하다. 경제의 부가가치 창출이 인간두뇌에 의해 가능하기 때문이다. 정보를 수집, 분석, 창출하는 지식근로자들이 늘어나고 있으며, 기업의 핵심 경쟁력이 이들 근로자들의 능력에 의해 좌우되는 추세이다. 지식경영을 통해 기업이 지식을 수집, 창출, 축적하고 또 축적된 지식을 기업 구성원들이 창의적으로 공유 및 활용함으로써 제품개발과 같은 부가가치 창출활동을 효과적으로 수행하는 것이 여러 기업들의 당면 과제이다.

그리고 경제의 구조 또한 변화하고 있다. 컴퓨터 산업과 통신 산업과 콘텐츠 산업이 한데 융합화됨에 따라 새로운 멀티미디어 산업이 빠른 속도로 출현하고 있다. 가령, 온라인 게임시장이 급성장하고 있으며, 네트워크를 통해 온라인으로 배송이 가능한 다양한 디지털 제품들(소프트웨어, 보고서, 음악, 클립아트 이미지 등)의 판매가 증가하고 있는 추세이다.

현 · 장 · 사 · 례

Electronic Commerce

교재 디지털화로 학교 교육 혁신한다

미국 시애틀에 위치한 켄트 교육구는 워싱턴 주에서 네 번째로 큰 교육구이다. 소수민족이 큰 비중을 차지하는 이 곳의 학생들은 120개에 달하는 언어들 중의 하나를 구사하며 거의 50% 학생들이 무료 혹은 할인 급식을 제공받고 있다.

켄트 교육구는 디지털 툴은 물론 혁신적인 교과과정 개발을 도입한 결과로 학습방법이 크게 변화했다. 2005년 단일 중학교로 출발한 켄트 교육구가 도입한 1:1(1인 1컴퓨터) 프로그램은 현재 교육구의 7~10학년에 속한 9천 여명 학생들이 이용하고 있다. 이 프로그램의 주요 목표는 학생들의 중퇴율을 줄이고 교육 성공률을 높이는 것이며, 목표 달성을 위해 능동적 학습의 촉진, 강의 차별화, 학생에게 학습내용 선택권 부여, 학습평가의 개혁, 개념중심적 심화학습의 실현, 그리고 소속감 부여 등의 방안들을 추진해 오고 있다. 이러한 새로운 시도의 중심에 풍부한 디지털 콘텐트가 있다.

교육구의 학교 기술서비스 실장인 대니 파이퍼에 의하면, 켄트 교육구 학교들의 1:1 강의실에서 교과서의 이용방식이 점차 변화해 왔다. 대다수 교사들이 종이 교과서의 내용이 때지나버린 경우가 빈번해져 웹에 존재하는 최신 자료에 더 중요하게 의존하고 있다. 또한 학생들이 시뮬레이션을 통해 실제로 경험을 하거나 강사가 가르치는 내용을 시각적으로 접할 수 있도록 함으로써 새로이 소개하는 개념들을 보다 용이하게 이해하는 것이 가능해졌다. 1:1 강의실에서 교과서가 아직은 기본적 역할을 수행하는 만큼, 교육구의 궁극적인 목표는 디지털 버전의 교과서를 제공하는 것이다. 일부 경우에는, 강의실에서 이용되는 교과서가 온라인상에 이미 존재하며 교육구측의 초기구매 이후 추가적인 비용부담은 없다. 비교적 오랜 기간동안 이용되어 온 특정 교재들은 디지털 형식으로 개발되어 있지 않다. 이 경우, 켄트 교육구가 출판사에 연락을 취해 교재의 디지털화를 승인해줄 수 있는지 문의한다.

켄트 교육구의 학교들에 재학중인 다수 고교생들은 1:1 프로그램 이외에도 켄트 피닉스 가상교육에 참여한다. 교육용 소프트웨어와 온라인 툴에 의해 콘텐트가 제공이 되며, 기존의 교과서는 단지 보조적인 정보자원 역할을 한다. 학생들은 켄트 교육구의 1:1 및 가상교육 프로그램에 존재하는 무한한 정보를 널리 이용할 수 있어 이러한 정보의 의미를 파악하는 과정에서 보다 비판적 사고능력을 배양할 수가 있다. 뿐만 아니라, 보다 창의적인 방법으로 특정 콘텐트 영역에 대한 이해능력을 입증해 보이는 것이 가능해졌다. 이제 종이와 연필에 의한 테스트를 통해서만 학생들의 학습내용 이해정도를 측정할 필요가 없다. 영화를 제작할 수 있고, 블로그나 위키에 참여하며, 3D 사물, 애니메이션, 게임 등을 창작하고, 혹은 콘텐트 지식을 원격으로 다른 학생들과 공유할

▶ 1인 1컴퓨터 프로그램에 의해 디지털 교재로 수업을 받고 있는 켄트 교육구의 고교생들

수가 있게 되었다. 그리고 강의를 차별화하며 각 학생의 학업수준에 따라 매번 수업내용을 커스토마이즈할 수 있었다.

켄트 교육구에서의 학습 프로그램의 성공은 지역사회로부터 제공된 지속적인 재정적 지원 때문에 가능했다. 1:1 노트북컴퓨터 프로그램은 계속 성장해 2013년 가을에는 11학년을 그리고 2014년 가을에는 12학년을 추가적으로 포함시킬 수 있을 것으로 예상된다. 금년에는 9학년에 속한 2,500명 학생들에게 노트북컴퓨터를 지급해 고교 졸업시까지 지니고 다니게 될 것이다. 켄트 교육구의 성공적인 기술통합 정책 및 혁신적인 디지털 교육과정은 최근 켄트 기술박람회에 수천명의 방문자들을 모으는 성과를 기록했다. 이 박람회에서 교사들과 학생들은 교실에서의 기술 이용과 관련한 프로젝트 및 경험을 함께 공유한다.

▶ 출처: "Digital Content Case Study: Kent School District," www.k12blueprint.com/content/ one-one-kent-washington, 2014. 2. 10. 참조.

신경제의 주요 특징

신경제에서는 구경제와 달리 컴퓨터 및 통신기술을 기반으로 개인이나 조직들이 상호 연결되므로 구경제에서 상상하지 못했던 일들이 가능해진다. 『디지털 경제』저자인 단 탭스캇은 신경제가 구경제와 다른 점으로서 12가지 주제를 제시하고 있다.

- 지식(Knowledge): 정보기반 경제의 핵심은 지식이다. 지식은 컴퓨터가 아닌 인간에 의해 창출된다. 전문직 및 기술직 근로자를 포함하는 지식근로자는 물론 지식소비자도 곧 지식창출의 주체이다. 오늘날 소비자의 아이디어와 정보가 제품 속에 녹아 들어감에 따라, 제품 및 서비스의 지식콘텐츠는 크게 성장하고 있는 추세이다. 가령, 스마트의복, 스마트카드, 스마트자동차, 스마트타이어와 같이 제품 내에 칩을 장착시켜 지능적 속성을 갖게 한 제품들이 점차 선을 보이고 있어 우리 사회를 변화시킬 것으로 예상되고 있다.
- 디지털화(Digitization): 지식정보화사회는 모든 정보가 디지털화되는 사회이다. 책, 잡지, 교육콘텐츠, 음악, 사진 등 대부분의 전통매체에 존재하던 정보가 디지털화됨으로써 인터넷망을 통해 빠르고 용이하게 분배되고 전달되는 추세에 있다. 특히 소프트웨어, 연구보고서 등과 같은 무형의 디지털상품은 네트워크상으로도 100% 전송이 가능하여 물류비용의 부담없이 자유로이 상거래를 할 수 있다.
- 가상화(Virtualization): 아날로그 시대에서 디지털 시대로 접어들면서, 실체적 사물이 가상화되고 있다. 이로 인해, 조직의 유형 및 관계가 변화하고 경제활동 자체의 속성도 달라지고 있다. 몇몇 예를 들자면, 가상 외국인, 가상 투표함, 가상 게시판, 가상 국

회, 가상 기업, 가상 쿠폰, 가상 정부기관, 가상 몰, 가상 현실, 가상 시장, 가상 오피스, 가상 상점, 가상 마을 등 여러 가지가 있다.

- **분자화**(Molecularization): 신경제는 분자화된 경제이다. 구기업은 해체되어 역동적인 분자요소들에 의해 교체되고 있다. 물리학에서 분자(molecules)란 가장 작은 물질구성 단위로서 주변의 상태(가령, 온도)에 따라 다양한 물질을 형성시켜 준다. 마찬가지로 기업에서도 조직구성원들은 분자와 같이 주어진 상황에 따라 신속하게 팀으로 구성돼 힘을 발휘하게 된다. 동기부여가 강하고 자율적으로 학습하는 근로자들은 새로운 툴들을 통해 상호협력하며, 가치창출을 위해 그들의 지식과 창의성을 적용하게 되는 것이다.
- **통합화/네트워화**(Integration): 정보화사회에서 개별요소들은 통합되어 집합체가 되고 이들 집합체는 또 부(富)를 창출하는 다른 집합체와 네크워크로 연결된다. 수익 창출의 패러다임 변화는 아날로그가 아닌 디지털 컴퓨터망 때문에 가능하며 또 중앙집중식 컴퓨터 환경에서 인터넷기반의 상호접속식 웹환경으로 변화가 이루어졌기 때문에 가능하다. 이들 네트워크의 대역폭이 점차 확대되어 데이터, 문자, 음성, 이미지, 화상 매체를 모두 통합하는 멀티미디어 전송능력을 확보하는 것이 가능해지고 있다.
- **비중개화**(Disintermediation): 생산자와 소비자 사이에 중개 역할을 수행하던 중간상인이 디지털 네트워크로 인해 사라지고 있다. 이제 중개역할을 하던 중간상인은 중개 이외의 다른 새로운 가치를 창출하기 위해 그 역할을 변화시켜야 하며, 변화에 실패할 경우 시장에서 사라지게 될 것이다. 예를 들어, 이들의 역할이 제품매매의 중개기능보다는 정보교환의 중개기능으로 전환될 것으로 예상된다.
- **융합화**(Convergence): 지난 반세기 동안 끊임없이 발전을 거듭해 온 컴퓨터 및 통신

▶ 디지털 컨버전스가 가속화 되면서 다양한 기능을 하나로 융합한 기기들이 등장하고 있다(좌측은 PDA 겸 핸드폰 겸 네비게이션 기기이고, 우측은 TV 겸 MP3플레이어 겸 동영상 재생기기).

기술이 최근 들어 급성장하고 있는 디지털 콘텐츠 기술과 융합되어 향후 21세기의 지식정보사회를 끌고나갈 주요 기술적 토대로 부상하고 있다. 이러한 추세에 따라, 전자지도, 게임 등의 콘텐츠를 내장한 PDA 겸 인터넷단말기 겸 핸드폰이 새로이 선보이고 있고, 또 이 세 부문에 속하는 기업들 간에 전략적 제휴도 활발히 진행되고 있다. 뿐만 아니라, 최근에 와서는 통신 및 방송이 서로 융합되고 있어 인터넷 회선을 통해서도 TV방송을 시청하는 이른바 IPTV의 시대가 열리기 시작했다.

- **혁신(Innovation)**: 지식정보화사회는 혁신에 기반한 사회이다. 기업에서는 제품은 물론 시스템, 프로세스, 마케팅 및 인력에 대해 지속적인 변화와 개선을 추구해야 한다. 산업사회에 접어들면서 대량생산을 목표로 조직 및 프로세스가 구성되면서 혁신보다는 자동화, 규격화 등이 크게 강조되었다. 그러나 오늘날 시장에서 요구되는 다품종소량생산 능력을 기업이 확보하기 위해서는 혁신을 기업의 중심에 놓아야 한다. 한 예로, 오늘날 기업들은 쓰러져 가던 애플사를 기적적으로 회생시키는 데 결정적으로 기여한 아이팟 제품에서 혁신의 교훈을 얻을 수 있어야 한다.
- **고객중심 생산(Prosumption)**: 신경제에서는 소비자와 생산자 간의 격차가 없어진다.

그림 1-1 델 컴퓨터의 맞춤형 노트북컴퓨터 구성화면

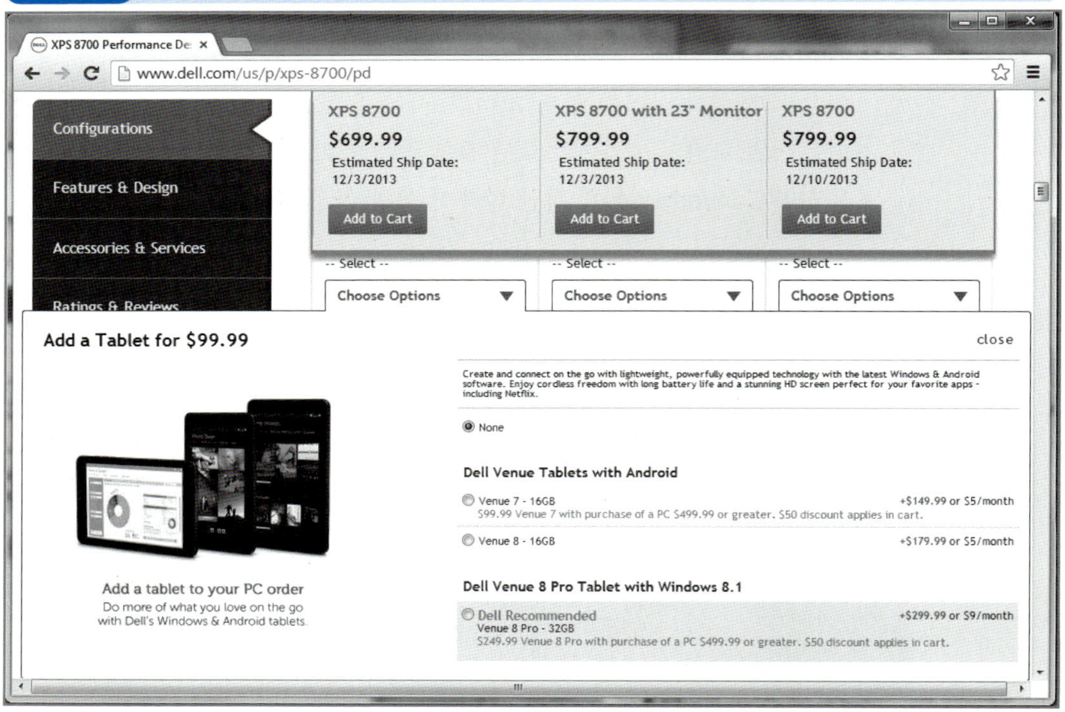

▶ 소비자 자신이 생산할 제품의 스펙을 직접 지정해 줌으로써 컴퓨터 제조에 참여하고 있는 셈이다.

대량생산 대신 대규모 커스터마이징이 나타나면서, 생산자들은 개별 소비자의 요구사항 및 구미에 맞는 특정 제품을 만들어야 한다. 궁극적으로는 소비자가 실제 생산 프로세스에 참여하게 된다. 이를테면, 고객이 온라인상에서 자동차 쇼룸에 들어가 니즈에 맞게 차를 구성하거나, TV시청자가 원하는 저녁뉴스 토픽들만을 선택해 뉴스를 시청할 수 있게 될 것이다. 그림 1-1에서 볼 수 있듯이, 델 컴퓨터사는 고객이 PC제품을 자신의 니즈에 맞게 구성한 다음 이를 하루만에 생산하여 발송하고 있다.

- 즉시성(Immediacy): 신경제의 기업들은 주기시간(cycle time)의 단축을 비즈니스 성공을 위한 핵심과제로 삼는다. 1990년에는 자동차의 컨셉단계에서 생산단계까지 6년이 소요됐지만, 근래에는 2년 이하로까지 짧아지고 있다. 따라서 제품의 수명주기 또한 크게 줄어들고 있으며, 이 때문에 신제품의 개발을 완료한다 해도 곧 다음 제품의 개발단계에 돌입해야 하는 것이 현실이다.
- 글로벌화(Globalization): 현대기업들은 정부에 의해 자국시장을 보호받던 과거 경영환경과는 달리 글로벌 시장에서 글로벌 고객의 니즈를 충족시킬 수 있는 글로벌 제품을 개발하고 생산하고 또 판매하여야 한다. 자국시장에 비해 글로벌 시장은 다양한 민족, 문화, 언어, 법적 환경 등의 요소들을 충족시킬 수 있어야 하므로 많은 노력이 요구되지만, 반면 시장규모도 크고 소비자 계층도 다채로워 기업이 성장할 수 있는 기회요인도 될 수 있다.
- 이슈충돌(Discordance): 신경제에 들어서는 전례 없던 사회적 이슈들이 등장해 대규모 충격과 갈등을 불러 일으킬 것으로 전망된다. 이를테면 권력, 프라이버시, 정보 접근, 민주적 절차 등과 관련해 다양한 의문과 논쟁을 불러일으킬 것이다. 이로 인해 인터넷상에서 네티즌들 간에 공방이 치열해지고 극단적인 경우에는 사안이 법정소송으로까지 발전할 수 있다. 우리나라에서 관심이 고조되었던 영화 '디워'에 대한 네티즌들 간의 찬반논란이 그 단적인 예에 속한다.

1.3 디지털 경제에서의 주요 변화

향후 수 년간 IT 부문에서 뿐만 아니라 경제 모든 부문에 있어 성장이 가속화될 것으로 예상된다. 이는 인터넷 이용자들의 수가 급속하게 증가하며 또 인터넷의 상업적 이용이 크게 늘 것으로 전망되기 때문이다. 미국 상무성이 1998년 발간한 『The Emerging Digital Economy』에서는 디지털 경제가 성장하는 과정에서 발생할 주요 변화로서 ① 인터넷 구축의 완성, ② 기업간 전자상거래의 확대, ③ 제품과 서비스의 디지털 운송 증대, ④ 물리적 제품의 전자소매 확산 등을 들고 있다.

디지털 경제의 가장 큰 특성은 다양한 목적의 인터넷 거래가 크게 증가한다는 점이다. 그에 따라 기업차원에서의 생산성이 향상되고 인터넷상에 형성되는 새로운 시장이 전 세계적으로 연결되면서 판매기회도 확대될 것이다. 이는 기업에게 시장 확대의 이득도 제공하지만 기업간 경쟁도 더욱 격화될 수 있음을 의미한다. 소비자들의 탐색비용이 감소하고 소비자의 협상능력은 크게 증가하여 이들의 후생은 증가한다.

또한 인터넷을 통한 각종 정보의 교류가 크게 확대됨에 따라서 정보의 유통이 과거와는 다른 매체를 사용하여 이루어진다. 이는 단순히 주어진 생산양식하에서 생산성 향상 또는 소비자 후생 증대 이상의 의미를 가진다고 할 수 있다. 아래에서는 인터넷 이용이 확산됨에 따라 나타날 수 있는 경제구조 변화를 살펴본다.

표 1-1 디지털 경제 성장 과정의 네 가지 주요 변화

인터넷 구축의 완성	기업간 전자상거래의 확대	제품과 서비스의 디지털 운송 증대	물리적 제품의 전자 소매 확산
• 인터넷을 통한 정보 전달 속도증대 • 인터넷 접속의 확대	• 구매 비용 감소 • 재고 감소 • 제품제조 기간단축 • 고객에 대한 서비스의 효율성 증대 • 판매 및 마케팅 비용 감소 • 판매기회의 확대	• 인터넷을 통한 콘텐츠 운송 증대 • 비행기표 또는 금융증권 등의 인터넷 거래 확대	• 인터넷을 통한 물리적 제품의 소매 거래 증가

인터넷 구축의 완성

지난 '94년의 웹브라우저 등장으로 급성장하기 시작한 인터넷은 그 후 브로드밴드 망의 활발한 구축으로 끊임없이 확장되어 오고 있다. 전 세계의 인터넷 브로드밴드 가입자 수는 선진국들 중심으로 매우 빠른 증가세를 보이고 있다. 통신망에서 **브로드밴드**(broadband)란 대역폭이 넓은 회선 하나를 여러 개의 채널로 나누어 동시에 많은 데이터를 전송할 수 있는 신호전송 기법을 의미한다. 일반적으로 전송속도가 빠른 광케이블을 기반으로 한 네트워크를 일컬어 브로드밴드 망이라고 한다.

우리나라도 지난 10여 년간 통신인프라가 크게 발전하였다. 가정에 인터넷이 널리 보급

되기 이전에는 전국적으로 PC방이 늘어나면서 일반 이용자들은 PC방을 통해 인터넷에 접속해서 메일을 수신하거나 웹을 이용할 수가 있었다. 인터넷 PC방은 PC들을 근거리통신망(LAN)으로 상호 연결하고 다시 이 통신망을 전용선을 통해 인터넷에 연동함으로써 게임을 포함하여 교육, 문화, 정보, 통신, 오락 등 다양한 멀티콘텐츠를 제공하는 시설을 의미한다. 1994년 인터넷까페 형태로 출발한 PC방은 96년 초에 들어서 신촌 등 대학가를 중심으로 100여 개가 형성되고, 98년 들어 스타크래프트 게임의 물결을 타고 3,500여 개로 늘어난 후 크게 증가추세를 보여오다가, 2001년 이후에는 초고속 인터넷서비스가 확산되면서 점차 이용이 줄어들고 있다. 그러나 PC방이 우리나라 인터넷 통신인프라의 발전과정에서 담당한 역할은 실로 중요하다고 할 것이다.

기업간 전자상거래의 확대

앞에서 살펴본 인터넷 인프라를 기반으로 한 전자상거래는 기업 간에 매우 빠르게 확산되고 있다. 기업과 공급사 간의 구매업무를 조정관리하고, 기업 내 물류기획자들과 제품을 저장 · 운반하는 운송회사 사이의 관리업무, 그리고 판매회사와 도매상(혹은 소매상) 간의 거래업무를 위해 인터넷 상거래가 흔히 이용되고 있다.

비록 소비자를 대상으로 한 인터넷 상거래는 최근 크게 급성장하였으나, 기업과 기업간의(B2B) 전자상거래는 이미 오래 전부터 사용이 되어왔다. 1970년대 및 1980년대 당시, 기업간 전자상거래를 수행하던 기업들은 EDI를 통해 견적서, 구매주문서, 물품구매접수증과 같은 문서들을 통신망을 통해 송수신했다. EDI는 기업 간에 비즈니스 문서를 교환하기 위한 서식표준으로서 문서의 디지털화를 통해 문서의 작성 및 전송에 소요되는 비용 및 시간을 절감하는 데 크게 기여했다. 가령, 월마트와 같은 대형 체인매장들은 인터넷이 상용화되기 이전부터 사설망을 통해 공급사의 제품들을 온라인으로 구매해 왔다.

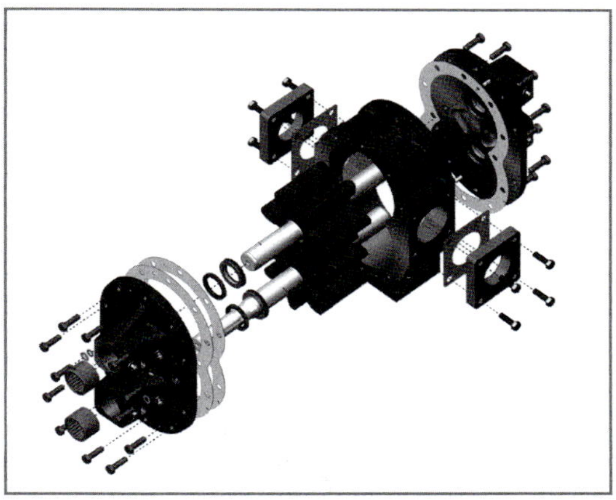

▶ CAD/CAM 기술은 제조기업의 기업간 전자상거래에 중요하게 기여하였다.

한편, 1980년대 들어 등장한 CAD/CAM 기술은 네트워크 기술과 접목되어 자동차 및 항공사들의 전자상거래를 촉진하는 데 중요한 역할을 담당하였다. 한 예로, 자동차 메이커 GM은 1980년대부터 VAN(부가가치망)을 기반으로 자사와 부품 공급사들을 상호 연동하는 통신망을 구축함으로써 부품을 구매하기 위한 기업간 전자상거래를 수행해 왔다. 또한 차설계 및 제조에 관여하는 엔지니어, 디자이너, 테크니션들은 네트워크상에서 설계 세부사항, 기술도면 및 기술문서들을 공유하면서 협력함으로써 설계와 생산을 효율적으로 조정관리했다. 기업간 전자상거래는 기업들에게 다음과 같은 효과를 제공하고 있다.

- 구매비용의 절감
- 재고량 감축
- 주기시간 단축
- 고객서비스 향상
- 영업/마케팅 비용 절감
- 판매기회의 확대

제품과 서비스의 디지털 운송 증대

인터넷을 기반으로 상거래가 가능한 제품들 중에는 컴퓨터, 프린터 등과 같은 유형 제품이 있는 반면, 소프트웨어, CD, 신문기사, TV 방송 프로그램, 주식, 항공권 등과 같은 무형 제품도 있다. 이들 무형 제품의 특징은 그 내용이 물리적 형태로 존재할 필요가 없다는 점이다. 비록 상당수의 이들 제품이 오늘날 물리적인 제품으로 포장이 되어 택배회사 서비스에 의해 목적지에 배달되고 있지만, 이들은 무형의 정보를 담고 있기 때문에 인터넷을 주요 배달수단으로 하여 전달함으로써 물류비용을 크게 절감할 수 있는 시대가 열리고 있다.

디지털 콘텐츠

오늘날 인터넷 기술이 우리 사회에 빠르게 확산되면서 디지털 콘텐츠가 매우 큰 관심을 끌고 있다. 인터넷 보급초기에는 네트워크 용량의 한계로 인해 주로 텍스트 위주의 문서를 전달하는 데 그쳤으나, 근래 들어 브로드밴드 네트워크가 널리 구축됨에 따라 영화와 같은 방대한 용량을 차지하는 콘텐츠도 활발히 전송되고 있는 추세이다.

흔히 디지털 콘텐츠라 함은 뉴스와 같은 시사적인 정보 이외에, 사진이미지, 동영상, 음악, 게임, 애니메이션 등과 같은 엔터테인먼트 정보도 포함한다. 그뿐 아니라, 논문, 조사보고서, 발표자료와 같은 지식정보도 중요한 콘텐츠 범주에 포함된다.

정보화 사회에서 온라인 정보를 이용자들에게 전달하는 주요 수단은 웹사이트라고 할 수 있는데, 이 웹사이트에 수록된 온라인 정보는 곧 콘텐츠이다. 많은 이용자들이 포털사이트에 접속해서 뉴스 등 새로운 정보를 접하거나 쇼핑몰 사이트에서 상품정보를 살펴보는 동안, 인터넷을 통해 콘텐츠가 끊임없이 전달된다.

이처럼 이용자들이 받아보는 콘텐츠 중에는 누구나 이용할 수 있는 무료 콘텐츠가 있는 반면, 상업적인 목적으로 콘텐츠를 제작해서 주문 및 대금결제를 완료한 고객에게 배달하는 유료 콘텐츠가 있다. 유형상품과 달리, 모든 디지털 콘텐츠는 손쉽게 복제하고 분배할 수 있는 특징이 있기 때문에, 디지털 콘텐츠의 유통과 관련하여 가장 관심의 대상이 되고 있는 것은 지적재산권의 보호문제이다. 따라서 여러 국가에서 디지털 콘텐츠 상품의 무분별한 유통을 제한하기 위한 법률 제정의 노력이 진행되고 있는 추세이다. 또한 디지털 창작물 소유업체들은 디지털 콘텐츠의 사용을 제한할 목적으로 DRM(digital rights management) 기술을 이용하고 있다. 이 기술이 적용된 파일은 복제나 전송이 불가능하다.

반면, 이러한 추세 가운데 인터넷 공간에서 이용자들이 콘텐츠를 무료로 자유로이 이용할 수 있도록 하자는, 이른바 '오픈콘텐츠'(open contents) 확산노력이 활발하게 이루어지고 있다. 이러한 추세에 관해서는 제2장의 **오픈 콘텐츠 모델** 부분에서 상세히 다루기로 한다.

디지털 서비스

인터넷을 통해 콘텐츠 등의 제품뿐 아니라 서비스 상품을 판매하는 기업이나 기관들이 늘고 있다. 공급자 관점에서 보면, 서비스를 제공하는 과정을 정보기술을 통해 상당부분 자동화할 수 있기 때문에 비용효율성을 높일 수 있는 장점이 있다. 동시에 구매자 관점에서 보면, 물리적 이동을 할 필요 없이 집이나 직장에서 편리하고 쉽게 웹사이트로 서비스를 구매할 수 있어 인터넷을 통한 서비스구매는 매력적이다. 서비스 분야의 전자상거래는 제9장에서 다뤄지고 있다.

인터넷 기술에 의해 가장 심오한 영향을 받는 서비스 산업 중의 하나는 금융이다. 온라인 금융은 최근 들어 인터넷 보안 문제가 개선이 되고 또 서비스 수수료가 하락하면서 금융사이트를 찾는 인터넷 이용자들의 트래픽이 점차 증가하고 있다. 인터넷 뱅킹의 경우, 은행들은 거래건수당 처리비용이 낮기 때문에 오프라인 거래에 비해 온라인 거래의 비중을 전략적으로 늘려가고 있다.

또 보험만 해도 예전에는 인터넷이 특별한 메리트를 제공하지 못한다는 인식이 있었으나, 요즘은 웹사이트를 통해 보험견적을 제공함은 물론 고객이 원할 경우 온라인으로 보험상품을 주문할 수 있으므로 온라인 보험의 거래량이 빠르게 증가하고 있다.

현·장·사·례

Electronic Commerce

책의 디지털화를 촉진하는 아마존 '킨들'

사람들의 책 구입 습관을 바꿔놓은 세계 최대 인터넷서점 아마존이 19일 책 읽기 습관마저 바꿔놓으려는 목표로 전자책리더 '킨들(Kindle)'을 출시했다. 미국 시사주간 뉴스위크는 최신호 커버스토리에서 "아마존 최고경영자(CEO) 제프 베조스가 야심차게 내놓은 킨들은 '전자책의 아이팟'을 지향한다"고 전했다.

전자책 단말기 '킨들(Kindle)'은 지금껏 책이 소비돼온 과정에 혁명을 가져올 것으로 기대되고 있다. 일반 페이퍼백(paperback) 크기에, 무게 300g인 이 단말기는 '가상 도서관'안에 수백~수천 권을 쟁여놓을 수 있고, 시력에 따라 글자 크기를 마음대로 바꿀 수도 있다. 특히 언제 어디서나 필요한 책을 무선으로 검색해 내려 받을 수 있다(신간의 경우 권당 9.99달러)는 점이 획기적이다. 이는 킨들과 함께 개발된 전자책 무선접속 서비스 '위스퍼넷'덕분이다. 위스퍼넷에 접속하면 아마존닷컴이 보유한 전자책을 얼마든지 가져올 수 있다. 현재 서비스되는 책은 8만 8,000권.

킨들은 미 MIT가 개발한 'E Ink(전자잉크)' 기술이 적용된 6인치(15.2㎝) 화면을 탑재했다. 또 킨들은 "진짜 책이 되려면 종이책을 닮아야 한다"는 원칙 아래, 종이책과 비슷한 크기와 두께로 제작됐고 윙윙거리는 소음을 줄였다. 고전소설의 경우 출간 당시 글자체를 살려 재현할 수 있으며, 노년층을 위해 글자 확대도 가능하다. 신문 인쇄체와 비슷한 해상도를 갖춰 화면을 본다는 느낌이 들지 않는다. 또 2시간 충전하면 30시간 사용가능한 배터리를 장착했다. 책뿐만 아니라 50~100개의 신문과 잡지도 구독해 볼 수 있다. 이 밖에 단어 · 문장 검색 기능, 기억하고픈 내용에 전자 형광펜으로 밑줄 치는 기능을 갖췄다.

▶ 아마존의 e-book 단말기 킨들.

한 번에 200권, 외장 메모리카드를 쓰면 더 많은 전자책을 넣고 다닐 수 있는 킨들의 가격은 399달러(36만 6,000원)로 책정됐다. 베스트셀러 신간은 권당 9.99달러, 신간이 아닌 책들은 2달러 선에서 구입할 수 있다. AP통신은 킨들에 대해 값이 비싸고 디자인도 다소 실망스럽지만 무선인터넷이 된다는 점과 아마존의 이름값 때문에 잘 팔릴 것으로 예상했다. 아마존닷컴은 킨들이 세계 최초의 금속활자본인 직지심경(1372년)과 구텐베르크 성경(15세기 중반) 이후 대량 인쇄술을 토대로 발전해온 '북(book) 1.0' 시대를 마무리하고 전자책에 기반한 '북 2.0 시대'를 열어줄 것으로 기대하고 있다.

그러나 미국 경제지 포브스는 킨들이 무선인터넷면에선 애플의 휴대단말기 '아이폰'에 뒤지고 가격 경쟁력은 요즘 랩톱 컴퓨터에 못 미친다고 혹평했다. 일부 전자책을 무료로 제공하는 구글 북서치에서 책을 내려받아 랩톱 컴퓨터를 통해 보는 게 가격 면에서 낫다는 것이다. 포브스는 또 킨들로 웹서핑을 할 경우 부과되는 무선인터넷 사용 요금도 간과할 수 없는 문제점이라고 지적했다.

▶ 출처 : 조선일보, 2007. 11. 20; Scott Kirsner, "Amazon: We're working on something 'bigger than Kindle' in Cambridge," boston.com, Jan. 13, 2014.

그 밖에도 온라인 여행부문의 전망이 밝을 것으로 기대되고 있다. 글로벌 조사전문기업 포레스터 리서치에 의하면, 전자상거래 영역 중 여행예약이 가장 큰 비중을 차지한다. 인터넷이라는 혁신적 매체가 여행상품의 구매방식을 근본적으로 변화시키고 있기 때문이다. 여행을 하기 원하는 고객관점에서 보면 온라인으로 다양한 여행상품에 관한 정보를 둘러볼 수 있고 가격비교도 쉽게 할 수 있을 뿐 아니라 원하는 여행상품을 직접 주문할 수가 있기 때문에, 인터넷이 더 없이 매력적일 수밖에 없다. 특히 대부분 항공회사에서는 이미 전자항공권(e-Ticket)을 발급함으로써 소비자들의 편의를 도모하고 있는 추세이다. 또 항공편 예약은 물론 호텔 및 렌털자동차 예약도 모두 통합적으로 할 수 있어 온라인 여행시장의 규모가 빠르게 성장할 것으로 전망된다.

그림 1-2 항공 e-티켓의 예시화면

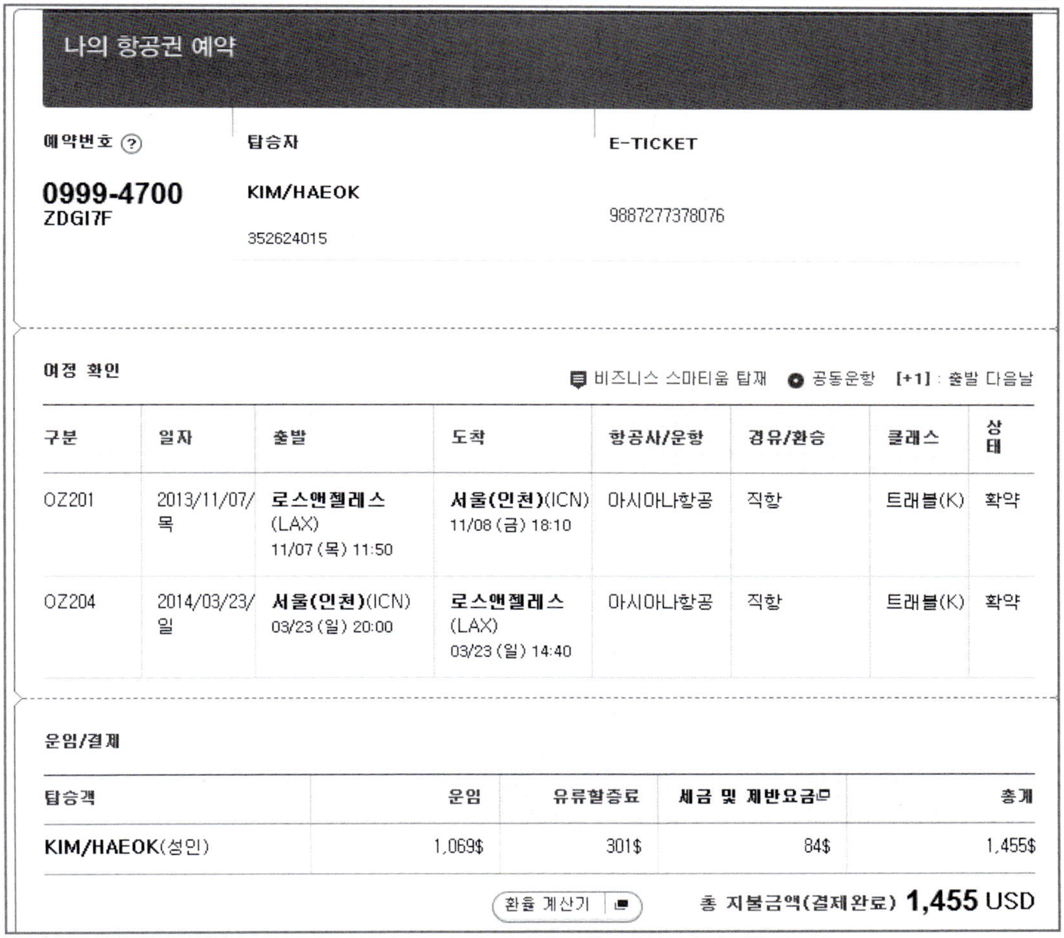

나의 항공권 예약

예약번호	탑승자	E-TICKET
0999-4700 ZDGI7F	KIM/HAEOK 352624015	9887277378076

여정 확인

비즈니스 스마티움 탑재 · 공동운항 · [+1] : 출발 다음날

구분	일자	출발	도착	항공사/운항	경유/환승	클래스	상태
OZ201	2013/11/07/목	로스앤젤레스(LAX) 11/07 (목) 11:50	서울(인천)(ICN) 11/08 (금) 18:10	아시아나항공	직항	트래블(K)	확약
OZ204	2014/03/23/일	서울(인천)(ICN) 03/23 (일) 20:00	로스앤젤레스(LAX) 03/23 (일) 14:40	아시아나항공	직항	트래블(K)	확약

운임/결제

탑승객	운임	유류할증료	세금 및 제반요금	총계
KIM/HAEOK(성인)	1,069$	301$	84$	1,455$

환율 계산기 · 총 지불금액(결제완료) **1,455** USD

▶ 이 e-티켓을 출력한 후 공항의 티켓카운터에서 제시하면 일반티켓과 같이 보딩패스를 발급받을 수 있다.

디지털 매체

인터넷을 통해 디지털 콘텐츠 및 서비스를 전달하는 역할을 담당하는 것은 디지털 매체이다. 오늘날 텔레비전, 라디오, 신문 및 기타 다양한 정보전달 매체들이 존재하지만 이들 매체들 간의 경계선은 점차 허물어져 가고 있다. 이들 매체들이 모두 인터넷을 통해 접근이 가능하고 또 인터넷은 점차 다양한 유형의 전송수단(가령, DSL, 케이블, 무선 등)을 통해 접근할 수가 있기 때문이다.

표 1-2 디지털 매체의 예시

매체 유형	특 징	비 고
디지털 TV	케이블, 위성 등을 통한 방송서비스	HD방식의 디지털 TV
디지털 라디오	지상파, 위성 등을 통한 방송서비스	디지털 라디오
디지털 동영상	디지털 녹화를 통해 선명한 영상/음성 제공	예) DVD에 저장
디지털 음악	휴대용 MP3 플레이어나 휴대폰을 통해 재생가능	예) CD에 저장
e-북	인쇄 책자를 디지털 파일 형태로 제작	인쇄책자보다 저렴
온라인 뉴스	최신정보가 장점이며 대체로 배너광고수입에 의존	무료서비스

표 1-2를 통해 알 수 있듯이, 여러 매체 유형들이 디지털 기술로 인해 영향을 받고 있다. 최근 AM 및 FM 라디오 방송국은 위성 라디오와 경쟁하고 있고, TV 시청자들은 케이블이나 위성은 물론 인터넷을 통해 디지털 방송신호를 전송받고 있다.

뿐만 아니라 점차 브로드밴드 접속이 가능한 이용자들이 늘어나면서, 과거에 TV를 통해서만 볼 수 있던 동영상을 요즘은 인터넷에서 자유로이 다운로드해서 재생해 볼 수 있는 이른바 VOD(video on demand) 서비스가 크게 관심을 끌고 있다. 근래 들어 구글에 의해 인수된 유튜브(YouTube.com) 사이트는 전 세계 인터넷 이용자들에게 무료로 각종 동영상 자료를 제공하는 반면, 사이트 운영에 필요한 수익을 광고를 통해 발생시키고 있다. 유튜브 사이트가 큰 관심을 끄는 주된 이유는 사이트에 올려지는 동영상이 사용자에 의해 직접 제작된 이른바 UCC(user-created content)이기 때문이다. 또 동영상 서비스의 인기가 급상승함에 따라, 기존의 상업방송국들이 자신들 소유의 프로그램을 유튜브 사이트에 제공하면서 인터넷 이용자들이 이들 방송프로그램 클립을 다운로드할 수가 있다.

물리적 제품의 전자소매 확산

디지털 상품의 온라인 판매 및 배달추세와 아울러, 물리적 제품의 온라인 소매가 빠른 속도로 성장하고 있다. 2001년 이후 국내 사이버쇼핑몰 거래규모는 놀랄만한 성장세를 이어오고 있다. 정보통신 인프라 구축 및 정보기술 활용 면에서 세계 어느 나라에 뒤지지 않는 국가로서 당연한 결과라고도 할 수 있을 것이다.

이처럼 온라인 시장규모가 크게 성장하는 이유는 무엇일까? 인터넷 소비자들은 기존 시장에서의 구매에 비해 전자상거래에 의한 구매를 선호하는 이유로서 편의성, 정보조사 용이성, 그리고 저렴한 가격을 꼽고 있다.

구매품목 구성의 변화

그림 1-3는 우리나라 사이버쇼핑몰에서 2002년부터 2012년까지 거래된 구매품목들의 구성이 어떻게 변화되어 왔는지 보여주고 있다. 이 자료를 통해 다음과 같은 주요 특징을 발견할 수 있다.

그림 1-3 품목별 거래규모

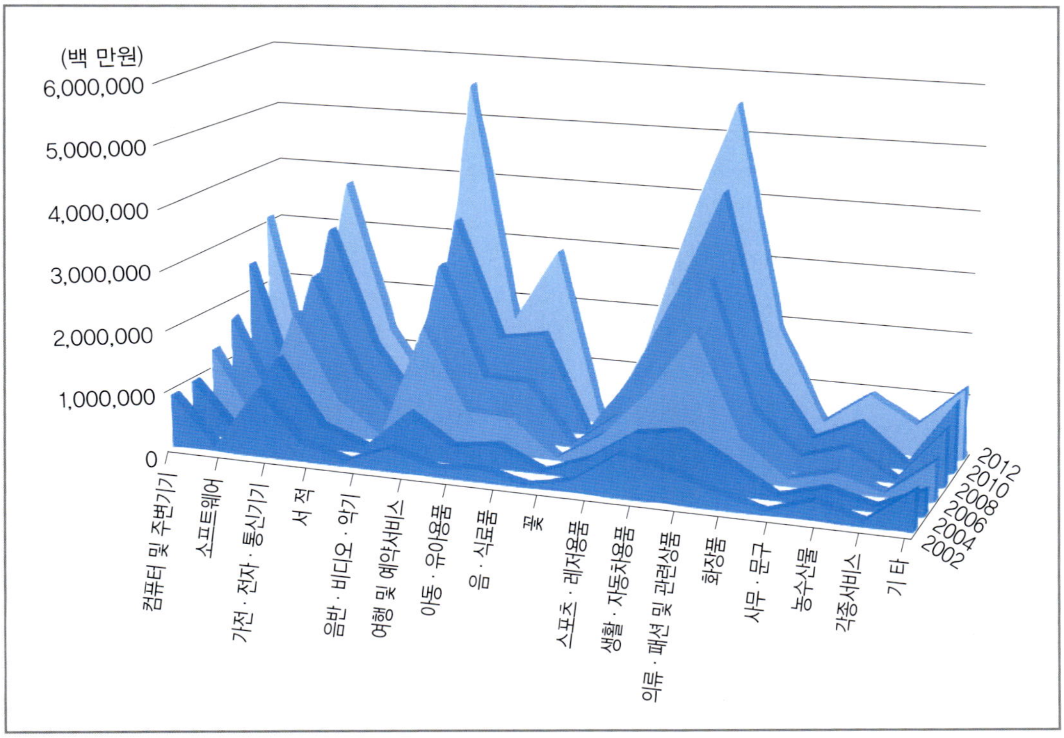

▶ 출처: 통계청 국가통계포털 사이트, 2014. 1. 10. 방문.

- 컴퓨터 및 주변기기, 가전/전자/통신기기, 생활용품/자동차용품 등은 지난 수 년간 온라인 구매의 주된 품목이었다.
- 여행 및 예약서비스, 그리고 의류/패션 및 관련 상품은 초기에 거래량이 적었으나, 최근 급속성장을 거듭하여 매우 활발한 판매추이를 보이고 있다.
- 소프트웨어, 음반, 꽃, 사무/문구, 농수산물 등 제품에 대해서는 소비자들이 아직 온라인 거래를 꺼리고 있는 추세이다. 특히, 꽃, 농수산물 등과 같은 표준화가 미흡한 제품들은 제품에 대한 불확실성 및 신뢰의 부족으로 인해 온라인 구매에서 외면당하고 있는 실정이다. 그러나 차츰 제품의 표준화를 통해 온라인 거래가 늘 것으로 예상된다.

온라인 광고시장의 성장

디지털 경제에서 각종 제품 및 서비스의 온라인 판매량의 성장이 가속화됨에 따라, 매우 밝은 전망을 보이고 있는 부문은 온라인 광고이다. 최근 포털 사이트에 대한 관심이 급증하면서 포털 사이트의 콘텐츠를 이용하기 위해 찾아오는 이용자들에게 배너 광고를 게시하려는 광고주들이 크게 늘고 있다. 점차 오프라인 광고 비중은 줄고 있는 반면, 온라인 광고의 비중은 늘고 있는 추세이다. 온라인 광고의 방법에 관해서는 제2장의 비즈니스 모델 부분에서 더 상세히 다루기로 한다.

토 · 의 · 문 · 제

Electronic Commerce

01 디지털 경제가 기존의 전통적 경제와 어떻게 다른지 적어도 세 가지 측면에서 각각 설명해 보자.

02 본문은 신경제가 우리 사회에 도래했음을 알 수 있는 추세로서 8가지 특징을 제시하고 있다. 이들 특징 중 '고객중심 생산'(prosumption)이란 항목이 있다. 우리나라에서 찾아볼 수 있는 고객중심 생산의 예를 두 가지만 들고 이러한 예가 시사하는 바는 무엇인지 설명하시오.

03 본문에서는 디지털 경제가 네 가지 주요 변화(즉, 인터넷 인프라 구축의 완성 등)를 동반한다고 설명하고 있는데, 우리나라는 이들 변화와 관련하여 각각 어느 정도 진행된 상태인지 주변의 예들을 들어 토의해 보자.

04 최근 통계자료에 의하면 기업간(B2B) 전자상거래가 소비자대상(B2C)이나 정부대상(B2G) 전자상거래에 비해 그 거래규모나 성장률이 훨씬 더 높은 것으로 나타나고 있는데, 이러한 현상은 어떤 이유를 통해 설명할 수 있을까?

05 인터넷을 주문수단으로는 물론 제품 배송수단으로도 이용할 수 있는 제품을 일컬어 디지털 제품이라고 한다. 이러한 디지털 제품의 구체적 예를 다섯 가지만 들고, 이들 제품을 전통적

판매채널(가령, 대리점)을 통해 판매하는 방법에 비해 온라인 판매 및 배송 방법에 있어서 어떤 장점이 있는지 토의해 보자.

참·고·문·헌

Electronic Commerce

- Gartner Group, "Gartner Consulting's Worldwide IT Benchmark Group Says Majority of Industries Will Cautiously Increase Worldwide IT Spending in 2006," 2014. 2. 20. 참조(http://www.gartner.com/press_releases/asset_142369_11.html).
- Laudon, K.C. and C.G. Traver, *E-Commerce: Business, Technology, Society* (10th ed.), Pearson Prentice-Hall: Upper Saddle River, N.J. 2014.
- Lenard, T.M. and D.B. Britton, *The Digital Economy Fact Book* (8th ed.), The Progress & Freedom Foundation, 2006.
- Tapscott, Don, *The Digital Economy: Promise and Peril in the Age of Networked Intelligence*, McGraw-Hill: New York, 1996.

사례연구 디지털 경제 진입에 실패한 기업들

디지털 혁명은 산업계 전체를 뒤흔들어놓았다. 한때 세계 시장의 선두주자였다 할지라도 혁신에 소홀했거나 뒤진 기업들은 줄줄이 경쟁 대열에서 탈락하고 핵심 산업을 포기하고 있다. 한번 흐름을 놓친 자에게 다시 기회가 주어지는 일은 거의 없다. 가장 최근의 사례는 핀란드의 노키아가 주력 사업이던 휴대전화 부문을 끝내 포기한 것이다. 코닥 · 소니 · 애플 · 마이크로소프트 · IBM 등 굴지의 거대 기업들이 그런 쓰라린 경험을 했다. 안타까운 것은 이 기업들 대부분이 이미 관련 기술을 갖고 있었으면서도 트렌드를 놓쳤다는 점이다.

뉴스가 보도되자마자 인터넷에서는 이미 음모론이 떠돌고 있었다. 사보타주라느니, 산업스파이였는데 금방 정체가 드러났다느니 하는 말이었다. 스티븐 엘롭, 노키아의 최고경영자(CEO)였던 이 캐나다인이 자신의 과거 고용주인 마이크로소프트(MS)가 값싸게 인수할 수 있도록 하기 위해 핀란드 기업인 노키아의 휴대전화 사업을 일부러 망하게 했다는 것이다. 이 '나쁜 짓'에 대한 보상으로 그는 마이크로소프트의 차기 최고경영자가 된다고 한다.

재미있는 이야기다. 현실이 되기에는 소름 끼칠 정도로 재미있다. 하지만 한때 유럽에서 가장 가치 있던 기업에서 이젠 남은 게 거의 없는 기업이라는 사실을 인정하기 위해서는 많은 이들에게 이런 신화가 필요한 것인지도 모른다. 몇년 전까지만 해도 글로벌 휴대전화 사업을 지배하고 있었고, 주식 시가총액이 3천억유로(약 434조원)에 근접하던 기업이 핵심 사업을 겨우 54억유로(약 7조8000억원)에 팔

아넘겼다. 아니 팔아넘길 수밖에 없었다.

엘롭에게는 다른 선택의 여지가 없었다. 근본적인 실수는 그가 노키아의 CEO가 되기 전에 저질러졌다. 결국 그는 최소한 네트워크 사업이라도 살리기 위해 한때 이 기업의 핵심 사업이던 분야를 마치 짐덩이처럼 벗어던져야만 했다.

노키아는 교과서에 실릴 만한 사례다. 이는 제품만 수명 사이클을 가지는 것이 아니라 기업, 업계 그리고 전략도 수명 사이클을 가진다는 것을 보여주는 전형적인 사례다. 최고의 위치에 머무르려는 자는 자신의 사업 모델을 지속적으로 새로 발견해야만 한다. 하지만 그 어떤 테크놀로지 기업도 이 일을 해내지 못했다. "성공은 변화의 적"이라고 경제학자이자 기업 컨설턴트인 헤르만 지몬은 말했다. 기업이 성공하면 경영진들 사이에 자신들이 무적의 존재라도 된 듯한 분위기가 퍼지기 시작하고, 여기에 거만함까지 결합되는 경우가 많다는 것이다.

■ 예외 없이 찾아오는 '혁신가의 딜레마'

이런 자만심은 오늘날 그 무엇보다 위험하다. 디지털 혁명이 업계 전체를 뒤집어놓았고, 변화 속도가 과거보다 몇배나 빨라졌기 때문이다. 신진 벤처기업이 갑자기 기반을 다진 사업 모델에 의구심을 품게 만들고, 아웃사이더가 새로운 아이디어로 시장의 선도 기업을 공격한다. 미국의 경제학자 클레이턴 크리스텐슨은 이를 '디지털 붕괴'(Disruption), 즉 기존 시스템의 파괴 혹은 혼란이라고 말했다. 미국 하버드대학 석좌교수인 그는 자신의 스테디셀러 저서 <혁신가의 딜레마>(The Innovator's Dilemma)에서 많은 기업의 경영자들이 새롭고 힘든 도전에 나서기보다 자신들의 히트 상품과 성공한 사업 모델을 마지막 순간까지 방어하는 것을 선택하는 현상을 설명했다.

현대의 경제사는 이같은 사례로 가득 차 있다. 스마트폰의 선구자 블랙베리는 너무 오랫동안 경영자들과 다른 전문가 고객들 사이에서 자사가 차지하고 있던 우월적 위치를 믿었다, 애플과 구글이 처음에는 일반 대중 시장을, 그리고 나중에는 결국 전문가 고객들마저 정복한 사실을 너무 늦게 깨달았다. 지금 블랙베리는 매각 대상이 되었다.

인터넷의 선구자인 야후는 낭비를 일삼다가 구글에 추월당했다. 이제 야후는 새로운 사업 모델을 개발하기 위해 과거 구글의 경영진이던 머리사 메이어를 영입했다. 역설적이게도 다른 시장 선도 기업의 실수를 바탕으로 대기업으로 성장했고 자신들이 놓친 것을 회복하기 위해 최근 노키아의 휴대전화 사업부를 인수한 마이크로소프트(MS) 역시 쓰러진 거인 중 하나다.

1970년대에 컴퓨터 세계를 지배하던 기업은 IBM이었다. 당시 '빅 블루'(Big Blue)라는 경외심에 가득 찬 별명으로 불리던 이 기업을 위협할 경쟁자는 존재하지 않았다. 최초의 개인용 컴퓨터(PC)를 위한 소프트웨어가 필요했던 IBM은 1980년 신생 벤처기업이던 마이크로소프트에 운영체제 개발을 의뢰했다. 그리고 컴퓨터 업계를 완전히 변화시킬 결정적인 실수를 저질렀다. IBM은 젊은 개발자들에게 이 운영 시스템의 권리를 넘겨주었던 것이다.

이렇게 해서 마이크로소프트의 상승과 '빅 블루'의 하강이 시작됐다. IBM은 개인 컴퓨터의 새로운 시대에 소프트웨어가 어떤 의미를 가지게 될지 예측하지 못했고, 그로 인해 마이크로소프트는 새로운 시대의 지배자가 될 수 있었다. 새천년이 시작되던 시기, 마이크로소프트는 세계에서 가장 강력한 기업이었고, 창업자인 빌 게이츠는 세계 최고의 부자가 되었다. 마이크로소프트는 지금도 여전히 성공적인 기업으로 남아 있고, 빌 게이츠도 상상할 수 없을 정도로 부자다. 하지만 오늘날 컴퓨터 업계는 다른 기업들이 주도하고 있다. 구글, 페이스북, 아마존 그리고 애플이다.

마이크로소프트 역시 '혁신가의 딜레마'에 희생된 기업이다. 경영진들은 인터넷의 중요성을 간과했고, 최근에는 스마트폰 혁명의 트렌드를 놓쳤다. 그

2013년 2분기 스마트폰 운영체제 점유율

자료: 가트너(Gartner), 단위: %

2013년 2분기 스마트폰 판매 시장점유율

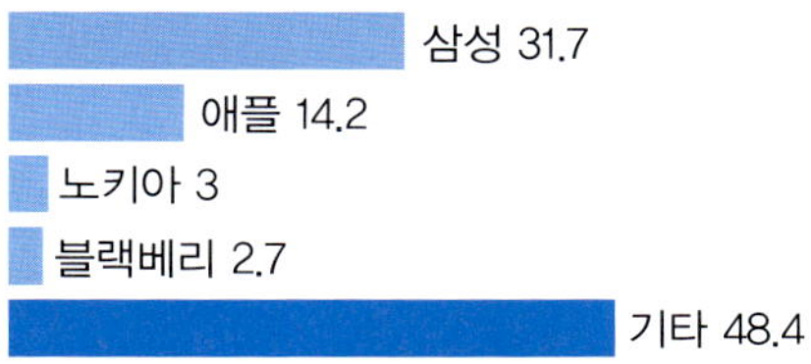

자료: 가트너(Gartner), DC, 단위: %

리고 이 실수와 함께 디지털 세계의 미래 시장도 놓쳤다. 디지털 세계의 미래가 일차적으로 모바일이 될 것이 확실하기 때문이다. 추격은 너무 늦게 시작됐다. 아주 많은 비용이 들어가고 있으며, 성공 여부도 불투명하다. 수억달러를 투자하고 최고의 엔지니어와 디자이너를 투입했지만 마이크로소프트가 스마트폰 운영체제 시장에서 차지한 점유율은 초라한 3%에 불과하다.

마이크로소프트가 휴대전화와 컴퓨터의 결합이라는 다가오는 혁신을 전혀 알지 못한 것은 아니다. 1990년대 말에는 마이크로소프트가 이 발전의 선두주자였다. 당시 마이크로소프트는 이동식 미니 컴퓨터를 개발하고 있었다. 하지만 이 기기는 새로운 제품군의 후보로 개발된 것이 아니라 일차적으로 윈도의 또 다른 사용 가능성을 찾기 위해 개발된 장치였다.

■ MS, IBM 뛰어넘고 정상 지키다 애플에 덜미

2007년 애플이 아이폰을 출시했을 때, 마이크로소프트는 찬물로 얻어맞은 기분이었을 것이다. 마이크로소프트는 완전히 처음부터 다시 시작해야 했다. 스마트폰을 위한 새로운 운영체제가 개발되기까지 2년이라는 시간이 걸렸다. 디지털 세계에서는 영원과도 같은 시간이다. 마이크로소프트가 2010년 윈도폰을 시장에 출시했을 때 애플과 구글은 이미 난공불락의 위치를 차지하고 있었다.

노키아 휴대전화 사업부 인수와 함께 마이크로소프트는 앞으로 소프트웨어와 하드웨어가 서로 맞춤형으로 생산되는 경쟁력 있는 스마트폰을 공급할 수 있게 되었다. 애플과 구글을 상대로 약간의 지분을 더 확보해 이 기업이 컴퓨터 세계에서 중요하지 않은 위치로 추락하는 걸 막을 수는 있을 것이다. 하지만 한때 마이크로소프트가 가지고 있었던 힘과 거대함은 아마 영원히 회복하지 못할 것이다.

디지털 혁명의 세계에서 흐름을 놓친 자에게 다시 기회가 주어지는 일은 거의 없다. 어떤 기업은 무슨 방법을 쓰든 성공적으로 살아남게 되고, 다른 기업들은 사업을 포기해야 한다. 이는 지난해 이스트맨코닥이 겪어야 했던 일이기도 하다. 한때 미국 경제의 아이콘이던 코닥은 파산 선고를 받아야 할 지경에 처했다. 디지털카메라의 승리 행진은 코닥의 영역이던 필름과 전통적인 카메라 사업 분야를 단 몇년 만에 완전히 초토화시켰다. 독일 카메라 제조업체인 라이카 역시 몇년 전 파산 위기에 처했다.

코닥, 노키아, 그리고 마이크로소프트와 그 외 다른 많은 과거의 시장 선도 기업들은 한가지 공통점을 가지고 있다. 이들은 자신들의 미래를 스스로 손안에 쥐고 있었다. 나중에 그들에게 치명적 타격을 입히게 될 기술을 이미 가지고 있었다는 얘기다.

코닥은 1975년 이미 최초의 디지털카메라를 개발했다. 그다지 뛰어난 성능이 없는 투박한 기계였지만 코닥의 일부 엔지니어들은 이 기술의 가능성을 충분히 알고 있었다. 하지만 경영진은 시기가 이미 늦어버릴 때까지 안전하고 높은 수익을 보장하는 아날로그 카메라 사업에 계속 몰두했다.

노키아는 애플이 아이폰을 앞세우고 시장에 진출하기 전 이미 화면 접촉으로 작동하는 터치스크

▶ 구글의 아미트 싱할 검색부문 수석부회장이 지난 9월 구글의 최신 검색 알고리즘 '휴먼 버드'를 소개하고 있다. 구글은 애플과 함께 정보기술(IT) 업계의 혁신을 주도하고 있다(왼쪽). 애플 세계마케팅 부문의 필립 실러 수석 부회장이 지난해 10월 '아이패드 미니'의 출시를 소개하고 있다(오른쪽).

린 방식을 제품군에 포함시켜놓고 있었다. 그리고 내려받을 수 있는 소형 소프트웨어 프로그램, 즉 앱(APP)도 마찬가지다. 애플이 이를 거대한 사업 아이템으로 만들기 전에 이미 노키아가 보유하고 있었다. 하지만 노키아는 이런 성능을 가진 스마트폰이 시장에서 살아남을 거라고 생각하지 않았다.

노키아는 휴대전화에서 하드웨어의 중요성이 점점 줄어드는 반면 소프트웨어의 중요성은 점점 커지고 있다는 사실을 너무 늦게 인식했다. 그 틈을 오늘날 스마트폰의 기준이 되었다고 말할 수 있는 애플이 파고든 것이다. 기업은 애플과 같은 방식으로 일해야 한다고 마에다 사토루 역시 말한다. "명확한 비전, 일목요연한 제품군, 이것이 바로 성공의 길이다." 과거 소니에서 일했던 마에다는 현재 경쟁 기업의 자문을 맡고 있다. 그의 과거 고용주인 소니는 한때 오늘날의 애플처럼 '트렌드세터'(흐름을 만들고 이끌어가는 기업 -편집자)였다.

소니의 황금시대에 대한 기억은 일본 도쿄 고텐야마 지역에 있는 작은 박물관에 보관돼 있다. 이곳에서 과거 소니의 히트상품인 최초의 테이프 리코더(1962), 최초의 카세트 리코더(1966), 워크맨(1979) 그리고 휴대용 CD 플레이어(1982)를 볼 수 있다.

그러나 소니는 모바일 인터넷 기술을 간과한 채 워크맨을 디지털화하지 않았다. 소니는 주력 산업인 CD 산업에 영향이 미칠 것을 두려워했던 것이다. 오늘날 전자기기 베스트셀러는 애플이 내놓는다. 소니는 이미 오래전에 경쟁에서 낙오했다. "한때 소니는 의미 없는 시장점유율 싸움에 나섰지만 이길 수 없는 싸움이었다"고 마에다는 말했다. 지난 회계연도에 소니그룹은 5년 만에 처음 흑자를 기록했다. 하지만 이는 IT 부문 사업의 성공 때문이라기보다는 보험사업과 극심한 긴축정책 덕분이었다.

■ 첨단기술 사장시킨 코닥과 노키아

소니 · 마이크로소프트 · 노키아. 한때 거인이던 이 기업들의 추락이 보여주는 점은 빠르게 변화하는 기술 세계에서는 모든 잘못된 진로 설정이나 트렌드 합류의 실패가 바로 기업의 파멸을 의미한다는 것이다. 기업 규모가 얼마나 거대한지, 기업이 한때 얼마나 큰 힘을 가졌는지는 이런 현상에 대해 아무런 영향도 미치지 못한다.

이같은 사실이 바로 하소 플라트너가 쉬지 못하는 이유다. 그는 고령임에도 불구하고 40년 전에 창립한 독일 소프트웨어 기업 'SAP'를 쉴 새 없이 앞으로 전진시키고 있다. 경영진과 직원들에겐 공포스러운 일이다. "나는 아무래도 편집증 환자인 것 같다"고 플라트너는 말했다.

SAP는 글로벌 정보기술(IT) 기업 리그에 참여하

는 유일한 독일 기업이다. 플라트너는 자신이 보기에 너무 굼뜬 SAP 본사를 눈엣가시로 여기고 있다. 지난 7월 31일 SAP의 전 직원에게 보낸 전자우편에 그는 이렇게 적었다. "본사는 관료화 경향이 있고, 결국 그렇게 되었다. 너무 늦은 일 처리, 너무 많은 파워포인트 프레젠테이션, 과도한 통제, 결과 없는 형식적 보고, 끊임없이 떠도는 루머, 경직된 계층 구조, 거짓된 현실 창조, 과거 미화, 고객 소통 부족, 방어주의, 출세주의 그리고 그 외의 많은 문제가 우리 기업문화에 스며들었다."

이는 그를 분노하게 한다. SAP의 발도르프 본사는 이미 3단계 계층 구조를 폐지했지만 모든 것이 아직도 너무 느리게 진행된다는 게 플라트너의 불만이다. 플라트너는 "나는 때때로 발도르프 본사에 있는 개발자들의 멱살을 잡고 흔들면서 '더 빨리 움직여'라고 소리치고 싶다"고 말했다.

예전에 그는 대학생들과 함께 포츠담의 하소 플라트너 연구소에서 발도르프 SAP 본사에서 시작한 데이터뱅크 '하나'(Hana)를 새로운 미래 제품으로 개발했다. 처음에 경영진들은 이를 그다지 반기지 않았다. 발도르프 본사는 기존 기업 소프트웨어를 더욱 최적화하는 것에 주력하고 있었다. 플라트너의 데이터뱅크는 비즈니스에 그다지 적합해 보이지 않았다. 플라트너가 스스로 벤처기업을 차려서 이 제품을 출시하겠다고 위협하자 그때서야 SAP의 경영진들은 그의 의견에 따랐다.

인텔의 공동 창업자 앤드루 그로브는 예전에 테크놀로지 기업의 경쟁에 대해서 "편집증 환자들만 살아남을 수 있다"고 말했다. 정상에 머무르려는 기업은 플라트너처럼 계속 전진하도록 채찍질하는 최고경영자가 필요하다. 아니면 애플을 유례없는 성공으로 이끈 창립자 스티브 잡스처럼 비전을 가진 인물이 필요하다.

■ 미래 혁신의 아이콘은 애플 아닌 구글

2011년 잡스가 세상을 떠난 뒤 애플의 미래에 대한 의심이 끊임없이 제기되고 있다. 새로운 CEO 팀 쿡이 빈자리를 채울 수 있을까? 아직 애플은 아이폰

▶ 마이크로소프트(MS)는 지난 10월 화면 풀 터치 방식의 운영체제 윈도8.1 업그레이드판을 출시했다. MS는 최근 노키아의 휴대전화 사업부문을 인수한 뒤 실지 회복을 노리고 있다.

과 아이패드로 환상적인 수익을 올리고 있지만 만일 곧 새로운 제품이 시장에 출시되지 않으면 신화는 사라질 것이다. 애플의 주가는 지금 고점 대비 30% 하락한 상태다. 현재 애플의 주식 시가총액은 2012년 9월에 비해 2,100억달러가 감소했다. 애플은 여전히 세상에서 가장 멋진 기업이고 애플에서 내놓는 제품은 사람들을 매혹시키지만 가장 큰 힘을 가지고 있는 기업은 구글이다.

창립자 래리 페이지와 세르게이 브린, 그리고 장기간 CEO로 있는 에릭 슈미트를 중심으로 하는 구글의 경영진은 마이크로소프트가 윈도를 가지고 했던 것처럼 구글이 단 하나의 제품에 집중해 다른 모든 사업이 그 아래로 종속되거나 야후처럼 단 하나의 사업 모델에 집중해 그것에 알맞은 부가 제품만 쌓아올리는 일이 없도록 하기 위해 노력했다. 페이스북마저 수많은 노력에도 불구하고 사업 모델이 결국 단 한 가지의 아이디어로 제한되고 있다.

'크게 생각하라!'는 실리콘밸리의 모토이긴 하지만 주저 없이 이 모토를 따르는 기업은 오직 구글, 그리고 어쩌면 아마존뿐이다. 검색엔진의 거인인 구글은 온 힘을 다해 유연성을 유지하기 위해 노력하는 것으로 보인다. 리스크가 큰 미래의 트렌드를 다른 경쟁 기업들보다 훨씬 공격적으로 따라가고, 이를 통해 가능한 영역을 독점하기 위한 것이다.

그 와중에 테크놀로지의 구석구석을 누비는 구글의 여행은 때때로 목적이 없어 보이기도 한다. 하지만 구글은 체계적으로 일을 진행하고 있다. 구글은 자사의 핵심 산업과 거리가 멀어 보이는 분야로 진출하기 위해 다수의 신생 기업을 인수하고 있다.

현재 독점 규제 기구가 구글을 조사하고 있다. 당국은 구글이 과거 마이크로소프트가 했던 것처럼 자사의 시장 장악력을 남용하고 있다고 비난한다. 그러나 마이크로소프트의 권력을 무너뜨린 것은 관청이 아니라 경쟁과 새로운 발전에 제때 반응하지 못한 경영진의 무능력이었다. 이런 사태를 영구적으로 막을 수 있는 하이테크 기업은 없다. 구글도 마찬가지다.

▶ 출처: "디지털 공룡들은 어떻게 몰락했나." Economy Insight, 제43호, 2013. 11. 1.

사・례・연・구・토・의・문・제 Electronic Commerce

01 사례 본문에서는 혁신에서 실패한 노키아등 기업들이 '혁신가의 딜레마'에 의해 희생되었다고 설명하고 있는데, 이는 구체적으로 무엇을 뜻하는지 설명하시오.

02 디지털 혁명 속에서 노키아, IBM, 마이크로소프트, 소니, 그리고 코닥사가 디지털경제에 진입하는데 실패한 구체적인 원인이 무엇인지 기업별로 설명하시오.

03 사례의 저자는 왜 혁신의 상징으로 일컬어지는 애플사보다는 구글이 미래 혁신의 아이콘이 될 것이라고 믿는가?

04 위의 사례연구 본문에 소개된 기업들 사례를 종합할 때 IT 기업이 디지털 경제에서 지속적인 성공을 유지하기 위한 방안은 무엇인가?

제2장

Electronic Commerce

인터넷 비즈니스 모델

개념 사례 카카오톡 - 비즈니스 모델의 끊임없는 진화

카카오톡은 지난 2010년 3월부터 서비스를 시작한 대표적인 모바일 인스턴트메신저다. 카카오톡은 이미 누적가입자수가 1억 명을 돌파했을 정도로 지금도 막강한 영향력을 발휘하고 있다. 하지만 서비스 초기에 가장 큰 문제점으로 지적됐던 것이 바로 확실한 수익 모델이 없다는 점이었다. 메신저 자체가 무료인데다가 높은 트래픽을 사업적으로 활용할 마땅한 대상이 없었던 것이다. 카카오톡은 이 문제를 해결하기 위해 과감히 게임플랫폼 오픈을 결정하였다.

결과는 대성공이었다. 지난 2012년 7월 본격적으로 서비스를 시작한 카카오 게임하기는 모바일 게임 시장의 폭발적인 성장을 견인하며 최고의 게임플랫폼으로 자리잡았다. 카카오 게임하기를 통해 1천만 다운로드를 달성한 게임의 수가 무려 8개에 이른다는 점이 이를 방증하는 대표적인 지표다. 아울러 수익적인 측면에서도 일매출 10억원 이상을 달성하는 게임들이 심심치 않게 늘어났으며 토털 매출 100억원을 돌파하는 게임도 상당수 등장하기도 했다.

무엇보다 카카오 게임하기의 가장 큰 성과로 꼽히는 것은 그동안 게임에 관심이 많지 않았던 일반 대중을 모바일게임 유저로 대거 유입시키는 데 성공했다는 부분이다. 1천만 다운로드는 달성해야 국민 게임이라는 타이틀을 넘 볼 수 있게 된 현실은 카카오게임하기가 그 만큼 유저풀을 확장시킨 결과다. 카카오가 게임플랫폼 론칭 이후 비로소 안정적인 수익 확보에 성공했다는 점 역시 시사하는 바가 크다.

카카오가 카카오톡을 통해 대기업의 면모를 갖추기는 했지만 지금의 성공이 가능했던 건 카카오 게임하기의 역할이 컸다는 것이 전문가들의 중평이다. 그리고 카카오는 그 성과를 바탕으로 글로벌 시장 진출 및 사업다각화를 진행하며 또 한 번의 성장을 준비하고 있다.

▶ 카카오톡은 대표적인 모바일 인스턴트 메신저이다.

최근 카카오톡은 기존 게임플랫폼에서 벗어나 음원서비스를 비롯해 다양한 서비스 모델로 진화하고 있다. 올해 예상 매출액 2,000억 원을 바라보면서 수익 확대에 총력을 기울일 전망이다. 22일 관련업계에 따르면 카카오는 선물하기, 카카오 뮤직 등 자사의 서비스를 이용해 수익을 올릴 수 있는 방안을 마련하고 있다.

카카오는 지난해 매출액 461억 8,147만 원, 영업이익 69억 7,926만 원을 기록한 바 있는데, 올해에 게임 플랫폼에 이어 카카오뮤직 등 각종 모바일 서비스를 독자적으로 출시하며 매출액 2,000억 원대를 목표로 하고 있다. 현재 카카오는 수익의 대부분을 카카오게임하기를 통해 받는 수수료에 의존하고 있다. 카카오톡을 통해 지난해 올린 매출액 중 카카오게임, 선물하기 등을 통해 얻은 중개매출 비중이 68%에 달한다.

게임 플랫폼 역할을 하면서 매출액의 절반 이상을 중계 수수료로 올리고 있는 카카오는 내년부터 독자적인 서비스 판매로 매출을 극대화할 방침이다. 우선 카카오는 최근 레모나 등과 협력을 통해 '카카오 레모나' 상품을 출시하는 등 자체 판매상품을 확대하고 있다. 카카오는 카카오톡 선물하기를 통해

1,000억 대의 매출을 발생하고 있지만, 대부분이 중개 역할에 머무르면서 실제 카카오가 가져가는 수익은 미미한 실정이다. 카카오는 또한 지난 9월 출시한 카카오 뮤직다운로드 수가 500만 이상으로 급증하면서, 업계 1위를 기록하고 있는 멜론에 이어 2위 사업자로 급부상했다.

카카오관계자는 "카카오톡과 카카오스토리가 주요 기능을 했던 카카오플랫폼이 여러 실험을 통해 새로운 비즈니스 모델이 나오면서 꾸준히 성과가 나타나고 있다"며 "그동안 시장에 나오지 않았던 새로운 서비스 모델을 제시한다는 점에 초점을 두고 신규 사업에 집중할 계획"이라고 말했다.

▶ 출처: 디지털타임스, 2013. 12. 22; 헤럴드경제, 2013. 12. 1.

2.1 비즈니스 모델의 기본 개념

비즈니스 모델이란?

최근 수 년간 **비즈니스 모델**이란 용어는 신문, 잡지는 물론 방송에서까지 자주 사용될 만큼 우리사회의 보편적인 단어가 되어버렸다. 인터넷을 기반으로 하는 새로운 사업들은 새로운 모델이 필요하기 마련이다. 새로운 사업을 설계할 때, 사업의 근간이 되는 모델은 사업의 성공을 좌우하는데 결정적인 역할을 하게 된다. 시장이 위축되는 상황에 있는 기업에서도 전환점을 마련하기 위해서는 비즈니스 모델에 대한 고민이 필요하다.

최근 웹에서 구글을 통해 비즈니스 모델이란 키워드를 검색한 한 조사에 의하면 해당 키워드가 포함된 웹페이지가 모두 13억 개가 넘는 것으로 확인됐다. 그러나 이들 웹페이지들에서 사용되고 있는 '비즈니스 모델' 단어의 의미는 서로 약간씩 다른 것으로 나타나, 개념에 대한 보다 정확한 이해가 필요함을 알 수 있다.

비즈니스 모델 관련 저서로 잘 알려진 폴 티머스 박사는 비즈니스 모델을 다음의 세 가지 구성요소로 정의하고 있다(Timmers, 1998). ① 제품, 서비스 및 정보의 흐름에 대한 청사진(여러 비즈니스 주체들 및 각기의 역할 정의), ② 다양한 비즈니스 주체들에 대한 잠재적 효익 정의, ③ 수익출처 정의, 즉 비즈니스 모델에는 누가 사업에 참여하고 이들에게 주어지는 대가는 무엇이며 또 어떻게 돈을 벌 수 있는가 하는 내용이 담겨야 한다는 의미이다.

반면, 비즈니스 모델과 관련하여 잘 알려진 또 한 전문가인 마이클 라파 교수는 비즈니스 모델이란 기업이 수익을 내며 생존해 나가기 위한 목적으로 사업을 수행하는 방식을 의미한다고 정의한다(Rappa, 2000). 비즈니스 모델은 기업이 가치사슬상에서 어느 위치에 속

그림 2-1 비즈니스 모델

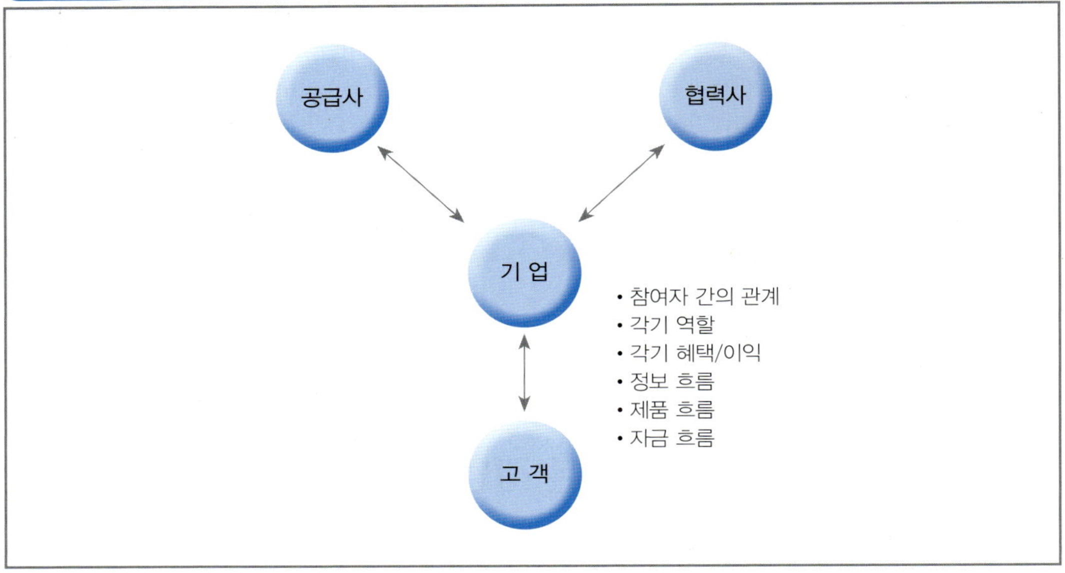

하는가를 명시함으로써 매출을 발생시킬 수 있는 방법을 보여줄 수가 있는 것이다.

위와 같은 정의들을 종합해 볼 때, 비즈니스 모델에는 기업의 고객들과 협력사들과 공급사들 간의 역할 및 관계, 제품과 정보와 자금의 주요 흐름, 그리고 참여자들에게 제공되는 주요 효익의 내용이 담겨야 함을 알 수 있다. 이러한 개념은 **그림 2-1**에 나타나 있다.

비즈니스 모델은 사업계획서와 구별되어야 한다. **사업계획서**(business plan)이라 함은 대개 50~100여 페이지 분량의 상세한 문서로서 재무적 예측자료가 많이 담겨 있다. 새로이 창업을 하기 위해 대출을 신청하면, 금융기관에서는 사업계획서를 요구하게 된다. 금융기관측에서는 대출 신청자가 추후 대출금을 상환할 능력이 있을지 평가하기 위해 상세한 자료를 모두 필요로 한다.

이에 비해, **비즈니스 모델**은 훨씬 압축적이고 상세한 내용을 담을 필요가 없다. 비즈니스 모델은 기업이 수익을 창출하기 위한 구체적 방법을 서술하여야 한다. 사업계획서가 문서 형태로 작성이 된다면, 비즈니스 모델은 업체 대표와 직원들이 머리로 기억할 수 있을 정도로 충분히 작은 개념으로 존재해야 한다. 비즈니스 모델의 주요 아이디어가 만일 문서로 작성이 된다면,한 페이지면 족하며, 여러 마디의 말보다는 하나의 그림으로 표현되는 것이 적합할 것이다.

비즈니스 모델의 구성요소

그림 2-2에서 볼 수 있듯이, 신 경제의 비즈니스 모델은 가치명제, 제품/서비스, 자원시스템, 수익모델의 네 가지 구성요소로 이루어진다(Rayport & Jaworski, 2001). 경영자는 이들 개별 구성요소의 의미를 이해하고 이들을 조심스럽게 개발하는 것이 중요하다.

가치명제

가치명제는 비즈니스 전략의 주요 구성요소 중 하나이다. 전략은 차별화된 고객 가치명제에 기초하여야 하며 고객을 만족시킬 때 비로소 지속가능한 가치의 창출이 가능하다(Kaplan & Norton, 2004). **가치명제**(value proposition)란 타겟 고객군과 주요 경쟁기업이 누구인지, 그리고 회사 제품이 경쟁사 제품과 어떤 점이 고유하게 다른지를 보여주는 요약문이다. 즉, 기업이 제품과 서비스를 묶어 고객에게 가치를 제공하는 독특한 방식을 내포하고 있다.

일반적으로 가치명제는 다음의 세 가지 요소를 포함하여야 한다.

- 타겟 고객계층
- 고객에게 주어지는 가치 혹은 효익
- 기업이 고객가치가 담긴 제품 혹은 서비스를 동종산업의 경쟁사들보다 더 탁월하게 제공할 수 있는 근거

위에 정의된 가치명제는 매우 단순한 고객가치 개념을 내포한다. 반면, 요즘 들어서는 '가치 군'(價值群) 개념이 보편화되고 있다. 즉, 가치 군은 이제 단수가 아닌 복수의 가치 개념으로서 다음의 세 가지 요소들로 구성되어 있다.

그림 2-2 비즈니스 모델의 구성 요소

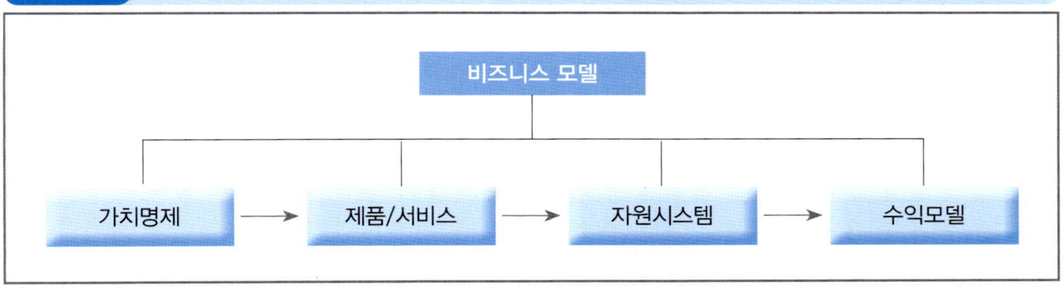

▶ 비즈니스 모델을 구성하는 이들 네 가지 요소는 순차적으로 개발되어야 한다.

- 타겟 고객계층
- 제공중인 고객중심 가치 혹은 효익들의 모음
- 기업 및 협력사들이 해당 가치 군을 경쟁사보다 더 탁월하게 제공할 수 있는 강점

(1) 타겟 고객계층의 선택

가치 군을 개발하는 데 있어 우선 결정해야 하는 요소는 타겟 고객계층이다. 시장 기회를 신중하게 분석함으로써 기업이 경쟁력을 지닌 시장 계층을 발견할 수가 있다. 고객계층을 결정하는 데 있어 고려하여야 하는 주된 두 가지 사항은 시장의 매력도와 기업의 시장 내 경쟁능력이다. 우선 시장의 매력도는 여러 변수들이 복합적으로 작용하지만, 기본적으로 다음의 세 가지 요소들에 의해 좌우된다. ① 시장 규모 및 성장률, ② 충족되지 않은 고객 니즈, ③ 경쟁사의 부재 혹은 약세. 반면, 특정 고객계층 내에서 기업이 경쟁할 수 있는 능력은 고객 가치를 뒷받침할 만한 기업의 비즈니스 핵심능력이 경쟁사에 비해 얼마나 우수한지를 고려함으로써 평가할 수가 있다.

(2) 주요 고객가치의 선택

가치명제나 가치 군을 선정하는 데 있어 두 번째 단계는 타겟 고객계층에게 제공되는 주요 가치나 효익을 결정하는 것이다. 일반적으로 오프라인 마케팅에서는 기업이 한 두 개의 핵심 고객가치를 제공하는 데 주력하여야 하는 것으로 인식되고 있다. 가령, 볼보자동차는 안전이란 가치를, 사우스웨스트 항공사는 편의성과 저가의 가치를 기치로 내걸고 있는 것이 좋은 예라고 할 것이다. 이는 복수 가치를 추구할 경우 소비자들에게 혼돈을 줄 우려가 있고, 또 때에 따라서는 두 개의 가치가 상충하는 경우가 발생할 수 있기 때문이다. 예를 들어, 신속배달과 낮은 가격을 주된 가치로 추구한다고 할 때, 두 가지 모두 충족시키기가 어려워 결국 두 부문에서 중간에 머무르고 마는 사례를 종종 찾아볼 수가 있다.

그러나 온라인 비즈니스에서는 상황이 달라진다. 온라인 기업들은 한 두 개의 가치는 물론 다수 가치를 제공하는 데 초점을 두기도 한다. 가령, 인터넷에서 꽃 제품을 판매하는 대부분 사이트들은 싱싱한 꽃을 배달하는 가치를 내세운다. 그러나 이 중심적 가치 이외에 추가적으로 내세우는 가치들은 해당 사이트들마다 다르다. 일부 사이트들은 특정 꽃 제품의 무료 증정을, 일부 사이트는 신속 배달을, 일부 사이트는 저렴한 가격을, 또 다른 사이트에서는 이들 중 두 가지를 동시에 주요 가치로 삼는 것을 볼 수 있다.

(3) 독특한 차별적 능력의 선택

가치명제의 세 번째 요소는 온라인 회사가 단수 혹은 복수의 고객가치를 경쟁사보다 훨씬 더 탁월하게 제공할 수 있는 방법의 개발이다. 따라서 앞의 두 가지 요소들에 비해, 이

차별적 능력의 선택은 기업 외부보다는 타겟 고객가치의 탁월한 제공을 가능하게 하는 기업내부 및 협력사 관련 요인들과 관련이 깊다. 흔히 이들 요소를 일컬어 **핵심능력**(core competencies)라고 한다.

여기서 주요 이슈는 이들 핵심능력이 가치명제를 구성하는 주요 고객가치와 직접적으로 연관이 되어있는지의 여부이다. 핵심능력은 크게 유형자산(가령, 장소), 무형자산(가령, 브랜드네임) 및 조직 업무수행능력(가령, 공급망관리) 등을 포함한다. 즉, 기업이 특정 능력들을 탁월하게 수행할 수 있음에도 불구하고 이들 능력이 주요 고객가치를 제공하는 데 별 관련이 없을 수도 있다는 의미이다. 주요 고객가치를 제공하는 데 기여를 하지 못하는 핵심능력은 쓸모가 없다.

온라인판매 대상 제품/서비스

일단 가치명제가 구성되면, 그 다음 단계는 온라인상으로 제공하는 제품, 서비스 및 정보(online offering)에 대한 결정이다. 웹사이트의 콘텐츠 및 외관디자인을 설계하기보다는 온라인상에서 판매하게 될 실제 제품이나 서비스를 전반적으로 묘사하는 단계이다. 구체적으로 판매대상 범위를 정하고, 소비자의사결정 프로세스를 예측한 다음, 판매대상 품목을 고객의사결정 프로세스와 매핑하는 일이 필요하다.

(1) 판매대상 범위

범위란 사이트상에서 판매될 제품 및 서비스 유형의 수를 뜻한다. 온라인 기업 중에는 오직 한 부류의 제품만을 판매하는 업체(가령, Flower.com, Yes24.com)가 있는 반면, 매우 다양한 부류의 제품들을 판매하는 업체(가령, Gmarket.com, Interpark.com)도 있다. 일반적으로 중견기업이나 대기업의 경우에는 충분한 자금이 확보된 상태에서 광범한 범위의 제품들을 다루는 사이트로 시작하는 경우가 흔하지만, 영세규모의 온라인 업체들은 경영자가 가장 잘 아는 특정 분야 제품들만을 전문으로 하는 사이트를 구축하는 데 주력하는 양상을 보이고 있다.

(2) 소비자의사결정 프로세스의 예측

온라인 판매대상 제품 및 서비스를 결정하는 데 있어 두 번째 단계는 다양한 제품부류에 대한 소비자의사결정 프로세스를 예측하는 것이다. 소비자의사결정 프로세스는 구매 이전, 구매, 구매 이후의 세 가지 단계로 구성된다. **구매 이전** 단계에서는 소비자가 문제나 니즈의 인식, 아이디어 및 제품의 검색, 대안 평가 등과 같은 세부단계를 거치게 된다. 구매 단계에서는 소비자가 구매결정을 내리고 구매프로세스를 진행한다. 끝으로 **구매 이후** 단계에서는 구매 이후 시점에서의 만족도 평가를 하며, 궁극적으로 충성도 높은 고객이 될 것인

그림 2-3 소비자 의사결정 프로세스

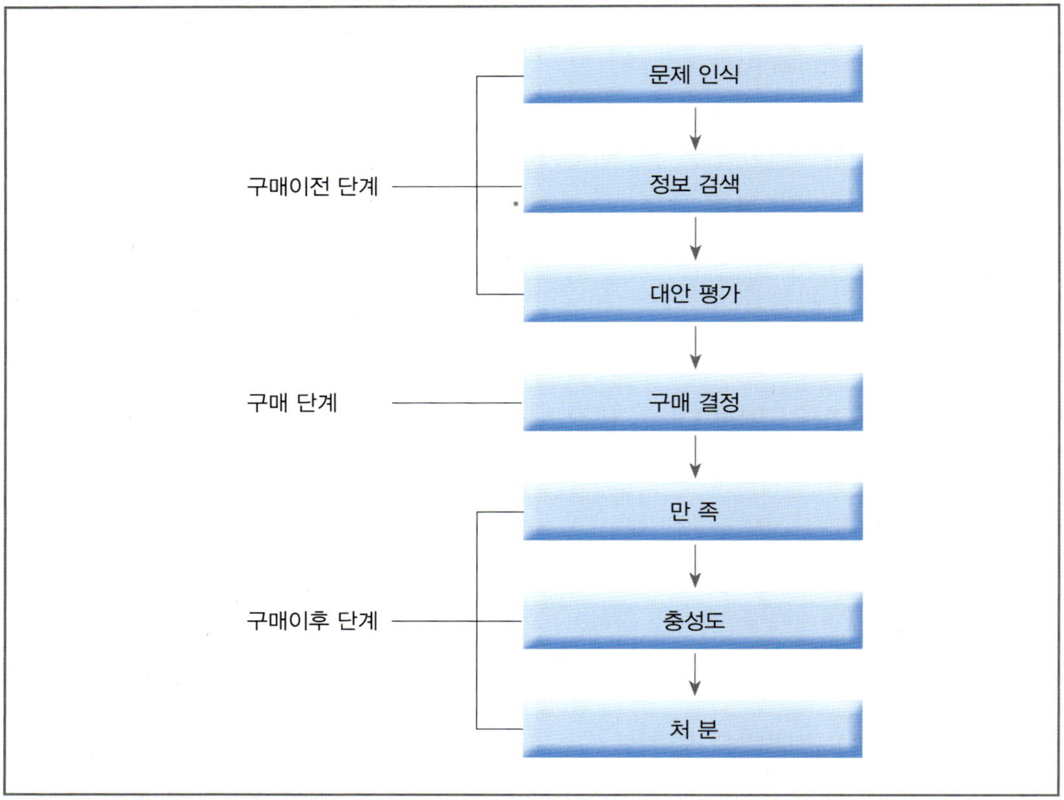

▶ 웹 상점의 고객들은 구매이전, 구매, 구매이후의 3단계에 걸쳐 구매관련 의사결정을 수행하게 된다.

지 검토한다.

(3) 제품 및 서비스의 매핑

그 다음 단계는 온라인으로 판매할 제품 및 서비스를 소비자의사결정 프로세스에 매핑하는 것이다. 웹사이트는 전체 구매결정 과정에 대해 소비자가 직접 체험할 수 있도록 설계되어야 하며, 또 사이트를 지속적으로 재방문하도록 소비자를 독려하여야 한다. 이 의사결정 프로세스는 사이트에 포함된 개별적인 제품카테고리들에 대해 모두 반복적으로 수행되어야 한다.

제품 및 서비스의 매핑에서는 우선 소비자가 선택한 제품카테고리에 대해 거쳐야 하는 의사결정 프로세스의 단계들을 정의하여야 한다. 그 다음으로는 이 다양한 단계들을 거쳐 진행하는 과정에서 소비자에게 도움이 될 수 있는 제품, 서비스 및 정보를 규명해야 한다.

자원시스템

가치명제 및 판매대상 제품 및 서비스의 결정은 회사의 자원시스템에 영향을 주므로 비즈니스모델 개발과정에서 매우 중요하다고 할 수 있다. **자원시스템**(resource system)은 회사가 가치나 가치 군의 효익을 제공하기 위해 내부시스템을 어떻게 조정해야 하는 지 보여줄 수가 있다. 일반적으로 성공적인 회사와 그렇지 못한 회사를 판가름하는 데 있어 주된 요인에는 가치명제뿐만 아니라 가치명제를 제공하는 데 이용되는 활동 및 자원의 선택도 포함된다. 자원의 종류로는 물리적 자원 (사무실, 컴퓨터 등), 지적 자원 (브랜드, 특허, 저작권, 데이터 등), 인적 자원 (임직원), 재무적 자원 (자금) 등이 있다.

(1) 자원시스템의 구축

효익이 우선적으로 결정이 되어야 이를 뒷받침할 수 있는 역량이 결정될 수 있고 또 이 역량을 갖추는데 필요한 자원이 결정될 수 있다. 즉, **그림 2-4**에서처럼 톱다운(top-down) 방식으로 이들 세 가지 요소들을 기획할 필요가 있다. 온라인 환경에서 자원시스템은 다음과 같은 5개 단계를 통해 구축될 수 있다.

- **단계 1**: 가치 군의 주요 효익을 결정한다. 가치명제나 가치 군을 결정하는 과정에서 주요 효익들을 명시한다. 가령, 적절한 가격, 강한 브랜드 네임으로 인한 접근용이성, 기존의 프랜차이즈 네트워크 등이 이러한 효과의 예에 속한다.

그림 2-4 효익, 역량, 자원 간의 관계

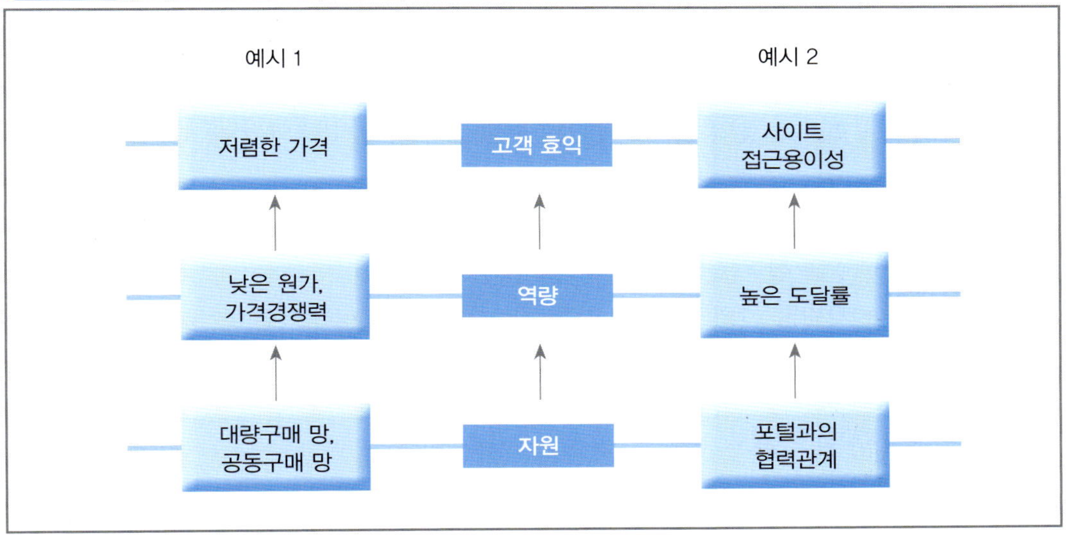

▶ 고객 효익, 역량 및 자원은 톱다운 방식으로 기획되어야 한다(화살표는 영향관계를 나타냄).

- **단계 2**: 각 효익과 관련되는 역량을 결정한다. 두 번째 단계는 소비자에게 특정 효익을 제공하는 데 필요한 역량들을 열거하는 단계이다. 여기서는 회사가 역량을 제공할 능력이 있는지 보다는 역량과 효익 간의 관련성에 주안점을 둔다. 한 예로, 접근용이성이란 효익을 실현할 수 있기 위해서는 웹사이트 인지도, 높은 고객 도달률, 브랜드네임 등의 역량을 갖추는 것이 중요하다.
- **단계 3**: 각 역량에 대해 자원들을 연동시킨다. 역량들이 정해지면, 각 역량을 제공하는 데 필요한 자원들을 결정하여야 한다. 이를테면 기업 역량을 만들어주는 주요 자산, 활동, 협력관계 등이 곧 자원이다.
- **단계 4**: 기업이 각 역량을 얼마나 제공할 수 있는지 결정한다. 네 번째 단계는 회사 내부를 상세히 점검하는 단계이다. 회사가 필요한 모든 역량들을 지니고 있는지, 아니면 외부전문업체에 의뢰를 할 것인지, 아니면 협력사와 연대해 부족한 역량들을 채워나갈 것인가?
- **단계 5**: 역량을 제공하는 데 필요한 자원 확보를 위해 협력사들을 결정한다. 끝 단계는 자원시스템을 채울 수 있는 주요 협력사들을 찾는 단계이다. 가령, '폭넓은 고객 도달률'(wide reach)의 역량을 실현하기 위해 MSN, 네이버, 야후와 같은 온라인 회사들과의 협력이 필요하다고 할 수 있다.

(2) 자원시스템 질의 평가기준

자원시스템의 질을 평가하는데 여러 가지 기준이 적용될 수 있다.

- **시스템의 독특성**: 독특성이란 기업이 제공하는 효익, 역량 및 활동이 경쟁사와 비교해 차별화가 되는 정도를 의미한다. 경쟁사가 쉽게 모방할 수 없도록 자원시스템이 독특하게 구성되어야 한다.
- **역량과 효익 간의 관련성**: 역량들이 각각 고객의 기대효익을 제공하는 데 기여하는가? 그러한 기여의 정도가 강한가 약한가?
- **역량들 간의 관련성**: 역량들과 활동들이 서로 보완적이고 또 지원적인 관계인가? 역량과 활동 간의 연계는 견고한가?
- **자원들 간의 관련성**: 특정 자원들이 상호 강화적인가? 자원들이 상호 보완적인가? 또 이들 자원이 다양한 효익들과는 조화를 이루고 있는가?

수익모델

아무리 창의적이고 탁월한 비즈니스 모델도 수익모델이 애매하거나 결여되어 있다면 아무 소용이 없다. 수익모델이 좋아야만 빠른 기간 내에 재무적으로 탄탄한 회사로 성장할 수 있기 때문이다.

(1) 수익모델이란?

수익모델(revenue model)이란 기업이 온라인 비즈니스를 통해 수입을 발생시키고, 이윤을 내며, 또 투자자본에 대해 높은 수익을 낼 수 있는 방법을 뜻한다. 수익모델과 재무모델은 흔히 동의어로 사용된다. 기업은 이윤 하나로만 성공적인 기업이 될 수 없으며, 이윤을 발생시키고 투자자본에 대해 투자대안들보다는 더 높은 수익을 내야만 성공적인 기업이 될 수 있고 또 생존할 수가 있는 것이다.

가령, 소매점에서 소비자에게 TV 제품을 판매한다고 할 때, 원가보다 더 높은 가격에 판매함으로써 이윤을 발생시키게 된다. 소매점이 처음 사업을 시작할 때에는 초기자본이 있어야 공급사로부터 제품도 구매하고 매장시설도 설치하고 또 종업원도 고용할 수가 있는데, 이 초기자본은 흔히 은행에서 차용하거나 다른 방법을 통해 동원되는 자금이다. 사업을 운영하며 발생되는 이윤은 이러한 투자자본에 대한 수익으로 간주되며 이러한 수익은 부동산투자, 주식투자 등 다른 투자대안의 수익보다는 더 높아야 한다.

(2) 수익모델의 예시

기업이 온라인 공간에서 수익을 발생시킬 수 있는 대표적 방법으로는 크게 다섯 가지 방법을 언급할 수 있다. 이들 방법은 기업이 인터넷 비즈니스를 통해 돈을 벌 수 있는 기본적 방법들의 예시에 불과하며, 본 장의 후반부에서 수익모델의 보다 구체적인 종류를 다양한 비즈니스 모델들을 통해 살펴보기로 한다.

- **광고 수익모델** : 트래픽이 많은 특정 사이트에서 배너 등 광고를 게재하거나 사이트 후원업체 지정을 통해 광고수입을 발생시킬 수 있는 모델이다. 흔히 이들 사이트에서는 사용자들에게 콘텐츠나 서비스를 제공하고 동시에 이들에게 광고를 노출시킨 다음, 광고주들로부터 광고료를 받는 모델이다. 회원수가 많거나 회원들이 전문화/차별화되어 있을 경우 광고단가가 더 높다. 다음, 네이버 등의 포털 사이트들이 이러한 수익모델에 기초해 운영되고 있다.
- **판매 수익모델** : 웹사이트에 온라인 카탈로그를 구축하고 소비자로부터 제품이나 서비스나 정보에 대한 주문을 온라인으로 받아 판매함으로써 수익을 올리는 방법이다. 아마존 닷컴, 롯데 닷컴, 인터파크몰 등이 예에 속한다.
- **거래수수료 수익모델** : 고객-판매자 간의 거래를 촉진시키는 대가로 수수료를 부과하거나 거래액의 일부를 취하는 데서 매출을 내는 모델이다. 예를 들어, 이베이는 가장 규모가 큰 경매사이트로, 온라인 경매 마켓플레이스를 소비자들에게 제공해 주고 소

비자 간의 온라인 판매가 성공할 경우 판매자로부터 소정의 거래수수료를 청구한다.

- **온라인구독료 수익모델**: 온라인 콘텐츠(가령, 잡지, 신문, 혹은 그 밖의 정보서비스)를 구매한 고객으로부터 받는 구독료를 수입으로 삼는 모델을 의미한다. 무료 콘텐츠를 유료화할 경우 성공을 할 수 있기 위해서는 유료 콘텐츠가 높은 부가가치를 지니고 있고 또 타사가 쉽게 모방해 제공할 수 없다는 점을 부각시켜야 한다.
- **제휴관계 수익모델**: 제휴관계 수익모델은 트래픽이 많이 몰리는 사이트를 방문한 고객들이 제휴관계에 있는 제3자 업체 사이트에서 구매하도록 유인함으로써(가령 온라인 판촉이벤트를 소개함) 매출기회를 확대시켜 주고 그 대가로 소개수수료를 받는 모델이다. 이 모델에서는 일반적으로 매출이 실제로 발생한 경우에 한해서만 거래금액의 일정 퍼센티지에 해당하는 수수료를 받게 된다.

현 · 장 · 사 · 례 Electronic Commerce

기업공개 앞 둔 트위터, 확실한 수익모델없어 우려

3년여 전 시위자들은 '아랍의 봄' 반정부시위때 트위터로 조직을 체계화했고, 버락 오바마 미국 대통령은 2012년 재선에 성공하고 SMS로 당선소감을 밝힌 바 있다. 팝스타 레이디가가도, 프란치스코 교황도 트위터 활동을 활발하게 하기는 마찬가지다. 이 같은 거대한 힘을 가졌음에도 불구하고, 트위터는 올 3분기 적자규모가 6,500만 달러를 기록하는 등손실이 커져만 가고 있다. 이는 지난해 같은 기간에 비해 3배 이상 증가한 수치다.

월스트리트 애널리스트들은 내달 초 뉴욕 증시 상장을 앞 둔 트위터가 수익을 내고 있지 못하는 것에 대해 우려를 드러냈다. 실제로 AP통신과 CNBC가 미국에서 진행한 설문조사에서 47%에 달하는 응답자가 '트위터는 좋은 투자처가 되기 어렵다'는 반응을 보였다. 물론 기업공개(IPO)가 되기 전의 적자가 주가의 지표가 되는 것은 아니다. 아마존은 16년전 상장을 앞두고 큰 손실을 기록했고, 이후에도 종종적자를 기록했지만 현재 주가는 공모가의 180배 이상이다. 트위터는 IPO 신청투자자들을 위해 200페이지가 넘는 방대한 서류더미를 제공하고 있지만 과연 회사가 광고 실적을 높여 출혈을 멈출지는 아무도 모르는 일이다.

■ 트위터 기업공개, 기대반 우려반

비관론자들은 트위터의 수익모델이 확실하게 정해지지 않은 데 비해 IPO가 너무 이르다고 지적하고, 낙관론자들은 불과 7년 만에 세계의 소통창구가 된 회사가 수익창출에 성공할 것을 믿어 의심치 않는다. 미국투자은행 웨드부시시큐리티즈의 분석가 마이클패처는 "트위터는 이제 걸음마 단계에 불과하고, 더욱 많은 사람들이 몰리게 될 것"이라며 "어떻게 광고를 판매할 지 알아내는 것은 시간문제"라고 내다봤다.

이에 대해선 많은 금융자산관리자들이 동의하고 있다. 앞서 트위터는 공모가를 20달러로 추측했지만 지난 4일에는 25달러로 예상하고 있다고 밝힌 바 있다. 낙관론자들은 트위터의 적자가 오히려 반갑기까지 하다. 회사 측이 이용자와 광고 비즈니스를 위해 수 억달러를 투자하는 것을 원하고 있기 때문이다.

지난 2월 미국 슈퍼볼 기간에 오레오 제조회사인 몬델리즈는 쿠키사진과 함께 광고문구를 SMS를 통해 내보냈고, 불과 몇 시간 만에 1만 5,000건의 리트윗(재전송)이 발생했다. 또 이달 초 뉴잉글랜드 쿼터백인 탐브래디가 승점을 올렸을 때 NFL은 트위터 팔로워들에게 8초 가량의 버라이존 광고가 앞에 붙은 게임 영상을 보내기도 했다. 리서치펄름 e마케터의 애널리스트 데브라아호 윌리엄슨은 트위터가 광고업계를 뒤흔들 수 있는 다양한 방법이 있을 것으로 보고 있다. 윌리엄슨은 "대부분의 사람들은 스마트폰이나 모바일 디바이스를 통해 트위터를 접속한다"며 "트위터는 집에 머물고 있지 않은 이들을 위한 이상적인 매체"라고 밝혔다.

■ 트위터가 직면한 문제는?

IPO 문서에는 가장 큰 광고주가 누구인지, 언제쯤 이윤을 낼 계획인지 등 명확하지 않은 부분도 많다. 한가지 확실한 것은 이용자 증가세가 점점 줄어들고 있다는 점이다. 트위터는 지난 9월 2억 3,200만 사용자를 돌파했다. 6~9월까지의 성장세는 6%였다. 하지만 지난해 같은 기간의 성장률은 이보다 2배는 높았다.

문제는 또있다. 2억 3,200만명의 회원은 온라인 광고 시장의 경쟁자인 페이스북회원(11억 9,000만명)의 5분의 1에 불과하다. 브라이언 비저피보탈 리서치그룹 애널리스트는 "트위터는 틈새시장을 노린 비즈니스지만 광고상품을 개발해야 한다"며 "트위터는 일반적으로 IPO를 앞둔 회사보다 수익성 모델이 뒤쳐졌기 때문에 일반투자자보다 벤처캐피탈리스트에게 더욱 적합한 투자 모델"이라고 밝혔다.

그러나 트위터의 IPO 시기만큼은 최적인 것으로 보인다. 현재 기술주 중심의 나스닥지수는 올들어 30% 상승했다는 것이다. 이에 수익을 내지 못하던 관련 주식도 함께 주가가 크게 올랐다. 한편 신생온라인게임 업체인 징가(Zynga)는 2011년 상장한 후 주가가 15달러 선까지 올랐지만 5일(현지시간) 기준으로 3.79달러를 기록하는 데 그쳤다.

▶ 출처: 뉴시스, 2013. 11. 6

2.2 인터넷 비즈니스 모델의 분류 틀

전통적인 비즈니스 모델은 그 종류도 다양하다. 단순히 제품을 생산해 고객에게 판매함으로써 수익을 발생시키는 제조업 모델은 오늘날 아직도 여러 기업들이 따르고 있는 보편적 모델이다. 반면, 복잡한 비즈니스 모델도 있는데 방송사업이 좋은 예에 속한다. 지난 수

그림 2-5 인터넷 비즈니스 모델의 분류체계

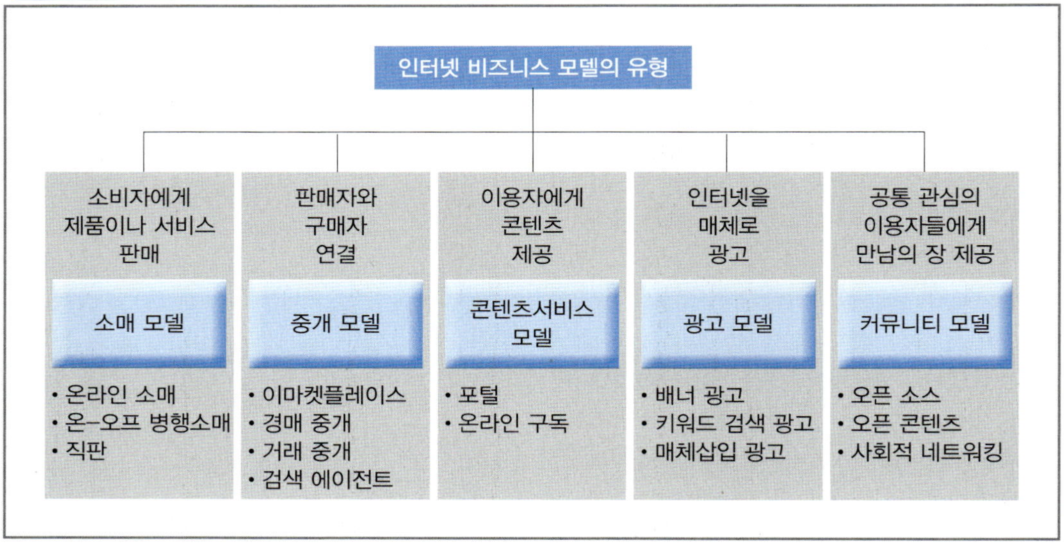

▶ 인터넷 상거래의 비즈니스 모델은 소매, 중개, 콘텐츠서비스, 광고, 커뮤니티의 다섯 가지로 분류해 살펴볼 수 있다.

십 여 년간 라디오와 텔레비전 프로그램은 전파를 따라 수신기가 있는 사람 누구에게나 무료로 제공되었다. 방송사는 배급사, 콘텐츠 제작사, 광고주 및 시청자(혹은 청취자)를 망라하는 복잡한 네트워크의 일부이다. 이 네트워크의 참여주체들이 각각 어떤 역할을 통해 얼마만한 수익을 내는가는 결코 쉽게 이해할 수 있는 것이 아니다.

한편, 인터넷은 기존의 비즈니스 모델 패러다임에 많은 변화를 가져왔다. 인터넷이 제품과 서비스를 판매할 수 있는 새로운 채널이라는 인식이 확산되면서, 예전에 존재하지 않던 희귀한 모델들도 많이 나타나고 있다. 이용자가 광고 웹페이지를 볼 때마다 현금을 적립해주는 업체에서부터 전자상거래의 대금결제 서비스를 대행해주고 그 수수료를 챙기는 업체에 이르기까지 그 종류도 다양하다.

인터넷 비즈니스 모델을 어떤 유형들로 나누어 살펴봐야 하는지는 각기 보는 시각 및 관점에 따라 서로 다를 수 있으나, 기존의 분류 틀들(가령, Paul Timmers, Michael Rappa, Linda Applegate 등)을 종합해 볼 때 인터넷 상거래의 비즈니스 모델들은 **그림 2-5**에서와 같이 소매, 중개, 콘텐츠서비스, 광고, 커뮤니티의 다섯 가지 카테고리로 나누어 살펴볼 수 있다. 물론 이들 이외에도 다른 모델이 있을 수 있지만, 여기서는 이들 모델들에 국한해 비즈니스 모델 종류를 알아보기로 한다.

소매 모델

최종소비자를 대상으로 온라인상에서 제품을 판매하는 사이트들이 소매 모델(digital storefronts)에 해당한다. 소매 모델은 이러한 온라인 판매사이트를 운영하는 방식에 따라 온라인 소매, 온-오프 병행소매, 그리고 직판의 세 가지 형태로 나누어진다.

표 2-1 소매 비즈니스 모델

비즈니스 모델	설 명	예
온라인 소매	웹상에서만 제품을 판매하는 소매업체	아마존, 버추얼와인
온-오프 병행소매	전통적인 소매업체가 기존의 오프라인 상점과 웹사이트 상점을 병행해 제품 판매	반스앤노블, 롯데쇼핑
직판	제조업체가 생산한 제품을 중간유통과정을 거치지 않고 직접 웹을 통해 판매	델컴퓨터

온라인 소매

온라인 소매(e-tailer)는 완전히 온라인상으로만 존재하는 소매 상점으로서 쇼핑몰과 같은 닷컴 기업들이 이에 속한다. 이들 사이트에서는 끊임없는 혁신을 통해 양질의 고객서비스를 제공하는 것이 핵심 이슈로 인식되고 있다. 아마존의 경우 창업자 제프 베조스(Jeff Bezos)의 리더십 아래 개인화, 관련상품 자동추천, 구매경험자 커뮤니티 등 다양한 창의적인 기법의 적용으로 온라인 소매 분야에서 선두를 달리고 있다.

온-오프 병행소매

온-오프 병행소매는 전통적인 매장 및 물류망을 가지고 제품을 판매하는 오프라인 상점이 온라인 판매시스템을 구축해 두 가지 판매채널의 시너지 효과를 추구하는 모델이다. 전통기업(brick and mortar)과 온라인기업(click and click)의 병행 형태인 온-오프라인 기업(click and mortar)에 해당한다.

한 예로, 미국의 유명 장난감 체인 **토이스러스**(Toys-R-Us)는 인터넷에서 제품을 구매한 고객이 집 인근의 토이스러스 점포를 방문해 제품을 반품 혹은 교환할 수 있는 서비스를 제공함으로써 매출이 크게 늘어났다. 이는 순수 전통기업이나 순수 닷컴기업만으로는 소비자의 요구에 신속하게 대응하는 것이 어려우며, 또 오프라인 부문과 온라인 부문의 강점을 잘 결합시켜 상승효과를 발생시키는 것이 성공을 위해 중요하기 때문이다.

백화점과 같은 오프라인 상점의 관점에서 볼 때, 온라인 비즈니스는 추가적인 매장임대 및 인력 비용을 들일 필요가 없이 매출을 확대할 수 있고, 온라인 카탈로그를 통해 소비자들의 제품선택의 폭을 크게 확대할 수 있을 뿐 아니라, 효율적인 개별화 마케팅 기법으로 소비자 니즈를 보다 효과적으로 지원할 수 있어 더 없이 매력적이다.

직 판

직판 모델(direct model)은 제조업체가 생산한 제품을 중간유통과정을 거치지 않고 직접 웹을 통해 판매함으로써 속도를 향상시키고 비용을 절감하는 비즈니스 모델이다. 델컴퓨터가 처음 시작하였으나 도시바 등 다른 하이텍 제품 메이커들도 이를 도입하고 있는 추세이다. 반면, 리바이 스트라우스(Levi Strauss)사는 이와 유사한 모델을 통해 소비자에게 청바지 제품을 직판하기 위한 웹사이트를 수백만 달러를 들여 구축했으나 실패로 끝나 온라인 운영을 모두 철수하기도 했다.

직판 모델의 핵심은 제품이 공장을 떠나 소비자에게로 전달되는 과정에서 중간매개 기능의 제거(disintermediation)이다. 즉 인터넷을 통해 소비자와 직접 상대함으로써 판매채널의 효율성을 극대화함과 동시에 구매자에게 저렴한 가격의 혜택을 제공할 수가 있는 것이다.

중개 모델

비즈니스 거래에서 중개자(broker; intermediary)란 구매자와 판매자를 서로 소개해 주고 거래를 촉진시켜 주는 역할을 수행한다. 흔히 중개자는 B2B, B2C 및 C2C 시장에서 각각 중개역할을 담당하며 성사된 거래에 대해 수수료를 부과한다.

이마켓플레이스

이마켓플레이스(e-marketplace)는 인터넷기술에 기반한 온라인 장터로서 판매자와 구매자를 서로 연결해주는 중개자 역할을 한다. 이마켓플레이스는 크게 B2B와 B2C의 두 가지 유형으로 나뉜다. B2B 이마켓플레이스는 웹사이트상에서 구매기업들의 발주시스템과 판매기업들의 수주시스템을 통합시켜 비즈니스 거래를 수행하기 위한 단일프로세스를 만들어 주는 것을 목적으로 한다. 여러 구매자들과 여러 판매자들의 거래관계를 통합적으로 관리하는 데서 오는 효율성으로 인해 오늘날 이마켓플레이스를 통해 기업간 상거래를 수행하는 기업들이 빠르게 늘고 있는 추세이다. 흔히 B2B 이마켓플레이스는 관련 콘텐츠를 제공하고, 시장조사에서 가격협상 및 제품발송에 이르기까지 거래프로세스와 관련한 서비스를 제공하는 것이 특징이다. 화학제품을 취급하는 **켐덱스**(Chemdex.com)나 국제 무역거

표 2-2 중개 비즈니스 모델

비즈니스 모델	설 명	예
이마켓플레이스	웹상에서 판매자와 구매자가 함께 제품을 보며 거래를 할 수 있는 공간 제공; 시장조사에서 가격협상 및 제품 발송에 이르기까지 거래프로세스와 관련한 서비스 제공; B2B 및 B2C 마켓플레이스 포함	빌더스넷 (건설), 켐덱스 (화학), 티페이지 (무역) G마켓, 11번가
경매 중개	판매자를 위한 경매 진행; 판매자에게서 거래가격에 비례하는 수수료를 받음; 순경매, 역경매 등 여러 형태가 존재함	이베이, 옥션
거래 중개	판매자와 구매자가 거래를 성사시키기 위해 필요한 서비스 제공(지불서비스, 정보서비스 등)	페이팔, 에스크로우, E*TRADE
검색 에이전트	구매자의 요청에 따라 제품이나 서비스의 가격 및 재고 보유 여부를 자동으로 찾아낼 수 있는 소프트웨어 에이전트	마이사이몬, 네이버 쇼핑, 다음 쇼핑

래 중개자 역할을 하는 **티페이지**(Tpage.com)가 B2B 이마켓플레이스의 예에 속한다. 반면 B2C 이마켓플레이스(혹은 오픈마켓)는 판매자들이 입점할 수 있는 온라인 장터를 제공하는데, 이곳에서 판매자와 소비자가 자유로이 거래를 할 수 있다. 중개자가 주문, 결제, 배송 추적 등의 기능을 자동화할 수 있는 소프트웨어 인프라를 제공하므로, 판매자는 이러한 거래시스템을 이용해 편리하게 거래를 수행할 수 있으므로, 거래가 발생할 때마다 그 댓가로서 수수료를 중개자에게 지급한다. 우리나라의 B2C 이마켓플레이스의 3대 주자는 G-마켓, 옥션 및 11번가이다.

경매 중개

경매 중개(auction broker)는 우리가 흔히 알고 있는 전통적인 경매를 인터넷 환경에 옮겨놓은 형태로 주로 골동품, 미술작품, 농산물 등 매매가격을 정하기가 애매한 상품을 판매하는 데 적합한 거래형태이다. 판매자가 판매할 물품과 관련한 명세, 사진, 경매시작일, 경매종료일, 시작가 등의 정보를 등록하면, 해당기간 동안 관심 있는 구매자들이 시작가에서 시작해서 매번 현재 최고가보다 더 높은 가격을 명시하며 입찰(bid)을 온라인상으로 제출한다. 경매가 종료되면 시스템이 제출된 입찰 중에서 가장 높은 가격의 입찰자에게 낙찰을 통보하며, 판매자와 구매자 간에 대금지불 및 물품발송 절차가 수행된다. 거래가 성사될 때마다 판매자는 일정 퍼센티지의 수수료를 경매 중개자에게 지불한다.

세계에서 가장 규모가 큰 온라인 경매사이트인 이베이는 제품을 직접 판매하지 않는 대신, 물품정보의 제공, 입찰, 대금결제 등 전반적인 온라인 경매 프로세스를 촉진시키기만 한다. 우리나라의 옥션 사이트에서도 개인 간의 매매거래는 물론 기업들이 잉여재고 제품을 처분할 수 있는 거래가 온라인 경매를 통해 이루어지고 있다.

온라인 경매의 방식은 크게 세 가지로 분류된다. **영국 경매**는 시작가가 낮게 설정되며 점차 단계적으로 입찰가가 높아지는 경매 모델이다. 대부분의 모든 온라인 경매들이 영국 경매 방식을 이용한다. **독일 경매**는 한 경매에서 다수의 동일 물품을 제시하는 모델로서, 최고가 입찰자가 물품을 낙찰받게 된다. 모든 낙찰자들이 동일 가격의 지불을 통해 모든 물품들을 구매할 수 있는 기회를 부여받는다. 끝으로, **역경매**는 구매자와 판매자의 역할이 뒤바뀌는 경매의 한 유형으로서 주된 목표는 물품가격의 인하이다. 일반적인 경매에서는 구매자들이 제품이나 서비스를 구매하기 위해 경쟁을 하는 반면, 역경매에서는 판매자들이 제품을 구매하기 위해 경쟁을 하게 되며 그 보편적 예가 대학 관제과에서 컴퓨터 메이커들이 참여하는 구매입찰 경매를 통해 컴퓨터를 대량 구매하는 것이다. 온라인 경매에 관해서는 제9장에서 더 상세히 다루기로 한다.

거래 중개

거래 중개(transaction broker)는 판매자와 구매자가 온라인상에서 시간 및 노력을 절감하며 용이하게 거래를 수행할 수 있도록 거래에 필요한 서비스를 제공한다. 대표적인 예로 거래 대금결제를 중개하는 **페이팔**(PayPal.com)과 **에스크로우**(Escrow.com)를 들 수 있다. 이베이 소유회사인 페이팔은 이메일 주소가 있는 이용자면 누구나 온라인으로 물품대금을 지불하거나 수취할 수 있는 인터넷 기반의 지불시스템을 운영하는 회사로서 지불자와 피지불자를 서로 연결해 주고 있다. 또한 에스크로우는 물품매매 거래에 합의한 구매자로부터 물품대금을 수취해 이를 일시적으로 예치했다가 판매자의 물품수령 후 판매자에게 대금을 입금해 줌으로써 판매자가 안전하게 물품대금을 수취할 수 있는 서비스를 제공하는 회사이다. 물품대금의 일정 퍼센티지를 수수료로 요구하는 이 서비스는 판매자가 구매자의 대금결제 약속을 신뢰할 수 없는 경우에 널리 이용된다. 거래 중개의 또 하나의 예는 **이트레이드**(E*Trade)로서, 이 회사는 온라인 주식매매를 위해 주식투자 결정에 도움이 되는 경제 및 기업재무 관련 정보를 제공함으로써 인터넷상에서 주식의 판매자와 구매자가 원활히 매매거래를 할 수 있도록 연결고리 역할을 하고 있다.

검색 에이전트

검색 에이전트(search agent)는 '로봇'이라고도 알려져 있는 소프트웨어 에이전트로서 쇼핑몰들에 대해 실시간으로 특정 제품이나 서비스의 가격을 탐색하거나 찾기 어려운 정

그림 2-6 네이버쇼핑의 가격비교 검색 에이전트 예시화면(www.naver.com)

▶ 삼성전자 지펠 제품을 판매하는 쇼핑몰들이 낮은 가격순으로 나열되어 있다.

보를 찾아내는 목적으로 이용된다. 검색 에이전트의 역할은 이용자가 수행해야 하는 웹상에서의 정보탐색 과업을 대신 수행해 줌으로써 이용자의 시간을 절감해주는 데 있다. 우리나라의 가격비교 사이트로는 네이트(nate.com), 네이버(naver.com) 등이 있다. **그림 2-6**에서와 같이, 특정 제품 모델을 키워드로 입력하면 관련 쇼핑몰들이 가격순으로 나열되어, 가장 저렴한 가격으로 구매할 수 있는 쇼핑몰을 쉽게 찾을 수가 있다.

콘텐츠서비스 모델

이용자에게 관심대상이 될 수 있는 콘텐츠를 사이트에 구축하고 이를 이용자의 사이트 방문을 유도하기 위한 수단으로 삼는 사이트들이 콘텐츠서비스 모델에 속한다. 콘텐츠가 중심이 되므로 타겟 이용자들의 흥미를 끌 만한 관심사항을 분석하고 이에 따라 콘텐츠를 적절히 구성하는 노력이 관건이다.

표 2-3 콘텐츠서비스 비즈니스 모델

비즈니스 모델	설 명	예
포 털	기본적으로 일종의 검색엔진에 해당하며, 흔히 뉴스, 엔터테인먼트 정보 등 부가가치를 높일 수 있는 다양한 콘텐츠나 서비스를 제공하며, 광고 판매를 통해 수입 발생	다음, 네이버, MSN, 네이트
온라인 구독	연회비나 구독료를 지불한 이용자들이 음악, 사진, 동화상 등의 디지털 콘텐츠를 일정 기간 동안 무제한 접근할 수 있도록 허용함	전자신문, 아이뉴스24, 아이튠(음악), 코비스(사진)

포 털

웹 포털(portal)은 일종의 검색엔진을 통해 인터넷에 존재하는 다양한 정보 자원으로 사용자를 연결해 줄 수 있는 단일 관문이며, 이용자들의 방문을 유도하기 위해 뉴스, 날씨, 주식가격, 오락 등 다양한 콘텐츠를 지속적인 업데이트를 통해 무상으로 제공한다. 우리에게 익숙하게 알려진 다음, 네이버, MSN, 네이트가 모두 포털의 예에 속하며, 이들 웹 포털은 기본적인 웹검색 기능은 물론 이메일, 커뮤니티(카페), 블로그 등의 부가서비스를 무료로 제공하고 있다. 포털 모델의 궁극적인 목적은 가능한 한 많은 트래픽을 사이트로 집중시키고 이들에게 배너 광고, 검색 광고 등 광고정보를 노출시킴으로써 수익을 발생시키는 것이다.

포털 모델의 주요 특성 중의 하나는 다양한 콘텐츠를 통일된 방식으로 배열하는 사용용이한 비주얼 인터페이스이다. 또 사회 각계각층의 사용자들 간의 커뮤니케이션도 효과적으로 지원되므로, 최근에는 국내 언론사들도 국민적 관심도가 높은 이슈에 대해서는 포털사이트에 나타난 네티즌들의 의견을 반영해 기사를 작성하는 추세이다. 그만큼 포털사이트가 국민들의 의견 및 감정을 신속하게 예측할 수 있는 수단으로 이용되고 있다는 의미이다.

온라인 구독

온라인 구독(subscription) 모델은 사진, 동화상, 음악, 영화, 게임, 애니메이션, 강의모듈 등의 전문 콘텐츠를 웹사이트에 구비해 놓고 이를 이용하기 위해 연회비 혹은 온라인 구독료를 지불한 이용자에게 콘텐츠를 제공하는 방식이다. 가령, 미국의 뉴욕타임즈, 비즈니스위크, 타임 등의 신문 및 잡지사는 이 모델을 이용해 오프라인 기사를 온라인상으로 서비스함으로써 수익을 내고 있다. 그러나 우리나라의 온라인 신문, 음악, 교육 사이트 등의 콘텐츠서비스업체들을 통해서도 알 수 있듯이, 웹사이트에서 제공하는 무형의 디지털 상품은 물리적 상품과 달리 유상으로 판매하는 것이 매우 어려우며, 콘텐츠의 유료화는 오늘날 디지털 콘텐츠를 판매하는 닷컴 기업들에게 주요 관건이 되고 있다.

콘텐츠 판매에 있어 온라인 구독 모델과 온라인 소매 모델을 서로 구별할 필요가 있다. 오늘날 음악, 영화, 강의모듈 등 많은 디지털 상품들이 **온라인 구독 모델**을 통해 연 혹은 월의 기간 단위로 서비스되는 반면, 상품의 수요가 주로 낱개로 발생하는 학술지 논문, 연구 보고서, 혹은 방송국의 VOD 방송서비스는 앞서 소개된 **온라인 소매 모델**에 근거해 장바구니식 구매방식을 따르고 있다.

광고 모델

오늘날 광고 모델은 인터넷이 존재하는 가장 중요한 이유 중의 하나로 인식되고 있다. 그만큼 많은 기업들이 인터넷을 자신들의 기업 및 제품을 일반 대중들에게 알리기 위한 마케팅 수단으로 여기고 있다는 의미이다. 따라서 요즈음 기업들의 총광고지출의 비중은 오프라인 광고에서 온라인 광고로 이동해 가고 있는 추세이다. 아래에 소개된 세 개의 광고 모델들은 광고를 노출시키는 방식에 따른 분류이다.

배너 광고

다음, 네이버 등 많은 포털 사이트들이 채택하고 있는 광고노출 방식으로서 사이트에 풍부한 뉴스, 동영상 등의 콘텐츠를 갖춰놓고 이를 이용하기 위해 방문한 이용자들에게 배너 모양의 광고정보를 노출시켜 수익을 발생시키는 모델이다. 주요 수입원은 광고주들이 배너 광고의 게재에 대해 지급하는 광고료이며, 광고료의 금액은 배너 광고의 노출정도, 즉 광고를 보는 방문자의 수에 의해 결정되므로, 광고주로서는 원하는 클릭 수를 보장받지 못할 수

표 2-4 광고 비즈니스 모델

비즈니스 모델	설 명	예
배너 광고	사이트에서 제공되는 뉴스, 동영상 등의 콘텐츠를 이용하기 위해 방문한 이용자들에게 배너모양의 광고를 노출시켜 광고효과를 발생시킴	CNN, MS-NBC, 뉴욕타임즈, 다음, 네이버
키워드검색 광고	키워드의 검색결과 화면에서 해당 키워드를 타겟으로 하는 광고 링크(가령, 구글의 스폰서 링크)의 순위를 판매하는 방식으로, 타겟마케팅에 적합함	구글, 오버추어, 네이버
매체삽입 광고	사이트의 모든 동영상 클립들이 무료로 제공되는 대신, 해당 동영상의 시작부분이나 끝부분에 광고를 삽입함으로써 광고효과를 발생시킴	CNN, NBC, KBS, 판도라 TV

있다는 단점이 존재한다.

배너는 일반적으로 이미지 형태로 제작되며, 사용자가 배너 이미지를 클릭하면 해당 광고주의 웹사이트로 이동하므로 더 상세한 제품 혹은 서비스의 정보를 접할 수 있게 된다. 그러나 배너 광고에 대해 거부감을 일으키는 사람들도 많고, 또 대부분 네티즌들은 특별한 니즈가 없는 한 배너를 클릭하지 않는 경향이 강하기 때문에, 배너 안에 간결하면서도 기억에 오래 남을 만한 인상적인 문구를 수록하는 것이 관건이다. 주로 대기업의 이미지나 브랜드의 인지도를 강화하는 데 효과적인 온라인 광고방법이다.

키워드 검색 광고

배너 광고가 이미지 기반의 광고라면, 키워드 검색 광고는 텍스트 기반의 광고에 해당한다. **그림 2-7**에서 볼 수 있듯이, **키워드 검색 광고 모델**이란 키워드의 검색결과 화면에서 해당 키워드를 타겟으로 하는 광고 링크(가령, 구글의 스폰서 링크)의 순위를 판매하는 방식으로서, 순위가 빠른 링크일수록 광고단가가 더 높게 적용되는 모델이다. 이 모델은 기본적으로 특정 니즈나 목적을 가지고'키워드'를 검색하는 적극적인 고객을 대상으로 한 타겟

그림 2-7 다음의 키워드 검색 광고 예시화면

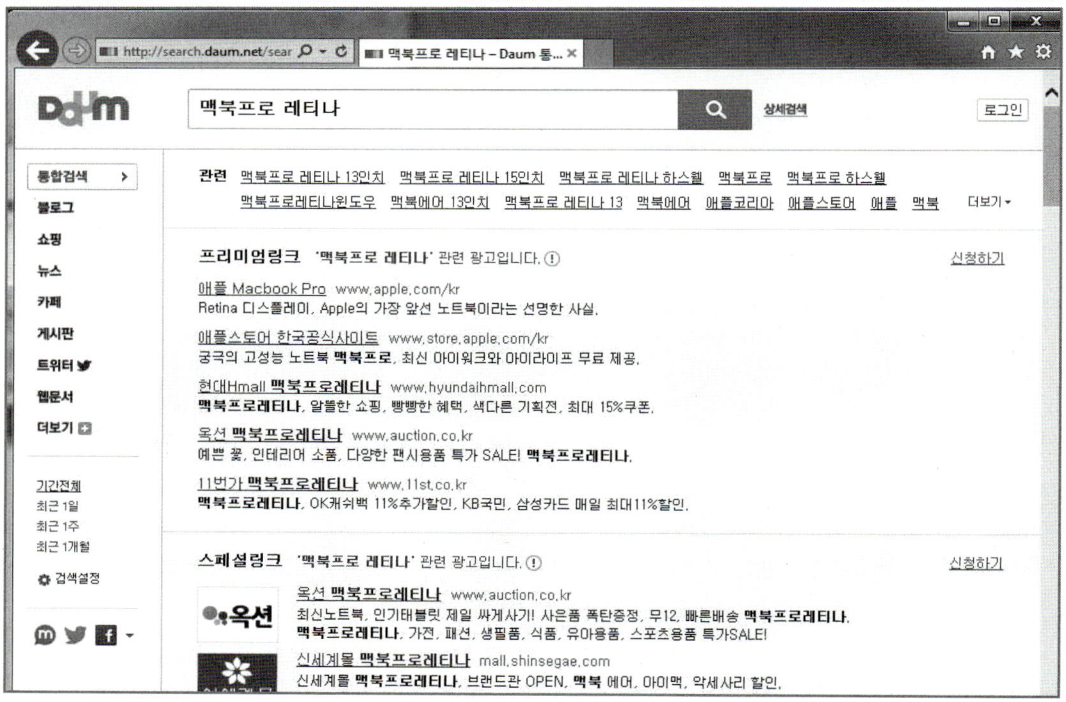

▶ '맥북프로 레티나'란 키워드의 검색결과 화면에서 특정광고들이 프리미엄 링크 혹은 스페셜 링크에 표시되어 있어, 매우 쉽게 눈에 띄기 때문에, 관심 있는 사용자는 광고링크를 클릭할 수 있다.

마케팅에 적합하다. 가장 대표적인 예가 구글과 오버추어(Overture)이다.

이들 사이트에 수록된 검색광고의 비용은 클릭당 단가(cost per click: CPC)에 근거해 산출된다. 예를 들어, 클릭당 단가를 100원으로 하여 수록된 어느 검색 광고 링크가 하루동안 네티즌들에 의해 모두 1,000번이 클릭되었다고 할 때, 이 광고주는 10만원(=100×1,000)을 1일 총광고료로 지불해야 한다. 일반적으로 이 클릭당 광고단가는 경쟁입찰방식으로 결정되므로, 가장 높은 가격으로 입찰에 참여한 광고주의 광고가 가장 상위에 노출된다. 검색 광고의 핵심인 '키워드'의 평균 단가는 업종이나 제품, 그리고 계절적 요인에 의해 달라진다.

키워드 검색 광고는 초창기의 중소기업이나 영세업체에서 효과적인 광고수단으로 큰 인기를 얻었고, **문맥광고**(contextual advertising)의 형태를 통해 노출광고 영역으로의 확장도 도모하고 있다. 하지만, 최근 키워드 검색 광고의 부정클릭(가령, 의도적으로 허위 클릭을 발생시킴) 위험성이 널리 알려지면서 논란의 대상이 되기도 했다.

매체삽입 광고

요즈음 인터넷 이용자들의 동영상에 대한 관심이 빠르게 늘어나면서, 새로이 등장하기

그림 2-8 매체삽입 광고의 예시화면(출처: www.youtube.com)

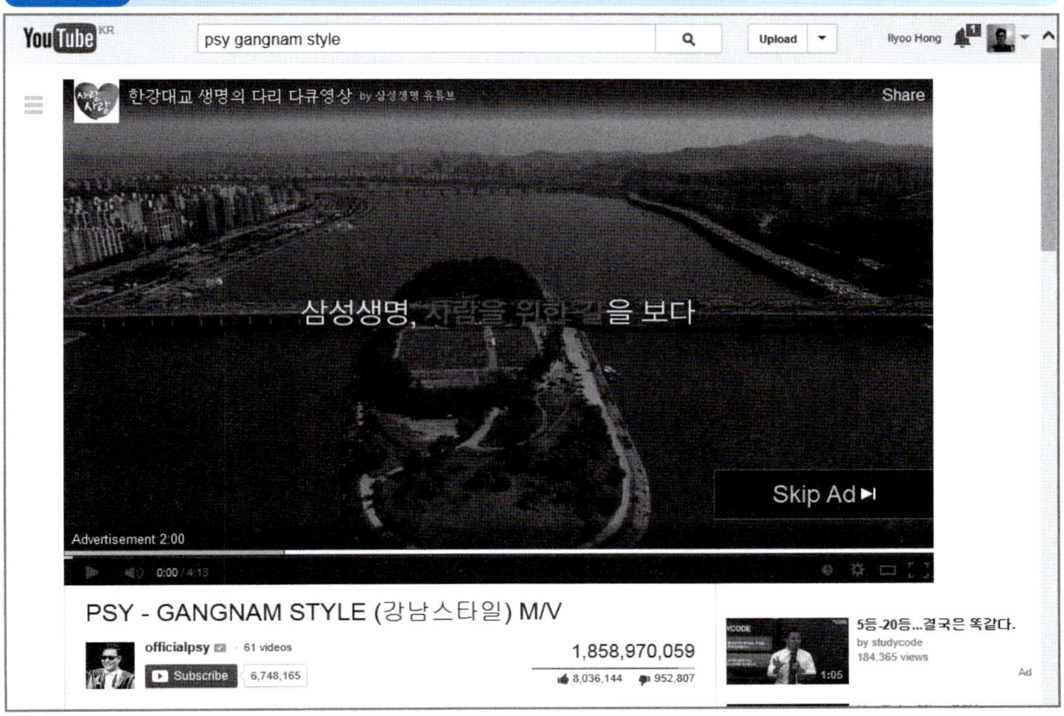

▶ 싸이의 강남스타일 뮤직비디오를 재생하기 직전 상업적 광고가 나타나게 함으로써 회사 브랜드의 노출효과를 발생시킨다.

시작한 광고기법이다. **매체삽입 광고모델**이란 사이트의 모든 동영상 클립들이 무료로 제공되는 대신, 해당 동영상의 시작부분이나 끝부분에 광고를 삽입함으로써 광고효과를 발생시키는 새로운 광고모델이다. **그림 2-8**에서 볼 수 있듯이, 사용자는 광고를 거치지 않고는 자신이 선택한 동영상을 볼 수가 없도록 되어 있다. 이 모델을 이용한 광고서비스를 제공하는 사이트의 예로 해외에는 유튜브 이외에 CNN, NBC 등 방송사들이 있고, 우리나라에서는 판도라 TV와 같은 동영상서비스 사이트들이 있다.

커뮤니티 모델

위에서 살펴본 모델유형들 이외에도, 최근 인터넷의 발전과 함께 새로이 부상한 또 하나의 비즈니스 모델은 커뮤니티 모델이다. 커뮤니티 모델은 사용자 충성도에 기초하는 것으로서 사용자가 많은 시간과 노력을 투자하는 것이 특징이다. 수익은 부수적인 제품 및 서비스를 판매하거나 문맥광고 및 고급서비스 판매를 통해 발생할 수 있다.

표 2-5 커뮤니티 비즈니스 모델

비즈니스 모델	설 명	예
오픈 소스	소프트웨어 제품은 무료로 제공하되, 제품과 관련된 부수적인 서비스(예를 들어, 시스템통합, 지원, 사용설명서 등)를 판매함으로써 수익을 발생시킴	레드햇
오픈 콘텐츠	세계의 자발적인 기여자들이 함께 인터넷상의 협력을 통해 콘텐츠를 개발해서 아무나 접근할 수 있도록 인터넷상에 공개함	위키피디어, 오픈코스웨어(MIT)
소셜 네트워킹	개인들이 온라인 공간에서 공통적인 관심(가령, 전문직, 취미, 로맨스 등)을 가진 다른 개인들과 만나 사회적인 상호작용을 나눌 수 있는 기회를 제공함	싸이월드, 다음 카페, 페이스북, 트위터

오픈 소스

오픈 소스란 프로그램 소스코드를 개방적으로 공유하는 세계의 프로그래머들에 의해 협력적으로 개발된 소프트웨어를 뜻한다. **오픈 소스** 비즈니스 모델은 소프트웨어 제품은 무료로 제공하되, 제품과 관련된 부수적인 서비스(예를 들어, 시스템통합, 제품지원, 사용설명서 등)를 판매함으로써 수익을 발생시키는 모델이다. 이러한 수익모델의 기본 개념은 소프트웨어의 가치가 제품의 부가가치 서비스에 있는 것이지 제품 그 자체나 혹은 제품에 담긴 지적재산권에 존재하는 것은 아니라는 점에 뿌리를 두고 있다.

오픈 소스 모델은 리눅스, 아파치, 넷스케이프, 자바, 펄 등과 같은 OS 및 웹 관련 소프트웨어를 중심으로 최근 몇 년 동안 활발히 전개되어 왔다. 오픈 소스 모델의 대표적인 사례는 **레드햇**(Red Hat)이다. 레드햇사가 공급하는 리눅스는 1991년 헬싱키대학의 가난한 전자공학도였던 21세 청년 리누스 토발즈(Linus Torvalds)가 처음 만들었지만, 이를 공개하자마자 세계 최고의 프로그래머를 자처하는 수천 명의 젊은이들이 몰려들었으며 하루가 다르게 기발한 아이디어가 더해지고 새로운 기능이 보태졌다. 현재 레드햇은 리눅스 OS는 물론, 리눅스 기반의 미들웨어 및 애플리케이션 소프트웨어, 그리고 지원, 교육, 컨설팅 등의 서비스까지 제공함으로써 수익을 발생시키고 있다. 또한, **그림 2-9**에서 볼 수 있듯이, 썬마이크로시스템즈는 또 하나의 오픈 소스 공급사로서 리눅스 기반의 운영환경 소프트웨어를 제공하고 있다.

그림 2-9 썬마이크로시스템즈의 리눅스용 Java Desktop System 소프트웨어

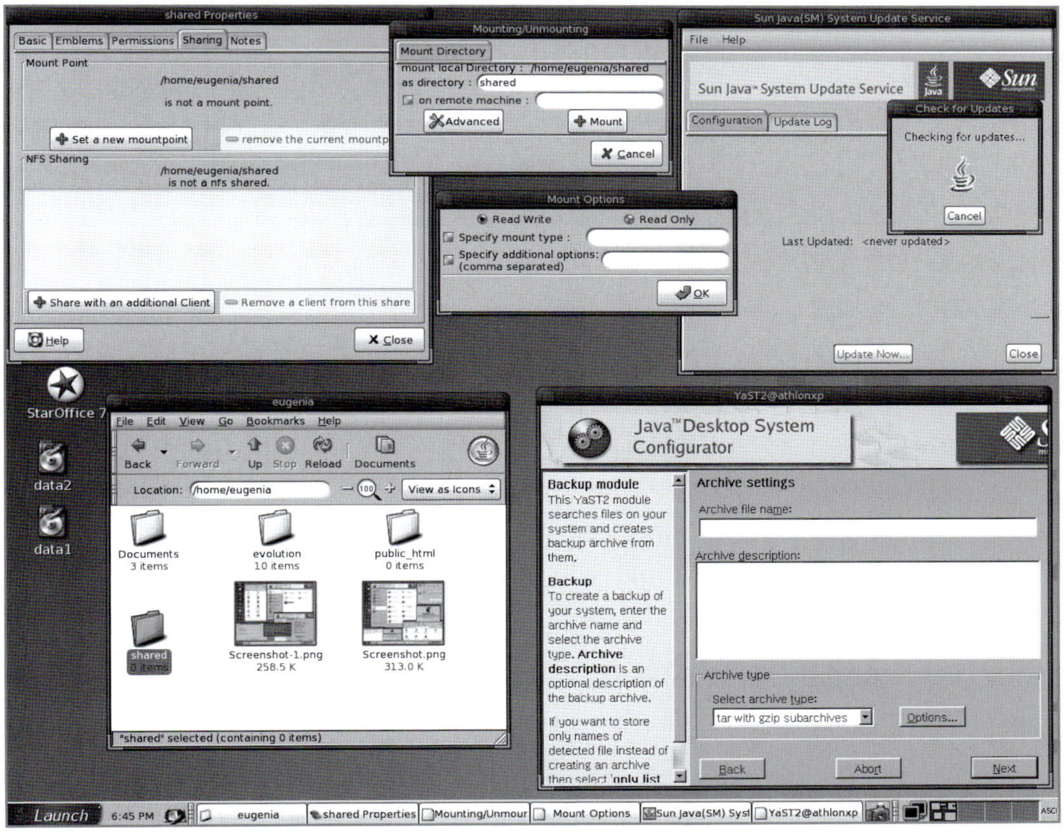

▶ 이 리눅스 기반의 운영환경 소프트웨어는 오픈소스의 예에 속한다.

그림 2-10 위키피디아 온라인 백과사전의 예시화면

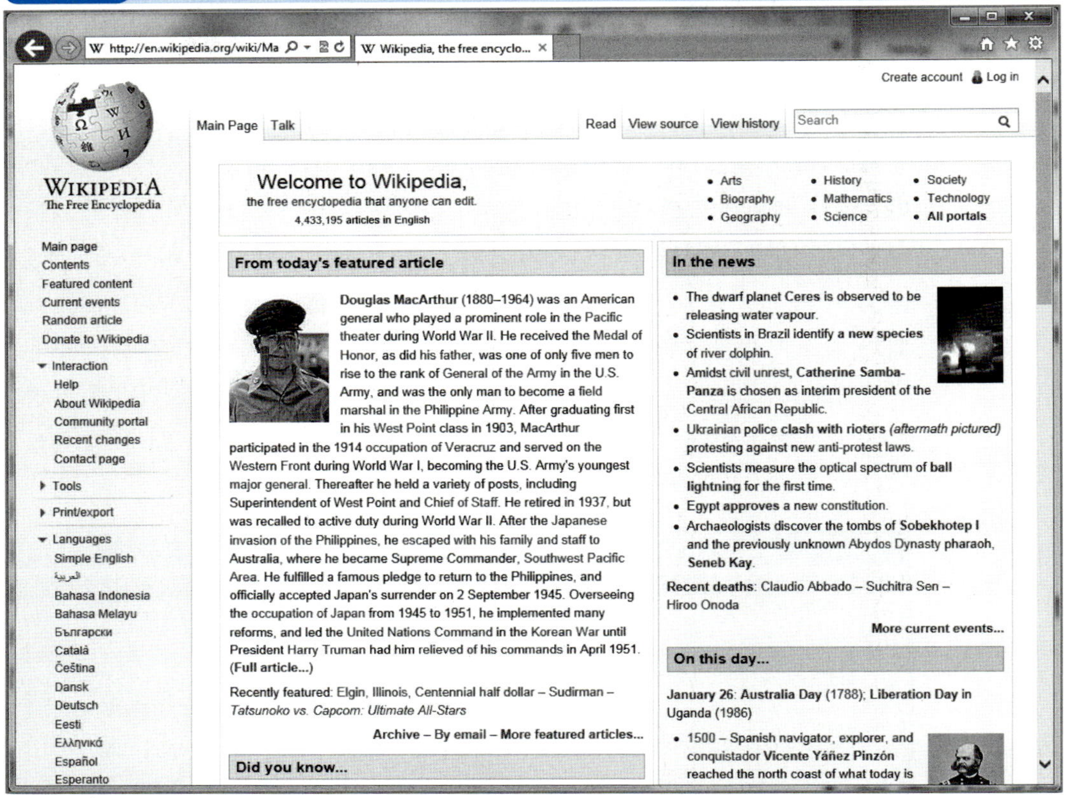

▶ 최근 전 세계적으로 매우 큰 관심을 모으고 있는 위키피디아는 사용자가 스스로 콘텐츠를 창작한다는 아이디어를 내세워 빠르게 성장하고 있다.

오픈 콘텐츠

오픈 콘텐츠 비즈니스 모델은 세계의 자발적인 기여자들이 함께 인터넷상의 협력을 통해 콘텐츠를 개발해서 아무나 접근할 수 있도록 인터넷상에 공개하는 모델로 정의할 수 있다. 오픈 콘텐츠란 **창작물**(예: 신문 및 잡지 기사, 사진, 음성, 동영상)이나 **공학 저작물**(예: 기계 설계도면)로서, 어느 특정기관, 기업, 혹은 개인이 관리하는 것이 아니라 인터넷 이용자라면 누구나 정보의 복제 및 수정을 할 수 있도록 공개되는 콘텐츠를 뜻한다.

그림 2-10에 예시되고 있는 **위키피디아**(Wikipedia)가 오픈 콘텐츠 모델로 성공한 대표적인 예에 속한다. 이 온라인 백과사전은 누구나 무료로 이용할 수 있으며, 각 키워드에 대한 설명문은 전 세계의 자발적인 이용자들에 의해 작성된 것이다. 뿐만 아니라, 콘텐츠의 품질관리를 위해 이용자들이 끊임없이 문제점을 제기하고 또 지속적으로 내용을 개선하며 업데이트하고 있다. 따라서 위키피디아는 사용자가 직접 콘텐츠를 제작해 사이트에 올린다

그림 2-11 MIT 오픈코스웨어 웹사이트의 예시화면

▶ MIT 오픈코스웨어 웹사이트에는 2,000 여 개 과목들의 콘텐츠가 공개되어 있어 누구나 무료로 이용이 가능하다.

는 UCC 트렌드와 맥을 같이한다.

위키피디어 이외에, MIT 대학의 오픈코스웨어 프로젝트도 또 다른 주요 성공사례로 알려져 있다. MIT는 2002년부터 학부 및 대학원 과목들의 강의계획서, 강의노트, 과제문제, 시험문제 등 강의관련 자료들을 온라인상에서 누구나 무료로 다운로드가 가능하도록 공개하고 있으며, 현재 총 2,000여 개가 넘는 과목들이 이 대학 오픈코스웨어 웹사이트의 목록에 포함되어 있다.

소셜 네트워킹

이용자들의 충성도를 기반으로 운영되는 또 하나의 모델은 **소셜 네트워킹**(social networking) 모델로서 미국 등 해외뿐 아니라 우리나라에서도 최근 큰 관심 속에 큰 성공을 거둔 모델이다. 이들 사이트는 개인들이 온라인 공간에서 공통적인 관심(가령, 전문직, 취미, 로맨스 등)을 가진 다른 개인들과 만날 수 있는 기회를 제공한다. 우리나라에서는 잘 알려진 소셜 네트워킹 사이트로서 싸이월드 미니홈피, 다음 및 네이버의 카페, 아이러브스쿨 등이 있으며, 미국에서는 트위터, 페이스북 등이 있다.

소셜 네트워킹 사이트는 커뮤니티에 가입된 이용자들에게 커뮤니티 주제와 관련된 제품이나 서비스에 대해 **문맥 광고**를 게재하기도 한다. 예를 들어, 다음의 '산타페 동호회' 카페에서는 현대의 산타페 차량에 부착할 수 있는 범퍼가드 등 액세서리 및 소음방지 장치 설치서비스에 관한 광고가 게재되며, 또 네이버의 '결혼준비' 카페에서는 웨딩 가운과 같은 결혼용품에 관한 광고가 게재되고 있다.

현·장·사·례

Electronic Commerce

위치기반 SNS로 떠오르는 소개팅앱 '옷깃'

"옷깃은 소셜 데이팅이나 소셜 소개팅 앱과는 다릅니다. 위치를 기반으로 한 SNS(소셜 네트워크 서비스)입니다"(김종대 유저스토리랩 CMO). '옷깃'은 위치기반 시스템을 이용해 자신과 동일한 위치를 자주 찾는 상대를 추천해주는 애플리케이션(앱)이다. 지난해 5월 출시해 1주일만에 구글플레이 다운로드 수 50만건을 돌파하는 등 관심을 모았다. 지난해 9월에는 대한민국 모바일앱어워드 이달의 으뜸앱으로 선정됐다.

'옷깃'은 오마이뉴스, 테터앤컴퍼니, 네이버 등을 거치며 위치기반 서비스로서 커뮤니티 서비스에 능통한 정윤호 유저스토리랩 대표와 팀원들이 만들었다. '옷깃만 스쳐도 인연이라는데'라는 말에서 알 수 있듯 '옷깃'과 '인연'을 서비스의 콘셉트로 삼았다. 출퇴근길, 학교 캠퍼스, 단골 커피숍 등에서 자주 마주치지만 미처 알지 못했던 누군가를 찾고 호감을 표현할 수 있도록 위치기반 SNS를 지향한다.

출시 초반 빠르게 가입자가 증가한데 비해 8개월여가 흐른 지금은 가입자 증가 속도가 더뎌진 편이다. 위치기반을 중심으로 한 데이팅 서비스, NFC(근거리무선통신)를 이용하는 소개팅 앱 등 다양한 서비스가 끊이지 않고 출시된 탓이다. 시대의 흐름에 뒤쳐지지 않기 위해 '옷깃'도 1월 중순 대규모 업데이트를 통해 커뮤니티 기능을 추가해 본격 SNS로 거듭나려 한다.

정 대표는 대형 온라인 커뮤니티와 손을 잡을 것이라며 업데이트에 대한 밑그림을 밝혔다. 정 대표는 "소셜 데이팅과 관련된 앱이 저마다 차별점을 두고 서비스하지만 이용자 입장에서는 식상할 수 있다"며 "콘셉트를 바꾸고 회원수를 늘리는 데 초점을 맞추겠다"고 말했다.

커뮤니티 기능이 추가되는 '옷깃'은 모바일 앱에 갇히지 않고 웹까지 확장해나갈 생각이다. 또, '위치'만을 기반으로 삼지 않

▶ 위치기반 SNS로 새로이 등장한 모바일 앱 '옷깃'의 홍보 화면.

고 '관심사'로 이용자를 한 데 묶을 생각이다. 예를 들어 기존에는 내가 지나간 동선, 내가 현재 머무르고 있는 위치를 대상으로 이용자를 추천해줬다면 이제는 내가 좋아하는 지역, 내가 좋아하는 관심사가 일치하는 타 이용자를 찾을 수 있게 된다.

정 대표는 "업데이트 후에는 옷깃 내에서 서로의 고충과 관심사를 함께 공유할 수 있다"고 설명했다. 같은 맥락으로 정 대표는 스타트업 싱글남, 싱글녀 페이지를 만들어 함께 고민을 나눌 수 있는 이벤트도 기획하고 있다.

지난 10일 밤에는 유저스토리랩 구성원들을 중심으로 하는 파티도 개최했다. '시작이 바니(반이)다'라는 콘셉트로 참여자 모두가 '바니' 머리띠를 착용하고 관련 업종 지인들과 함께한 네트워크 파티였다. 이같은 파티도 향후 서비스 범위를 확장하고 브랜드 이미지를 갖춰가는 데 적극 활용할 예정이다.

페이스북 페이지에서는 '옷깃' 캐릭터를 활용한 웹툰을 연재한다. '지나치게 고퀄리티'라는 콘셉트로 연재할 웹툰을 위해 유저스토리랩을 대표할 남녀 캐릭터도 완성했다. 100여명 규모로 유저스토리랩 서포터즈도 구성할 예정이다.

김 CMO는 "유저스토리랩의 핵심 서비스인 '옷깃', '펫러브즈미'와 CEO 서포터즈 등 총 3개 영역으로 분리해 대학생 서포터즈 활동을 지원할 계획이다"며 "CEO 서포터즈는 정 대표가 멋진 남성으로 거듭날 수 있도록 직접 도와주고 변해가는 모습을 커뮤니티를 통해 연재할 계획이다"고 말했다.

▶ 출처: 머니투데이, 2014. 1. 13.

토·의·문·제 Electronic Commerce

01 전자상거래에 있어 비즈니스 모델이란 어떤 중요성을 지니는가? 또 비즈니스 모델과 사업계획서가 서로 어떤 관계가 있는지 알아보자.

02 여러분이 직접 인터넷을 기반으로 경영컨설팅 서비스를 필요로 하는 영세 중소기업(즉, 서비스 수요자)과 기업임원경력이 있는 정년퇴직 인력(즉, 서비스 공급자)을 서로 연결해 줄 수 있는 비즈니스를 시작하고자 한다. 이 사업을 위한 비즈니스 모델에 관해 토의해 보자 (힌트: 본문에서 제시한 구성요소들을 중심으로 비즈니스 모델을 구성할 것)

03 본문에서 제시된 비즈니스 모델 분류틀 이외에도, 폴 티머스(Paul Timmers) 박사의 분류틀 및 마이클 라파(Michael Rappa) 교수의 분류틀이 있다. 인터넷에서 이들 분류틀에 대한 키워드 검색을 통해, 이들 두 분류틀이 본문의 분류들과 각각 어떻게 다른지 살펴보자.

04 본문에서는 기존의 비즈니스 분류 틀들을 종합하는 새로운 틀을 통해 15가지의 모델 유형을 제시하고 있다. 이들 각 비즈니스 모델유형에 속하는 국내 사이트 사례를 각각 두 개씩 찾아보자.

05 소셜 네트워킹 비즈니스 모델을 성공적으로 실현한 위키피디어 사이트(www.wikipedia.org)에 접속한 다음, 영문버전 페이지와 국문버전 페이지에 각각 접속해 보자. 국문 페이지는 영문 페이지에 비해 사용자에 의해 작성된 주제어 관련 기사의 수가 왜 훨씬 더 적은지에 대해 토의해 보자.

참·고·문·헌

Electronic Commerce

- Applegate, Lynda M., "E-Business Models: Making Sense of the Internet Business Landscape," In Gary W. Dickson and Gerardine DeSanctis (eds.), *Information Technology and the Future Enterprise: New Models for Managers*, Upper Saddle River, N.J.: Prentice-Hall, 2001, pp. 49-94.
- Kaplan, Robert S. and David P. Norton, *Strategy Maps: Converting Intangible Assets into Tangible Outcomes*, Boston, MA: Harvard Business Press, 2004.
- Laudon, K.C. and C.G. Traver, *E-Commerce: Business, Technology, Society* (10th ed.), Upper Saddle River, N.J.: Prentice-Hall, 2014.
- Rappa, Michael, *Business Models on the Web*, digitalenterprise.org/models/models.html, 2014. 1.30 참조.
- Timmers, Paul, "Business Models for Electronic Markets," *Electronic Markets*, Vol. 8, No. 2, July 1998.
- Weill, Peter & Michael Vitale, *Place to Space: Migrating to E-Business Models*, Boston, MA: Harvard Business Press, 2001, p. 25.

사례연구 위키피디아가 비즈니스 모델의 성공을 이어갈 수 있을까?

익명의 기고자들에 의해 창출되고 편집되는 웹상의 무료 백과사전인 위키피디아(www.wikipedia.org)는 매우 어려운 과정을 거쳐 완성됐다. 설립자 지미웨일즈가 사이트를 만든 지 불과 몇 달이 채 안 돼, 설명문의 의도적 왜곡 및 콘텐츠의 오류 문제와 맞서 싸우는 동안 사이트가 따가운 비난의 화살을 받아왔다. 위키피디아는 항상 비난에 대응하기 위한 변화의 연속이었다고 그는 말한다.

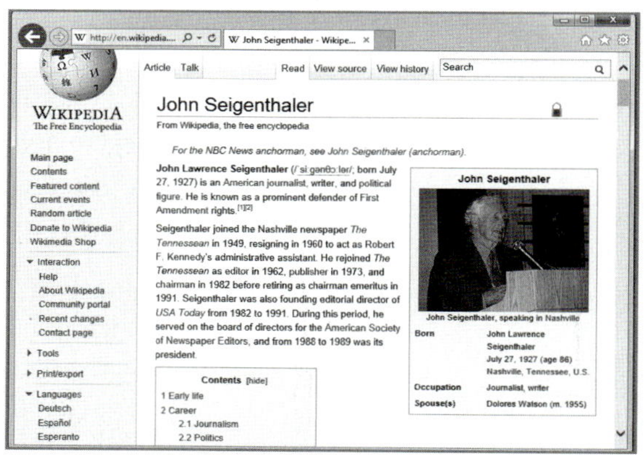

▶ 한때 큰 논란을 불러 일으켰던 위키피디아의 존 시겐톨러 관련 설명문. 이 기사에는 시겐톨러가 존 및 로버트 케네디의 암살과 연관이 있음을 암시하는 내용이 포함되어 있다.

11월 29일, 한 때 로버트 케네디의 보좌관이기도 했던 신문기자 존 시겐톨러가 위키피디아의 설명문이 로버트 케네디와 존 F. 케네디의 암살에 자신을 연관이 있는 것처럼 사실을 왜곡했다고 비난했다. 사이트에 네 달간 수록됐던 이 설명문은 존 시겐톨러가 1960년대 초 법무장관이었던 로버트 케네디의 수행보좌관으로 재직하면서 케네디가의 존과 로버트 형제의 암살과 직접적으로 관련이 있었던 것으로 기록했었다. 위키피디아는 결국 부정확한 정보를 삭제했고, 또한 그 오류의 내막을 다룬 별도의 설명문 "존 시겐톨러의 위키피디아 전기 논란"을 수록했다.

오늘날 조지 부시 미대통령 관련 설명문 같은 대중의 관심이 높은 일부 논란거리 설명문에는 "최근 발생한 설명문 훼손(즉, 마구잡이로 편집함) 사건으로 인해 신규 혹은 익명 사용자에 의한 본 페이지의 편집은 잠정적으로 금지되어 있음"이라는 안내문이 붙어 있다.

■ 위키피디아의 비즈니스 모델

2001년 비영리기관으로 설립되어 기부금에 의해서만 운영되고 있는 위키피디아는 누구든 인터넷 접속이 되는 사용자는 특정 주제와 관련한 설명문을 새로이 올리거나 혹은 편집할 수가 있는 공간이다. "오픈 소스" 콘텐츠라고도 불리는 공동 지식(collective knowledge)은 인터넷의 수많은 사용자들에 의해 협력적으로 작성되는 지식을 의미하며, 전문가들에 의해 심사과정을 거쳐 편집된 콘텐츠와 마찬가지로 유익하다는 점을 전제로 하고 있다. 결과적으로, 위키피디아는 백과사전 및 시사정보를 결합한 형태의 사이트로 성장해 오면서 다음과 같은 다양한 이슈들에 대해 의문을 제기하고 있다. 우선, 위키피디아에서 최근 수록되는 무료 콘텐츠는 얼마나 정확한가? 군중의 집합적인 지혜는 지식이 많은 개인들의 전문성을 능가할 수 있겠는가? 위키피디아의 질서유지 메커니즘이 제 기능을 발휘하는가? 위키피디아와 관련된 논란은 단순히 구 매체와 신 매체 간의 갈등을 반영하는 것인가?

이러한 질문들에 대해서는 "상황에 따라 달려있다"란 답이 적절하다. 훠튼 스쿨의 한 교수는 위키피디아에 수록된 용어 정의들을 절대 진리로 받아들이는 것은 어리석은 일이지만, 사이트 콘텐츠가 때때로 읽을 가치가 있다고 말한다. 다른 교수는 위키피디아는 군중 속에 지혜가 있음을 보여주고 있으며, 사용자 평가시스템을 통해 허구 정보를 올리는 사람들을 가려낼 수만 한다면 성공적인 효과를 기대할 수 있다고 주장한다. 또 오랜 동안 존재해 온 구 매체(즉, 인쇄판 백과사전)가 즉각적인 갱신이 가능한 새로운온라인 매체(즉, 위키피디아)에 맞서 생존하기 어려운 현실적 상황에 대한 아쉬움의 표현으로서, 위키피디아에 대한 비판이 제기되어온 것일 수도 있다고 또 다른 교수는 말한다.

가장 흥미로운 의문점은 군중의 지혜가 궁극적으로 학술적으로 심사 및 편집을 거친 콘텐츠에 비해 더 나은 것인지의 여부라고 훠튼 스쿨의 한 MIS 교수는 말한다. 위키피디아의 강점은 그 콘텐츠를 이용하는 사용자들이 많다는 점이다. 그렇지만 위키피디아의 콘텐츠 규모가 확장되기 시작하면, 마치 시겐톨러 사례에서 그랬듯이, 수많은 사용자들이 정보의 정확성을 놓치는 문제에 부딪히게 된다.

위키피디아 설립자인 웨일즈는 위키피디아에 관한 약점들을 부정하지 않는다. 그는 회원가입한 사용자만이 수정을 제한적으로 할 수 있도록 하는 등 콘텐츠 편집의 남용을 방지하기 위한 노력을 기울여 왔다. 그러나 위키피디아는 전례 없던 새로운 개념에 기초하고 있다는 사실 때문에 콘텐츠의 오류에 대해 더 혹평을 받아온 것이 사실이라고 그는 주장한다.

■ 성공과 함께 고통도 점차 커진다

위키피디아 온라인 백과사전은 1990년대 중반에 개발된 위키 소프트웨어를 이용해 2001년 1월 등장했다('위키'란 방문자들로 하여금 직접 콘텐츠를 추가, 삭제, 편집, 변경할 수 있는 웹사이트를 뜻한다). 위키피디아가 그토록 큰 관심을 끄는 이유는 설립한 지 불과 5년 만에 영향력이 큰 매체로 성장했기 때문이다. 위키피디아는 오늘날 매월 70억 페이지뷰를 기록하고 있으며, 브리태니카 백과사전에 비해 10배가량 더 많은 기사들을 보유하고 있다. 뿐만 아니라, 실제로 최근 Nature 잡지가 온라인 설명문들을 조사한 결과를 보면, 과학분야를 다룬 정확성 면에서 위키피디아가 브리태니카와 거의 동등한 수준인 것으로 나타났다. Nature지는 위키피아의 과학관련 설명문들은 설명문당 평균 4건의 오류가 있었는데, 브리태니카는 3건의 오류가 있었다고 발표했다. 위키피디아에 관한 가장 큰 불만요소는 설명문들이 혼돈스럽고 엉성하게 구성되어 있다는 점이었다. 전반적으로는 시겐톨러 오류사건과 같은 문제들이 예외적으로 발생했을 뿐 항상 존재하는 것은 아니라고, Nature지의 조사연구는 결론을 지었다.

위키피디아는 빠른 기간에 큰 성장을 이루어냈다. 13,000여명의 기고자들이 100개 이상의 언어를 통해 모두 180만개 설명문들에 대해 작업을 하고 있다. 위키의 영문 사이트에는 800 내지 1,000여명의 편집자들이 대부분의 설명문들을 편집한다. 웹사이트 트래픽 조사기관인 알렉사에 의하면, 위키피디아가 인터넷 방문자 수가 전 세계에서 37번째로 많은 사이트로 조사되었다.

위키피디아는 웹에서 찾아볼 수 있는 다른 어떤 자료들에 비해 신뢰성이 떨어지지 않는다고 믿는 사람들이 많다. 그러나 그렇다고 해서 위키피디아를 통해 원하는 모든 것을 얻는다고 할 수는 없다. 핵심은 위키피디아를 넓은 시각에서 보는 것이다. 하나의 유용한 자료조사 툴로 볼 수 있으나, 완성판이라고 보기에는 미흡한 점이 많다. 위키피디아측도 이 사실을 인정하고 있는데, 사이트에 다음과 같은 내용이 명기되어 있다. "종이기반의 참고문헌과는 몇 가지 면에서 다르다. 특히, 위키피디아의 콘텐츠를 보면, 잘 다듬어진 완성도가 높은 설명문들은 포괄적이며 균형을 유지하는데 반해, 갓 나온 설명문들은 오류 정보, 해박하지 못한 콘텐츠, 혹은 의도적 정보왜곡이 담겨있을 수 있다. 사용자들은 타당한 정보를 얻으면서도 동시에 최근 추가된 정보 중 미처 제거하지 못한 오류 정보를 피할 수 있도록, 이러한 약점들을 알 필요가 있다."

이러한 한계요소들이 사이트에 명시되어 있음에도 불구하고, 위키피디아는 권위가 있다고 지나치게 믿는 경향이 있다는 지적이 있다. 딴마음을 먹은 사용자가 얼마든지 자신의 의도대로 내용을 조작할 수가 있다는 것이다. 따라서 위키피디아는 개인 혹은 조직의 유일한 정보 원천이 되어서는 안 된다. 어느 키워드를 대략은 알고 있는데 자세히는 모를 경우 위키피디아를 참고한다면 도움이 될 것이다. 반면, 주제에 대해 전혀 알지 못하고 있다면, 위키피디아에만 의존하기보다는 다른 자료도 폭넓게 찾아봐야 한다는 의미이다. 위키피디아의 가장 큰 이슈는 해당 설명문의 저자에 관해 전혀 알 수가 없으므로, 설명문을 어느 정도 믿어야 하는지에 대해 자기 스스로 불확실한 가운데 판단을 해야 한다는 점이다.

위키피디아와 같은 공동 콘텐츠가 지닌 또 하나의 한계는 전문적으로 편집된 콘텐츠의 표준을 따르고 있는가의 여부이다. 위키피디아 설립자인 웨일즈는 구 매체와 신 매체 간의 계속된 논란 때문에 위키피디아에 대한 대중의 관심이 더 높아졌다는 점을 인정하면서도, 온라인 백과사전의 편집 프로세스는 흔히 글을 쓰고 해당 글에 대해 편집자들이 점검을 하는 전통적인 편집자 주도의 프로세스와 매우 유사하다고 강조한다. "위키피디아에는 이러한 점검자 역할을 하는 핵심 편집자들이 있으며, 위키피디아의 콘텐츠는 일반인들이 생각하는 것보다도 훨씬 더 전통적인 과정을 통해 탄생한다"고 그는 주장한다.

■ 위키피디아의 질서유지

누구나 설명문을 올릴 수 있는 개방참여 방식은 지금까지 위키피디아를 성공궤도에 올리는 데 중요한 역할을 담당했지만, 차츰 온라인 백과사전의 규모가 커지면서 그 동안과 같은 성공적인 효과를 지속적으로 내지 못할 수 있다는 지적도 있다. 설명문을 등록하고 편집하는 사람들에 대해 신뢰 정도를 나타낼 수 있는 평가시스템이 없다는 것이 문제이다. 예를 들어, 설명문의 편집자들을 익명으로 유지하면서도 마치 이베이의 상인 평가방식과 같이 편집자들을 평가하는 시스템은 위키피디아의 신뢰성을 향상시킬 수가 있다. 정확성이나 분야 전문성과 관련하여 이름이 알려진 기여자는 가령 별 다섯 개의 등급을 부여 받을 수 있다. 반면, 글의 내용을 왜곡하거나 상업적인 글을 올리는 사람에 대해서는 별 한 개의 등급을 부여할 수가 있다.

최근에 발생한 사고들에 대한 대응으로서, 웨일즈씨는 사이트의 질서유지 기능을 개선할 수 있는 몇가지 변화를 시도했다. 내용이 훼손된 설명문의 페이지는 필히 회원가입한지 4일 이상 된 사용자들에 의해서만 편집이 가능하도록 하는 "부분 보호"정책을 구현했다. 또 현재는 폐쇄된 부시 대통령 페이지와 같이 관심이 집중되는 페이지들에 대해서는 사이트 관리자들이'지연'기능을 이용할 수 있도록 할 예정이다. 지연이란 라디오 방송에서 미정제된 언어표현을 방송에 내보내기 직전에 걸러낼 수 있는 '배제'버튼과도 같은 것이다. 지연 기능을 구현하면, 온라인 페이지 왜곡의 시도가 있더라도 긴급 뉴스 기사(가령, 교황의 사망)에 대한 페이지를 신속하게 임의 수정할 수 없게 된다. 웨일즈 씨는 지연유지 시간이 위키피디아의 커뮤니티에 의해 결정될 것이라고 밝히고 있다. 그는 수백 명의 모니터링 요원들이 사이트의 치안유지를 위해 항상 순찰을 할 것이라고 말한다.

다른 변화들도 진행 중에 있으나, 웨일즈 씨는 이베이와 같은 평가시스템을 도입할 계획은 없다고 말하는 것 이외에는 구체적으로 변화의 내용을 밝히지 않았다. 위키피디아에는 800 내지 1,000명의 편집자들이 있기 때문에, 그러한 평가시스템은 제 기능을 발휘하지 못할 뿐더러, 오히려 커뮤니티를 파괴할 수 있다고 그는 말한다. 평가시스템은 정련되지 못한 생각에 불과할 뿐 아니라 사이트의 품위를 떨어뜨릴 수 있다. 예를 들어, 어느 생물학자가 생물학 주제와 관련해서는 전문가일 수 있지만, 이스라엘-팔레스타인 분쟁의 이슈에 대해서는 폭언을 서슴지 않는 광인으로 돌변할 수도 있기 때문이다. 그러한 생물학자는 아마도 별 세 개의 등급을 부여 받을 것이라고 웨일즈 씨는 말한다. 위키피디아의 시스템에서는 각 기여자의 역량을 점수화하기보다는, 어느

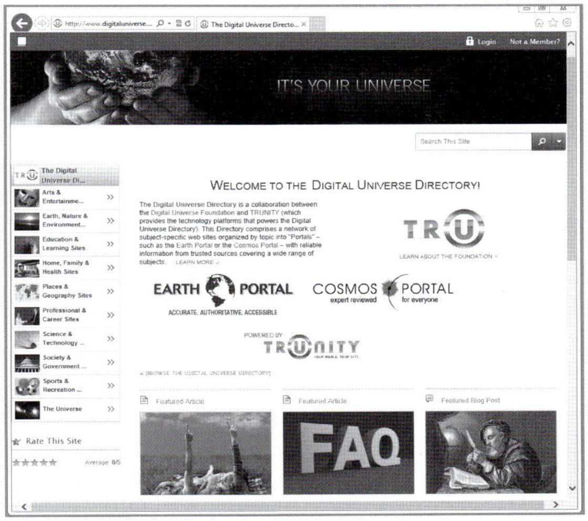

▶ 디지털 유니버스(www.digitaluniverse.net)의 웹사이트 메인화면. 위키피디아의 잠재적 경쟁사로 떠오르는 이 사이트는 심사를 거친 기고문과 거치지 않은 기고문의 두 가지 유형을 온라인으로 제공하고 있다.

편집자가 중동과 관련한 주제에 대해 글을 쓸 때 관심을 갖고 그를 지켜볼 필요가 있다는 사실을 사용자들이 자연스럽게 깨닫게 된다고 그는 강조한다. 위키피디아의 일부 콘텐츠는 정확성이 다소 결여되어 있더라도, 전반적으로 질서유지 시스템은 제대로 기능을 발휘한다고 일부 전문가들은 말한다. 그 동안 짧은 기간에 걸쳐 위키피디아가 큰 관심을 집중한 것을 보면, 자체적 질서유지 기능이 훌륭하게 수행되고 있음을 알 수 있다는 것이다.

■ 새로이 부상하는 비즈니스 모델

위키피디아의 과제는 트래픽이 몰리는 인기 페이지와 오류 정보가 존재하는 비인기 페이지를 모니터링 하는 것이다. 특히, 아무도 들여다 보지 않는 비인기 설명문들을 감시하고 통제하는 것이 급선무이다.

위키피디아 모델이 향후 어떻게 진화해 나갈지는 알 수 없지만, 일부 잠재적 경쟁사들은 나름대로 독특한 아이디어들을 가지고 있다. 디지털 유니버스(Digital Universe)라고 불리는 한 사이트는 사용자가 작성한 콘텐츠를 전문가가 직접 검토해준 후 사

이트에 게재하는 서비스를 최근 시작했다. 이 사이트는 전문가의 검토를 거친 기고문과 그렇지 않은 기고문을 포함하는 두 가지 계층의 기고문 구조를 바탕으로 운영되고 있다. 이 회사는 "웹의 PBS"(PBS는 광고수입 없이 시청자들의 기부금으로만 운영되는 미국의 공영방송국의 명칭)이라고 불린다.

또 최근 출범한 카피라이트(Copyright)라는 이름의 사이트는 누구나 접속이 가능하고 인터넷 시대에 저작권의 모든 측면을 다루며 심사과정을 거쳐 게재하는 저널이다. 저자들은 상세한 조사연구, 사례연구 및 견해문을 제출하며 제출된 글은 동류집단에 의한 심사과정을 거치게 된다. 카피라이트는 모든 사용자들에게 콘텐츠 접근을 허용하면서도 동시에 정확한 정보를 제공하는 데 주력하고 있다. 이 사이트의 설립자는 협력적인 콘텐츠가 우리 사회에서 담당하는 역할이 큰 반면, 방대한 정보를 여과하는 이슈도 그에 못지않게 중요하다고 강조한다.

위키피디아가 독특한 방법으로 우리 사회에 유익한 효과를 제공하고 있는 것은 사실이지만, 누구나 어떤 정보라도 올릴 수 있으며 또 전문가들조차 마음만 먹으면 악의적 성격을 지니거나 혹은 왜곡된 정보를 수록할 수 있다는 점이 주된 문제 중의 하나이다. 카피라이트 사이트에는 누구나 글을 제출할 수 있지만, 제출된 글은 모두 스탠포드 법학전문대학원의 로렌스 레식 교수와 시카고대의 윌리엄 랜데스 교수의 심의를 거쳐야 한다.

훠튼 스쿨의 전문가들은 위키피디아가 최근의 혹평들을 견뎌 낼 수 있을 것으로 예견하지만, 그 비즈니스 모델은 조정이 필요하다는 목소리를 내고 있다. 국민의 저작물은 지식을 발전시키는 소중한 원동력이지만, 위키피디아 사이트는 아직 정보 편집방식을 개선시켜야 하는 과제가 남아 있다. 위키피디아는 이제 콘텐츠 기여 방식의 '개방성'과 완성된 콘텐츠의 '신뢰성' 중 어느 한쪽으로 치우치지 않는 적절한 절충안을 찾는 것이 무엇보다 중요하다.

▶ 출처: Knowledge@Wharton, "Can Wikipedia Survive Its Own Success?,"January 25, 2006, www.wharton.universia.edu, 2014. 1. 25. 참조.

사·례·연·구·토·의·문·제 Electronic Commerce

01 사례에 소개된 위키피디아의 비즈니스 모델을 제2장 본문에 제시된 비즈니스 모델의 4개 요소 틀(즉, 가치명제, 온라인 제품/서비스, 자원시스템, 그리고 수익 모델)을 이용해 분석하시오. 이를 위해, 제2장 본문 내용을 참고함은 물론 인터넷을 검색해 필요한 정보를 수집하시오.

02 위키피디아 온라인백과사전(한국어판: ko.wikipedia.org)에 접속해 '비즈니스 모델', '모바일 상거래', 'LTE'의 키워드에 대해 각각 검색을 해본 후, 검색결과의 정보품질(즉, 오류 횟수, 정보의 최신성, 정보의 풍부성 등)에 대해 평하시오.

03 이번에는 위키피디아 온라인백과사전(영문판: en.wikipedia.org)에 접속해 'business model', 'mobile payment', 'LTE'의 키워드에 대해 각각 검색을 해본 후, 검색결과의 정보품질을 위의 한국어판 검색결과와 비교해 평하시오. 근본적으로 한국어판 위키피디아 온라인백과사전은 품질 면에서 어떠한 문제를 안고 있는가?

04 사례 말미에서 "… 콘텐츠 기여 방식의 '개방성'과 완성된 콘텐츠의 '신뢰성' 중 어느 한쪽으로 치우치지 않는 적절한 절충안을 찾는 것이 중요하다"고 했는데, 이러한 절충안이 구체적으로 무엇을 의미하는지에 대해 설명하시오.

제3장

Electronic Commerce

인터넷 및 웹 기술

개념 사례

이동하는 차에서도 웹에 접속한다

IT 공룡기업인 구글과 애플은 디지털 업계에서의 우위를 점하기 위한 쟁탈전을 새로운 영역으로 확대할 참이다. 바로 자동차 분야다. 소식통에 따르면 다음 주 라스베이거스에서 열리는 세계 최대 가전 전시회 'CES2014'에서 구글과 독일 자동차 업체인 아우디는 구글의 안드로이드 소프트웨어에 기반한 차량내 엔터테인먼트와 정보 시스템을 개발하기 위해 협력하고 있다는 내용을 공개할 계획이다. 또 이들은 비디오 칩 업체인 엔비디아 등 다른 자동차 및 IT 기업들과 손잡고 안드로이드를 미래형 자동차를 위한 핵심 기술로 구축한다는 구상을 발표할 것이라고 소식통은 전했다. 소식통에 따르면 또 이러한 기술 개발의 목표는 운전자 및 탑승자가 차량내에서 음악, 내비게이션, 애플리케이션 및 서비스를 사용할 수 있도록 하는 것이라고 알려졌다. 현재 안드로이드 기반 스마트폰에서 보편적으로 이용가능한 모바일 서비스의 수준과 비슷하게 만들고자 하는 것이다.

CES에서 발표될 내용은 올 6월 애플이 발표한 구상에 대한 구글의 대응으로 보인다. 애플은 iOS 기반의 아이폰과 여타 기기를 자동차의 계기판과 통합시키겠다는 계획을 밝힌 바 있다. 지금까지 애플이 협력사로 끌어들인 자동차 업체로는 BMW, 다임러의 메르세데스 벤츠, GM, 혼다가 있다.애플과 구글은 이미 스마트폰, 태블릿PC, 모바일 앱, 웹브라우저를 망라하는 디지털 분야에서 치열한 경쟁을 벌이고 있다. 연간 8천만 대의 신차 및 경트럭이 판매되는 자동차 시장을 감안해 볼 때, 자동차는 인터넷에 기반한 소프트웨어와 관련 서비스 기업들이 간과할 수 없는 새로운 사업 기회를 제공한다고 볼 수 있다. 리서치 업체인 가트너의 애널리스트 틸로 코슬로우스키는 "자동차야말로 궁극적으로 모바일 기기가 되어 가고 있다"고 분석했다. 그는 차량내 첨단 전자 기술 분야를 담당하고 있다. "애플과 구글은 그러한 상황을 인식하고 있으며 자사의 기술을 자동차에 접목시키기 위해 제휴사 늘리기에 나서고 있다"고 그는 덧붙였다.

▶ 혼다어코드 차량 내에서 애플 아이폰5를 사용해 판도라 미디어의 엔터테인먼트 시스템을 통합하는 모습.

연례 행사인 CES는 최근 몇 년 사이에 자동차 관련 첨단 전자 제품을 선보이는 중요한 쇼케이스장이 되고 있다. 그러한 제품 중에는 구글이 개발에 깊이 관여했던 자율 주행 자동차 기술들도 포함되어 있다. 소식통에 따르면 인터넷 기업들과의 제휴 발표 이외에도, 아우디는 자동차가 특정 상황에서 단시간 동안 자율 주행하는 신기술을 선보일 예정이다. 또 향후 4~5년 이내에 출시될 신 모델에 탑재될 이 신기술의 도입 관련 일정도 설명할 것으로 보인다. 1년 전에 아우디는 CES에서 운전자가 운전석에 앉아 있지 않더라도 빈 주차공간을 스스로 찾아 주차를 할 수 있는 자동차를 선보인 바 있다. 포드는 자체 개발한 무인 자동차를 선보일 예정이다. 독일의 BMW도 관련 기술을 선보이기 위해 기자들을 초대해 둔 상황이다.

이러한 기술의 개발은 자동차 업체들이 더 많은 컴퓨터 칩을 신 모델에 적용해오면서 이뤄지고 있다. GM과 아우디와 같은 일부 업체들은 차량에 4세대 셀룰러칩을 탑재해 스마트폰 없이도 웹에 접속할 수 있도록 하겠다는 계획을 발표했다. 일례로 GM

은 자사의 2015년형 모델 대부분에 해당 기술을 적용해 지속적으로 무선 인터넷 접속이 가능하도록 할 것이라고 최근 애널리스트를 대상으로 한 콘퍼런스 콜에서 필 아브람 최고기술책임자가 밝혔다. 자동차 업체들은 또 영국 ARM이 스마트폰 칩 제조업체들에게 라이선스비를 받고 판매하는 기술에 토대를 둔 강력한 프로세서를 자동차에 탑재하고 있다. 그러한 프로세서는 운영 체제를 필요로 하며 구글의 무료 안드로이드 소프트웨어가 대안으로 떠오르고 있는 추세다. "자동차 업체들의 안드로이드 사용이 증가하기 시작했다. 아시아를 필두로 전 세계로 확산되고 있다"고 라지브 쿠마르는 분석했다. 그는 자동차용 반도체칩을 공급하는 대형 업체인 프리스케일세미컨덕터에서 글로벌 사업 개발을 담당하고 있는 인물이다.

이러한 첨단 기술 업체들이 자동차 시장의 문을 두드리면서 이들은 운전자가 도로에서 눈을 떼거나 운전대에서 손을 놓지 않아도 되는 제품을 개발하려고 노력하고 있다. 애플은 그 분야에 있어 약간의 핵심 기술을 보유하고 있는 상황이다. 일례로 애플의 지능형 음성 인식 기능인 시리 기술은 수신 문자 메시지와 이메일을 음성으로 읽어줄 수도 있고 운전자의 응답을 전송해 줄 수도 있다.

일본의 혼다는 운전대에 버튼을 달아 시리를 호출하고 핸즈프리 오디오 시스템을 통해 시리와 대화를 할 수 있는 신 모델을 출시하기 시작했다. 그러한 기술을 통해 시리는 운전자에게 수신 이메일이나 문자 메시지를 음성으로 읽어주고, 날씨 정보도 알려주고, 길 안내도 해주며, 아이폰 캘린더에 약속 등의 일정도 입력해 준다. 운전자가 운전을 하는 동안 이 모든 것이 가능하다.

'차량 내 iOS' 구상을 올 6월에 발표한 애플은 아이폰을 계기판 전자장치를 작동하기 위한 일종의 두뇌로 변모시키기를 꿈꾸고 있다. 차량에 내장된 디스플레이스를 활용해 지도와 교통 정보와 같은 서비스와 상호 작용을 하도록 하겠다는 것이다. 애플은 2014년에 십여 곳 이상의 자동차 업체들이 이 기술을 적용할 것으로 예상하고 있다.

소식통에 따르면 애플과는 대조적으로 구글과 제휴사들은 안드로이드와 관련 애플리케이션이 차량의 내장 하드웨어상에서 작동되기를 기대하고 있다. 2006년 이후 구글은 자사의 지도 기술을 아우디, 도요타, 텔사를 포함한 여러 자동차 업체에 제공해 왔다.

▶ **출처:** Boudette, N. and D. Wakabayashi, "Google, Apple Forge Auto Ties," The Wall Street Journal, Dec. 31, 2013.

3.1 인터넷 기술

인류 문명의 역사는 네트워크를 만들고 이를 넓혀나가는 역사이기도 하다. 도시와 도시 간에 인간과 재화를 실어 나르는 자연적인 강의 네트워크에서부터 19세기에는 대륙과 대륙을 잇는 철도 및 운하의 네트워크와 또 20세기 들어서는 전화 및 무선기술과 같은 커뮤니케이션 네트워크에 이르기까지 네트워크를 중심으로 문명이 발전해 왔다고 해도 과언이 아니다.

이제 최근에 와서는 인터넷이라고 하는 방대한 규모의 네트워크가 등장해서 우리의 삶 가운데 개인들을 서로 연결해주며 생활의 방식을 변화시키고 있다. 소비자가 웹에서 제품을 주문해 놓고 며칠 후 인근의 상점에 가서 제품을 받아오는 시대가 열리고 있다. 단순하게는 인터넷을 하나의 기술 정도로 볼 수도 있다. 그러나 인터넷이 우리의 경제와 사회와 문화에 초래하는 변화 관점에서 지니는 의미를 이해하는 것도 중요하다. 아래에서는 인터넷 기술 인프라에 관한 배경 및 개념들을 살펴보고 또 인터넷이 비즈니스 활동을 위해 어떻게 활용되고 있는지 알아보기로 한다.

인터넷의 개념적 이해

인터넷이란?

인터넷(Internet)은 네트워크들을 상호 연동한다는 의미를 지닌 'Internetwork'의 줄임말이다. 전 세계에 흩어져 있는 수 만여 개의 컴퓨터 네트워크들을 상호 연결하는 네트워크로서 흔히 네트(Net)라고도 불린다. 인터넷은 기업과 정부기관과 교육기관의 컴퓨팅 자원들을 상호 연결해 주며, 끝없는 정보의 바다와도 같은 공간으로 인식되고 있다.

인터넷이 의미하는 바는 개인과 기업에 대해 각각 다르다. 우선 개인 관점에서 보면 인터넷은 생활에 필요한 정보를 얻을 수 있는 새로운 매체를 의미한다. 매우 오래 전에는 개인이 정보를 접할 수 있는 방법은 서신이나 구두에 의한 수단뿐이었다. 또 매스미디어(mass media) 시대가 열리면서 불특정 다수에게 정보가 전달되는 인쇄매체(신문, 잡지 등) 및 방송매체(라디오, TV 등)가 주된 정보전달 수단으로 부각되기 시작했다. 그러다가 정보화 시대에 접어들면서부터는 이들 매체 외에도 인터넷이 개인에게 정보를 전해주는 추가적인 채널로 부상한 것이다.

반면, 인터넷은 기업에 대해 두 가지 특별한 의미를 지닌다. 첫째, 인터넷 기술은 기업 내부 프로세스를 효율화하고 조직의 속도 및 유연성을 증대시키기 위한 목적으로 사용될 수 있다. 개별화 마케팅, 판매, 고객서비스, 인력채용 등 기업의 주된 활동들을 위해 유용한 가치를 제공할 수 있어 e-비즈니스 추세를 더욱 가속화시키고 있다. 둘째, 인터넷은 기업

▶ 기업의 시각에서 인터넷은 오프라인 매장을 대체할 수 있는 새로운 판매채널 역할을 한다.

이 개인 혹은 다른 기업과 낮은 비용으로 연결이 가능하도록 함으로써 기업에게 상거래를 수행할 수 있는 새로운 공간을 제공한다. 즉, 소매업체의 경우 기존의 오프라인 매장 이외에도 제품을 판매할 수 있는 추가적인 판매채널을 확보하게 되므로 매출을 확대할 수 있는 기회가 제공된다. 이는 전자상거래와 관련된 개념으로 본서의 뒷부분에 상세하게 다루기로 한다.

인터넷의 유래

냉전시대 당시 미국 군부 및 관련 핵심브레인 기관에서는 한 가지 문제에 봉착했는데, 이는 곧 핵 공격의 위협이었다. 즉, 중앙집중식인 통신 "통제센터"는 모두 핵공격시 주된 목표물이 될 것이기 때문에 군 전략가들은 이를 두고 고민했다. 결국 이 문제에 대한 해결방안으로서 통제센터 파괴로 인한 통신마비에 대비하기 위해 분산통신 네트워크의 구축이 추진되었다. 이 연구는 미 국방부 산하기관으로서 연구과제를 관리하는 ARPA(Advanced Research Projects Agency)란 기관에 의해 수 년간 지원을 받아 수행됐다.

이러한 연구의 일환으로 1969년 미국 국방부 산하 첨단 연구 프로젝트(ARPA)와 스탠포드, UCLA, 유타, 캘리포니아 등의 대학이 개발한 통신망을 연결한 **아파넷**(ARPANET)이 탄생하였다. **아파넷**은 초기에 주로 국방연구 프로젝트에 관련한 소수 연구소들에 국한되어 한정적으로 이용이 되었으나, 차츰 외부 연구소 및 대학들도 연결됨에 따라 연구 용도의 망으로 확장되기 시작했다.

1985년에는 미 과학재단(National Science Foundation: NSF)의 재정지원을 받아 NSFNET가 구축되면서 교육 및 연구 기능을 지원하는 학술망으로 발전하였다. 이 당시 인터넷에서 사용이 가능했던 애플리케이션은 단 네 개였다. 우선, 가장 흔하게 사용된 서비스는 이메일로서, 이는 한 컴퓨터의 이용자가 문자 메시지를 전송하고 이를 다른 이용자가 추후 편리할 때 받아볼 수 있도록 상대방 컴퓨터에 저장하는 서비스이다. 그 외에, 열거식 토론실(discussion list) 및 뉴스그룹(news groups)이 많이 이용되었는데, 이들을 통해 뉴스그룹이나 토론실에 메시지를 수록하면 등록된 모든 다른 이용자들에게 메시지가 자동으로 복사되어 이용자들 간에 아이디어의 손쉬운 공유가 가능했다. 또 하나의 중요한 애플리케이션은 FTP(file transfer protocol: 파일전송규약)로서 사용자는 누구나 이 프로그램을 이용해서 크고 작은 파일들을 신속하게 전송하거나 전송을 받을 수가 있었다. 끝으로, 텔넷(telnet) 프로그램은 원격 로그인 기능을 통해 마치 사용자가 호스트컴퓨터에 직접 접속한 것처럼 컴퓨터를 원격으로 조정하는 것이 가능했다.

그러다가 1991년 NSF가 드디어 인터넷의 상용화를 발표하게 되었으나 실제로 인터넷 기반의 상거래가 폭발적인 성장을 시작한 것은 그 후 인터넷을 그래픽환경에서 용이하게

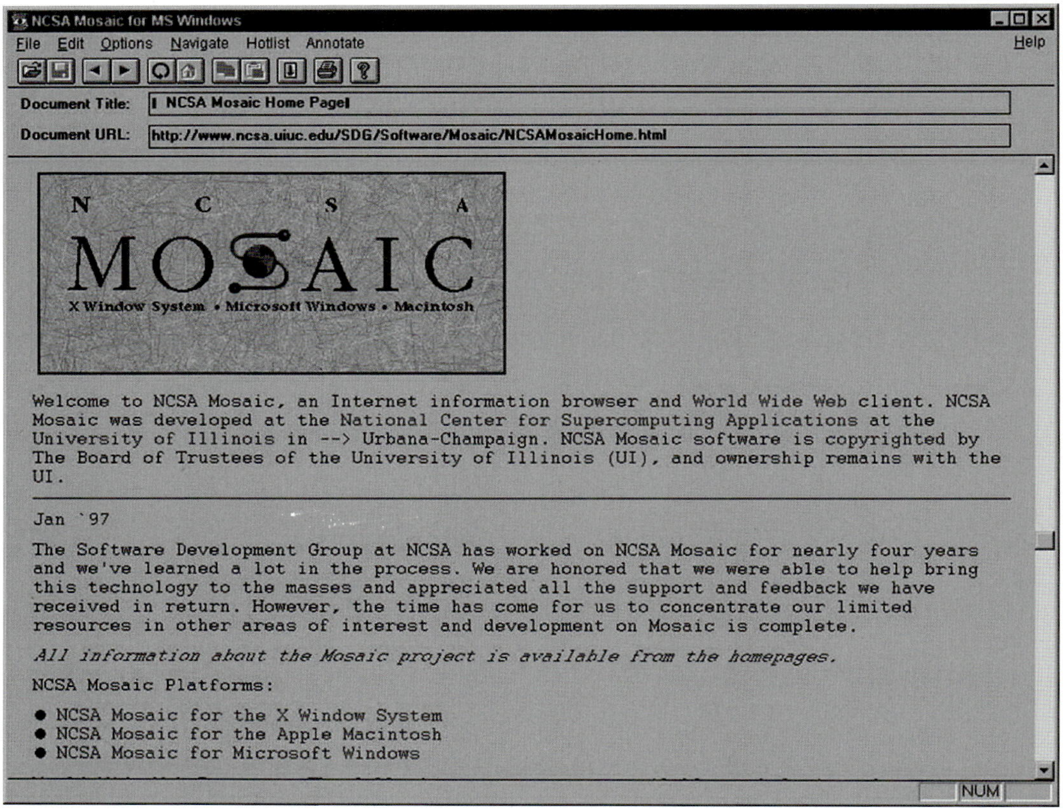

▶ 미국 일리노이 대학의 NCSA 연구소에서 연구용으로 개발한 세계 첫 웹브라우저인 Mosaic.

이용할 수 있는 웹브라우저가 등장하고 나서부터이다. 1992년 일리노이 대학의 NCSA(미 슈퍼컴퓨팅 연구센터)가 Mosaic란 연구목적의 웹브라우저를 개발하였고, 이를 토대로 1994년 Netscape사에서 Navigator 소프트웨어를 내놓으면서 비로소 인터넷은 오늘날 인간의 생활에 심오한 영향을 미치는 요인으로 자리잡게 된다.

인터넷의 특성

인터넷은 다음과 같은 네 가지 특성이 기존의 다른 통신 네트워크와 다른 점이라고 할 수 있다.

- 개방성(open network architecture): 인터넷은 전 세계의 컴퓨터를 상호 연결하고 있는 개방/분산 네트워크이다. 즉, 통신표준에 의해 하나의 망으로 연결된 서로 다른 기종의 컴퓨터가 자료를 상호 교환할 수 있다는 점에서 인터넷은 개방형이며, 자원이 하나의 호스트 컴퓨터에 집중되어 있는 중앙집중식 통신망과는 달리 전 세계의 여러 컴퓨터가 상호 연결되어 있다는 점에서 분산형 통신망이다.

- **멀티미디어 정보 전송능력:** 인터넷이 처음부터 화려한 멀티미디어를 전송할 수 있었던 것은 아니었다. 초기에는 인터넷이 문자정보의 전송만 가능했기 때문에 흥미로운 정보를 통해 효과적으로 커뮤니케이션 할 수 있는 방법이 없었지만, 웹(World Wide Web)이 등장한 이후로는 동화상, 정지화상, 음성 등 다양한 정보형태를 통해 전송이 가능해지면서 인터넷은 새로운 전기를 맞게 된 것이다.
- **네트워크 용량의 지속적인 확대:** 제1장에서도 언급되었듯이, 우리나라뿐 아니라 전세계적으로 개인과 기업, 정부기관 및 기타 기관들을 상호 연결하는 네트워크의 용량이 최근 수 년간 크게 확대됐다. 광케이블을 기반으로 한 초고속전송회선이 활발하게 구축되고 또 전화선을 이용한 DSL 회선의 전송능력도 크게 향상됨에 따라, 오늘날 이용자들은 고해상도의 사진 및 동영상 자료도 별 불편 없이 전송할 수 있게 됐다.
- **지역적, 시간적 장벽의 해소:** 인터넷과 같은 통신인프라 기술이 우리 생활에 그토록 큰 파장을 불러오고 있는 주된 이유 중의 하나는 인터넷을 통해 지구촌의 모든 사람들이 하나가 될 수 있다는 점이다. 이는 인터넷이 지역적 장벽과 시간적 장벽을 모두 허물어 주기 때문에 가능하다. 비록 한국에 사는 우리가 지구 반대편에 사는 유럽 사람들과 거리가 1만 킬로미터 이상 떨어져 있다 해도, 또 우리와 그들의 시간대가 정반대여서 서로 동시에 대화할 수 있는 기회를 찾기가 불가능하다 해도, 인터넷을 이용하면 그러한 시공의 장벽에 구애받지 않고 자유로이 대화가 가능하다.

인터넷의 기술적 이해

패킷교환 방식

인터넷망은 송신자와 수신자 간의 통신회선이 완전히 열려 있는 경우를 발견하기가 극히 어렵기 때문에, 전송하고자 하는 메시지를 작은 패킷 단위로 나누어 전송하고 또 패킷이 도착하면 다시 패킷들을 본래 메시지로 조합하는 이른바 **패킷교환**(packet switching) 방식을 이용하고 있다. 패킷교환 방식은 메시지 전체가 한꺼번에 전송될 필요 없이 통신경로를 따라 패킷들이 독립적으로 이동하므로 전송이 보다 효율적이며 빠르다는 장점이 있다.

패킷교환 방식은 우리에게 익숙한 공중전화망에 기초한 **회선교환**(circuit switching) 방식과 대조를 이룬다. 회선교환 방식에서는 송신자와 수신자 간의 통신회선이 완전히 열려 있어야만 두 지점 간에 독점적인 회선이용을 위한 연결이 이루어져 전화통화를 할 수 있도록 되어 있다. 따라서 회선교환 방식은 회선구간을 충분히 활용하지 못하고 낭비하는 결과를 가져온다는 문제점이 지적되고 있다. 반면, 패킷교환 방식은 네트워크에서 사용가능한 전송용량의 이용을 최적화하며 메시지 대기시간을 최소화하기 때문에 인터넷에서의 데이

그림 3-1 패킷의 구성

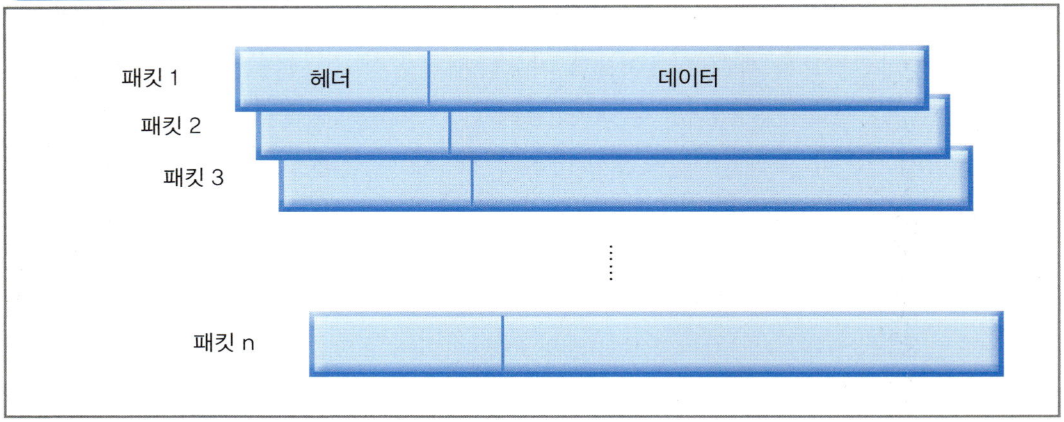

▶ 개별 패킷은 헤더 및 데이터로 구성되어 있으며, 패킷들이 모두 도착했을 때 고정길이의 이들 패킷을 조합함으로써 본래 메시지를 재생할 수 있다.

터전송을 위해 적합한 전송기법으로 알려져 있다.

그림 3-1에서와 같이, 인터넷망을 통해 전송하고자 하는 메시지는 우선 여러 개의 패킷으로 분할되는데, 이 때 각 패킷의 데이터에 헤더를 추가하여 패킷이 완성된다. 헤더에는 출발지 컴퓨터 IP 주소, 목적지 컴퓨터 IP 주소, 패킷의 길이, 패킷의 순번, 그리고 기타 제어정보가 포함된다. 이와 같이 구성된 패킷들은 각기 출발지를 떠나 다른 네트워크들을 거쳐 목적지까지 이르게 된다. 한 네트워크에서 다른 네트워크로 이동하는 데 있어서는 각 네트워크에 설치된 **라우터**(router)라는 통신장비를 통해 이동경로를 안내 받을 수가 있다. 라우터는 서로 다른 네트워크들을 상호연동하며 또 이 네트워크들을 거쳐 이동하는 과정에서 패킷들을 목적지까지 제대로 전달될 수 있도록 하는 역할을 담당한다.

TCP/IP 프로토콜 모음

컴퓨터가 기업에 도입되기 시작한 1950년대 이래로 기업들의 컴퓨터 환경은 서로 섞일 수 없는 물과 기름과도 같은 것이었다. 기업들은 각기 독자적인 컴퓨터시스템(proprietary systems)을 구축하여 운영하여 왔기 때문에 상호 호환이 거의 되지 않았다. 가령, 어느 기업이 IBM의 메인프레임 컴퓨터를 구입할 경우, 그 이후 구입하는 컴퓨터, 주변기기 및 통신시스템 등은 모두 IBM 방식을 따르는 제품만을 구입해야만 사내에서는 이들 기기 간의 호환성을 유지할 수가 있다. 만일 어느 백화점 A사에서는 IBM 컴퓨터환경인데, 이 백화점에 제품을 공급하여 주는 B사에서는 DEC 컴퓨터환경이라면, 서로 접속이 되지 않으며 또 재고와 관련한 데이터도 서로 공유하거나 교환할 수가 없다. 이러한 문제에 대한 해결책으로 등장한 것이 곧 TCP/IP이다.

▶ 모든 PC들이 인터넷에 연결될 수 있는 것은 TCP/IP라는 통신규약에 의해 상호접속성이 제공되기 때문이다.

TCP/IP(Transmission Control Protocol/Internet Protocol)란 하드웨어 및 통신기기 제조업체들이 공통적으로 적용할 수 있도록 만든 통신규약으로서, 메이커가 서로 다른 이기종(異機種) 기기 간에도 혹은 서로 다른 이기종 네트워크 간에도 호환이 되도록 하는 기술표준 역할을 한다. 글로벌 인터넷 환경에서는 Windows 계열의 PC, 애플 매킨토시, 리눅스 컴퓨터 등 데스크탑 컴퓨터는 물론 유닉스 서버 및 스마트폰에 이르기까지 다양한 기종의 컴퓨터들이 함께 존재한다. TCP/IP는 이러한 이질적인 컴퓨터 환경에서 컴퓨터들 간에 상호접속성(interconnectivity)을 제공할 수 있는 핵심 도구라는 점에서 그 중요성이 매우 크게 인식되고 있다. 즉, 세계 어느 곳에 있는 어떤 컴퓨터라 하더라도 TCP/IP 통신규약을 따르는 기기라면 언제든지 인터넷 망에 접속할 수가 있다는 의미이다.

오늘날 인터넷의 통신 프로토콜로 자리잡은 TCP/IP 프로토콜 모음은 1974년 **빈슨트 서프**(Vincent Cerf)와 **밥 칸**(Bob Kahn)에 의해 처음 구상되었다. 본래 TCP/IP는 네 개의 계층으로 구성되었으나, **그림 3-2**에서와 같이 이후 물리적 계층이 추가되어 모두 다섯 개의 계층으로 확장되었다. 이들을 각각 살펴보면,

- **계층 1(물리적 계층)**: 물리적 계층(Physical Layer)는 데이터의 운송에 직접 이용되는

그림 3-2 TCP/IP 프로토콜 모음의 구조

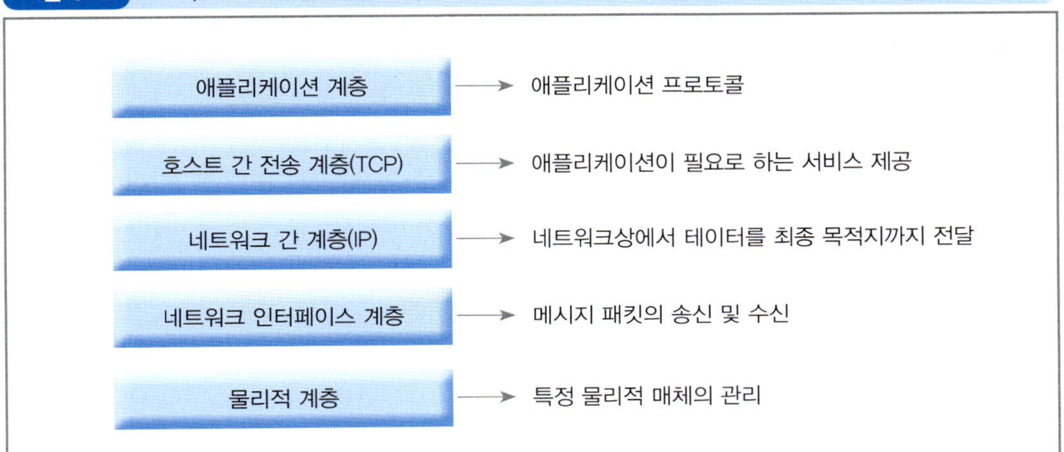

▶ 모두 다섯 개의 계층으로 구성되어 있으며, 각 계층은 그 하위계층의 서비스에 의존해 주어진 역할을 담당하게 된다.

통신회선(가령, 구리선, 동축선, 광케이블 등)을 관리하는 역할을 담당한다.

- **계층 2(네트워크 인터페이스 계층)**: 네트워크 인터페이스 계층(Network Interface Layer)은 특정 네트워크에 데이터 패킷을 올려 전송을 시작하거나 혹은 특정 네트워크에 도착한 패킷을 수신하는 역할을 담당한다.
- **계층 3(네트워크 간 계층)**: IP(Internet Protocol) 계층이라고도 불리는 네트워크 간 계층(Internetwork Layer)은 인터넷상에서 메시지의 목적지 주소를 부여하고, 메시지를 포장하며, 또 경로를 따라 메시지를 전송시키는 것을 목적으로 한다.
- **계층 4(호스트 간 전송 계층)**: 호스트 간 전송 계층(Host-to-Host Transport Layer)은 애플리케이션과의 통신을 관리하는 계층으로 TCP(Transmission Control Protocol)계층이라고도 불린다. 애플리케이션으로 전송되거나 애플리케이션에서 수신된 패킷을 확인하고 또 순서를 배열하는 역할을 한다.
- **계층 5(애플리케이션 계층)**: 끝으로 애플리케이션 계층(Application Layer)은 이용자가 필요로 하는 다양한 애플리케이션들을 제공함은 물론, 하위 계층의 서비스들을 이용해 애플리케이션이 원만하게 실행될 수 있도록 한다.

대표적 프로토콜의 예

앞서 소개한 TCP/IP 프로토콜 모음에서 계층 5(애플리케이션 계층)에 속하는 일부 인터넷 프로토콜들은 오늘날 사용자들이 인터넷을 이용하는 데 중요한 영향을 미치고 있다. 이들 중 대표적인 프로토콜로서 HTTP, SMTP/POP/IMAP, 그리고 FTP에 관해 각각 알아보기

그림 3-3 HTTP 환경에서의 문서의 전송

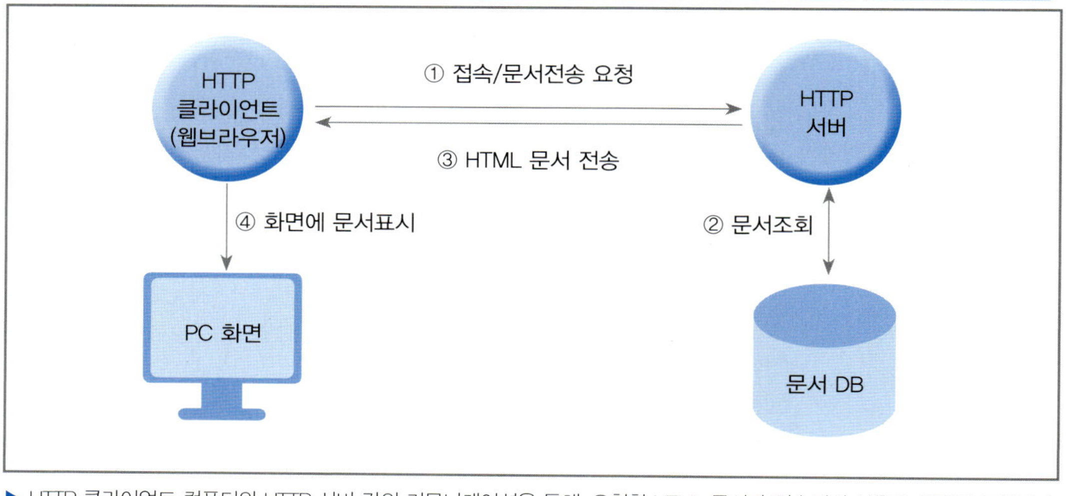

▶ HTTP 클라이언트 컴퓨터와 HTTP 서버 간의 커뮤니케이션을 통해, 요청한 HTML 문서가 전송되어 사용자 화면에 표시된다.

로 한다.

HTTP(Hyper Text Transfer Protocol)는 웹환경에서 문서를 전송하기 위해 이용되는 인터넷 프로토콜이다. HTTP의 목적은 인터넷을 통해 HTML 페이지를 이용자들에게 제공하고 또 이들 페이지를 이용자들이 받아볼 수 있도록 하는 데 있다. HTTP는 클라이언트와 서버 간에 요청 및 반응 방식으로 진행되는 프로토콜이다. 그림 3-3에서 볼 수 있듯이, HTTP 클라이언트(즉, 웹브라우저)가 HTTP 서버에의 접속을 요청함으로써 연결프로세스가 시작된다. 대기 중이던 HTTP 서버가 클라이언트 요청을 접수하면 곧 서버가 요청된 파일을 HTTP 클라이언트에게 전송한다. HTTP는 웹주소마다 도메인 이름의 바로 앞부분에 추가되는 문자열이기도 하다(가령, http://www.cau.ac.kr). 도메인 이름(즉, www.cau.ac.kr)은 문서가 저장되어 있는 조직 서버 컴퓨터를 나타낸다. 대부분 기업들은 자신들의 공식적인 기업명과 동일하거나 유사한 이름을 도메인 이름으로 채택하고 있다. 이러한 웹주소를 가리켜 URL(Uniform Resource Locator)이라고 부른다. 브라우저의 주소창에 입력되는 URL은 이용자가 원하는 정보를 정확히 어디에서 찾아야 하는지 나타낸다. 일반적으로 사용자들은 단순히 도메인 네임을 입력하지만, 해당 도메인 네임은 도메인 네임 서버를 통해 IP주소로 변환된 후, 이 IP주소를 이용해 서버를 찾아가게 되는 것이다.

이메일의 전송 및 수신과 관련한 인터넷 프로토콜은 SMTP, POP 및 IMAP이다. SMTP(Simple Mail Transfer Protocol)은 서버로 이메일을 전송하는 데 사용되는 프로토콜이다. SMTP는 1980년대 초에 개발된 비교적 단순하며 문자열 위주의 프로토콜이다. SMTP는 메일의 송신만을 담당하며, SMTP를 통해 전송된 메일의 수신을 위해서는 POP3나 IMAP 프로토콜이 이용된다. POP3(Post Office Protocol 3)를 이용하여 사용자는 서버로부터 이메일 메시지를 확인한 다음, 메시지를 자동으로 삭제하거나 서버에 남겨둘 수가 있다. IMAP(Internet Message Access Protocol)은 모든 유형의 브라우저 및 서버들을 지원하는 최신의 이메일 프로토콜이다. IMAP을 이용하면 서버에서 메시지를 확인하기 전 검색, 정리, 혹은 여과를 할 수가 있다.

인터넷 환경에서 파일의 업로드 및 다운로드를 위해 사용되는 프로토콜로는 FTP가 있다. FTP는 서버와 클라이언트 컴퓨터 사이에 파일을 서로 주고 받을 수 있는 프로토콜로서, 웹이 등장하기 이전부터 이용되어 온 인터넷 서비스이다. 이메일을 통해 전송할 수가 없는 대용량 파일을 FTP를 이용해 쉽게 전송할 수 있기 때문에 인터넷 이용자들 간에 널리 이용되고 있다.

인터넷의 애플리케이션

앞서 **인터넷의 유래**에서 함께 살펴보았듯이, 인터넷이 등장한 초기에는 이메일 등이 주된 정보교류 수단이었지만, 근래에 와서는 월드와이드웹의 출현으로 인터넷 이용이 보다 용이해짐에 따라 이메일 이외에 인스턴트 메시징, 검색 엔진, 지능형 에이전트, 채트 등 다양한 애플리케이션들이 널리 이용되고 있다.

이메일

인터넷을 기반으로 가장 널리 이용되는 애플리케이션은 **이메일**(electronic mail)이다. 오늘날 전 세계적으로 매일같이 310억 개의 이메일이 전송되는 것으로 조사를 통해 나타나고 있다. 이메일은 정보검색과 더불어 인터넷의 대표적인 용도로 인식되고 있다.

이메일은 SMTP, POP 등 관련 프로토콜을 이용해 문자, 이미지, 음성 및 동영상 자료를 담은 메시지를 한 이용자로부터 다른 이용자에게로 전달하는 것이 가능하다. 문자화된 정보를 명료하고 신속하게 전달할 수가 있어 기업에서도 비즈니스 업무관련 정보를 교환하기 위한 목적으로도 널리 이용되고 있는 추세이다. 또 메일에 별도의 파일을 첨부할 수 있어, 전달할 수 있는 정보의 형태가 문자에만 국한되지 않으며 다양한 정보를 필요에 따라 보낼 수가 있다. 다만 이메일은 서로 다른 시간대에 의사소통을 할 수 있다는 점이 장점이므로, 상대방으로부터 급한 피드백이 필요한 경우에는 인스턴트 메시징이나 채팅과 같은 실시간 커뮤니케이션 프로그램을 활용해야 한다.

이메일의 역기능에 대한 이해도 필요하다. 한 예로, 개인 간의 사적인 정보교류를 위해 개발된 이메일이 광고 및 홍보 목적을 위해 이용되는 사례가 급증하고 있는 추세이다. 개인의 필요 및 수신의지에 관계없이 불특정 다수에게 상업적 혹은 비상업적인 목적으로 뿌리는 **스팸**(spam) **메일**이 바로 그것이다. 뿐만 아니라, 이메일에 바이러스를 내장시켜 전송한 다음 이메일을 열어보는 순간에 바이러스에 의해 시스템이 감염되는 **이메일 폭탄** 사례가 종종 발생하고 있어 이용자들에게 주의가 요구되고 있다.

인터넷이 널리 확산되기 이전에는 유료 이메일 서비스를 이용하거나 혹은 기관 내에서 제공되는 사내 이메일을 이용해야 했지만, 근래에 와서 이메일은 포털사이트나 기타 인터넷 전문사이트에서 무료로 제공이 되고 있다. 우리나라의 이용자들은 주로 다음, 네이버, 네이트, MSN 등의 포털사이트들이 제공하는 이메일 서비스를 이용하는 추세이다

인스턴트 메시징

이메일이 이용자가 아무때나 편리하게 메일을 확인할 수 있도록 함으로써 시간의 장벽

그림 3-4 모바일 인스턴트 메시징의 예(카카오톡)

▶ 문자는 물론 화상을 통해서도 즉시 대화를 나눌 수가 있기 때문에, 인스턴트 메시징은 상대방의 신속한 피드백이 필요한 비즈니스 커뮤니케이션에 널리 이용되는 추세이다.

을 허무는 비실시간 커뮤니케이션 수단이라면, **인스턴트 메시징**(instant messaging)은 동일 시간대에 메시지를 주고받는 실시간 커뮤니케이션 수단이라고 할 수 있다. 이용자가 컴퓨터에서 입력하는 단어들이 상대방 컴퓨터 화면에 즉시 나타나게 되며, 메시지를 수신하는 상대방 이용자도 전송자에게 즉시 답변을 전송할 수 있다(**그림 3-4** 참조).

전 세계적으로 2,800만 명 이상이 날마다 인스턴트 메시징 서비스를 이용해 거의 10억 개의 메시지를 송신하며, 한때 10대들의 전유물로만 여겨졌던 인스턴트 메시징이 기업 협업 애플리케이션으로서 중요한 역할을 담당하고 있는 것으로 나타나고 있다. 인스턴트 메시징은 이제 인터넷 기반의 주요 커뮤니케이션 수단으로 자리를 잡아가고 있는 것이다.

현재 국내에서의 인스턴트 메시징 서비스는 마이크로소프트, 네이트 등의 포털 사업자들에 의해 각각 MSN/윈도우 메신저, 네이트 메신저 등의 전문소프트웨어를 통해 제공되고 있다. 또 그림 3-4에서와 같이 모바일 인스턴트 메시징 서비스로서 카카오톡이 널리 이용되는 추세이다. 인스턴트 메시징은 이메일에 비해 훨씬 빠른 피드백을 받을 수가 있어, 구성원들 간에 긴밀한 협력이 요구되는 팀업무를 수행하는 데 유용한 커뮤니케이션 수단으로 이용될수 있다.

더구나 웹 카메라를 이용해 화상을 통해서도 대화를 나눌 수가 있기 때문에, 이메일에 비해 정보 풍족도(information richness)가 더 높은 커뮤니케이션을 즐길 수 있다는 점이 주된 장점으로 인식되고 있다. 즉, 단순한 문자 정보에 의존하기보다는 얼굴표정이나 음성을 통해 의사소통을 할 수 있어 미묘한 정보전달이 필요한 협상 혹은 설득에 이상적이다.

검색엔진

좁은 의미에서, **검색엔진**(search engine)은 한 사이트 내에서 주제어와 관련된 페이지를 찾아내는 소프트웨어 모듈을 뜻한다. 그러나 일반적으로 검색엔진이란 특정 주제에 관한 정보를 찾아볼 수 있는 검색전용 웹사이트를 의미한다. **그림 3–5**에서 볼 수 있듯이, 네이버 사이트에 접속한 후 키워드 박스에 찾고 싶은 주제어를 입력하면 이 주제어와 관련된 블로그, 뉴스, 웹사이트 등 다양한 카테고리의 검색결과가 나타난다.

검색엔진은 웹상에 존재하는 수많은 웹페이지들을 대상으로 검색을 실시해서 이 중 사용자가 입력한 주제어와 가장 관련이 높은 페이지들을 찾아내 보여주는 역할을 담당한다. 이 때 관련 페이지들을 찾아내는 기법은 검색사이트들마다 서로 다르다. 야후 등 대부분

그림 3–5 검색엔진의 예시

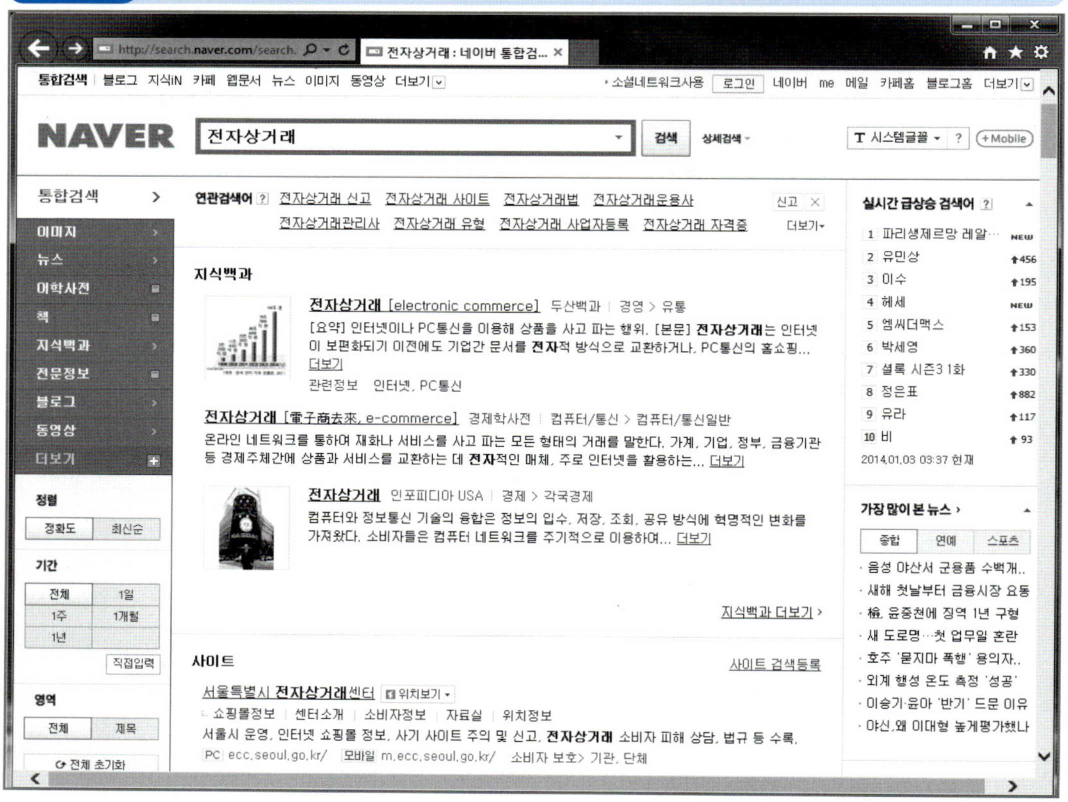

▶ 네이버 사이트의 키워드 박스에 '전자상거래' 주제어를 입력하면, 그와 관련된 항목들이 열거된다.

검색 사이트들이 관련 페이지에 포함된 해당 키워드 빈도 수를 기준으로 하여 순위를 낸 다음 빈도 수가 많은 페이지들부터 순서대로 열거해 보여주는 데 반해, 구글은 해당 키워드를 포함하고 있는 웹페이지들에 대한 링크 수를 기준으로 순위를 낸 다음, 링크 수가 높은 웹페이지들부터 차례대로 나열하는 방식이다. 쉽게 말해, 기존 검색 사이트들에 의해 1순위로 제시된 웹페이지는 키워드가 가장 여러 번 나타나고 있음을 의미하지만, 구글 사이트에 의해 1순위로 제시된 웹페이지는 가장 수요가 많음을 의미하므로 그만큼 인기가 높다는 사실을 알 수 있다. 이러한 차별화된 검색서비스를 기반으로, 구글은 성공적인 온라인 기업으로 성장할 수 있었던 것이다.

스트리밍 미디어 재생

인터넷에서 파일사이트가 큰 영화를 받아 재생할 수 있는 방법에는 두 가지가 있다. 한 가지는 다운로드를 받은 후 이용자 PC의 하드디스크에서 직접 재생하는 방법이다. 두 번째 방법은 긴 시간 동안 다운로드할 필요 없이, 파일을 여러 조각으로 나누어 전송함으로써 연속적으로 영화 파일을 재생하는 방법인데, 이를 가리켜 스트리밍 미디어(streaming media) 재생이라고 부른다. 이용후 파일이 남는 다운로드 방법과 달리, 스트리밍 미디어 재생방법은 사용자가 동영상물을 이용 후 소유할 수 없기 때문에 저작권을 보호하는데 도움이 된다.

그림 3-6 스트리밍 미디어의 재생과정

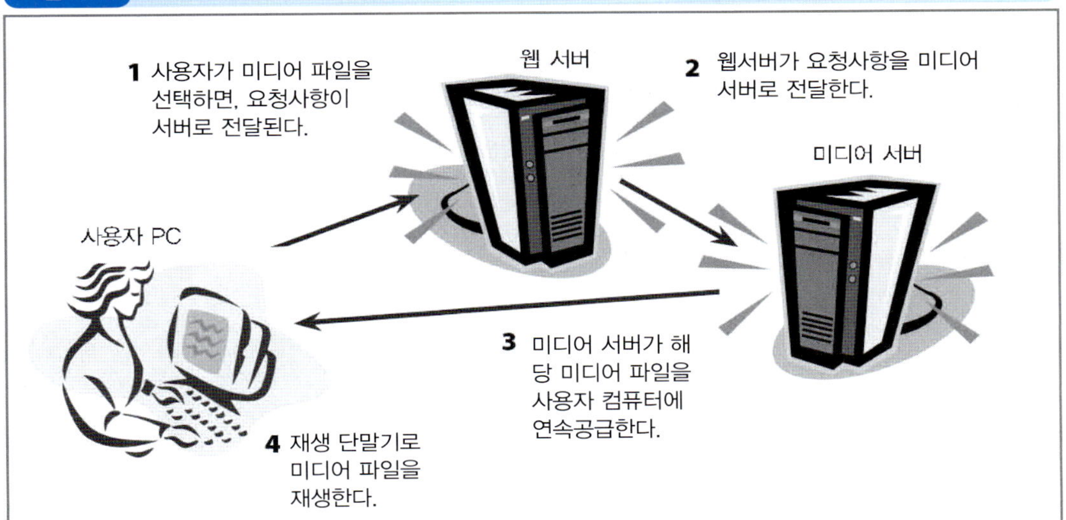

▶ 스트리밍 미디어는 인터넷상에서 동영상 자료를 실시간으로 전송 받아 재생시킬 수 있는 기술이다.

따라서 유튜브 등 대부분 동영상 제공업체들이 이 방법을 통해 서비스를 제공하고 있다.

인터넷 전화

우리에게 이미 익숙한 기존 전화망은 19세기에 설계된 아날로그 회선에 기반한 음성신호 전송기술로서, 장거리 통화시 아직도 비용이 높은 것이 단점으로 지적되고 있다. 이에 반해, VoIP(Voice over Internet Protocol)라고도 불리는 **인터넷 전화**는 인터넷망을 통해 디지털 형태로 음성대화 신호를 전송할 수 있는 새로운 기술이다.

VoIP 서비스 이용자는 인터넷이라고 하는 글로벌 네트워크를 통해 음성과 데이터를 모두 전송할 수 있으므로, 인터넷으로 데이터만을 전송하는 이용자에 비해 비용절감 혜택을 누릴 수 있다. 특히, 국제전화나 시외전화 등 장거리 전화요금 부담이 큰 이용자에게 있어 VoIP 서비스는 통신비용을 현저하게 낮출 수 있는 기회를 제공하기 때문에 기존 전화를 대체할 수 있는 새로운 수단으로 자리 잡아가고 있다.

인터넷 TV

현재 우리나라에서는 SK텔레콤, KT 등 이동통신사들이 IPTV(Internet Protocol TV)라는 서비스를 제공하고 있다. 이는 인터넷망 가입자가 컴퓨터 통신을 위해 이용하는 인터넷 회

그림 3-7 인터넷전화(VoIP) 서비스의 개념도

▶ 인터넷 전화는 인터넷 망을 통해 음성대화 신호를 전송하므로 통신 비용 절감효과를 기대할 수 있다.

▶ 인터넷 회선을 통해서도 TV 시청이 가능한 세상이 열리고 있다.

선을 TV방송 수신을 위한 목적으로도 이용할 수 있는 서비스를 뜻한다. IPTV 이용자는 인터넷에 접속만 되어 있으면 컴퓨터를 이용해 실시간 TV 방송을 시청할 수 있으므로 인터넷 이용자들에게는 환영을 받을 것으로 예상되는 반면, IPTV서비스가 기존의 지상파 및 케이블 방송사들의 서비스와 경쟁관계에 놓여 반발을 불러올 것으로 전망된다.

인트라넷과 엑스트라넷

인트라넷이란?

그림 3-8에서 볼 수 있듯이, **인트라넷**(intranet)은 인터넷 기술을 기반으로 한 기업내부 네트워크로서 조직의 정보 및 업무를 조직 구성원들이 서로 공유할 수 있도록 하는 데 초점을 둔다. 쉽게 말해서, 기존의 사내 정보시스템을 통해 이용하던 기능을 인터넷 기술 기반으로 옮겨와 이제는 웹사이트를 통해 기업 업무를 처리하는 셈이다. 따라서 인트라넷은 일반 인터넷과 마찬가지로 어디서든지 IP주소에 의해 웹사이트에 접속이 되지만, 조직 구성원들에게만 이용

▶ 인트라넷은 인터넷 기술을 기반으로 한 기업 내부 네트워크로서 IP주소만 있으면 접속이 가능하다.

그림 3-8 인트라넷과 엑스트라넷의 개념도

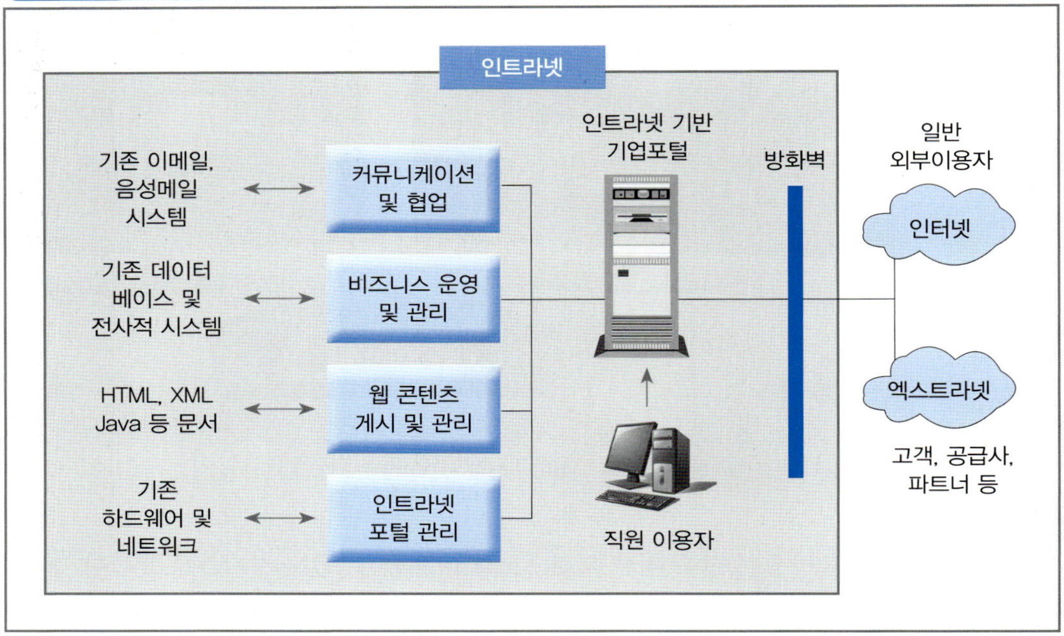

▶ 인트라넷은 기업 내부에 한정되는 네트워크인 반면, 엑스트라넷은 기업을 고객, 공급사 등 외부기업과 서로 연동하는 네트워크이다.

이 제한되며 이를 위해 로그인(log-in) 과정을 거치게 된다.

인트라넷은 흔히 조직 구성원들이 내부업무를 위해 서로 커뮤니케이션을 하고, 함께 팀워에 의한 협업을 하기도 하며, 또 업무관리를 하는 툴로 활용된다. 특히, HTTP 및 기타 인터넷 프로토콜을 사용하므로, 기존의 기업 정보시스템과 접목되어 손쉽게 전사적 데이터를 조회 혹은 관리할 목적으로 흔히 사용된다. 따라서 오늘날 많은 기업들이 내부업무에 대해 e-비즈니스를 실현하기 위해 인트라넷을 이용하고 있다.

인트라넷은 다음과 같은 네 가지 장점을 지닌다. 우선, 기업들 대부분이 이미 인터넷 접속을 할 수 있는 기술적 토대가 구축되어 있으므로 인트라넷을 구축하는 데 별도로 큰 비용이 소요되지 않는다. 둘째, 이용자 관점에서 보면 인트라넷이 친숙한 웹사이트 인터페이스에 기반을 두고 있으므로 인트라넷의 사용은 곧 기존 인터넷의 사용이나 다름없다. 따라서 추가적인 학습요구량이 적으므로 시스템에 대한 교육비용도 낮게 든다는 것이 특징이다. 끝으로, 인트라넷상에서는 정보를 멀티미디어 형태로 제공할 수 있어 이용자의 흥미를 유발시킬 수 있다.

인트라넷의 성공사례는 여러 세계 유수기업들에게서 찾아볼 수 있다. 다국적 컨설팅기업 KPMG사는 회사의 모든 정보자산을 KWorld라고 하는 인트라넷으로 이동시켰다. 시스코시스템즈사의 성공 배후에는 회사 인트라넷의 창의적 구축 및 활용이 있다. 중국은 인터넷 규제에 의해 금지된 정보에 대한 접근을 제한적으로 허용하는 국가 인트라넷을 구축하고 있다. 포드 자동차사는 전 세계 950곳의 175,000명 직원들이 회사의 인트라넷인 마이포드(Myford.com) 시스템을 접근할 수 있도록 했다.

엑스트라넷이란?

앞서 소개된 인트라넷이 인터넷 기술을 조직 내부에 적용시킨 네크워크라면, **엑스트라넷**(extranet)은 조직내부 시스템을 조직 외부인들에게 접속을 허용한 네트워크이다. **그림 3-9**에 나타나 있듯이, 엑스트라넷은 고객, 협력사, 제휴업체, 공급사 등에게 접속이 허용되도록 구축된'조직과 조직을 서로 잇는 조직 간 정보네트워크'이다. 즉, 인트라넷의 일부를 업무수행 목적으로 외부의 일부 기업에게 제한적으로 연결할 수 있도록 허용한 네트워크인 것이다.

따라서 기업내부망에 외부인들의 접속을 허용하게 되면 가장 위험의 소지가 있는 것이 시스템 보안의 문제이다. 외부의 위협요인으로부터 시스템 침입을 차단하기 위해 방화벽(firewall)을 설치하는 것이 필수적이다. 또 조직 내부망은 조직 내부적인 용도에 한정되는 경우가 대부분이므로 내부망에서 인터넷으로 접속할 일이 많지 않다. 그러나 인터넷 접속이 허용될 경우, 안전한 접속을 위해 게이트웨이를 통하게 되며, 사용자인증, 메시지 암호화 및 VPN(가상사설망)을 흔히 이용하는 추세이다.

고객과 공급사 등 외부인은 인터넷으로 기업의 인트라넷에 로그인하여 허용된 데이터에 국한해서 정보를 조회할 수가 있으며 또 필요할 경우에는 조직 내의 담당자와 커뮤니케이션을 할 수가 있다.

엑스트라넷은 조직간 정보시스템(interorganizational system)에 속하며, 기업 간 전략적 제휴를 지원하는 데 중요한 역할을 담당하는 통신 인프라의 요소이다.

3.2 월드와이드웹의 등장

흔히 웹이라고 알려져 있는 월드와이드웹이 없다면 오늘날 급증하고 있는 전자상거래를 상상할 수조차 없다고 해도 과언이 아니다. 웹의 출현으로 수백만 명의 컴퓨터 이용자들에게 문자, 정지화상, 애니메이션, 동화상 및 음성 등 다양한 디지털 서비스를 용이하게 제공하는 것이 가능해졌다. 다시 말해, 웹은 전 세계의 컴퓨터 이용자들에게 온라인 상거래 장터를 제공하는 데 필요한 사용자 친화적인 표현을 가능하게 하고 있다.

월드와이드웹의 개념

월드와이드웹이란?

월드와이드웹(World Wide Web)은 인터넷을 통해 접근가능한 문서들의 모음으로서 하이퍼텍스트 기능을 통해 이들 문서들을 마우스로 쉽게 탐색할 수가 있다. **하이퍼텍스트**(Hypertext)는 첫 페이지에서 마지막 페이지까지 단순히 순서대로 나열하지 않는다는 점에서 일반적인 텍스트와 다르다. 즉, 관심 있는 용어나 그림을 클릭하면 즉시 그와 관련한 상세한 정보를 얻을 수가 있으므로, 네트워크의 다양한 경로를 따라 자유로이 정보를 탐색해 나가는 것이 가능하다. 페이지에 표시된 모든 항목들을 클릭할 수 있는 것은 아니므로, 이용자가 클릭할 수 있는 항목들은 특별히 눈에 띄도록 표시된다. 사용자가 웹페이지의 특정 항목을 클릭할 때 이와 관련한 추가적인 정보가 있는 다른 페이지로 연결될 수 있도록, 페이지 작성자는 해당 항목에 대해 링크를 걸어둘 수가 있다. 웹에서 페이지들은 주로 콘텐츠라고 불리며, 콘텐츠 작성자는 흔히 이들 페이지들을 작성함은 물론 페이지들을 서로 연결하기도 한다.

웹환경에서는 클라이언트 프로그램(가령, 웹브라우저)이 웹서버에 접속한 다음 웹서버로부터 웹페이지 및 기타 컴퓨터 파일들을 수신받아 사용자 화면에 표시해 준다. 사용자는 화면에 표시된 웹페이지를 보고 페이지에 수록된 하이퍼링크를 클릭하면서 한 웹페이지에서 다른 웹페이지로 이동하면서 정보의 바다를 항해하게 된다. 이와 같이 마우스 클릭을 통해 웹페이지들을 탐색할 수 있는 반면, 사용자가 웹 양식에 정보를 입력하고 이를 웹서버가 전달받아 저장할 수가 있다(예: 회원등록, 온라인 대금결제 등). 일반적으로 조직의 웹페이지들을 모아놓은 공간을 가리켜 웹사이트(Web site)라고 하며, 웹사이트는 웹서버에 저장, 관리된다.

웹의 출현

인터넷에 비해, 웹은 1990년 경이 돼서야 처음 출현했다. 웹을 처음 개발한 사람은 CERN(유럽분자물리연구소)의 **팀 버너스리**(Tim Berners-Lee) 박사이다. 그보다 앞서 이미 1940년대에 **바네스바 부시**는 지식을 상호 연결된 페이지들로 구성함으로써 이용자들이 이를 자유로이 찾아볼 수 있게 할 수 있다는 가능성을 제시한 바 있으나, 인터넷상에서 이러한 아이디어가 실현된 것은 1990년대가 되어서 팀 버너스리 및 CERN 연구원들에 의해 가능해진 것이다.

기본적으로 **버너스리**의 공헌은 인터넷과 하이퍼텍스트의 결합방법을 제시한 데서 찾을 수 있다. **버너스리**는 기존의 인터넷에 하이퍼텍스트 개념을 결합시키기 위한 제안을 여러

표 3-1 월드와이드웹의 구성요소

웹 구성요소	정 의
하이퍼텍스트	정보의 한 형태로서, 컴퓨터 환경에서 사용자는 하이퍼링크라고 불리는 이들 문서들 간의 내부연결관계를 통해 한 문서에서 다른 문서로 이동할 수 있음
클라이언트-서버 컴퓨팅모델	클라이언트 컴퓨터가 서버 컴퓨터에게 요청을 하면, 서버컴퓨터가 요청한 자원이나 서비스(즉, 데이터나 파일)를 제공하는 컴퓨터 환경
웹브라우저	웹사이트의 웹페이지에 존재하는 문자열, 이미지 및 기타 형태의 정보를 사용자가 인터넷망을 통해 수신해 자신의 컴퓨터 화면에 표시할 수 있는 소프트웨어 프로그램
화면구성 언어	웹브라우저 내에 원하는 모양으로 정보를 표현할 수 있도록 웹페이지 화면을 구성하기 위한 언어

차례 발표하였으나, 두 분야의 전문가들은 아무도 관심을 보이지 않았다. 결국 자신이 직접 나서 웹상에 존재하는 정보자원들을 접근할 수 있는 방법을 개발하기에 이르렀다. **표 3-1**에서 볼 수 있듯이, **버너스리**는 CERN에서 웹의 기본적인 네 가지 요소인 하이퍼텍스트, 웹서버 및 브라우저, HTML를 개발하였다.

우선 **버너스리**는 자신이 작성한 페이지들이 키워드를 이용해 연결되도록 할 수 있는 컴퓨터 프로그램을 개발했다. 문서상의 카워드를 클릭하면 즉시 다른 문서로 이동할 수 있는 그러한 프로그램이었다. 그가 이들 페이지를 작성하기 위해 이용한 언어는 SGML(Standard Generalized Markup Language)이라는 페이지 구성언어의 변형버전이었다. 버너스리는 이 언어를 HTML(HyperText Markup Language)이라고 명명했다.

그 다음으로 그는 HTML 페이지들을 인터넷에 저장하는 방법을 찾아냈다. 다른 곳에 있는 클라이언트 컴퓨터가 HTTP 프로토콜을 이용해 이 페이지들을 접근할 수 있는 방법이었다. 그러나 이들 초기 웹페이지들은 흑백으로만 표시될 수밖에 없었고 또 그래픽이나 사진 이미지는 표시가 불가능한 문자위주 페이지들이었다.

그러다가 문자위주 웹페이지들이 그래픽표시가 가능한 웹페이지들로 발전한 것은 일리노이대의 NCSA(슈퍼컴퓨터 소프트웨어연구소)의 연구원으로 있던 **마크 앤더슨**이 그래픽사용자인터페이스로 재무장된 **모자이크**(Mosaic)라는 웹브라우저를 개발한 1993년이었다. 모자이크는 웹문서를 배경색과 이미지와 간단한 애니메이션까지 곁들여 화면에 표시할 수 있는 브라우저였다. 뿐만 아니라, 모자이크는 윈도우, 매킨토시, 유닉스 등 다양한 운영환경에서도 구동될 수 있도록 개발되었기 때문에 컴퓨터 환경에 관계없이 이용할 수 있는 범용 브라우저라는 점이 특히 눈길을 끌었다.

웹의 새로운 가능성을 여는 데 크게 기여한 모자이크의 기능 및 특징을 바탕으로 1994년 **마크 앤더슨**과 **짐 클라크**는 넷스케이프사를 설립하게 된다. 이 회사에서 출시한 첫 상업적 브라우저가 곧 넷스케이프 내비게이터이다. 모자이크는 무료로 배포된 데 반해, 내비게이터는 유료로 판매되기 시작했다. 그러다 마이크로소프트사가 윈도우 소프트웨어에 새 웹 브라우저인 인터넷 익스플로러를 번들링(bundling)하여 판매하기 시작하면서, 시장을 거의 독점하던 넷스케이프사는 마이크로소프트사에게 시장을 내줄 수밖에 없는 운명을 맞게 된다.

웹의 구성요소

하이퍼텍스트

우리가 흔히 웹사이트에 접속해서 둘러보는 페이지들은 하이퍼텍스트 문서의 형태로

그림 3-9 하이퍼텍스트 문서의 개념도

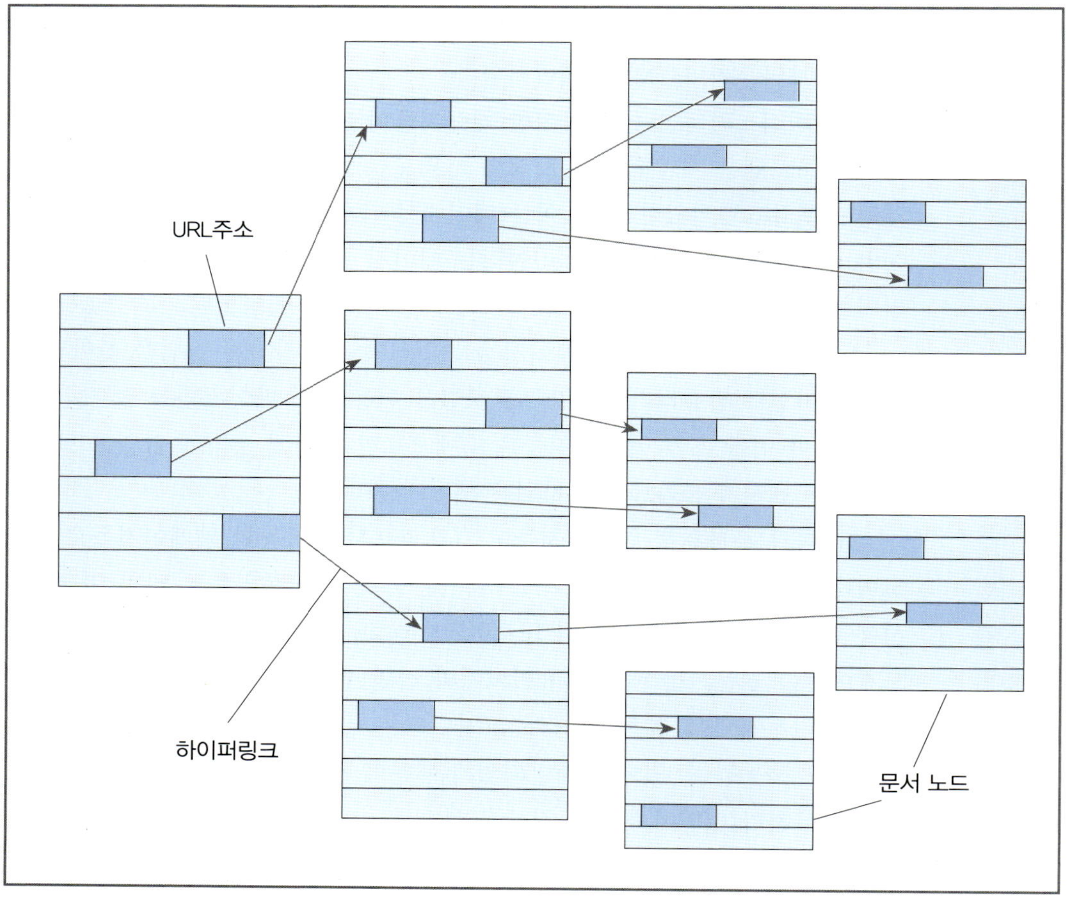

▶ 짙게 하이라이트된 하이퍼텍스트 항목마다 URL 주소를 부여해 하이퍼링크를 생성시키는데, 이 링크를 통해 다른 페이지와 연결이 되므로, 페이지들 간의 자유로운 이동이 가능하다.

존재한다. 이들 웹페이지는 HTTP 프로토콜에 기반한 인터넷 서버에 저장된 페이지들에 대해 웹브라우저 소프트웨어가 요청을 함으로 인해 인터넷을 통해 접근이 가능하다. **하이퍼텍스트**(hypertext)란 컴퓨터 화면에 제시된 텍스트(즉, 문자열)로서 문서들을 상호 연동하기 위한 하이퍼링크를 포함하며, 이들 링크를 통해 페이지들을 음성, 동영상, 애니메이션 등 기타 개체들과 연결해 준다. 따라서 이용자가 웹페이지의 그래픽이나 동영상을 클릭할 경우, 실제로는 하이퍼링크를 클릭하는 것이며 이 하이퍼링크에 연결된 해당 개체가 화면에 표시되는 것이다. **그림 3-9**에서 볼 수 있듯이, 각 하이퍼텍스트 문서마다 URL 주소로 표현된 하이퍼링크들이 포함되어 있으며, 이 하이퍼링크에 의해 여러 문서들이 서로 연결되어 있으므로, 이용자 관점에서는 여러 서버에 분산되어 있는 이 모든 문서들이 마치 한 곳에 있는 것 같이 손쉽게 웹페이지들을 탐색할 수가 있다.

웹서버와 웹클라이언트

서버는 네트워크 자원을 관리하는 인터넷상의 호스트로서, 웹서버, 이메일 서버, 데이터베이스 서버, 파일 서버 등 다양한 서버들이 존재한다. 웹서버도 이러한 유형의 호스트에 해당한다.

웹서버(Web server)란 HTTP 서비스를 요청하는 네트워크상의 이용자 컴퓨터들에게 HTML로 작성된 웹페이지를 전달하기 위한 목적으로 지정된 컴퓨터를 의미한다. 반면에, **웹클라이언트**(Web client)는 HTTP 기반의 웹브라우저를 이용해 웹서버에 존재하는 문서를 요청하고 그에 대해 전송받은 웹페이지를 이용자 화면에 표시해 주는 컴퓨터이다.

그림 3-10 웹의 서버-클라이언트 구조

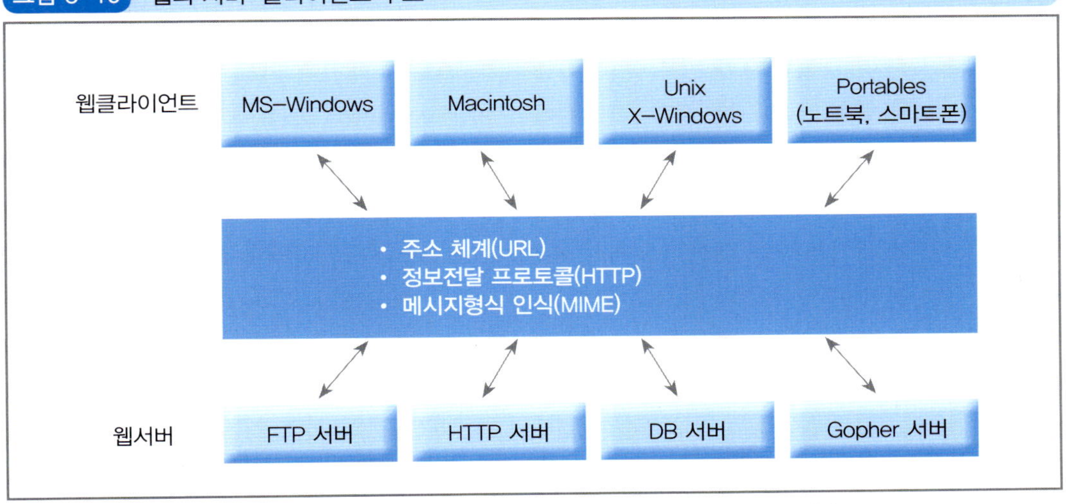

▶ URL 등 주요 프로토콜을 통해 다양한 웹클라이언트와 다양한 웹서버가 서로 연동될 수 있다.

그림 3-10에서 볼 수 있듯이, 웹환경에서는 FTP, HTTP 등 다양한 서버들이 윈도우, 매킨토시 등 다양한 클라이언트와 함께 연동이 되어 이용자들이 자유 자재로 정보를 접근할 수가 있는데, 이러한 연동은 통신 프로토콜을 통해 가능해진다. 웹환경의 주된 프로토콜로는 주소체계를 정의하는 URL 프로토콜, 멀티미디어 정보로 구성된 문서를 전송할 수 있도록 하는 HTTP 프로토콜, 그리고 인터넷 기반의 메일 메시지형식을 인식할 수 있게 하는 MIME, 이메일 수신을 위한 POP(post office protocol) 프로토콜, 그리고 이메일 발신을 위한 SMTP(simple mail transfer protocol) 등이 있다. 이들에 관해서는 앞서 인터넷 프로토콜과 관련한 부분에서 더 상세히 소개되어 있다.

웹브라우저

웹브라우저(Web browser)란 하나의 소프트웨어 프로그램으로서 전 세계의 인터넷서버에 존재하는 HTML 문서들을 받아볼 수 있는 도구 역할을 한다. 이들 문서 네트워크를 일컬어 **월드와이드웹**이라고 부른다. 문자열, 이미지, 동영상 및 기타 정보를 자유로이 화면에 표시할 수가 있으며, 문자열과 이미지에 대해서는 하이퍼링크를 부착할 수 있어 동일한 사이트 혹은 다른 사이트에 존재하는 웹페이지로의 이동이 쉽게 이루어질 수 있다. 사용자는 이들 링크들을 이용해 수많은 웹사이트의 웹페이지를 쉽게 접속함으로써 인터넷의 방대한 정보를 탐색할 수가 있는 것이다. 웹브라우저는 HTML언어로 작성된 정보를 다시 웹페이지로 구성해 화면에 표시해주므로, 웹페이지의 표시 모양은 브라우저에 따라 다를 수가 있다.

PC에서 이용할 수 있는 웹브라우저로는 인터넷 익스플로러, 크롬(Google Chrome), 파이어폭스(Mozilla Firefox), 사파리, 오페라, 넷스케이프 등이 있다. 시장점유율이 가장 큰 웹브라우저는 인터넷 익스플로러지만, 최근 들어 급부상한 구글사의 크롬이 그 뒤를 바짝 뒤쫓고 있다. 2004년에 소개된 파이어폭스는 한때 넷스케이프사에 프로그램을 제공하기도 했던 모질라사가 윈도우, 리눅스 및 매킨토시 환경을 위해 개발한 무료 웹브라우저이다. 세 번째로 높은 시장점유율을 보이고 있는 사파리는 애플 매킨토시 컴퓨터 전용 브라우저이며 맥 OS X시스템에 포함되어 공급된다. 웹브라우저 시장점유율과 관련한 한 가지 흥미로운 점은 1990년대 중반무렵 웹브라우저가 처음 등장했을 때 시장을 독점하다시피 했던 넷스케이프사의 웹브라우저는 마이크로소프트사의 인터넷 익스플로러에 밀려 이제는 거의 존재도 알아보기 어려운 미미한 제품으로 추락했다는 사실이다.

웹페이지 구성언어

텍스트는 물론 그래픽, 동영상 등 멀티미디어 정보를 통해 시각적으로 흥미를 유발할 수 있는 웹사이트의 페이지들은 웹페이지 구성언어(markup language)를 이용해 작성된다. 아래에서는 HTML 및 XML의 두 가지 구성언어를 살펴보기로 한다.

HTML

웹페이지를 구성하는데 가장 보편적으로 사용되어 온 HTML(HyperText Markup Language)는 태그를 통해 페이지를 작성하는 언어이다. 태그란 페이지 구성을 표현하기 위해 해당 문서 내에 삽입되는 명령문으로서, 이 태그를 웹브라우저가 해석하여 완성된 페이지 모양이 나타난다. **그림 3-11**은 HTML언어로 작성된 페이지구성 코드를 보여주고 있다. 페이지 내용의 모양을 만드는데 이용되는 태그들이 '< >'기호 안에 포함되어 있음을 알 수가 있다.

HTML은 문서 내의 텍스트 위주 정보의 구조를 표현하며(가령, 일부 텍스트를 제목, 단락, 나열항목 등으로 표현), 또 구성된 텍스트에 표, 이미지 및 기타 개체를 추가함으로써 표현된 정보의 풍부성(richness)을 높일 수 있는 수단을 제공한다. HTML이 처음 소개된 이후 웹브라우저들마다 페이지 디자인을 향상시키기 위한 HTML 기능들을 추가해 왔으나, 안타깝게도 이들 기능들은 한 브라우저에서는 정상적으로 수행되는 반면, 다른 브라우저에서는 수행되지 않는 이른바 웹브라우저 호환성의 문제가 제기되기도 했다.

그림 3-11 HTML 언어로 작성된 웹페이지 구성코드(좌) 및 웹페이지 표시화면(우)의 예시

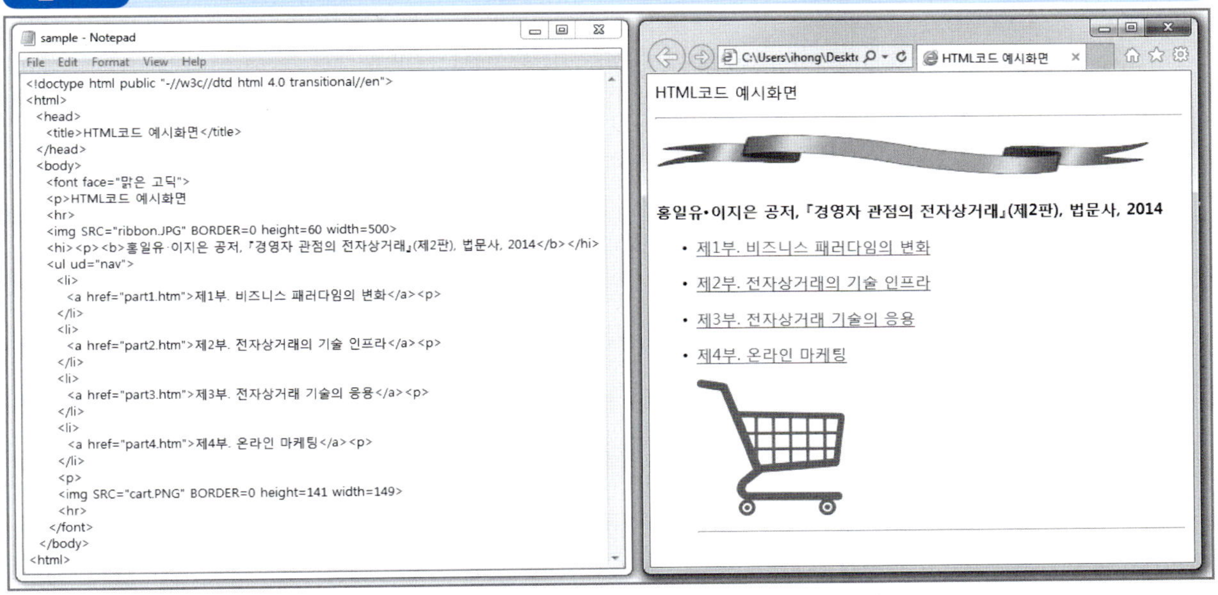

▶ HTML 언어를 이용해 웹사이트 기획단계에서 구상한 내용을 웹페이지에 자유롭게 배치할 수 있다.

그림 3-12 XML 언어로 작성된 회사별 정보관리 코드

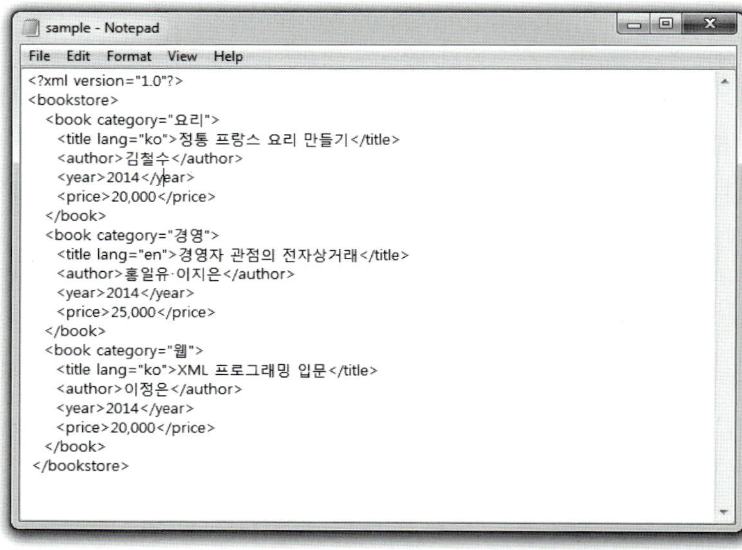

```
<?xml version="1.0"?>
<bookstore>
  <book category="요리">
    <title lang="ko">정통 프랑스 요리 만들기</title>
    <author>김철수</author>
    <year>2014</year>
    <price>20,000</price>
  </book>
  <book category="경영">
    <title lang="en">경영자 관점의 전자상거래</title>
    <author>홍일유·이지은</author>
    <year>2014</year>
    <price>25,000</price>
  </book>
  <book category="웹">
    <title lang="ko">XML 프로그래밍 입문</title>
    <author>이정은</author>
    <year>2014</year>
    <price>20,000</price>
  </book>
</bookstore>
```

▶ XML언어를 이용해 서적의 타이틀, 저자, 출판년도, 출판사 등에 관한 데이터 값을 전송 및 저장할 수가 있다.

XML

HTML과 유사하지만 매우 다른 목적으로 사용되는 XML(eXtensible Markup Language)은 W3C(the World Wide Web Consortium)에 의해 개발된 새로운 언어이다. HTML이 화면표시 모양을 만들어 내기 위한 언어라면, XML은 데이터 및 정보를 정의하기 위한 언어라고 할 수 있다.

그림 3-12에서 볼 수 있듯이, XML 언어는 페이지 모양을 구성할 목적으로 사용되기 보다는 데이터 값을 부여하기 위한 목적으로 사용된다. 〈bookstore〉 및 〈/bookstore〉의 두 태그 사이에 포함된 태그들은 모두 서적의 타이틀, 저자, 출판년도 등과 관련한 데이터 값을 수록하고 있다.

XML의 "X"는 Extensible의 줄임말로서 우리 말로는 '확장 가능하다'는 의미를 지니는데, 여기서는 데이터를 서술하고 표현하는 데 사용되는 태그가 이용자에 의해 자유로이 정의될 수 있음을 뜻한다. XML을 이용하면 데이터베이스에서 데이터 값을 읽어와 웹페이지내에 표 형태로 표시할 수 있으며 또 데이터를 분석한 후 분석결과를 선택적으로 보여줄 수가 있으므로, HTML만을 이용하는 경우보다 더 효과적으로 사용될 수 있다.

웹 2.0

일반적으로 **웹** 2.0이란 용어는 제2세대의 웹기반 커뮤니티 및 서비스(예를 들면, 사회적 네트워킹 사이트, 위키 등)를 의미하는 것으로 받아들여진다. 이 최근 현상들은 창의성, 협업, 공유를 촉진하는 데 목적을 둔다. 이 용어가 널리 알려지게 된 것은 2004년에 오라일리 미디어 웹 2.0 컨퍼런스가 개최되고부터였다. 비록 웹 2.0이란 용어가 새 버전의 월드와이드웹을 지칭하기는 하지만, 실제로는 기술적인 스펙의 변화보다는 소프트웨어 개발자 및 최종 사용자들이 웹을 사용하는 방식이 변화했음을 뜻한다. 컨퍼런스를 주관한 팀 오라일리(Tim O'Reilly)에 의하면, 웹 2.0은 인터넷 환경으로의 이전이 본격화되면서 생겨난 컴퓨터 산업의 비즈니스 혁명이요, 동시에 새 환경에서의 성공을 위한 규칙들을 이해하기 위한 시도라고 할 수 있다.

그러나 팀 버너스리와 같은 일부 전문가들은 이 용어가 의미 있는 방향으로 사용될 수 있는지에 대해 의문을 제시하고 있다. 웹 2.0의 기술 구성요소들 다수가 웹 초창기 때부터 존재해 왔기 때문이다.

웹 2.0이란?

웹 2.0은 월드와이드웹의 개선된 형태라는 의미를 내포한다. 블로그, 위키, 포드캐스트(podcast)와 같은 기술들은 단방향 웹사이트에 비해 보다 개선된 기능을 제공한다. 웹 2.0은 현실이라기보다는 사람들의 머리에 있는 아이디어이다. 사용자와 콘텐츠 제공자 간의

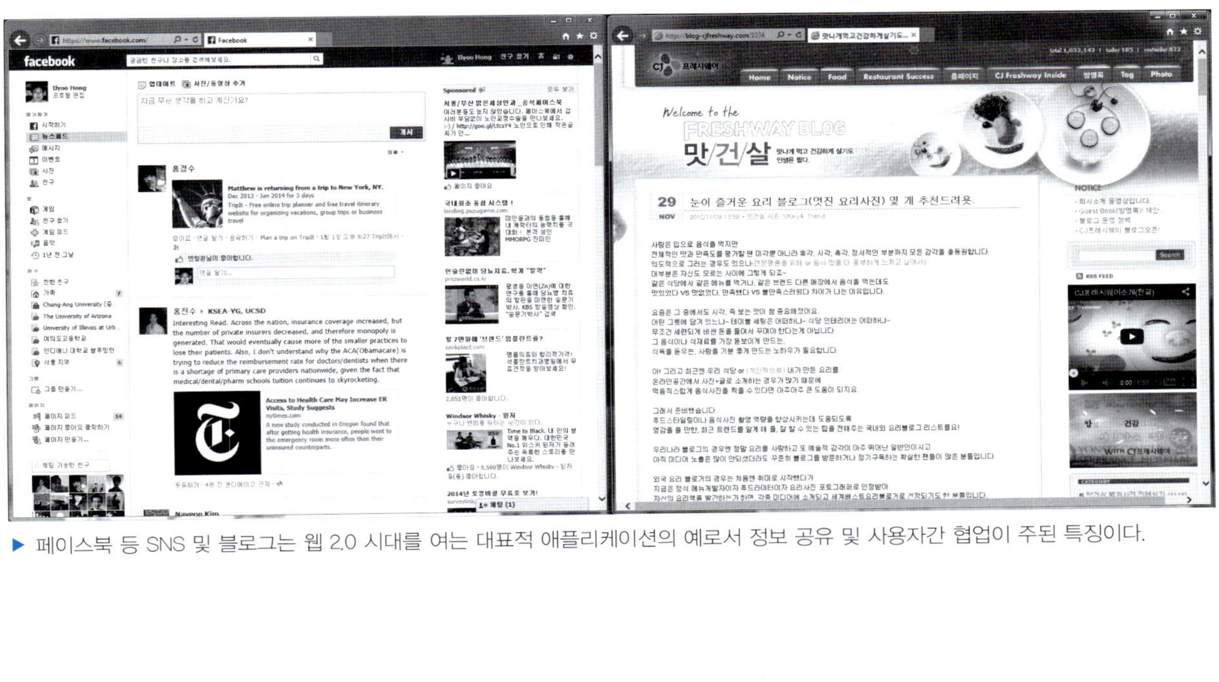

▶ 페이스북 등 SNS 및 블로그는 웹 2.0 시대를 여는 대표적 애플리케이션의 예로서 정보 공유 및 사용자간 협업이 주된 특징이다.

상호보완성이 강조된다는 아이디어인 것이다. 또, 웹 2.0의 아이디어는 일부 웹사이트가 고립된 정보 저장소로부터 상호연결된 컴퓨팅 플랫폼으로 이전됨을 뜻한다. 그 외에도, 웹 2.0은 사회적 요소를 포함하는데, 이는 사용자가 콘텐츠를 생성하고 다른 사용자들에게 유통시키며 또 이를 자유로이 공유하고 재사용할 수 있음을 의미한다. 사용자들이 온라인에서 할 수 있는 일이 많아짐에 따라, 이러한 환경은 웹의 경제적 가치를 높이는 데 기여하게 된다.

웹 2.0의 특징

웹 2.0 웹사이트를 통해 사용자는 단지 정보를 받아볼 수 있는 것 이외에 다양한 기능들을 이용할 수 있다. 웹 1.0의 상호대화적 기능을 토대로 웹을 플랫폼으로 이용할 수 있는 환경을 제공하므로, 사용자들은 브라우저만을 통해 소프트웨어 프로그램들을 실행할 수가 있다. 사용자들은 웹 2.0 사이트에 존재하는 데이터를 "소유"할 수가 있으며 데이터에 대한 통제권한도 가질 수 있다. 이들 사이트는 참여기반의 구조로 구성될 수 있는데, 이를 통해 사용자들은 애플리케이션을 사용함에 따라 애플리케이션의 가치를 높이려는 동기를 부여받을 수 있다. 이러한 구조는 초기의 전통적 웹사이트와 큰 대조를 이루는데, 과거의 웹사이트 환경에서는 방문자가 콘텐츠를 받아보는 기능으로만 제한되며, 사이트의 콘텐츠는 사이트 운영자에 의해서만 변경될 수 있었다. 웹 2.0 사이트는 사회적 네트워킹 기능이 있을 수도 있다. 참여 플랫폼으로서의 웹의 개념은 이러한 특징들을 대부분 포괄하고 있다. 즉, 웹 2.0은 참여적 웹이며, 정보원으로서의 웹은 웹 1.0인 것이다.

웹 2.0 환경에서는 정보를 제공하는 데 기여하지 않는 집단 구성원들에 대해 이익을 취하지 못하도록 배제할 수가 없기 때문에, 합리적인 구성원들은 기여하는 노력 없이 남들의 기여에 무임승차하는 가능성이 제기되고 있다.

웹 2.0이 경제에 미치는 영향

웹 2.0 애플리케이션 및 관련 기술(가령, 위키, 블로그, 소셜 네트워킹, 오픈 소스, 오픈 콘텐츠, 파일 공유 등)이 경제에 미치는 영향에 대한 분석은 최근 많은 관심을 모으고 있다. 이 연구분야에서는 웹 2.0이 경제에 미치는 영향 및 웹 2.0기반 경제에서의 주요 원칙들에 초점을 둔다.

단 탭스캇과 **앤소니 윌리엄스**는 『위키노믹스: 대규모 협업이 어떻게 모든 것을 바꾸는가』(2007)란 저서에서 새로운 웹의 경제가 대규모 협업에 의존한다고 주장한다. 이들 공저자들은 새 미디어 회사들이 웹 2.0의 도움으로 이윤을 내는 데 성공을 하려면 대규모 협업의 역할이 중요하다고 강조한다. 이들은 차츰 뿌리를 내리고 있는 인터넷 기반의 경제를 가리켜 위키노믹스라고 칭하는데, 위키노믹스는 개방성, 사용자간 협력, 공유 등의 원칙들에 의존한다.

기업들이 웹 2.0과 같은 애플리케이션을 통해 성공하려고 한다면, 이러한 원칙들 및 모델들을 이용할 수가 있다. 기업들은 고객과 함께 제품을 설계 및 조립할 수가 있고, 또 때에 따라 고객들은 가치창출 대부분을 수행할 수가 있다. 전통적으로 소극적인 입장이던 구매자들은 가치창출에 있어 보다 적극적이고 참여적인 역할을 담당하고 있다. 다수의 소비자들과 직원들과 공급사들과 협력사들과 경쟁사들이 직접적인 관리통제 없이 함께 가치를 창출할 수 있는 비즈니스 전략을 탭스캇과 윌리엄스는 제안하고 있다. 이들은 이러한 모델을 가리켜 경제적 민주주의라고 부르고 있다.

P&G, 레고, BMW, GE, 보잉, IBM, 위키피디아, 유튜브, 마이스페이스, 인텔, 아마존, 제록스, BBC 등의 글로벌 기업들은 새로운 비즈니스 모델로 이미 대규모 협업을 선택했으며, 이를 경쟁력의 원천으로 활용하고 있다. 이들 시장선도적인 기업들은 새로운 경제 패러다임인 위키노믹스에 맞게 수평적이고 자체 조직적인 위키 일터를 창조하고 있으며 전세계를 생산 시설의 무대로 보고 있다.

현 · 장 · 사 · 례

Electronic Commerce

가트너, "2013년, 기업 협업 애플리케이션 80%가 웹 2.0 기반"

가트너는 2013년이 되면 80% 이상의 기업에서 문서작업을 위해 비서의 도움을 계속 받는 대신, 협업 플랫폼으로 브라우저 기반의 웹 2.0 기술을 사용하게 될 것이라고 전망했다. 보고서에 따르면, 위키(wiki)와 같은 협업 기술은 지속적으로 발전해 더 많은 기업에서 수용하게 될 것이며, 웹 2.0의 영향력이 점점 확대될 것으로 보인다.

가트너는 사용자들의 협업 관행을 기존의 파일 중심에서 웹 2.0 방식으로 변환시키는 것이 기업의 가장 큰 과제가 될 것으로 내다봤다. 가트너 연구부문 부회장인 제프 맨은 "파일이나 문서 기반의 작업 방식은 웹 2.0이나 브라우저 기반의 작업방식과 근본적인 차이점이 있다"라면서, "차이점을 이해하고 받아들이는 것이 협업 플랫폼의 성공적인 도입에 중요한 요소가 될 것"이라고 말했다.

전형적으로 사용자들은 파일이나 문서 중심의 협업을 좋아하는 사람과 웹사이트를 통해서 콘텐츠나 다른 사람들과 직접적인 상호작용을 선호하는 사람 등 두 가지 부류로 나눠진다. 일하는 방식, 보안에 대한 태도, 그리고 관리방식 등 사고방식에 영향을 끼치기 때문에, 두 가지 업무 방식은 단순히 사용자의 선호도 차이나 대안 업무방식과 관련된 차이보다 훨씬 크다.

맨은 "PC 기반으로 마이크로소프트 오피스 등에 의존해서 몇 년 동안 일해온 사용자들은 파일 중심적인 방식을 선호하는 경향이 있으며, 사람들이 동시에 같은 페이지에서 편집을 할 수 있는 웹 2.0 환경에서 일하는 것을 부담스러워 할 수 있다"라며,

"비슷하게, 위키나 블로그의 자유로운 흐름에 익숙해진 사용자들은 좀더 구조화할 필요가 있는 프로세스를 어려워 할 수 있다. 이 같은 차이점 때문에 많은 프로젝트에서 사용자 수용과 관련된 문제들에 직면하게 된다"고 설명했다.

문서 중심적 플랫폼은 잘 구조화 되어있고, 친숙하며, 일부 업무에서는 생산성이 더 높지만 전체적인 트렌드는 웹 2.0 형식의 툴로의 전향이다. 그러나 맨은 상황에 따라 위키 형식보다는 문서 중심적인 작업이 더 효율적일 수 있기 때문에 웹 2.0이 기존의 업무방식을 완전히 대체하지는 못할 것으로 봤다. 업무상 연속적인 승인이 필요하거나 최종본을 파일로 저장해야 하는 경우에는 자유로운 위키보다는 기존의 문서중심적 방식이 편리하다.

일부 협업 제품들은 이런 점을 고려해 웹 2.0과 파일 중심적인 방식을 혼합해 놓았다. 예를 들어 구글 앱스(Google Apps)나 어도비 버즈워드(Adobe buzzword), 조호(Zoho) 등은 유명한 웹 2.0 제품이지만, 오프라인에서 작업할 수 있는 다운로드 버전이나 파일과 비슷한 사용자 인터페이스를 채택해 파일로도 작업할 수 있게 했다.

맨은 "기술의 진화와 웹 2.0 기술에 대한 친숙함이 증가할수록 결국에는 파일 중심적 작업방식이나 온라인 환경의 차이점이 줄어들 것"이라면서도, "사용자들의 심리적인 차이는 협업 관리자들이 새로운 기술을 직원들에게 소개할 때 마다 극복해야 할 장애물이 될 것이다"라고 말했다.

▶ 출처: www.itworld.co.kr, 2014. 1. 20. 참조; www.gartner.com, 2014. 1. 30. 참조.

토·의·문·제

Electronic Commerce

01 오늘날 인터넷과 웹은 서로 어떻게 다른가? 또 인터넷과 웹이 각각 전자상거래에 어떤 영향을 미치고 있는지 살펴보자.

02 인터넷과 관련한 프로토콜들로는 무엇들이 있는지 그리고 개별 프로토콜의 역할은 무엇인지 알아보자.

03 우리 주변에서 인터넷을 기반으로 사용하는 애플리케이션 세 가지만 열거하고, 이들 애플리케이션을 통해 우리가 얻는 효과는 무엇인지 개인 차원에서 토의해 보자. 그리고 이들 기술을 기업환경에서 업무에 응용할 경우에는 어떠한 효과들이 있겠는가?

04 웹기반 애플리케이션(이를 테면 인터넷쇼핑몰, 검색엔진, 기업 홈페이지 등)을 개발하기 위해 사용할 수 있는 가장 기본적인 언어로는 HTML이 있으나, 그 외에도 CGI 및 Java와 같은 언어들이 있다. HTML, CGI 및 Java에 관해 인터넷에서 자료를 검색해 보고, 이들 언어가 서로 어떻게 다른지 토의해 보자.

05 향후 인터넷 기술이 무선기술과 접목되면서 개인생활 및 기업활동에 각각 어떠한 영향을 미칠 것으로 예상되는지 예를 들어 설명해 보자.

참·고·문·헌

Electronic Commerce

- Laudon, K.C. and C.G. Traver, *E-Commerce 2014: Business, Technology, Society* (10th ed.), Upper Saddle River, N.J.: Prentice-Hall, 2013.
- Laudon, K.C. and J.P. Laudon, *Management Information Systems: Managing The Digital Firm* (13th ed.), Upper Saddle River, N.J.: Prentice-Hall, 2013.
- O'Reilly, Tim, "What Is Web 2.0," O'Reilly Network, www.oreilly.com, 2014. 2. 20. 참조.
- Tapscott, Don and Anthony D. Williams, *Wikinomics: How Mass Collaboration Changes Everything*. New York: Penguin, 2007.
- www.wikipedia.org, 2014. 1. 30. 참조.

사례연구 사물인터넷 - 이런 세상이 올 줄이야

사물인터넷을 활용하면 누구나 초능력자처럼 살아갈지 모른다. 스마트폰을 갖다 대면 세탁기는 그때그때 맞춤형 세탁을 해주며, 인쇄기는 파일을 일일이 옮기지 않아도 인쇄물을 척척 뽑아낸다. 냉장고는 실시간으로 온도를 점검하며 음식 상태를 진단하고 절전까지 관리해 준다. 상상 속에서나 가능했던일들이 하나씩 둘씩 현실로 나타나고 있다. 전화기와 텔레비전이 처음 등장했을 때, 휴대전화에 이어 스마트폰이 '손안의 컴퓨터'로 우리 곁에 다가왔을 때 세상은 깜짝 놀랐다. 그리고 이제 다시 한번 놀랄 준비를 해야 한다. 과거에는 없던 또 하나의 새로운 세상이 눈앞에 펼쳐지려 하기 때문이다.

사물에 센서(감지기)를 부착해 실시간으로 정보를 모은 후 인터넷을 통해 전달해 주는 사물인터넷(Internet of Things)이 보편화되면서 관련 산업은 물론이고 기업 활동이나 개개인의 삶에 커다란 지각 변동이 예상된다. 정보를 획득, 저장, 분석한 후 활용하고 예측하게 도와주는 사물인터넷은 사람과 사람, 사람과 사물, 나아가 사물과 사물 간의 소통까지 가능하게 해준다.

한국방송통신전파진흥원에 따르면 사물인터넷을 둘러싼 세계시장은 2011년 26조8천억 원에서 2015년에는 47조 원으로, 국내시장은 같은해에 4천147억 원에서 1조3천474억 원으로 각각 성장이 예상된다. 건강관리나 에너지 관제 등 국한된 분야에 치우쳤던 사물인터넷은 최근지능형 교통서비스, 건물이나 교량의 원격관리 등 다양한 분야에서 적용되고 있다. 산업과 산업 간에도 활발히 융합하며 계속해서 확대되는 조짐이다. 공공시설이나 기업뿐 아니라 개인의 삶에 영향을 미치는 서비스까지 개발되면 시장이 무궁무진하게 확장될 것이다.

이에 대해 KT경제경영연구소의 최명호 연구원은 최근 발표한 '통신서비스의 일자리 창출에 관한 연구' 보고서에서 "사물인터넷, 클라우드, 빅데이터가 본격화하고 언제, 어디서, 누구와도 연결되는 초연결사회가 되면 경제 · 사회 등 모든 분야에서 통신망과 서비스에 대한 의존도가 몰라보게 높아지고, 이를 바탕으로 신규 사업과 일자리가 지속적으로 창출될 것"이라고 주장했다.

■ 사물인터넷만 있으면 나도 슈퍼맨?

사물인터넷을 활용하면 누구나 초능력자처럼 살아갈 수 있을지 모른다. 예를 들어 세탁기는 스마트폰을 갖다 대면 동작 상태나 오작동 여부를 재빨리 확인해 주며 그때그때 필요에 따라 맞춤형 세탁도 가능하게 해준다. 인쇄기는 파일을 컴퓨터에 일일이 옮기지 않아도 스마트폰을 접촉시키면 인쇄물을 알아서 척척 뽑아낸다. 냉장고는 실시간으로 온도를 점검하고 음식 상태를 진단하며 절전까지 자동으로 관리해 준다.

상상 속에서나 가능한 일이 아니다. 사물인터넷은 실제로 우리 생활에 한 걸음씩 성큼성큼 다가서는 중이다. 구글이 야심 차게 내놓은 스마트안경 '구글 글래스'. 이를 쓰면 길을 걸어가면서 자유자재로 사진이나 동영상을 찍을 수 있다. 길 찾기, 메시지 전달, 전화 걸기도 가능하다.

나이키의 건강관리용 스마트 팔찌 '퓨얼 밴드'는 손목에 차면 특수 센서가 모든 움직임을 빠짐없이 측정한다. 소모 열량, 운동 거리, 운동시간 등을 실시간으로 파악해 밴드의 LED(발광 다이오드) 화면에 표시해 주기에 건강관리에 큰 도움을 준다. 운동량이 부족하면 빨간 불이깜박이고, 활동량이 늘어나면 노란 불로 바뀌며, 목표로 한 1일 운동량을 다 채우면 녹색 불이 들어오는 것도 깜찍하다.

▶ 나이키의 건강관리용 스마트 팔찌 '퓨얼 밴드'. 손목에 차면 특수 센서가 모든 움직임을 측정해 소모 열량, 운동 거리, 운동시간 등을 실시간으로 알려준다.

월트디즈니의 미키마우스 인형도 사물인터넷의 대표적인 사례다. 눈, 코, 팔, 배 등 몸 곳곳에 적외선 센서와 스피커를 탑재해 디즈니랜드의 각종 정보를 수집한 후 관람객에게 어떤 놀이기구의 줄이 가장 짧은지, 현재 위치가 어디인지 등을 실시간으로 알려준다.

▶ 미국 포드사의 '이보스(Evos)'는 차내의 대부분 부품이 인터넷과 연결돼 있다. 예컨대 에어백이 터지면 자동으로 중앙관제센터에 신호를 보내 사고를 분석하며, 가까운 고객센터와 병원에 연락해 사고 수습 차량과 구급차를 출동시킨다.

미국의 포드사가 개발한 신형 자동차 '이보스(Evos)'는 차내의 거의 모든 부품이 인터넷과 연결돼 있다. 예를 들어 에어백이 터지면 장착된 센서가 중앙관제센터로 즉시 신호를 보낸다. 그동안 발생했던 수천만 건의 에어백 사고 유형을 분석해 대처법을 알려주기 위해서다. 범퍼는 어느 정도 파손됐는지, 해당 지역의 도로 상황과 날씨는 어땠는지, 사고를 유발할 만한 특이사항은 없었는지 등을 신속하고 꼼꼼하게 분석하고 사고 규모까지 판단한다. 필요하다면 가장 가까운 고객센터와 병원에 연락해 사고 수습 차량과 구급차를 당장 출동시키라고 명령하며 보험사에도 자동으로 통보한다.

미국 매사추세츠 공과대학 기숙사의 화장실과 세탁실에도 특별한 센서가 달려 있다. 학생들은 센서가 파악한 정보를 필요할 때마다 인터넷으로 확인해 어떤 화장실이 비었는지, 어떤 세탁실의 세탁기와 건조기를 즉시 사용할 수 있는지 등을 파악할 수 있다.

네덜란드에서는 소의 몸속에 센서를 이식해 움

▶ 도로 소통 상황, 관광버스 주차장, 버스 전용차로 이용시간 등을 실시간으로 안내하는 지능형 교통전광판. 한정된 분야에 치우쳤던 사물인터넷은 최근 지능형 교통서비스, 건물이나 교량의 원격관리 등 다양한 분야로 확장되고 있다.

직임을 살피고 건강 여부를 파악한다. 농부는 이를 통해 더 많은 소를 건강하게 키울 수 있게됐다. 일본에서도 농사에 사물인터넷을 적용했다. 온도, 습도, 강우량 등을 계측하는 센서를 농지에 설치해 정보를 수집한 후 이를 컴퓨터나 스마트폰으로 확인해 작물을 관리하는 것이다. 가뭄이나 홍수 등을 미리 알고 대처할 수 있어 피해를 줄이는 데 큰 도움이 된다.

■ 사물, 인터넷과 연결되다

올해 1월 미국의 라스베이거스에서 열린 세계 최대의 전자제품 전시회인 '국제전자제품박람회(CES)'에서는 미국의 하피랩스 사가 선보인 '하피포크'가 주목받았다. 기본적으로는 음식을 먹을 때 사용하는 도구지만 그보다는 스마트 기기에 가깝다고 봐야 한다. 사용자의 식습관 개선 및 종합적인 건강관리 서비스를 제공하기 때문이다. 포크에 설치된 센서와 칩이 사용자의 움직임을 인식해 식사 시간과 포크 사용 빈도 등을 세세히 파악한 후 식습관을 총체적으로 점검한다. 너무 빠르게 음식을 먹으면 경고음을 울려 속도를 늦추도록 유도하는 기능도 겸비했다.

국내에서는 통신사를 중심으로 사물인터넷 사례가 속속 이어지고 있다. SK텔레콤은 제주도 서귀포와 경북 성주에서 비닐하우스 관리 시스템인 '스마트 팜' 서비스를 선보였다. 스마트폰을 이용해 비닐하우스 내부의 온도, 습도 및 급수와 배수, 사료 공급 등을 원격으로 제어함으로써 지능형비닐하우스로 거듭났다.

KT는 스마트폰을 활용한 가정 내 방범, 전력 제어, 검침 등의 다양한 사물인터넷 서비스를 제공하고 있다. 외출했을 때는 스마트폰으로 집안환경을 점검할 수 있으며 전등, 출입문 등도 제어할 수 있다. 외부인 침입이나 화재 여부도 실시간으로 파악할 수 있다.

LG 유플러스는 실시간 차량 관제 서비스를 화물차량, 버스, 택시 등에 시행하고 있다. 지난해 개최된 여수세계박람회 기간에는 사물인터넷을 적용한 차량 관제 시스템을 운영해 호응을 받았다. 승무원 및 승객 관리, 운행 상태와 속도, 이동 거리 등의 차량 정보를 실시간으로 교통관제센터에 전송해 원활한 교통 흐름을 도와준 덕분이다.

그밖에도 현재 세계에는 약 100억 개의 사물이 인터넷과 연결된 것으로 추산된다. 미국의 IBM은 그러나 2020년이면 약 500억 개의사물이 인터넷으로 연결될 것이라고 내다본다. 한국방송통신전파진흥원에 따르면 2020년에 적어도 240억 개의 사물이 인터넷에 연결돼 다양한 서비스를 창출할 것으로 기대된다.

■ 세계시장 누가 선점할까

사물인터넷의 미래가 장밋빛을 띠면서 미국, 유럽, 일본, 중국 등 각국은 관련 시장을 활성화하기 위해 다양한 정책을 추진하고 전략도 부지런히 마련하고 있다. 세계시장을 겨냥한 기업들의 발걸음도 당연히 빨라졌다. 그러나 아직까지는 시장을 선도하는 압도적인 기술이나 국제 표준 등이 나와있지 않다. 따라서 남보다 조금이라도 앞서 핵심기술을 개발하고 시장을 선점하기 위한 경쟁이 뜨겁게 달아오르는 분위기다.

이와 관련해 국내에서 움직임이 바빠진 곳 중의 하나는 방송통신위원회다. 2009년에는 사물인터넷 분야의 국가 경쟁력 강화 및 서비스 촉진을 위한 '사물지능통신 기반 구축 기본계획'을 발표하고 공공 분야의 선도 서비스 모델 발굴, 핵심기술 개발, 국내외 표준화 등을 추진했다. 이어 2011년에는 7대 스마트 신산업 육성 전략에 사물인터넷을 포함시키면서 사회적으로 큰 관심을 불러일으켰다.

미래창조과학부도 사물인터넷을 인터넷 신산업 분야의 주요 기술로 선정하고 중 · 장기 발전계획을 담은 '인터넷 신산업 육성 방안'을 2013년 6월 발표했다. 여기에는 사물인터넷의 진입 규제를 완화하기 위한 '위치정보법', 위급한 상황에서 사전 동의 없이 차량의 상태 정보를 전송하기 위한 '교통안전법' 등의 개정안이 포함됐다.

이어 7월 초에는 사물인터넷 국가 표준을 개발하고 국내 기술이 세계 표준으로 채택되도록 지원하기 위해 산 · 학 · 연 협의체인 '사물인터넷표준화협의회'를 발족시켰다. 여기에는 삼성전자, LG전자, SK텔레콤, KT, LG유플러스, 모다정보통신, 엔텔스, 엑스톤 등 13개의 대 · 중소기업과 한국정보통신기술협회, 한국전자통신연구원, 지능형전력망협회 등 관련 기관과 기업으로부터 다수의 전문가가 참여했다.

사물인터넷을 활용한 서비스는 지금까지 재난 · 재해 예방 등의 공공 분야와 공장 자동화를 모색하는 기업 등으로 대상이 제법 한정돼 있었다. 그러나 앞으로는 개인의 삶에 직접 영향을 미치는 서비스가 급격하게 늘어날 것으로 관측된다. 이렇게 되면 사물인터넷이 어떤 식으로든 세상을 획기적으로 변화시켜 놓으리란 것은 누가 보더라도 틀림없다. 다만 반대급부도 적지 않을 듯하다. 해킹, 개인정보 유출, 시스템 마비, 사생활 침해 등의 우려가 더욱 높아지는 것이다. 철저한 정보 관리와 안전한 환경을 마련하기 위한 대안이 병행돼야 한다는 게 관계자들의 공통된 의견이다.

▶ 출처: 월간 마이더스(연합뉴스), 2013년 8월호.

사 · 례 · 연 · 구 · 토 · 의 · 문 · 제 Electronic Commerce

01 사물인터넷은 기존의 인터넷과 어떻게 다른지 개념적 차이점을 설명하시오.

02 사례 본문에서 소개하고 있는 사물인터넷의 주요 적용 예들을 열거하고, 이들 각 예를 통해 기대되는 핵심적 가치 혹은 효익을 요약적으로 기술하시오.

03 사례 본문에서 소개된 사물 인터넷 적용 예들을 살펴볼 때, 사물인터넷 기술은 결국 인류사회에 어떠한 변화를 가져올 것으로 기대되는지 그 효과를 논하시오.

04 사례 본문에서는 시장을 선점하기 위해 사물인터넷 핵심 기술을 서둘러 개발하여야 한다고 강조하는데, 상용화가 가능한 사물인터넷 핵심기술의 예를 하나만 들고, 이 기술이 향후 사물인터넷의 발전에 어떤 영향을 미칠 수 있는지 설명하시오.

제4장

Electronic Commerce

인터넷 보안과 암호화

Electronic Commerce

개념사례 미국소매업체 타겟, 4,000만명 고객정보 '도난'

미국에서 4,000만명의 개인정보가 통째로 도난당하는 사고가 발생했다. 19일(현지시간) 로이터통신 등 주요 외신은지난 3주 간에 걸쳐 미국 3대 소매업체 타겟의 고객 정보가 대거 유출됐다고 전했다. 유출된 고객 정보는 이름, 신용카드 번호, 카드 유효기간과 카드 뒷면의 보안코드(CVC) 등이며 추수감사절 전일인 지난 27일부터 이달 15일까지 총 19일간 미국 내 1797개 매장을 이용한 고객 4,000만명이 '타겟'이 됐다. 월스트리트저널의 보도에 의하면, 해커들이 신용카드 및 데빗카드의 뒷면에 있는 자기대를 이용해 데이터를 접근한 것으로 알려지고 있다. 몰리 스나이더 타겟 대변인은 "지난 일요일 정보 도난 사실을 인식하고 곧바로 조치에 들어갔다"고 밝혔다. 다만 사고 사실을 인식하고 나흘이나 지나서 문제를 공개했는지에 대해서는 언급하지 않았다.

해킹 침입자들은 카드의 자기대 데이터를 이용해 위조 지불카드를 만들 우려가 있는 것으로 보안 전문가들은 보고 있다. 범죄조직들은 이러한 위조 카드로 대형 소매점에서 기프트카드를 구매한 다음 다시 현금화하는 사례가 빈번하다. 해커들이 데빗카드 거래에서 비밀번호(PIN)를 빼내는데 성공할 경우, ATM 기기에서 현금 인출도 할 수 있다.

타켓의 고객 정보 유출은 소매업체 중에서는 두 번째로 큰 규모다. 지난 2007년 TJX코스사 소유 상점들에서 무려 18개월간 9,000만명의 신용카드 및 개인정보가 도난당한 일이 여전히 최악의 정보 유출 사고에 이름을 올리고 있다. 2013년 7월에는, JC페니, 세븐일레븐, 다우존스, 젯블루 등 회사들로부터 1억 6천만 장의 신용카드 및 데빗카드 번호는 물론 로그인 정보까지 빼낸 사건이 발생해, 연방검찰에서 이 사건에 대한 조사를 아직도 진행중에 있다. 이후 소매업체들은 해킹에 대비한 대응 조치들을 내놨지만 해커들의 수법이 갈수록 치밀해지고 있어 또 다른 문제가 발생하지 않으리란 보장이 없다.

▶ 연중 최고의 할인행사를 하는 블랙 프라이데이 기간에 고객들이 타겟 점포에서 쇼핑을 하고 있다.

일반적으로 회사 서버를 해킹한 후 데이터를 빼내는 것이 개인정보 유출의 흔한 수법이다. 그러나 타겟 보안침해 사건의 경우에는 다른 것으로 알려졌다. 고객들이 제품 구매를 할 때 카드를 스쳐 접촉하는 기계를 건드려 개인정보를 유출한 것으로 밝혀졌다. 범인들이 어떻게 결제단말기에서 대규모로 고객정보를 빼낼 수 있었는지 아직 밝혀지지 않고 있다. 이들은 특히 해커가 타겟의 자체 네트워크 결함을 파고들었는지 신용카드사와의 연결 과정에서의 헛점을 포착했는 지를 집중 조사 중이다.

카드사들은 고객정보 유출의 불똥을 피하려 발빠른 대응에 나섰다. JP모건체이스는 "조금이라도 이상한 점이 발견되면 신고를 해달라"며 "의심이 가는 상황들을 예의주시하고 있다"고 밝혔다. 아메리칸익스프레스 역시 "사고 사실을 파악하고 있다"며 "잘못된 결제에 대해서는 통제를 할 것"이라고 전했다. 반면 마스터카드와 비자카드는 특별한 언급이 없었다.

연말 홀리데이 시즌의 클라이막스라 할 수 있는 크리스마스를 코 앞에 두고 터진 악재에 타겟의 매출 전망에도 그림자가 지고있다. 앞서 올해의 연간 순익 전망이 당초 예상보다 저조하다고 밝힌 만큼 상황이 더 악화될 것이란 반응이다.

이미 온라인 상에서는 대규모 정보 유출에 화가 난 고객들의 항의가 빗발치고 있다. 현재 타겟의 페이스북 페이지 등에는 "타겟에서 쇼핑을 해 타겟이 됐다", "앞으로 다시는 타겟을 이용하지 않겠다"는 글이 가득하다. 데이비스 스트라서 재니 캐피탈마켓 애널리스트는 "다수의 고객들이 크리스마스를 앞두고 레드 카드 사용을 중단할 것"이라며 "이는 홀리데이 시즌 막판 스퍼트의 기회를 앗아가는 것"이라고 분석했다. 레드카드는 타켓에서 물건 구입 시 자동으로 5%의 할인 혜택을 제공해 고객들의 충성도 제고에 큰 기여를 했다. 지난달 레드카드 사용 비율은 전체 매출의 20%를 차지했다. 직전 18개월 평균치인 12%에서 크게 확대됐다.

마크 래쉬 전 미국 사이버범죄 조사관도 "이 같은 종류의 해킹은 보통 비용으로 산정된다"며 "크리스마스를 앞두고 기업에 대한 신뢰도가 떨어진 점은 큰 악재"라고 전했다. 또 이는 타켓의 온라인 비즈니스 사업에도 타격을 줄 것으로 보인다. 현재 매출의 2%에 불과한 온라인 판매를 확대하기 위해 사업 모델을 구축 중이었기 때문이다. 캐롤 스피어커맨 뉴마켓빌더스 대표는 "이번 사고로 타켓은 안전하지 않다는 이미지가 박혔다"며 "신뢰도에 민감한 온라인과 모바일 판매에 심각한 영향이 있을 것"이라고 진단했다.

▶ 출처: Jared Newman, "The Target Credit Card Breach: What You Should Know," Time, Dec. 19, 2013; Robin Sidel, Danny Yadron, and Sara Germano, "Target Hit by Credit-Card Breach," The Wall Street Journal, Dec. 19, 2013

4.1 인터넷 보안

보안의 개념적 배경

보안이 왜 중요한가?

인터넷이 처음 등장했던 시절 가장 주된 용도는 이메일이었다. 그러나 이메일이 인기가 높은 만큼 기업의 이메일 이용자들은 보안의 침해에 대한 우려가 있었다. 예를 들어, 경쟁사가 영업비밀과 관련한 이메일을 가로챌 가능성이 존재했던 것이다. 또한 직원의 사적인 메일내용을 읽은 상관이 그 직원에게 불리한 결정을 내릴 수도 있을 것이다.

오늘날 인터넷의 위험은 더 높아졌다. 전세계의 이용자들이 인터넷 및 웹을 이용해 쇼핑은 물론 대금결제 등 다양한 금융거래를 수행하고 있다. 인터넷의 이용이 확대된 만큼 그로 인한 보안의 중요성도 더 커진 셈이다.

웹상에서 거래를 하는 당사자들은 누구나 안전한 거래의 수행과 관련하여 위험부담이 있다. 고객들은 민감한 금융정보 및 개인신상 정보를 안전하게 전송하기 원한다. 따라서 기업들은 웹상점을 통해 수집된 결제관련 정보가 실제로 유출 혹은 변조없이 도착한 것인지 확인하는 것이 중요하다. 또 온라인 상점 측에서는 고객들로부터 전송받은 기밀정보가 들어있는 데이터베이스가 해커나 악의를 지닌 직원들에 의해 남용되지 않도록 최대한 유의를 기울이는 것이 중요하다. 개념사례에 소개된 미국 소매점 **타겟**사에서도 개인정보를 적절히 관리하지 못함으로 인해, 대형 데이터 유출사고가 발생했다.

안전한 웹사이트를 운영하는 것이 결코 쉬운 일이 아니다. 지난 수 년 동안 해커들에 의해 공격을 받은 회사들의 수가 급격히 증가해오고 있다. 보안이 침해당함으로써 발생하는 시간, 노력 및 생산성 면에서의 손실은 실로 증가하고 있는 추세이다.

정보 보안이란?

정보 보안이란 불법적인 접근, 사용, 공개, 파괴, 변조 혹은 운영중단으로부터 데이터를 보호하는 프로세스를 의미한다. 정보 보안, 컴퓨터 보안 및 시스템 보안은 흔히 동의어로 사용된다. 이들 용어는 모두 정보의 기밀성, 무결성 및 가용성을 보호한다는 보편적 목표를 지닌다.

정부 및 군부 지도자들은 오랜 기간 동안 군사능력, 병사 규모 및 병사들의 이동에 관한 정보를 보호하는 데 대한 중요성 및 필요성을 인식해 왔다. 이러한 정보가 적군의 손에 유출될 경우 그 결과는 매우 참혹할 수가 있다. 정부기관, 군 기관, 금융기관, 병원 및 민간기업들은 자신들의 직원, 고객, 제품, 연구능력 및 재무상태에 관한 기밀적인 정보를 수집한다. 이들 정보 대부분은 이제 디지털 컴퓨터에 수집, 처리 및 저장되고 있으며, 네트워크를 통해 다른 컴퓨터에게로 전송된다. 기업의 고객이나 재무상태나 새 제품라인에 관한 기밀적 정보가 경쟁사의 손에 입수된다면, 그러한 보안 침해는 매출의 급락, 법률소송, 혹은 사업의 쇠퇴로 이어질 수가 있다. 비밀 정보를 보호하는 것은 기업에 있어 주된 요구사항이며, 여러 경우에 있어 법적인 요구사항이기도 하다. 개인에게 정보 보안은 프라이버시에 중요한 영향을 미친다.

보안 정책

전자상거래 시스템을 보호하여야 하는 기업은 반드시 보안정책이 수립되어야 한다. **보안 정책**이란 어떠한 자원을 왜 그리고 누가 보호하여야 하며 어떤 행동이 수용가능하고 어떤 행동이 수용가능하지 않은지를 명시하는 문구이다. 보안 정책에는 주로 물리적 보안, 네트워크 보안, 접근 승인, 바이러스 보호, 재난복구 계획 등의 사항들이 다뤄진다.

군 보안정책과 기업 보안정책은 둘 다 정보 자산을 비승인된 공개, 변조 혹은 삭제로부터 보호하는데 초점이 있다. 그러나 군 보안정책은 보안 수준을 여러 수준으로 분리하는 것을 강조하는 반면, 기업 보안정책에서는 정보를 대개 공적 정보와 회사 기밀의 두 유형으로 분류하는 점이 다르다. 회사 기밀정보는 대외비로 간주되므로 회사 외부로 공개하지 못하도록 금지된다.

대부분 기업들은 보안 정책을 개발할 때 다섯 단계를 따른다.

1. 어느 자산들이 어떠한 위협으로부터 보호되어야 하는지를 결정한다. 예를 들어, 고객의 신용카드 번호를 보관하는 기업은 그러한 번호들이 보호대상 자산이라는 결정을 내릴 것이다.
2. 시스템 구성요소나 특정 정보자산을 누가 접근하여야 하는지 결정한다. 일반적으로, 시스템을 접근하여야 하는 이용자들 중에는 조직 외부에 위치한 공급사, 고객사, 제휴사 등이 포함된다.
3. 정보가 필요한 이용자에게 정보 접근을 제공하면서 정보자산을 보호하는데 필요한 자원을 규명한다.
4. 위 세 가지 단계에서 수집된 정보를 이용해, 명문화된 보안 정책을 개발한다.
5. 명문화된 정책에 기초하여, 보안 정책을 구현하는데 필요한 소프트웨어, 하드웨어, 그리고 물리적 접근제한장치 등의 구입을 위해 자원을 할당한다. 예를 들어, 보안 정책이 고객 정보(가령, 신용카드 번호나 신용관련 기록 등)에 대한 비승인된 접근을 금지한다면, 기업은 전자상거래 고객을 위한 기밀성 유지를 보장하는데 필요한 소프트웨어를 구매하여야 한다.

보안의 주요 원칙

디지털 컴퓨터 및 인터넷이 등장한 이후 그 동안 정보 보안은 다음의 여섯 가지 개념을 중심으로 발전하여 왔다.

(1) 기밀성

면허증을 신청하고, 온라인 쇼핑몰에서 회원등록을 하고, 보험상품을 구매하고, 또 은행대출을 신청할 때, 이름, 주소, 전화번호, 생년월일, 주민번호, 연소득 금액, 직장명 등과 같은 개인신상 정보를 제공하지 않고는 원하는 것을 얻을 수가 없다. 이들 정보는 매우 개인적이고 사적인 정보지만, 비즈니스 거래를 성사시키기 위해서는 그러한 정보를 제공하지 않을 방법이 없다. 우리가 정보를 제공할 때는, 제공한 정보가 불법적인 공개로부터 보호될 것이며 또 그 정보가 사용권한이 있는 자들에 의해서만 정당한 사유를 위해 이용될 것이라는 믿음을 전제로 한다.

기밀성(confidentiality)이란 비밀유지가 필요한 정보가 합법적으로 접근, 사용, 복제, 혹은 공개할 권한이 있는 자에 의해서만 그리고 정보를 접근, 사용, 복제 혹은 공개할 진정한 필요가 있는 경우에 한해서만 접근, 사용, 복제 혹은 공개되어야 한다는 원칙을 가리킨다. 예를 들면, 우리가 기밀정보를 컴퓨터 화면에서 조회하고 있을 때, 누군가 접근을 허용받지 아니한 자가 어깨 너머로 화면을 들여다 본다면 이는 기밀성의 침해에 속한다. 또 우리 회사의 전 직원에 관한 인사정보가 저장되어 있는 휴대용 컴퓨터가 차량으로부터 도난 당한 경우에도, 이 정보가 접근이 허용되지 않은 제3자의 손에 넘어가 있을 수도 있기 때문에, 기밀성이 침해됐다고 볼 수 있다.

기밀성은 개인 신상정보를 제공한 개인들의 프라이버시를 유지하는 데 충족되어야 하는 필수 조건이다. **프라이버시**(privacy)란 전자상거래 상점 등 제3자에게 제공한 개인정보의 사용을 통제하는 것을 뜻하는 용어로서 기밀성보다는 상위 개념이다.

(2) 무결성

정보 보안에 있어, **무결성**(integrity)이란 데이터가 적절한 승인 없이 조작되거나 변조되거나 혹은 삭제될 수가 없음을 의미한다. 이는 또한 데이터베이스 시스템 한 부분에 저장된 데이터가 동일 데이터베이스의 다른 부분과 혹은 다른 데이터베이스에 저장된 여타 관련 데이터와 일치해야만 함을 의미한다. 예를 들어, 데이터베이스 시스템이 유지보수 절차 수행 전에 적절한 시스템종료 과정을 거치지 않거나 혹은 갑자기 전원공급이 차단될 경우에는 무결성 침해가 발생한다. 또 종업원이 실수로 혹은 악의적인 의도를 가지고 중요한 데이터 파일을 삭제할 경우에도, 무결성이 침해된다. 그 밖에, 컴퓨터 바이러스가 컴퓨터에 전이되거나, 혹은 온라인 구매자가 구매하고자 하는 제품의 가격을 임의로 변경할 수 있는 경우에도, 무결성 침해가 발생한다.

(3) 가용성

가용성(availability) 개념은 전자상거래 사이트가 의도한 바대로 지속적으로 기능을 잘 수행하는 정도를 나타낸다. 즉, 정보가 필요할 때, 정보는 물론 그 정보를 처리하기 위해 사용되는 컴퓨터자원이 모두 준비되어 있고 정확히 가동이 되고 있음을 의미한다. 가용성의 반대 개념은 **서비스 거부**(denial of service)이다.

(4) 부인 봉쇄

또 하나의 보안 원칙은 **부인 봉쇄**(non-repudiation)로서 이는 인터넷 기반의 전자상거래에 참여하는 당사자들이 온라인 거래내용을 부인 혹은 거부하지 못하도록 하는 것을 의미한다. 고객이 실제 이름과 e-메일 주소를 이용해 제품 주문을 한다고 하더라도, 이후에 제품 주문을 한 적이 없다고 거래사실을 부인할 수가 있다. 이는 온라인 상점 측에서 고객이 제품을 주문했다는 사실을 증명할 수 있는 법적 증거물(가령, 고객이 서명한 서류)이 없기 때문이다. 만일 고객으로 하여금 디지털 서명을 부착해 거래내용을 전송토록 한다면, 부인을 봉쇄할 수가 있을 것이다. 주문거래 사실의 부인은 주문의 취소와는 구별이 되어야 한다. 전자는 주문을 해 놓고도 주문한 일이 없다고 주장하는 것이고, 후자는 주문 후 마음이 변해 주문을 없던 일로 하자는 것이다. 온라인 상점 측에서 주문취소에 대해 일정금액의 수수료를 부과할 경우, 고객이 거래사실을 부인할 수가 있다.

(5) 당사자 인증

인터넷에서 상대방과 거래 혹은 대화를 하는 과정에서 상대방의 신원을 확인하기 위한 방법 혹은 수단을 **당사자 인증**(authentication)이라고 한다. 고객은 자신이 제품을 구매하고자 하는 온라인 상점이 실제 자신이 알고 있는 그 상점이라는 것을 어떻게 알 수 있을까? 또 온라인 상점 측에서는 고객이 실제로 본인이 주장하는 그 고객이라는 것을 어떻게 알 수 있는 것인가? 예를 들면, 성인임을 증명해야 접근이 허용되는 성인물 사이트에서 홍길동이란 성인 이름을 제시하는 사용자가 실제 본인이 맞는지 아니면 자신 아버지의 이름을 빙자해 접근을 시도하는 아이인지 그 신원을 확인할 수 있는 방법이 있어야 한다고 할 때, 이는 당사자 인증을 통해서만 확인될 수가 있다.

보안 위협요소

전자상거래 시스템의 보안에 위협이 되는 주요 요소들은 악성코드, 피싱, 해킹, 신용카드 사기, 그리고 서비스 거부 공격이다. 이들을 아래에서 각각 살펴보기로 한다.

악성코드

인터넷 환경에서 가장 빈번하게 나타나는 보안 위협요소는 **악성코드**(malicious code 혹은 malware)이다. 악성코드는 컴퓨터 소유주의 동의 없이 컴퓨터를 침입하거나 손상시키도록 만들어진 소프트웨어이다. 적대적 성격을 띠고 침입하며 사용자에게 성가신 존재로 인식되는 소프트웨어를 가리켜 흔히 악성코드라고 한다. 그러나 컴퓨터 사용자들 다수가 악성코드란 용어에 대해 생소하게 느끼며, 흔히 대부분의 악성코드를 일컬어 바이러스라고 부른다. 소프트웨어는 그 특정 기능보다는 그 작성자 의도를 근거로 하여 악성코드로 분류될 수가 있다. 악성코드에는 컴퓨터 바이러스, 워엄, 트로잔 호스, 스파이웨어, 애드웨어 및 기타 악성 소프트웨어가 포함된다.

현 · 장 · 사 · 례

Electronic Commerce

이메일 이력서에 악성코드 심어 표적공격

각종 표적공격으로 진화하고 있는 사이버공격이 이번엔 채용시즌 기업 인사담당자들을 겨냥했다. 구직자로 가장해 가짜 이력서를 만들고 악성코드를 심어, 인사담당자가 해당 이력서를 열어보면 악성코드를 퍼뜨리는 방식이다. 29일 잉카인터넷대응팀은 이력서에 악성코드를 심어 표적공격을 하는 사례를 발견했다며 관련자들의 주의를 당부했다. 이번 표적공격은 특정인 이력서 파일로 위장해 유포됐다. 실제로는 자동압축해제 형식의 실행파일(SFX RAR) 형식이지만 확장자와 아이콘을 모두 'DOCX'라는 마이크로소프트 워드 문서파일로 보이도록 조작했다. 악성파일명은 '김영주 이력exe.docx'라는 이름으로 발견됐다. 실제로는 DOCX 문서파일이 아니라 조작된 EXE 파일이라는 것이 잉카인터넷 대응팀의 설명이다. 유니코드로 확장자의 순서가 변경됐기 때문에 윈도 폴더화면에서는 문서파일 확장자가 최종적으로 나타나지만 CMD 화면창에서 확인해 보면 실제로는 EXE 파일(실행파일)이라는 것을 확인해 볼 수 있다고 대응팀은 설명했다.

▶ 가짜 이력서 파일을 여는 순간 PC가 숨겨진 악성코드에 감염될 수 있다.

잉카인터넷 대응팀은 "공격자는 확장자 유니코드와 아이콘을 조작해 이용자로 하여금 문서파일로 인식하게 만든 후 실행을 유도하게 된다. 특히 이력서 파일로 위장해 특정 기업의 채용 구직 이메일로 둔갑한 후 표적공격에 은밀히 활용되고 있다"고 경고했다. 파일을 열어보면 정상적인 이력서로 보이는 '김영주 이력서.docx' 파일과 'SB360.exe'이름의 악성파일이 동봉돼 있고 이 파일이 자동으로 실행되면서 악성코드가 PC에 퍼지는 형태여서, 파일을 열어본 이용자는 자신이 악성코드 파일을 열었다는 것조차 모르게 된다. 대응팀은 "해당 이력서 내용에는 실제 특정 이용자의 개인신상 정보가 포함돼 있다"면서 "실제 구직자 정보가 외부로 유출돼 악용된 것으로 추정된다"고 설명했다. 악성파일은 중국이나 미국의 C&C(악성 명령제어) 서버로 접속을 시도하도록 구성돼 있으며 이를 통해 해커가 정보유출 및 추가 악성파일 설치 등의 침해공격을 시도할 수 있다. 대응팀은 "지능형 표적공격은 특정 기업이나 기관을 상대로 지속적인 공격을 수행하는데 문서파일처럼 위장한 악성파일은 육안으로 구분이 어려워 이용자들이 확장자에 이상한 점이 없는지 세심하게 살펴보는 보안습관이 중요하다"고 강조했다.

최근에 와서는 국내 외에서 E-card 발송을 가장한 스팸메일로 인하여 악성코드에 감염되는 피해가 다수 보고 되고 있다. 악성코드는 메일본문에 악의적인 URL을 삽입 및 클릭을 유도하는 방식으로 스팸메일을 발송한다. 사용자가 스팸메일에 포함되어 있는 악성URL을 클릭할 경우 감염될 수 있으며, 감염 후에는 악성코드가 감염PC내에 저장되어 있는 메일주소들을 추출하여 해당주소로 동일유형의 스팸메일을 발송하게 된다. 또한, P2P를 통한 명령전달 및 추가 악성코드 다운로드 등의 악성행위가 예상되므로 사용자는 URL이 포함되어 있는 스팸 성 메일 수신 시 클릭하지 않도록 주의한다. 퀵 타임, Winzip 사용자의 경우, 해당 제품을 최신으로 업데이트하도록 하며, OS 및 설치되어 있는 백신을 최신으로 업데이트하여 감염을 예방하도록 한다.

▶ 출처: 디지털 타임스, 2013. 10. 29.

(1) 바이러스

우리 귀에 매우 익숙해져 있는 용어 **바이러스**(virus)는 사용자가 자신도 모르는 상태에서 자체 파일을 복제하며 컴퓨터를 감염시키는 프로그램이다. 원본 파일이 복제 파일을 변형시키며 복제 파일도 스스로를 변형시킬 수도 있다. 바이러스는 네트워크나 이동식 저장매체(가령, USB 메모리)를 통해 한 컴퓨터에서 다른 컴퓨터로 이동하며 컴퓨터를 감염시킨다. 오늘날 많은 개인용 컴퓨터들이 인터넷 및 근거리통신망(LAN)에 접속되어 있어 바이러스 전이가 더욱 수월해지고 있다. 오늘날 바이러스는 웹, e-메일, 파일공유시스템 등과 같은 네트워크 서비스를 활용하고 있어, 바이러스와 워엄 간의 경계선이 무너지고 있다. 일부 바이러스는 프로그램을 손상시키거나 파일을 삭제하거나 하드디스크를 다시 포맷시킴으로써 컴퓨터를 손상하도록 프로그램이 되어있다. 반면, 다른 바이러스들은 아무런 손상을 입히지 않으나, 자체 파일을 복제시키며 문자, 화상 혹은 음성 정보를 나타냄으로써 그 존재를 표현하기도 한다. 그러나 이러한 평범한 바이러스 조차도 컴퓨터 이용자에게는 문제를 발생시킬 수가 있다. 이러한 바이러스가 다른 정상적인 프로그램이 필요로 하는 컴퓨터 메모리를 차지하기 때문이다. 결과적으로 이러한 바이러스 때문에 이상행동이 나타나고 시스템이 마비되는 상황에까지 이를 수가 있다. 또 바이러스 다수가 오류가 많으며, 이러한 바이러스 오류가 시스템 충돌 및 데이터 손실을 초래할 수가 있다.

(2) 워 엄

워엄(worm)은 바이러스와 유사하지만 시스템을 마비시키기만 할 뿐 파일을 손상시키지는 않는다는 점에서 바이러스에 비해 다소 덜 유해하다고 할 수 있다. 워엄은 한 파일에서 다른 파일로 전이해 가기보다는 한 컴퓨터에서 다른 컴퓨터로 전이하는 특징을 지닌 프로그램이다. 워엄의 유명한 예로서 지금은 MIT의 교수가 된 **로버트 모리스** 사례를 들 수 있다. 1980년대 말 **코넬**(Cornell)대 대학원 컴퓨터공학과에 재학중이던 그는 실험 삼아 프로그램 하나를 만들어 인터넷의 전신인 **아파넷**(APARNET)에 띄웠는데, 이로 인해 네트워크에 연결된 미전역의 6,000여 컴퓨터들이 하루 동안 장애를 일으킴에 따라 사용자들이 업무를 중단해야 하는 불편을 겪어야 했다.

(3) 트로이 목마

트로이 목마(Trojan horse)는 실행되기 전까지는 무해해 보이는 파일이다. 바이러스와 달리, 트로이 목마는 겉으로는 다른 성질의 프로그램인 것으로 위장을 함으로써 악성코드를 숨기거나 몰래 설치하는 프로그램이다. 이 용어는 트로이 목마라는 전설에서 유래하고 있다. 트로이 목마는 이를 모르는 사용자에게는 유용하거나 흥미로워 보일지 모르지만, 실제로는 프로그램 실행시점에 유해한 영향을 미치는 프로그램이다. 트로이 목마의 예로는 "waterfalls.scr"라는 프로그램을 들 수 있는데, 이 프로그램은 무료의 '폭포수 스크린세이버'라고 되어 있지만, 이를 실행시키면 원격으로 사용자 컴퓨터를 침입할 수 있도록 접근이 허용된다.

(4) 스파이웨어

스파이웨어(spyware)는 사용자의 동의 없이 개인적인 정보를 수집하는 컴퓨터 소프트웨어이다. 개인정보를 수집하는 방법은 사용자 키입력의 저장, 인터넷 웹브라우저 사용내역 기록, 컴퓨터 하드디스크 문서의 탐색 등 다양하다. 또 이들 스파이웨어는 개인 비밀번호 및 신용카드 정보의 입수는 물론, 광고회사에서 의뢰한 인터넷 검색내역의 축적을 목적으로 하여 정보수집을 하고 있다.

(5) 애드웨어

애드웨어(adware)란 애플리케이션 소프트웨어를 설치해 사용하는 동안 자동으로 광고물을 재생, 표시 혹은 다운로드하는 소프트웨어 패키지를 가리킨다. 일부 프로그래머들은 애드웨어를 프로그램 개발비용을 회수하기 위한 방안으로 간주하며, 또 때에 따라서는 사용자에게 프로그램을 무료 혹은 할인된 가격에 제공할 수 있는 수단으로 보기도 한다. 광고수입을 통해 프로그래머는 계속해서 소프트웨어 제품을 개발하고 업그레이드 할 수가 있다.

피 싱

최근 인터넷의 확산과 함께 생겨난 신조어인 **피싱**(phishing)이란 금전적 이득을 노리고 사용자를 속여 기밀정보를 빼내는 범죄행위이다. 피싱 행위자들은 온라인 커뮤니케이션을 통해 자신을 신뢰할 만한 신분으로 가장함으로써 개인으로부터 사용자이름, 패스워드, 신

그림 4-1 피싱 화면의 예시

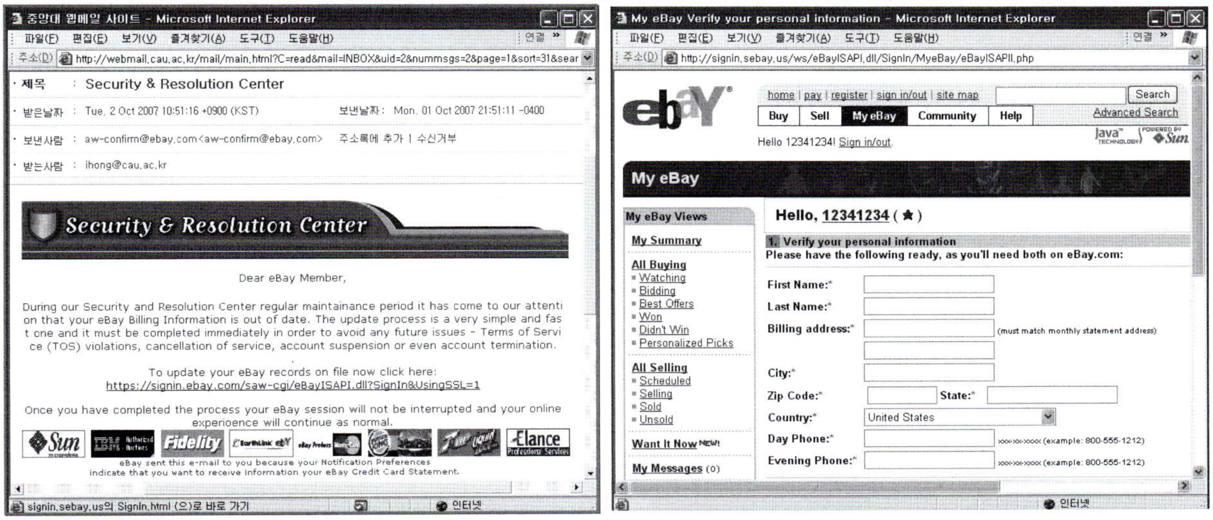

▶ 이베이에서 보낸 메일처럼 가장하면서 개인정보를 제공해야 함을 안내하는 화면(왼쪽 이미지); 안내 메일의 링크를 누름과 동시에 나타난 개인정보 입력 화면 (오른쪽 이미지).

용카드 번호 등과 같은 민감한 정보를 불법으로 빼내는 자들이다. **이베이**(e-Bay)와 **페이팔**(PayPal)이 주된 표적이 되는 기업들로 알려져 있고, 온라인 은행들도 역시 자주 표적이 되고 있다. 피싱은 흔히 e-메일이나 인스턴트 메시징과 같은 애플리케이션을 통해 흔히 발생하며, 일반적으로 웹사이트상에서 사용자로 하여금 상세정보를 제공하도록 유도한다. **그림 4-1**은 이메일을 통해 피싱을 시도하는 예시화면을 보여주고 있다.

현 · 장 · 사 · 례 Electronic Commerce

'친구' 가면 쓴 SNS 피싱

"처제, 잘 지내는가?" 김모 씨(31 · 여)는 2일 오전 9시 15분경 스마트폰의 페이스북 애플리케이션(앱)을 통해 형부 임모 씨의 계정으로부터 메시지를 받았다. 새해 인사라 여기고 반가운 마음에 대화를 나누던 김 씨는 형부에게서 "거래처에 급히 돈을 보내야 하는데 갑자기 인터넷뱅킹이 안 된다. 220만원만 이 계좌로 보내 달라"는 부탁을 받았다. 형부가 말한 계좌는 타인 명의였지만 거래처 계좌라는 말에 별 의심 없이 돈을 보냈다. 하지만 이 '형부'는 페이스북 계정을 해킹당한 가짜였다.

최근 국내에만 1,100만 명에 이르는 페이스북 이용자를 노리는 신종 소셜네트워크서비스(SNS) 해킹 사기가 기승을 부리고 있다. 페이스북 사기는 해킹한 계정을 통해 지인인 척하며 복수의 페이스북 친구들에게 △비밀번호 오류 제한이 나서 인터넷뱅킹이 안 되니 대신 해 달라 △사고가 나서 합의금 혹

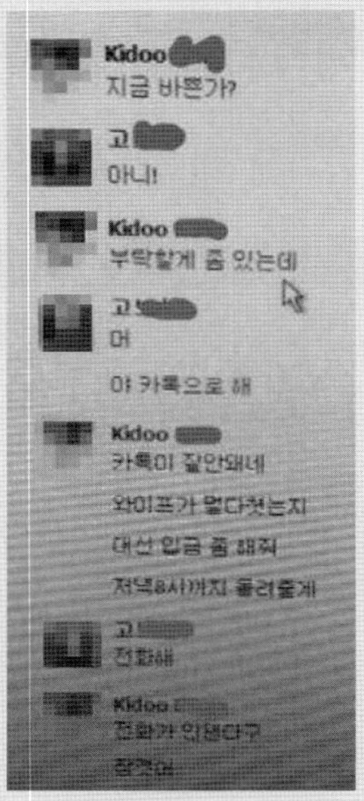

은 치료비가 필요하다는 식의 메시지를 보내 돈을 요구한다. 페이스북 같은 SNS는 친구목록과 관계망을 통해 이용자들의 친분관계와 평소 말투까지 파악할 수 있어 사칭 사기에 속기 쉽다.

고모 씨(44)는 지난해 12월 24일 오전 절친한 친구 남모 씨의 페이스북 계정으로부터 긴급한 연락을 받았다. "와이프가 갑자기 다쳤나봐. 치료비가 필요한데 돈이 없다. 240만 원을 입금해주면 오후 8시까지 꼭 갚을게"라는 메시지였다. 회사에서 중요한 회의를 하던 중이었던 고 씨는 죽마고우인 남 씨의 부탁에 지체 없이 스마트폰 인터넷뱅킹으로 돈을 입금했다가 사기를 당했다. 고 씨는 "평소 주식을 해왔던 남 씨가 나한테까지 '아내가 아프다'고 둘러댈 만큼 급전이 필요한 상황인 것 같아 더 자세히 묻지 않고 돈을 보냈는데 너무 후회된다"고 말했다. 페이스북 사기는 대부분 300만 원 미만의 금액을 요구한다. 금융회사 사칭 전화를 걸어 개인정보를 빼내 돈을 인출해가는 보이스피싱이 만연하자 금융당국이 300만 원 이상 이체 시 10분 동안 인출이 지연되도록 조치한 것을 피하기 위해서다. 미리 준비하고 있던 인출책은 이체가 이뤄지면 그 즉시 계좌에서 돈을 빼간다.

경찰은 그동안 네이트온, 카카오톡, 마이피플 등 국내 메신저 아이디를 해킹해 사칭하는 사기가 만연했지만 수법이 많이 알려지자 사기 대상의 인맥관계까지 구체적으로 파악할 수 있는 페이스북 등 SNS로 무대를 옮긴 것으로 보고 있다. 또한 국내 메신저 회사들은 국내에 해킹을 통한 사칭 사기가 만연하자 자체적으로 보안을 강화해왔지만 미국에서 운영하는 페이스북은 사칭 사기에 특화된 보안이 상대적으로 취약한 편이다. 경찰청에 따르면 네이트온, 카카오톡, 마이피플을 해킹해 돈을 요구하는 메신저 사기는 2010년 1,600건, 2011년 1,358건, 2012년 725건, 2013년(1~11월) 302건으로 매년 감소하는 추세다. 페이스북 사기는 생소한 방식이라 아직 따로 통계를 수집하지 않고 있다.

경찰청 사이버테러대응센터는 최근 휴대전화 문자메시지나 e메일에 담긴 단축 URL을 클릭하면 페이스북 아이디와 비밀번호를 수집하는 해킹 수법이 확인됐다며 주의를 당부했다. 단축 URL을 누르게 유도하는 메시지 내용도 과거엔 '영화 무료관람권' '돌잔치 초대장' 등을 내세웠지만 최근엔 '사업이 망했는데 도와 달라'는 등 감정을 자극하는 내용을 담는 식으로 진화했다. 이런 문자메시지나 e메일에 담긴 단축 URL을 누르면 휴대전화 주소록뿐 아니라 페이스북 등 SNS 친구목록까지 해킹당해 사기의 '먹잇감'이 되기 쉽다. 경찰 관계자는 "페이스북 친구가 아무리 애절하게 돈을 요구해도 꼭 직접 통화해서 확인해봐야 한다"고 당부했다.

▶ 출처: 동아일보, 2014. 1. 10.

해 킹

해커(hacker)란 불법으로 컴퓨터시스템에 접근할 의도가 있는 자를 가리키는데, 해커 중에서도 범법의도가 있는 해커를 가리켜 **크래커**(cracker)라고 부른다. 이들은 흔히 웹사이트 및 컴퓨터시스템의 보안부문과 관련된 약점을 발견함으로써 불법적인 접근을 시도한다. 해커들은 기업 및 정부기관 웹사이트를 침입하는 도전에 희열을 느끼는 광적인 사용자들이다. 이들은 때로는 전자상거래 사이트의 파일을 유출시키기도 하고, 또 때에 따라서는 악의적 의도를 가지고 상거래 시스템을 중단, 손상 혹은 파괴시키는 이른바 **사이버 만행**(cybervandalism)을 저지르기도 한다.

우리나라의 경우, 중국발 해킹피해 사례가 빠른 증가 추세를 보이고 있다. 지난 2004년 중국의 해커들이 국회 · 국방부 등 주요기관을 해킹한 사건 이후 알려지기 시작한 중국 해커들의 활동은 점차 두드러졌다. 이러한 해킹피해 사례가 증가하는 가운데 국내 기업 및 기관들은 정보보호에 대한 투자를 차츰 증대시키고 있는 추세이다.

현 · 장 · 사 · 례 Electronic Commerce

전국서 동시다발 전산마비로 위기상황발생

'해킹'이라는 사이버 미사일이 시시각각 국가 기간시설을 노리고 있다. 이 공격은 눈에 보이지 않지만 국민과 국가 전체의 정보를 틀어쥐고 사회를 일대 혼란에 빠트릴 수 있는 심각한 공격이다. 바야흐로 '사이버전쟁'이 시작된 것이다.

2013년 3월 20일, KBS와 MBC, YTN 등 국내 주요 방송사가 일제히 해킹 공격을 받았다. 취재시스템은 먹통이 됐고 기자들의 노트북 하드디스크가 파괴되기까지 했다. 여론을 형성하는 언론사를 노린 정치적 목적의 사이버테러였다. 실제로 공격을 당한 방송사들은 특집방송을 편성해 해킹 공격상황과 대응을 실시간으로 보도했다. 방송을 접한 국민들은 '큰 일이 났다'며 불안에 휩싸였다. '사회적 혼란'을 노린 테러집단의 목적이 방송사의 집중보도로 달성된 것이다. 해커들이 악성코드를 심어놓은 곳은 다름 아닌 국내 대표적인 보안프로그램이었던 것으로 조사결과 밝혀졌다. 인터넷 뱅킹이나 온라인 결제를 하려면 반드시 내려받아 설치해야 하는 '제큐어웹 엑티브X' 프로그램을 이용해 방송사 및 금융사에 대한 해킹 공격이 이루어진 것이다.

한편, 3월 20일의 방송 · 금융사 해킹으로 전산망 보안에 대한 경각심이고조된 가운데 26일 전국에서 동시다발로 전산망 장애가 발생해 큰 혼란을 일으켰다. 이날 전산 장애를 일으킨 곳은 전국 7개 지방자치단체가 사용하는 통합전산센터, 기획재정부 홈페이지, YTN 및 계열사 홈페이지, 탈북자 단체인 '자유북한방송'과 대북 인터넷 매체인 '데일리NK' 홈페이지 등이다.

지자체 통합전산센터의 전산마비는 스위치 계통의 통신장비 고장으로 확인돼 단순 장애로 판명됐으나 YTN과 북한 관련 홈페이지는 아직 명확한 원인이 규명되지 않아 추가 해킹 가능성도 제기되고 있다.

YTN은 오전 9시 40분께 자사 홈페이지 서버에 트래픽 폭주 현상이 나타난 것을 확인, 외부 공격으로 인한 장애로 추정하고 있다. 이날 서버 이상으로 YTN 홈페이지는 물론 계열사인 YTN사이언스, YTN 웨더, YTN FM, YTN DMB, 디지털 YTN 홈페이지의 서비스가 중단된 상태다. 민 · 관 합동대응팀은 YTN의 경우 초기 조사에서는 내부 시스템 장애인 것으로 파악했으나 외부 공격 가능성을 배제하지 않고 KISA 등을 통해 정확한 경위를 조사하고 있다.

오후 들어서는 다수의 북한 관련 단체 홈페이지에서 잇따라 접속 장애가 발생했다. 데일리NK는 이날 홈페이지 공지를 통해 "26일 오후 1시 40분부터 2시 30분까지 해킹으로 추정되는 외부공격으로 인해 사이트 접속에 차질이 발생했다"고 밝혔다. 이 단체는 미국발 IP를 통해 악의적 해킹이 지속되는 것으로 추정하고 있다. 탈북자 단체인 자유북한방송, NK지식인연대, 북한개혁방송의 홈페이지도 이날 오후 마비됐다.

이후 불과 3개월만에 사이버테러는 또 발생했다. 6월 25일 국가 상징기관인 청와대 홈페이지에 북한을 찬양하는 사진이 버젓이 올라왔다. 청와대 웹페이지 변조 공격이 일어난 것으로, 동시에 정부기관과 중소 언론사들이 사이버 공격을 받았다. 정전 60주년에 일어난 사이버 6.25전쟁이었다.

▶ 출처: 연합뉴스 2013. 3. 26.; MBC TV, 2013. 4. 9.

신용카드 사기

인터넷에서 발생할 수 있는 가장 위험한 피해사고는 신용카드 데이터의 도난이다. 온라인 신용카드 사기사건이 발생할 확률은 전체 인터넷기반 구매거래의 1%가 가까스로 넘을 정도로 미미하다는 조사결과가 있으나, 사용자로서는 플라스틱 신용카드를 분실하지 않고도 카드관련 정보가 불법 유출될 경우 큰 피해가 발생할 것으로 우려해 신용카드 거래를 꺼리는 경우도 적지 않다. 뿐만 아니라, 이름, 전화번호, 주소 등 고객 개인정보를 중간에 가로챈 사기범은 이러한 개인정보를 이용해 남의 이름으로 신용카드 회사에 카드를 신청하고 이 카드로 얼마든지 온라인 구매를 할 수가 있다. 이 경우, 사기범이 구매한 신용카드 사용금액은 모두 개인정보를 분실한 피해자가 납부해야 하므로 큰 금전적 손실이 발생할 수가 있다.

국내에서도 인터넷 사이트 회원가입을 할 때 입력하는 개인신상정보가 유출되어 피해를 입는 사례가 종종 발생하고 있다. A씨는 최근 경매사이트 옥션에서 회원가입을 하며 신용카드번호 등 일부 정보를 입력하다가 중간에 가입절차를 중단하고 빠져 나온 적이 있는데, 최근 국민카드 사용금액고지서에 자신도 전혀 알지 못하는 59만원 구매거래가 나타나 남이 구매한 금액을 대신 물어줄 수밖에 없게 됐다.

서비스 거부 공격

인터넷에서는 웹서버에 몰리는 사용자 트래픽이 적절해야 원만한 접속이 이루어질 수 있다. **서비스 거부**(Denial of Service, DoS) 공격이란 해커가 서버에 불필요한 가상 트래픽을 방대한 규모로 만들어 냄으로써 사용자들의 접속을 불능화시키는 공격유형을 뜻한다. DoS 공격은 종종 웹사이트를 봉쇄시키는 결과를 가져오므로 사용자들의 접근이 어려워지며, 이로 인해 고객들은 제품구매를 할 수가 없게 된다. 해당 사이트에 이러한 DoS 공격이 오랫동안 지속되거나 혹은 빈번하게 발생할 경우, 사이트의 이미지는 크게 손상될 수밖에 없다.

최근에는 **분산 서비스거부**(DDoS) 공격을 통해 서버를 순식간에 불능화시키는 사례가 빈번하게 발생하고 있다. **그림 4-2**에서 볼 수 있듯이, 공격자가 마스터 좀비 PC에 공격명령을 내리면, 마스터 좀비 PC의 지시를 받은 수많은 노예 좀비 PC들이 목표서버에 대한 집중공격을 가하게 된다.

그림 4-2 분산 서비스 거부(DDoS) 공격의 개념도

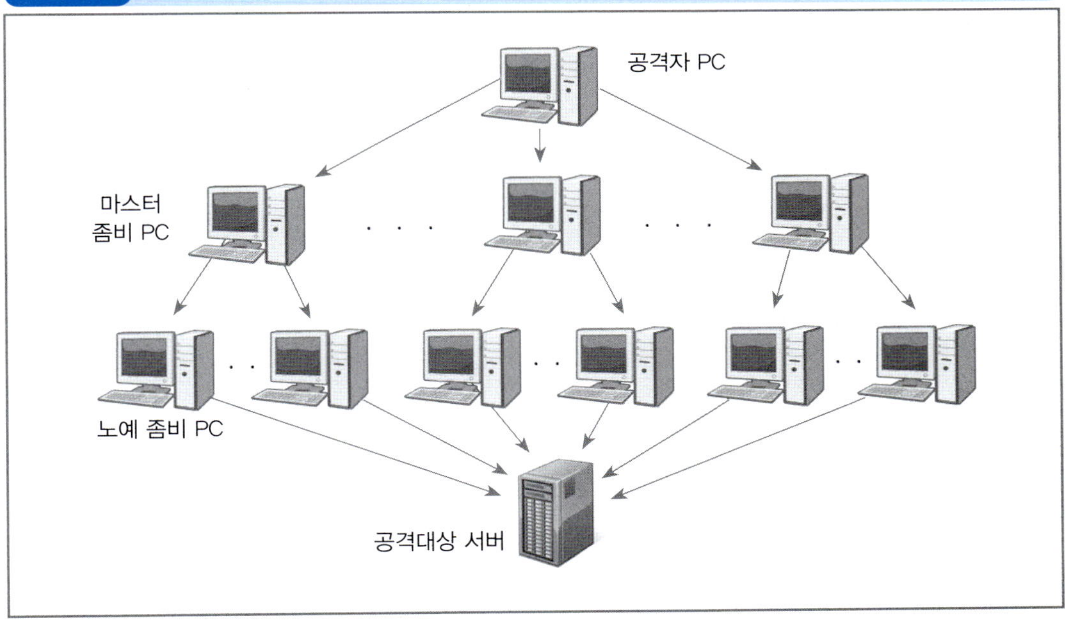

▶ 공격자가 마스터 좀비에 공격명령을 내리면, 마스터 좀비의 지시를 받은 수많은 노예 좀비들이 목표서버에 대한 집중공격을 가하게 된다.

4.2 보안유지 기술

암호화

암호화의 개념

암호화(encryption)란 평범한 문자메시지나 데이터를 송신자 및 수신자 이외의 사람에 의해 전혀 해독될 수 없는 형태의 암호문으로 변환하는 과정이다. 암호화의 목적은 저장된 정보를 보호하고, 또 정보를 안전하게 전송하는 것이라고 할 수 있다. 암호화는 다음의 네 가지 보안조건을 충족시킬 수가 있다.

- 기밀성(confidentiality): 메시지의 내용이 제3자에게 노출되지 않게 함
- 무결성(integrity): 메시지 내용의 변조 방지
- 상호인증(authentication): 메시지를 송신한 당사자의 신원 확인
- 부인봉쇄(non-repudiation): 메시지 전송 사실의 번복 방지

암호화 기법은 기밀을 요하는 커뮤니케이션을 지원하기 위한 목적으로 군기관 및 정부기관에 의해 오랜 기간 동안 사용되어 왔다. 암호화는 오늘날 인터넷 상거래, 모바일 전화망 및 은행 자동현금인출장치 등 다양한 형태의 민간시스템을 보호하는 데 이용된다. 또한 암호화 기법은 판권화된 콘텐츠의 사용을 제한하기 위한 디지털권리관리(DRM) 혹은 불법적인 소프트웨어 유통을 예방하기 위한 소프트웨어 복제보호를 위해서도 이용되고 있다.

암호화 기법을 구현하는 데에는 **암호**(cipher)가 필요한데 암호란 암호화를 하거나 복호화를 하는 데 필요한 알고리듬을 뜻한다. 이 암호화 알고리듬의 구체적 실행내용은 키라고 불리는 보조적 정보에 따라 달려있다. 암호 알고리듬을 이용해 메시지를 암호화하기 전에 앞서 키가 선택되어야 한다. 키를 알지 못하고는 수신된 메시지를 다시 복호화 하기가 매우 어려워진다.

암호화 방식에는 암호화와 복호화에 동일한 키를 이용하는 **대칭적 키 암호화방식**과, 암호화와 복호화에 서로 다른 키 세트(즉, 공개키와 비밀키)를 이용하는 **공개키 암호화방식**(혹은 비대칭적 키 암호화방식)의 두 가지가 있다. 아래에서 이들 두 가지 암호화기법을 살펴본다.

비밀키 암호화방식

비밀키 암호화방식(symmetric key encryption)이란 송신자와 수신자가 동일 비밀키를 이용해 메시지를 암호화 및 복호화 하는 방식이다. 수신자는 메시지를 암호화 하는 데 이용된 비밀키를 필히 알아야만 복호화할 수 있다. 다만, 비밀키는 송신자가 수신자에게 e-메일 등으로 별도로 전달할 수가 있다.

- DES: 가장 널리 이용되고 있는 비밀키 암호화 알고리듬은 DES(Data Encryption Standard)이다. 대칭형 암호화 기법에 기초하고 있는 DES는 NSA(National Security Agency)와 IBM에 의해 1970년대 초에 개발되었는데, 초기에는 64-bit 길이의 암호화 키를 사용했으나 발표시점에서는 56-bit 길이의 키로 길이를 단축시켰기 때문에, 암호화 기법의 보안성이 취약하다는 점이 약점으로 지적됐다. 이러한 지적에도 불구하고, 1976년 DES는 미연방 표준으로 채택이 되어 꾸준히 비기밀 문서를 암호화시키기 위한 방법으로 사용이 되어 오다가, 결국 2002년에 기존의 취약점을 대폭 개선한 AES(Advanced Encryption Standard)에 의해 대체되었다. 여느 대칭형 암호화기법과 마찬가지로, DES는 송신자와 수신자가 동일키를 공유하며 암호화 및 복호화를 함은 물론, 매번 거래를 수행할 적마다 서로 다른 키를 사용하도록 되어 있다.

그림 4-3 비밀키 암호화방식

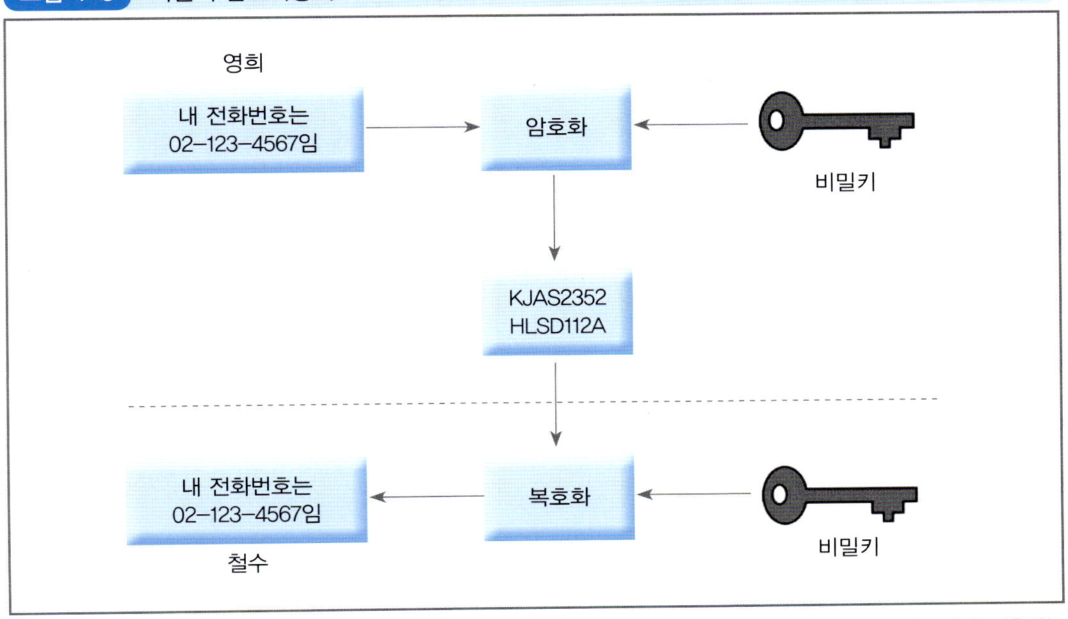

▶ 영희가 철수에게 비밀키 암호화방식에 의해 메시지를 전달하는 과정이다. 여기서 영희가 송신 시 암호화에 적용하는 비밀키나 철수가 수신 시 복호화에 적용하는 비밀키는 동일하다.

공개키 암호화방식

전통적으로 암호화 기법은 키를 절대적으로 비밀로 하고 이 키를 사전에 안전한 방법(가령, 직접 만나서 혹은 신뢰할 만한 밀사를 통해 전달)에 의해 상대방에게 전달해야만 했기 때문에, 키의 전달과정과 관련해 상당한 불편과 문제점이 존재했다. 공개키 암호화방식은 이러한 약점들을 보완하기 위한 목적으로 개발됐다. 공개키 암호화기법을 통해, 사용자들은 공유키를 사전에 전달하는 번거로움 없이 안전치 못한 경로를 통해서도 얼마든지 안전하게 의사소통을 할 수 있게 되었다.

공개키 암호화방식(public key encryption)은 수학적으로 서로 관련있는 두 개의 키(공개키와 비밀키)를 이용한다. 이용자가 수학적 알고리듬을 이용해 공개키와 비밀키의 세트를 생성한 다음, 비밀키는 자신만이 보관하며, 공개키는 주변 이용자들에게 공개한다. 단, 복호화를 위해 수학적 공식을 통해 공개키로부터 비밀키를 산출해 낼 수 없다. 누구든지 이 공개키를 이용하여 메시지를 암호화해서 수신자에게 전달하면, 수신자는 자신의 비밀키로 메시지를 복호화해서 읽을 수가 있다. 공개키 방식에서 암호화는 공개키로 이루어지지만 복호화는 그에 상응하는 비밀키로 이루어지므로, **비대칭형 암호화방식**(asymmetric encryption)이라고도 불린다.

비밀키 암호화기법은 메시지의 기밀성유지 기능만을 제공하는 반면, 공개키 암호화기법은 기본적으로 메시지 기밀성유지 및 송신자 인증의 두 가지 주요 기능을 제공한다. 아래에서는 이들 두 가지 주요 기능에 대해 알아보기로 한다.

(1) 메시지 기밀성 보장

인터넷을 기반으로 한 전자상거래에서는 결제정보 등 민감한 정보를 네트워크를 통해 전송해야 하므로 의도적 혹은 비의도적 정보누출을 예방할 수 있도록 메시지 기밀성을 확보하는 것이 무엇보다 중요하다. 공개키를 이용한 암호화는 이와 같이 메시지를 안전하게 수신자에게 전달할 수 있는 수단을 제공한다.

메시지 기밀성을 유지할 목적으로 암호화를 해야 하는 경우 상대방이 제공한 공개키를 이용해 암호화를 할 수가 있다. **그림 4-4**에서 알 수 있듯이, 영희가 철수에게 기밀 정보를 전송해야 할 경우, 메시지 암호화는 수신자인 철수의 공개키를 이용해 이루어지게 된다. 따라서 누구나 상대방 공개키만 있으면 얼마든지 메시지 암호화를 할 수 있지만, 오직 그에 상응하는 비밀키를 지닌 수신자 본인만이 복호화를 할 수 있다. 즉, 보안의 안전도는 비밀키의 안전도에 따라 달려있다는 의미이다.

공개키에 의한 메시지 암호화는 마치 우편물 삽입구가 있는 잠겨진 우편함과 유사하다. 우편물 삽입구는 일반인에게 노출되어 있어 누구라도 접근이 가능하며, 그 위치(즉, 번지

그림 4-4 공개키 암호화 방식(기밀성 유지 목적)

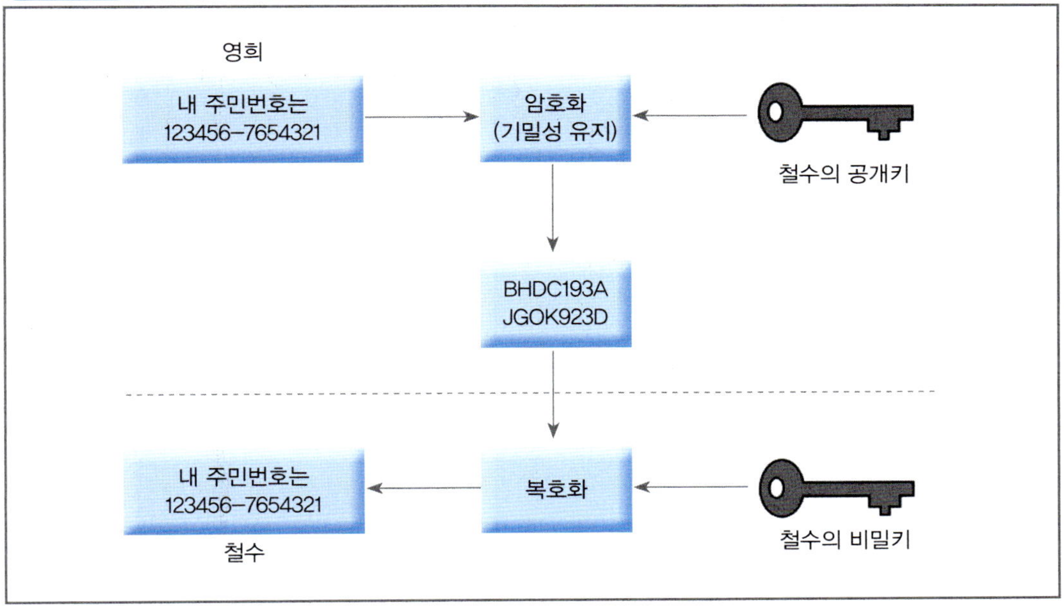

▶ 영희가 철수에게 공개키 암호화 방식을 통해 메시지를 전달하는 과정을 보여주고 있다. 여기서는 암호화의 목적이 메시지 기밀성의 유지이다.

수)는 결국 공개키와 같다. 어느 개인의 번지 수를 아는 사람은 아무라도 주소지의 문 앞으로 다가와 우편물 삽입구를 통해 쪽지 메시지를 밀어 넣을 수가 있다. 그러나 우편함의 열쇠를 가진 자만이 우편함을 열어 메시지를 확인할 수가 있다.

(2) 송신자 인증

공개키의 또 하나의 용도는 **디지털 서명**이다. 비밀키와 공개키를 이용해 디지털 서명을 메시지에 부착해 전송함으로써 송신자의 신원을 확인할 수가 있다. 송신자가 자신의 비밀키를 이용해 암호화(즉, 송신자 서명)할 경우, 송신자 공개키만 있으면 누구나 밀봉상태를 확인할 수 있어 송신자가 메시지를 서명했고 또 메시지를 제3자가 변조하지 않았음을 확인할 수 있다.

그림 4-5은 영희가 철수에게 '10만원을 결제하겠음'이란 메시지를 전달하기 위해 디지털 서명을 이용해 암호화를 하는 과정을 보여주고 있다. 이를 위해 우선은 수신자 철수의 공개키를 이용해 메시지 기밀성을 확보할 목적으로 암호화가 진행된다. 그 다음으로, 송신자인 영희 자신의 비밀키로 이미 암호화된 메시지에 다시 한 번 암호화를 진행함으로써 디지털 서명을 부착하게 된다. 이렇게 암호화된 메시지가 수신되면, 송신자 영희의 공개키를 이용해 디지털 서명을 확인함으로써 영희가 보낸 것이 틀림없음을 알 수가 있다. 그 다음

그림 4-5 공개키 암호화 방식(송신자 인증 목적)

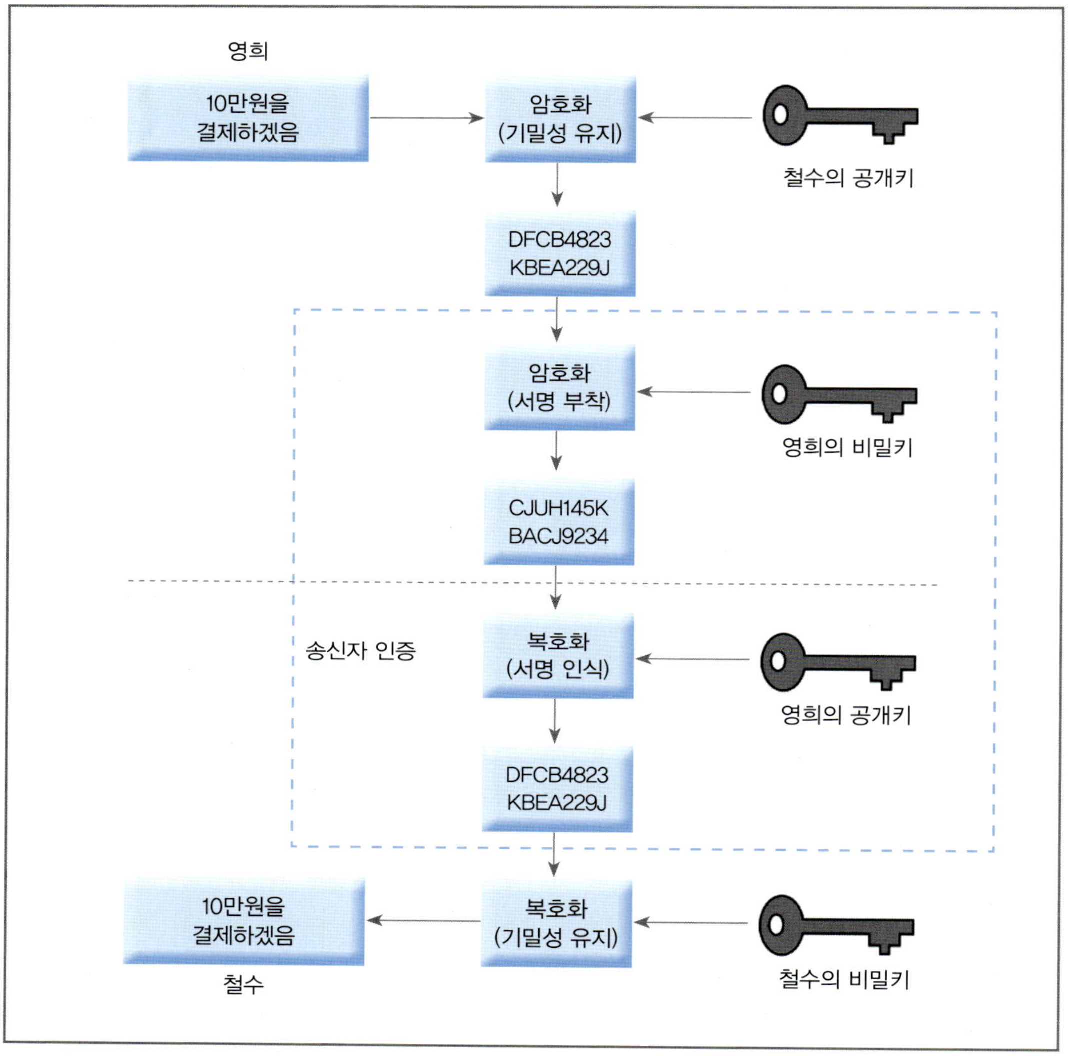

▶ 영희가 철수에게 공개키 암호화 기법을 통해 디지털 서명을 부착한 후 메시지를 전달하는 과정이다. 여기서 디지털 서명부착을 통한 암호화의 목적은 송신자 신원의 확인(즉 인증)이다.

철수는 다시 한 번 자신의 비밀키를 통해 메시지를 복호화시켜 영희가 보낸 본래 메시지를 읽을 수가 있다.

디지털 서명은 우리 주변의 생활에서 심사결과나 시험합격여부와 같은 민감한 내용을 담은 봉투의 밀봉방식과 비유될 수 있다. 메시지를 아무나 사전에 열어볼 수가 있지만 최종 수신자 입장에서 보면, 송신자의 처음 밀봉표시가 있어야만 아무도 중간에 뜯어보지 않았으며 송신자가 보낸 상태 그대로 유지되고 있음을 알 수가 있다.

공개키 암호화 방식의 주된 문제점은 공개키가 진짜이며 악의를 가진 제3자에 의해 변조된 것이 아니라는 사실을 증명하기가 어렵다는 점이다. 일반적으로 이 문제를 해결하기 위한 방법으로 공개키 인프라 기법을 사용하고 있다. 이 방법에서는 CA라고 불리는 제3기관이 중간에 개입해 해당키 세트(즉, 공개키와 비밀키)의 실제 소유여부를 확증해 준다. 공개키 인프라 기법에 대해서는 뒤의 '인증' 부분에서 더 상세히 살펴보기로 한다.

- RSA: RSA는 공개키 암호화기법을 구현한 대표적 사례로서 1977년 MIT의 Rivest, Shamir, Adleman 세 사람에 의해 개발되었으며, 그 약어도 이들 세 연구자의 이니셜에 기초하여 만들어졌다. RSA 암호화기법은 암호화는 물론 디지털 서명에도 적절한 첫 알고리듬이어서 유용한 기법으로 알려져 있다. 충분히 긴 키를 사용하며 최신 기술을 반영해 개선되어 오고 있어, 오늘날 e-커머스 거래에서 널리 이용되고 있다. 또, 복잡한 수학산식에 의해 공개키와 비밀키가 산출되며, 이 중 공개키는 외부에 공개되고 비밀키만 이용자에게 전달된다.

온라인 인증

오프라인 거래와 온라인 거래 간에 존재하는 가장 큰 차이점 중의 하나는 상대방의 신원확인 필요성 여부에서 찾아볼 수 있다. 흔히 대면거래에서는 현금에 의해 결제하는 경우라면 당연히 상대방의 신원을 확인할 필요가 없고, 또 신용카드나 수표에 의해 결제한다 하더라도 상대방이 미심쩍을 경우에는 전화번호나 주민번호를 기재하도록 하거나 주민등록증과 같은 신분증을 제시하도록 함으로써 본인임을 쉽게 확인할 수 있기 때문에 특별한 신원확인 과정이 요구되지 않는다. 반면, 온라인 거래에서는 인터넷을 기반으로 한 사이버 공간에서 서로 모르는 관계의 거래 당사자들이 상대방을 보지 못하는 상황에서 거래를 진행해야 하기 때문에, 상대방이 실제로 누구인지를 정확하게 밝혀내는 것이 인터넷사기와 같은 전자상거래 역기능을 피하기 위한 필수조건 중의 하나이다. 이와 같이 온라인 거래에서 상대방의 신원을 확인하는 과정 혹은 기법을 가리켜 **인증**(authentication)이라고 부른다.

아래에서는 인터넷 환경을 위한 주요 인증기법으로서 공개키 인프라 인증과 커버로스 인증의 두 가지 인증기법에 대해 알아보기로 한다.

공개키 인프라 인증

공개키 인프라(public key infrastructure: PKI) 인증은 제3자 인증기관인 CA(certificate authority)로 하여금 공개키를 통해 사용자 신원을 확인해 주도록 하는 인증기법이다. PKI는 사용자 인증수단으로 공개키 기반의 **디지털 인증서**(digital certificates)를 이용하는 것이 특징이다. 디지털 인증서란 CA가 발급한 디지털 문서이며, 사용자 혹은 기업의 이름, 사용자 공개키, DC 일련번호, 유효기간, 발급일자, CA의 디지털 서명 등의 정보를 포함한다.

일반적으로 PKI는 상호대화중인 당사자들이 기밀정보를 교환하거나 사전연락을 취할 필요 없이도 기밀성, 메시지 무결성, 그리고 사용자 인증을 실현할 수 있게 해준다. 때에 따라 PKI 기법은 인증서 발급의 조건, 관련 법규의 변화, 그리고 인증서의 신뢰성과 같은 현실적인 문제들 때문에 그 유효성이 제한되기도 한다. 그러나 이러한 문제들은 당사자들이 초기에 서로 접촉하는 시점에서는 중요하겠지만, 대화가 진행되고 당사자들이 서로의 신원 및 공개키에 대해 점차 신뢰하기 시작하면서 별로 중요한 이슈가 되지는 않는다.

미국에는 VeriSign, 미우체국 등 기관이 CA이며, 국내에서는 한국정보인증, 한국증권전산, 금융결제원, 한국전자인증, 한국전산원 등이 대표적인 CA이다.

PKI에 의한 인증서 발급 및 이용절차는 다음의 단계들을 따라 이루어지게 되며, **그림 4-6**은 PKI 인증기법의 개념을 도식적으로 보여주고 있다.

① 디지털 인증서를 발급받기 위해, 사용자가 공개키 및 비밀키 세트를 생성한 후, 사용자 공개키를 첨부해 CA에 인증요청을 함
② CA측에서는 사용자 관련 정보의 진위여부를 확인한 후, 사용자의 공개키 및 기타 관련정보를 포함하는 디지털 인증서를 발급함
③ CA가 디지털 인증서로부터 해시(hash : 수학산식을 통해 산출된 고정길이의 숫자)를 산출하고, CA의 비밀키로 디지털 서명을 추가함 - CA가 이 인증서를 발급했고 아무

그림 4-6 공개키 인프라(PKI)에 의한 인증기법의 개념도

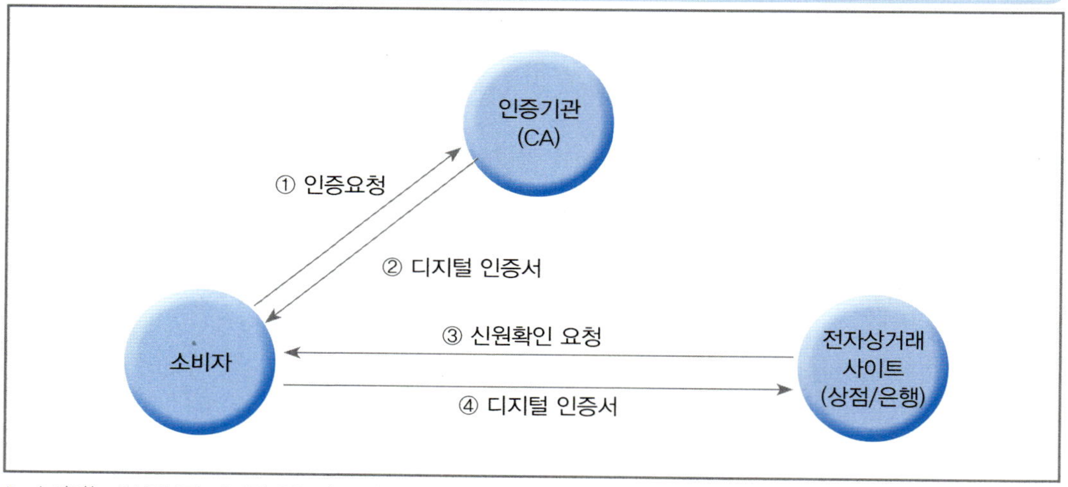

▶ 소비자는 CA로부터 디지털 인증서를 발급받아, 전자상거래 사이트의 신원확인 요청이 있을 경우 디지털 인증서를 제시하게 된다.

도 그 내용을 개봉하지 않았음을 증명함

④ 인증서가 사용자에게 전달됨

⑤ 사용자는 이 인증서를 전자상거래나 인터넷뱅킹을 이용할 때, 자신의 신원을 증빙하기 위한 수단으로 제시함

커버로스 서버인증

커버로스(Kerberos)는 그리스 신화에서 저승의 신 하데스의 문을 지키는 머리가 셋 달린 개를 뜻한다. 이 말에서 유래한 커버로스 서버인증은 MIT의 연구팀에 의해 1980년대 말경 개발된 인증(authentication) 서비스이다. 커버로스는 제3의 인증서버를 이용해 자동으로 클라이언트와 서버 간에 서로의 신원을 확인하는 기법이다.

공개키 인증과 달리, 커버로스 인증은 대칭형 암호화 알고리듬인 DES 암호화 기법을 이용한다. 따라서 시스템상에는 비밀키들의 데이터베이스가 존재하며, 이 데이터베이스를 토대로 컴퓨터마다 부여된 **비밀키** 및 인증에 필요한 **티켓**을 이용해 각자의 신원을 증빙하게 된다.

커버로스 인증방법은 **키 배급센터**라고 불리는 '신뢰있는 제3자'(trusted third party)의 개념에 기초한다. **그림 4-7**에서 볼 수 있듯이, 키 배급센터는 인증서버와 티켓발급서버로 구성되며, 사용자 신원을 증빙하기 위한 수단으로서 티켓을 이용한다. 사용자는 로그온 후 인증서버로부터 티켓 및 세션키를 발급받아 티켓부여 서버에 자기인증을 하고, 또 티켓부여 서버로부터 티켓 및 세션키를 발급받아 자기인증을 한 후 궁극적인 서비스 서버에 접속하는 데 필요한 자기인증을 획득하며, 이를 통해 애플리케이션 서버에 접속해 원하는 서비스를 제공받을 수가 있다.

아래에서는 커버로스 인증서비스의 전반적인 과정을 이해할 수 있도록, 세부 단계들은 생략하고 핵심 단계들을 중심으로 인증프로세스를 소개하기로 한다.

① 클라이언트의 사용자가 사용자이름과 암호를 입력한다.

② 클라이언트가 입력된 암호에 1차 **해시**(hash)산식을 적용하고, 그 결과 값은 클라이언트의 비밀키가 된다. 이 비밀키는 이후 메시지 암호화 혹은 복호화를 위해 이용된다.

③ 클라이언트는 사용자의 희망 서비스를 요청하는 메시지를 인증서버에 전송한다. 단, 이 때 비밀키나 암호는 전송되지 아니한다.

④ 인증서버는 클라이언트 컴퓨터의 신원이 데이터베이스에 존재하는지 확인하고, 만일 존재한다면 티켓부여 티켓과 세션키를 각각 해당 비밀키로 암호화한 다음 다시 클라이언트에게로 전송한다.

⑤ 일단 클라이언트 컴퓨터가 티켓부여 티켓과 세션키를 수신하면, 즉시 세션키를 복호

그림 4-7 커버로스 인증서비스의 개념도

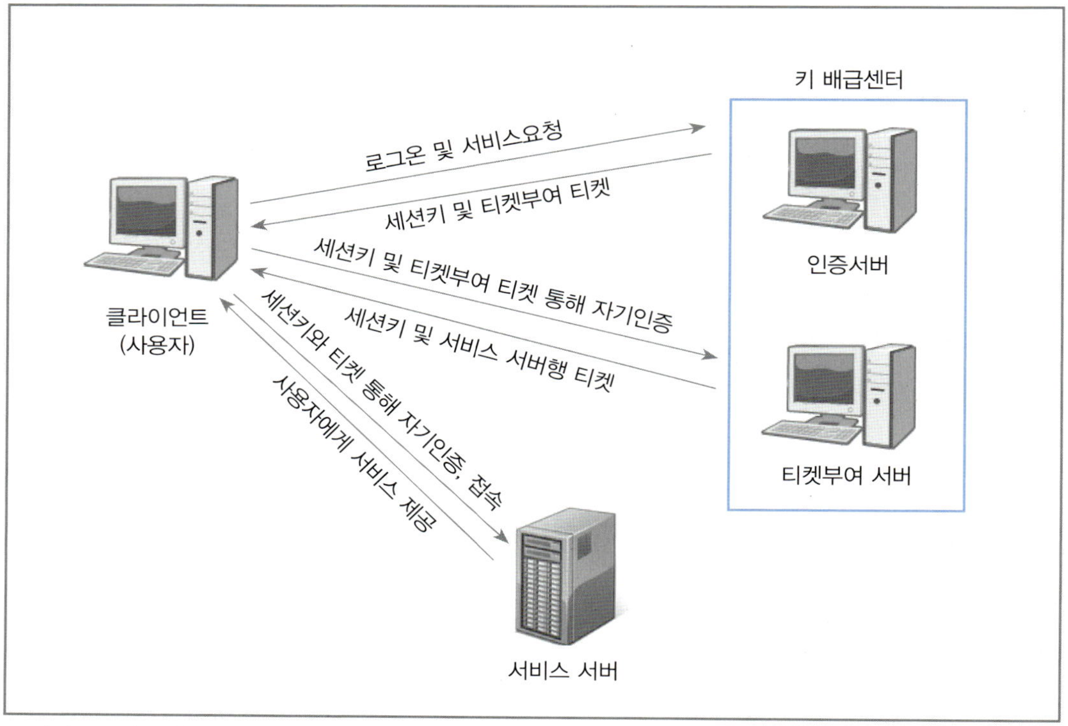

▶ 커버로스 시스템은 인증서버 및 티켓부여 서버로부터 티켓을 발급받아 서비스 서버에의 접근 및 서비스를 제공받게 된다.

화 함으로써 티켓부여 서버와의 세션 설정에 필요한 세션 키를 확보한다. (단, 티켓부여 티켓은 티켓부여 서버의 비밀키로 암호화되어 있으므로, 클라이언트가 이를 복호화 할 수가 없음)

⑥ 이제 클라이언트는 티켓부여 티켓과 인증자(이는 클라이언트 고유번호 및 타임스탬프로 구성됨)를 암호화 해서 티켓부여 서버에 제시함으로써 서비스 서버에의 접근을 요청함

⑦ 티켓부여 서버는 이들을 수신해서 제대로 복호화가 되면 서비스 서버행 티켓과 세션키를 클라이언트에게로 전송한다.

⑧ 티켓부여 서버로부터 이들을 수신하는 대로, 클라이언트는 서비스제공 서버에 자기인증을 제시하며 인증이 통과되면 서비스 서버에 접속이 이루어지게 됨

⑨ 서비스 서버는 요청된 서비스를 클라이언트에게 제공함

네트워크 및 시스템의 보호

인터넷을 이용하는 기업 및 가정의 사용자들은 모두, 앞서 언급된 바 있는 보안 위협요소들에 노출되어 있다. 따라서 이러한 위협요소들로부터 기업의 네트워크, 컴퓨터 및 데이터를 보호하기 위해서는 보안전문 소프트웨어가 필요하다. 아래에서는 이러한 보안전문 소프트웨어로서 방화벽, 침입탐지시스템(IDS) 및 바이러스 소프트웨어에 관해 알아보기로 한다.

방화벽

일반적으로 건축에서 **방화벽**(firewall)이란 옆의 건물에서 발생한 화재가 본 건물 내로 전이되는 것을 일시적으로 차단하기 위해 설치하는 벽을 의미한다. 마찬가지로 인터넷 환경에서 방화벽은 보안수준이 상이한 컴퓨터 네트워크들 간에 트래픽을 통제함으로써 인터넷 보안의 위협요소를 걸러내기 위한 소프트웨어 방식의 보안장치를 의미한다. 방화벽은 외부컴퓨터에서 승인 없이 조직내부 컴퓨터에 접속하는 것을 방지하고, 조직에서 외부로 나가거나 조직 내로 들어오는 모든 메시지들이 조직에서 설정한 보안 가이드라인을 충족시키는지를 점검함으로써 방화벽 통과여부를 결정한다.

그림 4-8 방화벽의 개념도

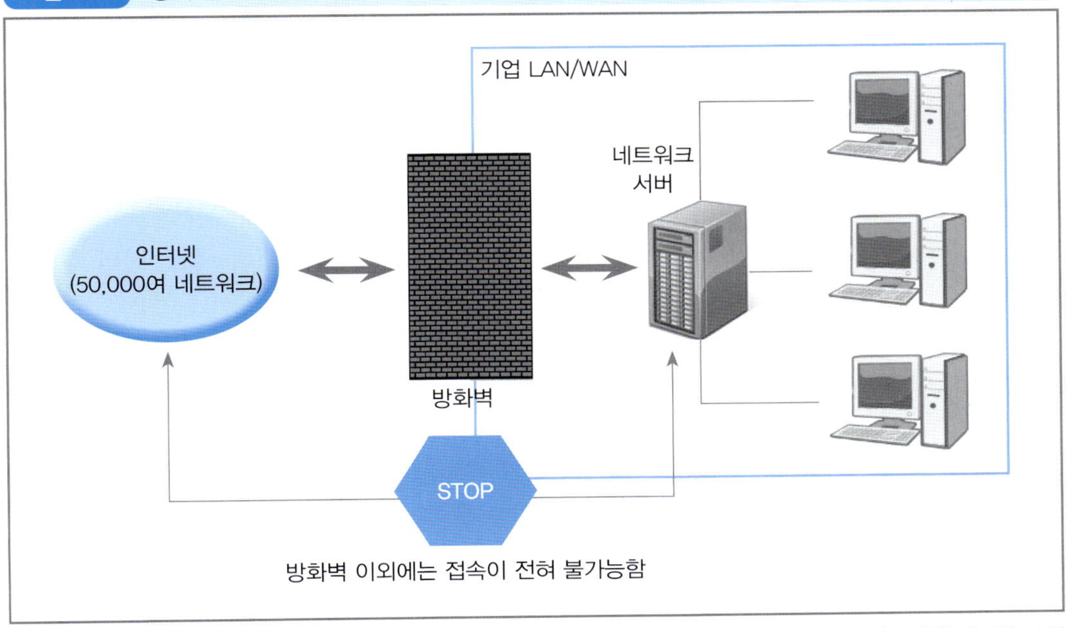

▶ 기업 네트워크를 출입하는 모든 메시지가 방화벽을 통과하도록 되어 있어 인터넷 위협요소로부터 보안을 유지할 수가 있다.

방화벽이 트래픽을 검증하는 데에는 패킷여과와 애플리케이션 게이트웨이의 두 가지 기법이 있다. **패킷여과** 기법은 데이터 패킷을 점검함으로써 패킷이 특정 금지포트로 전송 예정이거나 금지 IP주소로부터 전송된 것인지를 결정하는 데 초점이 있다. 반면, **애플리케이션 게이트웨이** 기법은 메시지의 목적지나 출발지보다는 이용자가 요청한 애플리케이션 차원에서 커뮤니케이션을 여과시키는 방화벽 유형이다. 따라서 애플리케이션 게이트웨이 기법은 패킷여과 기법에 비해 더 우수한 보안을 제공하지만, 시스템 성능이 저하될 우려가 있다는 점이 단점으로 지적되고 있다.

침입탐지시스템

외부위협으로부터 사내 네트워크를 보호할 수 있는 또 하나의 소프트웨어는 **침입탐지시스템**(intrusion detection system: IDS)이다. IDS는 인터넷을 통해 컴퓨터에 침입한 외부 조작물들을 탐지하는 것을 목적으로 한다. 이들 조작물은 흔히 크래커나 해커에 의한 공격의 형태를 취한다. IDS는 또 인식된 해커 툴이나 기타 의심이 가는 행위가 있는지 탐색하다가 만일 발견이 되면 알람을 작동시키도록 설계되어 있으므로, 이들 시스템은 스탭 직원이나 침입방지 전문서비스를 통해 모니터링이 되어야만 원만한 효과를 거둘 수가 있다.

IDS는 기존의 방화벽으로는 탐지가 되지 않는 다양한 유형의 악성 네트워크 트래픽을 탐지하는 데 사용된다. 이러한 트래픽에 속하는 침입시도의 예로는 취약한 서비스에 대한 네트워크 공격, 애플리케이션에 대한 데이터 위주의 공격, 호스트 대상의 공격, 민감한 파일에 대한 비승인된 로그인 및 접근, 그리고 악성코드 등이 포함된다.

앤티바이러스 소프트웨어

시스템 무결성에 대한 위협요소의 침입을 예방하기 위한 가장 용이하고도 경제적인 방법은 컴퓨터에 **앤티바이러스**(anti-virus) 소프트웨어를 설치하는 것이다. 앤티바이러스 소프트웨어는 컴퓨터 바이러스 및 기타 악성 코드를 검출해 내고, 이의 침입을 저지하며 또 제거하는 데 역점을 두는 컴퓨터 프로그램이다.

일반적으로 앤티바이러스 소프트웨어는 이와 같은 목적을 달성하기 위해 두 가지 기법을 이용한다.

- 기존의 바이러스 정의파일과 매칭이 되는 것으로 의심되는 바이러스를 스캔하고 점검함
- 감염이 의심되는 컴퓨터 프로그램으로부터 수상한 징조를 발견함. 여기에는 데이터 포획, 포트 모니터링 및 기타 방법들이 포함됨

토・의・문・제

Electronic Commerce

01 악성코드란 무엇을 의미하는가? 악성코드를 그 특성에 따라 분류해 보고, 각 악성코드 유형에 대한 국내 혹은 국외의 사례를 인터넷 검색을 통해 각각 하나씩 찾아보자.

02 보안의 주요 원칙이라고 할 수 있는 기밀성, 무결성, 가용성, 부인봉쇄 및 당사자 인증이 인터넷 기반의 전자상거래 환경에서 왜 중요한지 각각 설명하시오.

03 인터넷 피싱이란 무엇을 뜻하는가? 또 인터넷 피싱이 요즘 사례가 간간히 보도되고 있는 '전화 피싱'과 어떻게 다른지 그 차이점에 대해 알아보자. (힌트: 인터넷에서 '인터넷 피싱'과 '전화 피싱'을 키워드로 하여 각각 관련된 개념 및 사례를 찾아본다.)

참・고・문・헌

Electronic Commerce

- Bailey, Matthew, *Complete Guide to Internet Privacy, Anonymity & Security*, Nerel Online, 2011.
- Ioannou, Nick, *Internet Security Fundamentals*, Boolean Logical Ltd., 2014.
- Messmer, Ellen, "Google Chrome Tops 'Dirty Dozen' Vulnerable Apps List," http://www.pcworld.com/businesscenter/article/210797/google_chrome_tops_dirty_dozen_vulnerable_apps_list.html, 2014. 1. 10. 참조.
- Schneider, Gary P., *Electronic Commerce* (9th Ed.), Course Technology: Boston, MA., 2011.
- Stallings, William and Lawrie Brown, *Computer Security: Principles and Practice* (2nd Edition), Prentice-Hall, 2011.

사례연구 세상을 놀라게 한 10대 해킹 사건

컴퓨터 및 네트워크 해킹의 역사는 컴퓨터와 네트워크 출현의 역사와 같이 한다. 동기는 단순한 호기심과 과대망상증에서부터 재정적 이익, 정치적 복수에 이르기까지 다양하다. 여기 역사상 신문 1면을 장식한 열 가지 해킹 사건을 소개한다.

■ 마커스 헤스(Markus Hess), KGB를 대신해 해킹하다

1980년 소련 연방의 스파이로 뽑힌 독일 시민 헤스는 미국 국방부 컴퓨터를 해킹해 기밀 정보를 훔쳐 오라는 임무를 받았다. 헤스는 브레멘 대학

(University of Bremen)에서 다텍스-페(Datex-P) 네트워크를 사용해 위성 링크(satellite link) 및 대서양 횡단 케이블(transatlantic cable)을 통해 타임네트 인터내셔널 게이트웨이(Tymnet International Gateway)에 도달했다. 그리고 결국 약 400 대의 미국 국방부 컴퓨터를 공격하는 데 성공했다. 그 중 일부는 독일 및 일본에 배치된 군사기지의 컴퓨터들이었고, 매사추세츠 주 케임브릿지 MIT소재의 컴퓨터와 펜타곤(Pentagon)의 옵티미스(OPTIMIS) 데이터베이스도 포함돼 있었다.

그의 이러한 해킹 행위는 결국 캘리포니아 로렌스 버클리 연구소(Lawrence Berkeley Laboratory, LBL)의 컴퓨터 센터 관리인인 클리포드 스톨에게 발각되었다. 그는 스파이 행위로 유죄 판결을 받았고 1년에서 3년 동안 수감되도록 판결 받았다. 헤스의 범죄 행위가 발각된 후, 스톨은 그 때의 경험에 대해 '뻐꾸기 알(The Cuckoo's Egg)'이라는 책을 쓰기도 했다.

■ 로버트 모리스(Robert Morris), 인터넷을 해킹하다

1988년 코넬 대학(Cornell University)을 졸업한 로버트 모리스는 인터넷 상에서 최초의 '웜(worm)'을 만들어 냈다. 모리스는 훗날 웜을 만들게 된 것이 누군가에게 피해를 주기 위함이 아니라, 웹의 규모를 알고 싶어서였다고 말했다. 코넬 대학에 '웜'의 기원을 숨기기 위해서, 모리스는 웜을 MIT에서 배포해 유닉스 센드메일(Unix sendmail) 및 핑거(finger), rsh/rexec의 취약점을 공략하도록 했다. 그러나 설계상의 문제로 인해 웜은 모리스가 의도했던 것 보다 훨씬 빠른 속도로 자기 복제를 해 나갔고, 시스템 오버로드 및 막대한 손해를 입혔다. 웜의 최초 배포자로 밝혀지면서, 모리스는 컴퓨터사기남용법(Computer Fraud and Abuse Act)이 적용 되어 처벌받은 첫 번째 인물이 되었다. 그는 3년간 보호관찰을 받고 400시간 동안의 자원 봉사와 1만 50 달러의 벌금을 선고 받았다.

▶ 인터넷 최초의 웜을 만든 로버트 모리스.

■ 블라디미르 레빈(Vladimir Levin), 씨티은행을 해킹하다

지금껏 많은 이들이 최초의 금전적 동기를 가진 해킹으로 여기고 있는 범죄는 1995년 러시아 범죄 조직 우두머리인 블라디미르 레빈이 씨티은행 네트워크에 있는 계좌에 접속 해 수백 만 달러를 훔쳤던 일이다. 거대 범죄 조직을 등에 업은 레빈은 런던에 있는 컴퓨터를 사용해 고객 코드(customer codes) 및 비밀번호 목록을 얻어낸 후 몇 주에 걸쳐 여러 번 로그인을 해 범죄 조직이 관리하는 계좌로 돈을 빼돌렸다. 공식적인 기록에 따르면 레빈은 370만 달러를 훔치는 데 성공했다. 결국 FBI가 런던 공항에서 그를 잡았고, 그는 미국에서 재판에 넘겨진 후 유죄 판결을 받아 1998년 약 3년 간의 수감형을 받았다. 또한 씨티은행 측에는 24만 15 달러를 배상하라는 판결이 내려졌다.

■ 조나단 제임스(Jonathon James), 나사를 해킹하다

'c0mrade'라는 해커 명으로 알려진 조나단 제임스가 1999년 앨러배마 주 헌츠빌(Huntsville)의 마샬 우주비행센터(Marshall Space Flight Center)를 해킹해 국제우주정거장의 특허 소프트웨어를 다운로드하는 데 성공했을 때, 그는 겨우 16살이었다. 특히 소프트웨어는 국제우주정거장의 물리적 환경을 지탱하고 우주 생활에서 중요한 습도 및 온도를 조절하는 데 매우 중요한 역할을 하는 소프트웨어였다. 나사 관계자들은 조나단이 훔친 것이 약 170만 달러의 가치가 있다고 밝혔다. 나사는 이를 계기로 컴퓨터 시스템을 약 3주간 정지시키고 수리해야 했는데 이로 인해 4만 1,000달러가 소요됐다는 후문이다.

■ 애드리안 라모(Adrian Lamo), 뉴욕 타임즈(New York Times)를 해킹하다

지난 2002년, 열 아홉살의 애드리안 라모는 뉴욕 타임즈 지의 내부 네트워크를 해킹해 많은 민감한 기록들에 접근할 수 있었다. 개중에는 타임즈 지가 과거에 이용했던 논평 작가들에 대한 방대한 데이터베이스도 포함돼 있었다. 그 기록에는 민주당 전략 전문가 제임스 칼빌(James Carville)이나 전직 국무장관이었던 제임스 베이커(James Baker), 그리고 역설적이게도, 스니커즈 영화(Sneakers movie)의 베테랑인 배우 로버트 레드포드(Robert Redford)와 같은 기고자들의 이름은 물론 경우에 따라 전화번호, 집 주소 및 결제 이력까지 적혀있었다. 라모는 그 목록에 자신의 이름을 적고는 '전문분야'란에 "컴퓨터 해킹, 국가 보안, 통신 정보"라고 적어 넣었다.

■ 개리 맥키넌(Gary McKinnon), 미국 국방부를 해킹하다

'솔로'라는 별명으로 통한 스코틀랜드 해커 개리 맥키넌은 2001년과 2002년 미국 국방부 컴퓨터를 해킹했다는 혐의를 받았다. 전해지는 바에 따르면, 그는 미 국방부가 UFO와 외계인에 관해 무엇을 숨기고 있는지 알고 싶어 했다고 한다. 국방부 관계자들에 따르면 맥키넌은 국방부 운영 체제에서 중요한 파일들을 지우고, 24시간 동안 약 2,000 여 대의 컴퓨터가 있는 워싱턴의 미군 관구사령부(US Armys Military District) 네트워크의 작동을 중지시키기에 이르렀다. 맥키넌은 또 얼 해군 무기 기지(Earle Naval Weapons Station)의 일지를 삭제하기도 했다. 관계자들은 맥키넌이 저지른 일을 복구하기 위해 약 70만 달러의 비용이 들었다고 밝혔다. 맥키넌은 현재 런던에 있으며 미국이 내린 본국 송환 조치에 10년이 넘는 세월 동안 항의하고 있다. 만약 그가 자신이 저지른 죄값을 그대로 받았다면 60년 형을 선고받았을 것이 유력하다.

■ 알버트 곤잘레스(Albert Gonzalez), TJX를 (그리고 다른 많은 것들을) 해킹하다

알버트 곤잘레스는 사이버 범죄 조직의 수괴로, 이 조직은 2005년부터 2007년 사이 TJX를 비롯해 신발 가게 DSW나 오피스맥스(OfficeMax), BJs 홀세일 클럽(BJs Wholesale Club), 데이브 앤 버스터(Dave & Busters) 등 많은 소매상들에서 9,000 만 개가 넘는 신용카드 및 직불 카드(debit card)를 훔쳤다. 곤잘레스는 또 2008년 하트랜드 결제 시스템(Heartland Payment Systems)에 막심한 피해를 입힌 해킹을 주도한 인물이기도 하다. 2009년, 곤잘레스는 20년의 수감을 형 받았는데, 이는 미국 내에서 해킹이나 신원 도용에 내리는 처벌 중 가장 무거운 형벌이었다.

■ 안티섹 그룹 어나니머스(Anonymous), HB 개리(HB Gary)를 해킹하다

2011년 초, 당시 HB 개리의 CEO였던 애론 바가 어나니머스(Anonymous) 회원 몇 명의 정체를 밝히겠다고 선언한 일이 안티섹(Antisec) 그룹 어나니머스의 심기를 건드렸다. 그에 대한 복수로, 어나니머스는 HB 개리 페데럴(HB Gary Federal)과 그의 자매 회사인 HB 개리 Inc.의 시스템을 둘 다 위협에 빠뜨렸다. 그 후 어나니머스는 이메일을 포함해 수만 건의 HB개리의 비공식 자료들을 복사해 일반에 퍼뜨렸다. 소위 '핵티비즘(hacktivism)'을 주류 언론의 관심사로 등장시키기 위해, 어나니머스는 HB개리

▶ 보안 전문업체 HB Gary사의 시스템이 안티섹그룹 '어나니머스'에 의해 해킹되었다.

▶ 어나니머스에서 파생된 핵티비스트 그룹 '룰즈섹'의 이미지.

페데럴 사가 뱅크 오브 아메리카(Bank of America)와 협력해 위키리크스(Wikileaks)의 계획중인 BOA 내부 문서 폭로에 대한 대응을 준비 중이라는 사실을 공개해 버렸다. 어나니머스가 공개한 HB개리 사의 문서에는 수상쩍은 계획들에 대한 내용이 많았는데 위키리크스를 상대로 '비열한 꼼수'를 쓰자는 얘기와 위키리크스에 우호적인 'Salon.com'의 리포터를 방해하자는 내용 등이 그것이었다.

■ 룰즈섹(Lulzsec), 소니를 해킹하다

어나니머스에서 파생된 핵티비스트 그룹 룰즈섹(Lulzsec)은 2011년 6월 SQL 인젝션(SQL Injection) 공격을 통해 소니 픽쳐스(Sony Pictures)를 해킹하고 수만 명의 고객들의 이름 및 비밀번호, 이 메일 주소 및 집주소가 담긴 데이터를 훔쳤다. 룰즈섹은 이번 공격이 소니가 플레이 스테이션 3(PlayStation 3)로 탈옥한 해커 조지 호츠(George Hotz)에 대해 취한 법적 대응에 대한 복수성 공격이었다고 밝히며 백만 개가 넘는 계좌를 해킹했다고 말했다. 그러나 소니 측은 실제 해킹 당한 계좌 수가 그보다 훨씬 적었다고 주장했다. 룰즈섹의 창립 멤버인 사부(Sabu. 그의 진짜 이름은 헥토르 자비에 몽세귀르)는 2011년 6월 연방 수사관에 의해 체포됐고 결국 '어나니머스'나 '룰젝,' '안티섹'과 관련된 다섯 명의 다른 핵티비스트들을 체포하는 데 필요한 정보를 FBI측에 제공하는 역할을 맡는 것에 동의했다. 사부(Sabu) 자신도 결국에는 유죄 판결을 받았으며 현재 처벌을 기다리고 있는 중이다.

■ '뉴스 오브 더 월드(News of the World)'지의 해킹 스캔들

영국 신문 뉴스 오브 더 월드(News of the World)의 직원들이 단지 타블로이드의 가십거리를 위해 유명 인사들 및 정치인들, 심지어는 살인죄의 피해자들의 전화를 해킹한 것으로 알려져 충격을 주었다. 2002년까지 거슬러 올라가는 한 조사에서 밝혀진 바에 의하면, 신문사의 기자들은 물론 사설 탐정들까지 고용해 모델 엘 맥퍼슨(Elle McPherson)이나 배우 시에나 밀러(Sienna Miller), 심지어는 영국 왕족들의 음성사서함을 해킹한 것으로 드러났다. 한 번은 신문사에서 근무하는 PI가 살해당한 여학생인 밀리 도울러(Milly Dowler)의 음성 사서함을 엿듣다 실수로 지워 경찰 수사에 꼭 필요한 증거를 망치기도 했다. 168년의 전통을 지닌 이 신문사는 결국 스캔들이 일어난 그 주에 문을 닫고야 말았다.

▶ 출처: Joan Goodchild, "세상을 놀라게 한 10대 해킹 사건," CIO Korea, 2012. 5. 17.

사·례·연·구·토·의·문·제

Electronic Commerce

01 10개의 해킹사건과 관련하여 각각 예상되는 보안침해의 결과(즉, 해킹사고로 인해 어떠한 피해가 발생했을까?)에 대해 설명하시오.

02 인터넷을 해킹했다고 하는 로버트 모리스는 엄밀히 말해 해킹을 한 것이 아니라 악성코드인 웜을 유포시켰다고 할 수 있다. 그가 만든 웜은 일반적인 해킹 공격과 어떻게 다른지 설명하시오.

03 안티섹 그룹 어나니머스가 HB 개리사를 공격하는데 작용한 주된 동기는 무엇이었을까?

04 기업이 해킹사고를 예방하기 위해 취할 수 있는 조치는 무엇인지 설명하시오.

제5장

Electronic Commerce

전자지불시스템

Electronic Commerce

개념 사례 NFC기반의 모바일 식권

애플 창업자 고(故) 스티브 잡스가 여러 사람의 인생을 바꾸어 놓았다. 아이폰 출시를 계기로 모바일 벤처 창업에 나선 사람들이 적지 않듯, 서성진 포테이토소프트 대표이사도 그랬다. 소프트웨어 개발자 출신인 서 대표는 2010년 팬택을 뛰쳐나와 15평 남짓의 사무실에서 온종일 스마트폰과 씨름하고 있다. 사무실 한쪽에 널려 있는 각종 스마트 기기들과 책상 위에 수두룩하게 쌓여있는 사업 보고서는 그가 사업에 대한 열정이 얼마나 뜨거운지를 말해준다. 서 대표는 "애플 아이폰이 세상에 공개됐을 때 '혁신'이라는 단어 밖에 떠오르지 않았다"고 했다. 그래서 모바일 결제 시장의 한 축을 담당하겠다는 각오로 새로운 도전을 펼치고 있다.

■ 지역기반 서비스, 두 번째 도전…'밥s'

포테이토소프트는 스타트업(신생 벤처기업) 중에서도 새내기에 속한다. 지난해 10월 벤처기업인증을 받았다. 지역기반 모바일 설문조사 서비스를 제공하는 '핀사이트(Pinsight)' 어플리케이션을 출시하며 야심차게 출발했다. 그러나 결과는 만족스럽지 못했다. "지역 소상공인이 고객 대상으로 모바일 설문 조사를 진행할 수 있도록 하고, 그에 따른 마케팅 툴을 제공하려고 했습니다. 그러나 실제로 부딪혀보니 고객 니즈(needs)가 없더라고요. 탁상공론에 불과했단 것을 깨달았습니다. 실제 소상공인들은 설문조사가 필요한 게 아니라 고객 확보가 우선이었어요."

서 대표는 현장을 뛰어다닌 끝에 올 4월 사업 방향을 틀기로 결심했다. 소상공인들이 실제 매출을 올리는데 기여할 수 있도록 '모바일 식권' 앱인 '밥s'를 생각해 냈다. 교통카드를 충전하듯이 '밥s'에서 일정 금액을 충전하면, 인근 가맹점 식당에서 식권처럼 사용할 수 있는 서비스다. '밥s'는 근거리무선

▶ 스마트폰 기반의 모바일 결제시스템인 '밥s' 앱의 샘플화면.

통신(NFC) 기능을 이용해 모바일 결제가 가능하도록 만들었다. 때문에 가맹점주도 별도의 결제단말기를 설치할 필요가 없다. 금액을 입력한 후, 스마트폰 끼리 맞대는 것 만으로도 결제가 가능하기 때문이다. 식대 결제내역은 포테이토소프트의 식권 관리 웹서버로 전송돼 관리된다. 특히 회사에서 사원들에게 식권을 나눠 줄 경우 유용하다. 사원 번호나 전화번호를 입력해 사용자를 제한할 수 있다. 1인당 사용할 수 있는 금액 조절도 가능하다.

■ "매일 먹을 수 밖에 없는 밥, NFC 모바일 식권으로"

서 대표가 모바일 식권에 NFC 기능을 활용하기 전에는 약간의 주저함도 있었다. 2011년 방송통신위원회를 중심으로 명동에서 NFC 시범사업을 실시했지만 사실상 실패했기 때문이다. 그러나 시장을 분석한 끝에 모바일 식권은 NFC 기능을 활용할 수 있는 최적의 분야라는 확신이 들었다. "명동NFC존은 500~600곳 가맹점의 인식기에 스마트폰을 대면 대금 결제는 물론 할인쿠폰을 적립할 수 있게 했습니다. 그런데 사용자 입장에서는 얼마를 충전해서 쇼핑을 해야할지 감을 잡기 힘듭니다. 충전 금액이 모자라도 곤란하고, 남아도 곤란하거든요. 그런데 점

심은 매일 먹기 때문에 예산을 세우기가 쉽습니다. 모바일 후불 교통카드와 같이 NFC 기능에 대한 거부감이 적은 분야라고 확신합니다."

서 대표는 해당 서비스를 서울 서초동 교대 인근에서 우선적으로 시범, 적용하고 있다. 모바일 식권에 대한 수요가 가장 많은 곳이란 판단에서다. 직장인 수요가 많은 판교 테크노밸리에서도 가맹점 유치를 위해 뛰고 있다. "초기 반응은 고무적입니다. 맨 처음 가맹점주 입장에서는 부담을 갖는 경우도 있지만, 실제 매출의 1%만 수수료로 받기 때문에 대부분 긍정적인 반응입니다. 교대생들을 중심으로 설문조사를 한 결과, 60% 이상이 모바일 식권 아이디어가 좋다고 평가했고요. 나머지 30%는 식당 가맹점을 보고 판단하겠다고 밝혔지만 이 부분은 자신있습니다" 서 대표는 모바일 식권을 사용하는 곳이 많아질 것이라고 확신한다. 식권 사용에 예민한 예식장이나 육해공군 회관이 주요 거래처가 될 것으로 보고 있다.

■ **'1%+1% 기부', 결식아동 돕는다**

'밥s'는 또한 '국내 결식아동을 지원하자'는 기부 컨셉을 내세우고 있다. 이용자가 결제금액에서 1% 기부를 선택할 수 있도록 하고 있다. 이용자가 1% 기부를 택하면, 포테이토소프트가 1%를 추가 기부한다. 포테이토소프트는 협의된 지방자치단체에 기부 포인트를 전달해 결식아동들이 이용하는 전자급식카드의 포인트를 충전해줄 계획이다.

포테이토소프트는 가맹점으로부터 수수료 1%를 받고 있기 때문에, 이용자가 1% 기부를 선택할 경우 얻는 수익이 없다. 오히려 1%를 추가로 기부해야 하니 손해다. 그럼에도 '기부'를 전면에 내세운 것은 나름 의미가 있다. "'밥s'는 내가 밥을 먹으면 결식아동도 밥을 먹을 수 있다는 의미에서 만든 이름입니다. 애초부터 기부를 염두에 두고 만든 것이죠. 대부분 사람들은 기부를 어렵게 생각하는 것 같아요. 그러나 '밥s'를 통해 기부도 재미있고 쉽게할 수 있다는 것을 보여주려고 합니다."

포테이토소프트는 현재 외주개발 사업을 통해 대부분 수익을 내고 있다. 앞으로는 '밥s'에 '핀사이트(Pinsight)'에서 제공했던 마케팅 툴을 유료 서비스로 붙여 수익 모델을 만들 계획이다. 서 대표는 "향후 데이터가 쌓이면 매장 청결도 등 각종 데이터를 그래프 형식으로 보여줄 것"이라며 "수익 모델은 확실히 정해져 있으므로 기부 문화를 만드는 것이 급선무"라고 강조했다.

▶ 출처: 한경닷컴, 2013. 11. 19.

5.1 전자지불시스템의 개요

지불시스템의 발전과정

전통적인 지불시스템의 진화

인류역사 초기의 경제활동에서도 지불시스템은 존재했다. 이 당시에는 **물물교환**이 주된

그림 5-1 전통적인 지불시스템의 진화과정

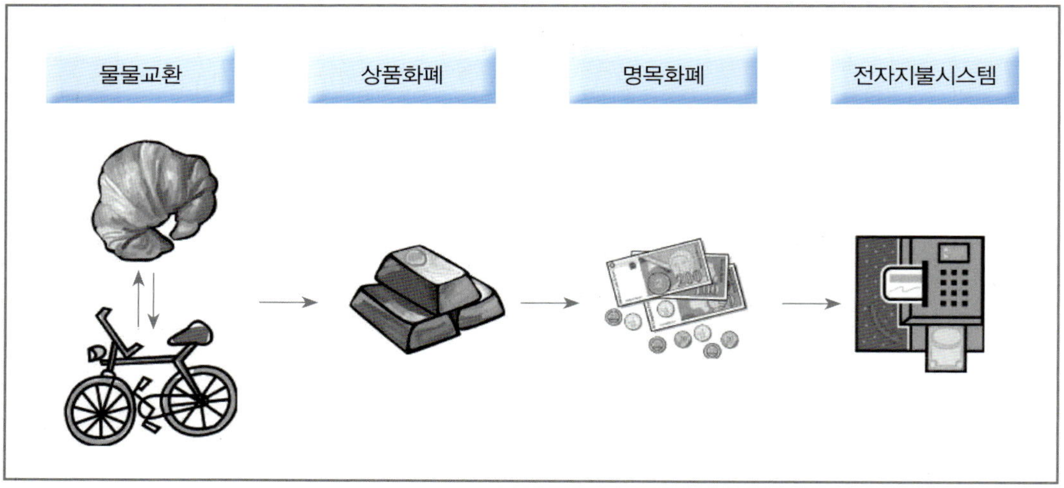

▶ 상거래의 지불수단은 물품의 맞교환에서 화폐로, 그리고 전자지불시스템으로 발전해 왔다.

지불시스템이었다. 즉 상대방에게 다른 제품과 서비스를 주고 자신이 원하는 제품과 서비스를 얻을 수가 있었다. 그러나 원시 경제에서 주로 이용됐던 물물교환 방식은 거래자 욕구의 동시 발생이 요구된다는 문제점을 안고 있다. 다시 말해, 가령 빵을 주고 자전거를 구매하고자 하는 사람은 배가 고프면서도 동시에 여분의 자전거를 가지고 있는 사람을 발견해야만 한다. 결과적으로 물물교환 방식은 수백 년에 걸쳐 다양한 형태의 화폐를 통해 진화되어 왔다. **그림 5-1**은 전통적인 지불시스템들이 진화해 온 과정을 도식화하고 있다.

인간이 상거래를 위해 사용한 첫 화폐는 **상품화폐**이다. 쌀이나 소금이나 금과 같이 그 가치가 잘 알려진 물리적 상품이 물품대금을 지불하기 위한 수단으로 사용됐다. 우리나라도 농촌지역에서는 불과 1970년대까지도 행상에게서 쌀 몇 되를 주고 제품을 구매하는 경우가 종종 있었다. 서양에서는 휴대하기가 더 편리한 금화 및 은화가 특히 19세기 초의 산업혁명 이후 보편적으로 이용되는 상품화폐가 되었다.

화폐 진화과정의 그 다음 단계는 지폐와 같은 **명목화폐**의 사용이었다. 지폐발행자가 소유한 금과 은으로 된 예치물에 의해 보장되는 화폐인 것이다. 경제가 매우 안정이 되고 정부 중앙은행에 대한 신뢰도가 높아지면, 지폐발행을 보장하기 위한 예치물은 불필요해진다.

명목화폐를 기반으로 한 현금지불은 오늘날 가장 대중적으로 많이 이용되는 대금결제 수단이다. 현금은 한 사람에게서 다른 사람에게로 손쉽게 이전된다. 거래수수료가 없으므로 소액거래에 적합하다는 점이 특징이다. 그러나 지불과 관련한 기록이 남지 않기 때문에 탈세 목적으로 고객에게 현금지불을 요구하는 업자들을 간혹 볼 수가 있다. 또한 큰 금액의 현금 휴대와 관련한 보안이슈가 주요 관심대상이 됨에 따라, 현금 형태로 재산을 보유하기

그림 5-2 전통적인 종이수표 지불시스템의 개념도

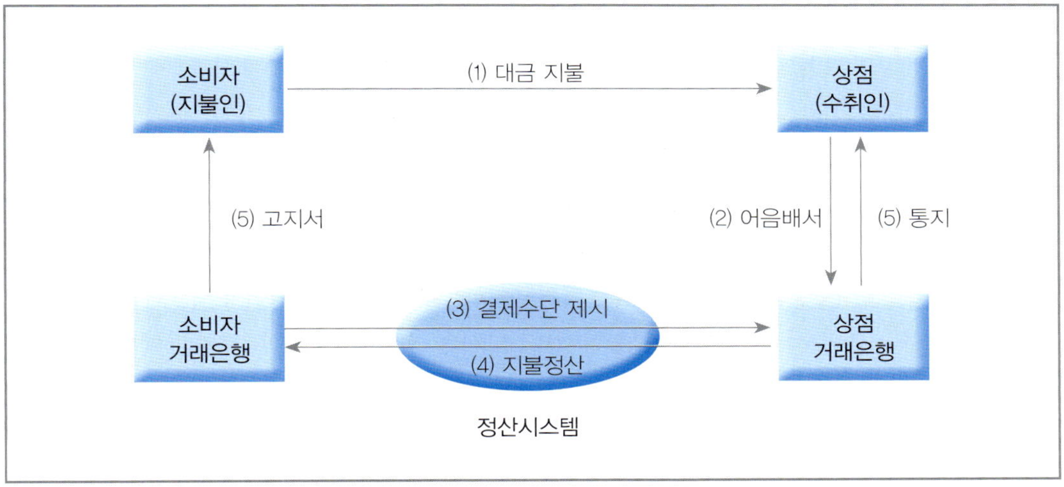

▶ 소비자가 제품구매를 위해 상점에 종이수표로 대금을 지불하면, 각기 거래은행 간의 지불정산 과정을 통해 지불프로세스가 완료된다.

를 꺼려하는 추세이다.

최근에는 인터넷 기반의 전자상거래가 빠르게 성장하면서 다양한 유형의 **전자지불시스템**이 등장하고 있다. 우리나라의 경우에는 신용카드가 가장 널리 이용되고 있다. 사용하기가 편리할 뿐 아니라 후불 결제가 가능하다는 장점 때문에 그 선호도가 높다. 그 다음으로 많이 이용되는 전자지불시스템은 계좌이체로서, 지불인과 수취인 모두 은행계좌가 개설되어 있을 경우 계좌 간에 자금을 순간이체할 수가 있어 대중적인 결제수단으로 이용되고 있다. 앞서 언급하였듯이, 전자지불시스템은 인터넷을 통해 민감한 금융정보를 전송하여야 하기 때문에 보안기능을 갖추는 것이 중요하다.

전자지불시스템의 등장배경

전자 매체를 통해 제품 및 서비스의 대금을 지불하는 아이디어는 새롭다고 할 수 없다. 1970년대 말 및 1980년대 초 이후, 컴퓨터 네트워크를 통해 지불을 처리할 수 있는 다양한 지불기법들이 소개되기 시작했다. 그러나 이들 기법들은 네트워크에 연결되지 않은 이용자들에게는 무용지물이었으므로, 대부분이 설계단계를 넘어서지 못했다. 그러다가 인터넷이 등장하면서 이러한 장애물이 사라지고 전자지불시스템은 눈부신 발전을 거듭하게 된다.

전자상거래가 확산되기 시작하던 초기 무렵, 웹은 본래 제품 및 서비스를 찾기 위한 수단으로 사용되었으며, 이 당시 대금의 결제는 B2C 및 B2B 부문 모두 전통적인 수단을 통해 오프라인으로 수행되었다. 그러나 B2C 상거래 부문의 경우, 상점들은 소비자들의 신용

카드 상세내역을 웹 양식을 통해 전송받을 수 있기 때문에, 비록 보안유지는 어렵다 하더라도 온라인 방식으로 거래를 완료하는 것이 가능하다는 사실을 차츰 발견하게 되었다.

이러한 배경에서 1990년대 중반에서 후반에 이르기까지 매우 다양한 지불방법들이 개발되었다. 퍼스트 버추얼, 사이버 캐시, 디지 캐시 등과 같은 시장 주도기업들은 출시시킨 지불시스템이 초기에 시장에서 큰 반향을 불러일으켰지만, 결국 수익을 발생시키는 데는 실패하였다. 그 외에도 B2C 부문의 새로운 지불서비스를 제공하는 회사들이 다수 등장했다. 또 은행을 통한 대규모 자금이체가 요구되는 B2B 부문의 지불서비스도 소개되었다.

한편, 소비자들이 휴대전화기나 무선 휴대단말기를 이용해 대금결제를 할 수 있는 모바일 결제 시장이 새로이 출현했다. 모바일 상거래는 향후 크게 성장할 것으로 기대되며, 이 분야에 많은 지불솔루션 업체들이 등장하고 있다.

전자지불시스템의 개념 및 특성

전자지불시스템이란?

전자지불은 인터넷과 같은 개방형 네트워크상에서 고객이 물품 또는 정보를 구매한 대가로 가치를 전송하는 것을 말한다. 또 **전자지불시스템**이란 전자상거래에서 발생하는 대금결제 업무를 인터넷을 통해 처리할 수 있도록 카드 승인, 은행 계좌 이체, 직불카드, 전자지갑 등의 다양한 지불 솔루션을 보안 솔루션과 결합된 형태로 인터넷상에 구현하여 제공하는 시스템을 뜻한다.

전자지불시스템은 인터넷을 통해 판매되는 정보나 제품이나 서비스를 구매하기 위해 대금을 결제할 목적으로 필요하다. 이를테면, 저작권이 있는 온라인 자료, 데이터베이스 검색서비스, 혹은 오프라인 세계에서 제공되는 상품이나 서비스를 온라인상에서 구매하고자 할 때 대금을 지불하기 위한 편리한 결제수단으로서 전자지불시스템이 요구된다고 할 수 있다.

전자지불시스템은 판매활동을 자동화하는 데 기여하며, 고객 수를 증대시킬 뿐만 아니라, 서류작업의 양을 줄일 수가 있다.

전자지불시스템이 가져야 하는 기본적 요건 및 특성

전자지불시스템은 현금이나 수표와 같은 기존의 지불시스템에 비해 화폐를 휴대할 필요가 없이 사용이 편리한 반면 그 고유의 특성으로 인해 조심스러운 운용이 요구된다. 전자지불시스템이 성공적으로 활용될 수 있기 위해서는 다음과 같은 기본적 요건들이 충족되어야 한다.

- **신뢰성**: 결제시스템이 의도하였던 제 기능을 수행하고, 사용자들이 안전하다고 믿을 수 있도록 사기거래를 방지할 수 있어야 함
- **보안성**: 범죄 공격의 타겟이 될 수 있으므로, 인터넷을 통해 전송되는 지불관련 정보의 불법적 노출, 변조 혹은 파괴를 예방할 수 있어야 함. 특히 신용카드 정보와 신원정보 등 사용자 정보에 대한 익명성 보장
- **거래 효율성**: 거래당 비용이 거의 무시할 정도로 적어야 함. 거래비용이 높으면 지불시스템의 응용대상이 고액거래에 한정됨
- **사용 용이성**: 누구나 전자상거래의 대금결제를 위해 쉽게 사용할 수 있도록 사용자 인터페이스를 설계하는 것이 중요함

특히, 전자현금의 경우에는 기본적으로 아래와 같은 특성들을 지녀야만 원만하게 지불수단으로 활용될 수 있다.

- **불추적성**: 은행은 사용자의 거래내역을 보고 사용자가 자신의 돈을 어디에 얼마만큼 사용했는지 알 수 없어야 함
- **양도성**: 사용자가 다른 사용자에게 자신의 현금을 양도할 수 있어야 함
- **환불처리**: 제품 반품시 이미 납부된 금액을 환불처리할 수 있어야 함
- **이중사용 방지**: 동일 현금을 두 번 이상의 거래에 사용(double-spending)해서는 안 됨

5.2 전자지불시스템의 분류

전자지불시스템은 지불방식, 결제시점, 거래금액, 가치저장매체 등 기준에 따라 다양하게 분류된다. 여기서는 여러 가지 기준 중에서 지불방식 및 결제시점에 기초하여 지불시스템들을 분류하기로 한다. **지불방식**(payment method)이란 지불시스템이 전통적인 화폐와 같이 독립적인 화폐기능을 지니고 있는지 아니면 신용카드와 같이 지불 브로커를 통해서 지불기능을 제공하는지를 판가름하는 기준이다. 반면, **인출시점**(withdrawal time)이란 지불자의 자금이 실제로 인출되는 시점을 의미하는 기준으로서 자금인출은 대금지불 이전, 동시, 혹은 이후에 이루어질 수가 있다. 이 두 가지 기준을 토대로 분류된 전자지불시스템들이 **그림 5-3**에 나타나 있다.

그림 5-3 전자지불시스템의 분류 틀

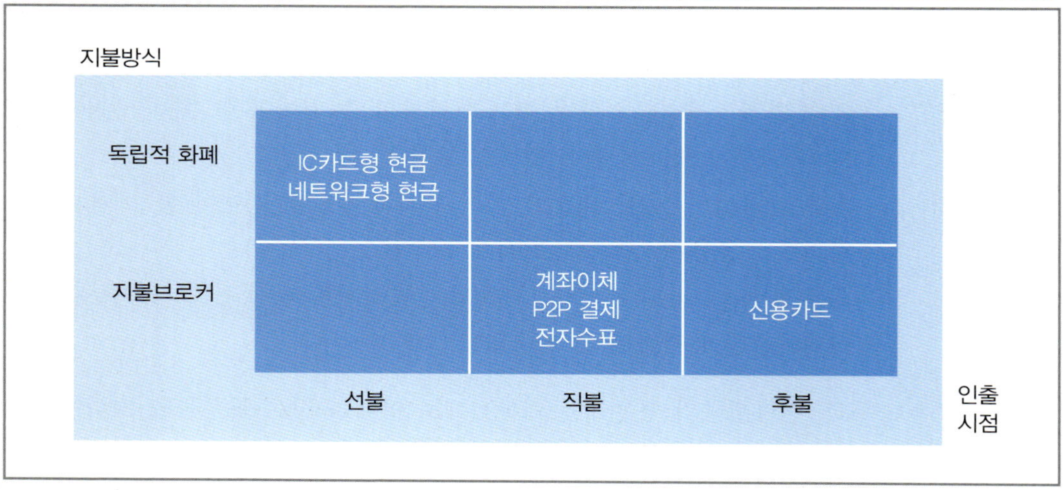

▶ 지불방식과 인출시점을 각각 수직축 및 수평축으로 하여 모두 6가지의 지불시스템으로 나누어 살펴볼 수 있다.

IC카드형 전자현금(즉, 스마트카드)과 **네트워크형 전자현금**은 브로커를 통하지 않고 스스로 화폐기능을 수행할 수 있는 신용구조를 가지고 있으며, 대금지불 이전에 전자현금을 미리 구매해야 하므로 선불형태의 결제를 요구한다. **계좌이체**, **P2P 결제** 및 **전자수표**는 은행이나 페이팔과 같은 지불브로커를 통해 결제가 진행되며, 대금지불과 동시에 자금이 인출되므로 직불형태의 결제에 속한다. 끝으로, **신용카드**는 신용카드사를 브로커로 하여 지불이 수행되는 신용구조를 가지고 있으며, 대금지불 이후 시점에 자금이 인출되는 후불 결제를 요구한다. 아래에서는 이들 각 지불시스템 유형의 개념 및 사례를 알아보기로 한다.

신용카드

신용카드 시스템은 소비자가 외상으로 제품이나 서비스를 구매할 수 있도록 함으로써 소비자 욕구를 즉시에 충족시킬 목적으로 개발되었다. 신용카드는 신용을 부여하는 데 따른 위험부담을 상점으로부터 카드발급 은행으로 이전시키는 역할을 한다. 일단 상점이 소비자의 제품 구매에 대해 카드발급 은행의 승인을 얻어내면, 상점은 대금결제에 대해 안심을 하게 되고 카드발급 은행은 소비자에게 대금을 청구해서 해당금액을 회수하는 책임을 갖게 된다. 상점이 주기적으로 승인된 거래들의 내역을 상점의 거래은행에 제출해서 거래은행과 카드발급 은행 간에 자금이전이 이루어질 때, 비로소 정산이 완료되게 된다. 그러나 카드발급 은행의 위험부담은 소매점 구매와 같은 카드제시형 거래로만 한정되므로, 전화나 이메일을 통한 통신판매를 위해 신용카드로 결제되었을 경우에는 사기에 의한 카드사용

▶ 신용카드는 가장 널리 이용되는 e-커머스 결제수단이다.

가능성에 대해 상점이 위험을 떠맡게 된다.

인터넷 기반의 신용카드 지불시스템은 인터넷을 통해 신용카드 번호를 온라인 상점측에 전달하여 결제가 이루어지도록 하는 지불시스템을 뜻한다. 기존의 신용카드 결제망을 사용하며, 현재 인터넷에서 가장 많이 이용되고 있는 지불 방식이다.

전자상거래에서 가장 널리 이용되고 있는 신용카드형 지불방식은 기존의 실세계에서 신용카드로 지불을 하는 것과 거의 같은 절차로 이루어진다. 그러나 기존의 신용카드에 보안 기능을 추가하여 안전한 거래를 하도록 한 점이 다르다. 오늘날 인터넷 환경에서 널리 사용되는 신용카드 방식에 관해서는 아래 보안 프로토콜 부분에서 더 상세히 살펴보기로 한다.

신용카드 보안 프로토콜

보안기능을 추가하기 위해 적용되는 프로토콜로는 SET와 SSL의 두 가지가 있는데, 아래에서는 이들 프로토콜을 각각 살펴보기로 한다.

- SET: 신용카드 보안의 대표적인 프로토콜은 SET(secure electronic transaction)로서 이는 VISA와 MasterCard 두 회사가 공동으로 개발한 차세대 신용카드 표준이다. SET 카드는 모든 신용카드 거래 데이터를 디지털 정보의 형태로 전송하며 거래데이터에 디지털 서명(digital signature)을 첨부한다. SET는 인터넷 쇼핑시 신용카드를 사용하여 대금을 결제하고자 할 때, 공개된 네트워크상에서 보다 안전하게 지불처리를 할 수 있도록 암호화 및 정보보안에 관해 제정된 표준안이다. 보안의 모든 요소를 포괄적으로 정의하고 있으며, 구현비용과 복잡성이 해결되어야 할 과제로 남아있다.
- SSL: 신용카드의 보안을 위해 이용되는 또 한 가지의 방식은 SSL이다. SSL(Secure Socket Layer)은 인터넷을 통해 주고 받는 정보의 안전성을 보장하기 위해 Netscape 사에서 개발한 인터넷 보안 프로토콜이다. 웹 브라우저에서 기본적으로 지원해 주며, RSA 암호화 기법을 이용하여 개인의 신용카드정보를 보내는 방식이다. 초기 버전은 보안 결함이 있었으나 1996년 발표된 SSL 3.0 버전은 성능이 우수하여 비자, 마스터카드, 어메리컨 익스프레스 등 회사들이 적극 추천하고 있으며, 현재 우리나라에서도 가장 많이 사용되고 있는 신용카드 보안 프로토콜이다. 그림 5-4는 SSL 기반의 신용

그림 5-4 SSL 기반 신용카드 지불시스템의 구조

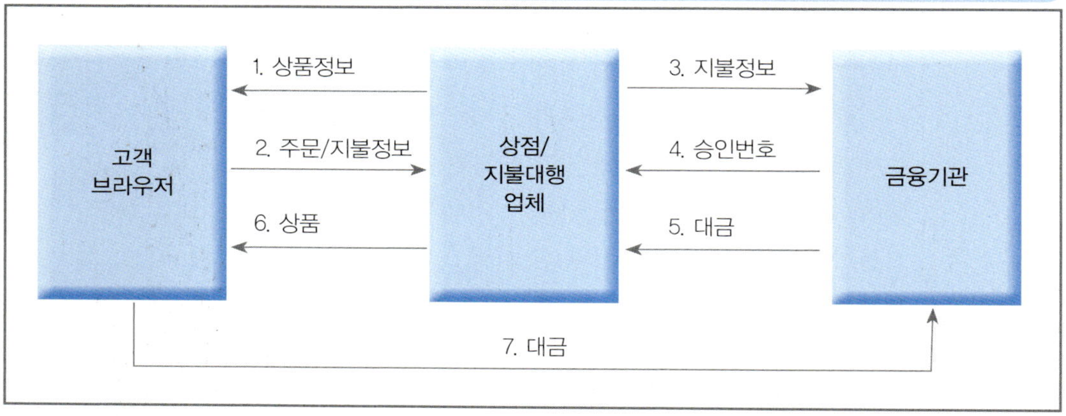

▶ 메시지(즉, 주문/지불정보)가 웹 브라우저에 내장된 SSL 보안기능에 의해 암호화되어 전달되는 기법이다.

카드 지불시스템의 결제과정을 보여주고 있다.

국내외 사례

기존의 신용카드 시스템을 인터넷 환경과 접목시켜 만든 초기의 신용카드 전자지불시스템 사례로는 퍼스트 버추얼과 사이버 캐시가 있다. 국내에서는 한국통신의 이지페이 이외에도, 새로운 지불시스템들이 속속 등장하고 있다.

- **퍼스트 버추얼**: 인터넷을 위한 초기 신용카드 시스템 중의 하나인 **퍼스트 버추얼**(First Virtual)은 암호화를 사용하지 않는 인터넷 신용카드 지불시스템이다. 신용카드 기반으로 한 전자결제시스템으로 전자우편을 이용하여 구매자의 구매의사를 확인하는 절차만으로도 서비스가 가능한 전자결제서비스의 한 종류이다. 사용자는 신용카드정보 등을 일반우편 · 전화 · 팩스 등으로 퍼스트 버추얼(First Virtual)사에 등록하고 이를 통해 퍼스트 버추얼사로부터 부여되는 버추얼 핀(virtual pin)이라는 회원번호를 가지고 네트워크상에서 제품을 구입할 때 버추얼 핀의 번호를 입력하여 결제하는 방식을 취하고 있다. 신용카드에 사용금액이 부과될 때 사용자에게 확인메일을 보내므로 버추얼 핀의 번호가 유출되거나 도난당하더라도 안정성을 유지할 수 있다. 신용카드를 기반으로 하면서도 네트워크상에서 신용카드정보를 일체 사용하지 않고 미리 외부에서 이를 등록하여 회원번호를 통한 서비스를 제공한다는 점이 다른 서비스와 차이가 있다. 이 지불시스템은 1995년 10월부터 퍼스트버추얼홀딩(First Virtual Holding)사에 의해 서비스가 제공되어 왔으나, 암호화의 부재에 따른 상점측의 손실 가능성으로 인해 현재는 사용하지 않고 있다.

- **사이버 캐시**: 인터넷을 기반으로 한 또 하나의 신용카드 시스템은 1995년 서비스가 시작된 **사이버 캐시**(CyberCash)이다. 사이버 캐시 월릿(wallet)이라는 클라이언트 소프트웨어에 사용자 자신의 신상 정보와 신용카드 정보를 입력한 후 사용하는 지불시스템이다. 이 회사는 소비자와 상점에게 모두 소프트웨어를 제공하며, 인터넷상에서 온라인 상점을 위한 카드번호 조회 및 승인 서비스를 제공한다. 지불정보가 사이버 캐시의 공개 키를 이용해 암호화되기 때문에, 상점 측에서는 실제로 소비자의 신용카드 번호를 알 수가 없다. 따라서 이러한 절차는 소비자 신용카드 번호가 남용되는 위험을 줄이기 위한 장치라고 볼 수 있다.
- **이지페이 및 기타**: 국내기업 사례로는 한국정보통신의 **이지페이**(http://easypay.co.kr)가 대표적이다. 이지페이는 인터넷상에서 신용카드 회사와 온라인 상점 사이에서 실시간으로 신용카드를 조회하고 승인해 주는 결제중개서비스로서, 전송할 신용카드정보에 대해 128bit SSL(RSA) 암호화를 적용한다. 웹을 통해 편리한 관리자 툴을 제공하며, 인터넷 망을 사용하므로 별도의 전용선이 필요하지 않다. 이지페이 이외에, 나이스 카드 정보의 **나이스 페이**, LG CNS의 **스마트 페이**, 그리고 유니텔의 **유니크레딧**이 있다.

전자수표

보편적으로 **전자수표**(electronic check)란 현실세계에서 사용되는 종이 수표를 인터넷상에 구현한 형태라는 개념으로 종종 이해된다. 그러나 그 개념을 좀더 구체적으로 살펴보면, 전자수표는 아래와 같이 세 가지의 서로 다른 전자 거래를 뜻하는 용어이다.

- **종이수표의 전환**: 소비자가 상점에 종이 수표를 제출하면, 소비자의 은행코드 및 계좌번호를 전자수표 시스템에 입력시켜 종이수표를 전자수표로 전환시키며, 종이수표는 처리 후 다시 소비자에게로 반환된다. 이어서 상점 측에서 수표의 정보를 온라인으로 소비자의 은행으로 전송하며, 은행에서는 곧 상점의 은행계좌로 자금을 이체한다.
- **전화에 의한 수표발행**: 실제로 종이수표를 발행할 필요 없이, 소비자가 전화를 통해 상점 측에 은행 계좌번호를 전달하고 전자 수표 발행을 승인하는 방식이다. 발행된 전자수표의 처리절차에 따라 자금이 상점의 은행계좌로 이체된다.
- **인터넷에 의한 수표발행**: 소비자가 직접 전자수표를 발행하고 이를 인터넷을 통해 수취인에게 전달하는 방식으로서, 수취인의 은행계좌에 전자수표가 입금되면 자금이 이체된다. **넷체크**가 그 예 중의 하나이다.

그림 5-5 미국 FSTC의 전자수표(이체크) 개념도

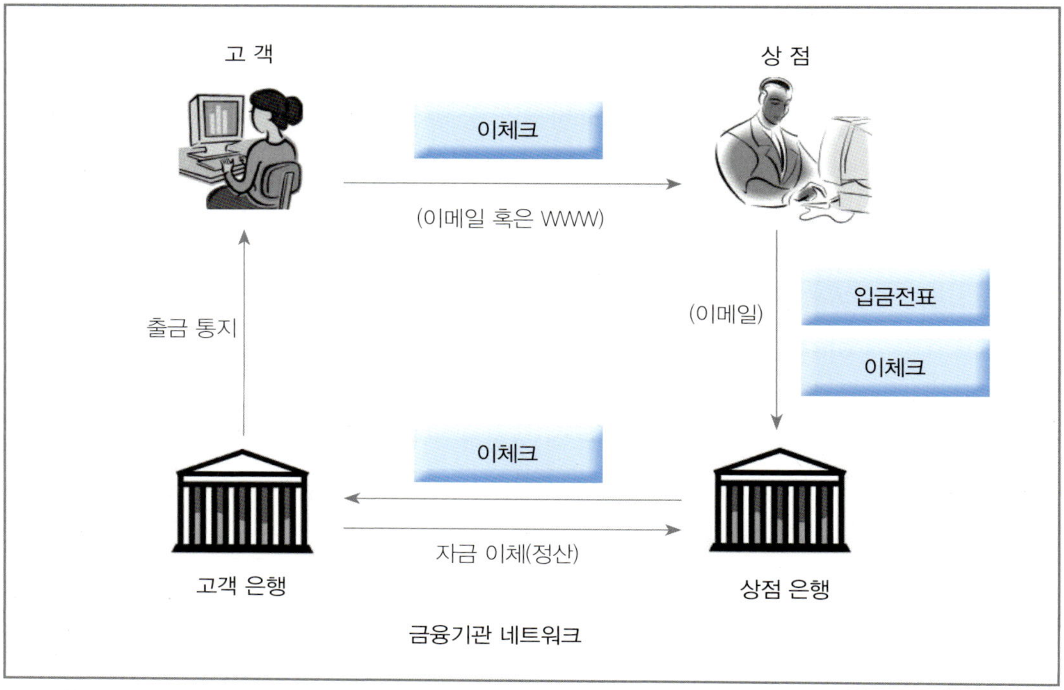

▶ 고객은 전자수표를 컴퓨터로 직접 발행하여 인터넷으로 상점측에 전달할 수가 있어 편리하다.

이 세 가지 유형 중 전자상거래와 관련이 깊은 전자수표 유형은 그림 5-5에서 볼 수 있듯이 인터넷을 통해 수표를 발행하는 방식이다. 전통적으로 종이수표를 사용하는 과정에서 가장 중요한 것은 종이수표를 발행하는 개인의 신원을 확인하는 것이며, 이를 위해 수표의 인수자(가령, 슈퍼마켓, 백화점 등)는 수표 발행자에게 신분증을 요구하는 것이 일반적인 관행이었다. 반면, 인터넷에서 상대방을 보지 못한 채 전자수표를 결제수단으로 수락해야 하는 상황에서는 상대방의 신원을 확인하는 것이 더욱 중요하기 때문에, 전자수표를 송신자의 디지털 서명이 부착된 메시지 형태로 전달함으로써 발행자와 인수자의 상호 인증과정을 거쳐야만 한다. 디지털 서명방식이 적용되므로, 공개키 암호화 기법이 이용된다. 또 전자수표의 사용자는 은행에 계좌를 갖고 있는 사용자로 제한된다.

전자수표형 지불시스템은 보안기능을 실현하는 데 따른 거래비용이 높게 발생해 거래금액이 비교적 큰 기업간(B2B) 상거래의 지불 수단으로 적합하다. 그러나 종이수표에 비해 처리 비용이 적게 들기 때문에 적은 금액의 지불에서도 사용이 가능하다. 미국에서는 전자수표가 활발히 이용되고 있으나, 우리나라에서는 활용되지 않고 있다.

국내외 사례

국외의 잘 알려진 전자수표 사례로는 넷체크와 이체크가 있다. 국내에는 신용카드, 계좌이체 등의 전자지불시스템이 널리 이용되고 있기 때문에 전자수표 사례는 존재하지 않는다.

- **넷체크**: 소액결제에 적합한 지불수단인 **넷체크**(NetCheque)는 남가주대(University of Southern California)의 연구팀에 의해 1995년 개발된 전자수표 결제시스템이다. 넷체크 서버에 등록을 마친 이용자는 다른 이용자와 서로 전자수표를 발행할 수 있다. 이들 수표는 이메일을 통해 수취인에게 전송될 수가 있다. 수표가 수취인 은행에 입금되면, 발행인의 계정으로부터 수표가 입금된 수취인 계정으로 자금의 이체가 승인되고 또 이행된다. 전자수표에 첨부된 디지털 서명은 커버로스(Kerberos) 기법을 통해 인증과정을 거치며, 모든 지불정보는 공개키 암호화가 아닌 비밀키(DES) 암호화 알고리듬을 이용해 보안이 유지된다.
- **이체크**: 오늘날 미국에서 널리 이용되는 전자수표는 **그림 5-5**에 예시되어 있는 **이체크**(Echeck)이다. 미국 주요 은행들이 참여하는 FSTC(Financial Services Technology Consortium) 프로젝트를 통해 개발된 이체크는 기존의 종이수표를 그대로 인터넷 환경으로 옮겨놓은 형태이다. 따라서 서버 없이 사용자 간에 전자수표의 교환으로 거래가 이루어진다. 이체크를 사용해 지불을 하려면, 우선 사용자가 자신의 컴퓨터에서 전자문서를 작성하여 이체크를 발행한 다음 서명을 추가하여 이메일이나 웹 프로그램을 통해 수취인에게 전송한다. 수취인은 서명을 확인하고 배서한 다음, 입금양식과 함께 자신의 거래은행에 이메일로 전송한다. 수취인 은행은 발행인과 수취인의 서명을 확인하고, 수취인의 계좌에 입금한 다음, 해당 문서를 발행인의 거래은행으로 전송한다. 발행인 은행은 발행인 서명을 확인하고 나서 이체크 계좌의 해당금액을 차감함으로써 결제절차가 모두 완료된다.

네트워크형 전자현금

일반적으로 전자현금은 인터넷과 같은 네트워크를 기반으로 결제하는 네트워크형과 IC카드에 화폐가치를 저장하여 사용하는 IC카드형의 두 가지가 있다. 이 중 첫 번째에 해당하는 **네트워크형 전자현금**은 인터넷상에서 거래은행과 접속되는 컴퓨터 내에 저장하였다가 필요시 인터넷을 통해 대금결제에 사용하는 형태의 전자지불시스템이다.

주로 소액 거래시 사용되며, 인터넷 기반의 전자상거래에서는 장소와 관계없이 편리하게 대금결제를 할 수 있는 지불수단으로 알려져 있다. 그러나 무엇보다도 전자현금의 가장 큰 강점은 전통적인 금융시스템을 거칠 필요 없이 인터넷을 통해 디지털 현금을 이체하는 데서 오는 거래비용의 절감이다. 거래비용의 감소는 더 저렴한 소비자 가격으로 이어져 전자상거래를 촉진하는 데 기여할 수 있다.

네트워크형 전자현금은 거래당사자 간에 바로 전송될 수 있어 수취인이 지불인의 신원을 파악하거나 신용등급을 파악하는 절차가 필요 없다. 또한 **블라인드 서명**(blind signature) 기술을 이용함으로써 거래의 익명성을 제공하기 때문에, 전통적 화폐와 마찬가지로 지불거래 이후 누가 대금을 결제했는지 추적할 수가 없도록 되어 있다. 그러나 이러한 프라이버시 보호기능은 아이러닉하게도 복제나 이중사용의 위험을 불러올 수가 있어, 전자화폐의 불법적인 사용을 예방하기 위해 일련번호, 화폐가치, 발급기관, 유효일, 발급일 등의 정보가 전자화폐 데이터에 포함되어 전송되며, 대금결제가 이루어질 때마다 상점이 전자현금의 유효성을 은행 측에 확인하는 절차를 거치게 된다. 이 확인절차는 **그림 5-6**에서 ③단계에 해당한다.

반면, 물품구입에 따른 전자현금 지불과정에 전송이 끊어지거나 잘못된 지불파일이 전달될 경우 이미 지불되거나 손실된 전자현금을 다시 회수할 수 없다는 단점이 있다. 그리고

그림 5-6 네트워크형 전자현금 유통의 개념도

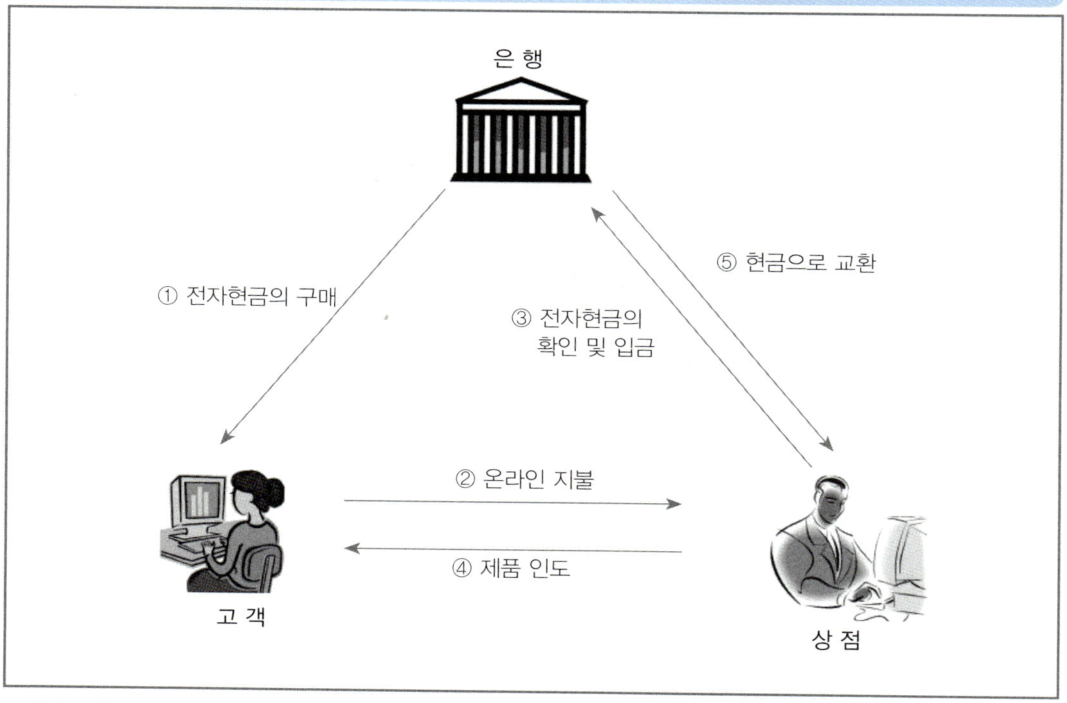

▶ 웹 상점은 제품대금으로 받은 전자현금이 이중사용된 것은 아닌지 유효성을 확인한 후에 제품을 인도한다.

바이러스나 하드디스크의 오류로 전자현금이 유실되었을 경우에도 물론 다시 복구할 수 없다. 그 외에도, IC카드형 전자현금과 달리 전자화폐를 휴대할 수가 없다는 단점이 존재한다.

이와 같은 단점들로 인해, 네트워크형 전자현금은 오늘날 전자상거래에서 매우 폭넓게 활용되지 못하고 있는 편이다. 이러한 추세 가운데, 오늘날 대부분의 네트워크형 전자현금은 IC카드형 전자현금과 함께 결합하여 오프라인 및 온라인 환경에서 사용할 수 있도록 서비스가 제공되고 있다.

국내외 사례

국외에서는 **이캐시**, **넷캐시**, **사이버코인** 등이 대표적인 네트워크형 전자현금 시스템 사례로 알려져 있다. 반면, 국내에는 네트워크형 전자현금 사례가 없다.

- **이캐시**: 네덜란드의 **디지캐시**사에서 발행하는 **이캐시**(Ecash)는 인터넷을 통한 본격적인 전자지불 시대를 주도한 최초의 시스템 중 하나이다. '디지털 월릿' 클라이언트 소프트웨어를 이용해, 중앙은행인 FDB(First Digital Bank)에서 전자현금을 인출, 지불하거나 예금할 수 있다. 중앙 집중적으로 계좌 관리가 수행되며, 사용 기한이 정해져 있고, 잘못된 사용은 모두 사용자 책임이라는 약점을 지닌다. 현재 시험단계를 거쳐 미국의 마크트웨인 은행과 핀란드 메리타 은행에서 실세계 화폐와 환전해 쇼핑할 수 있다.
- **넷캐시**: 남가주대에서 전자수표시스템인 **넷체크**와 함께 개발된 **넷캐시**(NetCash)는 넷체크와의 교환이 가능한 전자현금시스템이다. 디지캐시와 같이 중앙집중적인 계좌관리에서 오는 단점을 해결하기 위해 복수 서버, 분산 시스템으로 운영하고 있다. 보안을 위해 커버로스 인증방식을 채택하고 있다.
- **사이버코인**: **사이버코인**(CyberCoin)은 **사이버캐시**사에서 1996년 개발한 전자현금시스템이다. 사이버코인의 전자현금은 사이버코인 시스템과 연결이 되어 있는 등록된 상점에서 발행하며 신용카드를 통해서 물건을 구매하듯이 자신의 전자현금을 구입하여 사용하는 방식을 사용한다. 사이버코인 시스템을 사용하기 위해서는 소비자와 상점이 우선 사이버코인에 계좌를 개설한 후, 전용프로그램을 설치하여야 한다.

IC카드형 전자현금(스마트카드)

스마트카드란 명칭으로도 더 잘 알려진 **IC카드형 전자현금**은 IC칩이 내장된 신용카드 크기의 카드를 기반으로 하는 지불시스템이다. 화폐가치와 개인정보를 IC카드에 저장해 놓고, 대금결제시 카드리더기를 통해 화폐가치를 IC카드로부터 상점의 중앙관리시스템으로

▶ 한 레스토랑의 고객이 스마트카드를 이용하여 스스로 음식 값을 계산하고 있다.

이전되도록 하는 방식에 기초한다. 따라서, 소프트웨어를 기반으로 하는 네트워크형 전자현금과 달리, IC카드형 전자현금은 카드리더기, 전자지갑, 잔액확인기 등의 하드웨어를 기반으로 하는 오프라인 결제수단이다.

스마트카드는 화폐가치가 소진되면 ATM 등 가치 저장 장치나 통신망 등을 통해 화폐가치를 다시 충전하여 반복 사용이 가능하다. 최근에는 지불의 유연성을 높이기 위해, 스마트카드를 신용카드, 직불카드 등 타 지불 수단과 통합하는 사례가 늘고 있다. 또 스마트카드는 지불기능뿐 아니라, 카드소지자 신원확인, 온라인 거래의 인증, 데이터 저장 등의 기능을 지원할 수 있어 다목적 카드로 사용되고 있는 추세이다.

한편, 화폐정보를 IC카드에 보관하기 때문에 컴퓨터 하드디스크에 보관하는 경우에 비해 보안을 더 효과적으로 유지할 수가 있다. 최근 들어서는, 대부분의 스마트카드에 RSA나 DES와 같은 알고리듬을 사용하는 특수 암호화 하드웨어가 부착되어 있으며, 카드 자체에 키 생성기능이 존재하므로, 인터넷을 통해 대금을 지불할 경우 안전하게 온라인 결제기능을 수행할 수가 있다. 이러한 이유로 인해, 스마트카드는 오프라인 상태에서 이용함은 물론, 온라인상의 인터넷 상거래에서도 점차 이용이 확대되고 있다. 또 신용보증이 필요 없기 때문에 어린이도 소액의 구매에 자유롭게 사용할 수 있고, 스마트카드를 받는 상점측에서는 현금과 잔돈을 취급하지 않기 때문에 관리가 용이하고 시간이 절약되는 장점이 있다.

반면, 카드 자체에 가치가 존재하기 때문에, 카드를 분실할 경우 화폐가치 손실을 피하기가 어렵다. 카드를 분실해도 곧 신고하면 카드도용을 막을 수 있는 신용카드와는 대조적이다. 뿐만 아니라, 스마트카드 없이 대금결제를 할 수가 없다. 가령, 카드를 집에 두고 나온 경우, 인터넷을 통해 결제를 할 수 없는 불편이 따르게 된다.

국내외 사례

세계적으로 가장 널리 알려진 스마트카드 사례로는 몬덱스와 EMV가 있다. 국내에는 지난 2000년 K캐시(금융결제원에 의해 개발), 몬덱스, 비자캐시, A캐시, 마이비 등 5개 전자화폐 전문업체들이 전자현금 시장에 뛰어들었으나, 시장위축으로 인해 현재 결제서비스를 운영하는 회사는 찾아보기 어렵다.

- **몬덱스 카드**: IC카드 기반의 전자현금시스템인 **몬덱스 카드**는 본래 영국의 내셔널웨

스트민스터은행(National Westminster Bank)에 의해 개발되었으나 이후 마스터카드 인터내셔널사에 매각됐다. 몬덱스 카드리더기가 있는 곳에서 오프라인으로 결제할 수 있음은 물론, 몬덱스 카드를 지닌 다른 사용자에게 온라인으로 현금을 보낼 수가 있다. IC칩상에는 5개 영역으로 나눠진 전자지갑이 있어 최대 5개국의 화폐를 저장할 수가 있다. 또 카드 자체에 보안프로그램이 내장되어 있으므로, 인터넷 환경에서도 몬덱스 카드의 전자현금을 안전하게 전송할 수가 있다. 우리나라에서는 몬덱스 코리아가 국민은행 등과 제휴하여 2000년 이후 전자화폐 사업을 추진해 왔다. 국내 몬덱스 카드는 국민은행의 계좌와 연계되어 실명으로 발행되며, 장당 가치저장한도는 20만 원이다. 또 자금세탁 방지를 위해 카드 소지자 간 가치이전 기능을 배제한 폐쇄형 전자화폐의 성격을 띤다. 그러나 국내 전자화폐 시장의 침체 속에 수익창출에 실패한 몬덱스 코리아는 결국 2005년 파산했다.

- **EMV 카드:** EMV란 지급결제관련 회사들인 Europay, Mastercard 및 VISA의 이니셜에서 유래한 용어로 신용카드 및 직불카드에 의한 지불을 인증할 목적으로 수행되는 IC 카드와 IC카드 기반의 POS 단말기 간의 상호운용을 정의하는 표준이다. EMV 표준안은 마그네틱 카드의 불법사용 비율을 줄이기 위한 목적으로 이들 세 회사에 의해 공동 개발된 후, 그 응용이 세계적으로 확산되고 있다. 우리나라의 경우, 기존 신용카드를 IC기반 신용카드로 전환하는 데 필수적인 로컬 EMV 표준규격이 2004년 발표됐다. 현재 EMV 카드는 RSA 암호화 기법을 적용하고 있으며 1,024비트의 키를 채택하도록 되어 있다. 그러나 우리나라에서 EMV 기반의 신용카드가 도입된다 하더라도, EMV 카드 단말기 등 인프라가 갖춰져 있지 않기 때문에 당장은 국내에서 EMV 카드를 사용할 수 있는 상점을 찾기가 쉽지 않을 것으로 전망된다.

실시간 계좌이체

전자자금이체(electronic funds transfer: EFT)란 전자 네트워크 및 ATM과 같은 기술을 통해 사용자가 자금을 한 계좌에서 다른 계좌로 이체(예: 급여 자동이체)하는 방식을 의미한다. 전통적인 자금이체에 비해, 전자자금이체는 시공간의 제약이 없고 수수료가 적다는 점이 장점이다. 요즘은 전자상거래 환경에서 이용되는 **실시간 계좌이체** 서비스도 이 전자자금이체 기술에 기초한다.

최근 우리나라에서는 실시간 계좌이체 서비스가 매우 편리한 대금결제 수단으로 인식되면서 국내의 전자상거래 환경에서 신용카드 다음으로 가장 빈번하게 이용되고 있는 추세이다. **실시간 계좌이체**란 소비자가 은행으로부터 발급받은 인증서를 기반으로 인터넷 뱅

그림 5-7 실시간 계좌이체의 개념도

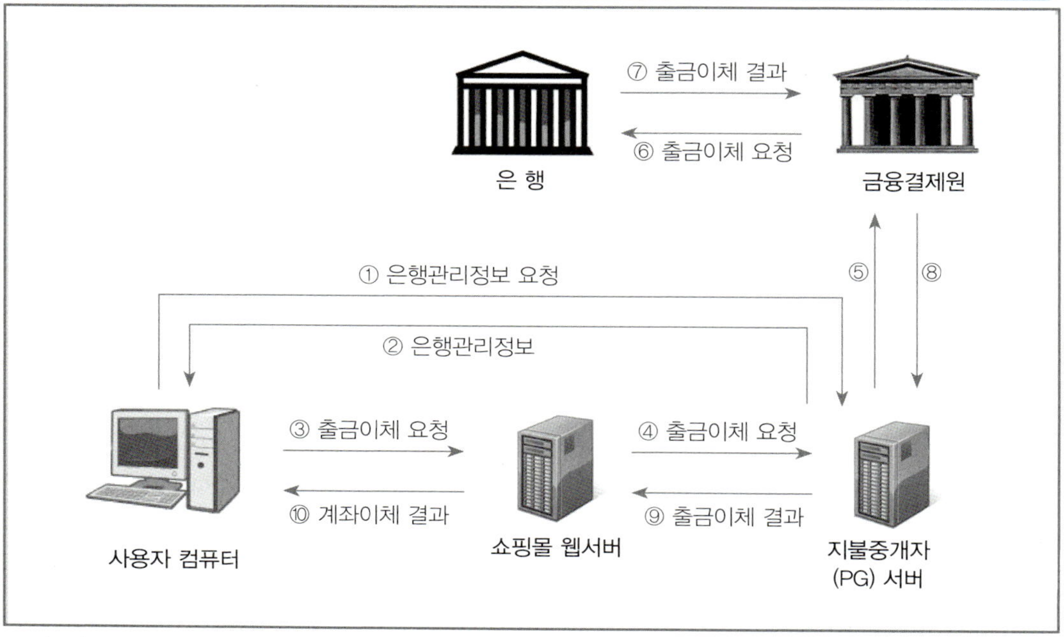

▶ 실시간 계좌이체는 컴퓨터 통신을 통해 자동으로 이루어지기 때문에 신속하고 편리한 것이 장점이다.
출처: http://www.inicis.com.

킹을 통해 온라인 상점(예: 쇼핑몰)에게 실시간으로 대금을 결제할 수 있는 전자지불 서비스를 의미한다. 즉 온라인상에서 소비자의 거래은행 계좌로부터 상점의 거래은행 계좌로 자금을 즉시 이체하는 방법이다. 기존의 무통장 입금방식에 의해 제품주문이 이루어지는 상황에서는 쇼핑몰 측이 하루에도 여러 차례 입금여부를 확인하기 위해 은행계좌를 조회해야 했으나, 실시간 계좌이체에 의해 결제가 이루어지면 즉시 입금처리 및 확인이 가능하다. **그림 5-7**은 실시간 계좌이체의 개념을 도식적으로 나타내고 있다.

국내외 사례

미국 등 해외국가들에서는 온라인 고지서납부(online bill payment) 서비스를 제공하고 있는 은행들이 많지만, 전자상거래 환경에서의 실시간 계좌이체는 유독 우리나라에서 널리 사용되고 있는 대금결제 수단이다. 여기서는 국내에서 인터넷쇼핑을 위한 결제수단으로 널리 사용되고 있는 이니페이 사례를 살펴본다.

- **이니페이**: 국내 전자지불 중개업체인 **이니시스**는 **그림 5-7**에 예시된 **이니페이**(INIpay) 계좌이체 서비스를 실시간 방식으로 제공하고 있다. 소비자가 이니페이 플러

그인 프로그램을 다운로드해서 설치하면, 이 플러그인 프로그램이 거래정보의 송수신을 관리하게 된다. 국내의 대부분 시중은행들을 대상으로 하며, 자금이체 시점에서 공인인증서를 제시하도록 되어 있다. 인터넷 쇼핑몰 측이 소정의 수수료를 이니시스사에 납부한다. 현재 이 계좌이체 서비스는 신용카드, 무통장입금, 휴대폰 등 기타 결제수단과 연계하여 제공되고 있어, 쇼핑몰 측에서는 어느 결제수단을 통해 입금됐든 관계없이 통합적으로 고객들의 입금내역들을 확인할 수가 있다.

현·장·사·례

Electronic Commerce

대리운전 대금결제를 위한 PG 서비스

인터넷이 주요 커뮤니케이션 수단으로 자리 잡으면서 직접 상점에 가지 않고도 상거래를 하는 것은 일상이 됐다. 이처럼 인터넷을 통해 시간적 · 공간적 한계 없이 다양한 서비스를 누릴 수 있는 기술적 배경에는 전자결제(PG: Payment Gateway)가 숨어 있다. PG는 전자상거래에서 지불승인과 매입, 정산 등 쇼핑몰의 웹서버와 연계한 지불처리 제반업무를 지원하는 서비스다. 드러나지는 않지만 전자상거래에서 반드시 필요한 기술이자 서비스다. 특히 결제 수단이 신용카드에서 휴대전화, 은행입금, 전자화폐 등으로 다양해지면서 복잡한 결제업무를 일괄처리하는 PG의 중요성은 커지고 있다.

이니시스(www.inicis.com)는 PG산업을 선도하는 대표업체다. 98년 업계 처음으로 PG서비스를 시장에 내놓은 이후 다양한 서비스를 연이어 내놓으며 전자결제산업의 역사를 만들고 있다. 이미 국내에서 일어나는 모든 인터넷결제의 40%가 이니시스의 결제모듈을 타고 있다.

■ 전자결제 시장 선도

이니시스는 지난 98년 인터넷 보안전문기업 이니텍의 전자결제(PG)사업부문이 독립해 태어났다. 보안업체를 모태로 한 만큼 우수한 암호화 인증기술과 데이터 보호기술, 전자서명기술을 기반으로 한 안전한 전자결제솔루션은 이니시스의 대표 브랜드가 됐다. 때문에 사업시작 불과 2년만에 국내 인터넷 전자결제서비스 분야 1위 기업으로 등극한 것은 놀랄 일도 아니다. 특히 2000년 초부터 본격화 된 온라인 상거래의 활성화는 이니시스가 비약적 성장을 이루는 기폭제가 됐다. 이러한 성장세를 바탕으로 2002년에는 전자결제업계 최초로 코스닥 시장에 상장, 기술력에 재무안정성까지 인정받게 된다.

자체 개발한 지불서비스 브랜드 '이니페이(INIpay)'는 현재 40%의 시장점유율을 차지하는 이니시스의 대표 서비스다.

■ 대리운전 카드결제 서비스의 출시

이 시스템의 가장 큰 특징은 신용카드 결제를 통한 대리운전 비용 정산의 편리성을 강화한 점이다. 이 대리운전 카드 결제 시스템은 PG업계에서는 최초로 선보이는 서비스다. 기존의 대리운전 카드 결제는 대리운전 업체와 특약 맺은 특정 카드사 혹은 일부 카드만 가능했다. 따라서 지금까지는 특정 카드가 없으면 현금 결제를 할 수밖에 없는 한계가 있었다.

▶ 이니시스는 스마트카드를 통해 대리운전 대금 결제를 할 수 있는 서비스를 선보였다.

이니시스의 새로운 결제 시스템은 다양한 방법으로 이용할 수 있다. 대리운전 서비스 이용 시 모바일과 ARS, 또는 전화 상담원을 통해 신용카드 결제가 가능하다. 특히 모바일 방식은 이니페이 모바일을 통해 이용할 수 있다. 스마트폰 환경에서 이니페이 모바일 앱을 이용하여 카드번호 등 인증절차를 직접 입력하면 대리운전 카드 결제가 가능하다.

대리운전 업계에서 카드 결제가 가능해짐에 따라 무엇보다 요금과 거스름돈 시비가 사라지고 범칙금 발부 문제나 사고 시 정확한 사후처리도 용이해질 전망이다. 게다가 카드 결제이기 때문에 이용자들은 연말정산 혜택도 기대할 수 있다.

무엇보다도 이용자들의 불편이 크게 감소할 것으로 기대된다. 지금까지 대리운전은 거의 대부분 현금거래가 이루어지기 때문에 수중에 현금이 없다면 난처한 상황에 처할 수 있었다. 특정 카드만 가능한 일부 서비스도 마찬가지로 해당 카드가 없다면 현금 결제를 할 수 밖에 없었다. 그러나 이니시스에서 국내 대부분의 카드가 다 가능하도록 한 덕분에 현금 걱정 없이 이용자의 주 거래 카드로 쉽게 이용할 수 있게 됐다.

현재 이니시스와 온카드의 카드 결제 시스템은 서비스 오픈 직후임에도 불구하고 이미 오싸카드대리, 국제대리운전, 스타대리운전, C+대리운전 등 20여 개 업체가 운영 중에 있으며, 가맹 업체가 계속 증가하고 있는 추세다.

▶ **전자신문**, 2011. 8. 9.

P2P 결제

최근 미국의 이베이를 비롯해 점차 많은 상거래 기업에서 널리 이용되고 있는 **페이팔**(PayPal)은 신용카드로 결제를 할 경우 돈을 받는 개인 혹은 업체가 신용카드 결제를 처리할 시스템이 없더라도 자금을 수취할 수 있어 흔히 개인 간의 대금결제를 위해 널리 이용되고 있다. **페이팔**과 같이 개인과 개인 간에 대금결제를 할 수 있도록 제공되는 방법을 일컬어 **P2P(person to person) 결제**라고 한다. P2P 결제서비스에서는 지불자가 자신의 P2P 계정에 자금을 투입하면, 지불거래가 승인되며, 곧 지불금액이 지불자의 P2P 계정에서 차감되어 피지불자의 P2P 계정으로 입금된다. P2P 결제전문회사로는 페이팔 외에 빌포인트(BillPoint), 야후 페이다이렉트(Yahoo! PayDirect) 등이 있다.

국내외 사례

페이팔사가 이베이 사이트에서 개인 간 경매거래에 필요한 대금결제를 지원하기 위해 시작한 지불서비스는 오늘날 P2P 결제시스템의 기초가 되었다. 현재 구글 및 다른 지불관련업체들이 페이팔의 P2P 지불모델을 토대로 한 결제서비스를 제공하기 위해 준비해 왔지만, 아직 경쟁이 될 만한 서비스는 출시된 바 없다. 따라서 여기서는 **페이팔** 사례를 중심으로 살펴보기로 한다.

그림 5-8 페이팔의 지불프로세스 개념도

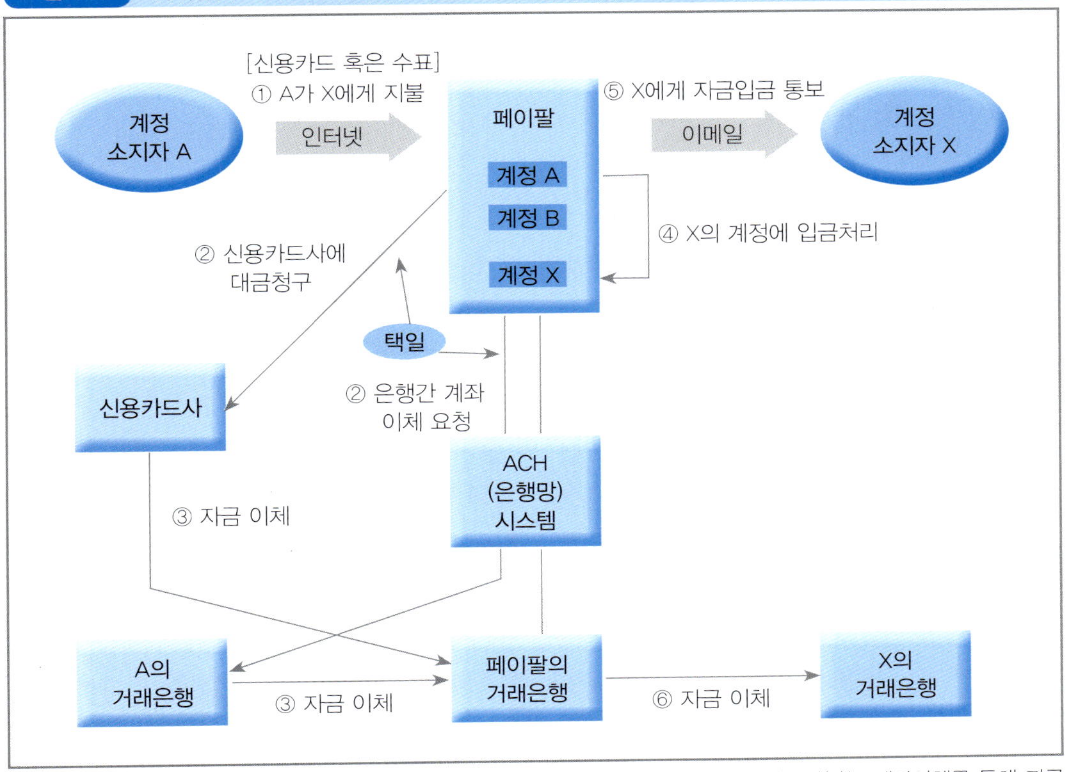

▶ 지불자(A)는 신용카드나 은행계좌이체 중 하나를 택해 자금을 입금할 수가 있고, 피지불자(X)는 계좌이체를 통해 자금을 수취하도록 되어 있다.

- **페이팔**: 오늘날 전 세계의 9,600만 명의 인터넷 이용자들이 페이팔을 이용해 이메일로 서로 간에 돈을 보내기 원하는 것으로 조사되고 있다. 페이팔은 온라인으로 송금할 수 있는 편리하고도 신뢰있는 방법이 되었으며, 이베이의 총 구매거래의 95%가 페이팔을 통해 결제되고 있다. 온라인 금융거래 브로커인 페이팔(PayPal)은 지불자의 돈을 받아 이메일을 통해 피지불자에게 안전하게 전달해 주는 역할을 한다. 그림 5-8에서 알 수 있듯이 지불자가 페이팔(www.paypal.com) 웹사이트 상에서 신용카드 결제 혹은 은행계좌이체 결제를 통해 송금할 자금을 투입하게 되면, 페이팔은 피지불자에게 이메일을 통해 해당자금의 인출이 가능함을 통보하고, 통보를 받은 피지불자는 자신의 은행계좌로 이 자금을 즉시 이체할 수가 있다. 페이팔을 이용하기 위해서는 구매자와 판매자 모두 페이팔 계정을 개설하여야 하고, 물품대금을 지불할 경우 지불자는 무료이지만 피지불자는 지불금액의 1.9~2.9%를 자금수취 수수료로 납부해야 한다.

5.3 최신 전자지불시스템 동향

모바일 결제

등장배경

닷컴의 전성기였던 1990년대 말 인터넷 기반의 전자상거래가 성숙해갈 무렵, 전자상거래 개념을 모바일 단말기 기술과 접목시키려는 시도가 나타나기 시작했다. 2000년 및 2001년, 유럽의 이동통신회사들이 3세대 휴대폰기술 라이센스의 구입을 위해 수천 만 달러의 자금을 쏟아부은 주요 이유 중의 하나도 2.5세대 및 3세대 휴대폰이 제공하는 브로드밴드 모바일 전화기능을 이용한 모바일 상거래 서비스가 매우 전망이 밝을 것이라는 비전 때문이었다. 오늘날 PDA 및 휴대폰은 거의 안 가진 사람이 없을 정도로 널리 보급되어 있어, 많은 기업들이 모바일 상거래를 고객들의 요구를 파악하기 위한 가장 효율적 방법으로 사용하기 시작하고 있다.

무선 인터넷 환경에서는 유선 인터넷과 달리 시간과 장소에 구애받지 않고 다양한 서비스들을 이용할 수 있으며 사용자 위주의 특화서비스를 이용할 수 있기 때문에, 휴대폰의 높은 보급률과 인터넷을 통한 상거래에 친숙한 사용자 기반을 토대로 모바일 결제가 점차 크게 확산될 것으로 전망되고 있다. 이와 더불어, 모바일 커머스를 위한 결제수단으로 모바일

지불이 최근 결제분야에서 중요한 분야로 대두되고 있다.

▶ 스마트폰에 설치된 구글 지갑 앱을 이용해 모바일 결제를 하는 모습.

우리나라에서는 무선 인터넷 결제서비스가 처음 등장한 것은 2000년대 무렵으로, 휴대폰 사용자 정보와 이동통신업체가 제공하는 SMS(short message service) 서비스를 이용해 결제 비밀번호를 전송하는 방식이 주로 사용되었다. 이 서비스는 주로 유료온라인 게임 접속료, 인터넷상의 유료 콘텐츠 구매 같은 소액지불 분야에서 많이 사용되었다. 이러한 무선 인터넷 결제시장은 최근 이동통신업체의 적극적인 참여와 금융기관의 참여, 휴대폰과 가맹점 단말기 간의 근거리 무선통신 기술의 개발, 그리고 휴대폰 자체에 정보를 저장하는 등 휴대폰 단말기 기술이 발전함에 따라 소액 결제 유형의 서비스부터 은행 계좌 지불, 신용카드 지불 등 금융서비스, 더 나아가 오프라인 직불 형태의 서비스까지 다양하게 선보이고 있다.

모바일 결제시스템의 개념

모바일 결제란 휴대전화기나 PDA와 같은 모바일 기기를 이용해 온라인 혹은 오프라인 상에서 제품이나 서비스의 대금을 지불하는 것을 의미한다. 모바일 결제를 이용할 경우, 무선 단말기만 있으면 점원의 개입 없이 상점에서 제품을 구매하거나 레스토랑의 식비를 계산할 수가 있다. 신용카드의 승인을 위해 기다리거나 현금을 지갑에서 꺼낼 필요가 없이, 휴대폰을 단말기에 접촉한 후 은행 PIN 번호만 입력하고 결제승인 버튼만 눌러주면 되므로, 편리하고도 신속하게 거래를 완료할 수 있다는 장점이 있다.

초기의 모바일 결제 시험운영에서는 휴대폰에 이용되는 광대역망(WAN)을 토대로 이루어졌다. 그러나 광대역 망에서는 이용자들이 비싼 휴대폰 이용요금을 부담해야 한다는 문제가 존재했다. 따라서 이후에는 적외선(IR), 블루투스, 와이파이(WiFi), RFID 등과 같은 근거리 무선통신시스템을 이용한 모바일 결제기술이 개발되어 운용되고 있다. 모바일 결제시스템의 보안을 위해 공개 키 인프라(PKI) 인증기술이 디지털 무선망 및 무선단말기에 적용되고 있는 추세이다.

모바일 결제의 분류

모바일 결제시스템은 서비스 유형별로 모바일뱅킹 서비스, 가상계좌 송금서비스, 단말기 서비스, 폰빌 서비스 등으로 크게 분류할 수 있다.

모바일뱅킹 서비스는 휴대전화 이용고객이 이동통신사의 무선 인터넷 망을 통해 은행이 제공하는 금융정보조회, 계좌이체, 공과금 납부 등의 서비스를 이용하는 방식으로, LG 텔레콤의 BankOn, SK텔레콤의 M-뱅크, KTF의 K-뱅크가 그 대표적 예에 속한다.

가상계좌 송금서비스는 이동통신회사의 요청으로 이용자의 거래은행이 이용자별 가상계좌를 개설하고 이동통신회사가 같은 은행에 개설한 가상계좌를 이용하여 휴대폰 송금서비스나 온라인 · 오프라인 대금결제 서비스를 제공하는 방식이다. 특히 대표적인 휴대폰 송금서비스로는 SK텔레콤의 모네타캐시 서비스가 있었으나 내부문제로 인해 서비스가 중단된 상태이다. 가상계좌서비스는 넓은 의미의 모바일뱅킹 서비스에 속한다고 할 수 있다.

단말기 서비스는 휴대전화 등에 신용카드 또는 전자화폐 등의 정보를 수록한 스마트 칩 등을 부착하여 카드가맹점 또는 인터넷쇼핑몰에서 신용카드처럼 사용하는 방식으로, SK텔레콤의 모네타카드, KTF의 K-merce 등이 서비스를 제공하고 있다. 가맹점에 설치된 신용카드 단말기에 휴대 단말기를 접근시키면 휴대 단말기의 내장 칩에 저장된 카드 정보가 신용카드사로 전송되며 그 후의 대금결제 과정은 플라스틱카드와 동일하다.

폰빌(phone bill) **서비스**는 휴대전화 고객이 인터넷쇼핑몰 등에서 구입한 물품의 대금 지급시 무통장입금이나 신용카드결제 대신 휴대전화번호를 입력하고 대금은 휴대전화 이용요금에 합산하여 결제하는 방식으로, 국내 모든 이동통신회사에서 서비스를 제공중이다. 고객별로 월별 이용한도를 설정하여 운영하며, 휴대전화 벨소리 구입대금 등과 같은 온라인 소액지급결제에 주로 이용되고 있다.

토 · 의 · 문 · 제 Electronic Commerce

01 오늘날 우리 주변에서 흔히 이용되고 있는 전통적인 지불수단들이 어떠한 것들이 있는지 알아보고, 각각 이들이 지닌 장점과 단점은 무엇인지 토의해 보자. 이들 지불수단 중 어느 한 유형이 다른 유형들보다 더 널리 사용된다면, 어떤 강점 때문에 더 선호되는 것인지 알아보자.

02 본문에서는 전자현금이 지녀야 할 기본 특성들로서 불추적성, 양도성, 환불처리, 이중사용 방지의 네 가지를 제시하고 있다. 만일 어느 전자현금 내에 이들 특성이 부재하다고 할 때, 각각 어떤 문제가 발생할 수 있는지 설명하시오.

03 우리나라의 인터넷쇼핑몰에서 가장 널리 사용되는 결제수단은 신용카드와 온라인입금이고, 전자화폐는 지극히 그 비중이 낮은 것으로 조사되었다고 본문에 소개되어 있다. 전자화폐가 국내 인터넷쇼핑몰의 주요 지불수단으로서 자리를 잡지 못하는 이유는 무엇인가? 또 우리나라에서 전자화폐가 뿌리를 내릴 수 있기 위한 대책을 토의해 보자.

04 우리나라에서는 2000년 이후 전자화폐 서비스를 하기 위한 시도들이 활발히 진행되기도 했다. 이 때 소개됐던 K캐시, A캐시, 몬덱스카드 등 전자화폐 사례들을 인터넷 검색을 통해 조사하고, 이들 사례들 간의 차이점에 대해 알아보자.

05 향후 모바일 결제시장이 빠르게 성장할 것으로 전망하는 보고서들이 등장하고 있다. 우리나라의 모바일 결제시장에서 성공적인 결제서비스 사례들 세 가지를 선택하고, 각 사례의 성공 요인에 대해 조사해 보자.

참·고·문·헌

Electronic Commerce

- Liebana-cabanillas, F., F. Munoz-leiva, J. Sanchez-fernandez, and M. Martinez-fiestas, *Electronic Payment Systems for Competitive Advantage in E-commerce*, Idea Group Publishing, 2014.
- Laudon, K. and C.G. Traver, *E-commerce 2014: Business, Technology, Society* (10th Ed.), Prentice-Hall, 2013.
- Schneider, G., *Electronic Commerce*, Cengage Learning, 2012.
- Turban, E. and D. King, *Electronic Commerce 2013: Managerial and Social Networks Perspectives* (7th Ed.), Prentice-Hall, 2012.

사례연구 국경 초월한 새로운 디지털 화폐 - 비트코인

■ 비트코인이란?

비트코인(Bitcoin)은 2009년 나카모토 사토시(Satoshi Nakamoto)가 만든 디지털 통화로, 통화를 발행하고 관리하는 중앙 장치가 존재하지 않는 구조를 가지고 있다. 대신, 비트코인의 거래는 P2P 기반 분산 데이터베이스에 의해 이루어지며, 공개 키 암호 방식 기반으로 거래를 수행한다. 비트코인은 익명성과 공개성을 가지고 있다. 비트코인은 지갑 파일의 형태로 저장되며, 이 지갑에는 각각의 고유 주소가 부여되며, 그 주소를 기반으로 비트코인의 거래가 이루어진다.

▶ 비트코인은 빵에서부터 전자제품에 이르기까지 광범한 물품을 매매하는데 이용될 수 있는 가상 화폐이다.

비트코인을 사기 위해서는 국내에서 유일한 비트코인 거래소 코빗(www.korbit.co.kr)에 들어가 안내에 따라 휴대폰 본인 인증을 받고 계정을 만들 필요가 있다. 수학문제를 직접 풀어 비트코인을 얻는 방법(채굴)도 있지만 전문 장비를 사용하지 않고 일반 PC로 일주일간 채굴하면 1원어치도 안 되는 비트코인을 받는다. 거래소에서 주식을 사듯 매수하는 게 현실적이다.

코빗에 가입하자 자동으로 지갑이 만들어졌다. 거래소에서 산 비트코인을 담아 놓기도 하고 지갑 주소를 이용해 송금하거나 물건을 사는 데도 이용할 수 있다. 계정에 원화 30만원을 입금하고 20분쯤 지나자 코빗 사이트 승인이 떨어져 거래할 수 있는 상태가 됐다. 1비트코인(BTC · 비트코인 단위) 가격은 입금할 때보다 3만원가량 떨어져 있다. 25만원에 0.2BTC를 주문했다. 40여 분 만에 주문이 체결돼 지갑 안에 1% 수수료를 제한 0.198BTC가 담겼다. 친구에게 비트코인 지갑 주소를 물어 이메일 주소처럼 사이트에 입력한 뒤 0.1BTC를 전송했다. 거의 실시간으로 친구 지갑으로 비트코인이 옮겨졌다.

비트코인 매수와 송금은 생각보다 어렵지 않았다. 해외에 거액을 송금한다고 해도 전산망 수수료 0.0002BTC(약 250원)만 내면 된다.비트코인의 미래에 대한 전망은 극명하게 엇갈리고 있다. 국경을 초월하는 이동성을 장점으로 미래의 통화가 될 것이라는 전망이 있는가 하면 한때 유행에 그칠 것이라고 보는 시각도 있다.

'넥스트 머니'로 자리 잡을 것으로 보는 측에서는 비트코인의 무정부성과 자율성 등을 높게 평가한다. 이용자들이 스스로 만들어내고 유통하는 시스템이기 때문에 집단 지성이 모일 수 있다는 주장이다. 중앙은행이 화폐 발행을 늘리거나 줄일 수 있는 것과 달리 비트코인은 발행 한도가 정해져 있어 비교적 안정적이란 장점도 있다.

특히 불신을 받고 있는 기존 금융 시스템에 대한 대안 성격이 강하다. 구제금융 때문에 은행 예금 손실을 봐야 했던 키프로스에서 비트코인이 각광받는 게 이런 이유에서다. 또 중앙은행의 양적완화 정책으로 자산가치 하락을 겪은 사람들에게도 비트코인은 `구세주` 같은 존재로 여겨질 수 있다.

▶ 국내에서 처음으로 비트코인을 받는 파리바게뜨 인천시청역점에서 2일 한 고객이 비트코인을 사용해 빵값 6000원을 결제하고 있다.

기대하는 측에서도 아직까지는 가능성에 무게를 두고 있다. 가상화폐 전문가들은 은행과 정부가 비트코인으로 자금을 주고받는다면 비용이 크게 절감될 것으로 본다. 인터넷이 넷스케이프가 나타나기 전까지는 쓸모없는 것으로 평가받기도 했다는 점을 예로 든다. 반면 '비트코인은 21세기 튤립 뿌리 사기'라는 폄하도 이어지고 있다. 피터 시프 유로퍼시픽캐피털 최고경영자는 "비트코인 열풍은 1630년대 네덜란드 튤립 파동의 21세기 버전"이라고 꼬집었다. 당시 1억원을 호가하던 튤립 파동이 400여 년이 지난 현재 비트코인에 재현되고 있다는 우려다. 당시 튤립 거품이 꺼지자 가격은 하루 만에 반 토막이 났다. 튤립을 사려고 돈을 빌렸던 이들은 빚더미에 앉고 네덜란드는 경제공황에 빠졌다.

지난 1월만 해도 비트코인 한 개로 20달러짜리 피자 한 판을 살 수 있었다. 그런데 이 값은 1년도 안 돼 금 1온스 값(1250달러)과 맞먹게 됐다. 몸값이 60배나 뛴 것이다. 파이낸셜타임스(FT)는 2일 "경제사를 쓰는 사람들은 역대 자산 거품 목록에 비트코인이라는 가상통화를 추가하게 될지도 모른다"고 내다봤다. 월가의 대표 비관론자인 '닥터둠' 마크 파버는 CNBC방송에서 비트코인을 둘러싸고 거대한 투기 거품이 꼈다고 우려하며 미국 중앙은행이화폐를 계속 찍어내는 '양적완화'가 이를 더욱 부추기고 있다고 지적했다.

이처럼 비트코인의 한계는 분명하다. 가격이 급

등락하고 있어 비트코인과 재화 · 서비스를 교환하는 데 문제가 있다. 실제 올해 들어 비트코인 가격이 급등하면서 미국 캐나다 등의 상점에서는 하루에도 몇 번씩 비트코인 가격표를 바꿔 달아야 했다.이창선 LG경제연구원 연구원은 "비트코인 프로젝트는 글로벌 금융위기 이후 양적완화에 나선 중앙은행에 대한 반발 심리 등이 어우러져 나타난 한순간 유행으로 끝나버릴 수도 있다"며 "글로벌 금융 시스템의 중요 부분을 차지하기보다는 제한된 영역에서 사용되는 정도로 살아남을 가능성이 있다고 본다"고 분석했다.

■ 온라인 상점에서 비트코인 결제가 가능한가?

이미 비트코인을 활용한 결제가 많이 이뤄지고 있는 미국에서는 최근 '오버스톡'이라는 대형 온라인 쇼핑몰에서 비트코인 결제를 옵션으로 도입하기로 했다. 이 회사는 비트코인 서비스 중개업체인 코인베이스와 협력해 물품 구매대금으로 비트코인 결제를 허용했다.

이밖에도 비트코인 결제가 새롭게 적용된 곳은 더 있다. 이달 초 팜빌2, 시티빌 등으로 유명한 미국 소셜게임전문회사인 징가는 소셜뉴스웹사이트인 레딧에 비트페이와 협력해 비트코인을 이용한 유료아이템 결제를 허용한다는 글을 올렸다.

징가는 레딧에 "우리는 게임 플레이어들이 비트코인 결제 서비스 사업자인 비트페이로부터 팜빌2, 캐슬빌 등 게임에 대한 비트코인 결제를 허용하도록 파일럿 프로그램을 작업 중"이라고 밝혔다. 징가 소식을 처음으로 전한 레딧 역시 사용자들이 마음에 드는 정보를 제공한 사람에게 비트코인을 기부할 수 있는 시스템을 구현했다.

우리나라에서 이음과 같은 소셜데이팅 사이트로 유명한 미국 오큐피드도 비트코인 결제를 허용키로 했다. 오픈소스 블로그 서비스 워드프레스도 이미 2012년부터 비트코인으로 유료 서비스를 활용할 수 있게 하고 있다. 미국 뉴욕시 소재 부동산 업체인 '코어 뉴욕'은 고객들에게 중개 수수료로 비트코인을 받겠다고 말하기도 했다. 빅토리아시크릿 등 유명 속옷 브랜드를 포함해 200여개 파트너사들에서 결제할 수 있는 모바일용 기프트 카드를 제공하는 '기프트(Gyft)'는 기프트 카드 구매에 비트코인 결제를 도입했다. USA투데이에 따르면 C.J. 맥도날드 기프트(Gyft) 최고운영책임자(COO)는 "인구통계학적으로 컴퓨터, 새로운 기술 등에 열광하는 이들이 비트코인 결제를 활용하고 있다"고 말했다. 그의 말을 빌리면 20대~40대 젊은층 중 IT기술에 호기심이 많은 얼리어답터들이 비트코인 결제 주요 고객층이다. 사업자들 입장에서는 특정 구매자들을 끌어들일 수 있는 강력한 유인책 중 하나로 비트코인이 활용될 수 있는 셈이다.

▶ 스마트폰의 비트코인 지갑 앱을 이용해 결제를 하는 화면의 예시.

비트코인은 다른 사람들과 거래내역은 모두 공개되나 실제 사용자에 대한 개인정보는 공개되지 않는다. 알파벳 대소문자, 숫자로 이뤄진 공개키가 계좌주소이자 사용자 역할을 하기 때문에 익명성이 보

▶ 기프트사의 스마트폰 앱을 이용해 기프트 카드를 구매할 때에도 비트코인 사용이 가능하다.

장된다. 네덜란드 인터넷 결제 서비스 업체인 베로텔은 이러한 익명성에 주목해 성인물 웹마스터들이 비트코인으로 결제할 수 있는 서비스를 구현했다. 외신에 따르면 베로텔 관계자는 "성인 엔터테인먼트 관련 상인들이 제공하는 모든 콘텐츠는 신용카드 거래 정보가 정확하게 모니터링 된다. 신용사기와 함께 아동 포르노 등 불법 성인물 유통 경로로 악용될 수 있다는 우려 때문"이라고 밝혔다. 베로텔은 현재 비트코인 결제 옵션을 베타버전으로 서비스 하고 있으며, 오는 3월15일까지 모든 파트너들에게 해당 결제를 허용할 방침이다. 제이슨 콜린스 베로텔 비즈니스 개발 담당 부사장은 "신용카드 필요없이 성인 콘텐츠에 온라인으로 접속할 수 있게 만드는 것은 어렵지 않은 결정"이었다고 말했다. 더구나 베로텔 측은 거래 업무 계약을 맺은 신용카드 회사들의 중개 수수료, 할인률 등을 고려할 필요없이 비트코인 거래시 1% 수수료만 차감한다는 계획이다.

그리스발 금융위기로 구제금융을 받게 된 키프로스에 위치한 니코시아 대학은 강의료를 비트코인으로 받고 있기 까지 하다. 이 대학은 디지털 통화에 대한 석사과정을 개설할 계획이다. 키프로스 정부는 지난해 3월 금융위기에 따라 국민들이 은행에서 대규모 예금 인출 사태를 우려해 자금 이체를 동결시켰다. 이러한 여파 속에서 비트코인이 결제 수단으로 활용되기도 했다.

▶ 출처: Olga Kharif, "Bitcoin mining rush means real cash for hardware makers," Businessweek, Oct. 15, 2013; 매일경제신문, 2013. 12. 2; ZD Net Korea, 2014. 1. 14.

사·례·연·구·토·의·문·제 Electronic Commerce

01 비트코인은 전자지불시스템인가? 그렇다면 5장 본문에서 제시한 6가지 전자지불시스템 유형 중 어느 것과 가장 가까운가? 또 왜 그렇다고 생각하는지 그 근거를 설명하시오.

02 소비자 관점에서 볼 때, 비트코인 결제가 기존의 전자지불시스템들에 비해 어떠한 장점 및 단점을 지니는가?

03 온라인 상점 관점에서는온라인 거래의 추가적 결제방법으로서 비트코인을 허용하는 것이 합리적인 선택인지 설명하시오. 또 답변에 대한 근거도 제시하시오.

04 본문에서도 언급된 오버스톡(www.overstock.com) 상점 혹은 비트코인에 의한 결제를 허용하는 기타 온라인 상점을 방문해 비트코인 결제를 위한 요구사항(가령, 지갑 앱 설치 등)이 무엇인지 알아보자.

05 우리나라에서는 비트코인 결제를 허용하는 온라인 상점들이 있는지 조사해 보자.

제6장

Electronic Commerce

전자상거래의 개념적 틀

Electronic Commerce

개념 사례

지하철 역을 전자상거래 매장으로 활용한다

▶ 런던의 지하철 역.

세계에서 가장 오래된 지하철인 영국 런던 지하철(튜브 · tube) 역에 유통업체 매장이 설치된다. 앞으로 시민들은 온라인으로 주문한 뒤 역에서 식료품을 수령해갈 수 있게 될 전망이다. 파이낸셜타임스(FT)는 런던교통국(TfL)이 대대적인 현대화 공사를 하고 있는 지하철 역에 클릭 앤 콜렉트(Click &Collect) 방식으로 식료품 및 잡화를 판매하기 위해 대형 유통업체와 접촉하고 있다고 30일(현지시간) 보도했다. 클릭 앤 콜렉트 서비스는 온라인에서 주문한 뒤 매장에서 제품을 수령하는 서비스를 말한다.

현재 튜브와 접촉 중인 업체는 유명 슈퍼마켓 체인인 웨이트로스와 패션브랜드 막스 앤 스펜서 등인 것으로 전해졌다. 이같은 움직임은 지하철이 100년 이상 운행되는 과정에서 설비 노후 등으로 시민들의 불편을 야기한다는 지적에 따른 것이다. 런던교통국은 현재 유인 매표소를 없애고 신용카드 등으로 지불할 수 있는 시스템을 도입하기 위해 아마존 같은 세계 최대 온라인 유통업체와도 접촉하고 있는 것으로 알려졌다. 그래엄 크래그 런던교통국 상업발전 담당 책임자는 향후 런던 교통 시스템에 '슈퍼마켓 통로'가 들어설 수도 있다며 "사람들은 시간에 쫓기며 산다. 우리가 해야 할 일은 시민들이 뭐가 필요한 지를 파악하고 그들이 가장 편하게 느낄 수 있는 제도를 구축하는 것"이라고 밝혔다.

런던교통국은 대형 유통업체와 협력하면 높은 수익도 올릴 수 있을 것으로 기대하고 있다. 런던시는 향후 5년간 1,000개의 아울렛을 통해 2,500만파운드(약 450억원)을 벌어들일 계획이다. 스티브 알렌 런던교통국 재정 담당자는 "2020년대 말까지 5억파운드를 벌어들인다는 건 전혀 현실성없는 이야기는 아니다"라고 말했다. 그러나 모두가 이 계획에 찬성하는 것은 아니다. 철도 노조는 만일 계획대로 무인매표소 등이 현실화된다면 철도 안전을 담보할 수 없을 것이라며 강하게 반발하고 있다.

한편, 홈플러스를 운영하는 영국의 대형 유통업체 테스코가 한국의 모바일 쇼핑족을 잡기위해 지하철역에 가상 매장을 설치해 성공을 거두고 있다고 일간 텔레그래프가 28일 보도했다. 이 신문은 "홈플러스가 1999년 한국에 개장한 이후 한국 2위 슈퍼마켓으로 성장했다"면서 "홈플러스는 1위에 오르기 위해 새로운 매장을 내는 대신 온라인 매출을 확대하는 방법을 쓰고 있다"고 풀이했다. 이 신문은 한

▶ 영국 슈퍼마켓 체인 테스코가 한국 지하철 벽에 설치할 계획인 가상 매장

국 인구 가운데 1천만명이 스마트폰을 사용하기 때문에 모바일 쇼핑이 늘어날 수 밖에 없다면서 홈플러스가 지하철 통근자들을 위해 내놓은 가상 매장을 소개했다.

이 가상 매장은 지하철 역의 스크린 도어에 홈플러스에서 판매중인 상품 사진과 상품 정보를 담은 QR(Quick Response) 코드를 진열해 놓고 모바일 이용자들이 스캔을 통해 필요한 물건을 구매하도록 한다. 주문하면 신속한 배달이 이뤄져 집에 도착한 뒤 곧바로 활용할 수 있어 퇴근후 여가 시간을 활용할 수 있다는 것이다. QR 코드를 스캔해 주문하기까지는 지하철을 기다리는 몇분이면 충분하다고 이 신문은 덧붙였다. 이 신문은 "홈플러스의 지하철 가상 매장의 매출은 3개월만에 130% 상승했고 등록된 사용자가 76%나 증가했다"면서 "홈플러스는 이제 온라인 식료품점 부문에서 1위이고 슈퍼마켓 부문 1위를 달리는 이마트와의 오프라인 격차도 좁히고 있다"고 말했다. 런던에서 이러한 모바일 쇼핑이 자리잡으려면 런던 지하철 튜브를 비롯한 모든 대중교통에 모바일 접속이 가능해야 하고 신속 배달을 위한 택배망이 우선 해결돼야 한다고 텔레그래프는 지적했다.

▶ 출처: Emily Seares, "Video: Tesco develops technology for groundbreaking 'shopping wall', RetailWeek, July 7, 2011; 이데일리, 2014. 1. 1; 연합뉴스, 2011. 6. 28.

6.1 전자상거래의 개념

전자상거래의 개념적 기초

전자상거래의 중요성

인터넷 기술은 초기에는 연구, 이후에 교육, 그리고 근래에 와서는 상거래를 위해 각각 활발하게 응용되어 왔다. 이들 응용분야 중 가장 영향이 컸던 분야는 '상거래'를 의미하는 커머스(commerce) 분야로서 인터넷을 기반으로 한 전자상거래는 인터넷이 상업적 목적을 위해 사용되기 시작한 1990년대 초 이후 빠른 속도로 지속적인 성장을 거듭하여 왔다. 개념사례에 소개된 지하철 매장도 이러한 전자상거래 진화 과정에서 탄생한 것이다.

전자상거래는 단순히 온라인상에서 제품을 사고파는 것이 아니다. 인터넷을 통해 형성되는 글로벌 시장의 고객들이 구매하는 제품 및 서비스를 세계전역의 비즈니스 파트너들의 지원을 받아 개발, 마케팅, 판매, 배달, 서비스 및 대금지불하는 전체적인 온라인 프로세스를 다룰 수 있어야 한다. 이러한 온라인 프로세스를 성공적으로 실현하기 위해서는 인터넷은 물론 엑스트라넷 및 인트라넷 등 네트워크 자원의 창의적인 활용이 필요하다. 예를 들면, 월드와이드웹 환경에서 전자상거래 사이트를 통해 고객과의 상호대화적인 마케팅, 주문, 지불 및 고객 지원 프로세스들을 수행할 수 있어야 하고, 엑스트라넷 망을 통해 고객 및 공급사들과 함께 재고 데이터베이스를 공유할 수 있어야 하며, 또 인트라넷 망을 통해 판매 및 고객서비스 요원들이 CRM 시스템을 접근할 수 있어야 한다.

이러한 전자상거래의 트렌드를 이해하기 위해, 우선 전자상거래의 기초적인 개념 및 배경을 살펴보고 나서 전자상거래의 유형 및 효과에 대해 알아보기로 한다.

'전자상거래' 용어의 유래 및 정의

국내에서 일반적으로 전자상거래라고 지칭되는 'e-Commerce'라는 용어는 본래 electronic commerce의 줄임말로서 '89년 미국의 Lawrence Livermore National Laboratory에서 미 국방성의 프로젝트를 수행하면서 처음 사용된 이후, '93년 미국 연방정부가 조달행정업무의 효율화에 'Electronic Commerce'를 표방하면서 확산되었다고 볼 수 있다.

일반적으로 광의의 전자상거래는 상품과 서비스의 거래절차에 전자적인 매체를 활용하는 것으로 볼 수 있다. 하지만 상거래에 전자적인 매체를 이용하기 시작한 것은 이미 그 역사가 짧지 않다. '전자상거래' 용어의 개념은 지난 30여 년 동안 계속 변화되어 왔다. Telex는 '40년대부터 사용되기 시작하였으며, '70년대 중반에는 운송분야에서 EDI(electronic data interchange)가, 금융분야에서 EFT(electronic funds transfer)가 사용되기 시작하였다. '80년대 초반부터는 조직간 정보시스템(Interorganizational information System: IOS)이라는 개념과 함께 조직간의 상거래에 전자적인 매체의 활용이 활발하게 논의되기 시작되었다. 이를테면 기업의 컴퓨터 네트워크를 이용해 구매주문서나 거래내역서와 같은 상거래 문서들을 전송하는 기업들이 늘기 시작했다. '90년대 초반 인터넷이 상거래에 이용되기 시작되면서 전자상거래는 인터넷 기반의 상거래를 의미하는 용어로 사용되어 왔다.

전자상거래는 상품이나 정보를 네트워크를 통해 제공하고 소비자로부터의 주문도 디지털 정보로 네트워크를 통해 받고, 불특정 다수의 사람이 네트워크상에서 상거래의 주체가 된다는 점이 가장 큰 특징이다. 전자상거래는 인터넷이라는 범세계적인 컴퓨터 네트워크와 웹을 기반으로 급속하게 확산되고 있다. 웹의 등장은 인터넷상에서의 전자상거래를 구체화하는 데 큰 기여를 했다. 즉, 소비자들에게 시각적, 청각적 데이터에 쉽게 접근할 수 있도록 함으로써 상업적으로 이를 이용하려는 조직들에게 인터넷상에 기업홍보, 상품홍보, 제품판매 등의 창구를 마련해준 것이다.

이러한 맥락에서 전자상거래에 대한 개념을 보다 구체화하면 "전자상거래는 인터넷 및 기타 통신 네트워크를 통해 제품 및 서비스를 사고 파는 행위"로 정의될 수 있다. 오늘날과 같은 무한경쟁의 정보화시대에서 전자상거래는 글로벌 경영을 하고자 하는 기업에게 새로운 전략적 기회를 제공하고 있다. 즉, 전자상거래는 비즈니스 절차의 중간 단계를 제거하고 생산자와 소비자의 관계를 가깝게 만들어 새로운 제품 및 서비스의 제공, 비용절감 및 고객만족의 증대는 물론 산업을 재구성하게 하여 분권화된 '가상기업'을 가능케 하는 역할을 수행할 것이다. 그러므로 전자상거래는 비즈니스의 새로운 패러다임이라고 할 수 있다.

웹기반 전자상거래의 발전과정

비록 기업들이 EDI 기술을 기반으로 '70년대부터 온라인 상거래를 수행해 왔다 하더라도, 전자상거래가 우리 사회 및 경제에 변화를 일으키는 한 영역으로 뿌리를 내리기 시작한 것은 웹 기술이 등장한 1994년 무렵 부터이다. '90년대 초반 인터넷의 상업화가 발표되고 또 1994년에는 세계 첫 상업적 웹브라우저가 선을 보이면서, 웹은 남녀노소의 구별없이 누구나 인터넷을 쉽게 이용할 수 있도록 하는 데 크게 기여하기 시작했다. 이러한 추세 가운데, 인터넷 및 웹 기술로부터 새로운 비즈니스 기회를 발견한 델컴퓨터, 아마존닷컴 등 수많은 혁신적 기업들은 이미 1994년부터 웹기반 전자상거래를 발 빠르게 도입하기 시작했다.

'90년대 중반, 웹이 차츰 일반 대중들 사이에서도 잘 알려지게 되면서, 여러 전문가 및 언론인들이 전자상거래가 곧 주요 경제부문을 형성하게 될 것으로 예측했다. 그러나 주요 보안 프로토콜(가령, HTTPS)이 개발되고 자리를 잡는데 거의 4년이란 기간이 소요됐다. 결과적으로 1998년 및 2000년 사이에 미국 및 서유럽의 매우 많은 기업들이 웹사이트를 개발하였고 이로써 인터넷 기반의 전자상거래가 소비자들의 삶은 물론 기업들의 활동에서 없어서는 안 될 핵심적 요소로 자리잡게 됐다.

그러나 웹기반의 전자상거래가 빠르게 성장하던 1995년과 2001년 사이의 기간은 **닷컴 버블**(dot-com bubble)이 존재하던 기간이기도 하다. 선진국들의 주식시장이 새로운 인터넷 및 관련 산업부문의 급속한 성장으로 과열되면서, 기업들의 주가가 크게 급등했다. 새로이 창업하는 인터넷 기반의 기업들은 날로 늘어나고, 또 이들 기업에 투자하려는 개인 및 투자회사들의 자금은 끊임없이 유입되던 상황에서, 닷컴 버블경제는 더 이상 버티지 못하고 붕괴하고 말았다.

전자상거래를 수행하는 수많은 온라인 업체들이 2000년 및 2001년 사이에 닷컴 몰락으로 사라졌다고 하지만, 오프라인 기반의 여러 소매업자들은 각기 온라인 시장에서 고가치의 틈새시장을 발견하고 자신들의 웹사이트에 전자상거래 기능을 추가하기 시작했다. 예를 들면, 온라인 식품판매회사인 **웹밴**(Webvan)이 무리한 사업확장의 결과로 문을 닫은 후, 전통적인 슈퍼마켓 체인인 **앨벗슨**(Albertson)과 **세이프웨이**(Safeway)는 소비자들이 식료품을 온라인으로 주문할 수 있는 전자상거래 자회사를 운영함으로써 매출확대의 길을 열었다.

또한 전자상거래의 등장은 여러 유형의 상품을 판매하는 데 있어 진입장벽 요인들을 현저하게 낮추는 결과를 가져왔다. 따라서 여러 영세규모의 사업자들도 인터넷을 이용해 제품을 판매하는 것이 가능해졌다. 대부분 영세업자들은 빠른 정보노출 및 설정의 용이함과 같은 효과를 얻기 위해 옥션이나 G-마켓과 같은 오픈 마켓 사이트를 이용해 판매하는 경향을 나타내고 있다.

전자시장의 출현

전자상거래의 중요한 역할 중의 하나는 전자시장(electronic markets)의 성장을 촉진시키는 것이다. 전통적인 시장과 비교할 때 전자시장은 몇 가지 큰 차이점을 나타낸다.

- **글로벌 규모의 쇼핑:** 전자시장은 쇼핑의 대상이 지역적인 장벽에 의해 제한될 필요가 없으며 소비자들은 글로벌 규모로 구매할 제품을 탐색할 수 있다. 가령, 동대문 시장과 같은 전통적인 시장의 경우, 물리적인 이동의 부담으로 인해 고객의 쇼핑대상이 인근 지역에 한정이 되므로, 그 지역을 벗어나 많은 상점들을 둘러볼 수가 없다. 반면, 인터넷 공간에서 쇼핑을 하게 되면 수많은 온라인 상점들에 대해 정보를 수집해서 이를 토대로 합리적인 구매를 할 수가 있다. 이를 다른 말로 표현하면 전통적인 시장에서는 접근할 수 있는 시장이 좁은데 반해, 전자시장에서는 무한하게 큰 시장의 접근이 가능하다는 의미이다. 따라서 전통적인 시장에서 몇몇 안 되는 판매자와 구매자가 함께 모여 상행위를 하는 것과는 달리, 인터넷 공간에서는 보다 많은 판매주체와 구매주체들이 함께 모여 보다 큰 시장을 형성하므로 '완전경쟁'이 가능해지며 또 이로 인해 가격도 최소수준에서 결정되게 된다.
- **채널 중개자의 제거:** 제2장에서 살펴보았듯이, 델컴퓨터사는 소비자의 니즈에 부합하도록 제조한 컴퓨터 제품을 소비자에게 직접 판매하는 직판 모델(direct model)로 유명하다. 델컴퓨터는 제조업체이지만 유통업체나 대리점과 같은 판매 채널상의 중개자들(intermediaries)을

▶ 전자시장은 중개자를 제거해 주므로 생산자와 소비자가 직거래를 함으로써 상품 원가를 낮출 수 있다.

현·장·사·례

Electronic Commerce

중국, 농산물 인터넷쇼핑몰이 뜬다

중국에서 농산물 온라인 쇼핑몰이 블루오션으로 떠오르면서 업계의 이목을 끌고 있다. 현재 중국에서는 중상층의 급증으로 전자상거래 시장 규모가 매우 빠른 속도로 발전하고 있다. 중국 상무부에 따르면 지난해 전자상거래 총 거래액은 8조 163억위안(약 1,400조원)으로 전년 동기 대비 31.7% 성장했다.

그중 온라인 쇼핑몰에서만 1조3,000억위안(약 224조원)이 거래됐다고 한다. 온라인 쇼핑몰 이용자 1인당 연간 5,203위안(약 90만원)을 거래한 셈이다. 이어 올 상반기 온라인 쇼핑몰의 소매액은 벌써 8,800억위안(약 152조원)을 돌파했다. 전년 동기 대비 70%나 증가한 수치다. 이 같은 추세에 따라 지난해 말 62곳의 유통업계 대기업이 온라인 쇼핑몰 사이트를 열었다.

다양한 인터넷 쇼핑몰 중 농산물만 전문으로 파는 쇼핑몰의 급증세가 심상치 않다. 이에 상무부는 전국 범위의 농산품 비즈니스 플랫폼을 구축하고 농산물 온라인 거래 선두 기업을 전문적으로 육성할 계획을 골자로 하는 '전자상거래 활용을 촉진시키는 실질적 의견'을 발표했다. 내용을 보면 오는 2015년 전자상거래 거래액 18조위안(약 3,000조원)을 목표로 두고 있다. 이는 전체 소비시장의 10% 이상을 차지하는 규모다.

레저식품의 경우 시장 규모가 지난 2006년 296억위안(약 5조 1,200억원)에서 2011년 960억위안(약 16조 6,000억원)으로 269% 폭증했다. 중국 전자상거래자문센터의 평양송 대표는 "비록 현재 전체 온라인 쇼핑몰 시장에서 식품이 차지하는 비중이 10%에 불과하지만 2015년에는 3,000억위안(약 51조 9,000억원) 규모로 늘어날 것"이라며 "이어 2017년에는 온라인 쇼핑몰 주요 상품 품목에서 '탑3' 안에 들 것"이라고 전망했다.

중국 내 대표 온라인 쇼핑몰로 꼽히는 티엔마오, 이하오디엔, 징둥, 중량워마이왕 등도 신선한 식품만 전문적으로 파는 코너를 속속 마련하고 있다. 징둥은 지난 2012년 7월 신선식품 코너를 시작하면서 월평균 매출이 10% 이상 늘어났다.

특히 티엔마오는 신선식품 예약판매 시스템을 도입한 후 채소, 과일, 수산물 등의 매출이 300%나 증가했다. 현재 티엔마오 사이트에는 하루 평균 1,500~2,000건의 주문이 들어온다. 한 건당 평균 220위안 정도가 결제되고 있다.

티엔마오의 제철과일 전문매장인 티엔티엔구어유엔은 지난 6월 27일부터 7월 8일까지 미국산 체리를 예약 주문 받아 미국에서 72시간 안에 집으로 배달해주는 이벤트를 진행한 바 있다. 이 기간 동안 거래된 체리 양은 무려 100톤이 넘었다. 중국 내 중형 슈퍼마켓의 5년치 판매량과 맞먹는 양이다. 하지만 무엇보다 놀라운 사실은 체리를 받은 고객들 중 98.5%가 만족감을 보였다는 사실이다. 체리의 신선도가 그대로 유지돼 있을 뿐 아니라 제품 손상률도 5% 미만이었다고 한다.

중국 언론은 이와 관련해 "온라인 쇼핑몰이 다양한 형태로 변화하고 있다"며 "현재 농산물의 온라인 거래를 위해 정부가 197개의 농업 기지와 312개의 농산품 공급업체와 협력 중"이라고 전했다. 이어 "온라인 쇼핑몰이 신선식품만 단독으로 운영하기에는 비용, 고객 확보 등의 측면에서 아직 어려움이 있으나 향후 폭발적인 수요가 기대된다"고 내다봤다.

▶ 출처: Economic Review, 2013. 12. 18.

건너뜀으로써 최종소비자의 주문사양대로 신속하게 제작된 컴퓨터를 저렴한 가격으로 공급할 수 있는 것이다. 이는 인터넷이 소비자와 생산자를 서로 중개해 주는 역할을 대신 담당하기 때문인데, 이와 같이 인터넷에 의해 상거래의 중간단계 혹은 중개자가 제거되는 것을 가리켜 **비중개화**(disintermediation)라고 한다. 인터넷의 비중개화 역할로 인해 소비자와 생산자가 전자시장에서 직접 만나 직거래를 할 수가 있게 되었으며, 또 이러한 직거래는 거래비용의 감소를 촉진해 소비자에게는 보다 저렴한 가격을 그리고 생산자에게는 보다 많은 이윤을 제공하는 것이 가능해졌다.

- **거래비용의 감소:** 비즈니스 세계에서 거래비용(transaction costs)은 거래를 위해 구매자 및 판매자를 탐색하고, 제품에 관한 정보를 수집하며, 거래조건을 협상하고, 거래계약서를 작성하고 계약을 체결하며, 또 상품을 운송하는 제반의 비용들을 종합적으로 일컫는 용어이다. 인터넷에서 정보를 탐색하고 수집하고 또 비즈니스 거래를 전자적으로 처리함으로 말미암아 정보탐색비(search costs) 및 내부 간접비(overhead costs)가 절감되어 거래비용이 현저하게 줄어들 수가 있다. 특히, 위에서 지적한 바와 같이 채널 중개자가 제거됨으로 인해 제조업체들은 판매채널의 중개비용을 크게 절감할 수 있게 되었고 이는 거래비용의 감소에 크게 기여하였다.
- **가격의 저하:** 전자시장의 주된 특징 중의 하나는 수요와 공급의 요인들이 가격에 더 잘 반영된다는 점이다. 글로벌 규모로 쇼핑을 할 수 있으므로 구매자는 신속하게 서로 다른 상점들에 대해 제품 가격 및 관련 정보를 비교함으로써 합리적인 구매의사 결정을 할 수 있다. 이를 판매자 관점에서 보면, 경쟁사보다 가격이 더 높으면 매출이 부진할 수밖에 없다는 의미이므로, 이를 아는 판매자들은 서로 가격경쟁을 하게 되어 시장의 가격인하가 촉진될 것이다.

전자상거래의 유형

전자상거래는 거래의 형태상 정보통신 네트워크를 이용한 제품이나 서비스의 매매를 의미한다. **그림 6-1**에서와 같이, 전자상거래를 거래주체에 따라 기업과 기업간, 기업과 개인간, 기업과 정부간, 그리고 소비자와 소비자간의 네 가지 거래형태로 구분할 수 있다. 아래에서는 이들 각 유형의 전자상거래의 개념 및 특성에 관해 간략히 알아보기로 한다.

B2C 전자상거래

인터넷 이용자들에게 가장 친숙한 B2C(business to consumer) **전자상거래**는 제품이나 서비스를 최종 소비자에게 온라인으로 판매하는 상거래이다. B2C 전자상거래에는 온라인

그림 6-1 전자상거래의 네 가지 유형

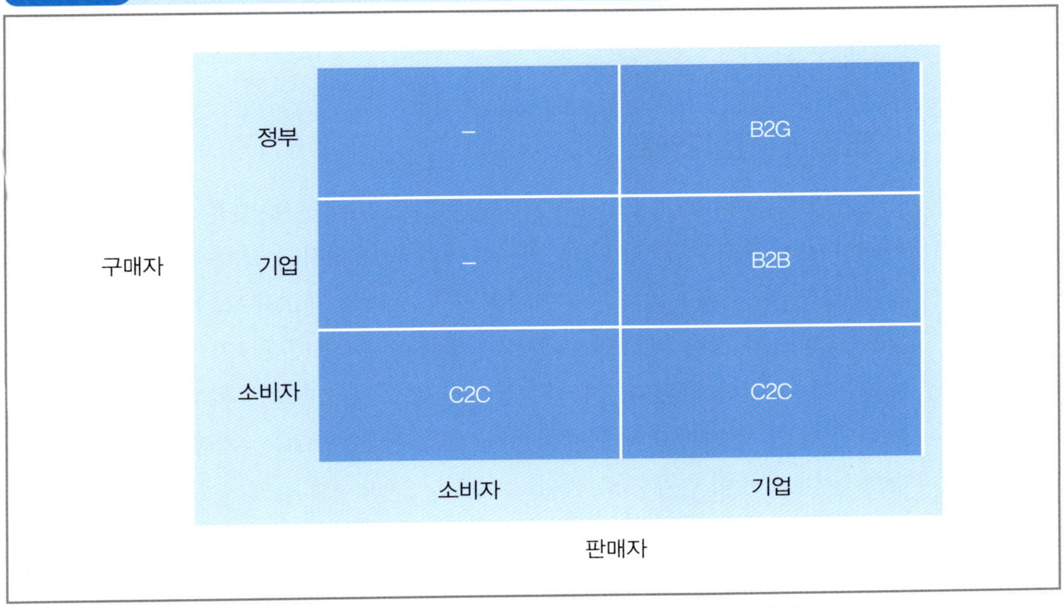

▶ 판매자와 구매자가 각각 누구인가에 따라, 전자상거래는 네 가지 유형으로 분류될 수 있다.

표 6-1 각 전자상거래 유형의 특징 및 예

전자상거래 유형	주요 특징	예
B2C(소비자 대상)	• 멀티미디어 카탈로그를 갖춘 가상 상점에서 소비자 • 대상으로 제품 판매 • 상호대화적 주문처리 • 안전결제기능 • 온라인 고객서비스	amazon.com interpark.com samsungmall.com flower.co.kr
B2B(기업간)	• e-마켓플레이스에서 판매자와 구매자가 모여 거래 수행 • 기업간 직거래 장터 • 인터넷/엑스트라넷을 통해 고객/공급사와 데이터 교환	b2bauction.co.kr(축산물) buildersnet.co.kr(건설) electropia.co.kr(전자부품) fatex.com(의류)
B2G(정부 대상)	• 역경매 방식에 기초한 비즈니스 모델을 통해 정부 기관을 대상으로 제품 및 서비스 판매 • 인터넷 기반의 전자입찰시스템을 통해 거래 수행	www.g2b.go.kr(조달청)
C2C(소비자간)	• 주로 경매사이트를 통해 소비자 간에 거래 수행 • 경매물품은 사전에 뉴스사이트나 전자상거래 포털 사이트에 공지	ebay.com auction.co.kr

소매모델, 중개모델, 광고 모델, 커뮤니티 모델 등이 있다. B2C 전자상거래의 유형들은 제2장의 비즈니스 모델 분류에서 소개되어 있으며, B2C 전자상거래에 관한 상세한 내용은 제7장에서 함께 살펴보기로 한다.

B2B 전자상거래

B2B(business to business) **전자상거래**도 역시 인터넷을 기반으로 제품이나 서비스를 판매하는 상거래의 한 유형이지만, 판매자와 구매자가 모두 기업이라는 점이 다른 유형들과 다르다. 한 예로, 삼성전자가 텔레비전 제품을 제조해서 소비자에게 직접 판매하기보다는 인터파크와 같은 온라인 쇼핑몰에 판매한 후 인터파크가 텔레비전 제품을 다시 최종소비자에게 판매하게 된다. 여기서 삼성전자와 인터파크 사이에 이루어지는 거래는 B2B 상거래인 반면, 인터파크와 최종소비자 간의 거래는 B2C 상거래이다. B2B 전자상거래는 제8장에서 더 자세히 다루기로 한다.

B2G 전자상거래

B2G(business to government) **전자상거래**는 기업이 정부 구매자를 대상으로 제품이나

그림 6-2 B2G 전자상거래 사이트의 예시

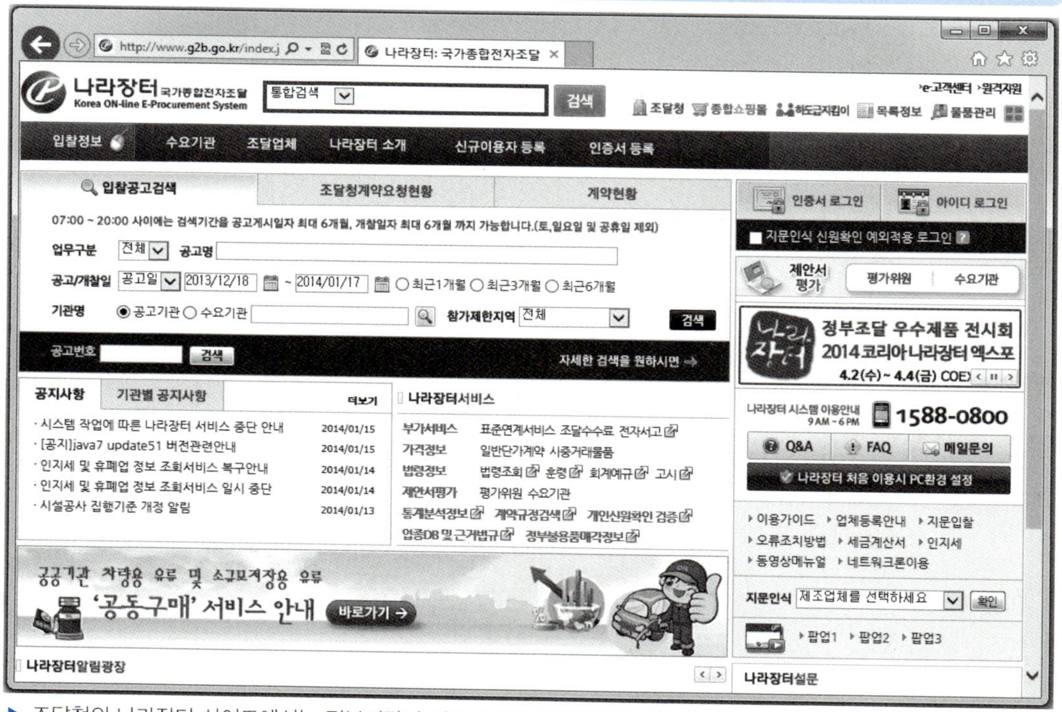

▶ 조달청의 나라장터 사이트에서는 정부기관이 필요로 하는 물자 및 용역을 전자입찰 방식을 통해 구매한다.

서비스를 판매하는 상거래이다. 흔히 B2G 상거래에서는 **그림 6-2**에서 볼 수 있듯이 공급사들이 역경매 방식으로 정부기관에서 제시한 제안요청서(request for proposal: RFP)에 대해 온라인 입찰을 제출하고, 정부기관에서는 가장 유리한 조건을 제시한 기업을 선정해 낙찰시킴으로써 해당기업으로부터 구매를 하게 된다. 따라서 판매기업들 간에 치열한 경쟁이 뒤따르게 마련이다. 우리나라 정부기관들의 모든 구매는 조달청의 전자입찰시스템을 통해 B2G 전자상거래 형태로 이루어진다.

C2C 전자상거래

C2C(consumer to consumer) **전자상거래**는 인터넷상에서 중개업체를 통해 소비자 간에 전자적 거래를 수행하는 것을 뜻한다. 온라인 경매가 그 대표적 예에 속하는데, **온라인 경매**는 한 소비자가 판매할 품목을 사이트에 게재하고 다른 소비자들이 이를 구매하기 위한 입찰을 제시하는 방식으로 이루어진다. 이들 사이에서 중개자 역할을 하는 제3자 업체는 거래 성사시 일정 수수료 혹은 커미션을 부과한다. 이들 중개업체는 단순히 소비자들을 연결해줄 뿐, 품질 점검, 대금결제, 물품 배송과 같은 비즈니스 프로세스에 대해서는 전혀 관여하지 않는다. 온라인 경매에 대해서는 제9장에서 더 상세하게 살펴보기로 한다.

6.2 전자상거래 기업의 성과관리

온라인 기업의 가치창출 기여요인

인터넷을 기반으로 비즈니스를 수행하는 온라인 기업들은 대규모의 새로운 부를 창출할 수 있는 잠재력을 지니고 있다. 예전에는 상상하지도 못했던 새로운 경영기법과 혁신적인 비즈니스 프로세스로 경쟁의 기본 규칙 및 방식마저 변화시키면서, 산업 및 경제의 패러다임에 영향을 미치고 있는 추세이다. 이러한 배경에서, 어떠한 요인들이 온라인 기업의 가치창출에 기여하는지가 온라인 기업은 물론 오프라인 기업들의 관심의 대상이 되고 있다.

가치창출의 기본 개념

코카콜라는 지난 10여 년간 가치창출을 기업성장의 동력으로 삼은 몇몇 기업들 중의 하나이다. 코카콜라 회사는 지난 1980년 로베르토 고이주에타가 CEO에 취임했을 당시, 성숙단계에 이른 자국시장으로 인해 점차 한계에 부딪치고 있었다. 10여 년 동안 연 14%의 성장률을 유지했지만, 수익성은 오히려 하락하며 주가에도 이러한 부정적 성과가 반영되고 있었다. 고이주에타 회장은 이러한 문제에 대응하기 위해 1981년 4월 코카콜라의 경영자 컨퍼런스에서 가치창출을 회사의 톱 우선순위로 지정키로 결정했고, 이로 인해 마케팅 전략에서부터 공급망에 이르기까지 회사가 크게 혁신되었다. 1980년 이후 진행되어 온 가치창출 노력의 결과로 코카콜라는 1997년 시장점유율이 거의 두 배로 올라 50%에 이르게 됐고, 자기자본 이익률은 거의 세 배로 뛰어 60% 가까이 근접했다. 오늘날 코카콜라는 고수익 성장기회가 아직도 막대하다고 보고 끊임없이 가치창출 노력을 계속하고 있다.

이와 같이 가치창출은 코카콜라와 같은 오프라인 기업에게 중요하지만, 인터넷을 주요 수단으로 하여 속도와 유연성에 있어 앞서가는 온라인 기업에게는 더없이 큰 비중을 차지하게 된다. 고객들이 웹사이트를 방문해서 첫 온라인 구매를 하고 이후 재방문 고객으로 발전할 수 있기 위해서는, 기업이 그들에게 계속 구매를 해야 하는 합리적 이유를 제공해야만 한다. 가치창출은 기업들이 자신들의 웹사이트를 경쟁관계의 다른 웹사이트나 오프라인 소매채널과 구별이 되는 우위의 사이트로 만들기 위해 이용하는 프로세스이다. 기업의 가치창출 능력은 그 웹사이트가 정적인, 광고중심의 웹페이지에서 벗어나 보다 상호대화적인 역량(예를 들어, 온라인 고객지원 기능이나 제품 및 서비스의 온라인 수주기능)을 지닌 사이트로 진화함에 따라 자연히 증가한다.

웹이 점차 생산자와 소비자를 연결하는 매체로 중요한 역할을 담당하면서, 웹은 공급망과 관련된 여러 비즈니스 프로세스들에 영향을 미치고 있다(예: 주문처리, 광고, 고객지원 등). 그러므로 광범한 시각에서는, 제품이 제조사의 조립라인과 최종 소비자들 사이의 여러 지점을 따라 이동하므로, 온라인상에서 가치를 창출할 기회가 다수 존재한다. 이를 가능하게 하기 위해서는 정보를 수집, 조직화, 선택, 결합 및 분배하는 과정이 필요하다.

유럽기업들의 가치창출 베스트프랙티스에 대해 조사된 한 보고서는 전자상거래 과정에서 가치를 창출할 수 있는 세 가지 분야를 제시하고 있다. 첫째는 최대한 많은 제품들을 제공해 고객의 선택의 폭을 넓히는 것이고, 두번째는 상거래와 관련있는 모든 이들(가령, 구매자, 공급사 등)에게 보다 의미있는 풍부한 정보를 신속하게 제공하는 것이며, 세번째는 오프라인 구매에서 존재할 수 있는 요소들(예를 들어, 제품을 직접 만지거나 느껴본다든지, 혹은 점원에게 문의함)을 가상적으로 온라인시스템을 통해 구현하는 것이다. 이 보고서는 결론에서 기업이 전자상거래 전략을 개발하는 것으로는 충분치 않으며 전략의 구현까지도 세밀하게 계획을 세워야 한다고 주장하고 있다.

이와 같이 전자상거래와 관련한 가치창출을 위한 다양한 아이디어들이 있을 수 있는데, 이러한 아이디어들을 체계적으로 정리한 모델이 있다. 아래에서는 온라인 기업의 가치창출 모델을 통해 전자상거래 기업이 가치창출을 실현할 수 있는 방법이 무엇인지 알아보기로 한다.

온라인 기업의 가치창출 모델

Amit & Zott(2001)는 전자상거래에서 '가치'를 창출하는 데 기여하는 네 가지 요인을 **그림 6-3**에서와 같이 제시하고 있다. 그림의 가운데 있는 **가치**(value)는 그것을 취하는 자가 기업이든 고객이든 혹은 다른 거래참여자든 간에 관계없이, 온라인 기업의 상거래에서 창출되는 전체 가치를 의미한다. 따라서 이는 전자상거래의 각 주체들이 얻게 되는 개별 가치들을 모두 합한 가치이다. 네 개의 주요 가치요인들은 효율성, 상호보완성, 전환불능성 및 새로움으로서 이들은 전자상거래의 가치 창출을 향상하는 데 기여한다.

효율성

거래 효율성에 대한 근거는 거래비용이론(transaction cost theory)에서 찾을 수 있다. 거래비용이론에 의하면, 거래당 비용이 감소하면 거래 효율성이 증가한다. 그러므로 전자상거래로 인해 가능해지는 거래 효율성 증가분이 커질수록, 비용은 더 낮아지며 가치 또한 더

그림 6-3 전자상거래 기업의 가치창출의 근원 요인

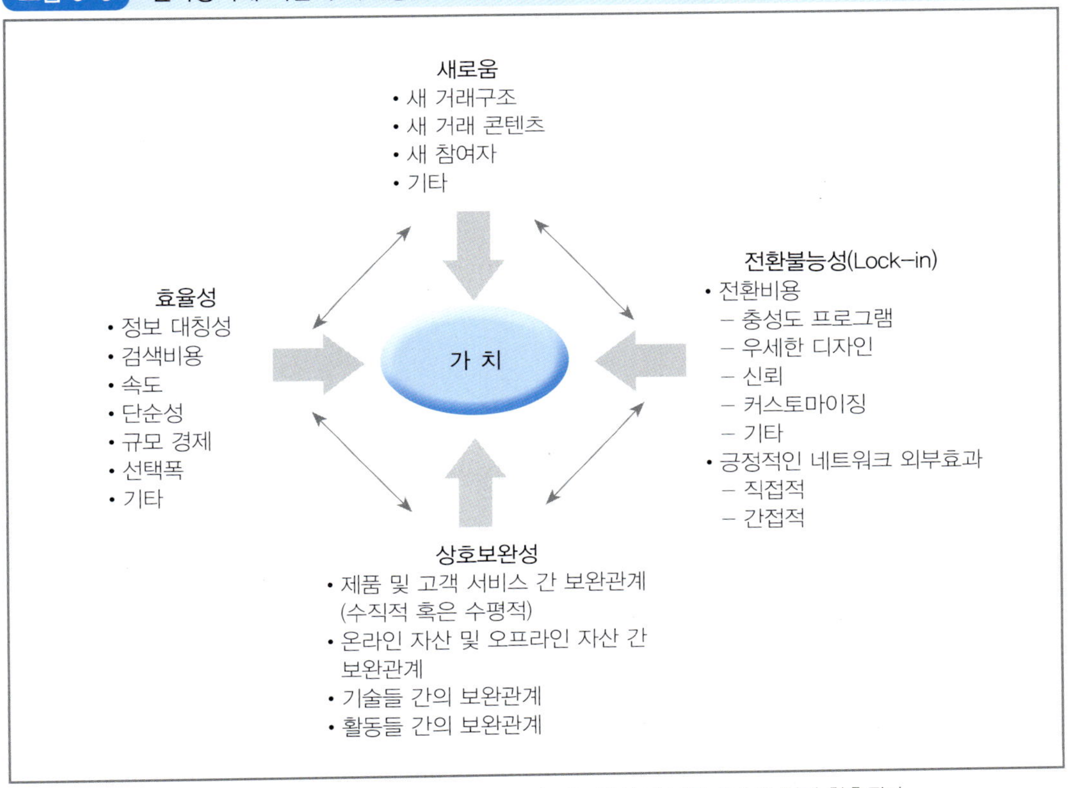

▶ 전자상거래 기업의 가치는 효율성, 상호보완성, 전환불능성, 새로움의 네 가지 요소에 의해 창출된다.
▶ 출처: Amit & Zott, 2001.

상승하게 된다.

거래 효율성은 여러 가지 방법을 통해 높일 수가 있다. 첫째는 양질의 최신 정보를 공급함으로써 구매자와 판매자 사이의 **정보 비대칭성**을 해소하는 것이다. 인터넷을 기반으로 필요한 정보를 고객에게 적시에 제공하게 되면 고객들의 문의사항에 대응하는데 더 적은 시간이 소요되므로 불필요한 인력의 낭비를 줄일 수 있다. 둘째, 향상된 정보의 제공은 고객들의 쇼핑과정에서 **검색 및 협상 비용**도 절감시켜 효율성 증가에 기여할 수 있다. 특히 소프트웨어 에이전트의 활용으로 소비자는 보다 편리하게 비교구매를 수행할 수가 있다. 셋째, 가상시장의 보편화된 상호접속성에 힘입어, 온라인 기업들은 공급사로부터 제품을 주문하고 재고를 관리하는 데 있어 정확한 의사결정을 보다 더 신속하게 수행하며 거래 사이클을 단축할 수 있으므로, **속도**의 증대를 통해 거래 효율성이 향상될 수 있다. 넷째, 거래 프로세스를 최대한 **단순화**시켜 주문이나 결제와 관련한 오류를 줄어들게 하고, 또 개별 고

그림 6-4 효율성을 통한 가치창출의 예시

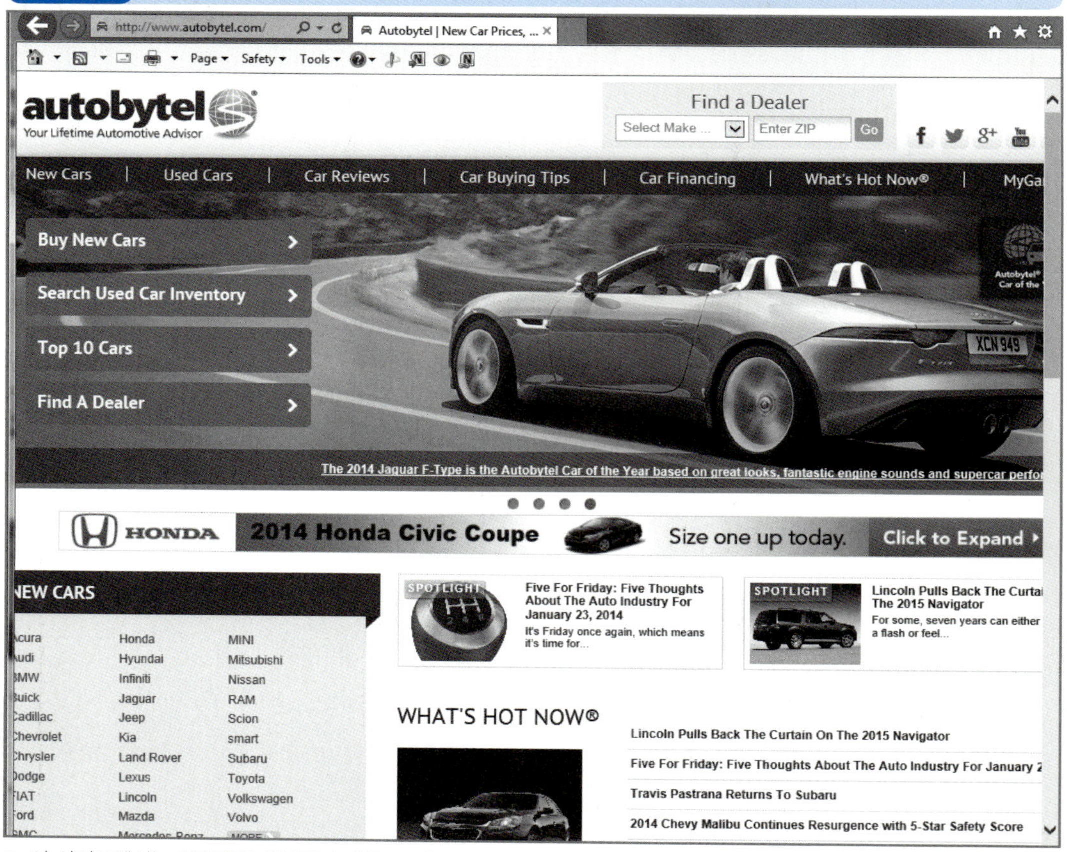

▶ 이 사이트에서는 차량관련 세부정보 제공, 구매프로세스의 단순화, 원스톱 차량구매 서비스(보험, 대출 등)의 제공 등으로 구매자들의 거래비용을 크게 절감시킴으로써 가치창출에 성공했다.

객들이 수요결집 및 대량구매를 통해 **규모경제**의 혜택을 얻게 하며, 공급망 최적화 기술을 통해 수많은 제품들의 주문관리를 자동화함으로써 보다 **선택 폭**이 넓은 제품들을 적은 비용을 들여 고객들에게 제공할 수가 있다. 결국, 마케팅 및 판매 비용, 거래처리 비용, 커뮤니케이션 비용 등이 절감됨으로 인해 온라인 기업은 동일 시스템을 통해 보다 더 많은 거래를 처리할 수 있게 되며, 이는 매출증대로 이어질 수가 있는 것이다.

한 예로 **그림 6-4**에 예시된 **오토바이텔**(Autobytel.com)은 전자상거래를 통해 효율성을 높여 가치를 창출하는 데 성공했다. 잠재적 차 구매자들은 서로 다른 차량들 및 이들 차량의 딜러 원가에 관한 상세하고 풍부한 쇼핑 정보를 사이트를 통해 제공받는다. 이 구매자들은 이러한 정보에 기초하여 곧 합리적인 결정을 할 수 있게 됐다. 구매 프로세스는 상당히 단순화되어 있으며 가속화되어 있어, 가격협상 비용이 줄어들었다. 차 판매자의 이윤마진은 좀 줄어들 수 있지만, 매출은 추가비용 없이 증가하게 됐다. 그러나 오토바이텔에 의해 가능해지는 거래 효율성 증가분은 부분적으로 오토바이텔 협력업자들(즉, 딜러들)의 협조에 달려있다. 예를 들어, 차 딜러들은 고객에게 보여준 차를 다른 딜러들의 도움을 받아 지체 없이 고객에게 건넬 수 있어야 하며, 그렇지 않을 경우, 고객이 마음이 변해 차 구매의도를 포기할 수 있다.

결론적으로 고도로 네트워크화된 기업들에서는 상호간에 정보흐름이 원만하고 정보가 균형 있게 분배되도록 하는 것이 거래처리 비용을 효과적으로 절감하는 데 매우 중요하다.

상호보완성

서로 관련 있는 제품들을 번들링(즉, 하나로 묶음)시키는 것이 개별 제품들을 통해 갖는 가치들의 합보다 더 큰 가치를 제공할 때, 상호보완성이 존재한다. A사 제품만 제공할 때보다는 A사 제품과 B사 제품을 함께 제공할 때 고객이 더 가치를 느낀다면, B사는 A사의 상호보완자이다. 이를테면 **그림 6-5**에서 알 수 있듯이 삼성전자가 휴대폰 단말기(즉, 갤럭시 노트 3)를 그리고 KT가 이동통신 서비스(즉, LTE 340 요금제)를 별도로 판매하는 것보다는, 이들 회사가 전략적 제휴를 통해 이 두 가지를 하나의 상품 패키지로 묶어 소비자에게 판매할 때 비로소 상승작용을 일으켜 그 가치가 배가 된다는 의미이다. 따라서 상호보완성은 가치증대를 통해 매출증가를 가능하게 할 수 있는 것이다.

온라인 기업들이 주로 번들링해서 판매하는 상호보완적인 관계의 제품 및 서비스들은 서로 수직적일 수도 있고(가령, 제품과 A/S 서비스), 혹은 수평적일 수도 있다(가령, 원스톱 쇼핑 또는 카메라와 필름). 흔히 이 제품 및 서비스들은 기업이 제공하는 핵심거래와 직접적인 연관이 있다. 예를 들면, 유럽의 한 온라인 여행사인 **이북커스**(e-bookers.com)은 온라인 티켓 판매와 관련 있는 날씨, 환율 등의 정보를 고객에게 제공하고 있다. 이러한 정보서비스는 이 회사의 핵심상품(즉, 항공권이나 휴가여행 패키지)의 가치를 향상시키는 데

그림 6-5 상호보완성을 통한 가치창출 예시

▶ 온라인 휴대폰 상점에서 삼성 휴대폰을 KT의 이동통신 서비스와 결합하여 패키지로 판매하는 것은 보완성을 실현함으로써 가치를 창출하는 한 예에 해당한다.

중요한 역할을 하며, 이를 통해 고객들은 온라인 여행상품을 보다 편리하게 예약 및 구매할 수 있다.

또한 오프라인 자산을 온라인 상품과 상호보완시켜 판매하는 기업들도 있다. 예를 들어, 온라인으로 제품을 구매한 고객은 오프라인 소매점의 고객 서비스 기능을 이용해 제품의 반품이나 교환, 또는 제품 A/S를 받을 수가 있을 것이다. 온라인 및 오프라인 서점을 동시에 운영하는 교보문고의 경우, 온라인에서 편리하게 전자카탈로그를 통해 책을 주문한 고객이 교보문고 매장을 방문해 책을 받아올 수 있다면, 이는 온라인 및 오프라인 요소를 상호보완적으로 결합하는 예라고 할 수 있다.

전환불능성

온라인 기업의 가치창출 가능성은 구매거래를 반복하려는 구매자들의 동기부여 및 전략제휴 기업들의 협력지속 의지가 강할수록 높다. 가치창출을 위해 요구되는 이 두 가지 요건을 충족시켜 주는 것이 전환불능성(lock-in)이다. 전환불능성은 고객들과 전략적 제휴협력사들이 경쟁사로 이탈하는 것을 방지함으로써 가치를 창출한다. 전환불능성은 전환비용 및 네트워크 외부효과의 두 가지 수단에 의해 구현된다.

전환비용(switching costs)에 의한 고객유지는 몇 가지 방법을 통해 실현될 수 있다. 첫째는 반복구매 고객에게 인센티브를 부여하는 고객충성도 프로그램을 운영하는 것이다. 신용카드를 사용할 때마다 사용금액에 대해 보너스 포인트를 적립해 주는 것을 예로 들 수 있다. 두번째는 비즈니스 프로세스, 제품 또는 서비스를 표준화할 수 있는 독특한 디자인 요소(가령, 아마존의 원클릭 주문방식)를 개발함으로써 고객에게 어필하는 것이다. 세번째는 신뢰 있는 제3 기관이 발급하는 거래안전 및 신뢰 인증마크를 고객에게 보여줌으로써 고객과의 신뢰관계를 구축하는 것이다. 산업자원부의 eTrust 인증을 통과한 쇼핑몰의 메인 페이지에 해당마크를 게시하는 것이 그 예라고 할 수 있다. 끝으로, 커스토마이징 및 개인화 기법은 고객 고유의 니즈를 보다 효과적으로 충족시킴으로써 상거래 사이트에 대한 만족도를 높이게 된다. 이러한 기법을 적용할 경우, 사용자 니즈와 부합되는 인터페이스에 익숙해진 고객이 다른 사이트로 떠나기가 더 어려워진다. 고객에게 전환비용을 발생시키기

그림 6-6 전환불능성을 통한 가치창출의 예시

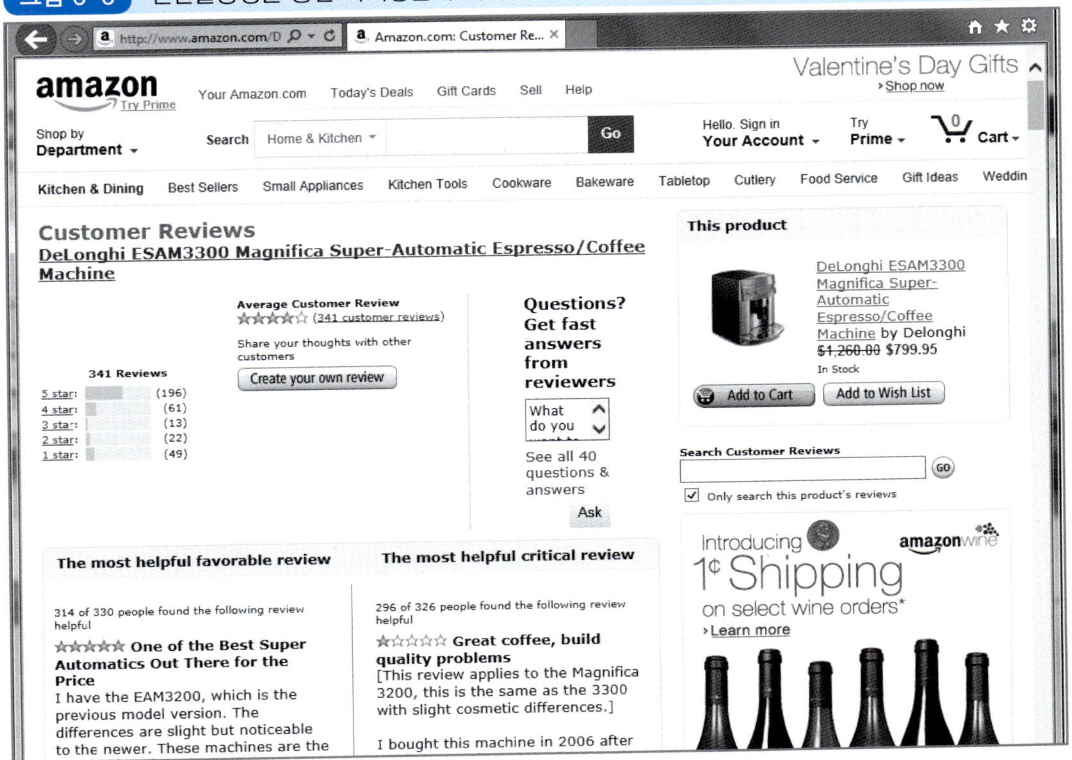

▶ 아마존의 고객평 코너에 수록된 델롱기 에스프레소 메이커 제품의 사용경험 의견들은 잠재적 구매자의 구매결정에 직접적으로 영향을 미침으로써 네트워크 외부효과를 발생시키므로, 사용자들의 고객충성도 제고에 기여한다.

위한 위의 방법들은 고객들이 경쟁사로 옮겨가기보다는 그 기업에 대해 더 높은 충성도를 유지하게 하는 데 기여할 수 있다.

전환불능성을 실현할 수 있는 또 하나의 수단은 **네트워크 외부효과**(network externalities)이다. 네트워크 외부효과란 어떤 제품을 사용함으로써 다른 이들에게도 그 제품의 가치가 증가하는 것을 의미한다. 전화기를 많은 사람들이 가지고 있을수록 더 많은 사람들과 연락을 취할 수 있고, 이로 인해 네트워크 내에 있는 모든 전화가 더욱 유용해지고 가치를 가지게 된다. 전자상거래 사이트에서는 주로 고객 커뮤니티에서 사용자 간 온라인 대화 기능을 통해 네트워크 효과가 나타난다. **그림 6-6**에서 볼 수 있듯이, 고객 커뮤니티에서는 고객들의 제품사용 경험에 관한 의견을 서로 교환할 기회가 많기 때문에, 사용자가 어떤 제품을 소비하면서 인식하는 효용가치가 동일 제품을 소비한 다른 사용자들이 많을수록 같이 증가하게 된다. 네트워크 외부효과는 '직접적 외부효과'와 '간접적 외부효과'로 구분할 수 있다. 직접적 외부효과는 그 제품을 선택한 사람들이 증가함으로써 나타나는 외부효과를 뜻한다. 이동전화 네트워크에서 다른 사용자들이 동일한 방식(가령, CDMA)의 제품을 사용하거나 호환성 있는 제품을 사용하면 할수록 그 제품을 사용하는 사용자는 여러 사람과 대화할 수 있는 기회가 높아지기 때문에 효용이 증가하게 되는데, 이것이 바로 **직접적 외부효과**라고 할 수 있다. **간접적 외부효과**는 동일한 제품 또는 호환성 있는 제품을 사용하는 사용자가 증대하게 되면 그 제품과 보완성을 갖는 제품의 수요가 증대하게 되는 것을 말한다. 예를 들어, 휴대폰 제품의 사용자가 증가함에 따라, 이동통신 서비스의 수요가 늘어나는 경우이다. 또 컴퓨터 하드웨어 및 소프트웨어도 같은 개념이 적용될 수 있는 예에 해당한다.

새로움

전통적으로도 새 제품이나 서비스를 출시하거나 새로운 생산, 유통, 마케팅 기법을 개발한다든지 혹은 신규시장을 공략할 때마다, 혁신을 통해 가치가 창출된다. 또한 거래를 수행하는 방식을 혁신함으로써 선두주자 위치를 차지하는 기업들도 있다. 예를 들어, **이베이**(ebay.com)는 대규모의 소비자 간 경매를 실시한 첫 회사로서 개인들 간에 저가 품목들도 성공적으로 매매하는 비즈니스 모델을 구축했다. **그림 6-7**에 예시된 **프라이스라인**(priceline.com)은 구매자가 필요 물품 및 최저가격을 명시하고 판매자들이 가격을 제시하는 새로운 비즈니스 모델을 구축했다. 오토바이텔은 잠재적 구매자들과 차 딜러들과 금융기관들과 보험회사들을 온라인으로 상호 연동시킴으로써 집에서도 원스톱 쇼핑을 할 수 있도록 차 소매판매 프로세스를 혁신시켰다. 이 기업들은 거래수행 방식을 혁신시킴으로써 가치를 창출하는 데 성공했다. 이들은 기존에 서로 연결되지 않았던 거래대상자들을 온라

그림 6-7 새로움을 통한 가치창출의 예시

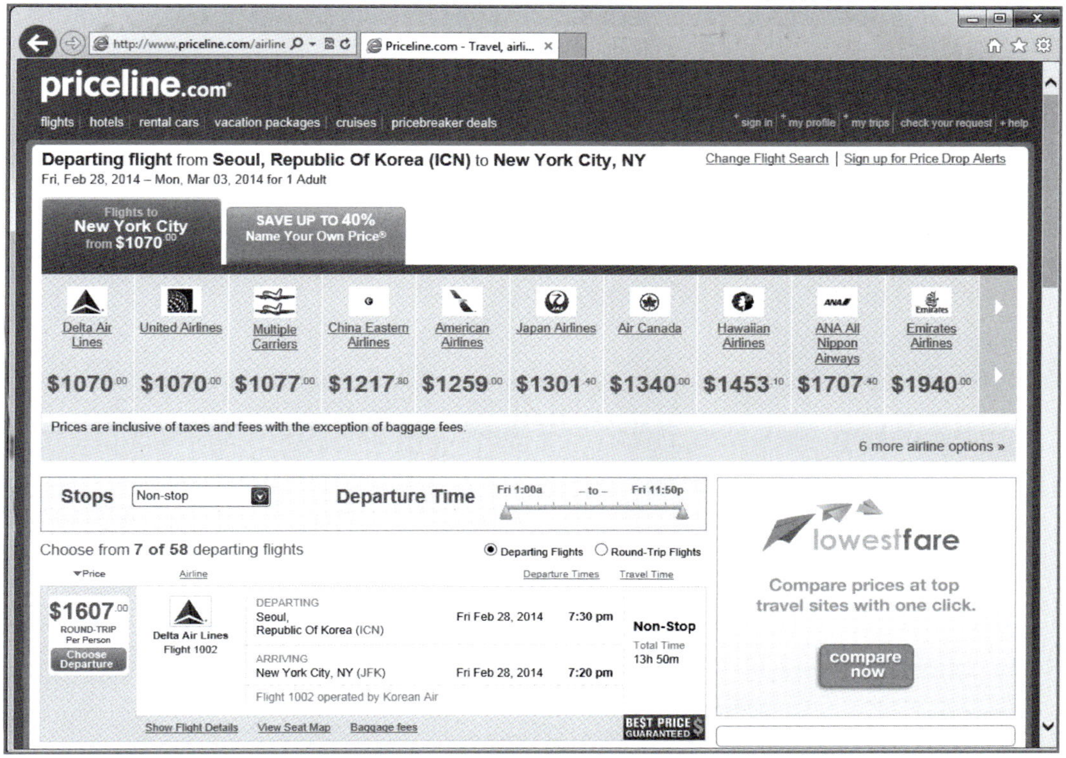

▶ 서울에서 뉴욕까지의 항공티켓이 필요하다는 고객의 요청에 따라 해당 항공사들의 티켓 값들이 실시간으로 파악되어 제시되는 프라이스라인사의 비즈니스모델은 새롭고 독특한 것으로 평가되고 있다.

인으로 연동시키고, 혁신적인 거래방법을 통해 매매 프로세스에 존재하던 비효율성을 제거하며, 완전히 새로운 시장을 창출함으로써 가치를 창출하였다.

가상시장의 고유한 특성 때문에, 온라인 기업이 혁신을 통해 가치를 창출할 수 있는 방법들은 수없이 많다. 가령, MP3 플레이어와 이어폰과 음악다운로드 서비스처럼 서로 상호보완적인 관계에 있는 제품 및 서비스들을 정교하게 번들링하여 시장을 공략할 수 있다. 또 제3자 기업과의 제휴 프로그램을 이용하여 다른 인기 있는 웹사이트로부터 트래픽 유입을 효과적으로 유도하고, 제휴기업에게는 추가 방문자들의 거래로 인해 발생한 매출액에 대해 보상을 해주는 방법도 있을 것이다.

가치창출에 기여하는 새로움은 전환불능성과도 관련이 높다. 새로움으로 승부하는 혁신적인 전자상거래 기업들은 고객을 유치하고 또 유지하는 데 더 유리한 위치에 있다. 이 기업들은 새로운 아이디어로 시장을 선점해 고객을 끌어 모으고, 브랜드 인지도를 높여 전환비용을 발생시킴으로써 이들이 이탈하지 못하게 한다. 또한 새로움은 상호보완성과도 관계가 있다. 일부 온라인 기업들은 보완적인 제품들에서 혁신을 추구한다. 미국의 한 컴퓨터 소매업체인 사이베리안 아웃포스트(Cyberian Outpost)는 온라인상에서 컴퓨터의 부분품별로 고객이 다양한 제품들 중에서 직접 선택할 수 있는 시스템을 제공함으로써 혁신적인 비즈니스 모델을 구축했다. 컴퓨터 본체, 모니터, 프린터와 같은 이들 부분품들은 상호 보완적인 관계에 있으므로 고객들은 자신의 니즈에 맞게 이들 요소들을 결합시켜 시스템을 구성하는 데서 큰 매력을 발견하고 있다.

현·장·사·례 Electronic Commerce

독특한 콘텐츠로 고객가치를 창출하는 데 성공한 워싱턴포스트 신문

워싱턴포스트 신문의 웹사이트인 Washingtonpost.com의 뉴스룸은 한 가지 예외만 빼면 인쇄매체 신문의 뉴스룸과 크게 다르지 않다. 그 예외란 전국의 온라인신문 뉴스룸들이 인수합병, 해고 등으로 자리가 텅텅 비어있을 때, 이곳의 스탭은 오히려 그 수가 늘고 있다. 워싱턴포스트사가 운영하는 Washingtonpost.com은 점차 전망이 밝아지고 있는 온라인 벤처사업과 쇠퇴의 길을 걷고 있는 인쇄매체 상품이 더욱 대조를 이루고 있는 뉴스미디어 산업에서는 성공스토리로 알려져 있다.

마치 쌍둥이 같은 이들 온라인 및 오프라인 매체 사업은, 비록 각기 서로 다른 운명을 맞고 있지만, 생존하기 위해 서로 의존하고 있다. 그러나 온라인 매출이 인쇄 상품 매출을 대체하게 될지, 전국의 이용자들을 겨냥하는 웹사이트가 현지 시장도 지배할 수가 있을지 많은 의문들이 남아있다.

이 회사의 최고경영자인 도날드 그라함은 이러한 불확실성에 대해 수긍을 한다. 신문 비즈니스가 지금부터 20년 후 어떻게 변할지 알 수가 없다고 2006년 12월에 개최된 한 컨퍼런스에서 그는 밝혔다. 그라함이 이 컨퍼런스 및 회사회계보고서에서 발표된 손실요인들 거의 대부분이 인쇄버전 신문인 워싱턴포스트에서 온 것으로 나타났다. 이 회사의

종이신문 사업은 2006년 한 해 동안 유료독자 중 3%가 감소했고, 광고수입은 4%가 줄었으며, 또 구인/구직광고 매출은 14%가 하락했다. 광고매출액 측정지수가 4사분기에는 거의 두 배 가량 급속하게 감소해, 앞으로도 지속적인 손실이 예상되고 있다.

반면, 그라함 회장은 워싱턴포스트사의 자회사인 워싱턴포스트-뉴스위크-인터액티브(WPNI)와 관련된 희소식을 자랑했다. WPNI는 매출이 28% 증가하고 고유 온라인 방문자 수는 11%가 늘었다고 한다. 현재로서는 washingtonpost.com이 이 자회사에서 운영하는 가장 큰 사이트지만, 그 외에도 Newsweek.com, Slate, Budget Travel Online 등의 웹사이트도 WPNI사가 운영을 맡고 있다.

Washingtonpost.com은 마치 아주 큰 개에 달려있는 힘찬 꼬리와도 같다. 온라인 사업부문은 이 회사의 전체 광고수입 중 14.5%를 발생시키고 있다. 이 수치는 전국의 평균 수치에 비해 거의 두 배나 되지만, 그라함은 신중하게 미래를 내다보고 있다. 만

일 이 회사의 주주가 5~10년 후 이익이 얼마나 될지 궁금해한다면, 자신을 답변을 줄 수 없다고 말한다.

워싱턴 D.C.사무소에서 인쇄매체 신문을 발행하는 워싱턴포스트 신문사는 625명에 달하는 보도기자, 편집자, 사진기자들이 있는 데 반해, Washingtonpost.com의 제작진은 85명에 불과하다.

Washingtonpost.com은 단지 인쇄매체 버전에 수록되는 기사들을 포장하는 일만 하는 것은 아니다. 이 사이트는 오리지널 보도 및 멀티미디어 응용 부문에서 에미상 등 수많은 수상경력을 지니고 있다. 사이트를 방문해 보면 클릭하는 데만도 여러 시간이 소요될 만큼 값진 콘텐츠가 풍부하다. 물론 인쇄 버전 신문의 내용을 모두 온라인으로 접할 수 있지만, 이는 단지 시작에 불과하다. 온라인으로 기자들과 채팅도 나눌 수 있고, 수상경력 있는 기록영화도 볼 수 있을 뿐 아니라, 벚꽃이 피는 장면을 사진으로 감상할 수도 있다. 또 인기 있는 신앙 블로그에 가면, 신학적 질문에 대해 유명 패널멤버들이 참여하는 깊이 있는 토론을 즐길 수가 있다.

이와 같이 Washingtonpost.com이 종이신문의 모든 정보 및 그 밖의 콘텐츠를 제공하고 있지만, 이 둘 간의 가장 큰 차이점은 웹신문이 무료라는 점이다. WPNI의 최고경영자 및 발행인인 캐롤린 리틀에 의하면, 워싱턴포스트사가 WPNI를 1993년 설립한 이래 온라인 콘텐츠를 무료로 제공해온 것은 회사의 중요한 전략적 선택이었다. 무료 콘텐츠 모델이야말로 회사 사이트의 방문 트래픽을 성공적으로 키울 수 있는 방법이었다. 월스트릿 저널이나 뉴욕타임즈는 모두 유료 모델을 고집하고 있지만, 무료 모델의 대안이 있는 경우에는 유료 모델은 실패할 수밖에 없다고 전문가들은 말한다. 즉, 무료 모델로 서비스하는 Washingtonpost.com이 이들 경쟁사들의 잠재고객들을 흡수했다는 의미다. 비록 오프라인 매체의 사업은 다소 위축되었지만, 온라인 사업이 계속 성공을 지속함에 따라, 워싱턴포스트는 웹기반비즈니스가 회사에 더욱 밝은 미래를 가져다 줄 것으로 기대하고 있다.

▶ 출처 : Knowledge@Wharton, "Web vs. Print: Online Successes at One Newspaper Raise More Questions Than They Answer," April 4, 2007; www.washingtonpost.com, 2014. 1. 20. 참조.

전자상거래 성공측정 모델

온라인 기업들은 앞서 소개한 가치창출 기여요인들을 통해 빠른 속도로 기업을 성장시키기 위해 끊임 없는 노력을 경주하고 있다. 그렇다면, 이러한 노력을 통해 기업이 전자상거래에서 얼마나 성공을 거두었는지 측정할 수 있을까? 측정이 가능하다면, 어떤 척도들을 통해 성공의 정도를 측정할 수 있는 것일까? 이러한 질문에 답하는데 응용할 수 있는 모델이 있는데, 이른바 들론과 맥클린(DeLone & McLean, 2003)의 웹기반 정보시스템 측정 모델이 바로 그것이다. 아래에서는 이 모델의 개념 및 응용에 대해 알아보기로 한다.

전자상거래 성공측정 모델

들론과 맥클린은 본래는 전통적인 정보시스템의 성공모델을 1992년 제시하였으나, 2003년에는 웹기반의 정보시스템 환경에 적합하도록 수정된 모델을 다시 제안하였고, 2004년에는 해당모델을 전자상거래 환경에 응용할 수 있음을 발표하였다. 전자상거래 시스템에 투자한 기업은 이러한 모델을 토대로 투자로부터 발생된 효익을 어느 정도 가늠해볼 수 있다는 점에서, 이 모델에 대해 관심을 가져볼 필요가 있을 것이다.

이 모델을 제시한 두 연구자인 들론과 맥클린은 웹기반 전자상거래 시스템의 성공을 측정하기 위한 6가지 차원들을 제시하고 있다. **그림 6-8**에서 볼 수 있듯이, 이들 차원은 정보품질, 시스템 품질, 서비스 품질, 시스템 이용, 사용자 만족도, 그리고 순효익이다. 화살표들은 이들 차원들 간의 영향관계를 표시하고 있다. **표 6-2**는 전자상거래 시스템의 성공을 측정하는 데 있어 각 차원이 지니는 의미를 설명하고 있다. 아래에서는 이들 개별차원의 개

그림 6-8 웹기반 전자상거래 성공측정모델

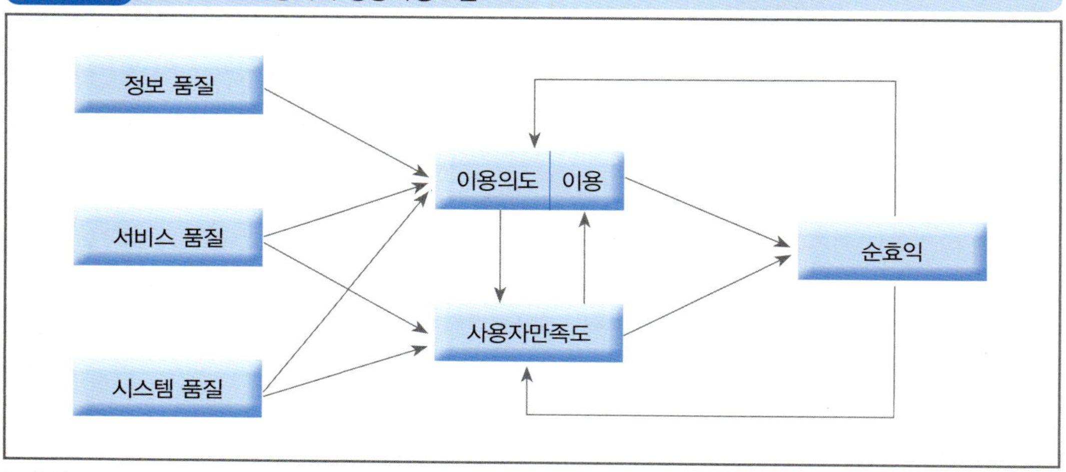

▶ 출처: DeLone & McLean, 2004.

표 6-2 전자상거래 성공측정 차원들의 의미

차 원	설 명
정보 품질	전자상거래 사이트의 콘텐츠의 질을 의미함; 콘텐츠는 개인화되고, 정확하고, 완전하고, 관련 있고, 이해가 용이해야 함
시스템 품질	인터넷환경에서 전자상거래 시스템의 기술적 특성을 나타냄; 시스템은 사용이 용이하고, 접속가능하고, 안정성이 있고, 신속한 반응을 보여야 함
서비스 품질	전자상거래업체가 사용자에게 제공하는 전반적인 지원서비스를 의미함; 사용자는 곧 고객이므로, 지원서비스의 질은 매출에 직접적인 영향을 미칠 수 있음
시스템 이용	사이트 방문에서부터 사이트 내에서의 페이지 이동, 거래수행에 이르기까지 사용자의 전반적인 이용과정을 측정함
사용자만족도	전자상거래 시스템에 대한 고객의견을 측정함; 고객의 전반적인 사이트 이용과정(가령, 주문, 결제, 지원서비스 등)에 대해 만족도를 측정할 필요가 있음
순효익	전자상거래의 궁극적인 성과를 측정한다는 점에서 매우 중요함; 기업은 물론 고객, 공급사, 직원, 시장, 산업 등 다양한 측면에 대한 영향을 측정함

념 및 세부 척도들에 대해 알아보기로 한다.

개별 차원들의 세부 척도

- **정보 품질**: 웹기반의 전자상거래 사이트에서 정보품질이란 웹사이트 콘텐츠의 질적 측면을 의미한다. 정보 품질이 우수한 웹사이트는 고객의 방문을 유도하며 궁극적으로는 비즈니스 성공에 기여한다. 콘텐츠는 고객이 웹사이트를 방문하는 데 있어 중요한 영향을 미치는 웹사이트 구성요소이다. 정보품질의 주된 척도는 개인화, 정확성, 완전성, 관련성, 그리고 이해용이성이다.
- **시스템 품질**: 웹사이트가 아무리 우수한 질의 정보를 제공한다 해도, 이를 제공하는 기술적 기반이 취약하면 웹사이트 사용자에게 불만의 원인을 제공할 수 있다. 전자상거래 사이트에 있어 시스템 품질을 결정하는 요소들은 커스토마이징, 내비게이션, 용이성, 로딩속도, 시스템 안정성, 프라이버시, 그리고 보안이다. 커스토마이징은 사용자 니즈에 부합되는 사이트 사용환경을 제공한다는 점에서 중요한 시스템 품질의 척도이다. 그 외의 척도들은 제7장의 전자상거래 성공요인 부분에서 상세히 살펴보기로 한다.
- **서비스 품질**: 사용자가 시스템을 이용하는 과정에서 필요로 하는 지원서비스는 사용자 만족에 결정적인 영향을 줄 수 있다. 서비스 품질의 수준은 이메일 문의에 대한 답변, FAQ(자주 묻는 질문모음)의 답변, 주문추적 기능 등과 같은 온라인 지원기능들을

통해서 가늠할 수 있다. 동시에, 전화문의 대응과 같은 오프라인 지원능력을 참고하면 서비스 품질수준을 더 정확하게 측정할 수 있을 것이다.

- **시스템 사용**: 고객이나 공급사에 의한 시스템 사용은 전자상거래 시스템의 효과성을 나타내는 주요 변수 중의 하나이다. 우수한 전자상거래 시스템일수록 시스템을 더 자주 혹은 더 오랜 시간 동안 사용할 수 있을 것으로 예상될 수 있다. 그러나 이와 같은 양적인 척도 이외에, 질적인 척도도 함께 고려할 필요가 있다. 이를테면, 정보검색 키워드, 고객서비스 요청사항, 최다접근 페이지, 페이지 이동경로 등을 검토하면 시스템의 사용패턴은 물론, 사용자들의 니즈나 요구사항까지도 더 정확히 파악할 수 있다.
- **사용자만족도**: 웹사이트상에서의 사용자만족도의 개념은 '사이트 체험의 질'의 개념에 기초하기 때문에, 만족도의 측정은 사이트를 직접 이용해본 방문자를 대상으로 하게 된다. 전자상거래 환경에서 사용자만족도는 시스템에 관한 고객의견을 반영하며, 정보 조회에서 구매, 대금결제, 제품수령 및 서비스에 이르는 전반적인 고객체험 주기를 대상으로 조사되어야 한다.
- **순효익**: 전자상거래 시스템의 궁극적인 영향을 측정하기 위한 차원이 순효익이므로, 시스템 성공의 측정에서 매우 중요하게 다루어져야 하는 부분이다. 개인, 집단, 기업, 산업의 각 관점에서 순효익을 측정할 수 있다. 개인 사용자는 쇼핑 시간 혹은 노력을 줄일 수 있고, 온라인 쇼핑의 재미를 즐기며, 온라인 판촉프로그램을 통해 구매가격을 절감할 수 있다. 판매팀의 경우에는, 전자상거래 시스템을 통해 팀원들 간의 커뮤니케이션 및 조정관리를 향상할 수 있다. 기업의 경우에는, 브랜드 인지도 향상, 고객 충성도 제고, 매출 증대 등 다양한 척도들을 통해 직간접적인 효익들을 측정할 수 있다. 순효익에 관해서는 제3절에서 더 상세하게 다루기로 한다.

6.3 전자상거래의 효과와 미래영향

전자상거래의 효과

인류역사에서 전자상거래만큼 다양한 효과를 제공하는 발명도 찾아보기 어렵다. 전자상거래 기술의 글로벌 보편성, 낮은 비용, 수많은 사람들에의 접근성, 상호대화적 속성, 시간과 공간의 장벽의 해소 등 장점이 매우 많다. 이제 이 효과들을 기업 관점과 개인 관점의 두 가지로 나누어 살펴보기로 한다.

기업관점

- **비용절감**: 일반적으로 B2B 전자상거래의 모체는 EDI라고 할 수 있으며, EDI는 상거래 절차에 발생하는 정형화된 문서를 조직 간에 전자적으로 교환함으로써, 데이터 재입력의 배제를 통한 오류의 방지, 시간과 비용의 절감 등 조직의 효율성 증진을 목적으로 사용되기 시작하였다. EDI기반의 전자상거래는 주문 및 결제와 관련한 문서의 작성 및 전달 비용을 크게 절감시켜 주고 있다. 뿐만 아니라 재고량도 줄어들어 제품을 창고에 저장하는 비용도 절감되는 효과가 있다. 또한 온라인 소매점(digital storefront)의 경우에는 전통적 매장에서 요구되는 물리적 공간 및 판매인력이 필요 없어 점포운영비가 크게 줄어들게 된다. 그리고 생산자가 소비자와 직거래를 하는 경우에는 중개자가 사라짐으로 인해 중간 유통비용이 줄어들어 이윤 증대에 기여한다.
- **대응속도 향상**: 고객주문의 접수에서부터 제품의 발송까지 전체적인 절차를 전자상거래 기술을 통해 자동화함으로써 처리시간(cycle time)을 단축시켜 주기 때문에 고객이 주문한 제품을 보다 빠르게 받을 수가 있다. 또한 고객의 문의사항이나 불만사항에 대한 대응에 대해서도 전화와 같은 기존 채널 이외에도 웹이나 이메일을 이용해 수시로 커뮤니케이션 함으로써 고객대응 속도의 향상을 기대할 수 있다.
- **고객 베이스의 확대**: 오프라인 상점의 경우에는 쇼핑을 위해 물리적 이동이 불가피하므로 상점에 손쉽게 방문할 수 있는 지역에 사는 사람들이 주고객이 되겠지만, 사이버 공간상에서는 잠재고객들의 범위가 현지에 국한되는 것이 아니라 글로벌 규모로 확대되기 때문에 온라인 상점으로서는 매출증대의 효과를 기대할 수 있다. 또 오프라인 상점으로서 온라인 판매기능을 추가한 온-오프 병행 상점의 경우에는 판매채널이 추가됨에 따라 온라인 및 오프라인 고객에 의해 판매가 크게 늘어날 수 있다.
- **규모에 관계없는 경쟁관계**: 인터넷 공간에서는 대기업이나 중소기업이나 대등한 관계에서 공정하게 경쟁할 수가 있다. 흔히 오프라인 쇼핑에서는 기업의 브랜드이미지뿐 아니라 매장의 위치, 규모, 인테리어 등 많은 물리적인 요소들이 고객의 방문을 크게 좌우하기 때문에 중소규모의 재래매장은 고객들의 발길이 뜸한 실정이다. 그러나 사이버공간상에서 소비자들은 기업의 인지도 및 외형규모보다는 웹사이트상에 수록된 상품 및 가격정보에 의해 더 민감하게 반응한다. 따라서 중소기업도 창의적인 전자상거래 전략을 가지고 소비자의 니즈에 가깝게 다가간다면 대기업과 당당하게 경쟁할 수가 있다.

개인 관점

- **선택의 폭 확대**: 전자상거래를 통해 쇼핑을 하는 소비자들은 인터넷의 전자시장에 존

재하는 수많은 공급자와 수많은 제품을 대상으로 원하는 제품을 선택할 수가 있어 소비자로서는 제품 선택의 폭이 크게 확대되는 효과를 기대할 수가 있다. 특히 재래상점은 점포의 물리적 공간에 의해 판매 가능한 상품의 수가 제한되는 문제가 존재하지만, 웹기반 소매점에서는 수만 내기 수십만 가지의 상품에 대해서도 온라인 카탈로그를 구축해 판매할 수 있기 때문에 훨씬 큰 제품 선택의 폭을 제공한다.

- **저렴한 가격의 구매**: 앞서 전자시장의 개념을 소개하면서 언급하였듯이, 소비자들은 인터넷 공간에서 많은 제품들을 비교해 가면서 쇼핑할 수가 있어 재래시장에 비해 더 저렴한 가격에 제품을 구매할 수가 있다. 뿐만 아니라 요즘에 와서는 www.naver.com이나 www.nate.com과 같은 검색 에이전트를 이용하면 특정제품에 대한 쇼핑몰들의 가격을 실시간으로 조사해서 가격 순서로 나열해 주기 때문에 낮은 가격의 제품을 찾기가 보다 용이해졌다.
- **편리한 쇼핑**: 전통적인 매장에서는 하루 중 정해진 시간에만 제품을 판매하므로, 직장 근무로 인해 쇼핑할 시간을 찾기 어려운 고객에게는 전자상거래만큼 편리한 쇼핑 방법이 없다. 모든 온라인 쇼핑몰들이 1년 365일, 1일 24시간 운영되고 있어 시간과 장소에 구애받지 않고 편리하게 쇼핑을 즐길 수가 있다.

지식기반 경제에 미치는 영향

전자상거래의 발전은 기업, 소비자 등 경제주체 간 상호작용을 용이하게 하고, 지식자본의 중요성을 제고하여, 지식기반경제로의 이행에 촉매제 역할을 한다. 이제까지의 새로운 경제체제로의 변환은 기존의 축적된 경제적 잉여를 활용하려는 노력과 신기술이 결합되면서 발생하는데, 철제도구의 사용이 농경사회의 정착을 가져왔었고, 증기기관과 공장제 생산조직이 결합되어 발생한 산업혁명을 통해 산업사회가 도래하였다. 같은 맥락에서 정보통신기술을 기반으로 한 전자상거래의 발전은 세계화된 경제환경 속에서 정보와 지식의 부가가치를 극대화하여 새로운 경제체제로의 변환을 초래할 것으로 예상된다.

전자상거래는 인터넷 및 전자적 네트워크를 통해, 전 세계 시장을 대상으로 제품과 서비스의 구매 및 판매를 가능케 하는 것으로, 글로벌 규모의 시장을 보다 낮은 비용으로 접근할 수 있는 기회를 사업자에게 제공한다. 즉, 정보통신기술을 기반으로 한 전자상거래의 발전은 가치사슬(value chain)상의 모든 참여기업들 간의 상호작용을 용이하게 하고, 기존에 비해 고객의 권한을 강화함으로써 시장구조와 기업구조의 근본적인 변화를 초래하고 있다.

나아가 전자상거래에 의한 부가가치의 창출은 정보의 효과적인 활용에 기인하는 만큼 지식자본의 중요성이 더욱 제고될 것이다. 지적 자본은 경제 · 정치 · 문화 각 분야에서 부가가치 창출에 활용 가능한 지식의 총체를 일컫는 것으로 국가경쟁력의 원천으로 작용한다. 그러므로 지속적인 성장을 보이는 국가와 기업은 지적 자본을 가장 효과적으로 활용하고 있으며, 정보와 지식의 생성, 유포 및 이용이 부가가치를 창출하는 가장 핵심적인 요소로 작용하는 경제체제로의 전환을 주도하고 있다. 결국 전자상거래의 발전은, 경쟁기업에 비해 정보와 지식의 활용과 축적면에서 우월한 기업이 성공하고, 지적 자본을 효과적으로 활용하는 국가를 경쟁력 있게 하여, 현 경제체제를 산업기반경제에서 지식기반경제로 이행하게 하는 촉매제 역할을 수행할 것이다. 즉, 현재 진행되는 경제적 변혁은 전 세계 기업간 무한경쟁의 글로벌화(globalization)와 경제적 부가가치 창출력의 비중이 물적 자본에서 지적자본으로 이동하는 지식기반경제(knowledge-based economy)로의 이행이다. 전자상거래는 이러한 경제적 변혁의 중심에 위치하여 앞으로 우리 경제가 나아갈 방향에 지대한 영향을 미칠 것이다.

전자상거래의 미래-모바일 상거래

오늘날 온라인 고객들이 사용하는 전자상거래 서비스는 개인 컴퓨터로 유선 네트워크에 접속하는 것을 전제로 하고 있다. 그러나 최근 들어 휴대폰 등 이동통신 단말기를 이용하여 무선 네트워크를 중심으로 상거래 서비스를 이용하는 모바일 상거래(M-Commerce: mobile commerce) 시대가 점차 확대될 것으로 전망되고 있다. 특히 국내의 경우, 이동통신 산업과 다른 산업(가령, 유통, 금융, 콘텐츠 등) 간 융합이 보다 활발해 지면서, 모바일 기술을 기반으로 한 전자상거래가 본격화될 것으로 보인다.

모바일 상거래의 개념

모바일 상거래란 휴대폰 및 PDA와 같은 무선 휴대단말기를 통해 제품 및 서비스를 사고 파는 새로운 형태의 전자상거래를 뜻한다. 모바일 상거래는 사용자가 인터넷 회선을 찾을 필요 없이 언제 어디서나 인터넷에 쉽게 접속할 수 있는 장점이 있다.

요즘 무선 단말기를 통한 콘텐츠의 전달이 더 빨라지고 보안성이 향상되고 있어, 디지털 상거래의 주요 수단으로서 무선 상거래가 유선 상거래를 앞지를 것이라는 관측이 우세해지고 있는 추세이다. 모바일 상거래가 응용될 수 있는 산업들을 예시해 보면 다음과 같다.

- **금융서비스 산업**: 휴대 단말기로 주가확인은 물론 주식매매까지 할 수 있는 주식중개 서비스, 그리고 휴대 단말기를 이용해 계좌를 조회하고 대금 고지서를 납부할 수 있는 모바일 뱅킹 서비스
- **통신산업**: 인터넷, 유선전화, 무선전화 등 서비스의 고객이 휴대 단말기를 이용하여

서비스 변경, 이용대금 납부, 계정조회 등을 수행
- **서비스/유통 산업**: 소비자가 이동중에도 주문을 하고 결제도 할 수 있음
- **정보서비스 산업**: 뉴스, 스포츠, 교통상황 등의 정보를 모바일 단말기로 전송받아 이용함

특히 최근 들어서는 GPS칩이 탑재된 스마트폰이 대중화되면서 **위치기반서비스**(location-based service)가 모바일 상거래의 새 화두로 떠오르고 있다. 모바일 상거래 업체 측에서는 이용자의 현 위치를 실시간으로 추적할 수 있기 때문에 현지 상점의 할인쿠폰 전달, 현지 상점에 관한 이용후기 제공 등 이용자들의 편의를 높일 수 있는 서비스들을 제공할 수 있다.

주요 프로토콜

모바일 상거래를 가능하게 하는 주된 새 기술은 WAP(Wireless Application Protocol)이다. 이제까지 이동전화를 통해 인터넷을 사용하기 위해서는 이동전화용 모뎀 카드를 장착한 노트북 컴퓨터를 단말기와 연결해야만 했다. 그러나 WAP을 기반으로 한 무선 인터넷은 이러한 기존 방식과는 다르다. WAP은 인터넷상의 표준 언어인 HTML로 작성된 문서를 이동전화로 전송하거나 수신하는 경우 발생하는 속도문제 등을 해결하기 위해 개발되고 있는 새로운 프로토콜이다.

WAP은 웹용 미니 브라우저가 탑재된 모바일 단말기의 사용이 아시아나 미국보다는 훨씬 앞서있는 유럽에서 더 널리 단말기에 적용되고 있다. 모바일 시장의 성장 가능성을 기대하고 있는 일부 단말기 제조업체들은 관심있는 이동통신 서비스회사들과 공동으로 WAP 기반의 차세대 스마트 폰을 개발하기 위해 노력하고 있다. 블루투스 기술을 이용해 팩스, 이메일 및 전화 등의 기능들을 제공하고 있는 스마트폰은 이동이 많은 근로자들에 의해 모바일 상거래 단말기로 사용될 수 있는 가능성이 높아지고 있다.

향후 트렌드

우리나라는 이동통신 서비스 시장의 성장 가능성이 높기 때문에, 모바일 상거래의 발전이 가속화될 것으로 전망되고 있다. 무선망이 개방되면 모바일 네트워크상에 독자 쇼핑몰 구축이 가능해져 통신 사업자 인프라를 활용하지 않고도 사용자가 직접 접속할 수 있는 독자적인 무선 인터넷 쇼핑몰을 선보일 수 있다. 또한 상품 검색과 실시간 구매를 동시에 할 수 있는 기반이 확충될 것으로 보인다.

모바일 상거래 관련 기업들의 주요 관심사는 모바일 환경에서 기존의 티켓 예매 외에도 경매, 상품가격 비교, 콘텐츠 등 무선에 적합한 상품 개발에 모아질 전망이다. 복잡한 접속

환경을 단순화시키려는 업체의 노력도 가속될 것이다. 이는 모바일 상거래의 확대를 위해서는 지불 시스템에 대한 보안성, 신뢰성과 함께 사용용이성이 갖춰져야 하기 때문이다.

이와 함께 모바일 결제의 확대를 위해 은행, 상점, 이동통신회사, 소프트웨어 제공업체 등이 협력해 기술적 표준뿐만 아니라 수수료 배분문제 등의 문제를 해결하려는 움직임이 활발히 이루어질 것으로 보인다. 휴대폰뿐 아니라 PDA에서 구현될 수 있도록 단말기 인터페이스에 관한 연구개발 노력도 업계가 지속적으로 해나갈 것이다.

토·의·문·제

Electronic Commerce

01 전자상거래 기업이 전통적 상거래 기업과 다른 점들을 알아봅시다. 소비자 관점에서 볼 때, 전자상거래와 전통적 상거래의 각 매력 포인트는 무엇이라고 생각하는가?

02 우리 주변에서 예전에 한때 존재했으나 지금은 파산하여 시장에서 사라진 전자상거래 기업들 세 개를 찾아보고, 이들 각 기업에 대해 전자상거래 실패요인이 무엇인지 논의해 보자.

03 본문에서는 전자상거래 기업이 가치를 창출할 수 있는 네 가지 요인은 효율성, 상호보완성, 전환불능성 및 새로움이라고 설명하고 있다. 이들 각 요인을 통해 가치를 창출하는 데 성공한 국내 혹은 국외 사례를 하나씩 제시하고, 각 사례기업이 구체적으로 어떻게 가치를 창출하게 됐는지를 설명하시오.

04 들론과 맥클린의 웹기반 정보시스템 성공모델을 이용해, 국내 전자상거래 사이트(가령, 쇼핑몰)의 전자상거래 성공을 측정해 보시오(단, 사이트 운영자의 도움 없이도 사이트의 온라인 관찰을 통해서만 측정이 가능한 척도들을 중심으로 측정할 것).

참·고·문·헌

Electronic Commerce

- 전자상거래 지원센터, "e-Biz 가이드," http://www.ecrc-korea.or.kr. 2014. 1. 30 참조.
- 홍일유 · 김동산, "재방문의도에 영향을 미치는 쇼핑몰 웹사이트 품질평가요인에 관한 실증적 연구,"「경영과학지」, 제23권 제1호, 2006년 5월.
- Amit, R. and C. Zott, "Value creation in E-business," *Strategic Management Journal*, Vol. 22, No. 6-7, 2001, pp. 493-520.
- Bushrod, Lisa, "Report on E-commerce Value Creation." *European Venture Capital Journal*, November 1, 2000.
- Chaudhury, Abhijit, Debasish Mallick, N. Rao, and H. Raghav, "Web Channels in Ecommerce,"

Communications of the ACM, January 2001.

- DeLone, W.H. and E.R. McLean, "Information systems success: the quest for the dependent variable," *Information Systems Research*, 1992, Vol.3, No.1, pp. 60-92.
- DeLone, W.H. and E.R. McLean, "The DeLone and McLean Model of Information Systems Success: A Ten-Year Update," *Journal of Management Information Systems*, 2003, Vol.19, No.4, pp. 9-30.
- DeLone, W.H. and E.R. McLean, "Measuring e-Commerce Success: Applying the DeLone & McLean Information Systems Success Model," *International Journal of Electronic Commerce*, Fall 2004, Vol.9, No.1, pp. 31-47.
- Eid, R., M. Truman, and A.M. Ahmed, "A Cross-Industry Review of B2B Critical Success Factors," *Internet Research*, 2002, Vol.12, No.2, pp. 110-123.

사례연구 온라인사업에서 철수한 리바이 스트라우스

■ 온라인 비즈니스의 런칭

1850년대에 설립된 의류 메이커인 리바이 스트라우스(Levi Strauss & Co.)는 진, 캐주얼 및 정장 바지, 셔츠, 재킷, 액세서리 등의 제품들로 패션 산업에서 잘 알려져 있는 기업이다. 브랜드 파워가 매우 강해 인터넷에서 판매하기 위한 온라인 상점이 두어 개는 필요했던 리바이사는 1990년대 후반 인터넷의 급부상 속에서 신경제의 흐름에 합류했다. 144년 전통의 이 의류 자이언트는 인터넷을 이용해 젊은 층의 소비자들과 직접 접촉함으로써 소중한 소비자 피드백과 지식을 수집할 온라인 전략을 수립했다고 리바이의 글로벌 마케팅 기술 이사인 캐드린 헨리는 말한다.

이전 3년 간 회사 매출이 내리 하락하며 어려움에 처하게 되자, 이에 대한 돌파구로서 전자상거래 대안을 찾게 됐다. 리바이는 미국 및 유럽의 소비자들을 겨냥하기 위한 25개의 사이트들을 통해 온라인 마케팅 시스템을 구축했다. 이 사이트에는 제품 및 마케팅 정보 이외에도, 회사 내력과 관련된 페

▶ 리바이 스트라우스사의 웹사이트(www.levistrauss.com).

이지들이 포함됐다. 또 15세부터 24세까지의 타겟 소비자계층에 초점을 맞춰 패션 및 문화관련 이슈를 다룬 페이지들도 존재했다.

웹사이트가 데뷔하고 잠시 후, 리바이 스트라우스는 아이캔디(I-candy)라고 불리는 새로운 마케팅 프로그램을 선보였다. MTV 및 Addicted to Noise와 같은 음악 사이트들을 포함한 다양한 웹사이트에서 깜빡 거리는 눈의 형태로 상호대화적인 광고가 게재됐다. 웹 이용자가 눈 모양의 버튼을 클릭하면, 상호대화적인 광고가 나타나 리바이의 브랜드를 홍보하는 방식이다.

리바이가 회사 웹사이트를 마케팅 목적으로 계속 활용하는 한편, 회사 경영진은 인기 높은 사이트를 쇼핑 목적지로 전환시키기 위한 작업에 착수하기 시작했다. 회사 시장점유율이 1990년의 30%에서 1998년의 17%로 하락했던 것으로 나타난 가운데, 리바이 스트라우스는 온라인 비즈니스를 이용, 출범해 잃었던 의류 시장을 다시 장악할 계획을 세웠다. 이 회사는 또한 고객들이 온라인이나 전화를 통해 리바이 브랜드 제품을 주문할 수 없는 데 대해 불평을 하기 시작하자, 전자상거래를 서둘러 시작하게 됐다.

그 결과로, 리바이는 캘리포니아의 실리콘밸리에 소재한 웹컨설팅업체인 USWeb사와 협력계약을 체결하고 두 개의 온라인 직판 사이트(levi.com과 dockers.com)를 구축했다. 리바이사는 전자상거래 파일럿 시스템을 1998년 11월 런칭하고, levi.com이 리바이 브랜드가 붙은 의류제품 라인 중에서 120개 품목을 판매하기 시작했다. 이 사이트에는 스타일 파인더(Style Finder)라는 툴이 있는데, 온라인 고객에게 패션, 음악, 엔터테인먼트 등과 관련된 일련의 질문을 한 뒤, 고객의 응답에 따라 의류제품을 제안하는 기능을 지닌 툴이었다.

■ 온라인 사업운영을 중단하다

리바이 스트라우스가 초기에는 전자상거래를 잘 운영하는 듯 해 보였지만, 전자상거래에 지나치게 역점을 두다 보니 이미 제품을 판매하던 소매상들과의 관계가 손상되기 시작했다. 리바이는 자사 사이트들을 데님 및 닥커스(Dockers) 제품들을 온라인으로 구매할 수 있는 유일한 채널로 만들어 논란거리가 됐다.

또, 첫 한해 동안, 리바이 닷컴과 닥커스 닷컴에서의 매출이 실망스러웠을 뿐 아니라 비용은 지나치

▶ 온라인 직판사이트인 리바이 닷컴(www.levi.com)과 닥커스 닷컴(www.dockers.com).

게 크게 발생함에 따라, 전자상거래 사이트의 존재 필요성에 대해 의문이 들기 시작했다. 결국 운영이 시작된 지 1년이 채 못되어, 이 회사는 연말 쇼핑시즌이 지나자마자 온라인 의류 판매를 중단하고, 대신 소비자들을 자신들의 제품이 가장 잘 팔리는 백화점 사이트인 macys.com 및 jcpenney.com으로 접속하도록 안내하기로 결정했다. 즉, 리바이 제품의 온라인 판매는 이 두 백화점에서 전담하기로 한 것이다. 리바이가 온라인 비즈니스를 중단한다는 결정은 제조기업이 소비자를 대상으로 한 판매활동을 하는 데 한계가 있음을 보여줬다.

시장점유가 줄어들며, 비용삭감을 위해 북미지역의 공장 중 11개 공장을 폐쇄하고, 인력을 해고해야 하는 문제에 봉착하게 됨에 따라, 리바이는 웹운영을 업그레이드하고 그 경쟁력을 유지하기 위해 필요한 지속적인 대규모 투자를 정당화 할 수가 없었다고 말한다. 따라서 리바이 사이트들은 이제 마케팅 및 판매촉진 기능에만 전념하기로 했다. 이들 사이트는 이제 리바이의 브랜드 이미지를 제고시킴과 동시에 웹 이용자들이 리바이의 소매업체 웹사이트에서 의류 제품을 구매하도록 독려하는 데 초점을 둘 계획이다. 결국, 소비자 대상 판매가 이 회사의 핵심역량은 아니며, 실제 핵심역량은 글로벌 스케일로 제품을 제조하고 그 공급망 성능을 향상시키는 것이라는 점을 리바이는 깨달은 것이다.

이러한 일련의 조치는 리바이 스트라우스에게 긍정적인 효과를 가져왔다. 우선 리바이 제품을 판매하던 소매업체들과의 관계가 개선됐다. 또 회사 매출도 그 전보다 더 나아지기 시작했다. 한 예로, J.C. 페니 웹사이트는 리바이 사이트가 12주 동안 판매했던 것보다 50%가 더 많은 금액의 제품을 단 6주 동안에 판매하는 기록을 보였다.

그 밖에도 어려운 난제들을 해결하기 위해, 리바이는 최고경영진을 새로이 재구성하고, 비즈니스 및 기술 기능들을 함께 통합시키는 일을 총괄하며 또 기술의 사용을 통해 경영목표를 달성하는 데 관해 전략적 방향 및 리더십을 제공토록 했다. 보스턴 소재의 조사연구기관 양키그룹은 아웃소싱 협력사와의 올바른 이비즈니스 관계를 구축하는 것이 중요하다고 강조했다. 인터넷 기반의 전자상거래 애플리케이션을 출범시키고자 하는 기업들은 필요한 네트워크 기능을 지원하기 위해 필요한 서버, 네트워크 및 애플리케이션 인프라를 재설계하고 통합하는 엄청난 과업을 수행할 수 있어야 한다고 양키그룹의 대표이사는 말한다.

■ 리바이의 온라인 사업은 왜 실패했는가?

리바이 스트라우스의 전자상거래 전략은 여러 가지 측면에서 정교한 구현이 부족했다. 우선, 고객들은 리바이 스트라우스사의 온라인 판매 런칭을 환영한 반면, 리바이 제품의 소매업자들은 달갑지가 않았다. 산업 분석가들은 리바이의 전자상거래 사이트의 중단조치가 의류 소매업자들의 거친 항의에 고개를 숙이게 된 결과라고 말한다. 리바이는 온라인 판매를 시작하면서, 리바이 및 닥커스 제품의 온라인 독점판매 권한을 보유했다. 이는 소매를 담당하던 시어즈 로벅, J.C. 페니 등 백화점들이 리바이 및 닥커스 제품을 웹상에서 판매할 수 없음을 의미했기 때문에, 결국 협력사들을 화나게 한 것이다.

이들 전통적인 소매업자들은 회사 매출의 큰 비중을 차지했으므로, 리바이와 소매업자들 간의 관계가 악화됨으로 인해, 기존의 매출이 타격을 입었을 것은 당연하다. 비록 리바이 대변인은 인터넷 판매가 기대에 미치기는 했다고 주장하면서도, 회사가 기존의 오프라인 소매점들과의 관계를 강화하는 데 주력했어야 했음을 시인한다. 향후 리바이의 새로운 운영방향은 이러한 목표를 지원하는 반면, 그 이전의 운영방향은 그와 정반대였다. 실제로, 리바이는 새 전자상거래 전략을 발표하면서, 메이시 및 J.C. 페니와 같은 대형 백화점들이 지난 크리스마스 쇼핑시즌부터는 진 제품들을 온라인으로 판매하게 된다고 밝혔다.

한편, 웹 기반 전자상거래를 시작한 리바이의 주요 목표는 고객과의 친밀성을 높이는 것이었다고 리바이의 헨리 이사는 말한다. 고객에게 가까이 다가가기 위한 웹사이트를 출범시키는 것이 단순한 일은 아니기 때문에 어려움이 있을 것을 알았다. 전자상거래 사이트는 구축하기가 복잡했고 기술을 지원하는 일도 만만치 않았다고 한다. USWeb측과의 협력을 통해 구축을 추진함으로써, 리바이는 무난하게 새 온라인 판매 사이트를 오픈할 수 있었다. 그러나 사이트의 일부 혁신적인 기능들에 대해 찬사도 받았지만, 리바이와 USWeb 간의 커뮤니케이션은 문제투성이였고, 리바이는 사이트를 기술적으로 지원하는 데 필요한 내부 전문성을 확보하는 데 실패했다고 헨리 이사는 밝혔다. 웹사이트를 구축할 때는 외부 전문업체와의 협력관계가 매우 중요하지만, 협력사들과 효과적으로 프로젝트를 추진하기 위해서는, 적어도 예상되는 시스템이 어떤 것인지 어느 정도는 알아야 하고 또 지원방법에 대해서도 지속적으로 이해하여야 한다. 그러나 리바이는 이 부분에서 미흡했다.

그 외에도 많은 문제들이 존재했다. 소매점들에게 대량으로 물품을 발송하는 데 익숙해 있던 리바이가 개인 소비자들에게 제품을 발송하는 과정에서 시행착오의 어려움이 컸다. 사이트에서는 유명한 리바이 501 블루진 제품라인을 판매하지 않았는데, 그 이유는 온라인으로 진 제품을 살 수 없어 미국 고객보다 더 높은 가격에 구매할 수밖에 없던 아시아 및 유럽의 고객들이 회사제품을 보이콧할지 모른다는 우려 때문이었다. 또 많은 고객들이 온라인 주문의 배송비용을 피하기 위해 계속 소매점에서 쇼핑하는 것으로 나타났다. 뿐만 아니라, 엉성한 반품방침으로 인해 소비자들은 온라인 제품을 구매한 후 이를 인근의 리바이 점포로 반품할 수가 없었고 우편으로만 반품을 해야만 했다. 즉, 온라인 상점과 오프라인 상점 간의 시너지를 발생시키는 노력이 부족했던 것이다.

그뿐이 아니었다. 리바이 스트라우스는 내부적인 혼란에 빠져있었다. 오랜 기간 회사의 대표이사로 재직했던 피터 재코비(Peter Jacobi) 사장이 1999년 1월 퇴임했다. 이전 3년에 비해 40%의 인력을 줄이면서, 회사는 필요인력의 부족으로 제품배송 문제로 허덕이게 되고 소매점들에 자사 제품들을 제대로 공급하지 못하는 문제까지 발생했다. 매출이 줄자, 리바이는 전자상거래 부문을 포함해 제반 비용을 삭감하는 결정을 내릴 수밖에 없었다. 결과적으로, 전자상거래 사이트의 광고예산이 삭감됐다. 회사의 원만한 재정지원을 받지 못하는 상황에서, 성공적인 사이트로 성장시키는 데 필요한 웹트래픽을 유인하는데 실패하자, 온라인 경쟁사들과의 경쟁에서도 뒤쳐지는 결과를 맞게 됐다. 업친데 겹친 격으로 회사 웹운영을 담당하던 기술직원들 다수가 다른 인터넷 기업들로 자리를 옮겼다.

또한, 리바이가 계획은 치밀하게 세웠지만 구매프로세스의 단순성 면에서는 미흡한 사이트를 출범시킴으로써 성공 전망을 불투명하게 만들었다는 지적도 있다. 즉, "구매를 쉽게 하라"는 소매판매의 기본 원칙을 무시했다는 것이다.

예를 들어, 진 한벌을 주문하고자 하는 소비자가 특별한 여과기능 없이 다양한 스타일의 제품들을 스크롤하기 위해 사이트에서 네 개 수준을 클릭해 들어가야만 하는 상황이다. 그리고 쇼핑 카트가 거의 숨겨져 있어 찾아내는 데 어려움이 있다고 호소한다. 리바이 사례는 제조업체가 온라인으로 소비자에게 직접 판매하는 데 겪는 어려움을 보여주고 있다. 웹 상점이 성공적인 결과를 가져오기 위해서는, 세계적 수준의 사이트 디자인 및 내비게이션 기능뿐 아니라, 주문처리와 발송과 고객서비스를 고도로 개인화된 방식으로 수행할 수 있는 탁월한 시스템을 갖춰야 하는 것이다. 이러한 비즈니스 방향은 근본적인 발상의 전환을 요구하기 때문에, 다수의 제조업체들은 전통적인 소매업자들을 판매채널로 고집하는 경향을 보인다고 언스트영(Ernst & Young)사의 소매부문 책임자인 탐 레이놀즈는 말한다. 제조업체들은 직접판매를 할 수 있는 기반이 갖춰져 있지 않다고 그는 강조한다.

제조업체들 중 5~10%만이 웹을 통해 직접 판매를 하는 것을 보더라도 그 사실을 알 수 있다. 그러나 제조사들은 인터넷을 무시할 수도 없는 실정이다. 기업들이 강한 브랜드를 지니는 경우에는, 브랜드 파워를 효과적으로 유지하기 위해서라도 온라인 부문을 함께 병행하여야 한다고 한 온라인 컨설팅 회사의 임원은 말한다. 그러나 그렇다고 웹사이트에서 반드시 제품을 판매하여야 한다는 의미는 아니라고 그는 지적한다.

■ 의류 제조사들의 난관

전자상거래 사업에 뛰어들 만한 용기가 있던 제조사들은 이미 자신들의 제품을 판매하던 소매점들과의 관계를 악화시키는 경우도 있고 혹은 주문발송을 순탄치 못하거나 웹사이트가 제 기능을 발휘하지 못함으로 인해 브랜드 인지도가 격하되는 경우도 있음을 알고 있다.

뿐만 아니라, 대부분 제조사에서 전자상거래를 책임지고 있는 경영자들은 웹 상점을 운영하는 데 대해 폭넓은 지지를 얻어야 하고 또 조직 내 다른 경영자들이 1:1 판매 관점에서 생각하도록 독려하는 데 노력을 쏟아야 한다.

그러나 랭글러, 리, 헬스텍스 등 의류브랜드의 메이커인 VF사의 경우에는 최고경영진의 그러한 지지를 얻어내는 것이 쉽지 않았다. VF사의 전자상거래 관리자인 애미 로빈슨은 온라인 판매의 아이디어를 다른 경영자들에게 설득시키는 데 수개월의 시간을 소비해야 했다.

로빈슨은 의류소매업체들의 온라인 판매성공 스토리 및 인터넷 쇼핑사이트에 몰리는 소비자들의 증가수치를 제시하며, 자신의 전자상거래 아이디어를 뒷받침했다. 결국 VF사의 경영자들은 귀를 기울이기 시작했다. 제품을 판매하는 소매업체들과 정면으로 부딪히는 모험을 극복하는 것이 가장 큰 과제였지만, 전자상거래는 무한한 기회가 존재하기 때문에 우리 회사의 참여를 도저히 포기할 수가 없었다고 로빈슨은 말한다.

최근 VF사는 헬스텍스 닷컴(www.healthtex.com)이라는 아동의류 전문 웹 상점을 개점했다. 이 사이트는 하루 4천명의 방문자를 유인하며 매출액 및 트래픽 면에서 목표를 달성했지만, 로빈슨이 이끄는 팀은 이러한 결실을 맺기 위해 내부적으로 분투노력을 해야 했다. 경영진과 함께 자원분배, 생산 및 재고관리에 관한 의사결정을 내리기가 무척이나 어려웠다고 로빈슨은 회고한다.

로빈슨은 웹 상점에서의 판매를 위해 할당한 재고를 소매업체의 요청에 의해 물류센터에서 직접 발송하도록 하고 있다. 가령, 15,000달러 상당의 제품을 물류센터에 저장해두는 것보다는 소매업체에 판

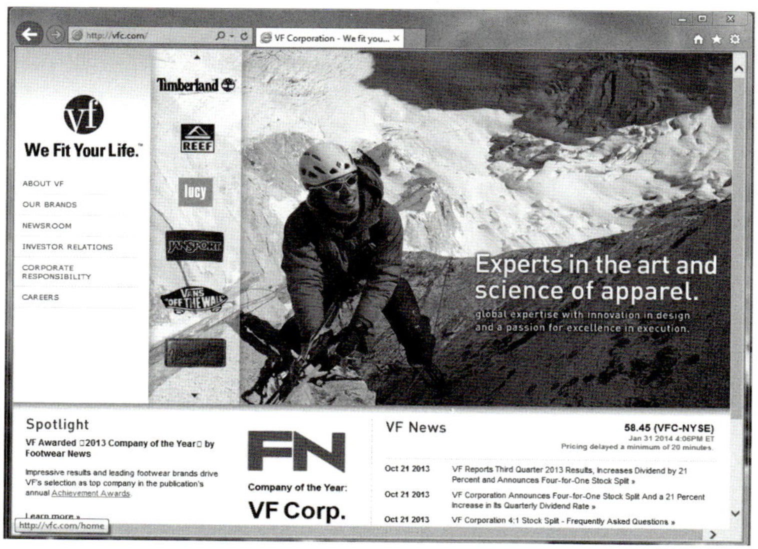

▶ 랭글러, 리 등 의류브랜드의 메이커인 VF사의 홈페이지(www.vfc.com).

매하는 것이 더 쉽기 때문이다. 주된 고객인 소매업체들을 만족시킬 수 있는 서비스를 제공할 수 있을 때, 비로소 고객 충성도가 제고될 수 있다.

▶ 출처: Cross, MargaretAnn, "The Levi Lesson," Internet Reseller, January 2000; Jastrow, David, "Levi-Strauss Opts out of Direct E-commerce Business," ChannelWeb, Nov. 22, 1999; Cami Joner, "Strictly business: online customer service is improving," The Columbian, Jan. 12, 2014, www.columbian.com.

사 · 례 · 연 · 구 · 토 · 의 · 문 · 제

Electronic Commerce

01 오프라인 소매업계에서도 강력한 브랜드의 이미지를 갖고있던 리바이 스트라우스사가 온라인 비즈니스를 런칭한 배경은 무엇인가? 또 그러한 결정은 리바이 스트라우스의 미래를 위해 합리적 전략적 선택이었는가?

02 리바이 스트라우스가 런칭한 온라인 사업이 실패로 끝난 이유는 '채널 충돌'이라는 개념으로 설명될 수가 있다. 리바이사의 채널 충돌은 피하기 어려운 것이었을까? 리바이사가 채널충돌로 인한 피해를 최소화하려면 경영진은 애초부터 어떻게 접근하는 것이 바람직하였겠는지 설명하시오.

03 토이스러스(Toys "R" Us)와 같은 회사들은 오프라인 인프라를 기반으로 온라인 비즈니스를 잘 운영함으로써 좋은 성과를 얻은 것으로 알려져있다. 리바이 스트라우스도 오프라인 요소와 온라인 요소 간에 상승효과를 발생시켜 온라인 사업을 성공적으로 이끌기 위해서는 어떻게 접근했어야 했는지 그 방법을 설명하시오 (즉, 온오프 상승효과를 발생시킬 수 있는 한 가지 방법은 무엇일까?).

04 사례 본문에서 VF사가 의류제품의 전자상거래 사업을 런칭하는데 있어 회사 경영자들의 지지를 이끌어내는데 고충이 컸다고 언급하고 있다. 당신이 만일 의류메이커의 전자상거래 경영자라면 온라인 사업의 런칭에 대해 다른 경영자들을 어떻게 설득할 계획인지 구체적으로 설명하시오.

제 7 장

Electronic Commerce

B2C 전자상거래

7.1 B2C 전자상거래의 개념적 이해
- B2C 전자상거래의 개념과 추세
- B2C 전자상거래 시스템의 4C 요소
- B2C 전자상거래에서의 개인화의 역할

7.2 전자상거래 업체의 핵심 이슈
- 신뢰 구축
- 트래픽 구축
- 고객충성도 구축

7.3 B2C 전자상거래의 성공요인

7.4 소셜 커머스

Electronic Commerce

개념 사례

온·오프라인 쇼핑의 경계가 허물어진다

▶ 뉴욕 맨해튼 메이시스 백화점 헤럴드 스퀘어점 의류 매장에서 쇼핑객이 스마트폰으로 바코드를 인식하고 있다.

미국 뉴욕 맨해튼 미드타운 중심가에 자리 잡고 있는 대형 백화점 메이시스 헤럴드 스퀘어점. 지난해 12월 30일 찾은 이곳은 연말 쇼핑객이 몰리면서 출입구를 찾기 힘들 정도로 붐볐다. 어렵사리 출입 회전문을 밀고 들어선 일부 쇼핑객은 곧바로 손에 들고 있던 스마트폰을 뚫어져라 바라봤다. 매장에 들어서자마자 스마트폰에 뜨는 메이시스 백화점 쿠폰 할인율을 확인하기 위해서였다. 스마트폰을 꺼내보니 '메이시스 헤럴드 스퀘어점을 찾은 것을 환영합니다(Welcome to Macy's Herald Square)'라는 메시지가 적힌 팝업창이 올라와 있었다. 팝업창에 있는 오퍼스(offers) 아이콘을 누르니 15% 할인권이 올라왔다.

매장에서 만난 에스페란사 씨는 "광고 전단과 할인 쿠폰을 깜박 잊고 집에 놓고 오는 일이 많은데 백화점 매장에 들어서면 다시 모바일로 쿠폰을 보내주니 굳이 전단에 신경을 쓸 필요가 없다"며 "할인 쿠폰이 스마트폰으로 들어오다 보니 더욱 저렴한 가격에 쇼핑을 할 수 있다는 생각에 예상했던 것보다 더 많이 상품을 구입하는 것 같다"고 웃음지었다.

■ **미국 백화점에 '셀프 체크아웃 계산대'**

메이시스 매장 이곳저곳에서 고객들이 스마트폰을 바코드에 대고 찍는 모습도 쉽게 볼 수 있었다. 스마트폰을 바코드에 대면 각종 상품 정보와 함께 할인 가격까지 일목요연하게 나오기 때문이다. 주얼리 코너에서 귀걸이를 산 재니스 씨는 "50% 연말 기본 할인에 15% 추가 할인이라는 표지가 붙어 있는 110달러짜리 18K 금 귀걸이 가격이 정확히 얼마나 할인됐는지 보려고 스마트폰으로 바코드를 찍어보니 48달러에 불과하더라"며 "매장에서 스마트폰으로 보다 쉽게 쇼핑을 할 수 있어 편리하다"고 전했다. 어디에 어떤 상품이 있는지 쉽게 찾아갈 수 있도록 스마트폰을 실내 매장 내비게이션으로도 활용할 수 있다.

메이시스뿐만 아니다. 노드스트롬, 니먼마커스 백화점 등도 모두 백화점 입구에 들어서면 이처럼 모바일로 쿠폰 등 각종 전단을 제공한다. 고객들이 의류, 가전, 화장품 등 특정 상품코너를 지날 때마다 관련 상품 할인 쿠폰이 스마트폰에 자동으로 올라올 정도다. 이처럼 스마트폰으로 상품 정보와 쿠폰 등을 보내줘 쇼핑을 더 쉽게 할 수 있도록 도와주는 온·오프라인 융합 마케팅이 이제 대세가 된 상태다.

노드스트롬은 이미지 기반 인기 소셜네트워크서비스(SNS) 핀터레스트를 적극 활용하는 등 옴니채널 마케팅을 강화하고 있다. 매장에 진열된 특정 상품에 핀터레스트 로고를 붙여 핀터레스트 회원들 사이에서 현재 가장 인기가 많은 제품(Top pinned items)이라는 점을 매장을 찾은 고객들에게 알려줘 쇼핑을 도와주는 식이다.

핀터레스트 노드스트롬 폴로어만 400만명을 넘어서는 만큼 핀터레스트 커뮤니티에서 실제로 어떤 상품이 가장 인기를 끌고 있는지를 잘 보여준다는 평가를 받고 있다. 4000개 매장을 소유한 세계 최대 소매 체인 월마트도 스마트폰 애플리케이션(앱) 스캔&고(scan&go) 모바일 결제 기능을 활용해 고객들이 더욱 쉽게 계산을 하도록 하고 있다.

매장을 방문한 월마트 고객들이 필요한 상품을 카트에 집어넣을 때마다 제품 바코드를 스마트폰으로 찍은 뒤 셀프 체크아웃 계산대에 설치된 스크린에 스마트폰 바코드를 스캔하면 곧바로 결제 금액이 뜬다. 결제 금액에 맞춰 신용카드로 결제하면 모든 게 마무리돼 길게 줄을 서서 기다릴 필요 없이 한 번에 쉽게 쇼핑을 마칠 수 있다.

미국 내 2위 대형 소매 체인인 타겟도 모바일 전자지갑인 패스북을 이용해 고객들이 타겟 모바일 쿠폰을 저장하거나 쿠폰을 제3자에게 전달하고 필요할 때 쉽게 꺼내 쓸 수 있도록 하고 있다. 고객들이 온라인으로 제품을 산 뒤 매장에서 무료로 해당 제품을 픽업할 수도 있다. 숍킥이란 업체도 메이시스 등과 제휴해 매장만 방문해도 포인트를 적립해주는 등 온·오프라인 융합마케팅을 하고 있다.

▶ 홈플러스가 지하철 선릉역에 운영 중인 '스마트 가상스토어'. 스마트폰으로 제품 사진에 있는 QR코드를 스캔하면 마트에서 판매하는 500여 개 주요 신선식품과 생필품을 곧바로 구입해 집으로 배달받을 수 있다.

■ 가상스토어 세운 국내 백화점

국내 백화점·대형마트도 환골탈태 중이다. 이들은 고객들이 오프라인 매장에서도 모바일 쇼핑을 병행할 수 있는 '옴니채널 쇼핑 서비스'를 대대적으로 늘리고 있다. 롯데백화점은 쇼윈도에 근거리통신(NFC)칩을 설치해 스마트폰을 가져다 대기만 하면 롯데백화점 온라인몰인 엘롯데 구매 홈페이지로 자동 연동되도록 하는 방안을 구상 중이다.

이를 활용해 매장을 방문하는 고객에게 포인트를 적립해주는 서비스를 실시할 계획이다. 가상스토어는 온라인몰뿐만 아니라 오프라인 매장에서도 본격적으로 등장하고 있는 쇼핑 형태다. 롯데백화점은 지난해 11월부터 포항점과 부산 본점 매장에 가상스토어를 설치해 놓고 시범 테스트를 진행했다. 올해는 전국 모든 점포로 가상스토어를 확대할 계획이다.

온라인 형식을 차용한 팝업스토어도 최근 백화점의 주요 변화다. 온라인몰처럼 다양한 브랜드 상품을 짧은 주기로 선보이는 전용 공간을 마련해 오프라인 매장에서 쇼핑하는 소비자들에게 신선한 속도감을 제공한다.

대형마트는 인터넷 쇼핑 가운데 모바일몰을 통해 매출 비중을 확대하고 있다. 홈플러스 온라인 마트의 모바일 매출 비중은 2012년 12월 3.8%에 불과했지만 지난해 12월 20.6%로 5배 넘게 커졌다. 김웅 홈플러스 전자상거래사업부문장은 "구매력이 높은 30~40대 중장년층의 모바일 쇼핑이 급증하면서 마트 업계도 스마트 결제 비중을 높이고 있다"고 말했다. 오프라인 유통업체의 '쇼핑 채널 경계 허물기'는 올해 더욱 가속화할 전망이다. 한국체인스토어협회 관계자는 "고객에게 먼저 다가간다는 개념으로 가상스토어나 옴니채널 쇼핑 등의 추세가 크게 강화될 것"이라고 전했다.

▶ 출처: 매일경제, 2014. 1. 3.

7.1 B2C 전자상거래의 개념적 이해

기업과 소비자간에 이루어지는 B2C(business-to-consumer) 전자상거래는 인터넷기반의 상거래가 시작된 후 시장규모가 빠른 속도로 성장을 계속했다. 그만큼 인터넷이 소비자의 경제활동에 미치는 영향이 크기 때문이다.

B2C 전자상거래의 개념과 추세

기본 개념

B2C(business-to-consumer)는 소비자를 대상으로 인터넷을 통해 제품 및 서비스의 마케팅 및 판매를 수행하는 기업 활동을 지칭하는 용어이다. B2C 용어는 전적으로 전자상거래에 한정해서 사용된다. 아마존 닷컴이나 인터파크 닷컴과 같이 처음부터 온라인 상점이나 쇼핑몰로 출발한 B2C 전자상거래 업체들도 있지만, 개념사례에 소개되어 있듯이 기존에 소비자를 대상으로 제품이나 서비스를 판매하던 오프라인 소매점들(가령, 롯데백화점, 교보문고 등)이 판매채널을 늘리기 위해 온라인 판매사이트를 개설함으로써 B2C 비즈니스를 시작하는 것으로 조사되고 있다.

표 7-1 B2C 전자상거래의 도입이 적합한 업체들

업체 유형	온라인 판매의 목적
소매업체(혹은 쇼핑몰)	도매업자나 제조사로부터 공급받은 제품을 소비자에게 판매함
제조사(직판모델)	인터넷을 새 채널로 이용해 소비자에게 직접 판매함
출판사	출판물(e-북 등)을 온라인으로 판매함
엔터테인먼트업체	게임, 영화, 음악, 애니메이션 등 콘텐츠를 판매함
교육서비스업체	인터넷을 매체로 한 온라인 교육 서비스의 제공
은행	금융상품의 판매 및 거래 서비스(입금, 출금, 이체 등)의 제공
증권사	주식의 온라인 매매 서비스 제공
보험사	온라인상에서 보험료 조회 및 납부 서비스 제공
여행사	온라인 예매 및 티켓구매 서비스 제공

B2C 전자상거래를 사용하기에 적합한 업체들 및 이들이 전자상거래를 하기 위한 목적은 **표 7-1**에서와 같이 요약할 수 있다. 컴퓨터, CD, 서적 등을 판매하는 전형적인 온라인 소매업체뿐 아니라, 엔터테인먼트, 교육, 금융, 여행 등 서비스를 제공하는 온라인 서비스 업체들이 모두 B2C 전자상거래 기업의 예들이다. 서비스 부문의 전자상거래는 제9장에 상세히 기술되어 있다.

B2C 전자상거래의 성장배경

1990년대 중반부터 인터넷 및 웹 기술이 본격적으로 활용되기 시작하면서, 일반 소비자를 대상으로 상거래 서비스를 제공하는 B2C 전자상거래는 빠른 속도로 성장하며 전자상거래 시장의 초기 단계를 주도하였다. 특히 고객관점에서 볼 때, B2C 전자상거래는 B2B 전자상거래보다 온라인 구매 프로세스가 더 단순하고 또 어디서나 쉽게 접속해 사용할 수 있어 급속도로 확산되었다.

하지만 1990년대 후반부터 전자상거래의 빠른 확산으로 형성된 많은 닷컴 기업들이 수익기반을 확보하지 못하고 경영환경이 악화됨에 따라 닷컴 기업의 위기론이 대두되기 시작하였다. 1999년에는 Buy.com, Egghead.com 등의 닷컴 기업들이 100억 달러 이상의 순손실을 기록하였으며, B2C 전자상거래는 시장조정 단계에 돌입하였다. **가든닷컴**(Garden.com), **웹밴 닷컴**(Webvan.com), **이토이즈 닷컴**(Etoys.com) 등 한때 큰 주목을 받으며 투자자들로부터 여유 있는 자금유입을 누리던 기업들이 파산한 것도 이 때였다.

이러한 시장조정 단계를 거친 B2C 전자상거래는 시장안정화 단계에 있다. 현재 비즈니스 모델을 확보한 기업들이 B2C 전자상거래 시장의 주류를 이루고 있다. Amazon.com 등 경영난을 겪은 대규모 B2C 전자상거래 기업들은 2001년부터 수익성을 확보하기 시작하였다. 특히 B2C 전자상거래 기업들은 개인화(personalization) 기능으로 고객 만족도를 향상하고 있으며, 온라인 판매시스템과 SCM 시스템의 통합으로 비즈니스 프로세스의 속도 및 효율성을 향상시키고 있다. 또한 기존의 오프라인 기업들의 온라인 시장에의 참여가 두드러지게 나타나고 있다.

시장이 안정을 되찾은 이후, 전 세계적으로 B2C 전자상거래의 규모는 빠른 성장을 계속하고 있다. 미국은 1998년부터 2000년까지 B2C 전자상거래 분야의 투자 규모가 급격하게 증가했다가 닷컴 기업의 붕괴와 함께 크게 하락한 것과는 대조적으로, 1998년 이후 미국 B2C 전자상거래 거래규모는 꾸준히 증가세를 보인 것으로 나타났다. 국내의 B2C 전자상거래 시장은 도입 초기인 1997년 이후 매년 100% 이상의 고성장을 기록하다가 2000년 하반기부터 시작된 닷컴 기업의 붕괴에 따라 잠시 완만한 성장세를 기록했다. 그 이후 국내 브로드밴드 네트워크 인프라의 개선에 힘입어 비교적 빠른 성장세를 이어가고 있는 편이다.

하지만 이러한 외형적 성장과 달리 높은 카드수수료와 높은 물류비용 등으로 초기의 인터넷 쇼핑몰은 적자를 면치 못했다. 정보통신정책연구원(KISDI)에 따르면 2000년에 월별 손익분기점을 넘어선 쇼핑몰은 겨우 3.8%에 달할 뿐이라고 발표했다. 실제로 국내의 쇼핑몰들은 1997년부터 2001년까지 첫 5년간 재정난에 시달려야 했다. 그러다가 2002년부터 적자의 늪에서 벗어나기 시작했다. 쇼핑몰들에 대한 소비자 신뢰가 높아지면서 시장이 점차 성장하게 됐고, 그 결과로서 규모경제를 실현하는 것이 가능해졌기 때문이다. 즉, 전자상거래에서는 거래규모가 커질수록 중간단계 비용이 줄어들어 전자상거래 업체의 수익이 커지는 효과가 나타났기 때문인 것으로 해석된다.

B2C 전자상거래 시스템의 4C 요소

웹기반 상점이 단지 전자 카탈로그만 화려하게 갖춰놓는다고 해서 매출이 자연히 늘어나는 것은 아니다. 제품정보가 수록된 온라인 카탈로그들을 통해 제품판매는 되겠지만, 지속적으로 꾸준한 매출을 유지하려면 B2C 상거래에 필수적인 요소들을 웹사이트에 구축한 상태에서 비즈니스를 운영하여야 한다. 우선 콘텐츠(Content)가 있어야 방문자들이 모여들어 커뮤니티(Community)를 형성하게 되고, 커뮤니티가 활발히 제 역할을 해야 상거래(Commerce)가 원활해져 매출이 늘고, 또 온라인 서비스(Customer service)가 잘 제공되어야만 고객들이 만족을 하게 되어 전자상거래 기업이 장기적으로 성장하게 되는 것이다. 아래에서는 이들 4C (Content, Community, Commerce, Customer service) 요소에 대해 각각 살펴보기로 한다.

콘텐츠(Content)

콘텐츠는 제품 및 서비스에 관한 정보, 사이트 방문자들이 서로 주고받은 대화내용, 할인판매 정보를 포함해 웹페이지에 수록된 모든 정보를 의미한다. 또 콘텐츠의 형태로는 텍스트, 동영상, 음성, 그래픽 등 다양한 형태가 포함된다. 오늘날 콘텐츠는 인터넷에서 황금과도 같은 존재이다. 사용자들은 인터넷을 통해 많은 것을 알고 배울 수가 있기 때문에, 콘텐츠는 웹사이트에 방문자들을 몰아주는 역할을 하게 되는 것이다.

사이트의 콘텐츠는 반드시 제품에 대해서만 밀접한 관련이 있어야 하기보다는, 잠재적 고객의 니즈 및 욕구와 더 가까운 관련이 있어야 한다. 이를 실현하기 위해, 웹 상점을 단순히 제품구매의 장소로만 만들 것이 아니라 학습공간으로도 만들어야 한다. 이 웹기반 학습공간은 사용자의 새로운 학습을 도움으로써 단지 방문자뿐 아니라 유망 고객을 유도하는 웹사이트여야 한다. 사용자들은 학습을 하면서 사이트에 오래 머무르며 구매를 하게 되는 것이다. Yahoo!, The Motley Fool, Consumer World, Amazon.com 등은 모두 학습기능을 제공하면서 구매를 유도하는 사이트들의 예에 속한다.

사이트의 콘텐츠가 고객 니즈를 충족하는지 그리고 콘텐츠가 어떻게 바뀌어야 하는지 알 수 있는 유일한 방법은 사이트 구축 후 지속적으로 모니터링 하는 것이다. 사이트의 콘텐츠 부문들에 대해 트래픽 패턴을 정기적으로 관찰하게 되면, 방문자의 기대에 부응하거나 기대에 미치지 못하는 콘텐츠를 가려낼 수가 있으므로, 수요가 많은 콘텐츠는 더 보강시키고 아무도 찾지 않는 콘텐츠는 제거함으로써 사이트 콘텐츠 개선을 해 나갈 수가 있다.

커뮤니티(Community)

커뮤니티란 사이트 방문자들 간에 상호대화를 나눌 수 있는 온라인 공간을 뜻한다. 사용자와 사용자 간의 커뮤니케이션은 이메일이나 온라인게임에서와 같이 두 사람 간에 이루어질 수 있고, 또 채팅 방에서와 같이 한 사용자와 여러 사용자들 간에 이루어질 수도 있다.

사용자들은 단지 정보를 얻기 위해서보다는 다른 사람들과 교감하며 상호대화를 나누

그림 7-1 인터파크의 고객 커뮤니티

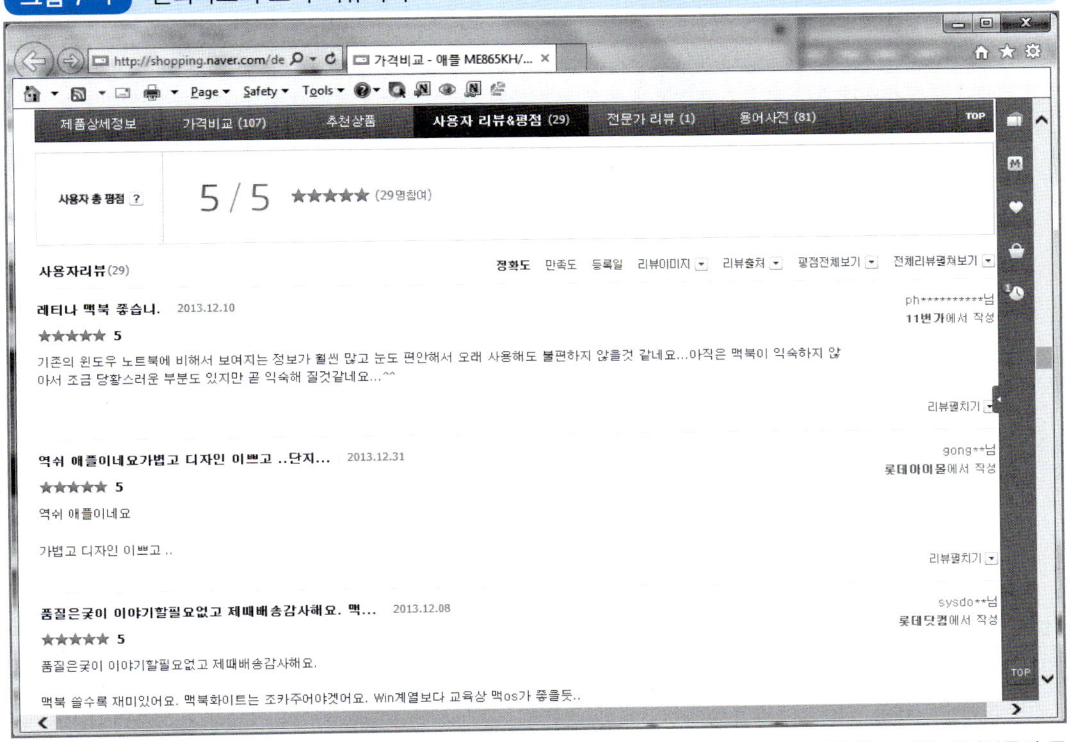

▶ 이곳에 애플 맥북프로 노트북 제품을 구매한 방문자들이 올린 이용후기 정보는 사이트를 방문한 잠재적 구매자들의 구매결정에 중요한 영향을 미친다.

기 위해 온라인 방문을 하는 경우가 많다. 콘텐츠가 구매자들의 사이트 방문을 유도하는 데 기여한다면, 이들이 지속적으로 재방문을 할 수 있도록 상호대화를 나눌 수 있는 효과적인 커뮤니티가 구축되어야 한다. 온라인 커뮤니티의 가치가 바로 여기에 있다.

요즘 우리나라에서도 유사한 관심을 가진 온라인 고객들이 함께 모여 자신의 구매경험에 관한 정보를 교환할 수 있는 공간을 제공하는 온라인 상점들이 늘고 있다. 고객들은 판매자와는 다른 구매자의 시각에서 제품구매와 관련되는 여러 가지 유용한 정보를 주고 받음으로써 사이트의 가치를 느끼게 되고 또 고객충성도도 높아진다. **그림 7-1**에서 볼 수 있듯이, 온라인 쇼핑을 즐기는 여러 이용자들이 특정 사이트에서 제품을 구매하기 전에 사이트상에 제공되는 가상 커뮤니티에 들어가 해당 제품에 대해 다른 이용자들이 제공한 코멘트를 참고하여 최종 구매결정을 한다.

상거래(Commerce)

인터넷은 스스로 빠르게 진화할 뿐 아니라 인터넷에 존재하는 것들까지 신속하게 진화시킨다. 한 예로 야후!를 보더라도 10여 년 전에는 단순한 웹 디렉토리(즉, 사이트링크 목록)에 불과했는데, 이제는 이메일, 게임, 투자 정보, 뉴스, 지도 등 다양한 종합 서비스를 제공하는 포털로 변신했고, 또 최근에는 온라인 상점 호스팅 기능을 추가해 명실상부한 전자상거래 사이트가 됐다. 또 전형적인 전자상거래 사이트조차 진화했다. 아마존 닷컴은 한때 서적만 판매했지만, 이제 영화, CD, 전자제품, 장난감, 게임 및 기타 다양한 제품들을 취급하는 상점으로 발전했다. 온라인 기업들의 이러한 다각화 전략은 수입원 다변화 효과를 가져다 주기 때문에 최근 확산되어 가는 추세이다.

전자상거래 사이트에서의 수입원 다변화는 사이트 트래픽을 높여주고 매출을 증가시키는 효과를 가져오기 때문에, 단순한 제품판매 개념을 초월해 실현되고 있다. 즉, 제품이나 서비스의 판매 수입 이외에도, 광고 수입 및 소개 수입 등이 있다. 소개(referral) 수입이란 사이트간 전략적 제휴에 따라 어느 인기 사이트에 찾아온 방문자를 링크를 통해 다른 비인기 사이트에 접속하도록 했을 경우 일종의 소개료 명목으로 받는 수입이다. 링크 클릭 횟수 혹은 링크를 통해 발생한 총매출액의 퍼센티지를 근거로 하여 소개 수입이 산출된다. 예를 들면, 클릭 1회당 50원에서 1,000원 사이의 금액이 부과되거나, 총매출액의 5%와

▶ 위와 같은 온라인 쿠폰은 잠재 고객의 구매를 촉진시키는 인센티브 역할을 한다.

20% 사이의 금액이 수수료로 지급된다.

인터넷 상거래에서 또 하나의 핵심 이슈는 구매를 유도할 수 있는 인센티브를 제공하는 것이다. 사이버 공간에서 소비자들은 가격에 매우 민감하며, 또 온라인 쇼핑사이트들 간에 가격을 비교하는 데도 매우 익숙해져 있다. 따라서 구매를 유도하기 위한 수단으로서 가격할인 쿠폰 등 인센티브 프로그램을 적절히 활용하는 것이 매우 중요하다. 또 온라인과 오프라인을 연계한 인센티브를 제공하는 것도 유용한 방법이 될 수 있다. 예를 들어 국내의 어느 레스토랑에서는 웹사이트상에 올려진 쿠폰을 출력해서 행사기간 중에 가져오면 특별히 할인된 가격에 음식서비스를 제공한다고 한다(앞 페이지의 쿠폰 그림 참조).

온라인 서비스(Customer service)

고객이 제품을 주문한 후 발송이 됐는지 알고 싶어 상거래 사이트에서 주문추적(order tracking) 기능을 찾아도 그런 기능 자체가 존재하지 않는다면, 불만이 생길 수밖에 없다. 문의사항을 이메일이나 게시판을 통해 전달했는데 이에 대한 답변이 늦어진다면 이 또한 불만을 갖게 하는 원인이 된다. 웹에서는 고객이 거래하던 상점을 다른 상점으로 전환하는 데 따른 비용이 매우 적기 때문에, 사소한 서운함이나 불만이 있어도 고객은 떠나게 마련이다. 따라서 온라인 서비스 기능은 마케팅이나 판매기능 못지않게 전자상거래 기업의 성공적인 운영을 위해 중요한 기능이다.

온라인 서비스의 본질을 파악하기 위해, 우선 온라인 고객지원이 전통적 방법과 어떻게 다른지 이해할 필요가 있다. 전자상거래의 세계가 고객과의 대면접촉이 없는 비인간적인 성격을 지니고 있으므로, 고객지원은 완전히 다른 차원에서 이루어진다. 효과적인 온라인 고객지원을 위해 필요한 것을 살펴보면, ① 고객 친화적인 사이트 디자인 및 내비게이션의 제공, ② 판매거래에 다소 개인적인 느낌을 가미, ③ 온라인 주문방법에 대해 사이트상에 명료하게 설명, ④ 온라인으로 질문에 답변하며 또 주문내용을 메일로 재확인해 줌, ⑤ 웹상에서 전송되는 개인정보의 안전성에 대해 고객에게 안심시킴 등이 있다. 전자상거래 사이트의 고객서비스는 다음과 같은 필수적 요소들을 충족시킬 수 있어야 한다.

- 내비게이션 및 디자인이 단순해야 하고, 웹페이지가 최대한 빠르게 나타나야 한다.
- 이메일 문의에 신속하게 응답하고, 수신자부담(080)의 고객지원 전화번호를 사이트에 표시하며, 고객지원 담당자가 오프라인 방식으로 고객의 구매과정을 도울 수 있어야 한다.
- 제품설명, 스펙, 가격 등의 제품관련 정보를 제공함과 동시에, 번들링, 스마트 쇼핑카트, 교차판매 등과 같은 고급기능을 통해 구매를 용이하게 하여야 한다.
- 할인쿠폰, 반품시 환불, 신속한 제품배송, 무료 택배비 등의 인센티브를 제공하여야

한다.

- 안전한 거래에 대한 확신을 제공하고, 수집된 데이터의 프라이버시 관리에 관한 안내를 게시하며, 회사 로고표시를 통해 브랜드 정체성을 구축함으로써 전자상거래 사이트에 대한 고객의 신뢰를 구축하는 노력이 필요하다.

B2C 전자상거래에서의 개인화의 역할

고객 관점에서 볼 때, 인터넷 쇼핑이 전통적 쇼핑에 비해 한 가지 미흡한 점이 있다면 개별고객의 필요 및 관심에 맞도록 상품안내를 할 만한 판매사원이 없다는 사실일 것이다. 그런데 이러한 결점을 보완할 수 있는 방법이 있는데 '개인화'가 바로 그것이다.

개인화의 개념

웹사이트상에서 **개인화**(personalization)란 웹페이지들을 개별 사용자들의 특성이나 취

그림 7-2 개인화 화면의 예시(www.amazon.com)

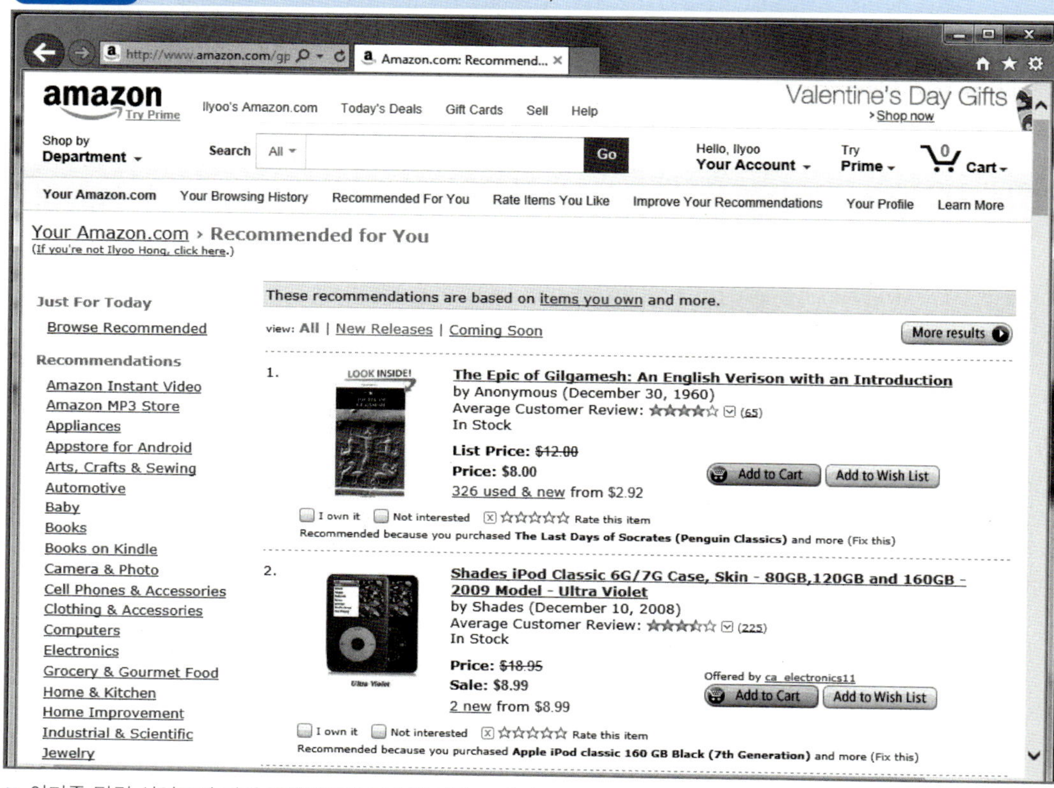

▶ 아마존 닷컴 사이트의 과거 구매기록에 기초해 이전 구매제품과 관련한 새로운 제품들을 추천해 주는 화면.

향에 부합하도록 구성하는 프로세스 혹은 방법을 뜻한다. 흔히 고객서비스나 전자상거래 매출을 향상시키기 위해 이용되는 개인화 기법은 기업 웹페이지가 각 개별 소비자의 니즈를 반영하도록 커스토마이즈 되는 것이 특징이다. 개인화는 고객과의 상호작용을 촉진하고 그 결과로 고객만족 및 재방문 가능성을 증대시킬 수 있으므로, 소비자의 니즈를 보다 더 효과적으로 그리고 효율적으로 충족시킬 수 있는 수단으로 알려져 있다.

그림 7-2는 아마존 닷컴의 개인화 화면을 예시하고 있다. 한 예로, 어느 소비자가 아마존 닷컴에서 예전에 '전자상거래' 책 한 권을 구매했다고 가정하자. 이 소비자가 다음에 아마존에 방문할 때, 화면 한 부분에 소비자의 이름과 함께 반기는 인사말이 나타나고, 소비자가 관심을 가질 만한 비슷한 토픽의 책들(예를 들어, 동일 저자에 의한 다른 책들이나 소비자가 구매했던 책을 구입했던 다른 고객들이 구매한 다른 책들)이 소개된다.

전자상거래 사이트의 개인화와 관련하여 중요한 이슈로 떠오르는 것 중의 하나는 **프라이버시** 보호이다. 개인화를 구현하기 위해 사용자들의 개인정보를 수집하고 이용하는 과정이 따르기 때문이다. 개인정보를 수집하고 이용하는 업체가 사용자들에게 수집되는 정보 및 수집목적에 관해 알려줄 뿐만 아니라, 수집된 정보에 대해서는 절대 보안을 유지하는 것이 중요하다. 그럼에도 불구하고, 미국의 한 조사연구 결과에 의하면, 조사에 참여한 4,500명의 웹 사용자들 중 73%가 사이트에 자신들의 개인정보를 기꺼이 제공할 의향이 있으며, 15%만이 개인정보를 전달하기를 꺼려한다는 사실이 밝혀졌다.

개별화 마케팅 실현수단으로서의 개인화

아마존 닷컴을 비롯하여 여러 온라인 소매점에서는 고객의 과거 구매기록이나 유사한 패턴의 기록을 가진 다른 구매자의 구매기록을 근거로 하여 개인화를 실현함으로써 **개별화 마케팅**(individualized marketing)을 전개하고 있다. 인쇄매체나 방송매체에 절대적으로 의존하던 기존의 마케팅은 매스 마케팅(mass marketing)으로서 불특정 다수에게 일방적으로 획일적인 상품정보를 보내주는 방식이다. 이러한 전통적 마케팅 기법은 개별 고객 고유의 니즈에 초점을 맞출 수가 없기 때문에 콜라나 라면과 같이 대중 상품에나 적합하다.

그러나 웹 환경은 상호대화적인(interactive) 방식으로 고객의 니즈를 충족시킬 수가 있어 저렴한 비용으로 1:1 마케팅을 실현할 수가 있으며, 또 '개인화'도 그러한 상호대화적 마케팅 기법을 지원할 수 있는 중요한 방법이라고 할 수 있다.

아마존 이외에도, 야후 등 여러 포털 사이트에서는 사이트 방문자로 하여금 자신의 취향에 맞게 메인 웹페이지를 구성할 수 있도록 하는 개인화 서비스를 제공하고 있다. 이를 테면, 특정 뉴스 카테고리, 해당지역 날씨정보, 및 기타 항목을 선택하여 소비자의 '입맛'에 맞는 콘텐츠로 화면을 구성할 수가 있다.

개인화 실현기술

개인화를 실현하는 데 이용되는 가장 보편적인 수단은 소위 쿠키이다. **쿠키**(cookie)는 웹사이트가 특정 사용자에 관한 정보를 추후 기억할 수 있도록 사용자의 하드디스크에 저장해 두는 정보를 뜻한다. 쿠키는 특정 사이트를 사용할 때 방문자의 취향에 관한 정보를 기록한다. 동일 방문자에 의한 다수의 웹페이지 요청들은 모두 웹의 HTTP 프로토콜을 이용하므로, 서로 독립적인 관계를 유지한다. 따라서 웹 서버가 이전 방문 시에 사용자에게 어떤 페이지들을 전송했는지 또 사용자의 취향이 무엇인지 전혀 기록으로 남기지를 않는다. 대신, 사용자에 관한 고유정보는 해당 사용자의 컴퓨터에 쿠키 형태로 저장할 수가 있다. 따라서 누구나 자신의 하드디스크에 저장된 쿠키들을 확인해 볼 수가 있다.

쿠키의 사용 이외에도, 개인화 실현 기술 중의 하나로서 공동여과 기법이 있다. **공동여과**(collaborative filtering)란 고객 고유의 개인적 취향이나 관심 표현을 바탕으로 유사한 관심 패턴을 가진 고객들을 식별해 내는 기법이다. 유용한 제품이나 서비스를 추천하는 방법을 가리킨다. 다시 말해, 여러 사용자들의 취향이나 관심 정보를 수집하고 이를 기반으로 특정 사용자의 관심사항에 관해 자동으로 예측(즉, 여과)을 하는 방법이다. 이 기법은 비슷한 취향을 가진 고객들에게 서로 아직 구매하지 않은 상품들을 교차 추천하거나 분류된 고객의 취향이나 생활 형태에 따라 관련 상품을 추천하는 형태의 서비스를 제공하기 위해 사

그림 7-3 공동 여과기법에 기초한 추천시스템의 개념도

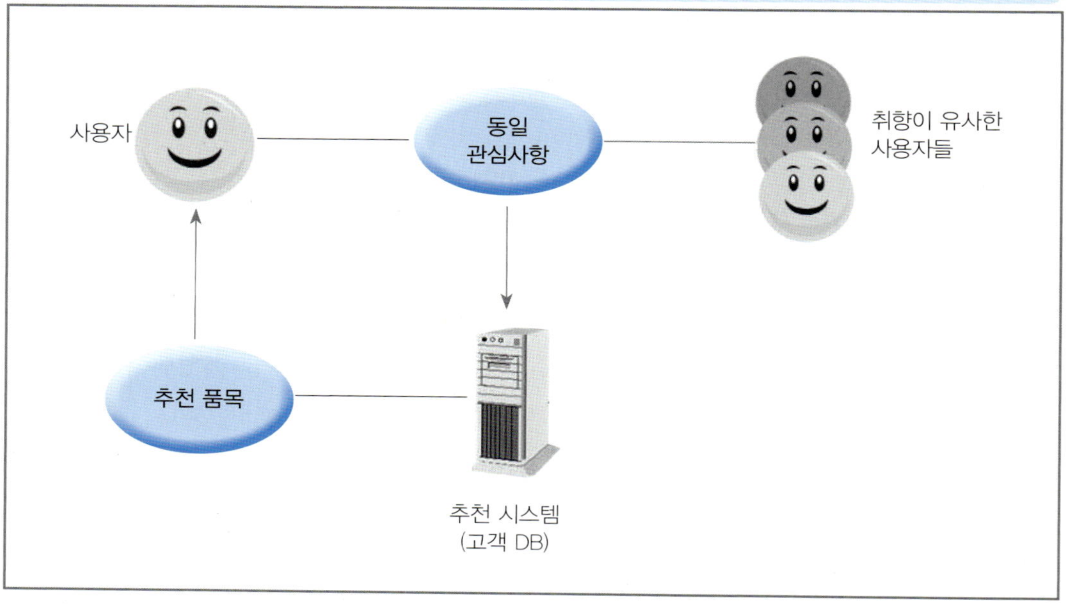

▶ 특정 사용자와 유사한 취향을 지닌 다른 사용자들이 선호하는 품목들을 고객 DB에서 검색해 사용자에게 추천한다.

용된다. 공동 여과기법의 주된 전제는 과거에 동의한 사람들은 미래에도 동의할 것이라는 점이다. 예를 들어, 공동 여과기법을 이용하면, 특정 사용자의 취향(즉, 좋아하는 음악과 싫어하는 음악) 목록이 주어졌을 때 사용자가 어떤 음악을 좋아할 것인지를 시스템이 예측할 수 있다. 이러한 예측은 해당 사용자에게만 적용이 되지만, 여러 사용자들로부터 수집해 생성한 정보를 사용한다. 공동 여과기법은 단순히 품목별 선호자 수만을 고려하여 가장 많은 사용자들이 선호하는 품목을 제시하는 기법과는 근본적으로 다르다.

그림 7–3은 공동 여과기법의 개념을 추천시스템을 통해 표현하고 있다. 예를 들어, 어느 사용자가 고전음악 중에서도 쇼팽이나 슈베르트와 같은 낭만파 작곡가의 음악을 좋아한다고 할 때, 유사한 음악을 좋아하는 다른 고객들이 그동안 구매했던 CD들의 음악을 분석해서 그들이 가장 선호한 음악이 수록된 CD제품을 온라인 상점의 웹기반 시스템이 사용자에게 추천할 수가 있다. 이러한 추천시스템을 이용하는 대표적 사례가 아마존 닷컴의 온라인 판매시스템이다. 사용자가 자신과 취향이 유사한 고객들이 선호하는 제품이라면 사용자 자신도 그에 대한 구매욕구를 가질 수 있다는 전제 하에, 추천시스템은 온라인 상점의 중요한 매출증대 수단으로 떠오르고 있다.

7.2 전자상거래 업체의 핵심 이슈

영세규모의 많은 기업들은 시장진입 및 경쟁력 유지에 큰 어려움을 겪고 있다. 뿐만 아니라, 온라인 구매자들은 가격민감도가 매우 높아 쉽게 구매처를 이동할 수가 있기 때문에, 신규고객의 유치 및 유지가 쉽지 않다. 이러한 어려움 속에서, B2C 전자상거래 업체가 생존하고 또 성공할 수 있기 위해서는 **신뢰 구축**, **트래픽 구축** 및 **고객충성도 구축**이 주된 관건이다.

신뢰 구축

신뢰의 개념

전자상거래에서 신뢰란 무엇을 의미할까? 대부분 사람들은 신뢰가 무엇을 뜻하는지 알지만, 막상 명확하게 정의를 내리기는 어려워한다. **신뢰**(trust)란 다른 사람들의 마음이나 행동에 대해 긍정적으로 기대함으로써 생성되는 보이지 않는 태도 등의 무형적 가치이다.

비록 상대방으로부터 공격을 받을 위험(vulnerability)이 다소 존재한다 하더라도, 상대방의 행동이 사회적 규범이나 보편적 기대에 미칠 것이라는 믿음 때문에 그 위험을 감수하는 것이 신뢰인 것이다(Rousseau 외, 1998). 예를 들어, 제품의 신뢰는 그 제품이 하자 없이 잘 사용될 수 있으리라는 기대를 의미하며, 친구의 신뢰란 친구 관계의 두 사람이 서로를 속이거나 이용하지 않고 진정한 우정을 유지할 수 있으리라는 믿음을 담고 있다. 전자상거래 환경에서 신뢰란 사용자가 상거래 웹사이트에서 안심하고 거래를 할 수 있을 것이라는 기대감에 대한 주관적인 판단을 의미한다.

신뢰의 중요성

신뢰는 오프라인 환경보다는 상대방을 서로 보지 못하는 온라인 환경에서 더 중요한 의미를 지니게 된다. 불확실성 및 리스크를 떠안고 상품 매매를 하여야 하는 B2C 전자상거래에서 불안 요소들을 불식시키기 위해서는 신뢰가 필수적이다. 신뢰가 가지 않는 사이트에서 제품이나 서비스를 구매하는 것은 미리 예고된 손실 위험을 받아들이는 것이나 다름없기 때문이다. 온라인 환경에서 제품을 구매하는 고객 관점에서 보면, 의도적 혹은 비의도적인 피해발생 가능성이 얼마든지 존재한다. 판매자가 금전적인 이득을 취하기 위해 구매자가 입금한 후에도 배송은 이행하지 않는, 이른바 사기행각을 벌이는 사례가 우리 주변에서 종종 나타나고 있다. 또 판매자가 신의를 가지고 제품을 정상적으로 발송한다 하더라도 배송도중 제품이 파손되거나 분실될 우려도 있다.

반면, B2C 분야에 따라 온라인 상거래에서 소비자가 인식하는 신뢰가 차지하는 비중이 서로 다를 수 있다. 무엇보다도 신뢰의 영향이 가장 큰 B2C 전자상거래 부문은 인터넷 뱅킹이다. 시스템 사용용이성이나 유용성도 인터넷 뱅킹 사이트 재방문에 영향을 미칠 수 있는 반면, 소비자의 인터넷 뱅킹 사용의도를 결정적으로 좌우하는 것은 온라인 뱅킹을 이용하는 과정에서 금융사고가 발생할 위험이 얼마나 높은가에 대한 인식이다.

신뢰를 어떻게 구축할 수 있는가?

사용자는 상거래 사이트가 신뢰할 만한지 판단을 내리는 데 있어 겉으로 드러나 보이는 사이트의 강점과 약점을 탐색한다. 신뢰가 높다는 인상을 갖게 하는 강점으로는 사이트 디자인의 전문성, 회사의 오랜 경험, 서비스, 선별된 제품, 긍정적인 사용자 코멘트 등이 있겠고, 또 신뢰 이미지를 깨는 데 일조하는 약점으로는 아마추어 느낌을 풍기는 디자인, 신규업체, 사용하기 어려운 인터페이스, 제품 찾기의 어려움, 부정적인 사용자 코멘트 등이 있다. 따라서 전자상거래 사이트들은 아마추어 느낌을 최소화하고 사용자 기대를 충족시키며 프라이버시와 보안에 관한 사용자 염려를 불식시킬 수 있도록 사이트를 조심스럽게 디자인함으로써, 고객들이 느끼는 신뢰감을 높일 수 있다는 사실을 인식해야 한다.

이와 같이 웹사이트가 풍기는 인상도 소비자의 신뢰인식에 영향을 미칠 수 있는 반면, 전자상거래 업체의 신뢰도를 결정적으로 좌우하는 것은 보다 안전한 거래시스템을 갖추고 고객에게 믿음이 갈 수 있는 서비스를 제공할 수 있는 능력이다. 인터넷은 누구나 접속할 수 있는 개방형 통신환경이기 때문에, 고객이 전송하는 결제관련 정보가 외부에 노출될 수도 있으므로 믿을 수 있는 결제시스템이 필히 요구된다. 이러한 시스템 보안 이슈 이외에도, 고객주문을 빠르고도 정확하게 이행하는 능력은 전자상거래 사이트의 신뢰도에 영향을 미칠 수 있다. 만일 대금결제 정보가 유출되어 돌이킬 수 없는 고객의 금전적 손실이 발생하거나, 혹은 제 때 제품이 배달되지 않는 일이 반복되면서 불만의 목소리가 높아진다면, 그 동안 쌓아왔던 신뢰가 갑자기 무너지고 고객들의 사이트 방문이 멈출 수 있다.

트래픽 구축

최근 경영컨설팅회사인 맥킨지사가 B2C 기업들을 대상으로 실시한 한 조사의 결과에 따르면:

- 성과가 높은 기업들은 중간수준의 기업에 비해 월간 고유방문자(unique visitors) 수가 세 배가 넘는 것으로 나타났다. 또한 고성과 기업은 저성과 기업에 비해 2,500배 더 많은 방문자를 보유하고 있었다.
- 성과가 높은 기업들은 신규방문자 중 18%가 전환율(즉, 총방문자 중 실제로 구매까지 완료한 방문자의 비율)을 보임으로써 중간수준의 기업의 두 배를 넘는 것으로 나타났다.
- 고성과 기업들은 거래당 평균매출액이 중간성과 기업들의 2.5배를 나타났다.
- 고성과 기업들은 평균 총이익이 중간성과 기업들에 비해 세 배에 달했다.
- 고객당 거래 수와 방문자 유치비용에 있어서는 별 차이가 없는 것으로 나타났다.

본질적으로 B2C 전자상거래의 강자들(가령, 이베이, 아마존 등)은 효과적인 대고객 커뮤니케이션 및 고객에게 제공하는 가치 때문에 대규모 트래픽을 구축하는 데 성공했고 현재 정상의 위치에 남아있는 것으로 볼 수 있다.

웹 트래픽의 개념

웹 트래픽은 방문자들이 웹사이트와 주고 받는 데이터의 양을 뜻한다. 웹 트래픽의 규모는 방문자 수 및 이들이 방문한 웹페이지 수에 의해 결정된다. 대부분 웹사이트들은 어느 페이지들이 인기가 있고 또 웹페이지 조회와 관련해 어떠한 트렌드가 존재하는지 알기 위해 유입 및 유출 트래픽을 모니터링 한다. 일반적으로 웹 서버에 저장되는 방문자들의 사이트 이용관련 기록을 토대로, 트래픽 모니터링을 실시할 뿐 아니라 사이트 콘텐츠 구성을 조정하고 보안문제를 발견하거나 혹은 사이트 내비게이션과 같은 웹사이트 디자인 문제를 찾아낼 수 있다.

웹 트래픽의 측정

웹 트래픽은 웹사이트 및 사이트 내의 개별 페이지들의 인기도를 가늠하기 위해 측정된다. 웹 트래픽을 분석하려면, 자동으로 생성된 모든 웹페이지들의 목록인 웹 서버 로그파일에 수록된 트래픽 통계치들을 살펴봐야 한다. 사용자의 클릭에 의해 하나의 문서파일이 전송될 때, 하나의 **히트**(hit)가 생성이 된다. 페이지는 물론 이미지도 파일의 형태로 존재하므로, 한 예로 다섯 개의 이미지가 있는 웹페이지는 여섯 개의 히트를 만들어 낸다.

페이지뷰(page view)는 온라인 방문자가 웹사이트 내의 페이지를 요청할 때, 생성된다.

표 7-2 웹 트래픽의 주요 지표

트래픽 지표	설 명
방문자 수	하루 동안 사이트를 찾아온 총방문자 수; 한 사람이 두 번 방문하면 2인으로 간주하며, 실제 방문자 수(unique visitors)와는 다른 개념임
방문자당 평균 페이지 뷰	이 수치가 높으면, 방문자들이 흥미를 느껴 사이트를 많이 둘러보기 때문일 수도 있고, 혹은 정보 찾기가 지나치게 어려워 헤매는 것일 수도 있음
평균 방문 체류시간	한 사용자가 한 번 방문해서 체류하는 총시간
평균 페이지 체류시간	한 페이지에 머무르는 시간
최고 집중 시간대	하루 중 트래픽이 가장 많이 몰리는 시간대로서, 판촉 캠페인을 하는 데 적절한 시간을 선택하는 데 유용함
최고 요청 페이지들	가장 빈번하게 조회되는 인기 콘텐츠 페이지들
최고 요청 시작페이지	사용자가 사이트에 접속해서 보는 첫 페이지(사용자 관심 콘텐츠 파악)
최고 요청 끝페이지	사용자가 사이트를 떠날 때 보는 마지막 페이지 (흥미 없는 콘텐츠, 페이지 접속불량, 혹은 인기 있는 외부사이트 링크 존재여부 파악)
최고 이동경로	사용자가 사이트에 접속해서 떠날 때까지 조회하는 일련의 페이지들; 최고 이동경로는 사이트 내비게이션을 개선하는 목적으로 이용됨
접속 근원지	링크를 통해 사이트에 접속한 경우, 링크를 제공한 이전 사이트를 추적할 수 있음; 특정 페이지에 트래픽을 가장 많이 보내주는 사이트를 파악함

방문자는 반드시 적어도 하나의 페이지뷰(메인 페이지)는 생성하게 되지만, 실제로는 매우 많은 페이지뷰를 만들어 낼 수 있다. 내부 웹서버가 아닌 외부의 웹시스템에 대해 트래픽을 측정할 경우에는, 해당 웹사이트의 모든 페이지마다 한 줄의 HTML 코드를 삽입하면 된다.

웹사이트 트래픽의 증대방법

B2C 전자상거래 기업의 주된 관건은 웹사이트 트래픽을 최대한 발생시켜 매출을 높이는 것이다. 그렇다면 트래픽을 어떻게 증대시킬 수 있을까? 오늘날 온라인 기업들이 보편적으로 트래픽을 유도하기 위해 이용하는 방법으로는 검색엔진의 최적화, 클릭 링크의 유도, 그리고 광고 및 PR의 세 가지 기법을 고려할 수 있다.

(1) 검색엔진의 최적화

야후나 구글과 같은 검색엔진에서의 검색결과 순위를 높이면, 이메일, 배너 광고, 인쇄매체, TV광고를 하는 경우에 비해 더 높은 방문을 유도할 수 있다. 무엇보다 검색엔진 방식의 매력포인트는 광고 방식에 비해 비용이 더 적게 든다는 점이다.

전자상거래 업체의 웹사이트 링크가 검색의 첫 페이지에 나타나지 않는다면, 소비자가 검색을 통해 사이트를 찾아올 수 있는 가능성이 매우 낮아지게 된다. 검색을 했을 때, 검색결과 첫 페이지를 지나쳐 사이트를 찾는 사람은 거의 드물다. 결과적으로, 검색엔진에 나타나는 순위를 조절함으로써 노출을 개선하면 방문자 수가 증가할 수 있는 것이다.

그렇다면 어떻게 검색순위를 높일 수 있을까? 검색엔진에서의 순위를 의도적으로 높일 수 있는 가장 간단한 방법은 웹페이지 내에 해당 키워드가 나타나는 횟수를 최대한 늘리는 것이다. 이는 초기 검색엔진에서 웹마스터들이 자신의 사이트의 방문 트래픽을 증가시키기 위해 널리 이용했던 방법이다. 웹페이지의 키워드 빈도가 높을수록 검색순위도 높게 나타나기 때문에, 웹마스터의 조작에 의해 웹사이트 트래픽을 임시적으로 늘릴 수 있었다.

그러나 지난 '90년대 이러한 검색순위의 조작 사례가 늘어남에 따라, 대부분 검색엔진들은 보다 복잡한 검색순위 지정 알고리듬을 개발함으로써 이러한 인위적인 순위조작 추세에 대응했다. 세계 3대 검색엔진 사이트인 구글, 야후 및 마이크로소프트는 자사의 검색순위지정 알고리듬을 절대 공개하지 않고 있다. 그럼에도 불구하고, 각 검색사이트의 검색알고리듬을 연구해 순위를 향상시키는 서비스를 제공하는 검색엔진 최적화(search engine optimization) 전문업체들이 등장하고 있어, 오늘날 이들의 유료 서비스를 이용하면 웹사이트의 검색순위를 높일 수 있는 길이 열리고 있다.

(2) 링크 클릭의 유도

링크 인기도 구축을 통해 쉽게 사이트 트래픽을 높일 수가 있다. 즉, 해당 사이트와 유사한 성격의 사이트들의 운영자에게 이메일을 보내 사이트 상호 간에 링크를 교환할 의사가 있는지 질의하는 방법이다. 사이트 간에 서로 방문자들을 보내줌으로써 트래픽을 어느 정도 올릴 수 있기는 하나, 상대방 사이트의 방문자 수가 많아야만 효과를 기대할 수 있다. 사이트에 트래픽을 유도할 수 있는 또 한 방법은 웹진이나 무료리포트 사이트에 자료를 기증해서 사용자들이 이 자료의 무료 다운로드를 통해 사이트 관련 정보를 접하게 하는 것이다. 이 방법을 통해 사이트 홍보효과를 기대하려면, 필히 자료 내에 사이트 링크를 포함하여야만 다운로드 받은 사용자가 링크를 클릭할 때마다 사이트를 찾아올 수 있다. 끝으로, 사이트 트래픽을 늘리기 위한 방법으로 웹링이 있다. **그림 7-4**에서와 같이, **웹링**(Webring)이란 인터넷상에서 순환구조 형태로 서로 연결된 일련의 웹사이트들을 뜻한다. 웹링에 연결된 개별 사이트마다 공통의 내비게이션 바가 있는데, 여기에 다음사이트 및 이전사이트에의 링크버튼이 표시되어 있다. 즉, 사용자가 이 버튼을 계속 누르면 관련 사이트들을 모두 거쳐 다시 처음에 출발했던 사이트로 되돌아오게 된다. 이 내비게이션 바를 통해 사이트들을 이동하는 사용자들이 점차 많아지면, 개별사이트들은 웹링에 의해 트래픽이 증가하는 효과를 거둘 수가 있다.

그림 7-4 웹링의 개념도

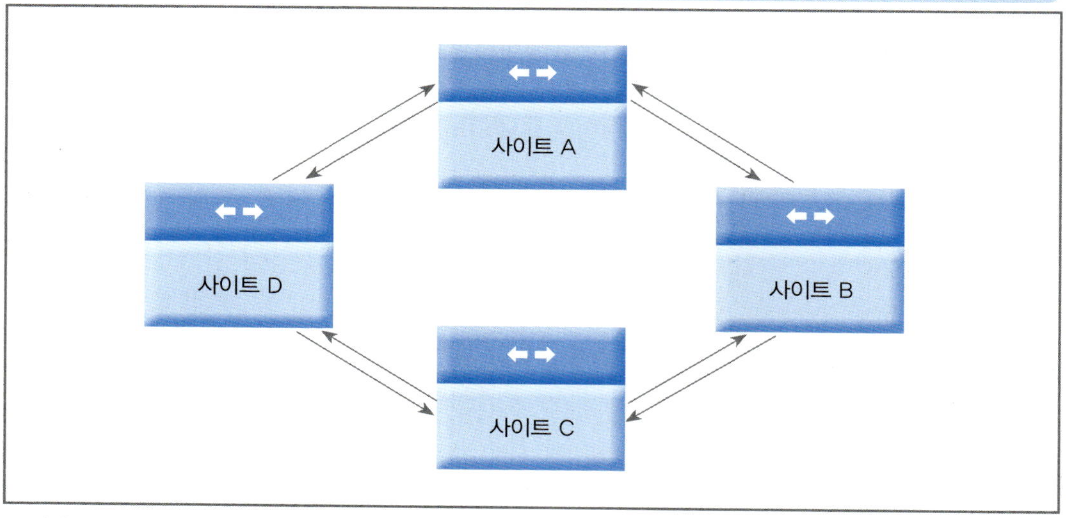

▶ 인터넷상에서 관련 사이트들이 내비게이션 바를 통해 원 모양으로 서로 연결되어 있어 사이트에서 사이트로 계속 이동하면 처음의 사이트로 되돌아오게 되어 있다.

(3) 광 고

웹사이트의 트래픽을 높이기 위해 적용할 수 있는 또 한 가지 방법은 잠재적 방문자에게 사이트 광고를 함으로써 찾아오게 하는 방식으로 온라인 방식과 오프라인 방식을 고려할 수 있다. 우선 **배너 광고**는 기업이 일정 비용을 들여 웹사이트를 다른 유명한 사이트에 광고하는 대표적인 예라고 할 수 있다. 배너 광고의 게재료는 **배너 임프레션**(banner impressions)이라는 개념을 기준으로 산정되며, 웹사이트 방문자 한 사람에게 배너 광고가 한 번 보여지는 것을 1회 임프레션으로 간주한다. 통상 1,000번의 배너 임프레션을 기본 단위로 배너 광고의 가격이 결정되는데 이를 CPM(cost per impression)이라고 부른다. 이를테면, 어느 배너 광고의 임프레션이 하루 동안 5만 번 발생했고 CPM이 2만원으로 책정된 경우, 총광고료는 50×2만원=100만원이 된다. 또 하나의 온라인 광고방식은 임프레션 대신 클릭을 판매하는 이른바 **검색 광고**이다. 광고주는 다른 광고주들과의 경쟁입찰을 통해 특정 키워드를 구매한다. 사용자가 검색엔진(가령, 구글)에서 해당 키워드를 입력하면, 그 키워드를 구매한 광고주의 광고가 검색결과 페이지의 눈에 잘 띄는 공간(가령, 페이지의 상단 박스)에 나타난다. 눈에 가장 잘 띄는 곳에 광고가 노출되면 그만큼 그 광고 링크를 클릭하는 방문자 수도 늘어나기 때문에, 사이트 방문자 수의 증대효과를 기대할 수 있다.

고객충성도 구축

고객충성도란?

마케팅 문헌에서는 고객충성도(customer loyalty)의 개념을 브랜드 충성도 및 구매 충성도의 두 가지로 구분하여 설명한다. **브랜드 충성도**란 미래에 일관성 있게 선호하는 제품이나 서비스를 재구매하려는 깊은 의지를 의미하는 것으로서, 이를 통해 브랜드를 바꾸게 하는 상황적 영향요소나 마케팅 캠페인에도 불구하고 반복적으로 동일 브랜드를 구매하게 된다. 브랜드 충성도와 구매 충성도 간의 관계는 태도와 행동의 관계에 의해 설명될 수 있다. 즉, 브랜드 충성도가 해당 브랜드를 구매하려는 태도에 해당하는 반면, **구매 충성도**는 그러한 태도를 '재구매'라는 행동으로 옮기고자 하는 의도로 볼 수 있다. 쉽게 말하자면, 어느 젊은 학생이 친구들에게 과시하고 싶은 욕구에서 나이키 브랜드의 운동화를 사는 것은 브랜드 충성도에 해당하며, 소비자가 자신이 선호하는 특정 온라인 상점을 자주 방문해 제품이나 서비스를 재구매하는 것은 구매충성도에 해당한다.

그림 7-6은 고객충성도에 영향을 미치는 중요한 요인들을 보여주고 있다. 우선, 고객이 제품 혹은 서비스를 구매해 이용하는 경험을 통해 제품/서비스의 질에 대한 지각이 형성된다. 이러한 품질에 대한 지각을 바탕으로 고객만족도가 형성되게 된다. 제품이나 서비스의

그림 7-5 고객충성도 모델

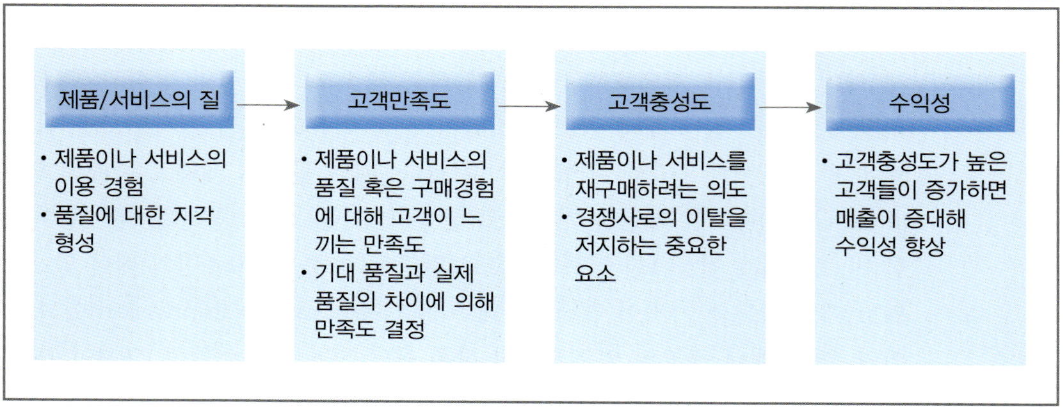

▶ 고객만족도에 의해 영향을 받는 고객충성도는 기업 수익성을 좌우할 수 있기 때문에, 효과적인 관리 및 대응이 필요하다.
▶ 출처: Storbacka 외, 1994.

질 혹은 구매경험의 질에 대해 고객 스스로 만족도를 느끼게 되는데, 이 때 형성되는 만족도의 수준은 고객이 기대했던 품질과 실제 체험한 품질의 차이에 의해 결정된다. 즉 기대가 낮았는데 실제품질이 높았다면 만족도가 높지만, 기대가 높았는데 실제품질은 낮은 편이라면 불만이 클 수 있다는 의미이다. 이러한 고객만족도는 고객충성도에 중요한 영향을 미친다. 고객충성도는 고객이 제품이나 서비스를 재구매하고자 하는 의도로서, 기업이 고객기반을 확장시킴으로써 성장을 도모하는 데 결정적인 요인이다. 따라서 고객충성도가 높은 고객이 늘어나면 매출 및 수익성이 향상되게 마련이다. 이러한 이유로 많은 기업들이 다양한 온라인 충성도 프로그램을 통해 고객충성도를 구축하기 위한 노력을 경주하고 있다.

온라인 충성도를 어떻게 높일 수 있는가?

경제학 이론에 의하면, 인터넷은 거래 비용을 줄여 주므로 소비자는 비교구매를 통해 가장 낮은 가격의 제품을 탐색하는 것으로 이해되고 있다. 그러나 최근 몇몇 실증조사에서는 이와 상반적인 결과가 나타나고 있다. 한 MIT 연구팀의 조사연구에 의하면, 온라인 쇼핑고객들은 가격이 더 높더라도 쇼핑몰의 브랜드 네임에 대한 충성도를 유지한다는 사실이 밝혀졌다. 쇼핑 보트(즉, 지능 에이전트)를 이용해 다양한 쇼핑몰의 유사한 상품들의 가격을 비교하는 고객들조차, 비록 다른 사이트에서 더 저렴한 가격에 제품을 구매할 수 있음을 알고 있음에도 불구하고, 평소에 방문하는 친숙한 사이트 몇 군데에서 주로 쇼핑을 하는 것으로 나타났다. 브랜드 네임 쇼핑몰은 경쟁사보다 더 비싼 값을 받을 수가 있으며, 또 쇼핑 고객들은 값을 더 주더라도 이미 방문했던 사이트들에서 구매할 의향이 있는 것으로 이 연구결과를 통해 나타나고 있다. 또 특정 사이트에 대한 충성도는 고객의 전환불능성(lock-in)

이라고 하는 현상에 뿌리를 두고 있음이 밝혀졌다. 즉, 어느 사이트에 시간과 노력을 투자해 일단 익숙해지면 다시 다른 사이트로 전환하기가 점차 어려워지기 때문에, 기존의 사이트를 계속 찾게 된다는 것이다.

이러한 연구결과들이 전자상거래 사이트의 설계자들에게 제공하는 시사점은 명료하다. 첫째, 소비자들은 사용하기가 쉬운 웹사이트를 반복 방문한다. 사용자가 쉽게 친숙해질 수 있도록 사용 용이한 사이트를 구축해야 한다. 둘째, 사이트를 갱신할 때, 콘텐츠는 당연히 수정해야 하지만, 콘텐츠를 찾기 위한 내비게이션은 기존 방식대로 유지하는 것이 고객의 충성도를 더 높이는 데 도움이 된다. 끝으로, 신규 사이트를 구축할 때 성공적인 전자상거래 사이트(가령, 아마존 닷컴)의 내비게이션 기법들을 적절하게 도입하면, 고객에게 더욱 어필할 수 있다.

반면, 인터넷 기반의 상점에 대한 고객의 충성도는 사이트 개선의 방법 이외에 온라인 충성도 프로그램을 통해서도 높일 수가 있다. 온라인 충성도 프로그램은 사이트를 방문한 소비자에게 인센티브를 제공해 고객의 충성도를 높이는 방법이다. 이 방법에 대해서는 아래에서 더 자세히 알아보기로 한다.

온라인 충성도 프로그램

일반적으로 **충성도 프로그램**(loyalty program)이란 충성도가 높은 구매행동을 보상함으로써 지속적인 재구매를 유도하는 마케팅 기법으로 정의된다. 충성도 프로그램은 고객 한 사람을 새로이 유치하는 것보다는 기존 고객 한 사람을 유지하는 것이 더 비용이 적게 든다는 전제하에 유효하다. 소비자와 소매상점 간에 결속이 맺어지는 것도 바로 이러한 관계를 통해서이다.

그림 7–6에서 볼 수 있듯이 커피전문 매점, 주유소, 할인매장과 같은 소매업체들은 포인트 카드를 이용해 고객의 구매내역을 추적 및 관리하고 이를 토대로 반복구매를 한 고객에게 선물 증정이나 할인 구매의 기회를 제공하고 있다. 마찬가지로, 온라인 소매업체들도 “충성도 프로그램” 활동을 전개함으로써 고객 충성도를 높이고 있다. 가령, 어느 정규 고객이 온라인 상점의 제품 중에서 5개 품목을 구매한다고 할 때, 반복구매 프로그램에 참여하면 여섯 번째 제품을 무료로 받을 수가 있다. 즉, 이 무료제품을 받는 혜택을 얻기 위해 5개 품목을 구매하기로 결정하는 고객들이 많아지면, 매출도 늘어나는 동시에 충성도 높은 고객들도 함께 증가하게 된다. 평균적으로 충성도 프로그램에 등록된 고객들은 등록되지 않은 고객들에 비해 제품을 구매할 가능성이 두 배에 달한다는 조사결과도 있다.

전통적인 “항공 마일리지”를 닮은 충성도 프로그램들이 다양하게 운영되고 있다. 웹사이트를 방문해 상품을 구매한 이용자들은 포인트가 주어지고 누적된 포인트는 이후 제품

그림 7-6 충성도 프로그램의 조회화면

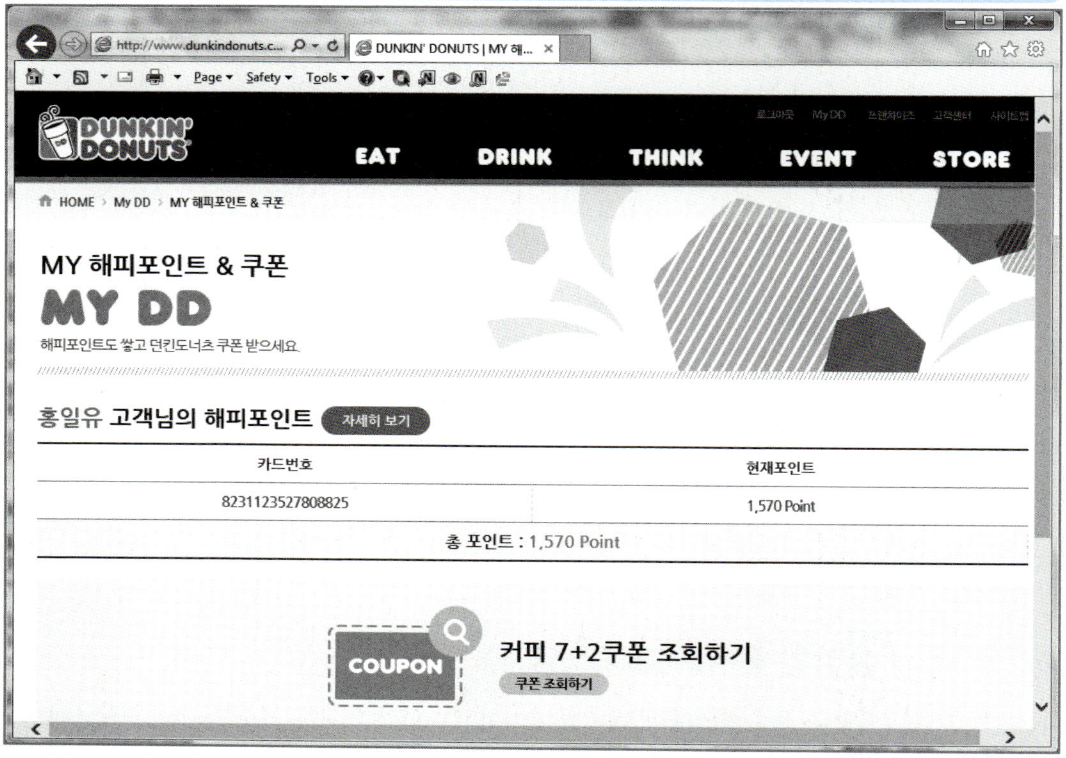

▶ 덩킨도넛 고객은 제품 구매시마다 포인트를 부여받으며 누적된 포인트로 제품을 다시 구매할 수 있기 때문에 은연중에 충성도가 높아지게 된다.

이나 서비스로 교환할 수 있는 그러한 프로그램들이다. 인터파크, 이베이코리아, 신세계닷컴과 같은 기업들은 각기 회사 웹사이트에서 자체적인 충성도 프로그램을 운영하고 있다. 이와는 대조적으로, SK의 OK 캐쉬백(www.okcashbag.com)이나 대한항공의 스카이패스(kr.koreanair.com)와 같은 웹사이트들은 온라인 및 오프라인의 여러 기업들이 참여하는 공동 프로그램을 운영한다. OK 캐쉬백은 SK주유소, 이마트, 면세점 등이 공동으로 참여하고 있으며, 대한항공은마일리지 제휴를 맺은 대한항공, 델타, 노스웨스트 등의 항공사들 이외에도 제휴호텔(하와이 와이키키리조트 호텔 등), 신용카드 회사(우리카드, 국민카드 등)가 공동으로 참여하는 프로그램을 운영하고 있다. 소비자들은 참여 사이트들을 통해 포인트를 누적하고, 온라인상에서 포인트를 사은품이나 항공권과 같은 상품으로 교환할 수가 있다.

그러나, 현금적립을 해주든 선물카드나 무료상품을 증정하든 간에, 주요 관건은 이러한 인센티브를 제공받는 고객들로 하여금 특정 구매행동을 하도록 동기를 부여하는 가치가 분명히 존재하는지를 확인하는 것이다. 온라인 상점들이 널리 운영중인 온라인 충성도 프로그램들이 실제 고객충성도에 얼마나 영향을 미치는지는 미지수이기 때문이다. 인터넷 조사연구 기관인 주피터 커뮤니케이션이 실시한 한 조사에 의하면, 온라인 쇼핑고객들의 70% 가량이 그러한 프로그램에 참여하는 반면, 단 22% 응답자들만이 충성도 프로그램에 의해 자신들의 온라인 쇼핑습관이 영향을 받는다고 응답했다. 이 조사에서 72% 응답자들은 온라인 고객서비스의 질이 자신들의 재구매 의도에 영향을 미치는 가장 중요한 요인이라고 응답했다.

7.3 B2C 전자상거래의 성공요인

인터넷에서 소비자를 대상으로 제품을 판매하는 쇼핑몰이 성공을 거두는데 가장 중요한 영향을 미치는 요인들은 무엇일까? 아마도 다양한 제품의 정보를 수록한 온라인 카탈로그가 효과적으로 제공되어야 할 것이고, 주문하기가 쉬워야 하며, 고객의 의문사항이나 불편사항에 대해 신속하게 대응할 수 있는 능력이 갖춰져야 할 것이다. 그러나 실제 B2C 전자상거래의 성공을 좌우하는 요인들은 이보다도 훨씬 더 광범하고 다양하다. B2C 전자상거래 성공요인과 관련한 문헌들에 의하면, 전자상거래 기업은 제품의 판매가격도 매력적이어야 하지만, 독특한 비즈니스 모델, 유능한 경영진, 앞서가는 고객서비스, 제휴기업들과의 양질의 협력관계, 최적화된 네트워크 인프라, 그리고 안전하고도 우수하게 설계된 웹사이트를 갖춰야 함은 물론, 그 밖에도 경쟁에서 앞서갈 수 있는 혁신적 아이디어들을 끊임없이 도입해 나가야만 생존할 수가 있다. 전자상거래 성공요인들은 표 7-3에서와 같이, 경영 차원의 요인, 비즈니스 차원의 요인, 그리고 기술 차원의 요인의 세 가지 카테고리로 나누어 살펴볼 수 있다.

경영 관련요인

- **전자상거래 전략:** 기업이 어떻게 전자매체를 통해 성공적으로 비즈니스를 수행할 것인지에 대한 비전을 세우는 것이 중요하다. 전자상거래 전략은 시장, 비즈니스 모델, 마케팅, 자원의 네 가지 요소를 중심으로 수립될 수 있다. 첫째, 신중한 시장조사 및 분석을 통해 구체적으로 어떤 시장을 겨냥할 것인지 그리고 그 시장의 향후 성장잠재력이 높은지에 대해 결정한다. 둘째, 기업이 지속적으로 수익을 내며 사업을 해 나갈

표 7-3 B2C 전자상거래 성공요인

차 원	성공요인	설 명
경 영	전자상거래 전략	기업이 어떻게 전자매체를 통해 성공적으로 비즈니스를 수행할 것인지에 대한 비전
	유능한 경영진	전자상거래 전략을 비즈니스 성과로 연결시킬 수 있는 경영진
	시장 대응능력	컴퓨터 및 통신기술을 통해 시장요구 사항에 신속하게 대응할 수 있는 능력
비즈니스	대고객 가치증대 프로그램	고객에게 제공되는 제품 혹은 서비스의 가치를 극대화할 수 있는 인센티브
	신속한 배송프로세스	주문된 제품 혹은 서비스를 신속하게 고객에게 전달할 수 있는 효율적인 배송프로세스
	개인화된 고객서비스	소비자 개인의 니즈나 취향에 부합하는 구매 기회를 제공하는 서비스
	효율적인 비즈니스 운영	비용 대비 수익을 극대화할 수 있도록, 비즈니스 프로세스를 재설계하고 무리한 현금지출을 피함
기 술	신뢰할 수 있는 시스템	데이터 보안 및 프라이버시 보호를 우선으로 하는, 안심하고 거래할 수 있는 시스템
	시스템의 속도 및 안정성	시스템의 페이지 로딩속도가 빠르며, 언제나 접속 가능하고 중간에 끊김 없음
	사이트의 기능 및 사용성	웹사이트가 사용자에게 유용한 기능을 제공하며, 사용자의 온라인 쇼핑경험의 질을 높이도록 설계됨
	안전한 지불 시스템	보안위협으로부터 거래데이터를 보호하기 위한 암호화 및 인증기술이 적용된 지불시스템
	전자상거래 인프라	안정적인 시스템 성능을 제공할 수 있도록 최적화된 구성을 갖춘 기술 인프라

▶ 전자상거래 기업은 경영, 비즈니스, 기술의 세 가지 카테고리의 요인들을 충족시킬 수 있어야만 성공을 거둘 수가 있다.

수 있는 비즈니스 모델을 개발한다. 셋째, 비즈니스 모델이 수익으로 연결될 수 있도록 시장을 효과적으로 공략할 수 있는 마케팅 전략을 구상한다. 끝으로, 비즈니스 운영에 필요한 자금 및 핵심인력을 확보하기 위한 자원확보 방안을 개발한다.

- **유능한 경영진:** 우리 주변에는 미래를 내다보는 안목이나 치밀한 경영능력 없이 온라인 기업의 경영을 떠맡았다가 전자상거래 기업의 배를 침몰시키는 경영자들을 간간히 볼 수 있다. 정보기술을 비즈니스와 잘 접목시킴으로써 기업이 속도와 유연성을 높

임은 물론, 마케팅, 물류, 고객서비스 등 각 분야에서 기업이 비즈니스 성과를 낼 수 있도록 유능한 경영진이 확보되어야 한다.

- **시장 대응능력**: 오늘날 전자상거래 시장은 기업들의 신속한 대응능력을 요구한다. 컴퓨터 및 통신기술을 기반으로 한 정보수집 및 커뮤니케이션을 통해 고객니즈의 변화, 경쟁사의 신규전략 등 시장 요구사항에 대해 신속하게 대응하는 능력을 갖추는 것이 중요하다.

비즈니스 관련요인

- **대고객 가치증대 프로그램**: 고객에게 가치를 제공할 수 있는 인센티브를 제공한다. 이를테면, 판매촉진 프로그램을 운영함으로써 저렴한 가격 등을 통해 구매 및 재방문을 촉진하는 데 주력한다. 판매촉진 프로그램의 일환으로서 온라인 쿠폰, 기간 내 할인판매, 온라인 교차판매(cross-linked sales), 제휴기업과의 광고협력 프로그램 등을 고려할 수 있다.
- **신속한 배송프로세스**: 고객이 전자상거래를 이용하는 주된 이유 중의 하나는 주문한 제품을 빨리 받을 수 있다는 기대 때문이다. 최근에는 대부분 온라인 쇼핑몰들이 제품주문이 접수된 당일 혹은 다음날 제품을 발송하므로, 수도권 내에서는 적어도 사흘 내에 주문한 제품이 도착한다. 신속한 배송도 중요한 반면, 고객이 제품의 배송과정에 대해 궁금해 할 수 있으므로 필히 웹사이트상에 배송추적 기능을 제공해야 한다.
- **개인화된 고객서비스**: 오프라인 상점이 온라인 상점보다 더 나은 점 중의 하나는 점원이 소비자 개인의 니즈나 취향을 고려해 구매할 수 있는 서비스를 제공한다는 사실이다. 오프라인에서 가능하던 이러한 특징을 온라인 환경에서 구현한 것이 곧 개인화된 고객서비스이다. 개인화된 웹사이트, 구매품목 추천, 개인화된 특별구매기회 등은 모두 온라인 상점이 소비자에게 오프라인 상점에서와 같은 개인적 관심 및 세심한 배려를 제공한다는 인상을 줄 수 있다는 점에서 고객만족도 및 재방문율을 높이는 데 중요한 역할을 한다.
- **효율적인 비즈니스 운영관리**: 기업이 비용 대비 수익 비율을 극대화하기 위해 큰 노력을 기울여야만 재무적인 안정을 성취할 수 있다. 전자상거래 비즈니스는 전통적 상거래 비즈니스에 비해 효율적 운영을 할 수 있는 기회들이 더 많이 존재한다. 우선 웹 기반의 정보기술을 이용해 비즈니스 프로세스를 합리적으로 재설계함으로써, 판매비, 마케팅비, 물류비, 인력채용비 등 다양한 비용요소들을 절감할 수 있는 기회를 탐색할 수가 있다. 그뿐 아니라, 과다한 투자나 불필요한 지출을 피함으로써 안정적인 현금흐름을 유지하는 노력이 필요하다. 본장의 개념사례에서도 알 수 있듯이, **웹밴**과 같이

지나치게 빠른 속도로 과잉 사업확장을 하면 기업의 파산을 앞당기는 결과를 초래할 수 있다.

기술 관련요인

- **신뢰할 수 있는 시스템:** 고객 관점에서 신뢰할 수 있는 시스템이란 데이터 보안 및 프라이버시 보호를 우선시 함으로써 인해 안심하고 거래할 수 있는 시스템을 뜻한다. 시스템에 강력한 보안기능이 구현되어 있지 않음으로 인해, 뜻하지 않은 사고로 서버의 고객데이터가 유실되거나 혹은 거래 정보를 전송하는 과정에서 정보유출이 발생할 위험이 존재한다면 고객의 신뢰를 잃게 마련이다. 무정전 전원장치, 데이터 암호화, 방화벽 등과 같은 보안기술이 시스템에 구현되어 있어야 한다. 또 개인정보의 프라이버시를 잘못 관리함으로써 주민번호, 전화번호, 신용카드 번호와 같은 민감한 고객정보가 사이트의 다른 방문자들에게 공개된다면 이로 인한 파장은 실로 걷잡을 수 없게 된다. 따라서 웹사이트상에 프라이버시 준수정책을 필히 수록함으로써 고객에게 신뢰를 심어줄 필요가 있다.
- **시스템의 속도 및 안정성:** 이 요인은 전자상거래 사이트의 성능과 관련이 있다. 우리 주변에서 자동차의 성능이라 함은 차가 힘있게 고장 없이 잘 달리는 정도를 의미하는 것으로 이해된다. 마찬가지로, 전자상거래 시스템의 기술적 성능은 사용자가 클릭한 정보를 시스템이 지체 없이 보여주며 또 시스템이 마비되지 않고 순탄하게 돌아가는 정도를 뜻하며, 일반적으로 로딩속도와 시스템 안정성에 의해 측정된다. 로딩속도란 사용자가 웹사이트 화면의 링크나 버튼을 마우스로 클릭한 시점부터 요청한 웹문서 페이지가 자신의 컴퓨터 화면에 나타날 때까지 소요되는 시간을 뜻한다. 최근의 웹이용자들은 클릭하고 나서는 즉시 정보가 나타나길 기대하기 때문에 페이지 로딩 속도가 4초를 넘겨서는 안 된다는 얘기가 있다. 또 하나의 시스템 성능 척도인 시스템 안정성은 사이트에 문제없이 잘 접속할 수 있으며 또 사이트에 접속된 상태가 끊김 없이 안정적으로 유지되는 정도로 정의될 수 있다. 시스템 성능은 종종 사용자 만족도에 큰 영향을 미칠 수 있으므로, 여러 전자상거래 기업들이 시스템 튜닝(system tuning)을 통해 서버의 기술적 특성을 최적화시킴으로써 시스템 성능을 개선하기 위한 많은 노력을 기울이고 있다.
- **웹사이트의 기능 및 사용성:** 웹사이트는 기업과 고객을 이어주는 주된 인터페이스이며, 고객관점에서는 웹사이트가 곧 기업의 얼굴이라고 해도 과언이 아니다. 고객이 온라인상에서 뜻하지 않게 부정적인 경험을 접하게 되면 곧 사용자 불만족으로 이어져 재방문을 하지 않음은 물론 타사 사이트로 이탈해 갈 수 있다. 따라서 웹사이트에 유

용한 기능이 풍부하게 제공되어야 함은 물론, 무엇보다도 사이트 사용성이 높아야 한다. 전자상거래 사이트의 유용한 기능으로는 장바구니, 대금결제, 주문추적, 커뮤니티 등과 같은 기본적 기능은 물론, 고객개인별 제품추천, 실시간 온라인채팅 상담 등과 같은 고급기능을 고려할 수 있다. 이러한 온라인 기능들을 통해 고객이 마치 오프라인 상점에서 구매하듯 온라인 상점에서도 편리하게 구매할 수 있어야 한다. 한편, 사이트 사용성(usability)은 사용자 인터페이스에 의해 크게 좌우된다. 사용성을 높이기 위해서는 메뉴선택, 페이지 이동, 필요정보 찾기 등이 용이하도록 사용자 관점에서 인터페이스를 설계함은 물론, 색상, 그래픽, 동화상, 사진이미지, 폰트, 백색여백 비율 등을 감각 있게 사용함으로써 사이트의 미적 가치도 높이는 노력이 필요하다.

- **안전한 지불 시스템:** 전자상거래에서 소비자의 주된 관심 중의 하나는 주문한 제품이나 서비스에 대한 대금을 안전하게 결제할 수 있는지의 여부이다. 앞의 제4장에서 살펴보았듯이, 인터넷을 기반으로 한 거래는 다양한 보안위협 요소에 노출되기 때문에, 이들 요소로부터 거래데이터를 보호하기 위한 암호화 및 인증 기술이 적용된 지불시스템이 필수적으로 요구된다. 전자상거래의 지불수단으로 가장 널리 이용되는 신용카드의 경우, 과거에는 고객이 지불중개자를 통해 온라인 상점측에 카드번호를 안전하게 전달했지만, 요즈음은 온라인 상점이 은행이나 신용카드 회사와 네트워크로 연동해서 사이트상에서 직접 신용카드 거래를 처리하고 있는 추세이다.
- **네트워크 인프라:** 전자상거래 환경에서 요구되는 네트워크 인프라는 소비자, 온라인 상점, 금융기관 등 관련 주체들의 컴퓨터를 상호 연동하는 네트워크의 구성요소들이다. 네트워크 인프라에는 서버 및 클라이언트 PC들을 서로 연결해주는 역할을 하는 통신회선 및 통신장비(라우터, 교환기 등)가 포함된다. 네트워크 인프라는 전자상거래 시스템의 성능에 직접적인 영향을 미칠 수 있으며, 시스템 성능은 인터넷에 접속하는 사용자의 만족도를 좌우할 수 있으므로, 통신회선 및 통신장비들의 구성을 최적화시켜 시스템 성능을 극대화하는 것이 중요하다.

현 · 장 · 사 · 례

Electronic Commerce

스마트폰 쿠폰으로 소셜커머스 소비자를 유인한다

불황에 따른 합리적 소비확산과 디지털기기의 보급이 한 지점에서 만나 쿠테크족이라는 신소비층이 양산됐다. 쿠폰과 재테크가 합해진 쿠테크는 소셜커머스와 스마트폰이 대중화되면서 전 연령층에서 불황형 소비행태로 자리잡고 있다.

한 소셜커머스관계자는 "모바일 속 쿠폰을 통해 가격할인, 포인트 적립 심지어 공짜상품까지 받을 수 있어 쿠테크가 불황에 따른 일시적 현상에 그치지 않고 앞으로 더욱 확산될 것"이라고 말했다. 특히, 소셜커머스가 쇼핑 패러다임을 뒤흔드는 강력한 유통업으로 발전하면서, 쿠테크족의 행동반경이 더욱 넓어져 이같은 예측에 힘이 실리고 있다. 지역 기반의 음식점, 카페 할인쿠폰 및 백화점, 마트 등에서 사용가능한 상품권까지 소셜커머스는 가능한 모든 것들을 모바일로 간편하게 사용할 수 있도록 쿠폰화했다.

이에 소셜커머스 업계는 경쟁적으로 협력사와의 전략적 제휴를 맺고 '0원쿠폰'을 내놓는 등 파격적인 제안으로 쿠폰의 가치를 높이는 데 집중하고 있다. 게다가 현금형, 할인형, 저축형 등 모바일 쿠폰의 활용법도 다양해지고 있다

■ 장보기는 물론 아파트 관리비까지 '만능형' 쿠테크족

실상 쿠테크족의 주소비층은 알뜰형 주부다. 이런 스마트형 주부들은 각종 정보를 주부 까페 등에서 공유하는데 능하고, 입소문이 빨라 어디서 판매하는 쿠폰이 어떠한 방면에서 경제적인 이득을 주는지 빠르게 공유한다.

주부 쿠테크족에게 가장 인기있는 쿠폰은 백화점 상품권, 아울렛 이용권과 같이 현금처럼 만능으로 쓸 수 있는 상품이다. 특히 쿠폰은 사용할 수 있는 실제 금액보다 저렴한 가격으로 구매할 수 있으며, 현금처럼 자유롭게 쓸 수 있다는 것이 장점이다. 게다가 모바일 쿠폰은 해당 장소 뿐만 아니라 다양한 곳에서 사용할 수 있다는 이유가 알뜰 주부의 소비를 도모하고 있다.

CJ오클락 홈플러스 지류상품권은 주부 쿠테크들의 소비를 돕는 대표적 알뜰 쿠폰이다. 현재 10만원 권이 9만4,000원 가격에 판매되고 있으며 매달 1만장 이상의 판매고를 올리고 있다. 홈플러스, 엔터식스와 같은 대형마트 및 쇼핑몰 비롯해 외식, 서점, 영화관, 호텔 등에서 사용 가능하고, 비발디파크 등 주요 리조트에서도 쓸 수 있다. 특히 아파트아이(https://www.apti.co.kr/apti)에 상품권을 등록하면 아파트 관리비까지 납부할 수 있어 주부들이 대량 구매하는 인기 쿠폰으로 손꼽힌다. 또한, 위메프에서는 새해 선물로 적합한 건강식품 브랜드 천호식품 온라인몰 1만8,000원 자유이용권을 45% 할인한 9,900원에 선보이고 있다. 내달 2일(일)까지 쿠폰 구입 후 천호쇼핑 홈페이지에 등록하여 이용할 수 있으며 타 업체에서 구입한 쿠폰과 중복 사용 가능하다.

■ 언제 어디서나 알뜰하게 데이트 '준비형' 쿠테크족

전국 각지에 지점을 보유하고 있는 대형 프랜차이즈 쿠폰을 미리 구입해 놓고 데이트, 모임 등에서 소비액을 줄이려는 쿠테크족도 있다. 적은 금액의 소비를 할 때도 할인혜택을 놓치지 않겠다는 스마트 소비 방식의 일종이다. 이런 쿠테크족은 소비를 미리 대비하는 특성상, 언제 어디서나 현금과 복합결제가 가능하고 특정 상품으로 교환할 수 있는 형태의 쿠폰을 주로 구매하는 경향이 있다.

CJ오클락에서 판매하는 뚜레쥬르 케이크 교환

▶ 소셜커머스업체인 쿠팡에서 발행한 TGI Fridays 모바일 쿠폰은 가격에 민감한 소비자를 유인한다.

권, 쿠팡의 TGI 프라이데이스 메뉴 이용권 등이 '준비철저형'에게 안성맞춤인 쿠폰이다. 뚜레쥬르 케이크 교환 쿠폰은 CJ오클락에서 26일(일)까지 할인가에 구매할 수 있다. 얼마 전 인기리에 종영한 '응답하라 1994'에 등장한 '추억의 생크림', '추억의 초코돔마블' 등 추억 케이크를 10% 저렴한 1만1,700원부터 구매할 수 있고, 전국 뚜레쥬르 매장 어디서든 제품으로 교환 가능하다. 쿠팡의 패밀리 레스토랑 TGI 프라이데이스 한우찹스테이크 이용권 역시 40% 할인가 1만4,500원에 살 수 있다. 전국 44개점에서 평일 · 주말 모두 사용할 수 있으며 갑오년을 상징하는 동물에 관련된 퀴즈를 맞춘 정답자 50명에게 쿠팡캐시 2,000원을 증정하는 이벤트도 함께 참여할 수 있다.

■ 공짜니까 부담없이 구입하는 '저축형' 쿠테크족

최근 각 업체마다 쏟아내고 있는 신종 쿠폰 중 하나는 '0원'에 각종 혜택을 누릴 수 있다는 공짜 모바일 쿠폰이다. 주로 기업제휴를 통해 운영되는 형태로 해당업체가 신제품을 다량 샘플링하거나 할인쿠폰 제공을 통해 오프라인 판매를 유도하기 위한 전략으로 활용되고 있다.

실상 기존에 보편화된 광고보다 매출 효과가 뛰어나다는 게업계의 긍정적인 평이다. 소비자 입장에서는 실제 결제과정을 거치기 때문에 공짜 혜택을 본다는 인식이 강하며, 당장 필요치 않더라도 무조건 쿠폰을 받아 저축해 놓고 추후에 사용하려는 경향이 크다. 또 상품을 공급하는 업체 측에서도 효과적으로 다수에게 샘플이나 할인쿠폰을 제공해 광고 효과는 물론 추가 소비를 유도할 수 있고, 소셜커머스 측에서는 '0원 쿠폰'이라는 공짜 카테고리를 다양화하면서 소비자들에게 배가된 혜택을 줄 수 있어 윈윈효과를 보는 셈이다.

위메프는 '0원 딜' 위주로 구성한 쇼핑몰 할인권 카테고리를 운영하고 있다. 유명 온라인 보세 의류몰 토모나리, 걸핏, 베뉴포셀럽 등 쇼핑몰의 10~30% 할인권이 평균 1,000개 이상 팔리는 등 인기가 좋고, 결혼 준비 중인 예비 신부의 웨딩드레스를 체험할 수 있는 와이즈웨딩 스타일링 페어 초대권을 무료로 받을 수 있는 0원 딜은 500개 이상 구매가 이뤄지는 등 호응을 얻고 있다. 렌탈, 서비스 분야에서는 소셜커머스의 0원 쿠폰을 소비자 접점을 늘리는 유통 판로의 하나로 적극 활용하고 있다. 0원에 렌탈쿠폰을 구매하면 다양한 서비스와 증정품 혜택을 받으며 간편하게 렌탈 서비스를 이용할 수 있다. CJ오클락에서는 오는 24일(금)까지 LG전자 헬스케어 안마의자 특가 렌탈권을 0원에 판매한다. 이 딜을 활용하면, LG전자 안마의자(모델명: BM102RBR)를 39개월 동안 월 5만4,900원에 대여할 수 있다. 오클락 0원 쿠폰을 구매 후 렌탈을 실시한 고객에 한하여 30만원 상당의 등록비 및 설치비가 면제되며 신세계 모바일 상품권 10만원권을 증정한다.

이에 따라 각 업계가 다양한 모바일쿠폰으로 소비를 유인하는 가운데, 쿠테크족은 적당한 쿠폰 활용으로 알뜰한 소비를, 기업은 소비자의 지갑을 열게 할 쿠폰을 제공, 2014년에는 장기간 침투해 있는 내수시장 불경기를 깰 수 있을지 주목된다.

▶ 출처: 매일경제, 2014. 1. 8.

7.4 소셜 커머스

최근 몇 년 사이에 소셜커머스가 전자상거래의 새로운 비즈니스 모델로 부상했다. 최대 50%에 달하는 파격적인 할인가로 제품을 구매할 수 있다는 기대감에 많은 소비자들이 뮤지컬 티켓에서부터 여행상품, 갈비세트에 이르기까지 다양한 제품들을 소셜커머스를 통해 구매하고 있는 추세이다. 특히 최근 들어서는 스마트폰의 활발한 이용추세에 발맞춰 모바일 기기를 기반으로 한 소셜커머스 거래가 빠르게 성장하고 있다.

소셜커머스란?

소셜커머스(social commerce)란 **그림 7-7**에서 볼 수 있듯이 사회적 상호작용 및 사용자 참여를 지원하는 온라인 매체인 이른바 '소셜 미디어'를 이용해 제품 및 서비스의 온라인 매매를 수행하는 전자상거래의 한 유형을 뜻한다. 짧게 설명하면, 소셜 커머스는 소셜 네트워크를 이용해 수행되는 전자상거래라고 할 수 있다.

소셜커머스 용어는 공유용 선택목록, 사용자 평가, 제품정보 및 조언의 공유 등과 같은 온라인 공동쇼핑 툴들을 지칭하기 위해 야후가 2005년 처음 사용했다. 소셜커머스의 개념은 흔히 소비자가 신뢰하는 개인들에게서 조언을 얻고 제품 및 서비스를 찾으며 또 구매하

그림 7-7 소셜커머스 비즈니스모델의 개념도

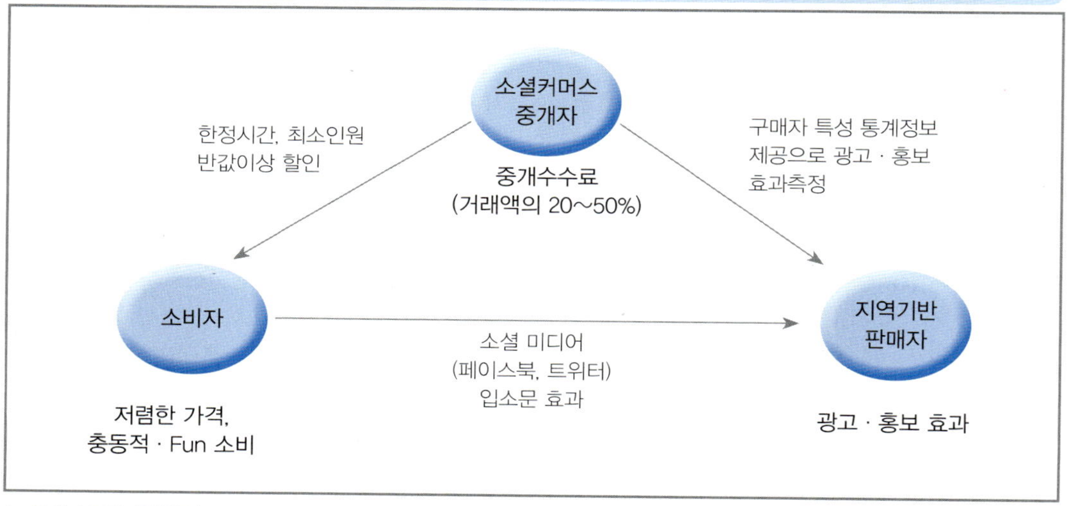

▶ 출처: KT경제경영연구소.

도록 해주는 협력적 전자상거래 툴들을 뜻한다. 이러한 조언을 전파하는 소셜 네트워크는 소비자가 특정 상점에 대해 지니는 신뢰를 증가시키는 것으로 알려져 있다.

오늘날 소셜커머스 분야는 개념적으로 확장되어 전자상거래, 특히 패션의류 산업에서 이용되는 소셜미디어 툴 및 콘텐츠를 포함한다. 소셜커머스의 예로는 고객품평 의견 및 평가등급, 사용자 추천 및 권장 제품, 소셜쇼핑 툴, 쇼핑 커뮤니티, 소셜광고 등이 있다. 증강현실과 같은 기술이 소셜커머스와 접목이 되어 쇼핑고객으로 하여금 자신이 의류제품을 입은 모습을 시각화한 후 소셜미디어 툴을 통해 다른 소비자들의 피드백을 얻는것이 가능해지고 있다.

대표적인 소셜커머스 업체로는 해외에 그루폰, 리빙소셜, 구글 등이 있다. 리빙소셜은 아마존의 투자를 받은 소셜커머스업체로서 그루폰의 가장 강력한 경쟁자이다. 구글은 그루폰 인수에 실패한 후 자체적인 구글 오퍼(Google Offers)를 출시했다. 페이스북도 소셜커머스 사업을 준비했지만 2011년 사업을 중단했다. 한편, 국내에는 티켓몬스터와 쿠팡이 시장을 점유하고 있는 대표적 소셜커머스 업체들이다. 2012년 4월 그루폰 코리아가 설립되어 국내 시장의 문을 두드렸지만 예상과는 달리 그 영향력이 아직 미미한 수준에 머물고 있다.

소셜커머스 비즈니스모델의 창시자 그루폰

'그룹 쿠폰'(group coupon)의 의미를 지닌 **그루폰**(Groupon)은 전국단위 혹은 지역단위의 회사에서 이용할 수 있는 선물 쿠폰을 할인된 가격으로 판매하는 웹사이트를 운영하는 기업이다. 시카고 소재의 이 회사는 2008년 회사가 입주한 건물의 1층 피자가게의 반값 할인쿠폰을 판매하면서 소셜커머스 사업을 처음 시작하였다. 빠른 성장을 거듭하여, 2010년 기준으로 북미지역에 150여개 도시를 그리고 유럽, 아시아, 남미 지역에 100개 도시를 대상으로 하여 사업을 운영하며 3,500만명의 회원을 확보하였다. 그루폰은 외형적으로는 급속한 성장을 이루었으나 실질적으로는 적자를 기록하면서 소셜커머스 비즈니스 모델의 실효성에 의문을 갖게했다.

그루폰은 도시별로 하루에 하나의 상품을 50% 이상의 할인가격에 판매하는 행사를 진행한다. 일정규모 인원 수의 사용자들이 이 행사에 참여할 목적으로 등록을 완료하면 참여자 모두가 할인구매 기회를 부여받는다. 그러나 인원 수가 충족되지 않을 때에는 할인행사가 무산된다. 이러한 구매원칙은 소매업자의 손실위험을 낮추는 역할을 한다. 그루폰사는 통상 고객이 지불하는 쿠폰 가격의 반 가량을 수익으로 벌어들인다.

이러한 흥미로운 아이디어에도 불구하고, 그루폰의 비즈니스 모델은 근본적인 문제가 있다는 지적이 제기되고 있다. 예를 들어, 중소기업의 제품에 대해 지나치게 많은 고객들의 구매요청이 있을 경우, 회사가 위기에 직면할 수가 있다. 회사의 공급이 수요에 못미치게 되어 고객들의 불만이 커질 위험이 있기 때문이다. 대형 의류 소매업체인 갭(Gap)사는 비록 한 때 서버가 다운되는 문제가 발생하기는 했어도 전국규모의 판매행사에서 445,000개의 쿠폰을 성공적으로 소화시킬 수가 있었다. 그러나 이와는 대조적으로 중소기업은 순식간에 쏟아져 들어오는 수많은 고객들의 구매요청에 대응하는 것이 현실적으로 불가능하다. 가령, 미국 오레곤주 프틀랜드시의 한 커피숍은 단 하루만에 판매한 1천매의 그루폰 쿠폰을 처리하는데 거의 세 달동안 시달려야 했다.

국내 소셜커머스의 현황

소셜커머스 사업은 특별한 기술이나 자금이 요구되지 않으므로 진입장벽이 낮아 우리나라의 경우 매우 많은 기업들이 우후죽순격으로 경쟁을 벌이고 있다. 따라서 과열경쟁 속에서 파격적인 할인판매를 함에 따라, 업체 도산이 많이 발생하고 있다. 소셜커머스 업체들은 통상 20~30%의 거래수수료를 지역판매자들로부터 받고 있지만, 경쟁이 심화되면서 인지도가 낮은 업체들은 10% 수수료만을 받거나 아예 수수료를 받지 않고 사업을 운영하면서 수익성이 크게 악화되고 있는 실정이다.

그림 7-8 소셜커머스 웹사이트 화면의 예시

▶ 국내 소셜커머스의 대표주자 중의 하나인 티켓몬스터의 웹사이트 메인화면.

대량판매에만 치중함으로 인해, 소비자에 대한 서비스수준이 불량해 불만속출하고 있다. 일례로 한 유명 소셜커머스 업체에서는 추석때 최상급 한우 갈비세트를 반 값에 판매한다고 홍보를 했지만 정작 이를 구매한 고객들은 저가의 외국산 갈비제품을 수령한 후 불만을 제기한 사례가 있다.

또한 국내 소셜커머스의 경우에는 그 이름이 무색하게도 소셜미디어의 활용보다는 TV 및 포털 광고와 언론 홍보 등 전통적인 마케팅에 치중 함에 따라, 소셜미디어와의 선순환이 제대로 이루어지고 있지 못하고 있는 상태다. 결국 '소셜'없는 소셜커머스가 된 셈이다.

토・의・문・제 Electronic Commerce

01 본문에서는 B2C 전자상거래 도입이 적합한 업체유형을 9가지로 분류하고 있다. 우리나라 사이트들 중에서 이들 각 유형에 해당하는 사이트의 대표적인 예를 유형별로 두 개씩 찾은 다음(모두 18개), 두 개 사이트의 특징을 서로 비교해 봅시다.

02 세계적인 온라인 서점으로 잘 알려진 아마존 닷컴은 개인화 기술의 적용으로 고객의 니즈에 부합되는 상거래 서비스를 제공함으로써 소비자들로부터 좋은 반응을 얻고 있다. 국내의 인터넷 서점들 중에서 개인화 기술을 잘 적용한 쇼핑몰 사이트를 두 개만 찾아보자. 미국의 아마존 닷컴과 비교해 볼 때, 우리나라 온라인 서점의 개인화 기술을 활용수준은 어느 정도라고 평가되는가? 그 답변을 정당화시킬 수 있는 이유를 상세히 설명하시오.

03 B2C 전자상거래 웹사이트의 트래픽을 늘리기 위한 방법으로는 검색엔진의 최적화, 링크 클릭의 유도, 그리고 광고의 세 가지가 있다고 본문에 서술되어 있다. 이들 각 방법의 특징을 서로 비교한 다음, 각 방법을 어떠한 상거래 업체에게 어떠한 상황에서 이용하도록 추천하는것이 이상적인지 토의해 봅시다.

04 여러분이 그 동안 인터넷 쇼핑몰에서 제품을 구입했던 경험들을 머리 속에 떠올려 봅시다. 여러분의 판단으로는 우리나라 쇼핑몰들이 다양한 충성도 프로그램들(가령, 선물카드, 반복구매, 누적포인트 등) 중에서 어떠한 방식의 프로그램들을 주로 이용하고 있는지, 또 이러한 프로그램들은 각각 어떤 인센티브를 통해 고객의 재구매를 유도하고 있는지 생각해 봅시다. 이들 충성도 프로그램의 장단점은 무엇인지 토의해 봅시다.

05 국내에서 현재 존재하는 성공적인 B2C 기업을 하나 선정한 다음, 이 기업은 본문에서 제시된 성공요인들 중 어느 요인들이 우수해서 성공에 이르게 됐는지 알아봅시다.

참·고·문·헌

Electronic Commerce

- 이영권, 『신뢰』, 중앙M&B (랜덤하우스중앙), 2006.
- 이원준, 『전자상거래 동향 및 전망』(발표자료), 액센튜어 컨설팅, www.accenture.com, 2014. 2. 10 참조.
- 조선일보, "선진 은행들, 고객 감동 서비스는 끝이 없다," 2007. 8. 17.
- 통계청, "거래주체별 전자상거래 규모," www.kosis.kr, 2014. 2. 15 참조.
- Brynjolfsson, E., and M.D. Smith, "The Great Equalizer? Consumer Choice Behavior at Internet Shopbots," May 2000(Revised: April 13, 2001), ebusiness.mit.edu/papers, 2014. 2. 10. 참조.
- eMarketer, "Asia-Pacific B2C E-Commerce Report: China, Japan and South Korea," 2014. 2.
- Fiore, Frank, "TechTV's Starting an Online Business," www.peachpit.com, 2014. 2. 10. 참조.
- Gartner Group, "Prepare to Re-invest in E-Commerce for Growth," www.gartner.com, November 18, 2004.
- Johnson, E. J., S. Bellman, and G.L. Lohse, "What Makes a Web Site Sticky?: Cognitive Lock In and the Power Law of Practice," October 4, 2000, ecom.gsb.columbia.edu.
- Luarn, P. & H.H. Lin, "A Customer Loyalty Model for E-Service Context," *Journal of Electronic Commerce Research*, 2003, Vol.4, No.4.
- Research and Markets, "European B2C E-Commerce Report," 2014. 2.
- Storbacka, K., T. Strandvik, and C. Gronroos, "Managing customer relationships for profit," *International Journal of Service Industry Management*, Vol. 5, No. 5, 1994, pp. 21-28.
- Wikipedia.org, 2014. 2. 1. 참조.

사례연구 소셜큐레이션으로 소비자의 쇼핑만족도 높인다

■ 맞춤형 상품정보를 제공해 주는 상거래 서비스

과유불급(過猶不及). '지나치게 많으면 없느니만 못하다'는 의미의 성어다. 정보의 홍수 속에 사는 현대인들에게 적합한 말이기도 하다. 인터넷 등을 통해 매일 쏟아지는 엄청난 양의 데이터 속에서 정작 자신에게 필요한 정보만을 찾아내기가 더욱 어려워졌기 때문이다. 이에 따라 최근에는 자신이 원하는 정보를 찾아주는 큐레이션(Curation) 서비스가 정보홍수시대의 개인해결사로서 인기를 끌고 있다.

큐레이션은 원래 박물관이나 미술관 등에서 각종 작품 수집, 전시를 기획함으로써 새로운 가치를 부여하는 작업을 말하며, 그런 일을 하는 사람을 큐레이터(Curator)라 부른다. 이러한 큐레이션 개념이 온라인 상거래에 접목되며 파생된 것이 바로 '큐레이션 커머스(Curation Commerce)'다. 즉 큐레이터(상품전문가)가 온라인 상의 수많은 상품 중에 소비자에게 딱 맞는 것만 골라 주어 쇼핑의 피로와 수고를 줄인다는 뜻이다. SNS(소셜네트워크서비스) 지인들과 함께 공동구매하여 가격을 낮추는 소셜커머스(Social Commerce)에서 한단계 진보한 소비형태다. 여기에 자신에게 필요한 상품을, 마치 신문/잡지정기구독하듯 정기적으로 구매하여 받아보는 이른바 '섭스크립션커머스(Subscription Commerce)'도 새롭게 등장했다. 인터넷, 이동통신, 모바일기기의 IT 기술이 소비자의 구매패턴까지 바꿔놓고 있다.

▶ 사무용품, 주방용품, 문구, 가구, 액세서리 등 특정분야의 전문가들이 제품을 선별해 소비자에게 추천해주는 미스터쿤 사이트(www.mrkoon.co.kr).

■ 큐레이션 커머스와 섭스크립션 커머스

큐레이션 커머스의 상품전문가는 일반적인 MD(머천다이저, merchandiser)와 달리 업체가 아닌 소비자에게 초점을 맞춘다. 즉 해당소비자의 평소 구매상품(혹은 관심상품), 지출비용, 주요 구매처 등의 개인 쇼핑정보를 토대로 소비자의 입장에서 소비자에게 적합한 상품을 추천한다. 소비자는 양질의 상품을 고르느라 시간을 소비할 필요가 없으며, 자신의 취향과 성향에 맞춘 상품전문가가 직접 여러상품을 비교, 분석하여 추천해주니 믿고 구매할 수 있다. 다시 말해 시간과 돈을 허비하지 않도록 도와준다.

국내의 대표적인 큐레이션 커머스로는 '미스터쿤(www.mrkoon.co.kr)', '디블로(www.dblow.com)', '미미박스(www.memebox.co.kr)' 등이 있으며, 몇천원 대의 아이디어 상품부터 주방용품, 사무용품, 화장품, 가구, 디지털 기기에 이르기까지 다양한 상품이 큐레이션들의 추천으로 판매되고 있다. 최근 들어 국내에서는 접하기 어려운 독특한 상품이 인기를 끌면서 큐레이션 커머스의 입지를 견고히 하고 있다.

섭스크립션 커머스는 큐레이션 커머스와 유사하지만, 기존 구매 상품이나 관심 상품을 매번 구매할 필요 없이 소정의 '구독료'를 지불하고 해당 상품을 주기적으로 받아보는 구독형 구매 서비스다. 즉 상품 큐레이터가 선별한 상품이 매주 혹은 매달 집으로 배달된다.

예를 들어, 쇼핑할 시간이 없는 남성직장인을 위해 그의 취향과 성향에 맞춘 셔츠와 타이를 때에 맞춰 보내는 형태다. 여기서 섭스크립션 커머스는 구독자(소비자)와 공급자(상품제조사) 사이에서 중간자 역할을 한다. 소비자는 섭스크립션 커머스에 가입하면서 자신의 취향과 성향 등의 개인정보를 공유하며, 섭스크립션 커머스는 이를 토대로 적절한 공급자와 상품을 선별해 소비자에게 배송한다. 물론 상품이 마음에 들지 않을 경우 반품하거나 구독을 중단할 수도 있다.

이미 해외에서는 다양한 산업분야를 아우르는 섭스크립션 커머스가 성행하고 있으며, 몇몇 업체는 대규모 투자까지 받으며 급격한 성장세를 타고 있다. 국내의 경우 '글로시박스(www.glossybox.co.kr)'의 화장품 구독 서비스, '에스티오(STO) 셔츠매거진(www.shirtsmagazine.com)'의 셔츠 구독 서비스, '덤앤더머스(www.dummerce.com)'의 직장인 생활용품 구독 서비스 등이 섭스크립션 커머스로 확실한 자리매김을 했다.

실례로 '셔츠매거진'은 가입 후 회비 10만 원을 내면 STCO 브랜드의 셔츠와 넥타이, 화장품, 양말 등 중에서 소비자가 원하는 상품을 골라 매달 사용할 수 있다. 또한 매달 셔츠 한 벌씩 1년 최대 12 벌의 셔츠를 받을 수 있다.

전통 미디어, '나만의 뉴스' 소셜 큐레이션 시대 대비 '분주'

모바일 시대 뉴스를 소비하는 새로운 방식. 바로 소셜 미디어를 통해 개인화된 소비다. '나만의 뉴스'를 나만의 기기(플랫폼)와 소셜 미디어 서비스를 통해 보는 것이 보편화하고 있는 것이다.

PC-온라인 시대, 우리나라에선 특히 포털의 힘이 세졌다. 포털이 뉴스 콘텐츠를 장악할 의도를 처음부터 가졌는지는 확인할 수 없으나 사용자들의 방문을 늘릴 수 있는 매력적인 콘텐츠 중 하나로 뉴스를 서비스하기 시작하면서 미디어는 포털에 종속되는 결과가 나타났다. 그래서 포털을 통한 트래픽을 높이기 위해 '충격' '경악' 같은 문구는 물론, 선정적이고 자극적인 사진으로 승부하려는 본말전도 현상도 나타났다.

▶ 신문과 같은 전통 미디어는 소셜 큐레이션이라는 시대적 요구에 부응하기 위해 노력하고 있다.

그러나 이 또한 부지불식간에 과거가 되고 있다. 모바일 시대가 본격화되고 있기 때문이다. 스마트폰이나 태블릿PC 등 모바일 기기를 통해 언제 어디서나, 자신이 원하는 뉴스를 소비하려 하는 사람들에게 맞추기 위해선 소셜 미디어 활용, 한 발 더 나가 소셜 큐레이션 서비스가 각 미디어에 있어 필수적이다.

뉴스코퍼레이션도 이런 흐름을 파악하고 채비에 나섰다. 뉴스코프는 이를 위해 지난 20일(현지시간) 아일랜드 소재 소셜 미디어 서비스 스타트업 스토리풀(Storyful)을 인수했다. 인수 금액은 2,500만달러에 달했다.

스토리풀은 사진과 동영상 등을 포함해 그 날의 새로운 소식을 소셜 미디어를 통해 선택(큐레이션)해 유통하는 서비스를 하는 업체다. 재난이나 폭동 같은 소식도 포함되며 스토리풀은 정확한 정보를 수집, 선택해 이를 ABC 뉴스와 로이터, 뉴욕타임스(NYT) 등에 공급해 왔다.

라주 나리세티 뉴스코프 선임 부사장은 "스토리풀은 별도의 조직으로 운영될 것이며 기존 고객사들에게도 계속 서비스를 하게 될 것"이라고 말했다. 나리세티 부사장은 "스토리풀이 21세기 소셜 뉴스 에이전시가 되길 바란다"면서 "광고주들에게도 소셜 미디어에서 해당 브랜드가 어떤 반응을 일으키고 있는지를 알려주는 서비스를 할 계획"이라고 밝혔다.

뉴스코프에 앞서 19개 지역 TV 방송사 13개 지역 신문사를 보유하고 있는 E.W. 스크립스(Scripps)도 최근 디지털 비디오 뉴스 플랫폼 업체인 뉴시(Newsy)를 3500만달러에 인수했다. 리치 보인 스크립 회장 겸 최고경영자(CEO)는 "뉴시의 인수를 통해 우리는 디지털 독자들을 위한 차세대 뉴스 네트워크를 마련하게 됐다"고 설명했다. 뉴시의 큐레이션 및 스토리텔링 서비스를 통해 기존에 갖고 있던 미디어들의 디지털 사업을 발전시킬 수 있을 것으로 기대하고 있다.

NYT는 디그(Digg)와 개인 맞춤형 뉴스서비스 뉴스미(News.me) 같은 뉴스 통합 서비스 기술을 갖고 있는 베타웍스(Betaworks)와 광고 관련 업체 애드키퍼 등에 투자해 두고 있다.

USA투데이 등을 소유하고 있는 가넷은 지난해 소셜 미디어 광고 캠페인 개발을 위해 블링크 미디어(Blinq Media)를 샀다. 뉴스코프는 전자책 관련 업체 스키프(Skiff)도 인수했다.

모두 모바일 환경 본격화에 따라 '나(독자)만의 의도에 따라 선택된 뉴스'를 소비하고자 하는 독자들을 위한 소셜 큐레이션 및 부대 사업에 나서기 위한 행보다.

▶ 태블릿PC에서 자신이 원하는 뉴스만 골라서 서비스받을 수 있는 뉴스미를 이용하는 모습.

■ **빅데이터시대와 소셜커머스의 과제**

이러한 큐레이션커머스, 섭스크립션커머스가 가능하게 된 배경에는 빅데이터(Big Data)가 자리한다. SNS와 인터넷 등을 통해 매일 생산되는 데이터를 축적, 분석하여 의미있는 정보로 가공하는 IT 핵심트렌드인 만큼 시간이 지날수록 소비자의 일상에 더욱 깊숙이 파고들 것으로 예측된다. 그에 따라 다양한 형태로 진일보한 커머스가 등장하겠지만 개인정보의 남용/악용이라는 맹점도 수반된다. 이와 함께 소비자와 커머스주체, 상품 제조사간의 긴밀한 신뢰체계가 구축되지 않으면 빅데이터 분석 자체가 무의미해진다. 따라서 소셜커머스, 큐레이션커머스, 섭스크립션커머스로 이어지는 미래지향형상 거래트렌드가 한 때의 유행으로 끝나지 않으려면 상호 신뢰를 기반으로 한 안전한 데이터 활용이 최대 관건이라 하겠다.

▶ 출처: 동아일보, 2014. 1. 2.; 뉴스핌, 2013. 12. 23.

사·례·연·구·토·의·문·제 Electronic Commerce

01 제7장 본문에서 설명된 개인화 기술(가령, 쿠키, 공동여과기법 등)에 기반한 개인화 서비스가 큐레이션 커머스 서비스와 서로 어떻게 다른지 설명하시오.

02 큐레이션 커머스와 섭스크립션 커머스가 각각 소비자들의 구매행위에미치게 될주된 영향에 대해 설명하시오.

03 큐레이션 커머스와 섭스크립션 커머스가 각각 전자상거래업체들의 개별화 마케팅을 위해 어떻게 도움을 줄 수 있을지 예를 들어 설명하시오.

04 사례 본문에서는 신문과 전통미디어들이 소셜 큐레이션 서비스를 런칭하기 위해 준비하고 있다고 언급하고 있다. 개인의 취향에 맞는 맞춤식 뉴스 콘텐츠를 어떻게 소셜미디어를 이용해 제공할 수 있을지 그 방법에 대해 생각해 보자 (즉, 페이스북, 트위터 등 소셜미디어가 어떻게 뉴스콘텐츠의 개인화 서비스에 기여할 수 있을지 예를 들어 설명해 보자).

제8장

Electronic Commerce

B2B 전자상거래

Electronic Commerce

개념 사례

보스턴의 해산물 도매거래에 기여하는 B2B 마켓플레이스

SeafoodGrabber.com은 해산물 도매 공급사들의 가격을 추출하고 개별 구매자에게 가격정보를 제시해 주는 세계최초의 B2B 해산물전문 이마켓플레이스이다. 웹 2.0 기업들의 장점만 결합함으로써 해산물의 도매 구매자들과 판매자들이 온라인으로 함께 만나 가격정보를 교환하며 비즈니스를 수행할 수 있도록 개발되었다.

이 온라인 장터는 기업 네트워킹 및 전자상거래 사이트의 우수한 특징을 토대로 도매 해산물 구매자 및 공급자가 비즈니스를 수행하기 위한 새로운 방법을 제공하고 있다. SeafoodGrabber는 맞춤 가격정보가 구매자에게 제공되는 방식을 혁신하고, 제품들의 나열방식을 표준화하며, 또 공급자들의 가격을 나란히 보여줌으로써 구매자들이 쉽게 가격을 비교할 수 있도록 하고 있다. 매년 100억 달러 규모의 거래가 발생하는 보스턴 지역의 해산물 거래에 중요한 영향을 미치는 B2B 구매 플랫폼으로 자리잡고 있다.

SeafoodGrabber 웹기반 소프트웨어는 해산물 도매 구매자들과 공급자들이 서로 네트워크를 구축하고 가상 연결을 할 수 있도록 해준다. 바로 이러한 가상 연결을 통해 공급자는 개별 구매자에게 커스토마이즈된 가격정보를 보내게 된다. 구매자들은 관심 해산물 모든 품목에 대해 공급자들이 보낸 가격정보를 실시간으로 비교할 수가 있다. 이 온라인 장터는 공급자가 각 고객에게 가격을 알려주기 위해 이메일 첨부 pdf 파일이나 엑셀 파일이나 팩스 문안을 계속해 보내야 하는 번거로움을 피할 수 있어 비즈니스 프로세스 수행절차를 단순화하는데 기여한다.따라서 SeafoodGrabber는해산물 도매거래 프로세스의 자동화를 통해 구매사 및 공급사 모두에게 비용과 시간을 절감해주는데 중요한 역할을 담당하고 있다.

일단 구매자가 자신이 원하는 가격에 원하는 제품을 찾게 되면, SeafoodGrabber를 통해 해당 공급자에게 직접 구매주문서를 발송할 수 있다.

▶ SeafoodGrabber.com 사이트는 보스턴 지역의 해산물 구매사들과 공급사들이 함께 가격정보를 교류하며 거래를 할 수 있는 B2B 이마켓플레이스이다.

SeafoodGrabber의 창업자이자 CEO인 웨런 브라운은 다음과 같이 코멘트한다: "우리 소프트웨어는 레스토랑과 호텔과 수퍼마켓과 같은 해산물 구매자들이 복수 공급자들과 연결되어 그들의 가격을 비교하며 구매할 수 있다. 특히 최근에 Sysco사와 US Food가 합병한다는 소식이 발표되면서 해산물 가격이 인상될 것으로 예상되는 시점에서 저렴한 가격에 합리적으로 해산물을 구매할 수 있는 기회를 제공하는 우리 회사 소프트웨어는 시의적절하다고도 할 수 있다."

SeafoodGrabber는 구매자들에게 효익을 제공하는 것 이외에도, 공급자들이 자신들의 비즈니스를 성장시키고 신규 고객들의 네트워크를 개발하며 기존 고객들에게는 서비스를 제공할 기회를 제공한다. SeafoodGrabber의 매칭기능은 공급자들이 그들의 프로필에 나열된 해산물 제품들에 기초하여 함께 네트워킹하여야 하는 구매자들이 누구인지 제안해 준다. "SeafoodGrabber가 기존의 판매인력을 대체한다기 보다는 판매인력을 충원할 필요를 제시해 준다"고 웨런은 공급자들에게 말한다. "경쟁사들과의 차별화에 도움이 될 수 있도록 고객들에게 부가가치를 제공하는 비즈니스 툴"이라고 그는 강조한다.

▶ 출처: Warren Browne, "SeafoodGrabber.com, a B2B Networking and E-commerce Site for the Seafood Industry Launches in Boston," PRWeb, January 8, 2014.

8.1 B2B 전자상거래의 개념적 이해

B2B 전자상거래의 개념 및 추세

B2B 전자상거래란?

개념사례에 소개된 해산물 도매전문 이마켓플레이스인 SeafoodGrabber.com은 B2B 전자상거래 사이트이다. 오늘날 일상적인 기업간 거래프로세스에 있어 B2B 전자상거래 기술이 점차 중요한 역할을 담당하는 추세이다.

기업과 기업간의 상거래를 의미하는 B2B(business to business) 전자상거래는 기업을 대상으로 전자매체를 통해 제품이나 서비스를 판매하는 거래 유형이다. 오늘날 B2B 전자상거래란 용어는 인터넷 및 기타 네트워크를 이용해 조직경계선을 넘어 기업간에 수행되는 비즈니스 거래로 정의된다. 일반적으로 거래에 관련한 기업들(가령, 구매기업, 판매기업, 협력사 등)을 통합하는 자동화된 비즈니스 프로세스를 통해서 처리되며, B2C 전자상거래에 비해 거래금액 면에서 훨씬 더 큰 규모로 거래가 수행된다.

B2B 전자상거래는 제품설계, 조달, 생산, 주문처리, 판매 및 서비스, 수요 예측 등 기업의 모든 거래프로세스에 IT 기술을 이용하기 때문에, 기업의 프로세스 혁신과 비용감소, 글로벌 시장 대응체제로의 전환, 고객사 및 중소 협력회사와의 협업을 통한 동반성장 등 산업 전반에 막대한 효과를 가져다 준다.

구매자 관점에서 도입할 수 있는 단순한 B2B 구매시스템의 원리를 다음과 같은 시나리

오를 통해 알아보자.

- 기업 내에서 구매하기에 적합하다고 판단되는 제품들을 경영관리자가 몇몇 공급사들의 온라인 카달로그상에서 직접 선택한다.
- 직원들이 인터넷을 통해 그러한 제품이나 카탈로그를 확인하고 구매승인 요청을 한다.
- 제품에 대한 구매승인이 떨어지면 구매주문서를 해당 공급사에게로 온라인상으로 전송한다.
- 공급사는 자동으로 구매자의 신용체크를 하고, 또 구매주문서를 받았다는 확인메시지를 전송한다.
- 구매자는 주문발송 진척상황 및 예상되는 총배송시간을 조회하고, 또 주문내역도 변경할 수가 있다.
- 공급사는 자동으로 대금납부 고지서를 발송하고 제품배송을 시작한다.

위의 시나리오는 단순한 B2B 구매시스템의 예시일 뿐, 기업들의 실제 B2B 구매프로세스는 이보다 훨씬 더 복잡하다.

B2B 전자상거래의 진화

전통적인 B2B 전자상거래 환경

90년대 초반부터 급속하게 발전해 온 인터넷 및 웹기술이 전자상거래의 성장에 크게 기여한 것은 사실이지만, 기업과 기업 간에 이루어지는 B2B 전자상거래는 이미 오래 전부터 꾸준히 진행되어 왔다. 처음으로 등장한 B2B 전자상거래 형태는 온라인 주문입력시스템이다. 전략정보시스템의 고전적인 사례로 우리에게 잘 알려져 있는 AHSC(American Hospital Supply Corporation)사가 70년도 중반 공중전화망을 이용해 병원들의 구매프로세스의 자동화를 위해 구축한 것이 바로 이 온라인 주문입력시스템이다. 병원들은 이 시스템을 이용해 병원용품들을 온라인으로 주문할 수 있었다. 전화선 및 모뎀을 기반으로 한 이 통신기술은 이후 1980년대에 접어들면서 PC 및 기업사설망 기반의 기술로 대체되었다. 공급사가 구매기업들에게 제품을 판매하기 위한 목적으로 구축한 이러한 시스템을 일컬어 판매자중심의(seller-side) B2B 시스템이라고 한다.

한편, 1970년대 말부터 EDI라고 하는 새로운 방식의 컴퓨터 통신기술이 등장했다. 한 예로, 미국의 빅 3 자동차 메이커 중의 하나인 제너럴 모터스(General Motors: GM)도 80년대 초반부터 EDI 기반의 전자상거래를 통해 수천여 공급사들로부터 부품을 구매했다. 물론 이들 기업이 구축한 B2B 전자상거래 시스템은 인터넷에 기반한 것은 아니었지만, 통신

회사가 제공하는 부가가치망(value-added network: VAN)을 기반으로 EDI 기술을 통해 비즈니스 거래를 수행하는 시스템이었다. 이들 EDI 시스템은 주로 GM과 같은 구매기업이 주축이 되어 공급사로부터 제품구매를 효율화하기 위해 구축된 시스템이라는 점에서 구매자중심형(buyer-side) B2B 시스템이라고 한다.

이와 같이, 구매자중심의 B2B 전자상거래 시스템의 주요 특징 중의 하나는 EDI(Electronic Data Interchange) 표준에 따라 조직 간에 거래관련 문서를 교환한다는 점이다. 거래관련 문서의 서식이 기업마다 서로 달라 거래 문서를 교환하기가 어려워지자 이에 대한 해결책으로 등장한 것이 EDI라고 하는 서식 표준이다. 예를 들어, 구매주문서나 대금청구서와 같은 전자 문서를 EDI 서식표준에 따라 작성하게 되면 컴퓨터 네트워크를 따라 기업들 간에 이들 거래관련 문서를 자유로이 교환할 수가 있다. 세계적으로 통용되는 대표적인 EDI 표준에는 북미에서 주로 이용되는 X12와 유럽 및 아시아 지역에서 널리 이용되는 EDIFACT가 있다. EDI 시스템은 주로 유통업자, 제조업자, 보험회사와 같은 서류발생량이 많은 조직에서 서류의 작성 및 전달 비용을 줄이고 거래 프로세스의 속도를 높이기 위한 목적으로 널리 사용되어 왔다. 국내에서는 무역업무의 지원을 위해 무역회사와 은행과 세관을 상호 연결하는 KTNET(Korea Trade Network)가 대표적인 EDI 네트워크로 알려져 있다.

상당한 투자를 요구하는 EDI는 거래에 소요되는 시간과 비용 그리고 오류를 최소화 한다는 장점이 있다. 하지만 EDI는 동태적인 시장환경 변화에 유연하게 대응하지 못하며, 유지비용이 높다는 단점이 있다. 이러한 문제점으로 인해, 기존의 EDI 기반 전자상거래 환경은 오늘날 인터넷 기반의 전자상거래 환경으로 진화하기에 이르렀다.

인터넷 기반의 B2B 상거래 환경

1990년대 초에 인터넷의 상용화가 발표되고 1994년 웹브라우저 기술이 소개되면서, B2B 전자상거래도 인터넷 및 웹 환경과 활발히 접목되기 시작했다. 인터넷은 규모경제 및 범위 경제를 재정의하는 계기를 가져왔고, 거래비용의 감소로 인해 가상 시장이 출현했다. 가상시장이란 유선 혹은 무선 인터넷 환경의 개방 네트워크상에서 비즈니스 거래가 수행되는 시장을 뜻한다. 이들 시장은 네트워크를 통해 쉽게 접속이 이루어지며, 풍요도 높은 정보(가령, 사진, 음성, 동화상 등)가 수많은 이용자들에게 빠르게 전달되는 특성을 가진다. 사실, 정보 그 자체가 가상 시장의 경쟁우위 원천이 되고 있다.

인터넷이 제공하는 상호접속성은 산업의 고객사들과 공급사들을 경제적 측면에서 완벽한 장터로 끌어 모으는 데 중요한 역할을 한다. 예를 들어, 다양한 제품 및 서비스를 제공하는 기업은 이제 웹사이트에 온라인 카탈로그를 만들어 글로벌 규모로 잠재고객들에게 접근할 수가 있다. 인터넷 기반을 통해 커뮤니케이션을 할 수 있으므로, 이전의 기술에 비해 훨씬 더 낮은 비용에 기업과 기업을 연결할 수가 있게 됐다. 또 가상 시장의 출현과 함께 고객들을 위한 가치를 창출할 수 있는 다양한 방법들이 나타나고 있다. 이러한 장점들 때문에 기업 독자적인 부가가치망(VAN) 기반의 B2B 전자상거래가 인터넷 기반의 전자상거래로 이전되는 추세가 '90년대 후반부터 가속화되기 시작했다.

이 무렵, 인터넷 기술의 혁신을 통해 나타난 시장의 주요 변화 중의 하나는 이마켓플레이스와 같은 온라인 중개자들의 등장이었다. 온라인 중개자는 웹사이트를 기반으로 고객이 공급사 카탈로그에서 제품을 주문하거나 경매입찰에 참여할 수 있도록 온라인 거래를 촉진시키는 역할을 담당한다. 이는 기존의 EDI와는 크게 다른 개념으로서, 한 대기업이 허브(즉, 중심) 역할을 하며, 공급사들과 온라인으로 거래를 하는 방식이다. 또 이와는 대조적으로, 온라인 중개자가 여러 공급사들이 제공하는 다양한 제품 및 서비스들을 구매할 수 있는 단일 관문이 되기도 한다. 이러한 중개자는 한 번 접속으로 여러 공급사들이 여러 구매자들과 쉽게 거래할 수 있도록 하는 데 목적이 있다.

또한 1990년대 말경, 이마켓플레이스와 더불어 나타난 또 하나의 B2B 전자상거래 시스템은 기존의 EDI 시스템으로부터 발전된 기업협력 네트워크였다. 산업가치 사슬상의 거래 프로세스를 지원한다. 참여 기업들이 제품 및 서비스의 거래뿐만 아니라 비즈니스의 통합 형태인 협업상거래(collaborative commerce)를 수행하는 것이 특징이다.

협업상거래는 주문에서 배달까지 관련 기업의 모든 비즈니스 프로세스를 SCM 등의 시스템을 기반으로 통합하여 지원하는 시스템이다. 뒷 부분에서 협업 상거래에 관해 더 상세히 살펴보기로 한다.

구매 프로세스와 공급망

기업 간에 상품을 발송하고 결제를 수행하는 과정에서 인터넷을 응용하는 방법은 매우 다양하기 때문에 B2B 전자상거래는 생각보다 더 복잡할 수 있다. 궁극적으로 B2B 전자상거래는 구매 프로세스를 변화시키는 데 초점이 있다.

구매 프로세스의 단계

구매 프로세스란 기업들이 최종적으로 소비자에게 판매할 제품을 생산하는 데 필요한 제품들을 구매하는 방법 혹은 과정을 뜻한다. 인터넷 기반의 B2B 전자상거래를 이해하는 데 우선 기존 구매 프로세스를 살펴볼 필요가 있다. 그림 8-4는 전형적인 구매 프로세스의 단계들을 보여주고 있다. 기업은 서로 다른 공급사들에게서 필요한 제품을 구매하며, 이들

그림 8-1 구매 프로세스의 단계

탐 색	자격 확인	협 상	구매주문서	송 장	물품 운송	대금 결제
• 카탈로그 • 인터넷 • 판매사원 • 브로슈어 • 전화/팩스	• 판매자 조사 • 신용상태 • 경쟁사에 확인 • 전화 조사	• 가격 • 신용공여조건 • 에스크로우 • 품질 • 타이밍	• 제품의 주문 • 구매주문서의 작성 • 구매주문서의 시스템 입력 • 구매주문서의 발송(우편 등)	• 구매주문서의 접수 • 재무시스템에의 입력 • 생산시스템에의 입력 • 송장의 발송 • 구매주문서와의 대조 • 내부 검토 • 물류시스템에의 입력	• 운송사의 물품 추적시스템에 입력 • 물품의 운송 • 물품의 전달 • 물품추적시스템에의 입력	• 물품의 수령 • 운송문서를 물류시스템에 입력 • 송장의 확인 및 정정 • 송장의 재발송 • 수표의 발행 • 정정된 송장을 내부시스템에 입력

▶ 구매 프로세스는 판매사, 구매사 및 운송사 등의 기업들이 참여하는 길고도 복잡한 단계들로 구성된다.

공급사들은 다시 다른 공급사들로부터 그 제품생산에 필요한 원재료를 구매한다. 이 기업들을 이어주는 일련의 거래들을 일컬어 공급망이라고 한다. 공급망의 개념에 대해서는 뒤에서 더 상세히 알아보기로 한다.

구매의 구체적인 프로세스는 기업에 따라 다를 수 있으나, 일반적으로 기업들은 **그림 8-1**에서처럼 7개의 단계를 통해 구매를 하게 된다.

- **탐색 단계**: 구매 거래를 필요로 하는 고객사가 아직 제품이나 서비스를 판매할 공급사를 결정하지 않은 경우에는, 자신들의 구매요건을 충족시켜줄 수 있는 공급사를 탐색하는 과정이 필요하다. 관심 있는 공급사가 발견되면 이들을 직접 접촉하거나 이들이 공개한 제안요청서(RFP)를 검토하여야 한다.
- **자격 확인**: 결정된 판매자 및 그들이 판매하는 제품이 자격을 갖추었는지 확인하는 단계이다. 공급사의 신용상태를 조회함은 물론, 제품이나 서비스의 품질에 대해 관련 자료를 입수하거나 경쟁사에 문의함으로써 거래관계를 맺을 공급사로서 적합한지를 결정한다.
- **협상**: 이 단계에서는 제품의 가격, 신용공여 조건, 커스토마이징 가능성, 에스크로우 요구사항, 품질, 그리고 배송계획과 관련하여 공급사와 협상하게 된다. 따라서 이러한 거래조건을 성공적으로 협상하고 또 협상된 거래조건에 대해 양측이 합의하였을 때, 비로소 공급사 및 거래가격이 결정된다. 또 협상결과를 토대로 거래계약서가 체결

된다.

- **구매주문서 작성:** 구매자가 구매주문서(purchase order: PO)를 작성해 공급사에 발송한다. PO에는 구매하려는 품목, 수량 등이 명기된다.
- **송장 작성:** 공급사가 구매주문서를 접수하면, 발송할 물품의 송장(invoice)을 구매자에게 발송하여야 한다. 구매자는 송장을 보고 자신이 주문한 물품내역 및 대금이 정확한지를 확인할 수 있다.
- **물품의 운송:** 그 다음은 물품 박스를 발송하는 단계이다. 해당 제품이 운송되는 과정을 구매자가 직접 추적할 수 있도록 물품추적시스템에 데이터를 입력한다.
- **대금 결제:** 제품을 수령한 구매 기업은 제품의 수량 및 품질을 확인한 후, 구매내역서에 명시된 금액을 지불함으로써 구매 프로세스는 모두 종결된다.

구매의 유형

기업들은 작은 서류 클립에서부터 시작해서 자동차 타이어나 컴퓨터 시스템에 이르기까지 다양한 종류의 제품 및 서비스를 구매한다. **표 8-1**을 통해 알 수 있듯이, 구입되는 제품 및 서비스의 소비 목적에 따라, 구매활동은 직접 구매와 간접 구매의 두 가지 유형으로 나뉘어진다. 직접 구매(direct procurement)는 생산과 관련한 구매인 반면, 간접 구매(indirect procurement)는 비생산관련 구매의 성격을 지닌다.

직접 구매는 제조 환경에서만 필요하며, 원재료, 부품 및 부분품과 같은 완제품의 일부에 해당하는 품목들을 구매의 대상으로 한다. 공급망관리에서 핵심이 되는 직접 구매는 제조기업의 생산 프로세스에 직접적인 영향을 미친다.

표 8-1 두 가지 구매 유형의 비교

특 징	구매 유형	
	직접 구매	간접 구매
구매대상 품목	원재료 및 부품/부분품	MRO 소모품
구매량	대량	소량
구매빈도	높음	비교적으로 높음
제품가치	산업마다 다름	낮음
용도	생산용/건설용	사무용/유지보수용
예	석유(원유), 철강, 타이어	윤활유, 잉크젯카트리지

▶ 직접 구매는 생산에 직접 투입되는 원재료나 부품을 대상으로 하는데 반해, 간접 구매는 MRO 소모품과 같은 비생산투입요소의 거래를 다룬다.

이와 달리, 간접 구매는 기업이 운영을 해나가기 위해 필요로 하는 "운영자원"을 구매하는 활동이다. 이러한 운영자원에는 매우 다양한 제품 및 서비스가 있는데, 사무용 소모품 및 기계 운활유와 같이 표준화된 저가 제품에서부터 중장비 및 컨설팅 서비스와 같은 복잡한 고가의 제품 및 서비스가 모두 운영자원에 포함된다.

한편, 기업의 구매활동은 판매자들 간의 경쟁여부에 따라 경쟁입찰 구매와 비경쟁 구매의 두 가지로 나뉘어질 수 있다. 기업이 특정 제품이나 서비스를 구매하고자 할 때, 그 비용이 사전에 정한 금액을 초과할 경우 회사 내규에 따라 입찰에 의해 구매를 하여야 한다. 예를 들어, 공개 입찰에 10개의 판매사가 참여한다고 할 때, 일반적으로 구매기업은 이 중 최저 가격을 제시한 입찰자를 선택하여 낙찰하게 된다. 만일 최저가격 입찰자가 필요한 제품이나 서비스를 성공적으로 제공할 능력이 부족하다고 판단된다면, 해당 제품이나 서비스를 제대로 공급할 수 있는 업체들 중에서 그 다음으로 낮은 가격을 제시한 입찰자를 선택해 낙찰을 할 수 있다.

이러한 경쟁입찰 방식의 구매와 달리, 비경쟁 구매는 구매자가 비공개적으로 특정 공급사를 접촉하여 제안서를 요구한 다음, 제출된 제안서의 거래조건 및 가격이 만족스러울 경우 구매계약을 체결하게 된다. 비경쟁 구매는 수의계약 구매라고도 불린다.

공급망과 SCM시스템

공급망(supply chain)이라고 함은 원재료를 구매하고 원재료를 중간제품 혹은 완제품으로 변환하며, 완제품을 고객에게 배송하기 위한 조직들 및 비즈니스 프로세스들의 네트워크로 정의할 수 있다. 즉, 공급망은 고객이 주문한 제품 혹은 서비스를 제공하기 위해 직간접적으로 관여되는 모든 당사자들을 포함하는 개념이다. 따라서 제조사 및 그 공급사뿐 아니라 운송업체, 소매업체, 고객까지도 모두 포함한다. 또 공급망은 이들 기업뿐만 아니라, 이 기업들 간의 관계, 그리고 이 기업들을 상호 연결하는 프로세스들까지도 모두 포함한다.

이 공급망을 따라 원재료와 제품과 정보가 흐르게 되며, 공급망은 최초 공급사에서부터 중간의 생산 및 물류 단계를 거쳐 최종 소비자에게 이르기까지 전반적인 과정에서의 재화 및 원재료의 흐름을 지원해 준다.

공급망 관리(supply chain management: SCM) 시스템은 기업의 공급망을 자동화하고 최적화하기 위한 정보기술로서, 조직 내부의 통합보다는 조직과 조직 간의 업무 통합을 다루는 시스템이다. 기업이 공급망상의 흐름을 계획하고 제어하며, 또 공급사들과의 관계를 관리하도록 해주는 소프트웨어를 일컬어 SCM이라고 한다.

SCM 시스템은 공급사, 제조사, 판매사 및 고객의 물류프로세스들을 통합해서 제품의 출시기간을 단축시켜 주고, 재고량을 줄여주며, 전반적인 비용을 절감시키고 또 고객서비스 및 만족도를 향상시켜 준다. SCM 소프트웨어는 공급망 프로세스에 관련된 기업들 간의 업무조정관리를 개선하는 데 도움이 된다. SCM의 도입으로 인해 비즈니스 파트너들 간의 제품배송망이 크게 향상될 수가 있는 것이다. SCM 시스템의 궁극적인 목표는 고객의 요구 및 비즈니스 파트너들의 니즈를 충족시키는 데 있어 보다 더 민첩한 대응능력을 확보하는 것이다

현·장·사·례 Electronic Commerce

공급망관리 혁신으로 회사위기 극복한 동부제철

"사업을 접어야 하지 않겠나. 오히려 공장을 폐쇄하는 것이 더 이익이 나지 않겠는가." 동부제철 선재사업부의 매출과 영업이익이 전년 대비 10억원 이상씩 추가로 하락하며 만성 적자에 시달리던 2006년 당시, 이 같이 언급하며 "방법이 없겠나"고 말끝을 흐렸던 CEO의 한 마디는 5년이 지난 지금도 조영철 동부제철 부사장의 기억 속에 선명히 남아 있다.

'포기할 수는 없다'는 신념으로 회의실을 나온 조 부사장을 필두로 동부제철 선재사업부가 막다른 길에서 택한 것은 바로 공급망관리(SCM) 프로세스 혁신활동이었다. 조 부사장은 "당시 모든 임원이 CEO 사무실에 모여 SCM 프로세스를 구현해 사업부를 살리겠다는 각서에 서명을 했다"며 "이를 실현하지 않으면 그만 두겠다는 각오를 한 것"이라고 회상했다.

▶ 동부제철 열연공장.

■ 도시바도 포기한 '생산좌석제' 도입

그해 9월 동부제철 재선사업부의 목숨을 건 SCM 혁신은 이렇게 시작됐다. 프로세스 개선 과정을 매월 한번씩 CEO에 보고하고 점검도 하기로 했다. SCM 혁신을 명패로 걸었지만 추진 방식은 여느 기업과 달랐다. 생산·영업·원료계획을 동시에 짜는 '생산좌석제' 방식을 도입키로 했기 때문이다. 생산좌석제란 사내 모든 프로세스를 하나의 흐름으로 보고 '계획'을 짜는 한 조직의 의사결정에 맞춰 사내 모든 물동 계획을 연동시키는 체계다. 도시바가 도입을 시도했지만 결국 실패한 이력이 있다. 국내에서는 삼성SDI가 유일하게 도입한 바 있는 혁신 활동이다.

일반적인 기업에서는 영업 및 판매부문이 계획을 짜고, 생산과 구매 부서가 각기 계획을 짜서 머리를 맞대고 합의가 이뤄진다. SCM 혁신활동을 하더라도 '회의체'를 만들뿐 권한을 통째로 하나의 조직에 이양하는 것은 쉽지 않다. 하지만 생산좌석제를 도입하면 '통합 의사결정체'를 만들고 이 의사결정에 맞는 신속한 조달에 초점을 맞춘다. 잘못하면 기업 전체를 실패로 몰고 갈 수도 있는 방법론이기 때문에 여간해서는 시도하지 않는다.

끝내 동부제철은 수요 중심의 생산좌석제만이 살길이라는 판단 하에 조직을 통폐합해 유일하게 의

사 결정을 할 수 있는 하나의 조직을 만들었다. 다른 조직의 의사 결정 권한을 없앴다. 조 부사장은 "크게 의사결정 조직과 실행 조직으로 나뉘어진 것이고 하나의 협의체가 의사결정을 전담하는 구조"라며 "모든 조직과 프로세스, 시스템, 룰을 이 체계에 맞췄다"고 설명했다.

하늘같던 공장장의 의사결정 권한도 없어졌다. 이 의사결정체 조직이 '12주 연동' 계획을 짜면 이를 받아 공장에서 일별 생산 스케줄 관리를 할 뿐이다. 12주 짜리 하나의 계획이 주 단위와 일 단위 계획으로 연동되는 의사결정 체계로 변모시킨 것이다.

■ 우량 독립 기업으로 재탄생…'동부특수강'으로 분사

결과는 놀라웠다. 1년 만인 2007년 하반기에 재고 일수가 30% 가까이 줄어들고 재고량은 반이 됐다. 조 부사장은 "이 방식이 정착되면서 기존에는 하나의 일이 끝난 후 그 다음 일이 진행됐던 것이, 사전 준비하는 체계로 바뀌었다"고 설명했다. 과거에는 고객 주문을 받으면 그제서야 자재 발주를 냈고, 생산 및 구매 한켠에서는 요구도 못 맞추고 리드타임도 안 맞았다.

하지만 생산좌석제 이후 마치 항공기 좌석 예약시스템이 생겨난 것과 같은 효과가 일어난 것이다. 조 부사장은 "월요일에 프랑크푸르트에 가는 비즈니스 좌석을 2개 예약하고자 친다면, 그러한 정보가 모두에게 공유되고 항공사는 휘발류도 넣고 기내식도 준비한다"며 "사전에 준비가 돼 있으니 손님이 오면 태울 수 있는 이치"라고 비유했다.

임직원들은 더욱 단결했다. 재고감축, 리드타임. 고객 대응력. 고객 오더에 대한 대응능력이 강해졌다. 프로세스가 정착되다 보니 부수적 효과로서 원료의 제품에 대한 품질도 향상됐다. 이후 선재사업부는 점차 경영환경이 개선돼 적자 규모가 줄어들었고 올 1월 '동부특수강'으로 독립 분사했다. 품질 · 생산성이 뒷받침 한 SCM 혁신 활동이 재도약의 기반이 된 것이라는 평가를 받고 있다.

▶ 출처: "동부제철 공급망관리," CIObiz, 2011. 5. 30.

협업 상거래

인터넷 버블이 꺼지면서 수많은 닷컴 기업들이 몰락했지만 여러 기업들이 인터넷에서 비즈니스 가치를 발견하며, 인터넷 기술의 혁신적인 도입을 통해 매출 및 이윤의 증대효과를 얻고 있다. 특히 오늘날 e-비즈니스의 리더들은 인터넷을 이용해 자신들의 기업을 고객, 공급사 및 비즈니스 협력사와 연결하는 이른바 **가상기업 네트워크**를 구축하고 이를 기반으로 비즈니스 운영을 수행하고 있다. 이들은 가상기업 네트워크를 기반으로 신제품을 개발하고, 제품재고를 관리 및 배급하며, 마케팅 및 영업활동을 전개하며, 또 제품을 생산하는 근본적인 방식을 긴밀하게 통합하고 있다. 이러한 유형의 e-비즈니스를 일컬어 **협업 상거래**(collaborative commerce)라고 한다.

오늘날 산업내 경쟁은 점차 심화되어 가고, 또 보다 더 큰 가치를 요구하는 고객들의 목소리는 높아만 감에 따라, 기업들은 운영 효율성 및 경쟁적 비즈니스 전략에 더욱 초점을 둘 수밖에 없다. 산업에 관계없이, 협업 상거래는 이러한 니즈에 대응하기 위해 필요한 가장 강력한 기법으로 부상하였다.

협업 상거래란 디지털 기술을 이용해 조직들이 공동으로 제품을 설계, 개발, 생산 및 관리할 수 있도록 하는 것을 뜻한다. 단순히 공급사들과 최소의 관계를 유지하기보다는, 공급사들 및 고객들과 민감한 내부 정보를 공유하는 데 협업 상거래의 핵심이 있다. 협업상거래를 잘 관리하기 위해서는 어떤 정보를 어느 기업과 공유해야 하는지 정확하게 알고 있어야 한다. 협업 상거래는 단순히 공급망을 관리하는 활동의 수준을 넘어 다수의 기업들이 협력해서 신제품을 개발하는 활동도 포함한다.

델컴퓨터, 시스코, 휴렛패커드, 월마트, 네슬레와 같은 선진기업들은 이미 협업 상거래를 전략적으로 이용해 그들의 가치사슬을 변화시키면서 보다 복잡한 비즈니스 모델을 실현하기 시작했다. 또한 이들 기업은 비즈니스 운영을 효율화하고 간접비를 절감하며 격렬한 경쟁 가운데서도 이윤을 개선할 목적으로, 온라인 구매 및 기타 협업 기법을 구현했다. 예를 들어, 델은 고객에서부터 공급사까지 모두 통합된 컴퓨터 주문 시스템을 구현했다. 이 시스템을 통해 델은 대응속도 및 효율성 면에서 세계 최고인 주문제작 비즈니스 모델을 실현했다. 반면, 시스코는 제품출시기간 및 고객만족에 초점을 두는 가상 비즈니스 모델을 실현했다. 시스코사는 주문 프로세스를 내부 프로세스와 통합하고, 구매주문서 자동화를 구현하며, 협업적 제품개발을 수행했다.

현·장·사·례 Electronic Commerce

협업을 촉진하는 시스코의 가상기업 네트워크

시스코 시스템즈는 라우터 등 인터넷 통신기기 제조업체로 회사가치가 GE보다도 훨씬 더 큰 기업이다. 시스코는 가상 공급망 모델을 선도함으로써 고객에게 무한한 가능성을 제공하며 연평균 30~40%의 매출성장률의 기업으로 성장하였다.

시스코 시스템즈는 이러한 유형의 "가상적 통합"을 성공적으로 도입한 대표적 기업이다. 지난 수 년간, 완제품 및 부분품에 대한 외주생산의 끊임없는 확대로 인해 통신기기 제조기업들의 매출은 주목할만한 성장세를 나타냈다. 이는 Cisco Connection Online이라고 하는 웹기반 시스템을 구축함으로써 공급사들과 협력사들과 고객사들을 하나로 묶을 수 있었기 때문이다. 공급사들과 협력사들에게 실시간으로 판매데이터를 제공함으로써, 시스코사는 3개월 만에 재고율을 4%나 줄였다. 시스코의 확장 네트워크를 구축하는 데 있어 정보기술이 주된 역할을 담당했다.

시스코는 혁신적인 네트워킹 기기의 설계 및 판매라고 하는 핵심역량에 주력했고 또 기타 능력을 제공할 수 있도록 공급사들과 협력관계를 구축했다. 이는 시스코보다는 공급사들이 제조와 같은 분야에서 더 큰 가치를 더할 수 있다는 믿음 때문이었다. 이 결정으로 시스코의 매출이 신장되고, 주주 가치를 창출하며, 또한 공급사들에게도 유익한 것으로 드러났다. 공급사들은 재고회전율을 높임으로써 자산수익률(ROA)이 향상됐다. 또 시스코는 비용을 줄임으로써 수익률이 개선됐고, 시스템 총비용이 낮아지고 대응속도가 빨라지면서 공급망의 경쟁력도 더 높아졌다.

시스코가 채택한 전략의 효과는 주요 수치에도 반영됐다. 2000년 말까지, 시스코 제품주문의 75% 이상이 인터넷으로 접수됐다. 순매출액은 놀랍게도 78%의 연성장률을 나타내 1995년의 20억 달러에서 1998년의 90억 달러로 늘어났다. 이 회사의 2000년 4분기 매출액은 57억 달러로서 1999년 같은 기간에 비해 61%가 증가했다. 경영이익은 1999년의 7억 1천 달러로부터 2000년의 12억 달러로 늘어났다.

시스코의 가상기업 모델은 비즈니스 성공을 거두는 데 결정적인 역할을 담당했다. 이 회사는 처음부터 네트워킹의 가능성 및 그 기대효과를 입증하는 데 주력했다. 시스코사는 제품을 제조하는 40여 개의 제조시설 가운데 단 2개만을 소유했다. 또 고객에게 제품을 전달하는 배급시스템을 소유하지 않고, 대신 공급사들과 배급사들과 협력사들과 고객사들을 함께 연결하는 가상기업 네트워크를 통해, 고객에게 제품을 적시에 제공하는 데 필요한 제반의 비즈니스 활동들을 성공적으로 조정관리했다.

가상 공급망을 구현하기 위해, 시스코는 공급사들과의 통합을 위한 Cisco Connection Online(CCO) 시스템을 구축했다. CCO는 시스코사를 공급사들 및 위탁 제조사들과 함께 온라인으로 연결했다. 결과적으로, 고객이 주문을 하면, 주문내용이 즉시 모든 공급사들 및 제조사들에게도 전달되며 이로 인해 운영비가 절감됐다. CCO는 공급사들에게는 결제주기를 단축시키고 또 서류기반의 구매를 제거하는 데 기여했다. 시스코사는 매년 원재료 비용에서 2,400만 달러와 인건비에서 5,100만 달러를, 그리고 제품재고량을 45% 감소시켰다. 시스코사는 대형고객들을 위해 통합 상거래 솔루션(ICS: Integrated Commerce Solution)을 출시했다. ICS는 고객이나 유통사의 인트라넷과 내부 ERP 시스템을 완전히 통합하는 전용 서버를 제공한다.

▶ 출처 : NerveWire, "Collaborative Commerce: Compelling Benefits, Sigficant Obstacles,"Research Report, 2002 ; www.cisco.com, 2014. 1. 25. 참조.

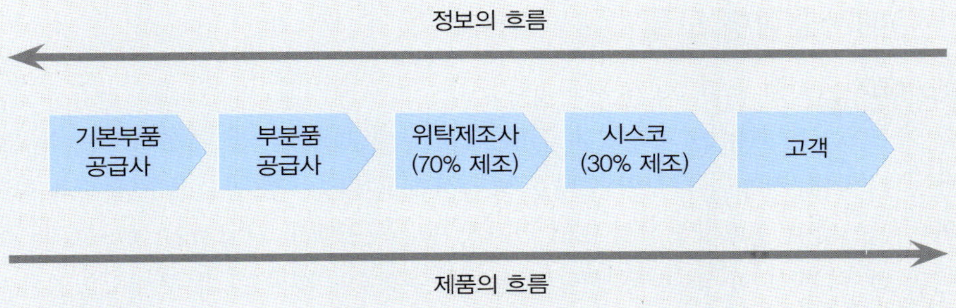

시스코사의 공급망 구조

B2B 비즈니스 모델

기업의 B2B 비즈니스 모델은 관점에 따라 서로 다르게 분류될 수 있다. 우선, 전자상거래 주도형태에 따라 판매자중심형 모델, 구매자중심형 모델, 그리고 중개자중심형 모델로 분류될 수 있다. 또, 경쟁성 유무에 따라, 협력형(혹은 폐쇄형) 거래모델과 개방형 거래모델로 나뉘어질 수 있다. 여기에서는 거래 주도형태에 다른 모델분류를 기준으로 각 유형들을 살펴보고자 한다.

판매자중심형 모델

판매자중심형 모델(seller-side model)은 서로 다른 공급사들이나 혹은 그들의 위탁을 받은 제3자 대행기업이 제품 및 서비스의 카탈로그를 인터넷상에 게시하는 모델이다. 이 모델을 통해 구매자가 모든 제품들을 조회하고 주문을 직접 입력하며 실시간으로 주문진척 상황을 확인할 수가 있다. 공급사들은 이 모델을 통해 고객들에 관해 입수된 정보를 사용해서 웹사이트와 개별 고객에 전송하는 메시지의 내용을 커스토마이즈 할 수 있으며, 또 교차판매 등을 이용해 매출을 극대화할 수 있다는 장점이 존재한다. 또한 시스템의 도입으로 재고 보충에 소요되는 비용이 줄어들며, 시스템 구축비용을 공급사들이 부담하기 때문에, 고객들은 혜택을 누릴 수 있다.

판매자중심형 모델의 대표적인 예로서는 1990년대 중반 무렵 등장하기 시작한 인터넷 기반의 B2B 온라인 상점(electronic storefronts)을 들 수 있다. 하나의 공급사가 제품들에 대한 온라인 카탈로그를 웹사이트상에 제공하고 구매자들이 이 카탈로그로부터 제품을 주문하는 방식이다. 오늘날 상당수의 대기업들이 판매자중심형 모델에 근거한 B2B 전자상거래 시스템을 통해 제품을 공급하고 있다.

구매자중심형 모델

구매자중심형 모델(buyer-side model)은 한 구매기업이 여러 공급사로부터 제품을 구매할 목적으로 구현되는 모델로서, 기업 내의 구매 프로세스를 개선시키는 과정에서 주로 이용된다. 가령, 자동차 회사가 수많은 공급사들로부터 부품 공급을 원활하게 하기 위해 구축하는 시스템이 구매자중심형 B2B 전자상거래 시스템의 전형적인 예라고 할 수 있다. 1970년대 말 이후, EDI 및 전용선을 기반으로 구축된 대기업들의 구매시스템들이 여기에 속한다.

최근 들어서도, 여러 기업들이 이미 이 모델을 효율적인 전사적 차원의 구매시스템을 도입하기 위한 기본적 모델로 채택하고 있다. 이 모델에 기초한 구매시스템은 비합리적인 구매방식을 개선하고 최선의 가격과 대량구매 할인을 얻을 기회를 구매기업에게 제공한다. 또한 공급사도 고객을 서비스하는 비용을 줄일 수 있기 때문에 혜택을 누릴 수 있다. 이러한 유형의 B2B 시스템이 제공하는 효과도 중요하지만, 다른 모델들을 통해 가능해지는 효과들도 함께 균형 있게 고려해 B2B 전자상거래 비즈니스 모델을 합리적으로 결정하는 것이 중요하다.

중개자중심형(이마켓플레이스) 모델

중개자중심형 모델(intermediary-oriented model)이라고도 불리는 이마켓플레이스 모델은 세 가지 중 가장 유망성이 높은 모델이라고 할 수 있다. 가트너 그룹의 분석가들은 구매자중심형 및 판매자중심형 시스템들이 결국은 이마켓플레이스 모델로 융합될 것으로 예측하고 있다. 이마켓플레이스에는 온라인 경매, 거래소, 수직 포털(즉, 특정산업 중심) 등이 포함된다. 이마켓플레이스도 다양한 세부모델들로 다시 분류될 수 있으나, 가장 대표적인 모델을 두 가지 제시한다면 다음과 같다.

- 제3자 기업이 특정산업을 겨냥하는 온라인 시장을 운영하거나 특정 기업들을 위한 제품 및 서비스를 제공하는 모델. 온라인 시장은 구매자로 하여금 가격 및 기타 제품 관

그림 8-2 B2B 비즈니스 모델의 세 가지 유형

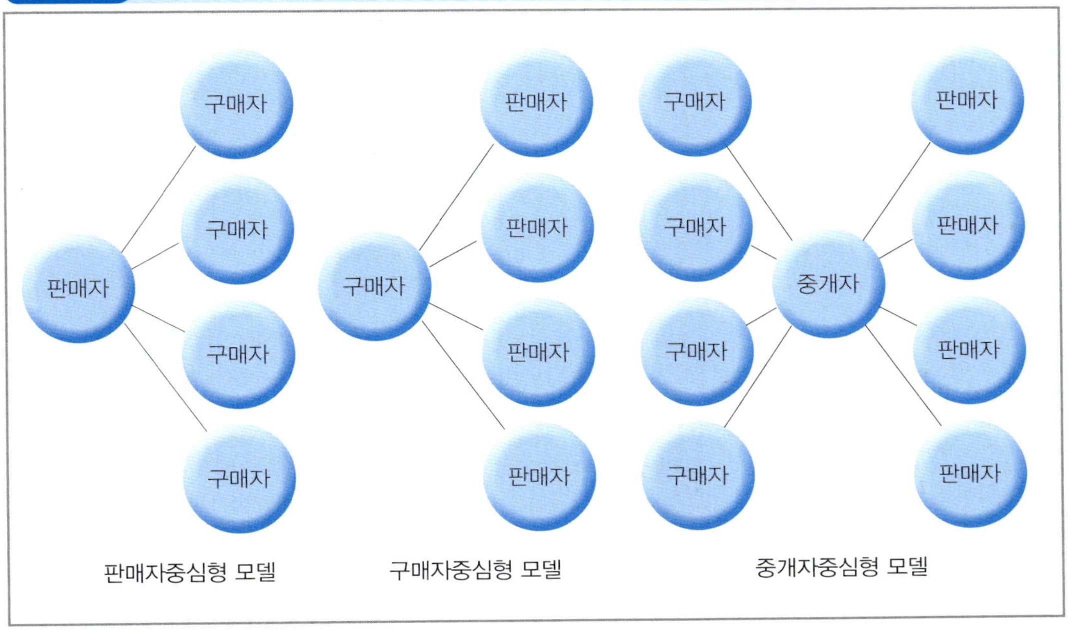

▶ B2B 전자상거래시스템은 누가 거래를 주도하는지에 따라 판매자중심형, 구매자중심형, 그리고 중개자중심형의 세 가지 모델로 분류될 수 있다.

련 정보를 조회하고 또 온라인상에서 이들 제품을 구매할 수 있도록 한다. 시장은 주로 경매 방식으로 운영된다.

- 특정산업의 구매자 및 판매자들이 온라인 시장을 함께 운영하는 모델. 해당산업 내에 속한 거래 당사자들이 실시간의 구매, 판매, 혹은 공동구매를 수행할 수 있도록 거래 프로세스를 촉진한다. 대표적인 예가 포드와 GM과 다임러크라이슬러의 3개 자동차 사가 차 부품들의 구매를 위해 구축한 온라인 마켓플레이스이다.

이 밖에도 다른 모델들이 새로이 출현하고 있다. 일부 B2B 포털들은 자신들이 독자적으로 개발한 정교한 규칙과 비즈니스 프로세스와 거래와 계약과정에 따라 폐쇄적으로 운영되고 있다. 이러한 모델은 해상운송과 같은 산업에 특히 효과적인데, 해상운송 산업의 경우 단일 거래를 완료하는데 몇몇의 제3자 기업들을 거쳐야 함으로 인해 복잡한 요소들이 존재하기 때문에, 거래의 복잡한 요소들을 단일 포털을 통해 관리함으로써 거래를 단순하고 효율적이고 또 효과적인 방식으로 수행할 수 있다는 장점이 있다.

궁극적으로 B2B 비즈니스 모델들을 논하는 데 있어, 가장 중요하게 기억해야 할 것은 비즈니스 모델이 특정 산업에 속한 기업들의 니즈에 제대로 부합할 때 성공적인 결과를 기대할 수 있다는 점이다. 따라서 서로 다른 비즈니스 모델들 중에서 어느 것이 기업들의 니즈에 잘 부합하는지를 고려하여 비즈니스 모델 결정을 하여야 할 것이다.

B2B 전자상거래의 기대효과

인터넷 기반의 B2B 전자상거래는 상거래에 참여하는 구매자 및 판매자에게 중요한 효과를 제공하며 경제에 미치는 긍정적인 효과도 크다. 표 8-2에서 볼 수 있듯이, B2B 전자상거래는 기본적으로 구매자에게는 구매프로세스를 혁신할 기회를, 그리고 판매자에게는 판매프로세스를 혁신할 기회를 제공한다.

B2B 전자상거래의 도입은 기업에게 다음과 같은 면에서 중요한 의미를 갖는다. 우선, 과거에는 공급사들이 판매제품과 제조프로세스의 효율성, 원재료 및 부분품의 재고현황 및 원가에 관한 정보를 가지고 있는 것만으로도 구매자에 비해 유리한 입장에 있었던 것이 사실이다. 그러나 B2B는 단순한 정보우위보다는 제품이나 서비스의 가치에 초점을 둠으로써 거래관련 정보의 투명성을 보장하게 되고 이를 통해 이러한 불합리한 이점을 없애고 공정한 비즈니스 거래를 실현할 수가 있다. 구매자는 이제 제품 검색엔진을 이용해 특정 제품을 공급하는 여러 기업들의 가격이나 할인구매 조건들을 즉시 비교하고 자신들에게 가장 유리한 조건으로 구매를 할 수가 있기 때문이다.

B2B 전자상거래가 지니는 또 하나의 중요한 의미는 구매사와 공급사 간의 협력을 지원

함으로써 구매 프로세스를 촉진시킨다는 점이다. B2B는 판매자와 구매자 간의 지속적인 정보교환을 가능하게 한다. 설계 요구사항, 원재료나 부분품과 관련한 스펙, 발생비용 및 주문발송상황의 추적, 서비스 및 상담 요청 등 다양한 사항에 대해 판매자와 구매자 간에 원활한 커뮤니케이션이 필요한데, B2B 상거래는 인터넷을 기반으로 이러한 커뮤니케이션이 효과적으로 제공될 수 있도록 한다.

표 8-2 B2B 전자상거래의 효과

구매자 관점의 효과	판매자(혹은 생산자) 관점의 효과
• 제품 재고현황 및 가격과 관련한 정보의 투명성 • 공급사와의 협력을 위한 기회 확대 • 행정업무 비용의 절감 • 구매사들의 검색비용 절감 • 공급사들 간의 경쟁을 심화시키고 재고를 최저수준으로 유지시켜 줌으로써 재고비용 절감 • 서류작업을 없애고 구매프로세스의 일부 단계를 자동화함으로써 거래비용 절감	• 판매사들의 주문처리 비용 절감 • 구매사와 판매사 간의 협력을 늘리고 품질하자 문제를 최소화함으로써 제품품질 향상 • 가격투명성을 높일 수 있어 시장에서의 실제 구매/판매 가격을 파악할 수 있음 • 부품들의 적시 공급을 통해 생산 유연성의 증대 • 설계 및 생산계획을 공급사와 공유함으로써 제품 개발주기 단축

▶ B2B 전자상거래는 구매자에게는 구매프로세스를 혁신할 기회를, 그리고 판매자에게는 판매프로세스를 혁신할 기회를 제공한다.

무엇보다도 B2B 전자상거래가 구매사에게 제공하는 큰 매력포인트는 비용절감 효과이다. 구매비용이 상당히 줄어들게 되어, 최선의 가격을 제공하는 공급사를 찾고 또 거래처리 비용을 절감하는 것이 더 용이해진다. 또 B2B 전자상거래를 이용해 평균 구매주문 처리시간을 30일에서 1~2일로 단축시킨 사례들뿐 아니라, 비승인 구매 및 오류 구매의 평균비율이 30%에서 2~3%로 줄어든 사례들도 주변에서 흔히 찾아볼 수 있다.

한편, 판매자에게는 거래비용 절감, 재고관리 개선, 그리고 대량구매와 관련한 규모경제 효과를 제공한다. 뿐만 아니라, B2B는 컴퓨터 기술을 기반으로 공급망의 효율적 관리를 촉진시킨다. 또, 보다 치밀한 재고관리가 가능해짐으로 인해, 창고비 등의 비용을 절감할 수 있는 기회를 제공한다.

이 밖에도 B2B 전자상거래는 참여기업들에게 시장선점 효과를 제공할 수 있다. 산업 내에서 구매프로세스를 처음으로 온라인화하는 기업은 생산성 제고, 비용 절감과 같은 효과를 얻게 됨은 물론 고품질의 신규 제품을 훨씬 더 신속하게 출시할 수 있다. 이러한 효과들은 다른 경쟁사들도 따라 할 수 있는 가능성이 존재하지만, 기업이 끊임없이 정보기술 및 전자상거래 기술에 투자할 경우 신규기술의 도입속도가 더 빨라져 경쟁사들과의 거리를 유지할 수가 있다.

8.2 이마켓플레이스 vs. 기업협력 네트워크

앞에서 살펴본 B2B 전자상거래의 비즈니스 모델 유형들(즉, 구매자중심형, 판매자중심형, 중개자중심형)에 따라 B2B 전자상거래 시스템의 분류를 제시하는 것도 가능하다. 그러나 이는 상거래의 주도형태만을 고려한 단순한 분류에 불과하며, 실제 B2B 전자상거래는 이보다 더 다양하고 복잡하다. 따라서 본절에서는 세부적인 기준을 통해 B2B 시스템의 유형들을 알아보고자 한다. 그림 8-3에서와 같이, 인터넷 기반의 B2B 전자상거래 시스템은 이마켓플레이스와 기업협력 네트워크의 두 가지 유형들로 나누어 살펴볼 수 있다.

앞서 살펴본 바와 같이, 이마켓플레이스는 중개자중심형 비즈니스 모델에 기초하고 있는 B2B 시스템이다. 이는 인터넷을 통해 여러 판매기업들과 구매기업들을 상호연동해서 하나의 디지털 장터를 제공하는 B2B 전자상거래 유형으로서 최근 빠른 속도로 성장하며 미래의 B2B 전자상거래 모형으로서 급부상하고 있다.

그림 8-3 이마켓플레이스와 기업협력 네트워크의 개념도

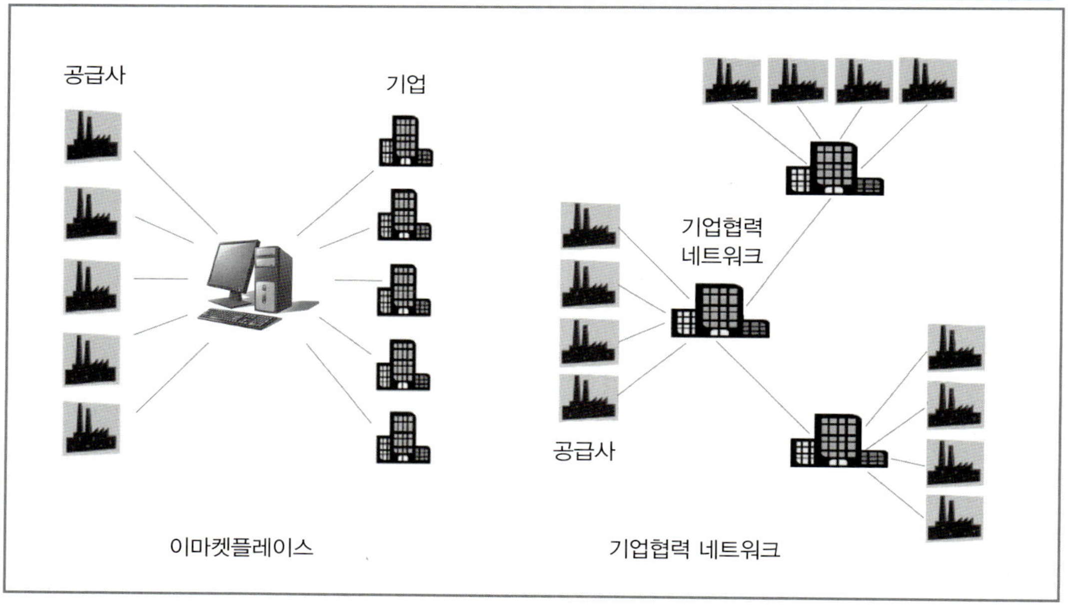

▶ B2B 전자상거래 시스템에는 이마켓플레이스와 기업협력 네트워크의 두 가지 유형이 있다.
출처: Laudon & Traver, 2014.

표 8-3 B2B 전자상거래의 비즈니스 모델 유형

분 류	유 형	사이트 예	설 명	수익모델
이마켓플레이스	온라인 유통	Grainger.com FindMRO.com Staples.com	개별 기업들에게 MRO 제품 및 서비스 판매; 운영투입재의 거래	재화의 판매
	온라인 구매	Ariba.com CommerceOne.com Siemens	디지털 시장에 접근할 수 있도록 연결만 해 줌; 구매기업에게 제품탐색 및 공급망관리 툴을 제공함; 운영투입재의 거래	시장구축서비스, 공급망관리 및 주문이행서비스의 수수료
	독립거래소	Exchange.eSteel.com IMX.com GEPolymerland.com	다수 공급사들과 다수 구매사들이 함께 거래할 수 있는 디지털 장터 제공; 거래에 관여하는 특정 산업의 기업들이 소유; 거래비용의 절감에 초점	거래 수수료 및 커미션
	산업 컨소시엄	Covisint.com Sciquest.com Pasticsnet.com	산업소유의 수직시장; 한정된 공급사들만 접근 가능; 거래비용 절감보다는 공급망 최적화에 초점	거래 수수료 및 커미션
기업협력 네트워크	기업협력 네트워크	Wal-mart Proctor & Gamble Cisco Systems	기업의 협업을 지원하기 위해 구축된 네트워크; 소수 협력사들과 공급망을 조정관리하기 위해 사용	네트워크 구축기업이 제반 비용을 부담하며, 생산 및 물류 효율성을 통해 비용절감 실현

▶ B2B 전자상거래는 크게 이마켓플레이스와 기업협력 네트워크의 두 가지로 분류되며, 이마켓플레이스는 다시 온라인 유통, 온라인 구매, 독립거래소, 산업 컨소시엄의 네 가지로 나뉘어진다.

▶ 출처: Laudon & Traver, 2014.

반면, 기업협력 네트워크는 한 기업이 전략적 협력 관계에 있는 몇몇 기업들을 인터넷으로 묶어 고도의 효율성을 지닌 공급망을 구축하고 이를 제품에 대한 고객 수요를 충족시키기 위한 목적으로 활용하는 B2B 전자상거래 유형이다.

이마켓플레이스

비즈니스 거래행위가 이루어지기 위해서는 구매자와 공급자 사이의 커뮤니케이션이 필수적이다. 커뮤니케이션은 신속하게, 안정적으로, 안전하게 진행되어야 하고, 거래 당사자들의 정보시스템과 최대한 통합되어야 한다. 서류기반의 커뮤니케이션으로는 대기업의 복잡한 거래업무를 제대로 처리할 수가 없으며 인터넷과 같은 정보통신기술이 수반되어야 업무처리의 효율성을 기대할 수 있다. 이와 같이 구매자와 공급자 사이에 요구되는 중요한 커뮤니케이션을 인터넷에 의해 효과적으로 수행되게 하며 거래시스템들 간의 통합에 의해 거래 프로세스를 단순효율화 할 수 있는 곳이 이마켓플레이스이다. 아래에서는 이마켓플레이스와 관련한 개념들을 살펴보기로 한다.

이마켓플레이스란?

B2B 이마켓플레이스는 이허브(e-hub) 혹은 네트 거래소(Net exchange)라고 불리기도 하는데, **그림 8-3**에서 볼 수 있듯이 기업 판매자들과 기업 구매자들을 웹상에서 서로 연동하여 제품이나 서비스를 매매할 수 있도록 하는 중개자이다. 좀더 구체적으로 설명하면, 이마켓플레이스는 구매사들의 구매시스템을 공급사들의 주문제품 발송시스템과 함께 통합하는 온라인 커뮤니티로서 비즈니스 거래를 수행하기 위한 표준화된 프로세스를 제공하여 준다.

이마켓플레이스 웹사이트에서는 제품에 대한 전자 카탈로그 및 구매자동화 서비스가 제공되며, 거래 성사시 부과되는 수수료에 의해 수입이 발생한다. 또, 오프라인 시장보다 저렴한 가격으로 제품구매를 할 기회를 제공하기 때문에, 기업들이 사이버 공간에서 거래를 하도록 유도하는 동기유발 요인이 강하게 작용한다. 거래과정의 효율성 향상은, 다수의 비즈니스 관계들을 단일 프로세스를 이용해 처리하며 또 기존의 수작업 방식이 아닌 웹기반 시스템을 이용함으로써 발생한다.

이마켓플레이스의 유형

B2B 이마켓플레이스를 운영하는 업체는 마켓플레이스에서 발생하는 거래의 수수료를 거래당사자에게 부과함으로써 방대한 수익을 발생시킨다. 마켓플레이스는 토지나 건물이 아닌 소프트웨어로 구축이 되기 때문에, 최소규모의 투자로 시작해서 시장이 성장해 감에 따라 회사 외형규모도 커질 수가 있다. 그러나 새로운 비즈니스 모델을 지닌 새 업체들이 B2B 시장에 빠르게 진입함에 따라, 이마켓플레이스의 유형도 점차 달라지며 유형별 특성도 더 복잡해지고 있다. 따라서 아래에서는 이마켓플레이스의 종류에 관해 살펴보기로 한다.

우선 이마켓플레이스에 관해 보다 잘 이해할 수 있도록, 기업이 무엇을 구매하는지, 즉 구매대상에 대해 알아보자. 앞서 구매 프로세스와 관련한 부분에서도 언급하였듯이, 구매활동은 직접 구매와 간접 구매로 나뉘어질 수 있으며, 이들 구매 유형에 따라 기업 구매의 대상은 제조 투입재와 운영 투입재의 두 가지로 분류할 수 있다(그림 8-4 참조). **제조 투입**

재(manufacturing inputs)는 제품이나 생산공정에 직접적으로 소요되는 원재료 및 부분품을 뜻한다. 이들 제품은 산업별로 뚜렷하게 다르다. 가령, 화학약품 제조사에서는 자동차 브레이크 부품을 구매할 필요가 없고, 또 광고회사에서는 강철을 구매할 필요가 없다. 따라서 제조 투입재는 수직적인 공급사, 즉 특정 산업과 관련된 공급사로부터 구매된다. 이와 대조적으로 **운영 투입재**(operating inputs)는 완제품의 일부분이 아니다. 일상적인 유지보수, 수리 및 운영관리에 필요한 소모품들을 뜻한다고 해서 MRO(maintenance, repair, and operating) 제품이라고 흔히 불리며, MRO 제품의 대표적인 예로는 사무실 소모품, 스페어 부품, 항공 티켓, 그리고 서비스를 들 수 있다. 운영 투입재는 특정 산업과 관련이 없다. 예를 들면, 어느 기업이나 컴퓨터나 복사기나 사무기기 관리서비스가 필요하다. 이러한 제품들은 사무기기 전문판매사와 같은 수평적인 공급사로부터 구매되는 것이 특징이다. 운영투입재는 산업을 불문하고 구매되는 반면, 제조 투입재는 특정 산업과 관련하여 구매되는 경향을 보인다. 그러한 이유로 인해, 흔히 운영 투입재를 취급하는 이마켓플레이스를 수평적 시장으로 그리고 제조 투입재를 취급하는 이마켓플레이스를 수직적 시장으로 각각 칭하기도 한다.

그림 8-4에서도 볼 수 있듯이, 이마켓플레이스를 분류하는 데 필요한 또 하나의 축은

그림 8-4 B2B 이마켓플레이스의 네 가지 유형

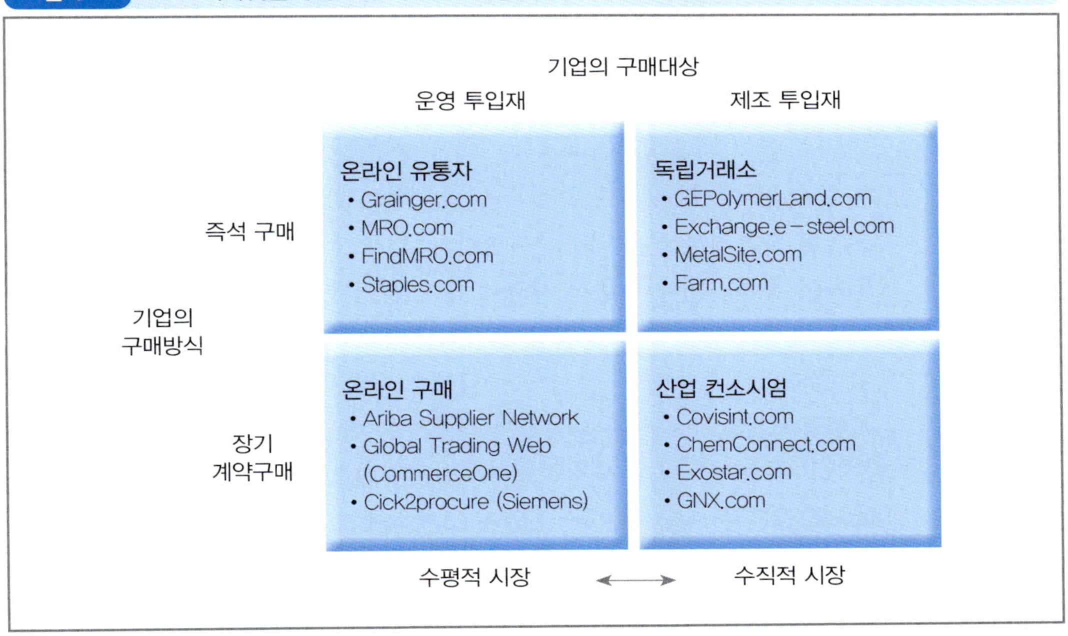

▶ B2B이마켓플레이스는 기업의 구매대상 및 구매방식에 따라 온라인 유통자, 온라인 구매, 독립거래소, 산업 컨소시엄의 네 가지로 분류된다.

▶ 출처 : Laudon & Traver, 2014; Kaplan & Sawhney, 2000.

기업이 어떻게 구매하는지, 즉 구매방식에 관한 사항이다. 기업이 제품이나 서비스를 구매할 수 있는 방법으로는 즉석구매과 장기계약 구매의 두 가지가 있다. 잉크젯 프린터 카트리지, 복사용 종이, 문방용품 등의 제품들은 어느 한 곳과 지속적으로 거래할 필요 없이, 매번 필요할 때마다 인터넷에서 판매업체를 찾아 주문을 하면 되기 때문에 거래처가 즉석에서 결정되는 경우가 많은데 이를 가리켜 **즉석구매**(spot purchasing)라고 한다. 반면, 석유, 철강, 가스 등과 같은 제품들은 당장 필요한 니즈를 충족시키기 위해 제품을 구매하기보다는 특정 공급사들과의 협상을 통해 장기계약을 체결하고 이 계약에 기초하여 반복적으로 거래를 수행하게 된다. 이러한 구매방식을 **장기계약 구매**(long-term purchasing)라고 부른다.

이와 같이 구매대상이 제조 투입재인지 아니면 운영 투입재인지, 그리고 구매방식이 즉석구매인지 아니면 장기계약 구매인지의 여하에 따라, 이마켓플레이스는 온라인 배급자, 온라인 구매, 독립 거래소, 산업 컨소시엄의 네 가지 유형으로 분류된다. **그림 8-8**에 나타나 있는 이들 네 가지 유형들을 아래에서 각각 살펴보기로 한다.

온라인 유통자

B2B 이마켓플레이스 유형들 중에서 가장 잘 알려져 있는 것은 **온라인 유통자**(e-distributor)이다. 온라인 유통자는 수많은 제조업체들의 제품들에 대한 전자 카탈로그를 사이트상에 제공하고 구매자들은 이를 통해 제품을 구매한다. MRO라고도 불리는 운영투입용 제품을 산업고객들이 필요할 때마다 수시로 주문할 수 있는 단일 관문을 제공하는 중개자이다. 온라인 유통자는 자신들이 유통시키는 제품들에 대해 마진을 붙여 판매함으로써 수익을 발생시킨다.

모든 산업의 기업들이 MRO 소비재를 필요로 한다. 기업의 MRO 기능은 빌딩의 유지, 보수, 운영을 수행하는 기능으로서 난방, 환풍 및 냉방시스템에서 조명기구에 이르기까지 이들 건물에 존재하는 기계들을 관리한다.

온라인 유통자들이 수평적 시장에 속하는 이유는 이들이 서로 다른 공급사들의 제품들을 여러 다른 산업들에 대해 공급하기 때문이다. 어느 기업이나 카탈로그를 보고 주문을 할 수 있다는 점에서, 이들이 운영하는 시장은 개방시장이라고 할 수 있으며, 이는 일부 한정된 기업들에게만 멤버십을 부여하여 운영하는 폐쇄시장과 대조되는 개념이다.

온라인 유통자들의 가격은 보통 고정되어 있으나, 대형 고객들은 할인 및 기타 구매 인센티브와 같은 혜택을 받는다. 산업의 고객들에게 부여되는 주요 혜택은 검색비 절감, 거래비 절감, 선택폭이 넓은 제품구색, 신속한 배송, 저렴한 가격 등이다.

이 온라인 유통 시장에서 가장 대표적인 예는 그레인저(Grainger)이다. 그레인저사는 즉석 구매뿐 아니라 장기계약 구매도 지원하지만, 역점을 두는 구매방식은 즉석 구매이다. 이

그림 8-5 온라인 유통자 이마켓플레이스의 개념도

▶ 수많은 제조업체들의 제품들을 대표하는 전자카탈로그를 통해 구매사들이 제품을 구매할 수 있는 모델이다.

회사의 비전은 MRO 공급자들을 위한 세계 최대의 유통관문이 되는 것이다. 이 회사의 수익모델은 일반 소매업체의 모델과 유사한 것으로서, 제품을 소유하며 고객들에게 판매하는 제품에 대해 마진을 붙여 수익을 발생시킨다.

온라인 구매

온라인 구매 이마켓플레이스는 또 다른 유형의 B2B 중개자로서 수많은 유지보수 부품들을 제공하는 수백여 개의 온라인 공급사들을 유료로 시장에 가입한 구매사들과 연결해준다. 온라인 구매 이마켓플레이스에서 거래되는 제품들은 비교적 거래비용이 높은 저가의 운영투입용(MRO) 제품들이므로, 이들 중개자는 구매 프로세스의 효율성을 제고함으로써 가치를 제공하는 것이 특징이다. 이 이마켓플레이스는 온라인 환경에서 수평적 시장을 형성하며 MRO 제품들을 주로 장기적인 계약에 의해 구매할 목적으로 흔히 이용되는 반면, 회원사들이 MRO 소모품들을 즉석 구매 방식으로 구매할 수 있는 기회도 또한 제공한다. 온라인 구매 이마켓플레이스는 매 거래시마다 거래금액의 일정 퍼센티지를 부과하고 컨설팅 서비스 및 소프트웨어의 사용료를 부과하며 또 네트워크 사용료를 청구해 수익을 발생시킨다.

온라인 구매 기업들은 수백 개의 공급사들의 온라인 카탈로그를 가지고 구매자들과 판매자들 모두에게 가치사슬관리 서비스를 제공한다는 점에서 단순한 온라인 유통자 비즈니

그림 8-6 온라인 구매 이마켓플레이스의 개념도

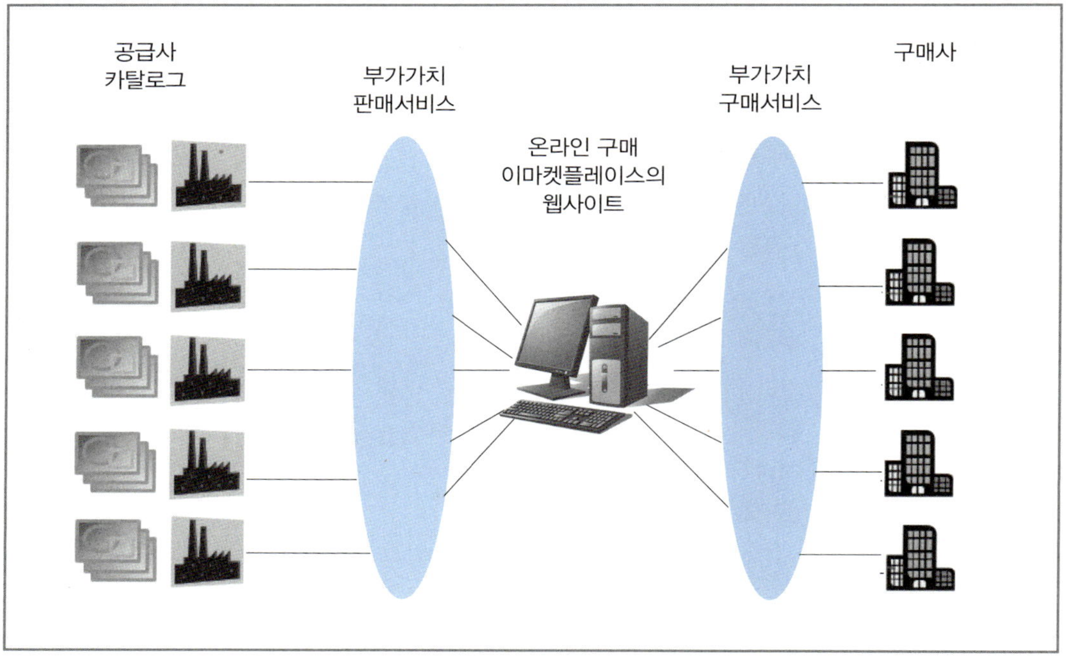

▶ 수백만 개의 유지보수 부품들을 제공하는 온라인 공급사들과 유상으로 시장에 가입한 구매기업들을 서로 연결해주는 중개자이다.

스 모델의 연장이라고 볼 수 있다. 이 기업들이 제공하는 가치사슬관리 서비스는 구매자 측에서는 전체적인 구매프로세스에 대한 자동화를, 그리고 판매자 측에서는 판매 비즈니스 프로세스의 자동화를 각각 포함한다. 구매자들을 위해, 온라인 구매 이마켓플레이스는 구매주문서, 제품탐색, 대금결제 등의 업무를 자동화시키는 구매서비스를 제공한다. 공급사들을 위해서는, 카탈로그 작성 및 콘텐츠 관리, 주문 관리, 주문처리, 송장발행, 제품발송, 정산 등의 업무를 자동화시키는 판매서비스를 제공한다.

실제로 온라인 구매 기업들은 초기에는 온라인 구매에 필요한 전문 소프트웨어를 대기업들에게 제공했고, 이들 대기업들은 자신들의 인트라넷에서 해당 소프트웨어를 이용했다. 그러나 이제는 개별 회사들에게 소프트웨어를 제공하기보다는, 자신들의 서버에서 소프트웨어를 가동하면서 오픈 마켓을 제공하고 있다. 이들 오픈 마켓은 구매자들에게 다양한 공급사들의 MRO 카탈로그들을 접근할 수 있는 관문을 제공하고 있다. 온라인 구매 유형의 이마켓플레이스들은 제3자 물류서비스 업체들을 이용해 제품을 공급하므로, 채널에 존재하던 기존의 중개업자(가령, 온라인 유통자) 없이도 운영된다.

그림 8-6에서 볼 수 있듯이, 온라인 구매 모델은 다대다(many-to-many) 시장의 형태를 취한다. 이 시장에서는 중립적인 위치에서 구매자들과 판매자들을 상호 연동하는 제3자 중

개자, 즉 온라인 구매 이마켓플레이스가 중재역할을 담당한다. 한편, 이 시장에는 경쟁관계의 공급사들과 경쟁관계의 온라인 유통자들의 카탈로그가 모두 존재하기 때문에, 구매자 위주의 시장이라는 느낌이 있다. 그러나 대형의 구매 기업들을 자신들의 네트워크로 결집시킴으로써, 공급자들에게는 마케팅 효과를 제공하며 고객획득 비용을 줄여준다.

해외에서는 잘 알려진 예로 **아리바**(Ariba)가 있다. 페더럴 익스프레스는 아리바에서 제공하는 온라인 유통 및 구매 소프트웨어를 이용해서 80억 달러에 이르는 구매를 자동화하고 있다. 18만 명이 넘는 페더럴 익스프레스사 직원들은 아리바의 시스템을 통해 32여 군데의 공급자들 카탈로그에서 주문을 한다. 이 시스템은 자동으로 페덱스의 구매 규칙을 적용함으로써 구매요청서를 온라인으로 전달, 검토 및 승인할 수 있도록 하고 있다. 그 결과로, 페더럴 익스프레스사는 MRO 소모품의 구매에 따른 지출금액이 12% 절감했고, 구매처리 비용이 75% 감소했으며, 부품배달 소요시간이 평균 7일에서 2일로 줄어들었다.

독립거래소

독립거래소란 독립적으로 운영되는 온라인 마켓플레이스로서 수백여 개의 공급자들과 구매자들을 실시간으로 연결해 준다. 거래소는 컴퓨터, 전자, 식품, 철강 등과 같은 특정 산

그림 8-7 독립 거래소의 개념도

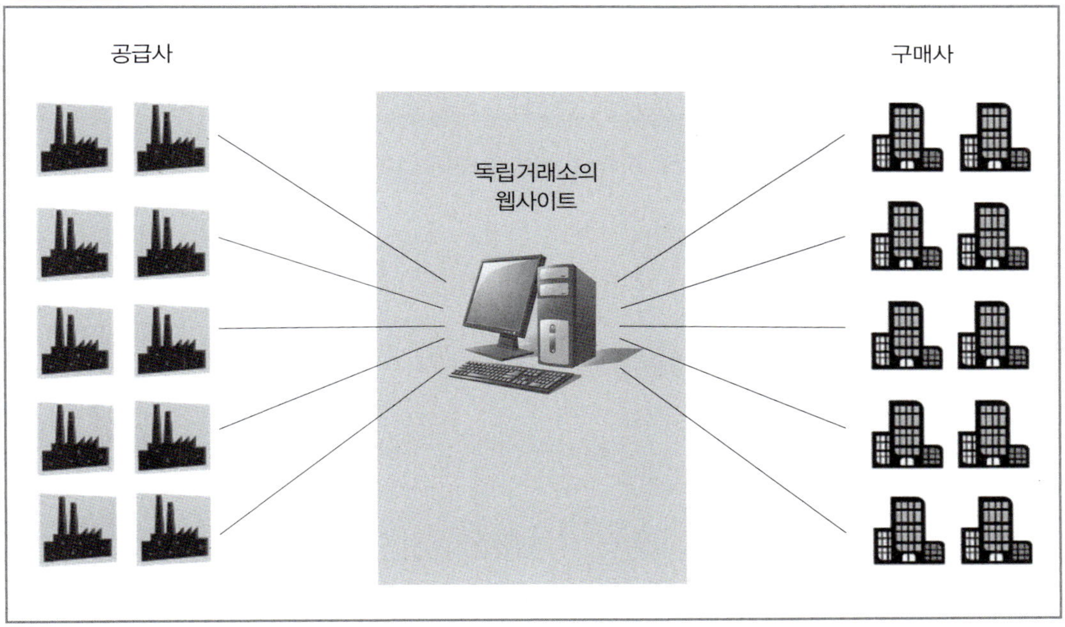

▶ 수백여 공급사들을 수직 마켓플레이스로 불러들여 수백여 구매기업들에게 즉석구매 방식에 의해 제품을 판매하는 모델이다.

업의 대기업들이 필요로 하는 즉석 구매에 초점을 두는 수직시장을 제공한다. 거래소는 인터넷 기반의 전자상거래가 등장하기 시작한 전자상거래 초기에 나타난 B2B 마켓플레이스이다. 이 시절 수천 개에 달하는 마켓플레이스들이 등장했으나 대부분이 사라졌다.

거래소들은 각 거래에 대해 수수료를 부과함으로써 수익을 발생시킨다. 고객들에게 주어지는 효과로서 제품 검색비의 절감은 물론, 공급사들 간의 경쟁을 통해 운영되는 글로벌 마켓플레이스에 의해 가능해지는 저렴한 가격을 들 수 있다. 반면, 공급사들이 기대할 수 있는 효과는 글로벌 시장을 접근할 수 있을 뿐 아니라, 비록 가격은 매우 저렴하고 이윤마진은 적을지라도 잉여제품을 처분할 기회가 존재한다는 점이다.

독립 거래소는 독립적으로 설립되어 있어 중립적일 것 같지만, 구매자에게 유리한 측면이 존재한다. 공급사들은 다른 유사한 부류의 공급사들과 직접적인 경쟁관계에 놓이게 됨으로써 이윤마진이 낮아진다는 점에서 불리한 측면이 있다. 거래소들이 실패한 주된 이유는 공급사들이 참여하기를 꺼렸고 이로 인해 기존 시장의 유동성이 매우 낮았고 거래소의 본래 목적 및 효과가 무색해졌기 때문이다. 시장 유동성은 시장 내의 구매자들 및 판매자들의 수와 거래량과 거래 규모에 의해 측정된다. 아무 때나 원하는 제품을 거래규모에 관계없이 구매하거나 판매할 수 있을 때, 비로소 시장의 유동성이 존재한다. 구매담당자들을 대상으로 한 한 조사에 의하면, 거래소를 사용하지 않는 가장 보편적인 이유는 신뢰가 높은 전통적인 공급사들이 없기 때문인 것으로 나타났다.

현·장·사·례 Electronic Commerce

위기에 직면한 B2B 거래소 : e-Steel.com

B2B 거래소가 난무하던 2000년 이전과 달리, 2001년부터는 B2B 전자상거래 시장에 제3자형 이마켓플레이스의 모습이 자취를 감추기 시작했다. 그 대신, 공급자 주도 또는 판매자 주도의 폐쇄형 독자 이마켓플레이스 또는 독자 허브가 대기업을 중심으로 서서히 형성되고 있는 분위기다. e-Steel은 이러한 시장의 분위기를 가장 빨리 캐치해 변신에 성공한 대표적인 업체로 평가받고 있다. 어떻게 e-Steel은 변신에 성공했는가?

e-Steel.com은 철강산업의 구매자와 판매자(공급자)간 발생하는 철강의 구매와 판매를 대행하는 제3자형 이마켓플레이스로 1998년 설립된 벤처기업이다. 현재 CEO는 마이클 S. 레빈으로, 그는 e-Steel.com의 대표이사로 영입되기 직전, 미국 내 철강업체 중 하나인 타이탄의 CEO로 재직한 바 있다.

마이클 레빈의 영입추진을 주도한 곳은 e-Steel의 창업주주이자 실리콘밸리 벤처캐피탈의 대표주자인 클라이너퍼킨스(KPCB, 이하 KP)이다. KP는 미국내 전통적 철강산업의 대표격인 US Steel과 Dofasco Steel을 주주로 참여시키면서 철강산업의 '글로벌 포털'이라는 캐치프레이즈를 내걸며 야심차게 e-Steel을 선보였다.

1998년 론칭 이후 1년 간, e-Steel은 3,500여 개 업체를 멤버로 가입시켰고, 이 중 1,200여 개 업체, 연간 8,000만 달러에 달하는 철강이 e-Steel 마켓플레이스에서 구매되거나 판매되었다(이 중 70%가 최상급 철강임).

앞서 말한 바와 같이, e-Steel은 다수 구매자와 다수 판매자가 모여 거래가 이뤄지는 전형적인 B2B 이마켓플레이스로, 출범 당시 e-Steel이 제공하는 서비스는 크게 공급자와 구매자 지원 부문의 2가지로 나뉘었다. 구매자 측면 서비스는 ① 요구되는 철강의 수요 취합, 분석, ② 설정된 가격과 공급자측 철강 가격비교 및 관리, ③ 문서관리, ④ 클레임 처리를 포함하고, 공급자 측면 서비스에는 ① 구매자 요구사항 관리, ② 주문처리, ③ 품질관리, ④ 가격비교 및 조정, ⑤ 상품 카탈로그 서비스 제공이 있다.

e-Steel의 구매자 및 공급자 지원 서비스는 구매자와 공급자간에 발생하고 있는 전통적인 구매기능의 문제점(즉, 서류의 복잡성, 이로 인한 시간낭비 및 비용발생 등)을 해결하는 온라인 구매시스템에 초점이 맞춰졌다.

이를 위해 e-Steel은 자사의 기술파트너 업체와 함께 다-대-다(many to many) 마켓플레이스에 적합한 시스템 아키텍처를 구축했으며, Datajet Technology라는 XML 기반의 솔루션을 개발해 눈길을 끌었다. 이 기술은 각기 서로 다른 EDI 시스템 구축에 따라 상이한 문서표준을 사용하고 있는 모든 기업의 문서를 일정한 표준양식으로 자동적으로 변환시켜주는 핵심 기술이다.

e-Steel은 인프라에서부터 소프트웨어에 이르기까지 체계적으로 연결된 기술협력업체와 공동구축한 솔루션을 바탕으로 영업 초기에 철강업체의 비상한 관심을 끌며, 철강 B2B 마켓플레이스의 대표주자로 떠올랐다. 마이클 레빈 또한 e-Steel의 비전을"철강 산업의 글로벌 포털이 되는 것"이라고 제시했다.

그러나 2000년 2사분기 이후 B2B 마켓플레이스에 대한 회의론이 대두되면서, 제3자 중립형 마켓플레이스의 효율성과 생산성에 대한 의구심이 날이 갈수록 불거지기 시작했다. 이러한 부정적 시각의 배경에는 마켓플레이스의 이용당사자인 구매자와 공급자가 근본적으로 제3자형 마켓플레이스를 통해 해결할 수 없는 문제점이 있었기 때문이다. 특히, 철강, 화학, 섬유 등 수직시장 내 대규모 구매업체들의 불평이 가장 큰 원인이었다. 이들 구매업체들은 수많은 공급업체들과 병렬로 연결돼 있었고, 공급 원자재 또한 세분화 돼 있었기 때문에 주로 잉여재고 또는 원자재를 경매방식으로 거래하는 기존 이마켓플레이스의 서비스로는 원가를 절감하는 데 한계가 있었다.

e-Steel뿐만 아니라, 수직산업(철강, 화학, 비료, 식품, 의학 등) 내 공급자와 판매자를 연결하는 제3자형 마켓플레이스는 기본적으로 다-대-다 거래소이며, 이 거래소가 제공하는 기능은 e-Steel의 예에서 알 수 있듯이, 수요취합, 가격관리, 주문처리 등 구매하는 데 있어 필요한 최소한의 기능에 한정돼 있는 것이 사실이다.

잉여재고를 처리하거나, 구매규모가 작을 경우, 이러한 거래소의 기능이 도움이 되겠지만, 포드나 크라이슬러, GM과 같이, 철강 공급업체가 품목별로 다양하고 복잡한 공급망을을 가진 대규모 구매업체의 경우, 다-대-다 거래소가 제공하는 구매자 지원 서비스로는 공급망 관리의 생산성을 근본적으로 높일 수 없다. 오히려 이러한 거래소의 참여가 기존 공급망 관리를 더욱 더 불안하게 하는 요인이 되어 버린 것이다.

▶ 출처 : ZDNet Korea, 2002. 2.; exchange.e-steel.com, 2014. 1. 30. 참조.

산업 컨소시엄

산업 컨소시엄이란 특정산업이 소유한 수직 시장으로서 구매기업들에게 한정된 참여기업들로부터 제조투입재를 구입할 수 있는 기회를 부여한다. 이 유형의 이마켓플레이스는 불특정 다수에 의한 거래보다는 장기 계약구매 및 안정적 관계의 개발을 강조한다. 거래비용의 절감에 초점을 두는 거래소에 비해, 산업 컨소시엄은 **공급망 최적화**에 더 주력한다. 산업 컨소시엄의 궁극적인 목표는 공동 네트워크 및 컴퓨터 플랫폼을 통해 특정산업 내의 공급망들을 통일하는 것이다. 그런데 흥미로운 점은 이러한 비전이 미래를 예견하며 앞서가는 인터넷 기업들이 아니라 포춘 1000에 속하는 기존의 굴뚝기업들에 의해 개발되고 있다는 점이다.

산업 컨소시엄은 초기의 독립 거래소의 출현에 대한 대응으로 2000년경에 등장하기 시작했다. 당시 자동차나 화학과 같은 대형 산업에서는 독립 거래소들이 대형 구매사들의 이익을 제대로 충족시키지 못한다고 믿었다. 따라서 대기업들은 거래소에 들어가 서비스를 이용하느니 차라리 직접 자신들의 시장을 구축하기로 결정했던 것이다. 대기업들은 또 이마켓플레이스가 성공하려면 대형 공급사 및 구매자들이 시장에 참여함으로써 시장 유동성이 존재해야 한다고 믿었다. 독립 거래소들은 유동성을 높이는 데 필요한 참여자들을 유치

그림 8-8 산업 컨소시엄의 개념도

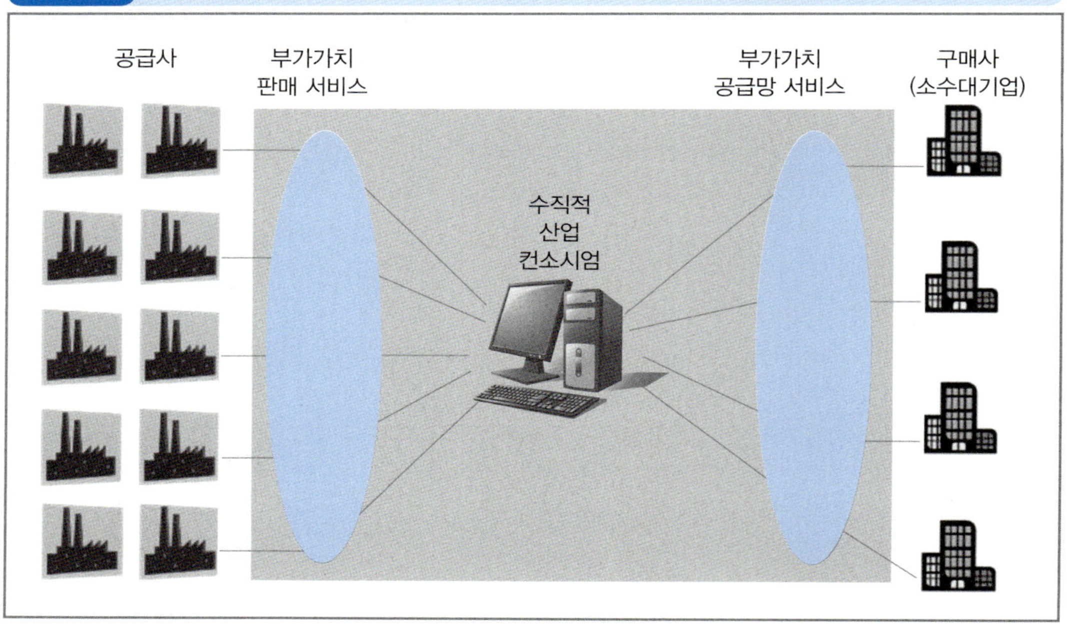

▶ 산업 컨소시엄은 수많은 공급사들이 소수의 대형 구매사들에게 직접 제품을 판매할 수 있는 장터를 제공한다. 구매, 거래관리, 물품발송, 결제 등과 같은 부가가치 서비스를 제공하며, 간혹 다-대-소수(many-to-few) 시장으로 불리기도 한다.

하는 데 실패했으므로, 산업 컨소시엄만이 해결책이라고 믿었다.

산업 컨소시엄들은 다양한 방법으로 수익을 발생시킨다. 컨소시엄에 참여하는 기업들은 컨소시엄 사이트의 구축비 및 초기 운영자금을 공동으로 부담한다. 그 외에도, 서비스 이용시마다 산업 컨소시엄 측에 거래 및 정보이용에 대한 수수료를 지불한다. 이러한 비용부담에 대한 대가로, 참여기업들은 구매프로세스의 효율화, 공급사들 간의 경쟁에 의한 가격하락, 공급사들과의 긴밀한 관계와 같은 이점을 통해 투입된 비용보다 더 큰 효익을 얻게 된다.

산업 컨소시업은 회원사들을 대상으로 한 판매의 조건으로 공급사들이 네트워크와 독자적 소프트웨어의 이용을 강제화하고 있다. 비록 독립 거래소들은 공급사들 및 시장유동성이 부족함으로 말미암아 실패했지만, 컨소시엄의 경우에는 회원사들의 시장 영향력 때문에 공급사들이 참여하게 되므로 상황이 독립 거래소와는 다르다. 또 벤처기업 투자 자금에만 의존하는 거래소와 달리, 컨소시엄들은 처음부터 산업 내 대기업들의 막강한 자금후원을 받으며 또 꾸준하게 이들의 대형 주문을 받아 유동성을 보장받기 때문에, 안정적인 운영을 할 수 있다는 점이 다르다.

산업 컨소시엄의 대표적인 예로는 미국의 빅 3 자동차 메이커가 공동으로 구축해 2000년 2월 발표한 **코비신트**(Covisint)를 들 수 있다. 코비신트 사이트에서는 6만여 부품공급사들이 참여하며, 연간 약 2,500억 달러의 구매거래가 발생하는 것으로 알려지고 있다.

기업협력 네트워크

이마켓플레이스가 존재하기 훨씬 이전부터 존재해온 또 하나의 B2B 전자상거래 시스템은 기업협력 네트워크이다. 오늘날 기업협력 네트워크는 B2B 전자상거래의 큰 부분을 차지하고 있다.

기업협력 네트워크란?

기업협력 네트워크란 기존의 EDI 네트워크가 진화된 형태로서, 대기업들이 사용하는 기존의 ERP 시스템과 밀접한 관련이 있다. 영문 용어의 'private'는 소수 관련 있는 기업들만이 참여하는 독자적 폐쇄형 네트워크임을 뜻하며, 개방형 네트워크와 대조되는 개념이다. **기업협력 네트워크**(private industrial networks)는 조직의 경계선을 초월하는 비즈니스 프로세스(즉, 협업상거래)의 조정관리를 위해 구축된 웹기반의 네트워크이다. 조직 경계선을 넘는 비즈니스 프로세스란 적어도 두 개 기업이 수행하는 프로세스이다. 이러한 비즈니스 프로세스를 지원하는 네트워크는 일반적으로 제조, 물류, 유통 등 관련 산업들을 포함하기

그림 8-9 프락터앤갬블(P&G)사의 기업협력 네트워크

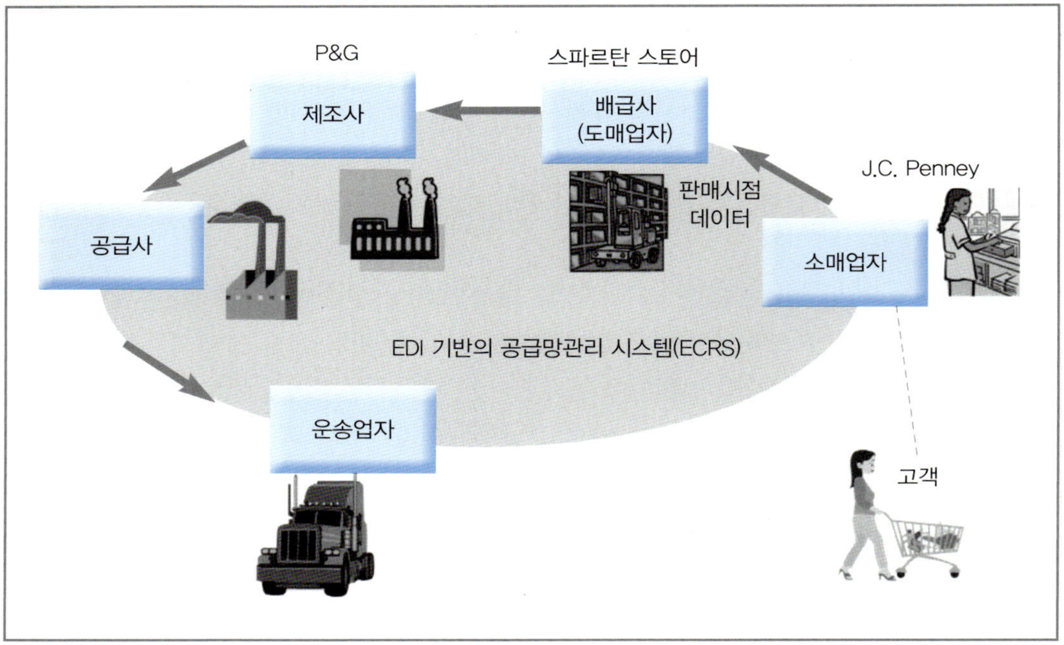

▶ J.C. Penney 백화점에서 발생하는 판매 데이터는 네트워크를 따라 배급사, 제조사, 공급사, 운송업자에게 전달되므로 이들 업체들은 사전 수요예측으로 제품의 공급이 원활하게 이루어지도록 하고 있다.

때문에, 흔히 **산업 가치사슬**(industry value chain)을 따라 형성된다. 이들 네트워크는 특정 산업을 위해 구성되기는 하지만, 대개 하나의 대형 제조사를 중심으로 여러 관련 공급사들을 함께 연동함으로써 제조사와 공급사 간의 활동들을 조정관리하는 데 초점을 둔다. 기업협력 네트워크는 '**확장 기업**'(extended enterprise)의 개념으로도 볼 수 있는데, 이는 보통 한 기업의 ERP 시스템으로 시작해서 엑스트라넷을 이용해 관련 공급사들을 연결할 수 있도록 네트워크가 확장되기 때문이다.

그림 8-9는 프락터앤갬블(P&G)사에서 구축한 기업협력 네트워크를 예시하고 있다. 백화점의 판매 데이터는 POS 단말기를 통해 입력된 후, 배급사, 제조사(P&G), 그리고 그 공급사에게로 전달된다. 이 판매데이터는 제조사 및 공급사에게 P&G사가 제조하는 개별 제품들의 수요를 정확히 예측할 수 있는 기초 자료 역할을 한다. 이 정보를 근거로 하여, 제품의 생산, 부품공급, 그리고 운송계획이 수립되며, 이러한 합리적 공급망 관리를 통해 배급사 및 소매업자의 최적화된 재고관리가 가능해지는 것이다.

대표적 사례

(1) 시스코 시스템즈

기업협력 네트워크로 잘 알려진 기업 중의 하나는 시스코사이다. 시스코는 제조사들과 고객사들을 함께 기업협력 네트워크로 연동함으로써 속도와 유연성을 높이는 데 성공한 가상 기업이다. 현재 시스코는 제품 주문의 70%를 인터넷을 통해 받고 있으며, 그 거래규모는 하루 2천 2백만 달러에 달하는 것으로 알려져 있다. 고객주문 제품의 50% 이상이 시스코의 제조 협력사들에 의해 직접 처리 및 발송되고 있다. 시스코가 이들 제품을 다루지는 않지만 인터넷을 통해 제조 과정을 감시하며 통제하고 있다. 또 시스코는 신규제품에 대해 생산을 시작한 시점부터 대량생산이 가능해진 시점까지 소요되는 기간을 평균 3개월 줄이는 데 성공함으로 인해, 연간 1억 달러 이상의 매출증대 효과를 가져왔다. 뿐만 아니라, 시스코사는 관련기업들을 연동하는 네트워크를 이용해 기업간 품질관리시스템을 구축함으로써 50명의 테스트 엔지니어의 인력만으로 매일같이 5만 건의 제품 테스트를 실시하고 있다.

(2) 월마트

월마트사는 보다 효율적인 공급망관리를 위해 제조사인 워너램버트와 소매업자인 월마트를 하나로 연결하는 네트워크를 구축했다. 이 시스템은 판매자와 구매자를 산업 네트워크로 연결함으로써 월마트가 제조사와 공동으로 제품수요를 예측하고 또 생산계획까지 세울 수 있어, 재고비용을 절감할 뿐 아니라 제품품절 문제도 해소하고 있다. 월마트사는 최근에는 공급사인 프락터앤갬블(P&G)을 네트워크를 통해 연동하는 이른바 CPFR(Collaborative Planning, Forecasting and Replenishment) 시스템을 구축함으로써 유통사와 공급사의 비즈니스 프로세스들을 통합적으로 관리하고 있다. 품목을 하나 판매할 때마다 판매기록이 자동으로 P&G사에 전달돼 재고 부족분을 채우기 위한 요청이 이루어진다.

이 시스템의 도입으로 재고가 항상 필요한 수준으로 유지됐기 때문에 고객 서비스가 크게 향상됐다.

(3) 제너럴 일렉트릭

제너럴 일렉트릭(GE)사는 인터넷 상거래를 이용해 1,400여 공급사들로부터 인터넷을 통해 10억 달러 상당의 제품들을 구매하고 있다. 오하이오주에 소재한 GE의 조명사업부는 온라인 구매시스템을 도입해서 서류 주문, 청사진 관리, 저가 부품들의 주문의 수작업 처리 등의 잡무를 없앴다. 견적요청서(RFQ) 처리 프로세스는 1주일에서 하루로 단축됐고, 견적

요청서 처리빈도가 크게 늘어났다. GE사는 공급사들 간의 경쟁 증가, 전사적 구매 건수들의 통합을 통한 대량 구매, 구매인력 수의 절감과 같은 효과들을 얻게 됨에 따라, 전체구매비용이 15% 절감됐다.

8.3 B2B 전자상거래의 성공요인

B2C 전자상거래와 B2B 전자상거래는 컴퓨터 및 네트워크 기술을 기반으로 한다는 공통점을 지니는 반면, 제품을 구매하는 상대가 하나는 소비자이며 다른 하나는 기업이라는 차이점으로 인해 각기의 성공요인도 서로 다르다. 소비자 대상의 상거래는 고객의 개별적 니즈를 충족시키는데 역점을 두는 반면, 기업간 상거래는 기업이 고객사, 협력사, 공급사 등 외부기업과의 관계를 효율적으로 관리하는데 초점을 맞추게 된다. 일반적으로 B2B 전자상거래의 성공을 위한 핵심적인 요인은 **표 8-4**에서와 같이 전자상거래 전략, 웹사이트, 기업내부, 기업외부의 네 가지 카테고리로 나누어 살펴볼 수 있다(Eid 외, 2002).

첫 카테고리는 전자상거래 전략으로 이에 속한 성공요인들은 기업간 전자상거래를 성공적으로 수행하기 위한 전략과 관계되는 요소들이다. 우선, **최고경영층의 지원**을 이끌어내야만 조직내의 큰 변화를 요구하는 혁신적인 비즈니스 프로세스를 과감하게 구현할 수가 있다. 또 전통적인 상거래를 전자상거래로 변화시키는데 대한 뚜렷한 **전략목표**를 설정하고 이를 조직 구성원들이 명확히 이해해야만 긍정적인 성과를 기대할 수 있다. 그리고 **인터넷을 비즈니스전략과 통합**시킴으로써 인터넷 기술이 전반적인 비즈니스의 핵심수단이 되게 하며, 인터넷 채널과 기존의 오프라인 판매채널들이 서로 상승효과를 발생시키도록 채널들을 조화롭게 활용할 수 있어야 한다. 끝으로, **협력사와의 전략적 제휴**는 기업의 가치사슬을 따라 업무가 빠른 속도로 유연하게 진행될 수 있도록 하기 위해 중요하다.

웹사이트는 인터넷을 기반으로 전자상거래를 가능하게 하는 핵심적인 수단이다. 우선 비즈니스 목표에 부합하도록 **잘 설계된 웹사이트**가 필요하다. 사이트의 주요 목적에 비추어 기능, 정보, 사용자 인터페이스 등이 웹사이트에 적절하게 구현되어야 한다. 한편, **웹사이트의 효과적 마케팅**이란 구축된 사이트를 잠재적 구매자들에게 잘 알리고 홍보하여야 한다는 의미로서, 보다 많은 고객들이 사이트를 방문토록 하기 위해서는 사이트 마케팅이 무엇보다 중요하다. 웹사이트를 널리 홍보하기 위해, 모든 온라인 검색엔진에 사이트를 등록하고, 다른 관련사이트들과의 상호링크 표시 프로그램을 운영하며, 또 온라인 및 오프라

표 8-4 B2B 전자상거래의 성공요인

차 원	성공요인	설 명
전자상거래 전략	경영진 지원	조직변화를 실현하기 위한 최고경영층의 강력한 지원
	전략목표 설정	전통적인 상거래를 전자상거래로 변화시키는데 대한 뚜렷한 전략목표의 설정 (기술, 시장, 기대효과 등)
	인터넷과 비즈니스 전략의 통합	기업의 전반적인 비즈니스에서 인터넷이 핵심수단이 되도록 인터넷과 비즈니스전략을 통합
	협력사와의 전략적 제휴	기업의 가치사슬을 따라 업무가 빠른 속도로 유연하게 진행될 수 있도록 협력사들과 제휴
웹사이트	잘 설계된 웹사이트	비즈니스 목표에 부합되도록 잘 설계된 웹사이트
	사이트의 효과적인 마케팅	구축된 사이트를 잠재적 구매자들에게 잘 알리고 홍보하기 위한 마케팅 프로그램
기업내부	기술 인프라	B2B 시스템을 안정적으로 구동하기 위해서 요구되는 기반요소 (인터넷 및 내부시스템)
	내부 문화	기업의 옛 사고방식 및 가치를 의미하며, 이는 조직구성원들의 의식 속에 내재됨
	교육훈련 프로그램	새로이 도입한 장비, 소프트웨어, 그리고 비즈니스 프로세스에 관해 이해하고 학습할 수 있는 기회 제공
기업외부	신뢰	고객의 구매의도에 영향을 주는 가장 중요한 요인이며, 대면 거래에 비해 온라인 거래에서 비중이 더 큼
	보안	거래 데이터 및 고객 프라이버시를 보호하기 위한 기술
	기업간의 성공적인 관계	인터넷을 통해 고객사, 협력사 혹은 공급사와의 관계를 효과적으로 관리함

인 상에 나타나는 모든 회사주소에 웹사이트 URL을 표시하는 방안 등을 고려할 수 있다.

기업 내부 카테고리의 성공요인들은 주로 B2B 전자상거래를 도입함으로 말미암아 거쳐야 하는 조직내부의 변화에 관한 사항들이다. 서버 하드웨어, 소프트웨어 및 통신네트워크 등을 포함하는 **기술인프라**는 B2B 시스템을 안정적으로 구동하기 위해서 요구되는 핵심요소이다. **내부문화**는 조직구성원들의 의식 속에 내재된 옛 사고방식 및 가치를 의미하는 것으로서 기업이 새로운 비즈니스 수행방식에 적응하는데 중요한 역할을 한다. **교육훈련 프로그램**은 새로이 도입한 장비, 소프트웨어, 그리고 비즈니스 프로세스에 관해 조직구성원들이 이해하고 학습할 수 있는 기회를 제공한다.

네 번째 카테고리인 기업 외부와 관련된 성공요인들은 고객사나 공급사와의 관계를 다루고 있다. 웹사이트가 고객에게 주는 **신뢰**는 고객의 구매의도에 영향을 주는 가장 중요한 요인이며, 대면 거래에 비해 온라인 거래에서 신뢰의 비중이 더 크다. 인터넷 기반의 거래에서 **보안**은 거래 데이터 및 고객 프라이버시를 보호하는데 있어 필수적이다. 전자상거래에서 금융거래데이터의 유출을 염려하는 일부 고객은 웹을 통해 제품을 찾은 다음 전화나 팩스로 민감한 정보를 건네는 경우도 있다. 또 다른 성공요인은 **기업간의 성공적인 관계**로서, 이는 기업이 인터넷을 통해 고객사, 협력사 혹은 공급사와의 관계를 효과적으로 관리할 수 있어야만 좋은 비즈니스 성과를 기대할 수 있음을 시사한다.

위에서 살펴본 성공요인들은 일반적인 B2B 전자상거래와 관련한 요인들이다. 반면, 국제무역을 통해 기업간 전자상거래를 수행하는 기업들의 경우에는 글로벌 경영과 관련한 몇 가지 성공요인을 추가적으로 고려하여야 한다. 이를테면, 해외 마케팅환경의 이해, 글로벌 비즈니스 자원(가령, 글로벌 고객서비스, 관세전문지식 등), 다국어 웹사이트, 그리고 현지 문화 요소와 관련하여 깊이 있는 검토가 필요하다.

토·의·문·제

Electronic Commerce

01 세 가지 유형의 B2B 비즈니스 모델을 서로 비교하며 설명하시오. 이들 비즈니스 모델은 각각 어떠한 장점 및 단점이 존재하는지 살펴보자.

02 B2B 전자상거래가 전통적인 상거래에 비해 어떤 구체적 효과들을 제공하는지 토의해 봅시다. 이 효과들을 경제적 및 비경제적 효과로 나누어 설명해 보시오.

03 B2B 전자상거래는 인터넷 기술이 도입된 후 크게 달라지기 시작했다. 인터넷 기술은 B2B전자상거래 환경을 어떻게 변화시켰는지 구체적 예를 들어 토의해 보자.

04 이마켓플레이스와 산업 네트워크의 공통점 및 차이점은 각각 무엇인가? 각 B2B 시스템은 어떠한 상황에 적합한지 토의해 보자.

05 이마켓플레이스의 네 가지 유형을 언급하고 이들 유형을 서로 비교해 설명하시오. 또 우리나라에는 각 유형에 속하는 예가 어떤 것들이 있는가?

06 본문 3절에서는 B2B 전자상거래의 성공요인을 제시하고 있다. 이 성공요인들은 B2C 전자상거래 성공요인들과 비교해 주로 어떤 차이가 존재하는가? 즉, 주로 어떤 측면에 초점이 맞춰져 있다고 생각하는가?

참·고·문·헌 Electronic Commerce

- Eid, R., M. Trueman, and A.M. Ahmed. "A cross-industry review of B2B critical success factors," *Internet Research: Electronic Networking Applications and Policy*, Vol. 12, No. 2, 2002, pp. 110-123.
- Kaplan, Steven and Mohanbir Sawney, "E-Hubs: the New B2B Marketplaces," *Harvard Business Review*, May-June 2000, pp. 97-103.
- Laudon, K.C. and C.G. Traver, *E-Commerce 2014: Business, Technology, Society* (10th ed.), Upper Saddle River, N.J.: Prentice-Hall, 2013.
- NerveWire, "Collaborative Commerce: Compelling Benefits, Sigficant Obstacles," Research Report, 2002.
- Raghunathan, S., "Interorganizational Collaborative Forecasting and Replenishment Systems and Supply Chain Implications," *Decision Sciences*, Fall 1999, Vol.30, No.4.
- Siverts, Barbara, "Cisco's Extended Enterprise Delivers Competitive Advantage," www.mthink.com. 2014. 1. 25. 참조.

사례연구 중국의 세계최대 B2B 이마켓플레이스, 알리바바 그룹

■ 알리바바 닷컴은?

전세계 4,700만개 중소기업을 회원사로 갖고 있는 세계 최대 B2B(Business to business) 기업 알리바바 닷컴은 사업자와 사업자 간의 전자상거래 사이트이다. 13년 전 18명으로 이루어진 알리바바 닷컴은 현재 전세계에서 직원 2만 5천 명을 둔 알리바바 그룹으로 성장하였다. 금융위기로 많은 중소기업이 쓰러졌던 2008~2009년에도 알리바바닷컴의 성장세는 멈추지 않았다. 2008년 매출 4,890억 원, 2009년에는 매출 6,357억 원에 순이익만 1,630억 원을 기록하며 성장을 계속했다. 2009년 순이익만 1,630억 원에 달했다. 그러나 알리바바닷컴은 돈만 잘 버는 회사가 아니다. 세계 각계에서 찬사도 받고 있다.

Alibaba Group 阿里巴巴集团

▶ 알리바바 그룹의 회사로고

2008년 기업가들을 위한 세계적인 잡지 엔터프리니어(Entrepreneur)지는 알리바바닷컴이 기업가를 위한 최고의 사이트라는 평가를 했다. 패스트컴퍼니(Fastcompany)에서는 이들을 세계에서 가장 혁신적인 기업 3위로 꼽았다. 심지어 하버드 비즈니스 스쿨에서도 알리바바닷컴의 비즈니스모델이 성공사례로 분석되기도 했다. 최근 다시 한 번 알리바바닷컴의 명성을 높여준 사건이 있었다. 손정의 회장이 야후저팬과 알리바바닷컴이 전자상거래 전략적 제휴를 맺는다고 발표한 것이다. 그리고 헤지펀드의 대부 조지 소로스도 알리바바닷컴에 베팅해 대주주가 됐다.

1999년 B2B 전자상거래 기업으로 출발한 알리바바 그룹은 소비자대상 전자상거래, 온라인 결제, 기업간 전자상거래, 클라우드 컴퓨팅 등 분야로 사업을 다각화했다. 알리바바 그룹의 계열사로는 중국의 인기 인터넷 쇼핑몰 타오바오 마켓플레이스, 브랜드 제품을 판매하는 티몰닷컴, 종합적인 쇼핑 서치 엔진인 eTao, 소형기업을 대상으로 해외와 국내 무역을 알선하는 유수 B2B 이마켓플레이스인 알리바바 닷컴 인터내셔널과 알리바바 닷컴 차이나, 소비자를 위한 유수의 글로벌 전자상거래 시장인 알리익스프레스 등이 있는데 알리바바 그룹 산하의 C2C(Consumer to consumer) 사이트 타오바오는 70%가 넘는 중국 C2C시장 점유율을 확보하고 있다.

■ 마윈 회장의 경영철학

1964년 중국 항저우(杭州)에서 태어난 마윈(馬雲, Jack Ma)은 항주사범대학을 졸업한 뒤 항주전자공업학원에서 학생들을 가르쳤다. 그는 28살이 되던 해인 1992년 항저우 최초의 번역회사를 설립하는데 후에 항저우에서 가장 큰 규모의 번역회사인 하이판 번역사로 성장한다. 1995년 그는 친구의 회사를 방문하려 들렀던 미국 시애틀에서 처음으로 인터넷을 접했고 인터넷의 잠재적 가능성과 그 무한한 가치를 직감적으로 느꼈다. 귀국 후 중국 최초의 비즈니스 정보발신 사이트인 'China Yellow Page'를 탄생시켰다. 비록 주목할 만한 성과를 거두지는 못했지만 알리바바의 탄생의 기반을 다졌다고 할 수 있다. 몇 년후 그는 세계의 이목을 끈 알리바바가 탄생시켰다.

알리바바 그룹의 성공은 마윈의 경영철학과 가치관이 이끌어 냈다고 할 수 있다. 중국 최대의 전자상거래 업체로 발돋움한 알리바바 그룹의 마 회장의 경영철학은 무엇일까? 알리바바는 고객은 부모, 투자자는 외삼촌으로 비유한다. 그만큼 고객을 가장 중요하다고 여긴다. 알리바바 그룹이 추구하는 기업 가치관 역시 '고객제일, 사원은 그 다음, 주주는 세 번째'로 누구보다도 고객을 최우선으로 놓는다는 것을 알 수 있다. 알리바바 닷컴은 초반 무수수료 서비스로 중국 최다 전자상거래 고객을 확보했다. 그렇게 계속 무료로 운영해 나가다가, 기존의 무료서비스에서 유료 고객은 알리바바 닷컴의 검색 결과에서 상위에 올려주는 정책을 사용하였다. 즉, 기존의 무료로 사용하던 것보다 유료를 사용함으로써 고객은 더 많은 비지니스 기회를 갖게 되고, 더 많은 수익을 얻게 되도록 했다. 이 역시 눈앞의 이윤보다는 사람을 먼저 생각하는 마 회장의 경영철학이 돋보이는 부분이다.

▶ 중국의 성공적인 B2B 이마켓플레이스 알리바바 닷컴사를 일궈낸 마윈 회장.

■ 인터넷을 통해 전세계의 무역파트너가 된 알리바바닷컴

1999년, 중국이 WTO가입을 준비하면서 세계는 30년 동안 닫혀 있던 12억 인구의 거대한 중국시장을 주목하고 있었다. 하지만 사회주의 국가인 중국에 대해 아무런 정보도 없었고, 중국 기업에 대한 정보를 찾으려고 해도 찾을 방법이 없었다. 그런데 이때 이미 마윈은 인터넷 시장이 성장할 것이라고 확신했다. 그리고 인터넷을 통해 세계 곳곳의 기업과 중국의 기업을 연결해주어 중국 기업들이 편하게 비지니스를 하도록 도우려는 생각을 갖고 있었다. 이

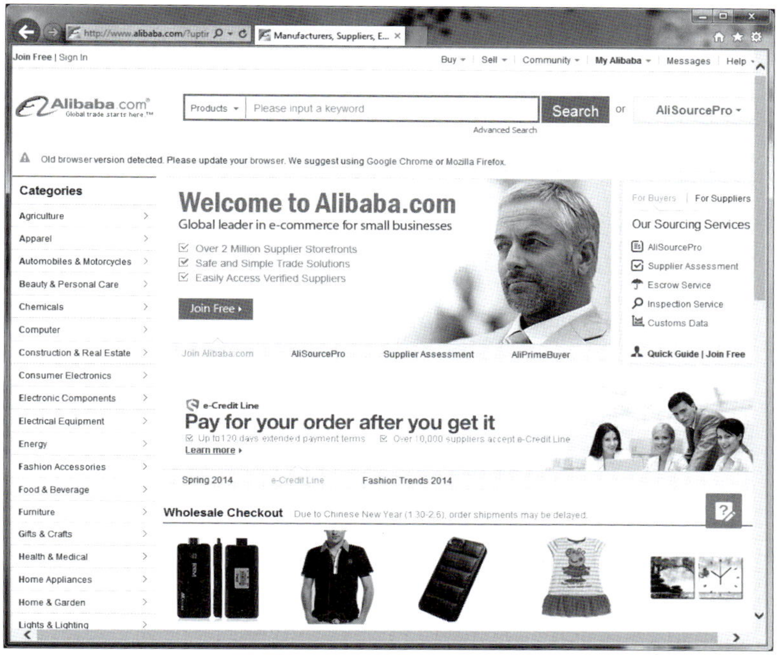

▶ 중국의 글로벌 B2B 이마켓플레이스 알리바바 닷컴사의 웹사이트 (www.alibaba.com).

렇게 알리바바닷컴이 탄생했다. 그리고 이제는 중국 기업뿐만 아니라 세계 각국의 기업들이 모인, 전세계 시장을 목표로 하는 기업이 됐다.

지금이야 인터넷을 통해 무역을 돕는다는 것은 쉽게 생각할 수 있는 아이디어일지도 모른다. 하지만 1999년 당시 이런 비즈니스모델을 만들어낸 것은 정말로 획기적인 발상이었다. 그렇다면 전자상거래 시장에 많은 경쟁자들이 뛰어들지 않았을까? 그러나 알리바바닷컴의 회장 마윈은 이렇게 말한다. "저는 망원경을 가지고도 아직도 경쟁자가 보이지 않습니다." 어떻게 이렇게 자신 있게 말할 수 있을까? 경쟁사가 모방할 수 없는 무엇인가가 있기 때문이다.

■ 알리바바닷컴의 가장 큰 무기는 고객의 신뢰와 고급정보

기업이 한 시장에서 성공하면 반드시 이들을 벤치마킹하는 다른 기업이 나타난다. 그렇기 때문에 기업들은 경쟁자의 진입을 막고자 장벽을 만들어 낸다. 특허 신청, 기술 개발 등이 이에 속한다. 그런데 알리바바닷컴이 만든 시장장벽은 조금 다르다. 보이지 않기 때문이다. 이들은 최고급 정보를 제공하고 고객들과 신뢰를 구축함으로써 보이지 않은 장벽을 만들었다.

첫 번째 장벽은 고객의 신뢰로서 알리바바닷컴은 언제나 고객의 비즈니스를 도울 것이라고 고객들은 믿고 있다. 마윈 회장은 이런 말을 자주 한다. "우리는 수익을 위해서 존재하는 것이 아니다. 고객이 더 편하게 비즈니스를 할 수 있도록 도와주기 위해 존재한다. 그러므로 우리는 인터넷 기업이 아니라 서비스 기업이다." 이런 생각으로 일하는 알리바바는 기존의 인터넷 기업과 사업 방식이 다르다. 일반적으로 인터넷 기반 기업들의 가장 첫째 목표는 최대한 많은 회원을 모집하는 것이다. 그 다음에는 모집된 회원들을 대상으로 가입비, 거래수수료를 받거나 광고를 하여 수익 창출을 하기 시작한다. 하지만 알리바바닷컴은 다르다. 회원을 최대한 많이 모집하는 것은 같다. 많은 회원이 확보되어야 고객들이 거대한 온라인시장에서 자유롭게 거래처를 선택해서 거래를 할 수 있기 때문이다. 그러나 두 번째 단계에서 기존 기업처럼 수익을 목표로 하지 않았다. 알리바바닷컴은 회원의 어려움을 어떻게 하면 잘 해결해주고 그들이 편하게 비즈니스를 할 수 있는지 고민하고 도와주는 데 초점을 맞추었다. 거래 수수료를 따로 받지도 않았다. 단지 추가 서비스가 필요한 기업들은 2,999달러의 연회비만 내면 된다. 만약 유료로 사용하고 싶지 않으면 무료로도 얼마든지 활용 가능하다. 그리고 무료로 활용할 수 있는 서비스도 충분히 많다. 돈 보다는 중소기업을 돕고자 하는 진정성이 우선인 것이다.

일례로 2002년, 사스로 인해 전 중국이 혼란에 빠졌을 때, 알리바바닷컴도 피해가지 못했다. 직원 중 한 명이 사스 환자로 판단 되어 전체 회사가 봉쇄되기도 했다. 하지만 사스로 인한 비상 상황에서도 무역을 하고자 하는 기업들은 알리바바닷컴의 도움이 필요했다. 마윈은 이 문제를 해결하기 위해 모든 직원의 집에 인터넷을 설치해줬다. 당시 인터넷이 보편화되지 않은 중국에서는 큰 돈이 들어가는 투자였지만, 마윈은 아끼지 않았다. 전체 직원은 집에서 업무처리를 했으며 고객들은 불편 없이 서비스를 이용할 수 있었다. 이를 계기로 알리바바닷컴에 대한 신뢰가 더욱 강해졌다.

두번째 진입장벽은 고급 정보로서 알리바바닷컴에서만 찾을 수 있다는 고객들의 확고한 믿음이 존재한다. 흔히 말하는 해외시장진출 3대 어려움이 있다. 무역장벽, 시장창출의 어려움, 자금부족이다. 알리바바닷컴은 이 3가지를 모두 해결해 주는 것을 목표로 한다. 해외기업과 무역거래를 하고자 할 때, 많은 준비작업이 필요하다. 그 중에서 가장 많은 비중을 차지하는 것은 해외에서 함께 할 수 있는 파트너 기업을 검색하는 일이다. 이는 전체 무역 프로세스의 52%를 차지한다고 한다. 그 다음, 구체적으로 시안을 내고, 서로 커뮤니케이션하고, 샘플링 보내고 협상하여 계약을 한다. 그러나 계약을 하는 것은 전체의 10%시간이면 충분하고 나머지 프로세스에 90%의 시간과 업무가 소요된다. 그러나 알리바바닷컴을 활용하면 상대기업 검색이 훨씬 쉬워진다. 키워드 검색을 할 수 있기 때문이다. 또한 나머지 다른 프로세스는 알리바바닷컴에서 제공하는 메신저로 편하고 빠르게 할 수 있다. 즉 알리바바닷컴이 제공하는 원스탑솔루션으로 무역장벽을 쉽게 해결 수 있는 것이다.

해외 무역장벽을 넘어도 시장 창출은 새로운 어려움으로 다가올 수 있다. 알리바바닷컴은 고객의 이런 어려움을 예측하고 남다른 마케팅을 펼쳤다. 인터넷시장에서 셀러를 많이 모으면 연회비가 많아져 수익은 올라간다. 그러나 알리바바닷컴의 모든 마케팅 영업활동은 셀러가 대상이 아닌 바이어들을 대상으로 한다. 즉 고객인 셀러들을 위하여 적극적으로 바이어를 끌어들여 해외에서 쉽게 시장을 만들 수 있도록 도와준다. 2008년, 어려운 환경 속에서도 알리바바닷컴은 3,000만 달러를 투자해 바이어 타게팅 광고를 한다. 중소기업 셀러 고객들을 위해 더 많은 바이어들을 모집하기 위해서다. 알리바바닷컴의 이런 노력으로 회원의 90%를 바이어로 채울 수 있었다. 바이어가 많으니 더욱 많은 셀러들도 알리바바닷컴으로 모여들었다.

마지막은 자금 문제이다. 그나마 대기업은 신용이 좋아 자금조달이 쉽지만 중견기업이나 소규모 기업에게는 이는 매우 어려운 문제다. 알리바바닷컴은 어떻게 자금부족의 어려움을 도왔을까? 알리바바닷컴은 마이크로 크레딧 기관인 그라민 은행의 창시자인 무하마드 유누스와 손잡고 중국판 그라민 은행을 만들어 서민을 위한 소액대출서비스를 기획했다.

이렇게 중소기업의 고민을 하나하나 해결해주면서 알리바바닷컴은 기업들의 든든한 지원군이 됐다. 또한 알리바바닷컴에서 제공하는 서비스로 자사, 경쟁사는 물론 트랜드 분석 모두 가능하다. 10여 년 동안 이들이 축적해 놓은 정보들은 중소기업들의 해외진출 과정에서 정확한 의사결정을 하는데 큰 도움을 주고 있다. 이처럼 정확한 정보를 제공하기 위해 알리바바닷컴은 정확한 데이터 수집에 노력하고 있다. 본사의 6층에 가면 벽 전체가 모니터로 된 모니터링 룸이 있다. 거기서는 각종 색으로 현재 거래가 발생하는 현황을 30초 단위로 24시간 동안 체크해서 데이터화한다.

이처럼 알리바바닷컴이 고객에게 받은 신뢰와 10년 동안 축적된 고급정보는 회원의 증가로 이어졌

▶ 중국 항조우시에 소재한 알리바바 닷컴 본사 건물의 외관.

다. 2009년 말 기준으로 알리바바닷컴은 전체 4,770만 명, 유료 회원 61만 5,000명이 가입되어 있다.

■ 모든 결정의 근간이 되는 가치관경영

마윈 회장은 처음부터 지금까지 언제나 고객에게 최고의 서비스를 주려고 노력했다. 수익은 그 다음이었다. 그런데 다른 직원들도 수익에 관심이 없을까? 수익을 추구하지 않는 회사에서 일하려고 할까? 당연히 아니다. 실제로 사업 초기에 시나(Sina)와 소후(Sohu)를 비롯한 포탈사이트들은 돈을 잘 벌고 있었고 알리바바는 수익이 없었다. 몇몇 직원은 돈 되는 포탈사이트로 이직했다. 그러나 마윈은 강력히 자신의 비즈니스모델을 밀고 나갔다. 그러면서 모든 직원이 한 방향을 바라보며 같은 목표와 생각을 갖도록 하는 것이 중요하다는 것을 깨달았다. 알리바바닷컴이 고객의 비즈니스를 도와주며 장수하기 위해서는 가치관으로 무장한 기업이 되어야 한다고 판단한 것이다. 그 후 알리바바는 모든 면에 있어 가치관을 무엇보다 앞세웠다.

알리바바닷컴의 가치관 경영은 어떨까? 이들의 가치관은 일상 업무에서도 살아있다. 가치관을 직원의 성과평가에 철저히 반영하기 때문이다. 그것도 전체 성과평가의 50%를 차지한다. 직원은 물론 임원진도 모두 가치관평가를 받아야 하며 조직의 사업 확장부터 전략수립 모두 가치관을 기반으로 한다.

평가 방법도 재미있다. 이들의 가치관은 평가를 위해 매우 구체적으로 서술했는데, 먼저 총 6가지로 나눈다. 고객우선, 팀워크, 변화에 대한 수용, 열정, 정직, 책임이다. 그리고 각각의 가치관 아래 다시 구체적인 행동양식인 5가지를 제시한다. 5가지 행동양식은 1점부터 5점으로 차별화되어 있다. 상대적으로 1점은 행동하기 쉬운 가치관이고 5점은 실행하기 힘든 행동이다. 하지만 5점짜리 행동을 했다고 하더라도 1점의 가치관을 실천하지 않았으면 평가에서 5점을 받을 수 없다. 그만큼 기본에 충실하게 가치관을 수행하도록 설계되어 있다.

또한 철저히 구체적인 사례를 통해 평가점수를 메긴다. 평가를 받을 사람은 먼저 구체적인 사례를 근거로 하여 스스로 1차 평가를 한다. 그리고 상사와의 조율을 통해 최종 점수를 받는다. 예를 들어, 고객에게 헌신하는 가치관을 평가할 때는 어떤 상황에서 어떠한 행동을 했기 때문에 이 점수를 받는다는 구체적인 묘사가 있어야 한다.

평가결과에서 업무역량이 떨어지면 재교육을 통해서 업무역량을 키우지만 가치관이 잘못되어 있으면 무조건 해고다. 실제로 마윈은 회사에서 세일즈 실적이 톱인 2명의 직원을 해고했었다. 고객에게 거짓된 약속을 했기 때문이다. 이들은 알리바바닷컴의 모든 것이 바뀌어도 한가지는 변하지 않을 것이라고 한다. 그것이 바로 가치관으로 경영하는 기업문화이다. 알리바바닷컴은 100년이 넘게 살아남는 장수 기업을 목표로 한다. 이는 가치관이 기업에 얼마나 깊게 뿌리내렸는지에 달려있다고 생각한다.

알리바바닷컴은 외부고객인 소비자들에겐 '편하게 비즈니스를 하도록 돕는 것'을 목표로 하고, 내부고객인 직원에게는 이를 위한 가치관을 강조하면서 지금까지 승승장구해 왔다. 그럼 그 이후는 어떻게 될까? 마윈은 "향후 10년, 알리바바닷컴은 1,000만 개의 유료 회원인 중소기업이 이들을 통해서 비즈니스를 하고, 이를 통해 1억 개의 일자리를 창출하며, 10억 명이 소비하는 플랫폼을 만든다"라는 것을 목표로 한다고 말한다. 달성하기 쉬운 목표는 아니다. 그러나 마윈은 고객에게 최고의 서비스를 제공하며, 가치관경영을 지속한다면 불가능도 가능으로 만들 것이라고 확신한다.

▶ 출처: Brian Womack and Mark Lee, "Alibaba buys back 20% stake from Yahoo! For $7.1 billion," Businessweek, May 21, 2012; 조선일보, 2010. 8. 6.; 조선일보, 2010. 6. 2.; www.alibaba.com, 2014. 1. 25. 참조; en.wikipedia.org, 2014. 1. 30. 참조; 인민망, kr.people.com.cn, 2014. 1. 20. 참조.

사・례・연・구・토・의・문・제

Electronic Commerce

01 사례에 소개된 알리바바 닷컴을 제8장 본문에서 설명한 이마켓플레이스 비즈니스 모델 관점에서 조명하시오. 특히, 이 회사의 주요 고객, 경쟁사, 수익모델에 대해 설명하시오.

02 이 회사가 오늘날 중국은 물론 세계최대의 B2B 이마켓플레이스로 성장할 수 있었던 성공요인은 무엇인가?

03 사례 본문에서는 알리바바 닷컴사가 진입장벽을 구축해 잠재적 경쟁사들이 가까이 따라오기가 실로 어렵다고 언급하고 있다. 주요 진입장벽들은 무엇이며, 또 이들 각 진입장벽이 잠재적 경쟁사들의 모방을 어떻게 어렵게 만들고 있는지 설명하시오.

04 만일 알리바바 닷컴사의 경영전략 및 CEO 경영철학을 우리나라에 도입해 유사한 글로벌 B2B 이마켓플레이스를 설립한다면 알리바바사와 유사한 성공을 거둘 수 있을까? 답변에 대한 구체적 근거를 제시하시오.

제9장

Electronic Commerce

서비스 부문의 전자상거래

개념 사례 재테크 수단으로 떠오르고 있는 인터넷 공매서비스

올해 인터넷공매시스템 온비드에 올라온 공매물건 중 가장 인기가 많았던 품목은 자동차인 것으로 드러났다. 한국토지주택공사가 의뢰한 2005년식 산타페의 경우 경쟁률이 올해 최고인 171대1을 기록했다. 최고경쟁률 2등 역시 125대1을 나타낸 2006년식 카니발로, 자동차가 인기 물건임을 증명했다. 공매물건은 국가기관(세무서 · 자치단체)이 체납세액을 회수하기 위해 캠코(한국자산관리공사)에 매각을 의뢰한 물건이다. 캠코는 2002년부터 온비드 시스템을 만들어 운영 중이다.

올해도 다양한 물건들이 온비드에 올라왔다. 2013년 한해 동안 공매에 올라온 물건은 총 10만 2,386건에 달했고, 이중 2만4,412건이 낙찰됐다. 공매물건을 잡으려 입찰에 참가한 인원만 11만367명이었다. 총 경쟁률은 4.5대1, 낙찰금액은 4조5,000억원에 이른다. 특히 올해는 전두환 전 대통령의 미납추징금 회수를 위한 압류재산이 올라오면서 많은 사람들의 관심을 끌었다. 전 전 대통령 일가의 압류재산 중 시계와 보석 등은 낙찰이 됐으며, 빌딩과 임야, 주택 등은 2차례 유찰이 돼 내년 2월 3차 공매가 진행된다.

2013년 온비드 거래 공매물건 중 최고가는 SH공사가 의뢰한 서울 강서구 가양동의 토지(3만9,089㎡)로 감정가(2,417억원)보다 높은 2,430억원에 낙찰됐다. 반면 가장 낮은 가격에 팔린 물건은 40리터짜리 보온 물통으로 1만100원에 낙찰이 됐다.

재미있는 사실은 2,430억원에 거래가 돼도 수수료는 33만원에 불과하다는 점이다. 낙찰자들이 내는 수수료는 없고, 온비드를 이용한 기관만 부담한다. 그나마도 50만원 미만이면 수수료가 면제되고, 50만원~100만원은 3만원, 100만~1,000만원은 8만원, 1억 미만 14만원, 10억 미만 24만원, 10억 이상 33만원에 불과하다. 수천억원 거래 가격에 비하면 공짜나 다름없는 수준의 수수료다.

온비드에는 주택, 토지, 차량 등 체납압류재산의 처분 뿐 아니라 학교, 경찰서, 주민센터 등 다양한 이용기관들의 의뢰한 이색 물건도 올라온다. 지난 8월에는 충청남도 산림환경연구소가 의뢰한 일본원숭이, 꽃사슴, 다마사슴 등 7마리의 동물에 대한 입찰이 진행됐다. 동물원에서 개체 수 증가로 사육이 곤란해 매각을 진행한 동물들이다. 감정가 440만원인 7마리 동물은 483만원에 낙찰이 됐다.지하철 등에서 놓고 내리거나 잃어버린 물건을 오랜 기간 찾지 않아 온비드에 올려 매각

▶ 온비드 경매는 부동산, 자동차 등 자산에 대해 검색에서 입찰까지모든 것이 온라인으로 진행된다.

하는 경우도 있다. 안양동안경찰서가 의뢰한 디지털카메라, 노트북, 귀금속, 상품권 등 전체의 감정가 497만3,100원의 유실물은 363만5,500원에 일괄매각됐다.

캠코 관계자는 "온비드 경매는 법원 경매와는 달리 검색에서 입찰까지 모든 것이 온라인으로 처리된다"며 "최근에는 스마트폰으로도 입찰이 가능해져 시간과 장소에 구애받지 않고 이용할 수 있고, 아파트부터 자동차, 미술품, 물통 등 일반인들의 참여가 가능한 소액낙찰 물건들이 많아 잘 활용하면 재테크 수단으로도 손색이 없다"고 말했다.

압류재산 공매는 임대차 현황 등 권리관계 분석에 유의해야 하고 명도책임은 매수자에게 있으므로 주의를 기울여야 한다. 또한 이미 공매공고가 된 물건이라 하더라도 자진납부, 송달불능 등의 사유로 입찰 전에 해당 물건에 대한 공매가 취소될 수 있음을 염두에 둬야 한다. 그리고입찰 희망자는 입찰보증금 10%를 미리 준비해야 하며, 낙찰이 된 경우 매각결정통지서는 온라인 교부를 신청한 경우 온비드(www.onbid.co.kr)를 통해 발급 받을 수 있다.

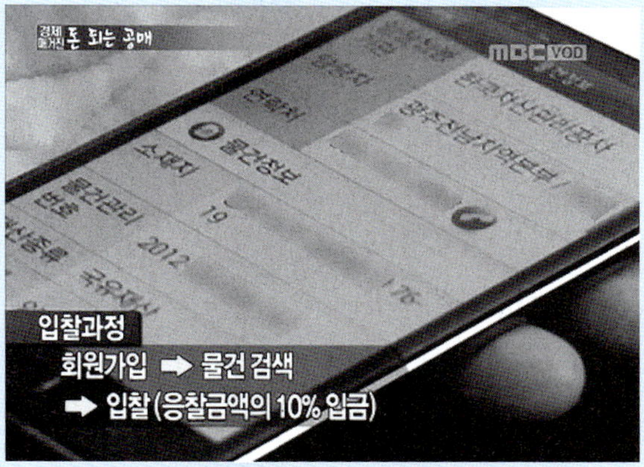

▶ 인터넷 공매는 스마트폰으로도 이용이 가능하다. (출처: MBC)

▶ 머니투데이, 2013. 12. 28; 매일경제신문, 2014. 1. 24.

9.1 중개자 기반의 서비스

전자상거래를 통해 판매되는 서비스는 중개자 기반의 서비스와 비중개자 기반의 서비스로 나뉜다. 개념사례에 소개된 캠코(Kamco)도 중개자로서 웹을 통해 제품이나 서비스의 판매자와 구매자를 서로 연결해 거래가 성사되도록 하기 위한 경매서비스를 제공한다. 온라인 경매, 온라인 여행, 온라인 주식매매 등이 중개자 기반의 서비스에 속한다.

온라인 경매

경매란 물품에 관심 있는 잠재적 구입자들에게 입찰참여를 요청하고, 그들로부터 입찰을 받으며, 낙찰받은 입찰자에게 품목을 판매함으로써 물품을 매매하는 거래프로세스이다. 경매는 상점과 같은 전통적인 판매채널과는 성격이 다른 또 하나의 채널로서, 재고제품 등 정리하거나 급히 판매해야 하는 물품을 처분하는 데 효과적이다. 이미 고대 바빌론 시대부터 물품거래 방법으로 이용되어 온 경매는 인터넷과 접목이 되면서 큰 규모로 성장하고 있다.

전통적 경매의 종류

경매이론에 관한 연구로 1996년 노벨 경제학상을 수상한 바 있는 William Vickrey (1961)는 경매를 네 가지 유형으로 분류하고 있는데, **표 9-1**에 소개된 영국식 경매, 네덜란드식 경매, 최고가격 밀봉입찰 경매, 둘째가격 밀봉입찰(혹은 비크리) 경매가 바로 그것이다. 이들 유형은 오프라인 환경에서 오랜 기간 사용되어오던 전통적인 경매방식이다. 한편, 경매는 물품소개와 입찰을 각각 누가 하느냐에 따라 순경매와 역경매로 나뉜다. 순경매 방식에서는 물품소개를 판매자가 하고 구매자가 입찰에 참여해 경합을 벌이는 반면, 역경매 방식에서는 그 반대로 필요물품 소개를 구매자가 하고 입찰에 참여한 판매자들 간의 경합에 의해 낙찰자가 결정된다. 비크리가 제시한 네 가지 유형의 경매는 모두 순경매 방식으로서 아래에서 각각 살펴보기로 한다.

- **영국식 경매:** 영국식 경매(English Auction)은 공개입찰에 의한 경매방식으로서 최저경매가격으로 입찰을 시작해 최고가의 입찰에 대해 낙찰시키는 것이 특징이다. 경매시작가에서 입찰가격이 점차 올라간다고 해서 상승가격 경매(ascending-price auction)이라고도 한다. 주로 골동품이나 미술작품, 와인 등과 같이 가격을 책정하기가 어려운 물품을 판매할 때 흔히 사용되는 경매방법이다. 경매 참여자들은 공개적으

표 9-1 경매의 네 가지 유형

경매 유형	진행 방식
영국식 경매 (상승가격, 공개입찰)	판매자가 시작가를 발표하고, 수요가 하락할 때까지 입찰가격이 점진적으로 증가한다. 경매 낙찰자는 입찰가격 중 최고가를 지불한다. 입찰자는 경매진행 중 가격을 재조정하여 다시 입찰을 제출할 수 있다.
네덜란드식 경매 (하향가격, 공개입찰)	판매자는 충분히 높은 시작가를 발표한다. 수요가 공급과 일치될 때까지 입찰가격은 점진적으로 하락한다. 더 낮은 가격의 입찰이 나오지 않으면 경매는 종료되며, 최저가입찰이 낙찰된다.
최고가격 밀봉입찰 경매	다른 경매참여자들의 입찰가격에 대한 정보 없이 입찰을 밀봉해서 제출한다. 최고가에서 낙찰되며, 낙찰자는 자신이 제출한 입찰가를 지불한다.
둘째가격 밀봉입찰 (비크리) 경매	다른 경매참여자들의 입찰가격에 대한 정보 없이 입찰을 밀봉해서 제출한다. 최고가입찰이 낙찰되는 반면, 낙찰자는 두 번째로 높은 입찰가를 지불한다.

▶ 영국식 및 네덜란드식 경매는 공개입찰 방식인데 반해, 첫번째 가격 밀봉입찰과 비크리는 밀봉입찰 방식이다.

로 입찰가격을 제시하며, 더 이상의 입찰자가 나타나지 않거나 혹은 입찰가격이 사전에 지정된 매점가격(buy-out price)에 도달하면 경매는 종료된다. 판매자는 최저 입찰가격(즉, 시작가)를 지정할 수도 있으며, 만일 입찰가가 시작가에 미치지 못하면 해당 물품은 판매되지 않는다.

▶ 영국식 경매 하우스의 전형적인 예인 크리스티 경매장.

- **네덜란드식 경매:** 네덜란드식 경매(Dutch Auction)는 채소나 비행기표처럼 시간이 흐르면서 상품가치가 소멸되는 상품을 사고 파는 데 적합한 방식이다. 일반적으로 경매인이 높은 희망가격을 공표함으로써 경매가 시작된다. 이 시작가는 경매인에 의해 계속 낮춰지며, 경매인의 가격을 수락하는 참여자가 나타나거나 혹은 사전에 지정된 하한가에 도달할 때 가격하락이 중단되며 경매가 종료된다. 여기서 하한가와 같거나 혹은 그보다 더 높은 가격을 수락해 낙찰이 된 참여자가 마지막으로 발표된 가격을 지불하게 된다. 네덜란드식 경매는 잘 알려진 "네덜란드 튤립 경매"에서 이름이 붙여졌다. 오래 전부터 네덜란드의 꽃 시장에서는 이 경매 방식을 통해 튤립 꽃 제품을 판매해 왔으며, 오늘날 이 경매방식을 가리켜 네덜란드식 경매라고 부르고 있다. 또한 네덜란드식 경매는 다수의 동일 제품을 같은 수의 최고가 입찰자들에게 판매하는 온라인 경매를 뜻하는 용어로도 간혹 사용되고 있다.

▶ 네덜란드의 튤립 경매시장에서 판매를 기다리는 꽃 제품들.

- **최고가격 밀봉입찰 경매:** 최고가격 밀봉입찰 경매(First-price, sealed-bid auction)란 모든 입찰자들이 동시에 입찰을 제출함으로써 어느 입찰자도 다른 참여자의 입찰가격을 알지 못하는 경매방식이다. 최고가격에 입찰을 써 낸 참여자가 낙찰이 되며 자신이 적어 낸 가격을 그대로 지불하게 된다. 각 참여자가 단 한 번의 입찰을 제출할 기회를 부여 받으므로 입찰가격의 결정에 신중을 기하는 것이 이 경매방식의 특징이다. 판매 수량이 하나인지 아니면 다수인지에 따라 낙찰방법이 달라진다. 만일 경매대상의 품

목이 한 개인 경우, 최고가 입찰자에게 낙찰이 된다. 그러나 다수의 동일 품목이 판매되는 상황에서는, 모든 낙찰자들이 같은 가격을 지불하지 않으므로 이를 가리켜 '차별적 경매'라고 한다. 차별적 경매에서는 입찰 가격들을 높은 순서로 나열한 다음, 품목의 전 수량이 매진될 때까지 자신이 입찰한 가격에 낙찰이 된다. 예를 들면, 특정 모델의 PMP 제품 10개를 차별적 경매로 판매할 경우, 10만원 입찰자가 6명, 8만원 입찰자가 4명, 7만원 입찰자가 2명인 것으로 나타났다면, 이들 10만원 입찰자 및 8만원 입찰자들이 각각 해당 입찰가격에 낙찰된다는 의미이다.

- **둘째가격 밀봉입찰(비크리) 경매:** 경매이론의 대가로 알려진 윌리엄 비크리의 이름을 따서 비크리 경매라고도 불리는 경매방식이다. 둘째가격 밀봉입찰 경매(Second-price sealed-bid auction) 방식은 낙찰자가 자신이 적어 낸 가격이 아닌 두 번째로 높은 입찰가격을 지불한다는 것 이외에는, 최고가격 밀봉입찰 경매와 동일하다. 한 예로, 어느 장식품 하나를 경매로 판다고 할 때, 한 사람은 4만원, 다른 한 사람은 3만원, 그리고 또 다른 한 사람이 5만원에 입찰을 적어 냈다면, 5만원에 입찰가격을 제시한 사람이 4만원에 제품을 구매할 수 있는 기회가 주어지게 된다. 이는 이베이(eBay)의 프록시 입찰시스템과 매우 유사한 것으로서, 이베이의 프록시 시스템에서는 낙찰자가 자신의 실제 입찰금액과 두 번째로 높은 입찰가에 한 단계의 입찰증액분을 추가한 금액 중에서 더 낮은 금액을 지불하고 있다. 이 방식은 다수의 동일 품목을 판매할 경우에 입찰자들이 서로 다른 가격에 낙찰될 수 있는 최고가격 밀봉입찰(즉, 차별적 경매) 방식과 달리, 모든 낙찰자들의 구매가격이 낙찰받지 못한 최고 입찰가에 의해 일률적으로 결정되기 때문에, 균일가 둘째가격 경매(uniform second-price auction)라고도 불린다.

인터넷 경매의 개념 및 프로세스

▶ 캘리포니아주 새너제이에 위치한 이베이 본사.

전통적인 경매 하우스와 마찬가지로, 인터넷 경매 웹사이트는 입찰 프로세스를 통해 물품을 사고 팔 수 있는 장소를 제공한다. 인터넷 경매는 할인판매, 희귀 물품, 개인소장품 등을 찾는 이들에게 인기가 높다. 세계 최대규모의 경매사이트인 이베이는 현재 2억 3천만 명 가량의 사용자들이 가입되어 있고, 세계 37개국에서 이베이의 온라

그림 9-1 국내 최대의 온라인 경매사이트인 옥션의 입찰목록 화면

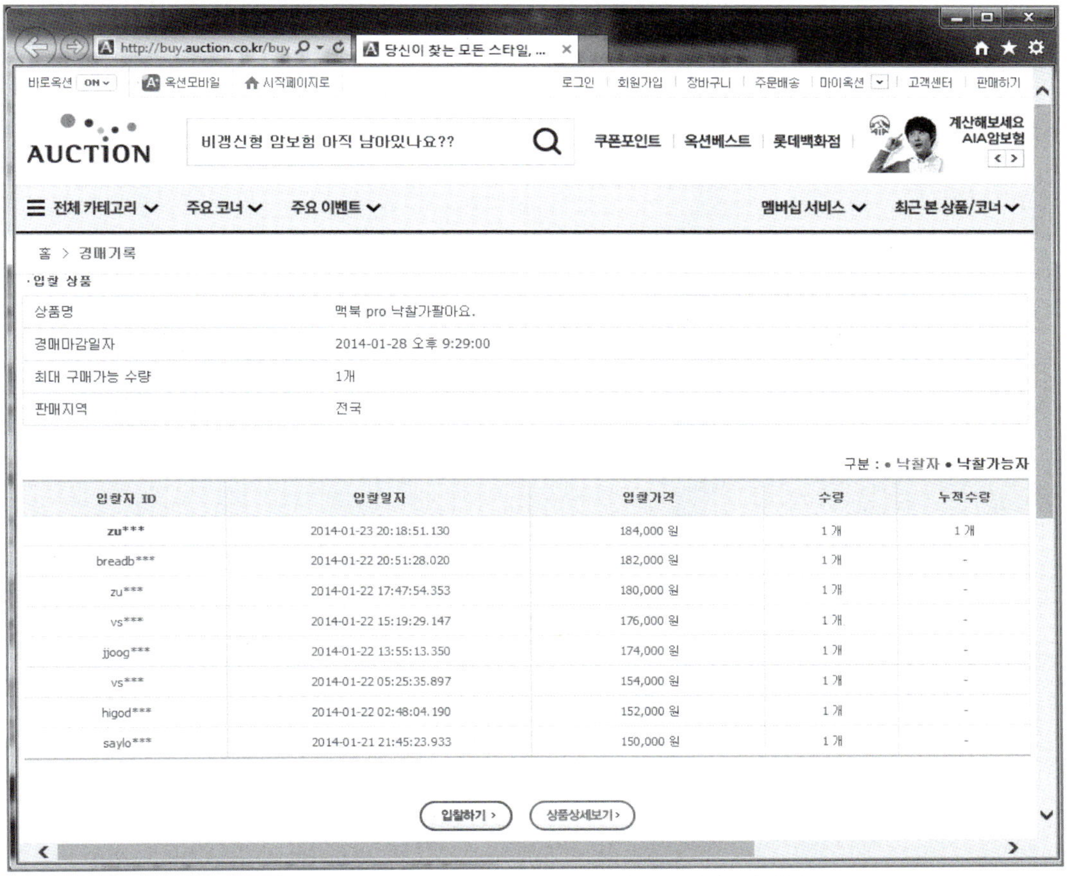

▶ '맥북 프로' 노트북 컴퓨터 제품에 대해 잠재적 구매자들이 제시한 입찰가가 열거되어 있다.

인 경매서비스를 이용해 물품 거래를 하고 있다.

그림 9-1에서 볼 수 있듯이, 옥션, 이베이 등 대부분의 온라인 경매사이트들은 판매자가 물품을 등록하고 구매자가 입찰에 참여하는 영국식 경매방식에 의해 이루어진다. 즉, 판매자가 정한 입찰기간 동안 최저가격에서 시작해 입찰금액이 점차 높아지다가 입찰이 마감되면 최고가격의 입찰을 낙찰시키게 된다. 그러나 프라이스라인(Priceline.com) 등 일부 경매사이트에서는 이와는 반대로 구매자가 물품을 등록하고 판매자가 입찰에 참여하는 역경매 방식을 통해 경매를 진행한다. 간혹 구매경매라고도 불리는 **역 경매**(reverse auction)는 일반적인 경매에 비해 구매자와 판매자의 역할이 뒤바뀐 형태로서, 그 주요 목적은 구매가격을 최대한 낮추는 것이다. 판매자가 아닌 구매자가 필요물품을 등록하면, 해당 제품의 판매자들이 입찰을 제출해 이 중에서 저렴한 가격의 물품을 구매자가 선택해 낙찰시키는 인터넷 경매기법이다.

그림 9-2 인터넷 경매 프로세스의 개념도

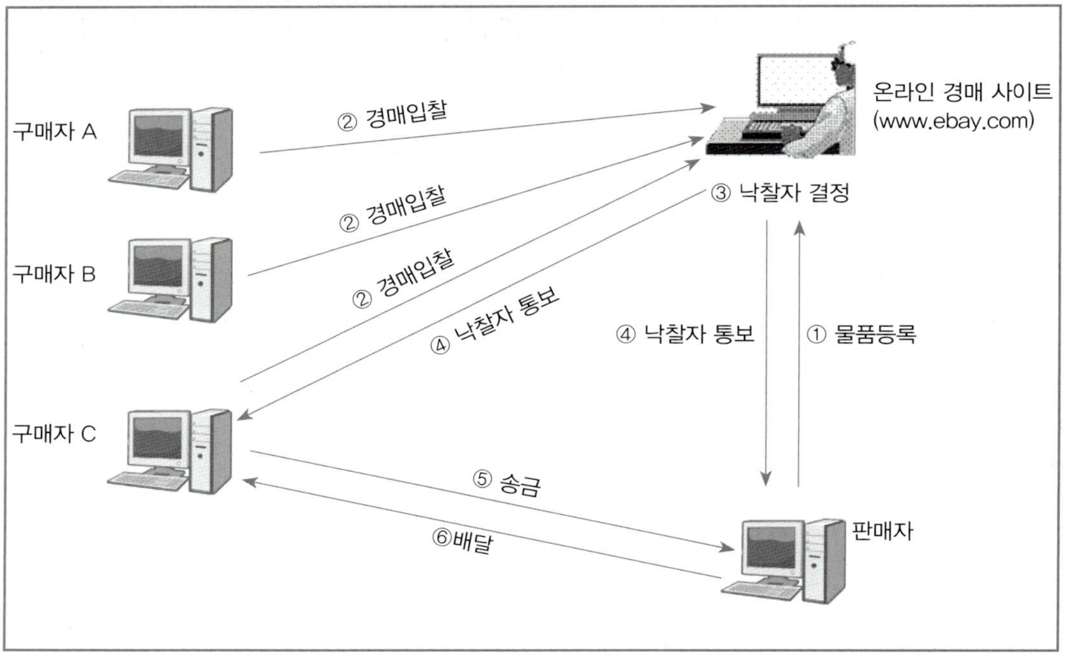

▶ 판매자가 등록한 물품에 대해 관심 있는 구매자들이 경매 입찰을 하면, 최고가의 입찰에 대해 낙찰이 이루어지고 대금결제와 물품배송이 뒤따르게 된다.

그림 9-2는 이베이에서 인터넷 기반의 경매가 어떻게 이루어지는지 그 과정을 그림을 통해 단계적으로 보여주고 있다. 우선, 판매자는 사진이미지 및 제품의 특징에 관한 묘사를 통해 물품을 사이트상에 등록한다. 두 번째 단계는 물품에 관심 있는 구매자들에 의한 경매입찰이다. 영국식 경매나 네덜란드식 경매와 같은 전통 경매에서는 참여자가 입찰가격을 즉석에서 공개적으로 발표하지만, 온라인 경매에서는 일정한 기간 동안(가령, 5월 1일부터 5일 10일까지 열흘간) 입찰을 웹사이트상에 올리게 된다. 셋째, 입찰이 마감되면 경매업체에 의해 낙찰자가 선정 및 통보된다. 그 다음은 물품대금의 결제가 수행되고, 입금이 확인됨과 동시에 물품 배송이 이루어진다.

인터넷 경매의 장점 및 사기위험

인터넷 경매는 전통적 경매와 비교할 때, 다음과 같은 장점들을 지닌다.

- **시간적 제약 없음**: 전통적 경매와 달리 1년 365일 하루 24시간 언제라도 입찰에 참여할 수가 있다. 등록된 물품은 대부분 1일에서 10일 사이의 기간 동안 입찰이 진행되며 이 기간 동안 잠재적 구매자들은 물품에 대해 검색, 구매결정, 입찰제출을 할 수가

있다.

- **지리적 제약 없음**: 판매자들과 구매입찰자들이 장소에 관계없이 인터넷 접속이 가능한 곳은 어디서나 참여할 수가 있다. 이로 인해 경매 접근성이 높아지고 참여비용도 줄어든다. 또 등록품목의 수 및 개별 품목의 입찰 수도 늘어나며, 거래비용이 줄어들어 판매자의 최저가격(시작가)도 낮추는 결과를 가져온다.
- **사회적 상호작용 촉진**: 구매입찰 프로세스에서 발생하는 사회적 상호작용이 마치 도박과 매우 유사하다. 입찰자들은 낙찰을 받을 기대 속에서 경매가 끝나기를 기다린다. 도박 중독과도 마찬가지로, 일부 입찰자들은 반드시 제품이나 서비스를 구매하기 위해서보다는 게임을 즐기기 위해 입찰에 참여한다. 이러한 중독성 경매고객들은 경매사이트에게는 매우 충성도 높은 고객군을 형성하는 데 기여할 수 있다.
- **다수의 입찰자 및 판매자의 참여**: 인터넷을 기반으로 한 편리한 경매절차, 저렴한 가격에 제품을 구매할 수 있다는 기대감, 제품 및 서비스의 다양성, 그리고 경매 프로세스의 사회적 효익으로 인해, 많은 잠재적 구매자들이 입찰에 참여한다. 또 다수의 입찰자가 참여하고 상대적으로 높은 가격을 받을 수 있다는 기대감, 판매비용의 감소, 접근의 용이성 등으로 인해, 다수의 판매자가 경매사이트에 모이게 된다.
- **네트워크 경제**: 다수의 입찰자들의 참여는 다수의 판매자들의 참여를 불러오고, 이는 다시 더 많은 입찰자들의 온라인 경매에 대한 참여를 유도하며, 이는 또 다시 더 많은 판매자들을 찾아오게 만드는 것이다. 이러한 원리에 의해, 많은 입찰자 및 판매자들이 경매에 참여하면 시스템 규모도 커지게 되고, 비즈니스 모델도 모든 참여자들에게 더 큰 가치를 제공하게 된다.

▶ 온라인 경매는 비대면 방식으로 진행되므로 오프라인 경매에 비해 사기위험이 더 크게 존재한다.

이러한 장점들에도 불구하고, 인터넷 경매는 전통적 경매와 달리 서로 보지 못하는 상황에서 물품의 입찰, 대금결제, 그리고 제품 인도를 진행하여야 하므로 상대방을 속이는 사기사건이 발생할 수 있는 위험이 더 크다. 인터넷 경매에서 흔히 발생하는 사기는 판매자뿐 아니라 구매자에 의해서도 저질러질 수 있다. 우선 판매자에 의한 사기는 ① 입금을 받은 후에도 물품을 전달하지 않거나, ② 광고했던 것보다 더 적은 가치의 제품을 전달하거나, ③ 제품이나 판매 조건과 관련한 정보를 완전하게 공개하지 않거나, ④ 판매자들은 협력자들을 동원해 허위 입찰을 제출함으로써 물품 가격을 끌어올림으로써 발생한다.

이와 달리, 구매자에 의한 사기는 ① 결제를 하지 않고도 결제한 것처럼 속여 물품을 발송하게 하거나, ② 다른 경매사이트 가입자의 ID로 불법 로그인해 입찰에 참여하고, 비록 낙찰이 되더라도 실제 구매를 하지 않음으로써 결국 판매자의 판매기회를 박탈하는 형태로 나타난다.

이러한 사기범죄의 위험이 존재할 경우 소비자들은 위험때문에 거래 참여를 꺼릴 수 밖에 없으므로 온라인 경매업체는 활발한 매출을 기대하기 어렵다. 따라서 이베이와 같은 온라인 경매업체들은 소비자들이 인지하는 위험을 해소하고 온라인 경매환경에 대한 소비자들의 신뢰를 이끌어내기 위해 세 가지 안전장치를 도입하고 있다. 첫째는 **거래대상자 평가제도**이다. 매번 온라인 경매에 의한 거래가 성사될 때마다 해당 거래경험에 기초해 구매자는 판매자를 그리고 판매자는 구매자를 평가하도록 함으로써 거래자의 이력이 쌓이도록 하면, 새로운 거래를 검토하는 사용자는 거래대상자의 평가결과가 긍정적인지 혹은 부정적인지를 고려해 거래참여 여부를 결정할 수가 있다. 소비자의 위험을 해소하기 위한 두번째 방법은 **에스크로우 제도**이다. 즉, 물품 구매를 결정한 사용자가 거래대금을 입금을 할 때 입금된 거래대금이 판매자 계정이 아닌 에스크로우 업체의 계정에 잠정적으로 예치가 되며, 판매자가 발송한 물품을 구매자가 원만하게 수령한 사실을 확인한 시점에서 에스크로우 업체가 예치된 거래대금을 판매자 계정에 입금해줌으로써 두 거래자들 간에 발생할 수 있는 사기범죄를 예방할 수가 있다. 온라인 경매의 신뢰를 부여하기 위한 세번째 방법은 이베이가 도입해 운영하고 있는 **구매자 보호제도**이다. 구매한 물품을 수령하지 못했거나 혹은 수령한 물품이 공고된 물품소개 내용과 일치하지 않을 경우, 구매자는 이 제도에 따라 입금액을 이베이로부터 환불받을 수가 있다. 그러나 이러한 제도적 장치들을 통해 사기발생 위험을 낮출 수는 있으나 완전히 제거할 수는 없으므로 소비자 자신이 신중하게 행동하여야 한다.

소비자들이 사기범죄의 대상이 되지 않기 위해서는, 다음과 같은 원칙에 따라 경매에 참여하는 것이 바람직하다.

- 입찰에 참여하기 전에는 반드시 물품에 관한 세부 정보를 꼼꼼히 살펴보고, 의문이나는 점에 대해서는 판매자에게 직접 연락을 취해 궁금증을 해소한다.
- 거래당사자(즉, 판매자 혹은 구매자)의 경매이력 기록을 반드시 확인함으로써 경매경험이 거의 없는 사용자와는 최대한 거래를 피한다. 이전의 경매거래와 관련하여 긍정적인 평가를 많이 받은 사용자일수록 신뢰도가 높다.
- 경매 웹사이트상에 구현된 경매 시스템을 이용해 안전한 거래를 수행하도록 하는 것이 바람직하며, 경매사이트 밖에서는 보험, 에스크로우와 같은 사기보호장치 혜택을 받기가 불가능하므로 거래를 피한다.
- 대금결제는 되도록이면 에스크로우 서비스를 통해 수행한다. 에스크로우 서비스가 가

능하지 않다면 신용카드를 이용함으로써 유사시에 결제취소가 될 수 있도록 한다.

온라인 여행

▶ 여행사에 가지않고도 여행상품을 편리하고 저렴하게 구매할 수 있는 장점 때문에 온라인 여행시장이 빠르게 성장하고 있다.

여행서비스 산업은 전 세계적으로 빠르게 성장하고 있다. 전 세계적으로 교통수단이 발달하고, 경제발전과 함께 개인 소득수준이 증가하며, 또 여행정보에 대한 접근이 보다 용이해지면서, 개인이 소득금액 중 여행에 소비하는 금액의 비중이 점차 늘고 있다. 특히 인터넷 이용자들은 온라인 여행예약시스템을 이용해 신규 여행상품 및 가격조건을 탐색하며 또 구매하고 있다. 온라인 구매를 하게 되면 여행사를 통해 구매를 하는 경우에 비해 더 저렴한 가격에 여행상품을 구입할 수가 있으며, 특히 가격비교 사이트를 이용하거나 매우 낮은 비용으로 쇼핑을 즐길 수 있다. 여행 소비자 관점에서 볼 때, 인터넷은 여행 및 관광을 계획하고, 탐색하며, 예약하기 위한 매력적인 공간이다. 특별 세일을 통한 구매기회가 존재할 뿐 아니라 여행 제공자로부터 직접 상품을 구매함으로써 기존의 중개자를 건너뛸 수 있기 때문에, 비용절감 효과를 기대할 수 있다.

이러한 온라인 여행의 다양한 메리트에도 불구하고, 전자상거래 초창기에는 온라인 여행상품 거래실적이 다른 상품들에 비해 비교적 저조한 수준에 머물렀다. 책, 음반, 전자제품 등 표준화된 제품들과 달리, 여행상품은 규격화되어 있지 않아서 소비자 관점에서는 잘못된 구매결정에 따른 경제적 및 비경제적 손실 등 위험을 우려하게 되는 경우가 종종 있다. 그러나 최근에 와서는 여행서비스의 구매에 따른 위험이 줄어들고 또한 잘못구매한 경우 다시 환불받는 것도 용이해져 빠른 속도로 온라인 여행서비스 시장이 성장하고 있는 추세이다.

인터넷이 여행업계에 미친 영향

여행은 그 거래규모가 전체 온라인 상거래의 3분의 1에 가까운 비중을 차지할 정도로 중요한 인터넷 전자상거래 카테고리이다. 방대한 글로벌 여행 공급사(항공사, 호텔 등) 네트워크 및 크게 분산된 고객 집단이 존재한다는 점을 고려할 때, 여행상품의 판매는 온라인 채널에 적합하다. 주문처리 프로세스도 매우 간단한데, 이는 물리적 제품을 고객에게 전달할 필요 없이 단지 티켓이나 혹은 해당 호텔 및 인근 해수욕장에 찾아가는 방법만을 전달하면 되기 때문이다.

또한 여행은 판매되지 않은 재고상품은 저장되거나 추후 소비될 수가 없으므로 소멸상품으로 분류된다. 따라서 이윤을 극대화하기 위해서는 항공 좌석, 호텔 객실, 혹은 휴일 여행패키지를 최대한 많은 잠재고객들에게 판매하여야 한다. 이러한 특성을 지닌 여행산업에 무한한 기회를 던져주는 것이 바로 인터넷인 것이다.

인터넷을 기반으로 한 온라인 중개자들이 빠른 성장을 하는 데는 몇 가지 주도요인이 있다. 여행 공급사들(즉, 항공사, 호텔 등)은 소비자가 직접 자신들의 웹사이트를 통해 예약을 하게 함으로써 유통비용을 줄이기 원하지만(즉, 여행사에게 지급되는 판매수수료를 제거함으로 인해 비용절감이 가능해짐), 브랜드 파워의 한계 등으로 인해 그 영향이 제한되고 있다. 그러나 이에 비해 온라인 여행사들은 저렴한 가격에 매력적인 여행상품을 구매할 수 있는 기회를 쉽게 검색할 수 있고, 또 다양한 브랜드 및 광범한 상품선택 폭(가령, 항공편, 객실, 자동차 등) 면에서 뛰어나기 때문에 인기가 크게 상승하고 있다.

이와 같이, 중개자 역할 면에서 온라인 여행사는 기존 여행사와 별로 다르지 않지만, 온라인 여행사는 24시간 이용할 수 있는 편리함, 최신 콘텐츠, 강력한 결합능력(즉, 여러 브랜드 및 상품 중 선택 가능), 그리고 최저가격의 구매기회 제공 등의 장점을 지닌다. 또한, 기존 여행사 시장은 고도로 분열되어 있지만, 소수의 대형 온라인 여행 중개자들이 등장해 고객들에게 강한 브랜드를 심어주기 위한 과감한 투자를 함으로써, 기존의 여행사들이 점유하고 있던 예약시장의 상당 부분을 장악하는 데 성공했다.

인터넷 기술 이외에도, 모바일 단말기, 무선통신 등의 기술은 여행산업에 매우 큰 기회를 제공할 것으로 예상된다. 예를 들어, 여행자가 자신의 PC를 이용해 여행예약을 한 다음, 추후 휴대폰이나 PDA를 이용해 여행일정을 점검하거나 변경할 수 있을 것이다. 또 여행일정이 갑작스럽게 변경될 때(가령, 대기자 명단에 있던 고객에게 출발 하루 전 항공 좌석이 배정되는 경우), 신속하게 변경사항을 휴대폰으로 전달할 수가 있다. 이러한 기술의 성공적인 적용이 현실화되기 위해서는 추가적인 기술발전도 함께 이루어져야 한다. 예를 들어, 휴대폰 문자메시지에 익숙한 젊은 이용자들은 모바일 기기를 이용해 예약하기 원할 것이다. 그러나 휴대폰 화면의 크기가 더 확대되거나 혹은 휴대폰 및 PDA 기술이 함께 결합되기 전까지는 모바일 기술을 통한 여행예약이 현실화되기는 어려울 것으로 보인다.

여행산업 가치사슬의 변화

여행 공급사들은 전통적으로 여행사와 같은 중개자를 이용해 여행상품의 유통프로세스를 촉진해 왔다. 예를 들어, 여러 항공사들이 메인프레임 컴퓨터 기반의 글로벌 여행유통시스템(가령, Sabre, Amadeus, Galileo, Worldspan 등)을 구축하고 여행사들은 이들 시스템

그림 9-3 여행산업 가치사슬의 변화

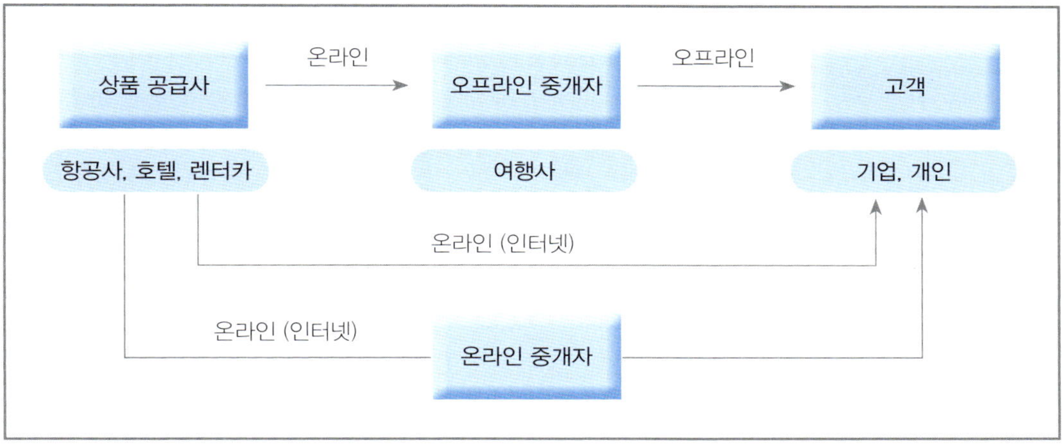

▶ 과거에는 여행사를 통해서만 판매되던 상품이 이젠 인터넷을 통해 직접 고객에게 판매되거나 온라인 중개업자를 통해 판매되고 있다.

을 통해 여행예약 업무를 수행해 왔다.

그러나 정보기술이 발전하고 인터넷이 전자상거래 매체로서 뿌리를 내림에 따라, 온라인 여행업계에 지각변동이 일기 시작했다. 온라인으로 여행예약을 하는 기업 및 개인 여행자들이 크게 늘어나면서, 판매수수료 및 거래수수료를 통한 여행사 수익모델은 더 이상 의미를 갖지 못하므로, 1997년 이후 기존 여행사들은 차츰 중개자가 필요 없어지는 이른바

그림 9-4 온라인 여행 중개업체 트래블로시티 및 이북커스의 웹사이트 화면

▶ 트래블로시티와 이북커스는 각각 북미와 유럽에서 항공, 호텔, 렌터카, 크루즈여행 등 다양한 여행 서비스에 대한 가격조회, 예약 및 구매 기능을 제공하는 대표적인 온라인 여행사이다.

그림 9–5 여행공급사 주도의 온라인 여행사이트 오비츠 및 오포도의 웹사이트 화면

▶ 오비츠 및 오포도는 온라인 여행 중개업체들에 맞서기 위해 항공사들이 전략적 제휴를 통해 구축한 여행전문 사이트들이다.

비중개화(disintermediation) 현상을 겪게 됐다. **그림 9–3**에서 볼 수 있듯이, 공급사에서 유통업체를 거쳐 고객에게 상품이 판매되던 방식에서 이제는 공급사에서 고객에게 직접 판매가 이루어지는 방식으로 산업가치사슬의 변화가 나타난 것이다.

기존 여행사들이 점점 사라지면서, 대형 온라인 중개사들이 새로이 나타나기 시작했다. 소비자들도 점차 온라인 여행사들을 선호하는 경향이 강해져, 전통적 여행사에서 온라인 여행사로 이전하는 추세는 더욱 가속화되었다. 이들 사이트에서는 여행자들이 인터넷으로도 가격비교, 예약, 티켓구매를 할 수 있도록 웹기반 여행예약시스템을 제공하고 있다. 트래블로시티, 익스피디어, 프라이스라인과 같은 대표적인 온라인 여행 중개업자들은 자신들을 미래의 여행 브랜드로 규정하며 미국 시장에서 적극적인 공세를 펴기 시작한 반면, 잠재적 성장을 지닌 유럽시장도 겨냥하면서 이북커스(Ebookers) 및 래스트미닛(Lastminute)과 같은 유럽의 기존 온라인 여행사들은 이들 대형 기업들과의 경쟁을 피할 수 없게 됐다.

한편, 이에 맞서, 항공업계 및 호텔업계의 회사들은 오비츠(Orbitz) 및 오포도(Opodo)와 같은 독자적인 브랜드를 통해 승객들에게 직접 여행상품을 판매하기 시작했다. 오비츠는 미국의 여행사이트로서 어메리컨 에어라인, 컨티넨털, 델타, 노스웨스트의 네 개 항공사에 의해 구축되었다. 반면, 오포도는 오비츠를 모델로 하여 에어 프랑스, 알리탈리아, 오스트리안 에어라인, 브리티시 에어웨어즈, 루프탄자 등 유럽 항공사들에 의해 구축된 사이트이다. 오비츠 및 오포도와 같은 여행사이트의 주요 목적은 항공사에게 인건비 다음으로 높은 비용항목인 티켓 유통비용을 줄이는 데 있다. 이들 여행사이트의 전략은 티켓 유통비용을 줄이며 동시에 티켓판매를 증가시키는 데 초점을 두고 있다.

온라인 주식매매

주식투자는 인터넷 기술을 응용한 주요 전자상거래 분야 중 하나로서, 인터넷은 주식 투자 방식을 바꿔놓았을 뿐 아니라 투자자 수의 증가에도 큰 영향을 미치고 있다. 온라인 주식매매 서비스는 흔히 주식 판매자와 주식 구매자를 상호 연결해 주는 브로커 서비스이다.

풀서비스 증권사 vs. 할인서비스 증권

인터넷 기반의 주식매매 서비스를 제공하는 증권사는 온라인 거래서비스 특성에 따라, 풀서비스 증권사와 할인 증권사의 두 가지로 분류된다.

전통적으로 증권사들은 주식거래 서비스 이외에도 투자자문 서비스와 더불어 매도 혹은 매수의 추천의견을 제공했다. 이들 풀서비스 증권사들은 투자조언은 무료로 제공했지만, 주식의 매매거래에 대해서는 높은 수수료를 부과했다. 이후 할인 브로커들이 속속 등장하면서, 시장의 판도는 변하기 시작했다. 이들 할인 브로커들은 투자자문서비스 없이 저렴한 수수료를 부과함으로써 자신들을 기존의 풀서비스 증권사들과 차별화하였다. 풀서비스 증권사들은 투자자문이나 매도/매수 조언이 필요없는 일부 고객들에게는 별 가치를 제공하지 못했으므로, 신속하고 저렴한 주식매매 거래를 제공하는데 초점을 둔 할인 증권사들은 이러한 고객들을 끌어들이는데 성공했다. 차츰 웹기반의 전자상거래가 확산되면서, 이들 할인 증권사들은 풀서비스 증권사에서와 같은 투자조언을 큰 비용들이지 않고 온라인으로 제공하기 시작했다. 이에 위협을 느낀 풀서비스 증권사들도 주식매매 및 정보제공 웹사이트를 구축하기에 이르렀다.

오늘날 **풀서비스 증권사**(full-service broker)는 온라인 주식매매 서비스를 브로커의 투자자문 서비스와 함께 제공한다. 이러한 서비스들은 수수료가 부과되지만, 온라인 투자자들은 자료 조사 및 계정관리의 혜택을 제공받는다. 대표적인 예로는 메릴린치 및 살로몬 스미스 바니가 있다. 반면, **할인 증권사**(discount broker)는 투자자 자신이 주식투자 의사결정을 직접 수행하는 방식에 기초하며, 찰스시왑 및 E*트레이드가 그 대표적인 예라고 할 수 있다. 또 할인서비스는 투자자가 자신의 계정을 관리할 뿐 아니라 필요한 자

▶ 우리나라의 대부분 증권사들은 객장의 투자자문 서비스를 제공하는 풀서비스 증권사이면서 HTS 시스템을 기반으로 저렴한 온라인 주식매매 서비스를 제공하는 할인 증권사이기도 하다.

료조사도 수행하는 것을 전제로 한다. 주식 투자자가 이러한 기능을 직접 담당하므로, 수수료 금액은 줄어든다는 점에서 할인서비스라고 불린다.

온라인 주식매매를 위해 이 두 가지 유형의 증권사 중 어떤 유형의 회사를 선택해야 하는가는 몇 가지 요인에 따라 달려있다. 투자자산을 관리하는 데 필요한 시간이 충분치 않거나 주식투자와 관련한 충분한 지식을 갖추고 있지 않은 투자자는 풀서비스 증권사와 같은 전통적인 브로커를 통해 투자자문을 받는 것이 유리하다. 반면, 투자자 자신이 투자에 관한 지식을 갖추고 있을 경우에는, 온라인 투자를 직접 하는 것이 수수료 비용절감을 위해 더 나은 선택이다. 일반적으로 온라인 증권사들은 주식을 매도하거나 매입할 때마다 수수료를 부과한다. 주식매매의 횟수가 많으면 수수료가 낮아지지만, 장기에 걸쳐 소수의 주식매매를 하는 경우에는 거래당 수수료가 높아진다. 따라서 증권사를 선택할 때에는, 주식투자에 필요한 시간 및 지식의 존재여부 이외에도, 수수료 부과체계, 주식매매 빈도, 사이트 콘텐츠의 질, 고객서비스 등을 고려하여야 한다.

우리나라의 증권사들은 대부분이 풀서비스 증권사와 할인 증권사를 병행하고 있다. 매장 직원이나 전화를 통해 고객에게 자문 서비스를 제공하고 있다는 점에서 풀서비스 증권사의 성격을 띠고 있다. 그러나 동시에 자동화된 HTS 시스템을 통해 할인된 가격으로 주식매매를 할 수 있다는 점에서는 할인 증권사의 측면도 지니고 있는 것으로 평가된다.

온라인 증권사 vs. 온오프 병행 증권사

한편, 온라인 뱅킹산업과 마찬가지로, 증권사도 온라인 증권사와 온오프 병행증권사의 두 가지 형태로 분류된다. **온라인 증권사**(Internet-only broker)는 객장이 없이 인터넷을 기반으로 운영되는 특징을 지닌 반면, **온오프 병행 증권사**(multi-channel broker)는 기존의 오프라인 증권사가 주식매매 웹사이트를 운영함으로써 온라인 및 오프라인 서비스를 병행하는 형태이다. 미국에서는 E*트레이드, 데이텍 등이 온라인 증권사에 속하며, 찰스시왑, 메릴린치, 피델리티 등이 온오프 병행 증권사에 속한다. 국내에서는 굿모닝신한증권, 대우증권, 동원증권, 현대증권, 대신증권 등과 같은 전통적 증권사들이 온오프 병행으로 운영되고 있고, 키움증권 및 E*트레이드증권만이 온라인 증권사로 분류된다.

국내의 온라인 주식 거래는 증권사들 간의 수수료 인하 경쟁으로 인해서 급속하게 성장하고 있다. 증권업체들의 경우 개인 주식거래 부문에서는 온라인 거래 비중이 80% 이상을 차지하고 있다. 기존 오프라인 영업의 위축 및 인력 감축 등으로 온라인을 통한 거래 비중이 향후 더욱 증가할 것으로 예상된다. 현재 온라인 증권사들은 경쟁사 대비 낮은 수수료율과 차별화된 마케팅 전략으로 빠르게 성장하고 있으며, 시장에서 안정적인 위치를 구축한 상황이다. 선두 온라인 증권사들의 수익성은 기존 증권사들보다 더 나은 것으로 평가되고 있다. 온오프 병행 증권사들이 온라인 기능을 강화하는 반면, 순수 온라인 증권사들은 전화상담 센터등 오프라인 기능을 보완하고 있어, 점차 온오프 경계의 벽은 무너지고 있는 추세이다.

온라인 주식매매를 위한 매체의 유형

일반적으로 온라인 주식거래는 인터넷을 기반으로 한 거래를 의미하는 것으로 받아들이지만, 엄밀하게는 웹사이트 트레이딩, 홈 트레이딩, 모바일 트레이딩 등의 온라인 매매시스템과 ARS와 같은 전화자동매매시스템을 포괄한다. 최근 증권사들은 이들 매체들 대부분을 지원하고 있어, 고객은 자신의 니즈에 따라 편리하게 매체를 선택해 온라인 거래를 할 수가 있다. 그림 아래에서 이들 개별 채널에 대해 알아보기로 한다.

(1) 웹사이트 트레이딩 시스템

인터넷 트레이딩 시스템이라고도 불리는 웹사이트 트레이딩 시스템(WTS)은 증권사 웹사이트를 통해 실시간으로 주식을 매매할 수 있는 시스템이다. WTS는 일반적으로 보안이 우수한 자바(JAVA) 환경에서 구현된다. 프로그램을 다운받아 설치할 필요 없이 웹에 접속해 곧 거래를 할 수가 있다.

(2) 홈 트레이딩 시스템

고객이 집에서 편리하게 주식매매를 할 수 있도록 개발된 온라인 투자 전문 프로그램이다. 홈 트레이딩 시스템(HTS)을 사용하기 위해서는, 증권사 웹사이트에서 프로그램을 다운로드 받아 컴퓨터에 설치해야 한다. 그우리나라 온라인 주식 거래의 대부분이 HTS를 통해 이루어지고 있다. HTS에 관해서는 뒷 부분에서 더 상세히 다루기로 한다.

(3) 모바일 트레이딩 시스템

이동이 잦은 고객들에게 적합한 온라인 거래시스템이다. 모바일 트레이딩 시스템(MTS)에 속하는 대표적 예로 스마트폰과 무선단말기(전용 PDA)가 있다. 이 두 가지 중 스마트폰의 이용이 더 빠르게 증가하고 있는데, 요즈음 속속 출시되고 있는 대형 화면을 장착한 스마트폰은 주식거래와 관련한 많은 세부정보를 한꺼번에 볼 수 있어 온라인 주식거래에 특히 도움이 된다.

(4) ARS

상담원에게서 구두로 조언을 구하며 주식매매를 할 수 있는 전화상담과 달리, ARS는 전화자동응답시스템을 통해 자동화된 주식거래 프로세스를 제공한다. ARS는 증권사의 주식매매 시스템에 연결되어 있어, 실시간으로 각종 주문, 현재가 조회, 이체, 공모주 청약 등의 기능을 처리할 수 있다.

투자 의사결정 지원을 위한 툴

온라인 주식거래 사이트에는 합리적인 주식매매 의사결정을 할 수 있도록 조사보고서와 같은 유용한 콘텐츠뿐 아니라 투자 의사결정을 지원해주는 툴들이 존재한다. 이러한 툴들을 제공해 주는 대표적인 시스템이 HTS(Home Trading System)이다. HTS란 집에서 개인이 직접 주식을 사고 팔 수 있게 해주는 프로그램이다. 과거에는 증권사의 직원을 통해서 주식을 매매했지만, 이제는 장소에 상관없이 컴퓨터만 있으면 직접 주식을 매매할 수 있게 된 것이다. **그림 9–6**에서 볼 수 있듯이, HTS를 이용하면 각종 정보들을 얻을 수 있고, 매수나 매도 거래를 쉽게 수행할 수가 있다. 뿐만 아니라, 매매 수수료도 크게 절감할 수 있다는 장점이 있다. 한 예로, 국내의 한 증권사의 경우 영업점의 직원 및 ARS를 통한 거래의 매매

그림 9–6 키움증권의 HTS 화면

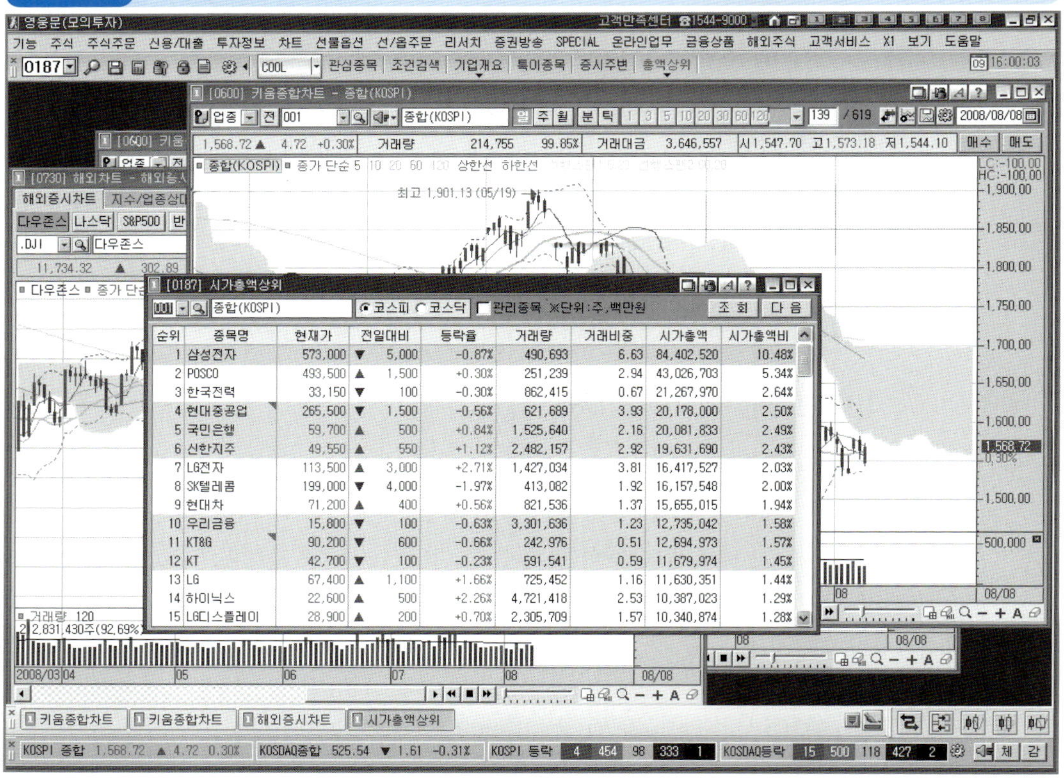

▶ HTS를 이용하면 편리하게 온라인 주문이 가능하며, 특정 기업의 주식거래 현황에 관한 정보도 확인할 수 있다.

수수료가 각각 총거래금액의 0.45%(2억 이하) 및 0.15%인 반면, HTS를 통한 매매수수료는 0.029%에 불과하다. 가령, 1억원의 주식 매매를 한다고 할 때, 영업점 직원이나 콜센터를 이용하면 수수료가 90만원이며, ARS를 이용하면 30만원이지만, HTS를 이용하면 58,000원으로 줄어들게 된다.

현·장·사·례

Electronic Commerce

증권사 온라인매매 '수수료 공짜' 경쟁

새해벽두부터 증권사 거래수수료 무료경쟁이 불붙고 있다. 과거에 3개월 안팎인 반짝이벤트에 그쳤던 혜택기간이 1년으로 확대되면서 출혈경쟁의 양상이다. 가뜩이나 거래대금침체로 실적악화에 놓인 상황에서 이같은 '묻지마' 출혈경쟁을 보는 시각은 곱지 않다.

■ 1월 증시는 침체, 거래 수수료 무료 경쟁은 '후끈'

잠잠했던 거래수수료 공짜경쟁이 고개를 들고 있다. 혜택기간도 약 3개월 안팎으로 단발성 이벤트였던 과거와 달리 1년으로 대폭 늘리며 공격적인 모습이다. 특히 수수료무료혜택을 주는 거래매체의 경우 HTS 등 온라인에서 MTS 등 모바일 쪽에 초점을 맞추고 있다.

▶ 모바일 주식매매는 이동중에도 주식거래를 할 수 있어 편리한 주식매매 매체로 떠오르고 있다

미래에셋증권은 2014년 새해를 맞아 신규고객을 대상으로 수수료 무료이벤트에 나섰다. 대상은 처음 거래하는 신규고객으로 MTS(모바일 트레이딩 시스템)인 'M-Stock' 주식거래시 오는 12월 31일까지 매매수수료 면제 혜택을 제공한다. HTS 등 온라인의 경우 첫 계좌 개설일부터 60일간 온라인을 통한 주식, 선물, 옵션 거래시 매매수수료가 무료다. 대신증권은 최근 1년 수수료무료이벤트를 진행중이다. 자사의 MTS인 사이보스터치로 거래하는 신규고객 및 2013년에 거래가 없었던 기존 고객이 이벤트를 신청하고 매매를 시작하면, 신청일로부터 1년동안 주식/ETF 거래수수료가 공짜다.

LIG투자증권도 휴면계좌 재거래이벤트의 일환으로 1년 수수료무료이벤트를 진행중이다. 다시 거래를 시작하기만 해도 주식 및 선물옵션 온라인매매수수료는 1년이 공짜다. 우수고객이 대상이며 1년 수수료무료혜택종료 뒤 추가로 1년 재연장을 보장해줘 2년 수수료무료혜택을 받는 거나 다름없다.

거래횟수가 많지 않아 수수료무료에 메리트가 떨어지는 투자자는 현금지급이벤트를 선택하면 된다. 월평균잔고 1,000만원 이상 유지하고 금액에 상관없이 월 1회 이상 매매할 경우 매월 3만원을 지급해준다. 이 조건만 충족하면 1년에 총72만원을 공짜로 받을 수 있는 셈이다. 단 중복선택은 불가하다.
콧대높은 대형증권사도 합류했다. 우리투자증권은 오는 6월 30일까지 주식, ELW, ETF수수료가 공짜다. 신규고객은 물론 주식미거래나 평균 총자산 10만원 이하 투자자가 해당되고, 수수료혜택은 별도의 신청없이 대상자에게 자동적용된다. 거래매체는 mus Smart 등 MTS에 한한다.

은행연계계좌 뱅키스브랜드로 저가온라인시장에 한 자리매김에 성공한 한국투자증권도 1년 수수료무료이벤트를 진행중이다. 오는 29일까지 뱅키스 신규주식거래계좌고객은 계좌개설일로부터 1년간 MTS주식거래수수료가 무료다. 아울러 1회 이상 주식거래만 해도 1만원 상당의 모바일 상품권을 준다.

■ 대형사 확대, 3년 거래수수료이벤트도 등장

KDB대우증권은 투자설명회와 거래수수료무료이벤트를 연계했다. 오는 21일 열리는 'KDB대우증권 '다이렉트+ 2014'공개세미나'가 대표적이다. KDB대우증권은 21일(화) 오후 7시부터 9시까지 여의도 본사 지하 1층 컨퍼런스홀에서 '다이렉트+ 2014' 공개세미나를 개최한다. 이번 세미나는 급변하는 국내외 금융시장 전망과 주식 투자자들이 궁금해하는 다양한 주제로 진행된다. 각각 1부는 김학균 투자전략 파트장이 '2014 시장전망과 투자전략'을, 2부는 투자정보지원부 권양일 차장이 '1월이 끝나기 전에 주목해야 할 종목'을 주제로 강의한다. 주식에 관심있는 사람이라면 누구나 참석이 가능하다.

눈에 띄는 점은 이날 투자설명회에 참석할 경우 파격적인 수수료혜택을 받을 수 있는 기회를 제공한다는 점이다. 참석고객이 방문계좌인 다이렉트+(플러스)계좌를 개설하면 최소 3년 이상 주식거래 수수료 무료혜택을 준다. 즉 2017년 12월 31일까지 주식을 거래할 경우 단 한푼의 주식거래수수수료(단 유관수수료제외)를 내지 않아도 된다는 것이다. 참가비는 무료이며, 선착순 100명에 한한다.

이같이 중소형사뿐만 아니라 대형사까지 전방위적 수수료무료경쟁에 뛰어드는 것에 대해 우려의 목소리가 높다. 업계 관계자는 "MTS의 경우 매매시스템개발경쟁으로 인해 시스템개발 및 유지에 비용이 많이 든다"라며 "최첨단기능탑재로 투자자의 눈높이가 높아져 수수료공짜혜택을 줘도 전산투자를 늘릴 수 밖에 없는 처지"라고 말했다. 모증권담당 애널리스트는 "이제 브로커리지가 증권사 성장동력은 아니다"라며 "대형사의 경우 손해를 입더라도 고객 다변화를 위한 마케팅비용차원이지만 중소형사는 고객을 뺏기지 않는 방어적 측면이 강해 수익성 악화에 대한 타격은 훨씬 크다"라고 말했다.

▶ 출처: 한국금융신문, 2014. 1. 2.

9.2 비중개자 기반의 서비스

전자상거래 기술은 중개자 필요 없이 기업이 직접 온라인 서비스를 제공할 목적으로도 활발히 응용되고 있다. 본절에서는 대표적인 비중개자 기반의 서비스로서 온라인 뱅킹, 온라인 보험, 그리고 이러닝을 소개하고 있다. 우리나라의 온라인 시장을 보면, 온라인 보험 서비스 대부분이 아직 공급사에 의해 직접 제공되는 반면, 최근 중개자 역할을 하는 사이트들(즉, 보험사별 보험료 비교사이트)이 나타나고 있어, 향후 서비스산업 구조의 변화가 주목된다.

온라인 뱅킹

인터넷과 전화, 휴대폰 등을 이용한 온라인금융이 빠르게 확산되고 있다. 우리나라의 시중은행들은 창구업무 비중을 줄이고 인터넷과 휴대폰 등 온라인금융을 강화하고 나서 은행업무가 오프라인에서 온라인으로 무게중심이 옮겨가고 있다. 또 금리우대 등 각종 혜택을 부가한 온라인 전용 신상품을 내놓고 있어 향후 온라인 뱅킹의 비중의 확대가 더욱 가속화될 전망이다.

온라인 뱅킹 서비스의 진화

온라인 서비스 산업 중에서 가장 빠르게 성장하고 있는 분야가 곧 온라인 뱅킹이다. 온라인 뱅킹은 전통적 은행의 온라인 부문 서비스와 전적인 온라인 은행의 두 가지 형태로

그림 9-7 금융서비스들의 통합화 추세

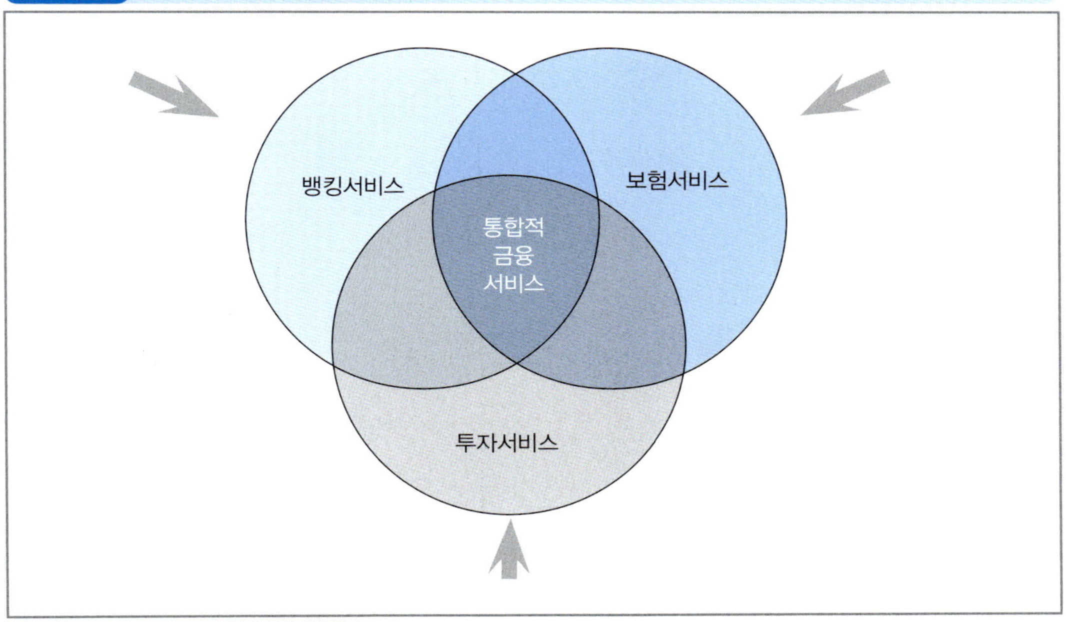

▶ 뱅킹, 보험 및 투자 서비스들을 통합함으로써 고객에게 백화점식 구매기회를 제공하려는 추세가 국내외 금융기관들 사이에서 빠르게 나타나고 있다.

발전하고 있다. 시장 점유율을 유지하거나 확대하기 위한 노력으로, 여러 오프라인(brick-and-mortar) 은행들은 기존 서비스들을 인터넷 및 웹 기술과 접목시킴으로써 온오프(click-and-mortar)병행 은행이 되었다. 한편, 온라인(click-and-click) 은행들은 인터넷상에서 존재를 띄우고자 노력하고 있으나, 온오프 은행들에 비해 브랜드 인지도가 낮은 것이 주요한 계로 지적되고 있다.

우리나라에서 온라인 뱅킹은 1999년 도입 직후 국내 모든 은행들이 서비스를 제공하면서 빠르게 성장하고 있다. 은행들은 수수료 인하 정책으로 온라인 뱅킹 대중화에 힘을 쏟은 결과 2005년 9월의 온라인 뱅킹 가입자수는 2,500만을 넘었으며, 은행의 금융서비스 전달 매체(은행창구, CD/ATM, 텔레뱅킹, 인터넷뱅킹) 중에서 인터넷뱅킹을 통한 업무처리비중은 30.9%이다.

뱅킹서비스의 통합화 추세

전통적으로 은행들은 수신(즉, 예금) 및 여신(즉, 대출)과 같은 은행 고유의 서비스들을 제공하는 데 초점을 두며 운영되어 왔다. 그러나 최근 들어서는 금융규제의 완화에 따라, 은행과 보험사와 증권사 간의 경계선이 허물어지는 추세가 가속화 되고 있다.

이러한 추세를 촉진한 것은 방카슈랑스이다. **방카슈랑스**(Bancasurance)란 프랑스어로

그림 9-8 방카슈랑스의 개념도

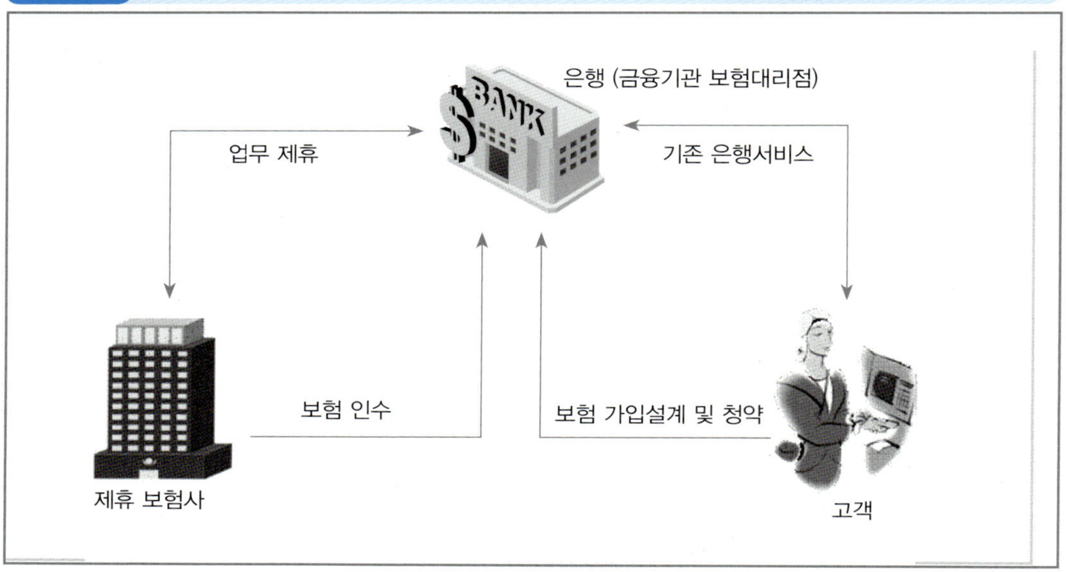

▶ 방카슈랑스란 은행이 보험사와의 제휴를 통해 보험상품을 판매함으로써 고객들에게 종합적인 금융서비스를 제공하는 것을 목적으로 하고 있다.

은행(Banque)과 보험(Assurance)의 합성어이다. 은행에서 보험상품을 판매하는 것으로, 프랑스와 영국을 비롯한 유럽, 미국, 일본 등의 선진국에서는 이미 시행되어온 제도이며 우리나라에서는 2003년 9월에 도입되었다. 시행 초기에는 은행이 판매하는 보험상품을 저축성 · 가계성 보험에 국한해 단계적으로 판매가 허용됐지만 2007년 4월부터는 모든 보험상품 판매가 허용됐다.

그림 9–8에서 볼 수 있듯이, 방카슈랑스를 도입하면 은행과 보험사가 상호제휴 및 업무협력을 통해 기존의 예금 · 대출 · 투자상품에서 보험에 이르는 종합금융서비스를 제공할 수 있다. 방카슈랑스를 통해 은행은 고객에게 예금, 대출, 투자상품 및 보험에 이르는 종합금융 서비스를 제공하게 되며, 보험사는 판매 채널이 확대됨은 물론 고객관점에서는 상품선택이 보다 용이해짐에 따라 매출증대 효과를 기대할 수가 있다.

방카슈랑스 시행 초기에는 은행과 연계된 보험사들이 경쟁적으로 상품을 판매하면서 보험료가 인하되는 효과도 볼 수 있다. 판매망이 넓어져 판매비용을 절감할 수 있기 때문이다. 또 금융기관의 업무범위가 넓고 다양해져서 소비자들이 특정 상품에 가입하기 위해 이곳 저곳을 찾아 다녀야 하는 불편도 사라진다. 그 동안 거래하던 은행에서도 고객 자신의 니즈에 맞는 보험의 설계와 가입이 가능해진다. 보험이 우리 생활과 더 밀접해진 것이다.

그렇다고 거래은행에서 모든 보험사 상품에 가입할 수 있는 것은 아니다. 방카슈랑스에 참여하는 은행, 증권사 및 저축은행들은 각각 3~5개의 보험사와 제휴해 해당 보험사의 상품을 판매하고 있기 때문에 거래 은행이 어떤 보험사와 제휴관계에 있는지를 확인해 보는 것이 좋다.

온오프 병행은행 vs. 온라인 은행

(1) 온오프 병행은행

오늘날 우리 주변에서 가장 흔히 볼 수 있는 **온오프 병행은행**(hybrid bank)은 온라인은행과 오프라인 은행을 결합한 형태의 은행이다. 기존 고객들의 편의를 위해 인터넷 뱅킹서비스를 제공하는 대부분의 전통적인 은행들이 온오프 병행은행에 속한다. 국외의 Citibank, Chase Manhattan Bank, HSBC는 물론 국내의 국민은행, 우리은행, 신한은행 등 우리 주변의 대부분 은행들이 이러한 온오프 병행은행이라고 해도 과언이 아니다. 이들 전통적(brick-and-mortar) 은행들은 날로 심화되어 가는 경쟁 속에서 살아남기 위해 서비스를 제공하기 위한 추가적인 채널로서 웹을 활용하고 있다.

미국에서는 NetBank 등 인터넷 은행들이 차츰 늘어나고 있지만, 고객들은 온라인 뱅킹을 사용하면서도 고객상담원과 대화해야 할 경우에 찾아갈 수 있는 오프라인 지점이 있는 은행을 선호하는 추세이다. 이러한 전통적 은행들은 브랜드 인지도가 높을 뿐 아니라 온라

그림 9-9 온오프 병행은행인 우리은행의 인터넷 뱅킹 화면

▶ 온오프 병행은행들은 기존의 지점을 기반으로 한 오프라인 서비스에 웹기반의 온라인 서비스를 결합하여 제공하고 있다.

인 채널과 오프라인 채널을 함께 사용하기 때문에, 온라인 뱅킹 고객들의 비율이 빠르게 증가하면서 시장점유율도 온라인 은행에 비해 압도적으로 높은 추세이다.

(2) 온라인 은행

온라인 은행(Internet-only bank)은 전통적 은행에 존재하는 물리적 지점 없이 가상적인 공간에서만 운영되는 새로운 형태의 은행이다. 주로 편리성과 더불어 낮은 수수료와 높은 예금이자율을 제공하는 것이 온라인 은행의 특징으로 알려져 있다. 인터넷을 이용해 뱅킹 서비스를 제공할 경우, 건물 및 기기의 비용을 줄임은 물론 전통적 은행의 직원들의 역할이 없어지므로 인력비용도 크게 줄어들게 된다.

미국의 경우, 온라인 은행들은 물리적 지점이 없기 때문에 우편에 의해 계좌입금을 받아야 한다. 이런 유형의 거래는 고객이 전자 입금을 하면 몰라도, 그렇지 않을 경우에는 시일이 오래 소요될 수 있다. 또한 온라인 은행은 전통적인 은행에 비해 브랜드 인지도가 취약하므로, 고객 유치를 위한 탁월한 마케팅 전략을 개발하고 이에 대한 투자를 하는 노력이

그림 9-10 온라인 은행인 네트뱅크 닷컴의 웹사이트

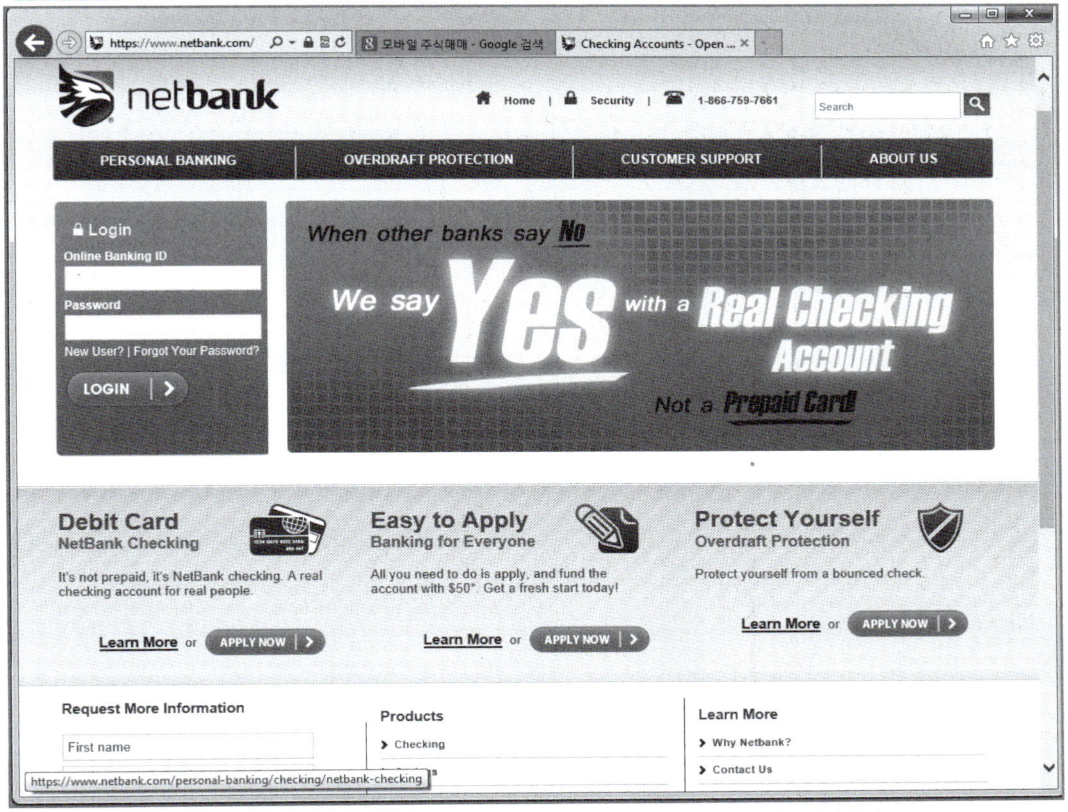

▶ 온라인 뱅크로서 가장 성공적인 운영을 해 온 것으로 평가되는 네트뱅크 은행의 웹사이트 메인화면

필요하다(인터넷 마케팅에 관해서는 10장 및 11장에서 더 상세히 다루기로 한다).

우리나라에는 온라인 은행이 없다. 미국의 온라인 은행으로는 1990년대 후반에 등장한 네트뱅크(NetBank)와 윙스팬(Wingspan)이 있다. 1996년 설립된 **네트뱅크**는 미국 첫 온라인 은행들 중의 하나였으며 2000년도 중반까지 성장을 거듭했다. 그러나 2006년부터 주택융자 사업에 문제가 발생하면서 재정상태가 나빠져, 2007년 9월 운영을 중단하고 결국 회사는 ING Direct에 의해 인수됐다. 반면, **윙스팬**은 1997년 설립된 이후 한때는 유망한 금융서비스 기업으로 평가받기도 했으나, 2001년 역사 속으로 사라지는 운명에 처했다. 윙스팬에 관해서는 현장사례에 더 자세히 소개되어 있다.

현·장·사·례

Electronic Commerce

인터넷은행 성공의 꿈을 접은 윙스팬 뱅크닷컴

뱅크원이 야심차게 설립한 인터넷 은행인 윙스팬은행(WingspanBank.com)은 적자를 벗어나지 못한 데 대해 더 이상 인내할 수 없던 모기업에 의해 2001년 6월 폐쇄 조치됐다. 시카고 소재의 뱅크원은 설립된 지 2년 된 윙스팬의 22만 5천 명의 고객들을 같은 해 가을부터 본사의 온라인 뱅킹 사업부로 이전시키게 되었으며, 이로써 독자적인 인터넷은행 브랜드를 구축하고자 했던 시도는 중단하게 됐다.

자산규모로 미국 내 다섯 번째 지주회사인 뱅크원은 윙스팬의 전직 최고경영자인 마이클 클리어리가 이끄는 신설된 소비자이익그룹 부서에서 윙스팬의 서비스들을 뱅크원 닷컴사업 내로 통합시킨다고 밝혔다. 윙스팬의 100여 명 직원들 대부분이 이 부서에 재배치됐다. 2000년 3월 취임 이후 윙스팬 온라인 뱅킹사업을 철수시킬 것으로 예상되어 왔던 뱅크원의 최고경영자 제이미 다이몬은 "이 폐쇄조치로 뱅크원은 고객 니즈에 더 잘 부합해나갈 수 있을 뿐 아니라 뱅크원의 인터넷 사업의 효율성 및 수익성의 제고를 가속화시킬 수 있을 것"이라고 전망했다.

뱅크원은 업무 이관으로 인해 윙스팬 고객들에게 제공되던 기존의 온라인 서비스 일부가 중단될 것인지에 대해 결정한 바 없다고 밝혔다. 그 동안 윙스팬은 수표 및 예금계정, 신용카드, 주택융자 및 온라인 대금결제 등과 같은 서비스 및 상품을 제공해 왔다. 일부 전문가들은 윙스팬 고객들이 전반적인 서비스 수준에서는 별 차이를 느끼지 못할 것이라고 말한다. 22만 5천 명의 고객 대부분이 신용카드 고객들이며, 신용카드를 새로 발급하는 것은 비교적으로 어렵지 않은 프로세스이기 때문이다.

뱅크원은 1999년 6월 1억 5천만 달러를 투입해 인터넷 은행을 시작한 미국의 첫 주요 은행이 되었을 때, 주변에서는 칭찬이 자자했다. 당시 CEO였던

▶ 윙스팬 뱅크닷컴의 웹사이트(www.wingspanbank.com).

존 멕코이는 인터넷 뱅킹의 초기 지지자들 중의 한 사람이었다. 그는 인터넷 뱅킹이야말로 뱅크원이 성장하고 또 신규 고객을 유치할 수 있는 저비용의 방법일 뿐 아니라 사람들이 미래의 금융서비스를 받을 수 있는 핵심 방법이라고 믿었다.

비용이 보다 낮게 발생함으로 말미암아 온라인 은행들은 더 낮은 수수료를 부과하고 또 고객의 예금에 대해서는 더 높은 이자를 지불할 수가 있으나, 윙스팬 은행은 고객들의 마음을 얻지 못했다. 뱅크원 관계자들은 윙스팬이 둘째 해에 수익성이 높아질 것으로 예상하고 세 번째 해에는 수백만 달러를 쏟아 부을 계획을 갖고 있었다.

윙스팬 닷컴은행은 높은 기대치를 충족시키기 위해 분투노력했다. 이미 실적이 악화된 회사를 다시 일으켜 세우려는 마지막 시도로서, 윙스팬은 2001년 1월 다양한 온라인 서비스들에 대해 고객 수수료를 인상했다. 이러한 조치는 이미 때가 늦어 별 효용이 없었다고 분석가들은 말한다.

대부분의 주요 은행들은 온라인 서비스를 이용하도록 고객들을 유치하는 데 성공했는데, 이러한

현 • 장 • 사 • 례

Electronic Commerce

온라인車보험사들의 고민

온라인 자동차보험 시장점유율이 30%에 육박할 정도로 성장했지만, 정작 성장을 주도해 온 손해보험사의 심경은 복잡하다. 삼성화재 외에는 성장과 수익을 모두 챙기는 곳이 없기 때문이다. 손해보험사 대부분이 온라인 자동차보험 시장내 점유율이 하락하거나 합산비율이 100%를 넘어서면서 본전도 찾지 못하는 적자 영업을 하고 있기 때문이다. 유일하게 시장점유율을 꾸준히 끌어올리면서 영업이익을 내고 있는 삼성화재도 다이렉트 영업의 한계로 고민이 크다.

2014년 1월 10일 손해보험업계에 따르면, 지난 11월 기준 전체 자동차보험 시장에서 온라인 자동차보험이 차지하는 비중은 29%로, 전년 동기 대비 3.4%포인트나 상승했다. LIG손보가 지난 4월 온라인 자동차보험 시장에 신규로 진입했고, 기존 대형사들이 영업공세를 펼친 것이 성장의 주 배경으로 손꼽히고 있다.

하지만 손보사들은 온라인 자동차보험의 성장을 마냥 반길 수 없는 상황이다. 온라인 자동차보험 1위인 동부화재를 비롯해 하이카다이렉트(4위), 롯데손보(5위) 등은 온라인 자동차보험 규모 자체는 증가했지만 시장점유율은 1년 전에 비해 0.51%~0.94%포인트 감소했다. 더케이손보와 흥국화재는 온라인 자동차보험 규모 자체가 줄면서 시장점유율이 전년 동기 대비 각각 0.93%포인트, 1.90%포인트 감소했다. 반대로 악사손보, 한화손보, 메리츠화재, LIG손보 등은 시장점유율이 전년 동기 대비 상승했지만 보험영업의 손익지표인 합산비율이 모두 100%를 넘어서고 있다. 보험영업에서 본전도 못 찾는 영업을 하고 있는 셈이다.

업계 한 관계자는 "손해율 상승과 온라인 자동차보험 경쟁심화에 따른 사업비 증가로 대부분의 회사가 온라인 자동차보험에서 영업적자를 기록하고 있다"며 "시장점유율 상위사들의 경우 수익을 챙기면 시장점유율이 하락하고, 하위사들의 경우 시장점유율을 늘리면 수익성이 떨어지는 상황이라 고민이 크다"고 말했다.

영업정지 후 새 출발이라는 특수성을 지닌 MG손보를 제외하면 온라인 자동차보험 2위 삼성화재만이 유일하게 성장과 수익 모두를 충족시키고 있다. 삼성화재의 시장점유율은 전년 동기 대비 2.38%포인트 상승했다. 업계 3위인 악사손보와의 격차를 1년만에 0.14%포인트에서 1.45%포인트로 벌린 상황이다. 수익 측면에서도 삼성화재는 업계에서 유일하게 91%의 합산비율을 기록, 영업흑자를 내고 있다. 손해보험사 대부분의 손해율이 90%대인 반면 삼성화재는 유일하게 82% 손해율을 기록할 정도로 우량 고객 비중이 컸고, 텔레마케팅 영업이 아닌 순수 다이렉트 영업 구조로 사업비도 업계 최저 수준인 10%에 불과했기 때문이다. 업계 관계자는 "신용정보법 강화로 텔레마케팅 영업이 갈수록 어려워지고 있는 상황에서 삼성화재 온라인 자동차보험은 상대적으로 낮은 사업비로 가격경쟁력을 키웠고, 보험료에 민감한 고객들이 삼성화재 온라인 자동차보험으로 쏠리고 있다"고 말했다.

하지만 부족할 거 없어 보이는 삼성화재도 내부적으론 고민이 크다. 순수 다이렉트 영업만으론 일정 규모 이상의 성장이 어렵다는 판단 때문이다. 업계 관계자는 "텔레마케팅 영업에 비해 순수 다이렉트 영업은 고객유인력이 떨어져 일정 규모 이상의 영업 실적을 내긴 어렵다"고 말했다.

▶ 출처: The Bell, 2014. 1. 10, www.thebell.co.kr, 2014. 1. 30. 참조.

온라인 자동차보험 실적 현황(단위: 억원, %)

회사명	원수보험료	시장점유율	손해율(A)	사업비율(B)	합산비율(A+B)
동부	5,288	21.15%	90	14	104
삼성	4,401	17.60%	82	10	91
악사	4,040	16.16%	90	18	108
하이카	2,787	11.15%	94	16	110
롯데	2,178	8.71%	90	18	108
더케이	1,855	7.42%	93	15	108
한화	1,638	6.55%	94	15	109
흥국	1,249	5.00%	91	16	107
메리츠	1,108	4.43%	96	19	115
LIG	325	1.30%	98	26	125
MG	132	0.53%	116	20	136

*2013년 11월 기준.

온라인 보험업계에서의 채널충돌 관리

소매부문의 전자상거래가 날로 성장하고 있을 무렵, 온라인 보험산업은 보험의 가격 및 혜택에 관한 정보를 얻고자 사이트를 방문하는 잠재고객들을 끌어 모으는 데는 성공한 반면, 실제로 이들로 하여금 보험을 온라인으로 구매하게 하는 데는 큰 성과를 거두지 못한 것이 사실이다. 그 원인은 **채널충돌**(channel conflict)에서 찾을 수 있다.

보험 대리점들은 인터넷에 의해 가장 큰 위협을 받고 있다. 보험상품을 판매하는 모든 대리점들은 흔히 소비자가 보험비로 납부하는 금액의 일정 퍼센티지를 커미션으로 취한다. 보험사 입장에서 볼 때, 인터넷에서 보험을 판매하게 되면, 대리점들에게 그 동안 지급하던 커미션이 사라지든가 혹은 크게 줄어들게 되어, 매년 고객들의 보험비에서 엄청난 비용이 절감될 것으로 예상된다. 그러나 보험판매를 오로지 대리점에만 의존하던 대부분의 전통적 보험사들은 공격적인 인터넷 판매전략으로 인해 대리점들이 고립되는 상황을 피하려고 한다.

미국의 경우, 전자상거래 도입 초기에는 올스테이트와 같은 주요 대형 보험사들이 웹에서 직접 인기 상품들을 판매하기를 꺼려했는데, 그 이유는 온라인 판매로 인해 전통적인 지역 대리점들의 영업이 위축될 것을 우려했기 때문이다.

이러한 채널충돌 문제를 해결하기 위해 전통적 보험사들은 온-오프 병행전략을 매우 조심스럽게 추구하고 있다. 즉, 온라인 및 오프라인의 채널들을 모두 열어놓되, 어느 한쪽으로 치우치지 않도록 적절한 균형을 유지함으로써 채널충돌 문제를 관리하고 있는 것이다.

만일 온라인 전략만을 지나치게 강조한다면 기존 대리점들의 판매체계가 차츰 붕괴될 것이요, 또 만일 대리점 채널에 지나치게 의존하는 오프라인 전략을 고집한다면, 온라인 보험사들의 공격적인 시장잠식에 대응하지 못하고 시장점유를 빼앗기게 될 것은 뻔하기 때문이다.

오늘날 소비자 보험구매 의사결정은 인터넷에 의해 큰 영향을 받고 있다. 인터넷은 검색비용을 크게 하락시키고 가격을 찾아내는 프로세스를 변화시킨 것도 사실이다. 그렇지만 보험산업 가치사슬에서는 온라인 거래 규모의 상승추세에도 불구하고 아직 웹거래의 비중이 크지 않다. 전통적 보험사들이 온라인 전략을 매우 신중하게 접근하고 있으므로, 일반적으로 소비자들은 웹 검색을 통해 가격 및 혜택 관련 정보를 찾은 다음, 이 정보를 가격 비교 수단으로 이용해 인근의 대리점에서 실제로 보험 구매를 하는 것으로 조사되고 있다. 이는 아직도 기존의 대리점이나 본사 영업직원이 판매채널로서 큰 위력을 발휘하고 있다는 단적인 증거이다.

이러닝

이러닝은 컴퓨터를 이용한 학습을 뜻하는 용어이다. 산업혁명을 기점으로 시작되었던 산업화시대는 막을 내리고 기업들은 이제 지식정보화시대에 접어들고 있다. 금세기의 저명한 경영학자인 드러커 박사는 21세기는 곧 지식사회에의 진입을 의미한다고 전제하고 지식이 가장 근본적인 기업의 자원이 될 것이라고 예견하고 있다. 따라서 무의미해진 지식은 과감하게 버리고 새 것을 배울 수 있도록 준비하는 노력이 필요하다. 이러한 배경에서 기업의 구성원들에게 새로운 지식의 학습기회를 제공하고 개인 역량을 증대시키기 위한 목적으로 이러닝을 도입하는 기업들이 늘고 있다.

급변하는 교육환경

지식정보화 시대의 기업들은 교육환경의 큰 변화에 직면하고 있다. 첫째, 지식은 곧 기업의 핵심 자산이라는 인식이 확산됨에 따라 직원에 대한 교육훈련 기능을 강화함으로써 직원의 개인역량을 확대해 나가려는 기업들이 증가하는 추세에 있다. 개인역량을 확대하는 데 초점을 두는 기업에서는 직원이 스스로의 기술 및 지식을 개발하고 이를 최대한 이용하여 조직의 문제를 해결하는 데 초점을 맞추게 된다. 따라서 기업들은 직원들의 지식개발/활용 능력을 증대시키기 위한 수단으로서 직원 연수교육에 큰 비중을 두고 있다. 기업들의 직원교육에 대한 필요가 늘어남에 따라 교육시장 수요가 크게 증가할 것으로 기대된다.

둘째, 기업마다 직원교육의 지리적, 시간적 장벽을 해소하기 위한 수단으로서 정보기술을 도입하는 추세가 늘고 있다. 인터넷, 화상회의, 전자회의와 같은 정보통신기술은 오늘날 지리적으로 분리되어 있는 기업 구성원들에게 장소와 시간에 구애 받지 않고 원격교육을 통해 교육기능을 효율화 할 수 있는 기회를 제공하고 있다. 비단 교육을 받기 위해 회사의 직원들이 중앙연수원으로 이동하는 데 따른 여비 및 숙박비뿐만 아니라 교육프로세스의 정보화를 통해 교육제공비용이 크게 절감되는 효과를 기대할 수 있다. 교육기능의 효율성 문제는 아래에서 더 상세하게 다루고자 한다.

교육의 질 vs. 교육의 경제성

정보기술이 교육분야와 접목되면서 교육의 무한한 가능성이 제기되고 있는데, 그 중에서도 많은 사람들이 큰 관심을 갖게 되는 것이 이러닝 교육의 경제성이다. 전통적인 집합강의에서는 강사 한 사람이 담당하는 강좌에 수용할 수 있는 수강인원이 강의실 규모에 의해 제한된다. 그러나 원격교육을 통한 강의에서는 인터넷을 주요 정보전달 매체로 하여 컴퓨터 접속이 가능한 사람은 누구나 참여가 가능한 반면 수강생의 증가에 따른 교육의 추가적 비용은 발생하지 않는다. 초기 시스템설치 비용만 들이면 수천, 수만명의 수강생을 수용할 수 있으므로 인터넷은 곧 대규모 교육(mass education)의 문제를 해결해 주는 수단이라고 보는 사람들이 많다.

그러나 교육적인 관점에서 우리는 교육의 효율성과 교육의 질 간에 존재하는 트레이드오프(tradeoff)를 이해하여야 한다. 사이버 교육을 통해 피교육생 1인당 교육 비용은 크게 줄어들지만, 학생 수를 늘리면 늘릴수록 강사와 학생 간의 상호대화의 기회도 적어지고 점차 방송대학의 강좌처럼 단방향 강의로 변질되기 쉽다. 따라서, 교육의 비용과 교육의 질이라는 두 개의 목표가 서로 상충하게 된다는 사실을 인식하고, 사이버 교육의 경제성은 강사나 피교육생에 의한 물리적 이동의 필요가 없어짐으로 인해 얻어지는 비용절감 차원에서 추구하고, 무엇보다도 강의의 질을 최대한 높게 유지한다는 기본 원칙하에 교육 정보화를 추진하는 것이 이상적일 것이다. 이러한 원칙을 토대로 조직구성원을 교육시키는 기업만이 지식기반의 경제의 경영환경에서 살아남을 것이다.

이러닝의 장단점

이러닝은 다음과 같은 장점들을 제공한다.

- **편리성**: 학습자 입장에서 볼 때, 이러닝이 제공하는 가장 주된 장점은 편리성이다. 어디서든 인터넷 접속이 가능한 곳이면 자신의 학습속도에 따라 자유로이 이용할 수 있기 때문이다. 온라인 강의는 실시간으로 진행되는 전통적 강의와 달리 비동기적으로 진행되는 것(즉, 각자 자기에게 편리한 시간을 택해 참여함)이 특징이다. 이로 인해 학습자는 자신의 니즈에 맞게 자유로이 과목을 수강해 나갈 수 있다. 바로 이러한 장점 때문에, 이러닝은 가정이나 직장 때문에 혹은 기타 이유(가령, 신체적, 정신적 장애)로 교육을 받을 수 없었던 사람들에게 편리하게 학습을 받을 수 있는 길을 열어주고 있다.
- **비용 효율성**: 대기업에 있어, 이러닝이 제공하는 비용절감 효과는 매우 중요하다. 시뮬레이션 방식의 이러닝을 이용해 기업의 컴퓨터 시스템 사용자들을 훈련시킬 경우, 학습자는 실제상황과 매우 유사한 소프트웨어 환경에서 학습에 임할 수가 있다. 강의실 교육과는 달리, 사용자들은 추가적인 비용을 들이지 않고도 이러닝 과목을 반복해 수강할 수가 있다. 일반적으로, 이러닝의 초기 구현비용(즉, 개발비용)은 높다. 그러나 이러닝 과목자료를 이용하는 학습자 수가 증가함에 따라, 사용자당 교육 훈련 비용은 기하급수적으로 하락한다. 학습 진척도를 추적하기 위한 이러닝 시뮬레이션을 이용하게 되면, 강사는 단순히 시스템 지식을 측정하기보다는 사용자가 시스템을 이용해 거래를 수행하는 능력을 평가할 수가 있다. 그 밖에도 이러닝은 학습자가 물리적으로 이동할 필요를 없애주므로 여비 및 시간 절감효과를 기대할 수 있다.
- **기타 장점**: 이러닝이 기업에게 제공하는 기타 장점으로는 자신의 장소에 관계없이 다른 수강생들과 커뮤니케이션 할 수 있는 능력, 학습자 니즈에 초점을 맞춘 맞춤교육, 멀티미디어 자료 및 프리젠테이션 강의자료(가령, 파워포인트 파일)의 사용으로 색다른 학습경험의 제공 등을 들 수 있다. 동화상 및 음성 파일은 반복적으로 재생이 가능한 시각적, 청각적 방식의 학습을 제공할 수 있다.

반면, 이러닝은 다음과 같은 단점도 지니고 있다.

- **대면적 상호대화의 부족**: 이러닝의 주된 문제점은 강사와 학생 간의 대면적 상화대화 기회가 부족하다는 점이다. 이러닝을 반대하는 사람들은 학습프로세스가 교육철학의 관점에서 교육적 가치를 지니지 못하다고 주장한다. 이에 반해, 이러닝의 지지자들은 인간의 상호대화가 음성이나 동화상에 기반한 웹 컨퍼런싱 프로그램 혹은 토론방 기술을 통해 간접적으로 실현될 수 있으므로, 이러한 비판이 근거가 부족하다고 주장한다.
- **고립감**: 또 하나의 단점은 온라인 교육의 학습자가 경험하는 고립감이다. 그러나 이 고립감의 문제는 웹기반 토론방 및 기타 컴퓨터 기반의 커뮤니케이션과 같은 기술을

통해 어느 정도 해소될 수 있다. 정보통신 기술을 최대한 활용하여 학생들간 뿐만 아니라 강사와 학생 간의 상호대화는 어떠한 형태로도 장려가 되어야 한다.

토·의·문·제 Electronic Commerce

01 인터넷 전자상거래의 범주에 포함되는 일부 서비스들은 중개자를 통해 제공된다. 본문에서 다루어지고 있는 경매, 여행, 주식매매 이외에 다른 중개자 기반의 온라인 서비스들을 세 개만 제시하고, 이들을 각각 해당되는 전통적 서비스와 비교적으로 설명하시오(즉, 장점, 단점 등).

02 전통적 경매는 영국식, 네덜란드식, 최고가격 밀봉입찰, 둘째가격 밀봉입찰 등 네 가지가 있다. 그러나 오늘날 인터넷 경매는 대부분 영국식 경매방식에 의해 이루어지고 있는데, 그 이유가 무엇인지에 대해 설명해 보시오. 만일 다른 세 가지 방식을 각각 인터넷 기반으로 옮기는 것이 가능한지 또 현실적으로 어렵다면 어떠한 문제가 존재하는지 토의해 봅시다.

03 인터넷 검색엔진을 통해 과거에 인터넷 경매과정에서 발생했던 사기사건들이 어떤 것들이 있는지 그 사례들을 세 가지만 찾아보시오(힌트: 뉴스부문의 검색을 이용함). 각 사기 사례가 발생한 데에는 경매사이트의 어떤 측면이 취약해서인지 설명하고, 이러한 사례가 재발하는 것을 예방하기 위해 요구되는 대책 혹은 대응방안을 제시하시오.

04 우리나라 온라인 여행업계에서 온라인 중개업자의 예로서 가장 대표적인 세 개의 사이트를 찾아보자. 또 이들에 맞서 인터넷으로 직판을 시도하는 여행공급사(즉, 항공사, 호텔, 렌터카 등)들의 대표적인 사이트를 세 개만 찾아보자. 랭키닷컴(rankey.com) 사이트에 방문해서, 이들 두 개 그룹의 사이트들의 하루 방문자 수가 서로 어떻게 다른지 알아보자.

05 온라인 증권시장의 매체별 거래규모면에서 HTS가 웹사이트를 크게 앞서는 것으로 본문에서 지적되고 있다. 둘 다 인터넷을 기반으로 함에도 불구하고, 고객들이 HTS를 훨씬 더 선호하는 이유가 뭔지에 대해 알아보자(주변의 온라인 증권거래 경험이 있는 지인에게 인터뷰를 하거나, 직접 증권사 사이트에 들어가 비교해 볼 것).

06 본문에서 다루고 있는 온라인 서비스들 중에서 판매채널 간의 마찰(즉, 채널충돌)이 가장 심할 것으로 예상되는 서비스는 무엇인가? 또 마찰이 심한 것은 해당 서비스업계의 어떠한 특성 때문인지 설명하시오.

참·고·문·헌

- 한국전자거래진흥원, 『2013 이러닝산업 실태조사결과 발표자료』, 2014. 1.
- 산업자원부, 『2013-2014 이러닝 백서』, 2014. 9.
- Alexander, Delroy, "Net-only bank's wings clipped; Bank One to end failing Wingspan," *Chicago Tribune*, June 29, 2001.
- Andal-Ancion, Angela, Phillip A. Cartwright and George S. Yip, "The digital transformation of traditional businesses (HTML)," *Sloan Management Review:* Vol. 44, No. 4, 2003, pp. 34-41.
- Edmunds, Marian, "A wake-up call for the industry: As competition intensifies, online and mobile technologies offer huge opportunities across all sectors of the travel business," *Financial Times*, March 13, 2002, p. 10.
- Global Industry Analysis, "eLearning: A Global Strategic Business Report," 2007.
- Nagy, A. (2005). The Impact of E-Learning, in: Bruck, P.A.; Buchholz, A.; Karssen, Z.; Zerfass, A. (Eds). *E-Content: Technologies and Perspectives for the European Market*. Berlin: Springer-Verlag, pp. 79-96.
- Paul, Peralte C. and Doug Nurse, "Government Shutters NetBank, ING Takes Over Customer Accounts," *E-Commerce Times*, October 1, 2007.
- Preimesberger, Chris, "Web 2.0: How High-Volume eBay Manages Its Storage," *eWeek*, October 27, 2006.
- Vickrey, William, "Counterspeculation, auctions, and Competitive Sealed Tenders," *Journal of Finance*, Vol. 16, March, 1961, pp. 8-37.

사례연구 MIT, 소프트웨어 교육 위해 이러닝 활용

2011 이후, MIT 학생들은 소프트웨어 학습 목적으로 Lynda.mit.edu 사이트를 통해 모두 238,000개 이상의 동영상 자료를 시청한 것으로 나타났다. 지난 2011년 1월, Lynda.com 사이트를 통해 무료로 온라인 교육 동영상 자료를 제공하기 시작한 이후, MIT의 학생, 교수 및 직원 등 대학구성원들은 Lynda.mit.edu 사이트의 풍부한 교육 콘텐츠를 소프트웨어 분야의 주요 학습 도구로 활용해 왔다.

Lynda.com은 이러닝 전문 교육사이트로서 애니메이션 및 CAD/CAM에서부터 동영상 및 웹 디자인에 이르기까지 다양한 주제와 관련해 2천 개가 넘는 과목들을 제공한다. 이들 과목에서 다뤄지는 소프트웨어는 Autodesk에서 WordPress까지 매우 광범한 패키지들을 대상으로 하고 있다.

Lynda.com이 제공하는 '소프트웨어 기본교육' 시리즈는 큰 인기를 얻은 것으로 나타났다. 가장 수요가 큰 과목들은 HTML 기본교육, FileMaker Pro 11 기본교육, Mac OS X 이용자들을 위한 Unix, 웹 디자인을 위한 Photoshop, Excel 2010 기본교육, Drupal 기본교육 등이다.

MIT 대학구성원들 대부분이 데스크톱 컴퓨터나 모바일 기기를 이용해 자체적으로 이들 과목 동영상을 시청하지만, 집합수업 세션도 제공된다. 한 예로, 재무 부총장실은 최근 점심시간을 이용해 lynda.com의 학습시리즈를 진행했다.

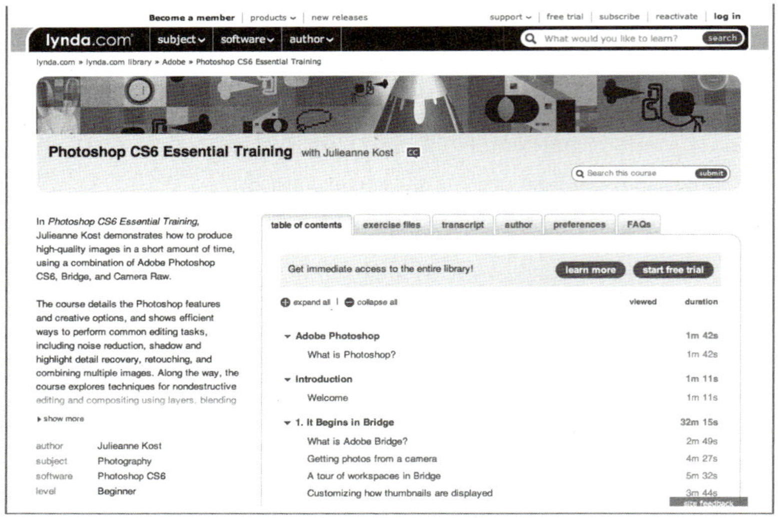

▶ Lynda.com 사이트에서 'Photoshop CS6 기본교육' 강좌의 내용을 소개하는 페이지

▶ Lynda.com이 온라인으로 제공하는 마이크로소프트 엑셀 2010의 교육 동영상 화면.

■ 점심 먹으며 린다와 학습하기

Lynda.com 점심식사 학습 시리즈의 개념은 재무 부총장실의 소속 직원들이 담당업무에서 중요하게 요구되는 소프트웨어 활용능력을 강화하기 위한 과정에서 탄생했다. 월 2회마다 갖는 학습세션에서 이들 직원은 약 40분에 걸쳐 점심 도시락을 먹으며 Lynda.com 교육모듈을 시청한다. 그런 다음에는 재무 부총장실의 한 직원이 재무업무와 관련된 콘텐트를 이용해 짧은 소프트웨어 이용데모를 보여준다.

현재까지는 재무 부총장실에서 이러한 점심 강좌 세션을 두 차례 개최했으며, 둘 다 마이크로소프트 엑셀의 기능에 관한 강좌였다. 첫 세션에서는 데이터 분석방법을 소개했고, 두번째 세션에서는 고급 공식의 활용방법에 초점이 맞춰졌다. 다음 해 1월의 강좌 세션에서는 마이크로소프트 파워포인트 활용법을 다룰 예정이다. 각 세션의 참석 대상은 25명에서 35명 사이의 직원들이다.

이러한 점심강좌 세션을 기획 및 진행하는 스캇 롤프에 의하면, "이들 강의세션이 재무 부총장실의 인력에 대한 공유된 학습기회를 제공한다. Lynda.com은 매우 방대한 양의 과목들을 제공하지만, 이 많은 학습자료들을 살펴볼 시간을 찾는 것도 쉽지가 않다. 과목내용을 함께 살펴보고 또 토의하는 과정에서 직원들은 서로로부터 배우기도 하며 또 온라인 강좌에서 지속적으로 효익을 얻고 있다."

Lynda.com 사이트에서는 특정 과목 및 관심있는 강의모듈을 북마킹(bookmarking)해 두며, 또 강좌를 모두 수강완료한 경우에는 강좌 수료증을 생성하기도 한다. LinkedIn 사이트를 통해 자신의 이력서에 이수한 강좌의 수료증을 표시하는 것이 가능해졌다. 과목시청을 완료한 경우에는 LinkedIn 사이트의 수강자 프로파일에 수료증을 등록하게 해 주는 이메일을 받게된다. 버튼 클릭한 번이면, 쉽게 등록이 가능하다.

■ Lynda.com 회사의 진화

1995년 설립된 이후 꾸준히 인지도가 높아지고 있는 Lynda.com 사이트는 하루 아침에 성공을 이룬 것은 아니라고 창업자인 린다 와인만은 말한다. "회사를 만드는데 20년밖에 안걸렸다"는 농담도 했다.

이 회사는 최근 성장전략을 전개하고 있다. 세 달 전 1억 3백만 달러를 투자받은 것으로 나타났다. 그리고 지난 주에는 컴퓨터 분야의 다양한 온라인 학습자료들을 다수의 유럽 언어로 제공할 목적으로 오스트리아의 이러닝 전문회사 Video2brain을 인수했다.

평생교육 시장에 대한 점유율을 높이고 비즈니스 및 컴퓨터 분야의 학습자료 시장에서 코드카데미 및 트리하우스와 같은 경쟁사의 움직임에 대응하기 위한 서비스를 개발하는 것이 Lynda.com 회사의 계획이다. 현재 이 회사는 1,500개의 과목에 총 83,000개 동영상 타이틀을 제공하고 있으며, 직원은 모두 500명에 달한다.

다른 인기높은 신규 벤처기업들과 달리, Lynda.com은 개인, 기업, 학교, 그리고 미 정부를 포함한 다양한 고객군으로부터 온라인 구독료 수입을 통해 매년 1억 달러 이상의 매출을 올리며 오랜 동안 높은 수익을 유지해온 기업이다. 이 때문에 회사 인수에 대한 관심을 표명한 대기업들에게 모두 거절의사로 답했다.

▶ 출처: Robyn Fizz, "MIT community making the most of lynda.com's online training," MIT News, January 24, 2014.

사·례·연·구·토·의·문·제 Electronic Commerce

01 MIT 대학에서 학내 구성원들의 소프트웨어 교육을 위해 도입한 이러닝 서비스는 Lynda.com사가 공급하고 있다. MIT 대학에서는 이 서비스를 도입한 결과로서 어떤 경제적 및 비경제적 효과가 있었을 것으로 예상되는가?

02 MIT 대학의 재무 부총장실 직원들을 위해 마련된 점심강좌 세션('점심먹으며 린다와 학습하기' 프로그램)은 어떤 독특한 점때문에 좋은 성과를 얻는 것일까?

03 Lynda.com이 제공하는 학습프로그램들은 대부분이 소프트웨어 교육에 초점이 맞춰져 있다. 만일 이런 이러닝 서비스를 당신이 속한 대학의 학생들을 위해 제공한다면,

어떤 학습분야들에 선별적으로 적용할 것을 추천하겠는지 구체적으로 설명하시오.

04 우리나라에서는 Lynda.com에서 제공하는 것과 유사한 이러닝 서비스를 제공하는 대표적 사이트가어디인지 인터넷 검색을 통해 조사해 보자. 또 이러한 사이트에서 현재 국내 기업 혹은 대학에 제공하는 이러닝 서비스가 호응을 얻고 있는 편인지 설명하시오.

제 10 장

Electronic Commerce

인터넷 마케팅 전략수립

개념 사례

검색 데이터를 보면 소비트렌드가 보인다

온라인이 사람들이 정보를 생산하고 교류하는 주된 공간이 됨에 따라 소비자들의 온라인 상에서의 활동에 대한 기업들의 관심이 커지고 있다. 인터넷 사용자의 대부분은 제품이나 서비스를 구매하기 전에 온라인에서 관련 정보를 찾아보고 비교하는 과정을 거친다. 미국 인터넷 이용자의 85%가 상품, 서비스를 구매하기 전 온라인에서 정보를 얻는다고 한다. 또한 우리 나라의 경우도 많은 소비자들이 구매 전에 검색을 하거나 온라인 채널에서 정보를 얻는다.

■ 쉽고 편한 소비자 분석의 원천, 검색 데이터

온라인 활동으로부터 생성되는 수 많은 데이터를 통해 소비자를 이해하려는 노력이 다양한 방법으로 시도되고 있다. 온라인 뉴스 클릭 수를 분석하거나 트위터, 페이스북 등 SNS에서 소비자들이 주고 받는 이야기들을 분석하는 텍스트 마이닝 방법 등이 그것이다. 뉴스 클릭 데이터 분석, SNS 텍스트 분석은 소비자의 관심사를 파악하는데 중요한 소스가 되고 있다. 하지만 많은 기업들이 이와 같이 방대한 SNS빅데이터를 획득하고 분석 하는데는 많은 제약이 따른다. 대부분의 경우 데이터를 생산하는 포털, 검색 업체들만 접근과 분석이 가능하기 때문이다. 또한 SNS 텍스트 분석의 경우 데이터를 획득/저장/관리하는 서버 구축에 상당히 큰 비용이 요구될 수 있다. 비용 문제를 차치하더라도 대부분 자연어로 되어 있는 SNS 빅데이터를 분석하는 기술은 아직 미흡한 실정이다. 따라서 SNS 분석의 필요성에도 불구하고 기업 실무자들은 높은 진입 장벽을 경험하곤 한다.

반면, 검색 데이터는 누구나 자유롭게 접속하여 분석하는 것이 가능하다. 현재 구글 트렌드와 네이버 트렌드에서 검색어를 입력하면 원하는 분석 기간 동안의 상대적 검색 값이 제공된다. 따라서 사람들의 관심사 변화 추이나 여러 검색어 간 관계를 파악할 수 있다. 그리고 구글과 네이버에 입력되는 검색어가 키워드 중심이기 때문에 비정형인 SNS 빅데이터보다 오류가 적다. 또한 검색 데이터는 소비자가 필요에 의해 자발적으로 온라인 상에 남긴 흔적이다. 즉, 기업의 의도나 목적에 의해 좌우될 여지가 적다. 이에 반해 SNS빅데이터의 경우 기업이 영향을 미치는 경우가 많은 것으로 알려져 있다. "기업들이 지원하는 대가성 소셜 미디어 평가 및 리뷰가 2014년까지 전체 리뷰의 10~15%를 차지할 것"이라는 리서치 기관 가트너의 추산처럼 SNS 빅데이터로부터 소비자를 이해하는 것은 더욱 어려워지고 있다. 여러 가지 검색 데이터의 장점으로 인해 검색 데이터를 소비자 통찰력의 원천으로 삼고자 하는 시도가 다양하게 이루어 지고 있다.

소비자들이 온라인 상에서 자발적으로 남긴 검색 정보를 통해 얼마나 소비자를 잘 이해할 수 있을까? 그 가능성은 매우 넓고 다양하겠지만 본 글에서는 이중 몇 가지를 예시적으로 분석해 봄으로써 검색 데이터의 활용가치를 살펴본다.

• 소비자들의 트렌드 읽기('캠핑' 트렌드)

요즘 캠핑 인구가 많이 늘어났다. 시장규모도 매년 폭발적으로 늘어 올해 캠핑시장규모는 6,000억원대에 달할 것으로 예상된다고 한다. 우리나라 소비자들은 언제부터 캠핑에 대한 관심이 커졌을까? 네이버트렌드에서 '캠핑'의 검색량을 보면 2007년에는 펜션, 리조트, 민박과 비교해 볼 때 캠핑에 대한 검색량이 턱없이 적었으나 2013년에는 리조트, 민박 등의 검색량을 압도적으로 넘어섰고 펜션의 검색량도 거의 넘어서려고 하고 있다.

네이버 트렌드에서 2011년 1월부터 2013년 9월

그림 1 '여름 휴가'와 '캠핑'의 모바일 검색 트래픽

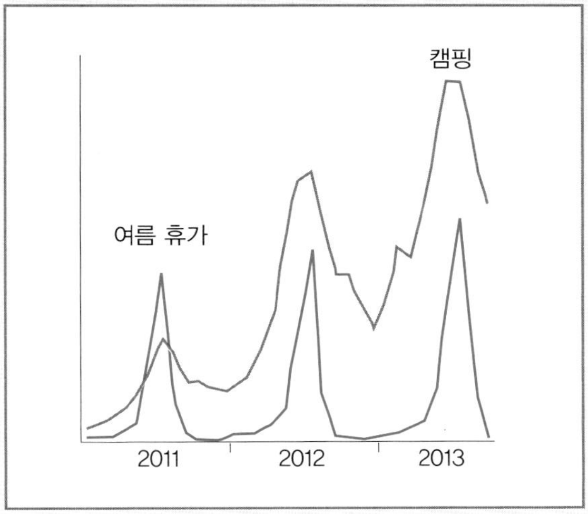

▶ 자료 : 네이버 모바일 검색 트렌드, 2011년 1월부터 2013년 9월.

동안 '캠핑'의 모바일 검색량을 분석해 보면, 캠핑에 대한 검색량은 가을이 아닌 여름, 특히 여름 휴가철에 폭증하는 것을 알 수 있다. 여름 휴가 혹은 휴가의 검색량이 여름 시즌에만 나타나는 것과는 달리, 캠핑에 대한 관심은 봄과 가을 시즌에도 적지 않게 나타나고 있고 해가 갈수록 봄 가을의 검색비중이 높아지는 경향을 보인다. 여름 시즌을 제외하면 캠핑의 검색 트래픽이 등산의 검색 트래픽과 상당히 유사하게 움직이는 것도 볼 수 있다. 따라서 여름 휴가를 보내는 여러 방식 중 캠핑이 주요한 트렌드로 자리 잡음과 동시에 캠핑에 대한 관심이 연중으로 확산되고 있다는 해석이 가능할 것이다.

• 핵심 구매 요인 분석 (스마트폰)

소비자가 구매를 위한 평가기준으로 삼는 요소인 핵심 구매 요인은 소비자를 둘러 싼 외부 환경, 또는 시간이 흐름에 따라 달라지거나 우선 순위가 변하기도 한다. 이렇게 동적으로 변하는 소비자의 관심사를 포착하기 위해 검색 데이터가 활용될 수 있다.

표 1 스마트폰 구매 요인별 검색량

	디자인	크기	화면크기	화질	스펙	UI	합계
2009년	1.7	0.0	0.1	0.4	0.1	1.0	3.3
2010년	1.9	0.5	0.1	0.3	1.3	0.9	5.0
2011년	3.7	1.7	1.4	1.0	4.5	1.1	13.5
2012년	5.7	1.4	1.9	0.9	1.9	0.7	12.4
2013년	5.5	0.9	1.3	0.4	1.3	0.2	9.7

▶ 자료 : 네이버 모바일 검색 트렌드, 2009년 1월부터 2013년 9월 2009년 내 검색량을 기준으로 지수화.

소비자는 스마트폰을 구매할 때 가격, 디자인, 스펙 등 많은 요인들을 고려할 것이다. 그 중에서도 가격은 구매 결정 시 중요하게 고려되는 요인 중 하나이다. 특히 구매하기 직전에 원하는 제품을 저렴하게 사기 위해 가격을 비교하는 목적의 검색 활동이 활발히 이루어진다. 그러나 가격이 싸다고 무조건 구매하지도 않는다. 소비자들의 최대 관심사인 가격과 더불어 소비자들은 어떤 요인들에 관심을 가지고 검색을 할까?

2010년도와 2011년도에 스마트폰의 스펙에 대해 소비자들의 관심이 커진 후 카메라 화소, 램 용량, 듀얼코어 탑재 여부 등 스마트폰 모델별 스펙 비교가 많이 이루어졌던 것으로 보인다. 특히 2012년 이후 디자인에 대한 관심이 더욱 증가하였다. 항상 함께하는 스마트폰의 디자인이 중시되는 것은 당연하지만 2012년 이후 디자인에 대한 관심이 폭증한 것은 아마도 출시된 스마트폰들이 스펙, 화면 크기 등에서 차별화되지 않기 때문인 것으로 보인다.

검색 데이터 분석을 통해 보면 소비자들이 스마트폰을 구매할 때 중요하게 고려하는 요인의 상대적 중요도는 시간의 흐름에 따라 변화하는 것을 알 수 있었다. 소비자가 관심을 가지고 검색을 하는 부분들은 구매 전 핵심 구매 요인이 되기도 하지만, 구매 후 사용 시 소비자의 만족도에 영향을 주는 요인이므로 기업들의 꾸준한 관심이 필요하다.

• **기업의 브랜드 가치 변화 읽기**

인지도, 선호도, 구매 의향 등은 제품 및 브랜드에 대한 소비자의 생각을 알기 위해 기업에서 지표화하여 관리하는 대상이다. 기업은 지표의 수준을 알기 위해 짧으면 분기 또는 년 단위로 조사를 실시하며 꾸준한 추적을 통해 개선 방향을 도출하기를 원한다. 그러나 많은 기업이 지속적이고 잦은 소비자 조사에 부담을 느끼고 있어 필요 시 마다 간헐적으로 진행하는 경우도 상당하다. 검색 데이터 분석이 시간과 비용이 많이 드는 소비자 조사를 보완할 수 있을까? 한국과학기술정보연구원의 '웹 검색 트래픽을 활용한 소비자의 속성 연구' 보고서에 따르면, "검색 트래픽은 시간에 따른 소비자의 태도 변화를 반영하는 보완 지표로 활용될 수 있다"고 한다. 그렇다면, 브랜드에 대한 소비자의 태도도 검색 트래픽으로 추정될 수 있을까

구글 검색 트래픽 추이가 일반적으로 브랜드 가치의 변화를 설명해 주는지 확인하기 위해 인터 브랜드에서 2008년부터 2013년까지 한 번이라도 10위 안에 포함되었던 13개 브랜드의 2008년부터 2013년 10월까지의 구글 검색량을 살펴 보았다. <그림 2>는 인터 브랜드 지수 순위가 상승 또는 하락할 때, 구글 검색량 순위가 어떻게 변하는지를 보여 준다. 디즈니를 제외하면 2008년과 비교할 때 2013년의 인터브랜드 지수의 순위와 구글 검색량 순위가 비슷한 방향(우상향 혹은 좌하향)으로 움직인다는 것을 알 수 있다.

그림 2 검색량 순위와 브랜드 순위 같은 방향으로

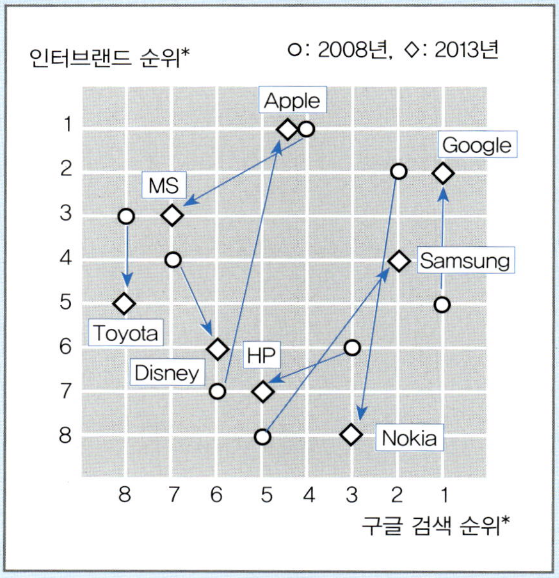

▶ 본 그림에서의 인터브랜드 순위 및 구글 검색순위는 8개 기업 간 순위임.

표 2 인터브랜드 순위 Top 10 기업의 2008~2013년 기간 중 브랜드 순위 및 검색량 순위 변화

	인터 브랜드 지수 순위						구글 검색량 순위					
	2008	2009	2010	2011	2012	2013	2008	2009	2010	2011	2012	2013
Apple	24	20	17	8	2	1	6	6	5	4	4	4
Disney	9	10	9	9	13	14	7	7	7	7	6	6
Google	10	7	4	4	4	2	1	1	1	1	1	1
HP	12	11	10	10	15	15	3	3	4	5	5	5
Microsoft	3	3	3	3	5	5	4	5	6	6	7	7
Nokia	5	5	8	14	19	57	2	2	2	3	3	3
Samsung		19	19	17	9	8	5	4	3	2	2	2
Toyota	6	8	11	11	10	10	8	8	8	8	8	8

브랜드 조사를 예로 들어 브랜드 평가와 검색 트래픽을 비교해 본 결과 상당히 유사한 양상을 발견했다. 하지만 검색 트래픽 분석이 브랜드 조사 등 소비자 조사를 완전히 대체할 수 있는 것은 아니다. 조사와 달리 검색 트래픽 분석으로는 좀 더 구체적이고 다양한 질문을 하는 것이 어렵기 때문이다. 그럼에도 불구하고 비용과 시간이라는 소비자 조사가 가지고 있는 특성적 한계를 검색 트래픽 분석이 보완해 줄 수 있을 것으로 보인다. 검색 트래픽은 소비자의 태도를 반영하는 보완지표이므로, 기업은 소비자 조사를 실시한 후 일정 기간 재조사 없이 검색 트래픽만으로 시간에 따른 소비자의 태도 변화 양상을 모니터링 할 수 있을 것이다. 특히 가격 프로모션, 경쟁 제품의 출시, 리콜 등 소비자의 인식에 영향을 미치는 사건이 발생한 후 즉각적인 인식 변화를 알아보는데 더욱 효과적인 방법으로 활용될 수 있다. 그리고 검색 트래픽에서 의미 있는 변화가 발생했는데 그 원인을 심층적으로 파악하고 싶을 때는 소비자 조사를 다시 실시하는 것으로 서로 보완하는 것이 가능하다.

• 현재 또는 가까운 미래의 매출을 예측하기

소비자의 관심은 구매 행동으로 이어질 가능성이 높다. 따라서 검색 데이터 분석은 소비자의 관심의 결과물인 검색 데이터와 매출 등 실물 데이터의 연관성을 찾는데 집중되는 경향을 보인다. 최근 독일에 있는 RWI의 거시경제학 연구팀은 검색 데이터가 개인 소비를 예측하는 지표가 될 수 있음을 실증하였다. 그리고 구글의 수석 이코노미스트인 Hal Varian도 검색 데이터가 가까운 미래의 경제 지표를 예측할 수 있다는 논문을 발표하였다. 매출, 구매액과 같은 실물 데이터는 수집되는데 상당한 시간과 비용이 필요하다. 경쟁사의 매출 데이터는 구하기도 쉽지 않다. 반면 검색 데이터는 손쉽게 획득할 수 있고, 그래프를 그려 보는 것으로 간단하게 추이를 알아볼 수 있다.

■ **검색 데이터 분석의 한계 많지만 소비자를 들여다 볼 수 있는 편리한 창**

이제까지 분석 결과에서 나타난 것처럼 검색 데이터는 소비자 이해의 방안으로 높은 가능성을 보여줬지만 동시에 활용 시 주의가 요구된다.

무엇보다 검색의 쏠림 현상을 들 수 있다. 어떤 이슈가 생기면 많은 사람들이 동시에 관심을 보여 검색량이 폭증할 가능성이 크다. 네이처(2013년 2월 13일)는 “구글이 웹 데이터마이닝과 소셜미디어를 바탕으로 독감을 추적하지만, 이 연구가 역학조사를 완전히 대체할 수는 없다”는 발표를 한 적이 있다. 올해 초 미국에서 변종 독감 바이러스에 대한 공포 때문에 독감에 대한 검색량은 증가했고 구글은 이 데이터를 바탕으로 실제 수치보다 2배가 넘는 독감 예상치를 발표했다. 실제 독감에 걸려서 검색한 사람들도 있었겠지만, 유사한 증상을 독감 증세로 오해해서 또는 단순히 독감에 대한 공포 때문에 검색을 한 사람들도 많았던 것으로 보인다. 이것은 기업에도 똑같이 적용이 되는데, 지난해 온라인 게시판의 고객불만에서 시작돼 사회적으로 큰 이슈를 불러일으킨 한 식당 사건도 검색의 쏠림 현상을 보여 주는 대표적인 예이다. 이처럼 검색량 폭증은 일시적인 것일 수도 있고, 부정적일 수도 있다. 따라서, 검색량이 갑자기 증가했을 때 실물적으로 어떤 의미를 가지는지에 대한 고려가 항상 동반되어야 한다. 또한 검색 데이터는 검색 내용의 긍·부정 의미 판단이 불가능하므로 검색량 증가의 원인을 찾는 데 주의를 기울여야 한다.

가장 실질적인 한계는 제품의 특성에 따라 정보 탐색의 수준이 다르다는 점이다. 전자 제품, 신기술을 바탕으로 한 신제품 등에 대해서는 활발한 검색 활동이 이루어진다. 그러나, 많은 소비재의 경우 별다른 이슈가 발생하지 않았을 때 소비자들은 검색의 필요성을 느끼지 못한다. 또한, 소비자가 너무 잘 알아서 검색하지 않는 제품이나 브랜드의 경우 소비자의 관심의 정도가 검색으로 반영되지 않기도 한다. 마지막으로, 검색 결과는 관심의 반영이므로 만족도, 추천 의향 등 구체적인 질문과 검색 결과를 연결하는 것은 어렵다. 실제로 분석해 본 결과 검색량과 고객만족도는 잘 맞지 않는 것으로 나타났다.

검색어를 어떻게 선택하느냐 하는 문제도 있다. 대한민국의 실업률을 검색 데이터로 추정한다고 할 때 검색어를 어떻게 선택할 수 있을까? 단순히 '실업' 또는 '실업률'이라는 검색어가 실제 실업률을 반영하지 않을 수 있다. '구인', '구직', '실업수당' 등 고려해야 할 수많은 검색어를 어떻게 선택하는지에 따라 분석 결과는 달라질 수 있다. 그리고 좀 더 구체적이고 다양한 질문을 하는 것이 어렵다. 실업률을 추정할 수는 있지만, 실업 기간, 실업 이유 등을 검색 데이터를 통해 알 수는 없다.

그러나 검색 데이터는 소비자를 이해하려는 기존의 활동들을 통해 발견하지 못한 새로운 인사이트를 찾기 위해, 막연히 감으로 알고 있던 부분을 확인하기 위해, 잘못 생각한 부분을 올바르게 수정하기 위해 다른 조사와 함께 활용될 때 유용하다. 특히, 소비자의 태도 변화를 빠르게 포착하거나 위기 사건 발생시 신속하게 대응하기 위해서는 검색 데이터 분석이 기존의 조사보다 효과적일 수 있다. 검색 데이터의 여러가지 한계에도 불구하고 검색데이터는 기업들이 소비자도 잘 모르는 소비자의 마음을 들여다 볼 수 있는 매우 유용한 창이 될 수 있다.

▶ 출처 : 김민희 · 김나경, "검색 데이터를 보면 소비트렌드가 보인다," LG Business Insight, 2013. 11. 10.

10.1 인터넷 시장 환경 분석

마케팅의 출발 포인트는 고객에 대한 이해이다. 인터넷을 활용하여 효과적인 마케팅 전략을 수립하고 전자상거래를 유도하기 위해서는 온라인 소비자의 특성 및 온라인 소비자 행동에 대한 이해가 반드시 선행되어야 한다. 즉, 누가 온라인을 이용하고, 어떤 이유로 이용하며, 온라인상에서 어떤 품목들을 구매하며, 불만 사항은 무엇인지에 대한 분석이 시작점이다. 나아가 온라인상에서의 소비자 행동 및 소비자 의사결정과정이 오프라인과 비교하여 어떠한 차이가 있는지에 대한 이해도 필요하다. 이번 절에서는 인터넷의 등장이 가져온 B2C 비즈니스 영역에서의 소비자 특성에 대한 분석 및 인터넷 시장조사에 대해 다루고자 한다.

인터넷 소비자 특성

인터넷 소비자는 누구인지, 왜 인터넷을 이용하는지, 그리고 인터넷상에서 어떤 제품을 구매하는지를 알아봄을 통해 온라인 고객에 대한 이해를 높일 수 있다.

인터넷 사용인구의 특징

미국의 경우 2012년 현재 미국 인구의 88.6%가 인터넷을 사용하고 있으며(Internet world stats.com, 2012), 2013년 현재 2억 4,500만 명의 사용자 수를 보이고 있다(eMarketer, Inc., 2013). 온라인 사용자의 비율은 1990년대 후반까지 매년 30%정도 증가하였으나, 최근에 들어 성장률이 정체되어 2013년의 경우 2012년대비 2.6% 증가하였다(eMarketer, Inc., 2013). 우리나라의 경우 2013년 7월 현재 만 3세 이상 인구의 인터넷 이용률은 82.1%이며, 인터넷 사용자수는 40,080천명으로 나타나고 있다(한국인터넷진흥원, 2013).

그림 10-1은 우리나라 인터넷 이용률 및 이용자 수 변화를 연도별로 살펴보고 있다. 2013년 7월 현재 전년 대비 만 3세 이상 인구의 인터넷이용률과 인터넷 이용자수는 지속적으로 증가하고 있음을 알 수 있다. 한편, 만 60세 이상 노년층의 인터넷이용률은 26.8%이고, 인터넷 이용자수는 2,300천명(전년대비 각각 2.4%p, 280천명 증가)으로 꾸준히 증가하는 것으로 나타났다(그림 10-2 참고). 또한 만 3-5세 유아의 인터넷 이용률도 72.7%로 나타나 전년대비 증가하였음을 알 수 있다.

그림 10-1 인터넷이용률 및 이용자수 변화 추이(단위: %, 천명)

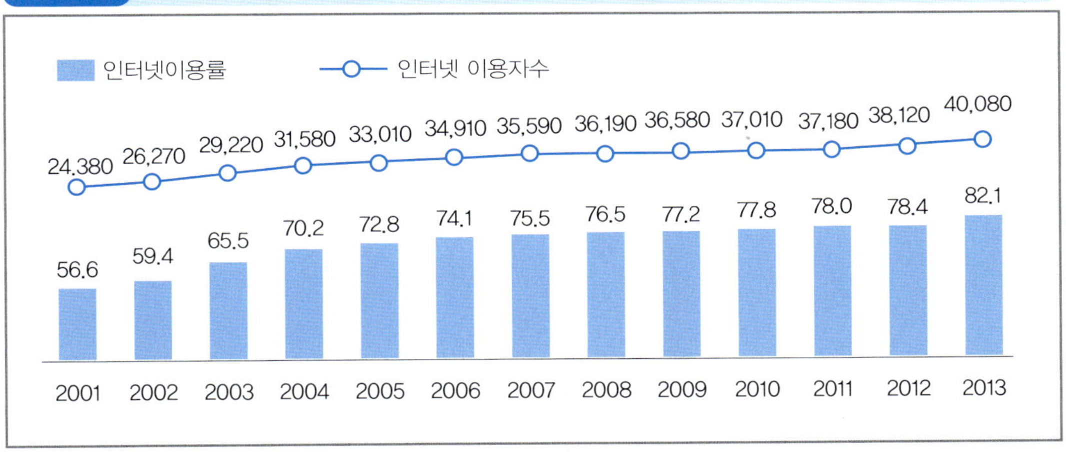

1) 2004년 조사부터 인터넷에 모바일 인터넷(이동전화 무선인터넷 등)을 포함시켰으며, 인터넷 이용자 정의도 '월평균 1회 이상 인터넷 이용자'에서 '최근 1개월 이내 인터넷 이용자'로 변경함.
2) 2006년 조사부터 조사 대상을 만 3세 이상 인구로 확대함(2000년-2001년: 만 7세 이상 인구, 2002년-2005년: 만 6세 이상 인구).
▶ 출처: 한국인터넷진흥원(NIDA) 통계보고서, 2013.

그림 10-2 만 60세 이상 노년층의 인터넷이용률 및 이용자수(단위: %, 천명)

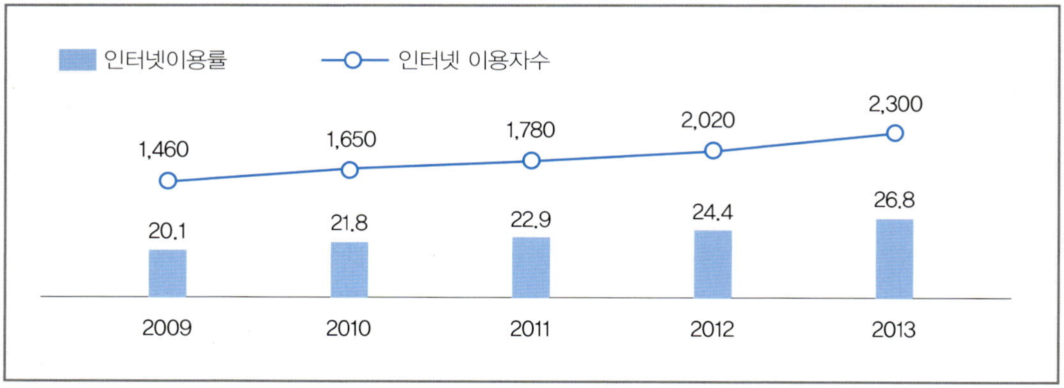

▶ 출처: 한국인터넷진흥원(NIDA) 통계보고서, 2013.

그림 10-3 만 3-5세 유아의 인터넷이용률 및 이용자수(단위: %, 천명)

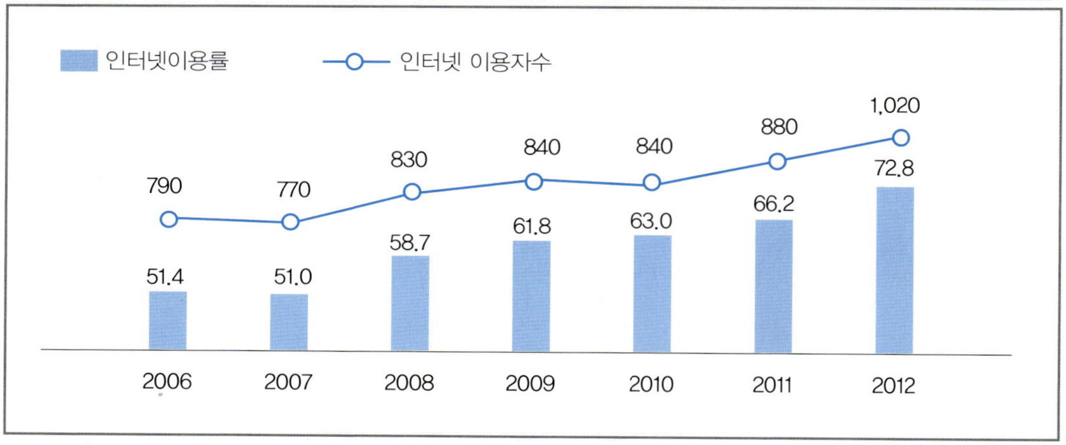

▶ 출처: 한국인터넷진흥원(NIDA) 통계보고서, 2013.

인터넷 이용목적

오늘날 인터넷 이용자들은 과거에 비해 다양한 형태의 활동들을 인터넷상에서 수행한다. **그림 10-4**는 우리나라 인터넷 이용자들의 인터넷 이용 목적에 대해 설명하고 있다. 90%이상의 인터넷 이용자들이 '자료 및 정보 획득 (91.3%)'를 위해 인터넷을 이용하는 것으로 나타났으며 '여가활동(86.4%)'과 '커뮤니케이션(85.5%)'도 주요한 인터넷상의 활동으로 나타나고 있다. 이 외 '인터넷 구매 및 판매(46.3%)', '인터넷 금융(41.8%)', '홈페이지 운영(37.1%)' 등의 활동을 위해 인터넷을 이용하는 경우도 높게 나타나고 있다.

그림 10-4 인터넷 이용 용도(복수응답, %) – 만 3세 이상 인터넷 이용자

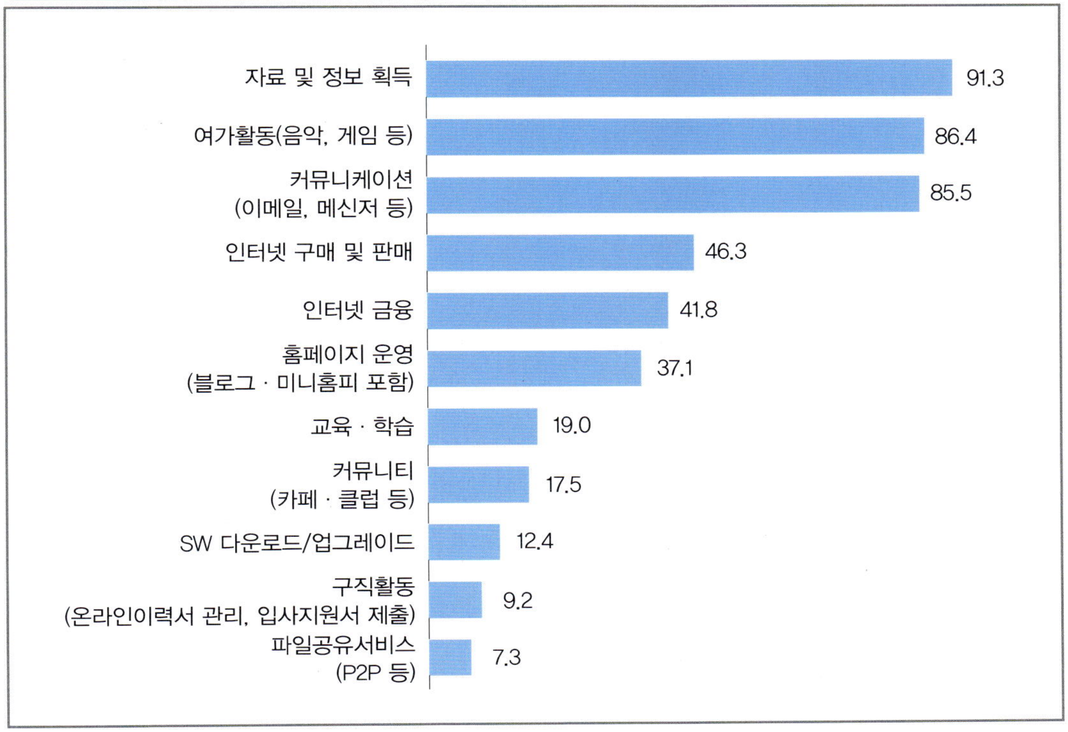

▶ 출처: 한국인터넷진흥원(NIDA) 통계보고서, 2013.

온라인 구매자의 특성

인터넷 사용자가 급증함에 따라 전자상거래 시장 역시 빠른 속도로 성장하고 있다. 전세계적으로 2013년 한해 10억 명 이상의 온라인 구매자들이 기업–소비자(B2B)간 전자상거래에 $1.221조를 지출할 것으로 예상된다(eMarketer, Inc., 2013). 우리나라의 경우 인터넷 이용자의 55.8%가 인터넷 쇼핑을 경험하고 있으며, 2006년 전자상거래액 총규모는 2005년에 비해 15.4% 증가한 413조에 이른다. 기업간(B2B) 전자상거래는 2005년 대비 14.9% 증가하여, 전체 거래액의 88.5%를 차지하였고 기업-소비자(B2B)간 전자 상거래는 9조 1천 320억원으로 2005년에 비해 15.3% 증가하였다. B2C 거래 중 사이버쇼핑몰을 이용한 전자상거래 규모는 13조 4천 569억원으로 2005년 대비 26.1% 정도 늘어난 수치이다(통계청, 2007).

인터넷 이용자들은 온라인 구매와 관련하여 세분화하여 보면, 인터넷이용자의 63%가 온라인에서 구매를 하는 구매자(buyer)이며, 12% 정도의 온라인에서 정보 탐색만 하고 구매는 오프라인에서 하는 소비자(browser)들도 인터넷 비즈니스에 중요한 의미를 제공한

그림 10-5 성 · 연령별 인터넷쇼핑 이용률 – 만12세 이상 인터넷 이용자(단위: %)

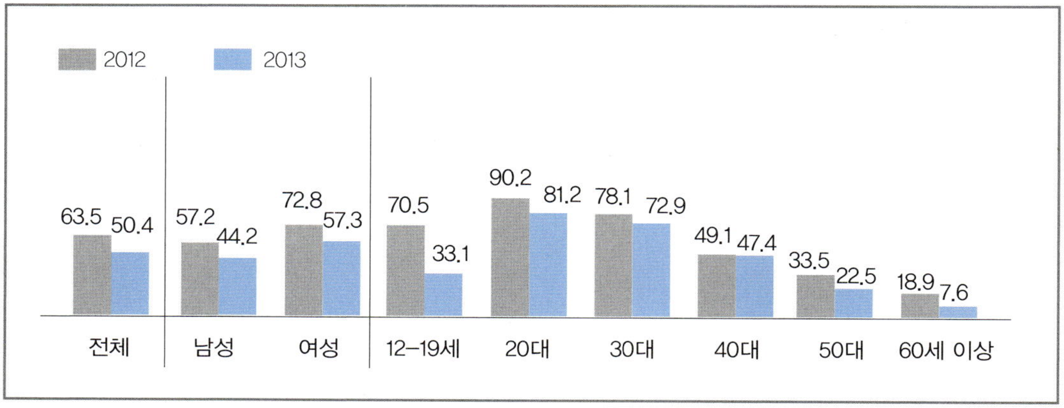

▶ 출처: 한국인터넷진흥원(NIDA) 통계보고서, 2013.

그림 10-6 인터넷쇼핑 구매품목(복수응답) – 만12세 이상 인터넷 이용자(단위: %)

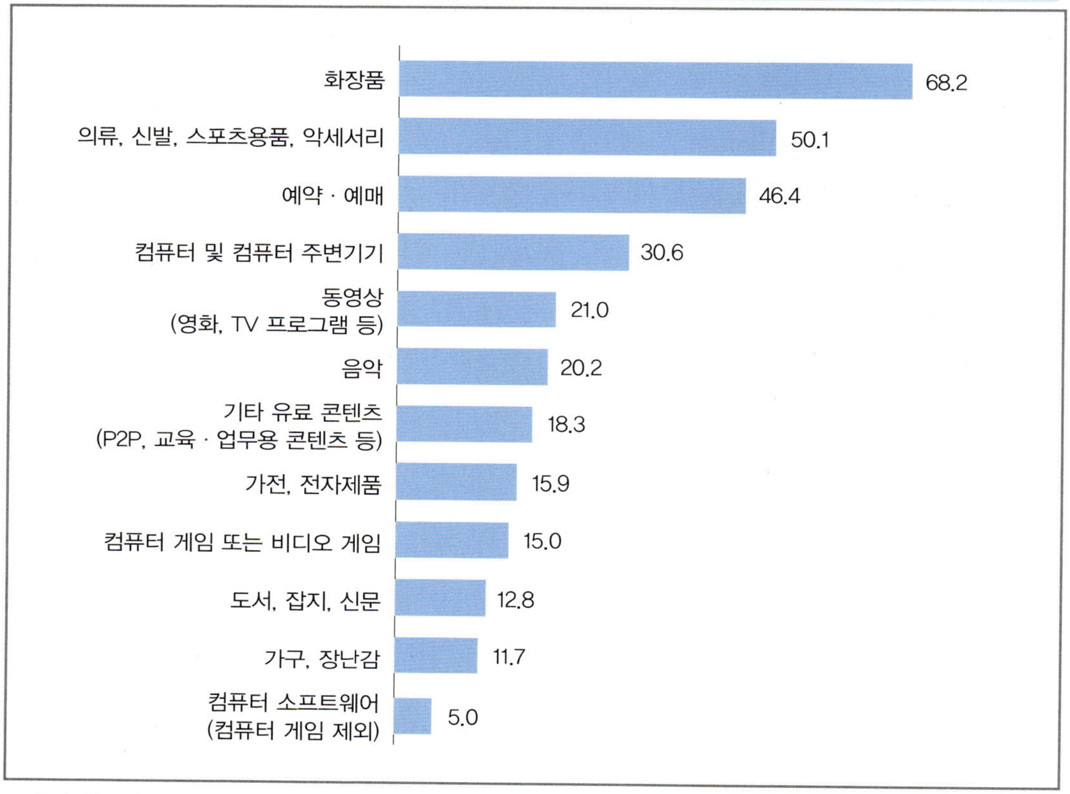

▶ 출처: 한국인터넷진흥원(NIDA) 통계보고서, 2013.

다. 성별로는 여성(57.3%)의 인터넷 쇼핑 이용률이 남성(44.2%)보다 높고, 연령별로는 20대(81.2%) 및 30대(72.9%)의 이용률이 상대적으로 높은 것으로 나타났다.

인터넷 쇼핑이용자의 인터넷 쇼핑 지출 비용은 월평균 6만 2백원이었으며, 인터넷 쇼핑을 통해 주로 구매하는 품목은 '화장품(68,2%)' 및 '의류, 신발, 스포츠용품, 악세서리(50.1%)'이었으며, 이외에도 '예약, 예매(46.4%)', 컴퓨터 및 컴퓨터 주변기기(30.6%) 및 '동영상(30.5%)' 등이 인터넷 쇼핑의 구매 품목으로 나타났다.

온라인 채널 선택 이유

미국 소비자들의 경우 구매 시 온라인 채널을 선택한 가장 큰 이유는 저렴한 가격(38%)으로 나타났다. 이 외 24시간 언제든 쇼핑 가능(35.1%), 가격 비교 용이(33.1%), 무료 배달(31.5%) 등 다양한 이유들이 있는 것으로 나타났다(표 10-1 참조).

표 10-1 온라인 채널 선택 이유

이유	응답자 비율(%)
저렴한 가격	38
24시간 언제든 쇼핑 가능	35.1
가격 비교가 쉬움	33.1
무료 배달	31.5
시간 절약	30.8
쉽게 구매할 수 있음	29.2
다양한 품목	17.4

▶ eMarketer, Inc., 2013.

온라인 채널 비이용 이유

우리나라 소비자들이 인터넷 쇼핑을 하지 않는 이유는 **그림 10-7**에 제시되어 있다. '관심 또는 필요가 없어서'라는 응답이 86.2%로 가장 높게 나타났으며, '이용할 자신이 없거나 이용방법을 몰라서(58.0%)'라는 응답도 높게 나타났다. 이외 '이용 비용이 부담스러워서(16.1%)', '컴퓨터 등 장비가 없어서(10.9%)', '시간이 없어서(4.9%)' 순으로 인터넷 쇼핑 비이용 이유가 나타나고 있다.

우리나라의 경우 인터넷 쇼핑시 불편이나 피해를 경험한 사람들은 전체 응답자의 46.4%로, 배달 지연(31.5%), 해지나 철회 불가(22.1%)등이 주요한 불편 및 피해의 유형인 것으로 나타났다(그림 10-8 참조).

그림 10-7 인터넷 비이용 이유(복수응답) – 만 3세 이상 인터넷 비이용자(단위: %)

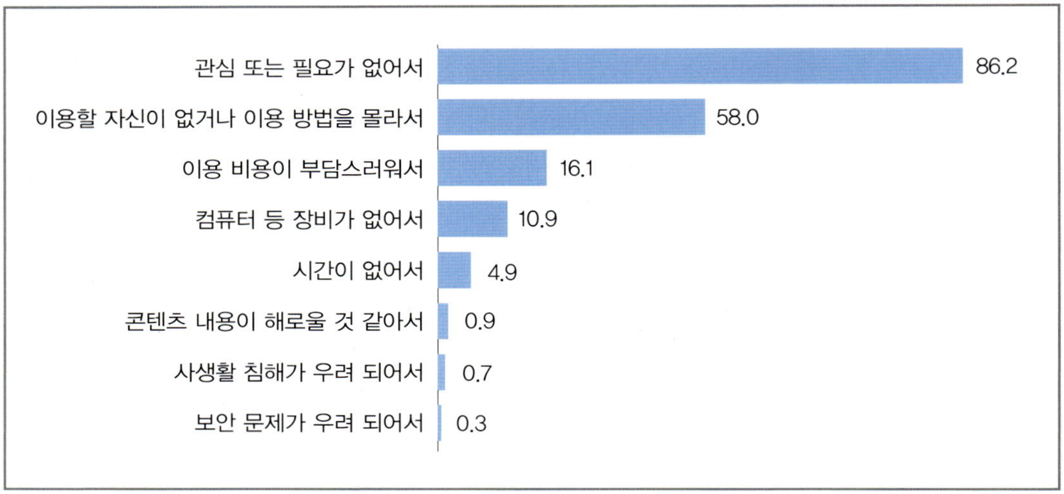

▶ 출처: 한국인터넷진흥원(NIDA) 통계보고서, 2013.

그림 10-8 인터넷쇼핑 불편 · 피해 경험(복수응답) – 만 12세 이상 인터넷쇼핑 이용자(단위: %)

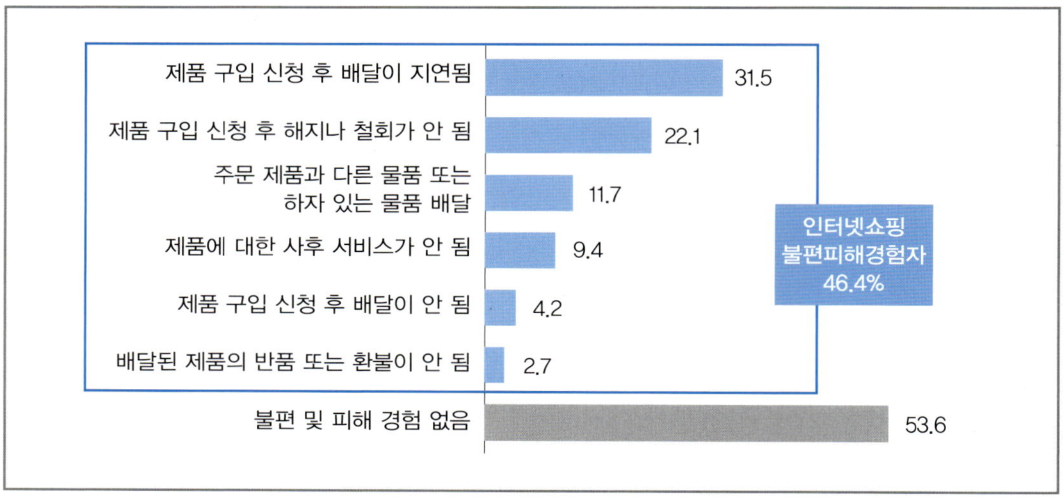

▶ 출처: 한국인터넷진흥원(NIDA) 통계보고서, 2013.

소비자 신뢰와 효용

온라인 소비자의 행동은 개인 성향, 상품 종류, 웹 사이트와 외부적 요인 등 여러 가지 요인들에 의해 매우 상이하게 나타난다. 소바자들의 온라인 구매결정에 영향을 주는 두 가지 중요한 요소는 효용과 신뢰이다(Ba and Pavlou, 2002). 소비자들은 좋은 거래, 저렴한 가격, 편리성, 그리고 빠른 배달 등의 효용을 추구한다. 하지만 정보의 불균형 문제 때문에, 판매자는 일반적으로 제품의 품질과 판매 조건에 대해 소비자보다 훨씬 더 많은 정보를 가지고 있다. 이것은 때로 판매자의 기회주의적 행동을 야기할 수 있다(Mishra, 1998).

따라서 판매자들은 소비자들의 구매를 유도하기 위해 소비자들에게 신뢰를 제공해야 하는데, 판매자는 정직성, 공평성 그리고 질 좋은 제품의 인도 등의 강력한 평판을 갖춤으로써 온라인 소비자들에게 신뢰를 구축 할 수 있다. 또한 이것은 브랜딩의 기본 요소이기도 하다. 이피니언스(Epinions.com)과 이베이(eBay.com)의 피드백 공개토론, 아마존에서의 비평가들의 책 리뷰 등은 온라인 매커니즘에서 신뢰를 구축하기 위한 사례들이다. 이처럼 온라인 판재마들은 소비자들과의 신뢰를 구축함으로써 그들의 온라인 제품과 서비스에 대해 소비자들에게 더 높은 가격을 요구할 수 있게 된다(Pavlou, 2002).

현 · 장 · 사 · 례

Electronic Commerce

위즈위드, 미 최대 보석상 '블루나일' 단독 런칭

미국 최대 온라인 보석상 '블루나일(blue nile)'이 지난 16일 글로벌 쇼핑 네트워크 위즈위드(WIZWID)와 협약을 체결해 국내 최초로 단독 런칭했다.

블루나일(Blue nile)은 고객중심의 투명한 경영과 저렴한 가격, 전문 컨설턴트들을 통한 철저한 서비스 등을 기반으로 성장해온 전 세계에서 가장 큰 온라인 다이아몬드 및 보석 판매사로, 미국 약혼 반지 시장의 약 4%를 차지하고 있으며 유럽과 일본, 싱가폴 등을 포함한 전 세계 45개국 및 지역에 합리적인 가격의 주얼리 상품을 제공하고 있다.

블루나일은 인터넷에 다이아몬드에 대한 모든 것을 자세히 공개하며 문제가 있을시 100% 교환 및 환불을 해 주고 있으며 복잡한 유통과정을 인터넷 직거래 형태로 줄이면서 일반 기업보다 30~40% 저렴한 가격에 제공하고 있다.

블루나일 해외사업부 CEO 비제이 탈와(Vijay Talwar)는 국내 런칭을 앞두고 "블루나일은 보석을 정확하게 알리는데 초점을 두고 있다. 소비자들이 브랜드를 인지하고 편안한 마음으로 접할 수 있도록 하는 것이 목적이다"며 "한국시장에 맞는 마케팅 전략과 가격제안, 상품 라인업 등을 통해 브랜드 성장을 가속화 시킬 것이다"고 밝혔다.

▶ 출처 : 스포츠조선, 2013. 10. 25.

인터넷 소비자 행동 모델

오프라인과는 달리 인터넷상에서 소비자들은 어떤 의사결정과정을 거치는지와 인터넷환경이 이러한 소비자들의 온라인 의사결정에 어떠한 영향을 미치는지에 대해 살펴보고 인터넷상의 소비자 행동모델에 대해 다루도록 하겠다.

온라인 의사결정과정

일반적으로 소비자들의 의사결정과정은 소비자들이 필요나 문제를 인식하는 문제인식 단계, 문제를 해결하기 위한 정보의 탐색단계, 탐색된 대안들에 대한 평가 및 구매 단계, 구매 후 단계로 이루어진다. **그림 10-9**는 소비자의 결정과정과 이런 과정의 각 단계의 의사결정에 도움을 주는 온/오프라인 마케팅 커뮤니케이션의 종류에 대해 설명하고 있다. 이들 온/오프라인의 커뮤니케이션 도구들은 각 단계에서 온라인 구매를 촉진하기 위해 사용될 수 있다. 과거에는 필요성의 인식이나, 제품의 검색, 대체품과의 비교 구매/재구매에 관한 의사결정 시 매스커뮤니케이션에 의해 주로 영향을 받은 반면 인터넷 시대에는 인터넷에

그림 10-9 소비자의사결정 단계 및 단계별 커뮤니케이션 도구들

소비자 구매 의사결정과정	인지: 문제 인식	탐색	대안 평가	구매	구매 후 행동: 충성도
오프라인 커뮤니케이션	• 대중 매체 • TV, 라디오 • 인쇄 매체	• 카달로그 • 인쇄 광고 • 대중매체 • 판매원 • 제품 평가자 • 매장 방문	• 준거 집단 • 오피니언 리더 • 대중 매체 • 제품 평가자 • 매장방문	• 홍보 • DM • 대중 매체 • 인쇄 매체	• 제품 보증 • 서비스 전화 • 부품 및 수리 • 고객 집단
온라인 커뮤니케이션	• 티켓 배너 • 광고 • 삽입형 광고 • 타겟화된 이벤트 홍보	• 검색 엔진 • 온라인 카탈로그 • 사이트 방문 • 티켓 이메일	• 검색 엔진 • 온라인 카탈로그 • 사이트 방문 • 제품 후기 • 사용자 평가	• 온라인 촉진 • 추첨, 복권 • 할인 • 티켓 이메일	• 소비 가상 공동체 • 뉴스레터 • 고객 이메일 • 온라인 업데이트

▶ 출처: K. C. Laudon & C. G. Traver, E-commerce, 2014.

의해서만 가능한 새로운 커뮤니케이션 도구를 활용할 수 있게 되었다. 또한 좀더 효과적으로 커뮤니케이션 목표를 달성하기 위해 온라인 및 오프라인상의 커뮤니케이션 도구 등을 통합적으로 활용하는 것이 가능해졌다. 예를 들어 카탈로그와 다이렉트 메일들의 전통적인 대중매체는 잠재적인 구매자를 웹사이트로 유인하는 목적으로 사용될 수 있다. 웹에 의해 가능하게 된 새로운 미디어 마케팅 커뮤니케이션의 예로는 커뮤니티 게시판, 채팅방, 이메일 자동 전송 시스템, 배너 광고, 특정 타겟을 겨냥한 이메일, 검색 엔진, 그리고 온라인 제품 후기 등록 등이 있다. 웹의 특성으로 인해 엄청나게 향상된 마케팅 커뮤니케이션 도구와 효과들에 힘입어 오늘날 마케터들은 방대한 정보로 무장한 소비자들에게 좀더 효과적으로 접근할 수 있게 되었다.

온라인 소비자 행동 모델

온라인 소비자 행동모델은 오프라인상의 일반적인 소비자 행동 모델이 변형 및 확장된 것이므로 기존 소비자 행동모델을 어느 정도 변형함으로써 온라인 소비자 행동에 대한 효과적인 설명이 가능하다. 그림 10-10은 일반적인 소비자 행동모델을 근간으로 하여 브랜

그림 10-10 온라인 소비자 행동 모델

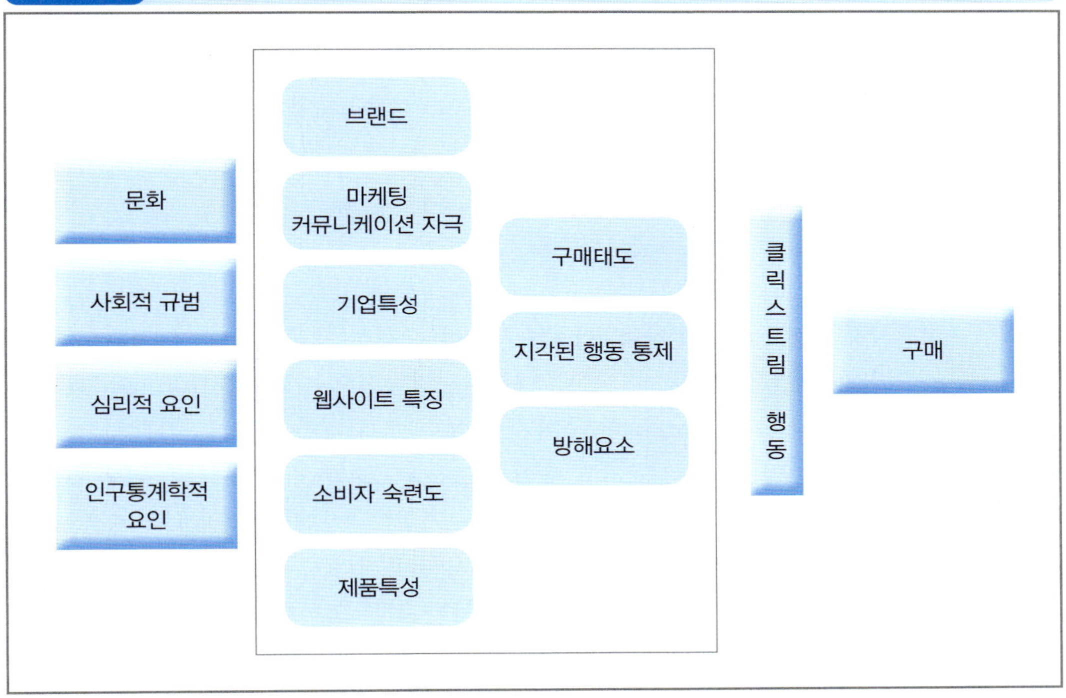

▶ 출처: K. C. Laudon & C. G. Traver, E-commerce, 2014.

드 파워, 특정 마케팅 커뮤니케이션과 같은 전통적인 요인들과 함께 사용자 특성, 제품 특성, 그리고 웹사이트의 특징에 초점을 두어 변형시킨 온라인 소비자 행동 모델이다. 온라인 상에서의 구매결정은 문화나 사회적 규범, 심리적, 인구통계학적 요인 및 점선으로 표시된 여러 매개변인에 의해 영향을 받으며 궁극적으로는 클릭스트림 행동(Clickstram behavior)에 의해 영향을 받게 된다.

온라인 소비자행동 모델에서는 소비자 숙련도, 제품 특성, 온라인 구매에 대한 태도와 함께 웹사이트의 특징과 웹 환경 통제에 대한 소비자의 지각이 중요하다. 웹사이트의 특징에는 전송속도, 검색 구조의 용이성, 그리고 웹사이트의 보안에 대한 신뢰가 포함된다. 소비자 숙련도는 소비자가 온라인 거래를 행하는 방법에 대해 가지고 있는 지식 정도를 의미한다. 제품 특성은 다른 제품들과 비교하여 특정제품이 온라인상에서 얼마나 알기 쉽게 기술되고, 포장되고 배송되는가를 의미한다. 브랜드, 광고 그리고 기업의 역량과 같은 전통적인 요인들과 더불어 이러한 요인들은 웹사이트에서의 구매에 대한 태도 및 소비자의 웹사이트 환경에 대한 통제 역량의 지각에 영향을 주게 된다. 클릭스트림 행동은 웹에서 소비자가 움직이는 정보-검색엔진에서부터 여러 사이트로 그리고 각각의 개별 사이트와 개별 페이지, 궁극적인 구매결정까지 이어지는-를 수집한 거래 기록(log)이다. 클릭스트림 마케팅은 인터넷 환경에서 극대화된 이점을 누릴 수 있다. 오프라인 마케팅에서 소비자에 대한 여러 인구통계학적 정보를 요구하는 것과 달리 소비자에 대한 사전 지식을 필요로 하지 않으며, 필요한 정보는 소비자들이 인터넷을 사용함에 따라 자동적으로 얻을 수 있기 때문이다. 예를 들어 검색 엔진 마케팅의 성공은 소비자에 대한 사전 지식에 기반한 것이 아니라 소비자들이 바로 그 순간에 무엇을 검색하고자 했느냐에 대한 이해를 기반으로 이루어진다.

인터넷 시장 조사

시장 조사(maket research)는 기업이 잠재적 제품과 고객을 명확히 하기 위해 정보를 수집하는 것을 의미한다. 시장조사에는 일반적으로 1차조사(primary research)와 2차 조사(secondary research)의 두 가지 유형이 있다. 1차 조사는 서베이(survey), 개인 인터뷰(personal interview), 그리고 포커스 그룹(focus groups)과 같은 기법을 사용해 직접 모은 정보를 의미한다. 1차 조사는 사전 정보가 없는 상태에서 브랜드, 제품, 혹은 새로운 마케팅 캠페인에 대한 피드백을 얻기 위해서 사용된다. 2차 조사는 시장분석을 위해 기존에 조사되었거나 이미 발표된 정보를 활용하는 것을 의미한다. 1차 조사와 2차 조사 모두 오프라인보다 온라인에서 더 효율적이고, 저렴하게 그리고 더 정확하게 수행될 수 있다(Rao, 2000).

자료의 형태로 시장조사를 나눌 수도 있다. 정량 데이터(quantitative data)는 수치화 될 수 있는 데이터로 변수(variable)들간의 관계나 특정 변수에 영향을 미치는 다른 요소의 영향력의 관계를 규명하는 통계 프로그램을 통해 분석될 수 있다. 정성 데이터(qualitative data)는 의견, 느낌 등과 같은 정량화 될 수 없는 자료이므로 통계 프로그램을 통해 수치화하여 분석할 수 없고, 내용 분석(content analysis)과 같은 분석기법을 통해 응답자의 주요한 의견을 몇 가지 카테고리로 나누어 규명한다.

1차조사(PRIMARY RESEARCH)

서베이와 설문(questionnaires)은 가장 많이 알려지고 자주 사용되는 시장조사 도구이다. 일련의 질문들로 이루어진 서베이를 사용하여 소비자들을 대상으로 어떠한 주제에 대해서도 그들의 견해를 물어볼 수 있다. 온라인 서베이는 전통적인 우편이나 전화 서베이보다 일반적으로 더 빠르고 저렴하게 수행될 수 있다. 전자상거래 회사들은 서베이를 수행할 외부 시장 조사 기업을 고용할 수도 있고, 그들 스스로 조사를 기획하고 수행할 수 있다. 온라인 서베이는 응답자 및 미응답자를 추적할 수 있기 때문에 조사의 응답률을 높이는 것이 가능하다. 낮은 응답률은 서베이 결과의 타당성(validity)과 신뢰성(reliability)을 낮추므로 온라인 서베이의 경우 이러한 부분에서 이점을 가지고 있다.

피드백 폼도 사이트의 운영에 대해 방문자들에게 장기적인 의견을 조사하는 온라인 서베이의 또 다른 유형이다. 이러한 분석을 통해 사이트의 성과를 향상시키고 강화시키는 데 도움을 줄 수 있다. 개인 인터뷰는 1차 조사의 또 다른 형태이다. 인터뷰는 응답자에게 일련의 질문을 하는 것이란 측면에서 서베이와 매우 비슷하다. 웹사이트 내에서 개인 인터뷰가 조직되기가 어렵기는 하지만, 실시간 채팅이나 이메일을 통해 훈련 된 조사원이 실험 참가자와의 상호작용을 통해 온라인 조사를 수행하는 것이 가능하다. 개인 인터뷰는 주제에 대한 심층적인 정보를 얻을 수 있는 기회를 제공해 준다. 어떤 경우, 개인 인터뷰는 서베이를 통해 얻어진 기초 정보를 바탕으로 조사 프로젝트의 2차 단계로 사용된다. 타켓 시장 소비자 집단을 대상으로 하는 심층 인터뷰(In-depth interview)는 서베이 조사에서의 이슈와 질문에 대해 더 명확한 답을 얻을 수 있다. 하지만, 정보를 모으는 데 걸리는 시간과 낮은 응답률이 단점이다. 또한 간단한 서베이보다 시간이 많이 요구되는 인터뷰에 참가하도록 소비자를 설득하는 것도 어렵다.

포커스 그룹은 개인 인터뷰와 비슷한 것으로 질문에 대한 더 명확한 응답을 얻을 수 있고, 특정 이슈에 대해 더 깊게 조사할 수 있다. 또한 서베이와 비교하여 포커스 그룹은 참가자들의 의견이나 감정을 더 잘 반영하기 위해 구조화가 덜 되어있다. 포커스 그룹은 일반적으로 특정 시장 소비자 집단 혹은 타켓 시장의 구성원으로 이루어지며 8명에서 12명정도가 포함된다. 제3자인 모더레이터는 개별 참가자들이 제품, 서비스 혹은 다른 이슈에 관한 선호를 나타내거나 의견을 표현할 수 있도록 유도한다. 온라인 포커스 그룹은 일반적으로 한 시간 정도 진행되며, 참가자들이 채팅방에 로그인하여 그곳에서 의견이나 아이디어를 그룹 내에서 표현할 수 있다. 포커스 그룹의 장점은 많은 시각과 의견이 짧은 시간 안에 얻어질 수 있다는 것이나, 내향적인 참가자들보다는 좀더 외향적인 참가자들의 의견이 많이 반영될 수 있다는 단점이 있다. 하지만 이러한 문제는 온라인상에서는 덜 심각한데, 왜냐하면 참가자들은 서로를 볼 수 없고 타이핑을 통해 의견을 표현하는 것에 좀더 자신감을 느끼기 때문이다.

관찰(observation)은 또 다른 전통적 시장 조사 방법의 하나이다. 관찰은 서베이나 포커스 그룹과 달리 말을 통해 소비자들에게 질문을 하는 것이 아니라 소비자들의 행동을 지켜보는 것으로 조사가 진행된다. 온라인 고객 추적(online customer tracking)은 인터넷상에서 고려하는 것과 같은 간단한 관찰도 포함된다. 쿠키와 다른 세션 모니터링 도구를 활용하여 웹사이트 마케터들은 사이트에서 향후 소비자 경험을 향상시키기 위한 소비자의 선호, 비선호와 도전 과제에 대한 데이터를 쉽게 모을 수 있다.

2차 조사(SECONDARY RESEARCH)

2차조사는 정보 원천의 하나로 웹사이트를 사용하여 정보를 얻는 것을 포함한다. 효율적이고 효과적인 조사를 위해서는 조사에서 제기된 문제들에 가장 적절한 답을 줄 수 있는 핵심적인 사이트를 찾아내는 것이다. 시장조사를 통해 답해져야 할 핵심 질문 및 왜 그 정보가 유용한지에 대한 의견 조율이 이루어지고 난 후 시장 조사자는 필요한 정보에 대해 초점을 맞출 수 있다. 필요 정보들이 어떻게 다른 의사결정에 영향을 미칠 것인가에 대한 이해는 수집된 많은 양의 정보를 좀더 정제하고 골라내는 데 도움을 준다. 효과적인 마케팅은 신뢰할 수 있는 조사로부터 시작되는데, 신뢰 가능한 조사는 가장 수익성이 있는 집단을 규명하고 구매를 유도할 수 있는 마케팅 메시지로 이들을 타겟팅하는 것을 도울 수 있는 제품, 서비스, 브랜드 이미지, 그리고 마케팅 메시지를 재정의하고 향상시키며, 궁극적으로는 매출을 향상시키는 결과를 가져오는 데 많은 도움이 될 것이다.

10.2 인터넷 마케팅 전략

인터넷 마케팅 프로그램의 효과적인 개발, 실행 및 평가를 위해서는 기본적인 마케팅 개념에 대한 이해가 필요하다. 인터넷 마케팅의 핵심 목적은 전통적인 채널 이외 웹을 사용함으로써 고객과의 긍정적이며 장기적인 관계를 구축하고 나아가 경쟁사들에 비해 자사의 제품과 서비스에 대해 높은 가격을 받을 수 있기 위한 경쟁 우위를 창출하는 것이다. 이를 위해서는 고객과의 지속적인 장기적 관계를 구축할 수 있는 효과적인 전략의 수립에 대한 고찰이 필요하다.

STP(Segmentation, Targeting, Positioning) 전략

시장은 여러 가지 다양한 니즈를 가진 다양한 고객들로 구성되어 있다. 이처럼 고객들의 필요(wants)와 욕구(needs)가 다양하기 때문에 동일한 제품과 서비스를 제공하는 것으로 전체시장 내의 모든 고객들을 만족시키기는 어렵다. 따라서 기업들은 소비자들의 제품니즈를 기준으로 전체 시장을 비롯한 차별화된 니즈를 가진 고객들로 세분화하게 되는데, 전체시장을 각기 다른 제품과 마케팅 믹스를 필요로 하는 차별화된 니즈와 행동 특성들을 가진 하위집단으로 나누는 과정을 시장세분화(maket segmentation)라고 한다. 온라인 시장을 세분화하고 타켓팅하기 위해 마케터들이 주로 사용하는 세분화 변수 및 방법은 아래와 같다.

(1) 행동변수(Behavioral)

시장에서의 고객의 행동을 기준으로 세분화하는 것을 말한다. 인터넷 경험 정도, 인터넷 이용동기, 인터넷 접속 장소, 인터넷 사용시간, 인터넷 사용 애호도 등의 변수들이 예가 될 수 있다.

(2) 인구통계학적 변수(Demigraphic)

나이, 성별, 직업, 인종, 소득, 종교 등의 인구통계학적 요인을 세분화 기준으로 삼는 것을 의미한다. 인터넷 가입 시 등록 데이터 및 기타 본인의 신분을 드러내는 데이터를 사용한다.

(3) 심리 분석적 변수(Psychographic)

사회계층, 라이프 스타일, 개성, 태도, 흥미, 가치, 의견들과 같은 소비자의 심리적 특성에 기초한 변수들로 시장을 나누는 것이다. 어떤 웹사이트를 방문하느냐로 라이프스타일이나 가치를 설명할 수도 있다.

(4) 기술적 변수(Technical)

인터넷 방문 소비자는 사용자 도메인, IP 주소, 브라우저, 컴퓨터 플랫폼, 연결 형태, 연결 시 활용 URL 등에 대한 정보를 남기게 되는데, 쇼핑 기술에 의해 모은 이러한 정보를 세분화의 기준으로 삼는 것이다.

(5) 상황 변수(Contextual)

이벤트의 상황이나 이벤트의 내용 등을 세분화의 기준으로 삼는 것으로 온라인 월스트리트 저널을 읽는 소비자를 재무 서비스의 광고의 타켓으로 하는 것이 예이다.

(6) 탐색(Search)

소비자가 탐색하는 내용을 바탕으로 소비자들에게 의해 표현된 관심사를 세분화와 타켓팅의 기준으로 삼는 것으로 모든 세분화 중 가장 단순화된 형태이다.

경쟁이 심화되고 있는 전자 상거래 시장에서 기업의 경쟁 우위를 확보하고 높은 수익을 얻기 위해서는 효과적인 STP전략은 필수적이라고 할 수 있다. 시장을 세분화함으로써 기업은 각 세분집단에 속하는 고객들의 니즈에 잘 맞도록 제품을 차별화할 수 있고, 동일제품에 대해 동일한 가격을 부가하기보다는 같은 제품에 여러 가지 변화를 주어 다른 가격을 부과함으로써 이윤을 극대화할 수 있다. 특히 오프라인과 비교하여 인터넷은 개인 수준으로까지 정제된 세분화를 할 수 있는 기회를 제공한다. 다양한 인터넷 기술을 활용하여 얻어진 풍부한 개인정보 덕분에 인터넷 마케터들은 개인들의 필요와 욕구에 잘 맞도록 메시지를 개인화 할 수 있다.

표 10-2는 인터넷 고객에 대한 세분화 결과의 예를 제시하고 있다. 맥킨지와 미디어 매트릭스(Mckinsey & Media Matrix)는 인터넷 상거래를 하는 목적을 기준으로 온라인 고객을 여섯 개 집단으로 세분화하였다.

부즈알렌과 해밀튼(Booz Allen & Hamilton) 및 넷 레이팅스(NetRatings)는 186,797명의 사용자 집단에서 2,466명의 개인들의 클릭스트림 행동을 분석하여 **표 10-3**의 7개의 사용자 집단으로 세분화하였다. 이는 상황에 기반한 세분화로 기존의 인구 통계학적 요인이

표 10-2 맥킨지와 미디어 매트릭스의 고객 세분화

세분시장	특 징	비율(%)
거래 편의 추구자(Simplifers)	편리성 추구, 매월 7시간의 접속시간	29
항해자(Surfers)	새롭고 흥미로운 정보 추구,헌신적 디자인과 지속적 업데이트 선호	8
단순 접속자(Connectors)	전통적 취향, 웹에 회의적, 오프라인 브랜드에 집착	36
교섭자(Bargainers)	인터넷 경매와 온라인 커뮤니티에 적극 참여	8
반복 이용자(Routiners)	인터넷에서 다양한 구매 정보 탐색, 실제 구매는 몇 개 사이트에서만 함	15
레저추구자(Sportsters)	스포츠나 엔터테인먼트 사이트 접속이 주 목적	4

▶ 출처: Mckinsey Company, 2000.

표 10-3 부즈알렌 & 해밀튼과 넷 레이팅스의 세분화

세분시장	특 징	비율(%)
Quickies	몇 가지 업무를 간단히 처리하기 위해 인터넷을 사용 예) email 보내기, 주소/약도 찾기, 사전에서 단어찾기	8%
Just the facts	특정한 정보(fact)를 찾기 위해 친근한 사이트에 접근, 평균 9분정도 소모하지만, 페이지간 이동의 빠르기는 Quickies와 비슷함	15%
Single Mission	한 가지 완성된 업무를 위해 모르는 사이트도 방문, 페이지당 소요시간이 1.5분	7%
Do it again	온라인 banking, 증권, mp3 다운로드 등 낯익은 사이트에 재방문하여 필요정보 탐색	14%
Loitering	뉴스, 게임, 오락 사이트에서 시간을 보냄	16%
Information, please	리서치의 목적으로 사이트를 방문하여 평균 세션의 길이가 37분정도로 '서핑' 다음으로 높음	17%
Surfing	특정사이트에 대한 관심 없이 평균 45개의 사이트를 떠도는 전형적인 방랑 패턴을 보임	23%

▶ 출처: BoozeAllen & NetRatings, 2001.

나 소비자 태도에 의한 세분화보다 훨씬 더 효율적이다.

베인앤컴퍼니(Bain & Company)도 온라인 소비자가 인터넷 구매 의사 결정에서 중요하게 생각하는 요소가 가격, 쇼핑의 편리성, 브랜드, 판촉과 유통업체와의 관계 중 어느 쪽인가에 따라서 거래 편의 추구자, 브랜드 애호가, 일반 구매자, 관계 중시자, 가격 민감자 등의 다섯 집단으로 세분화 하였다. 이러한 세분화 방법 이외에도 향후에는 온라인 소비자에

그림 10-11 Yahoo.com

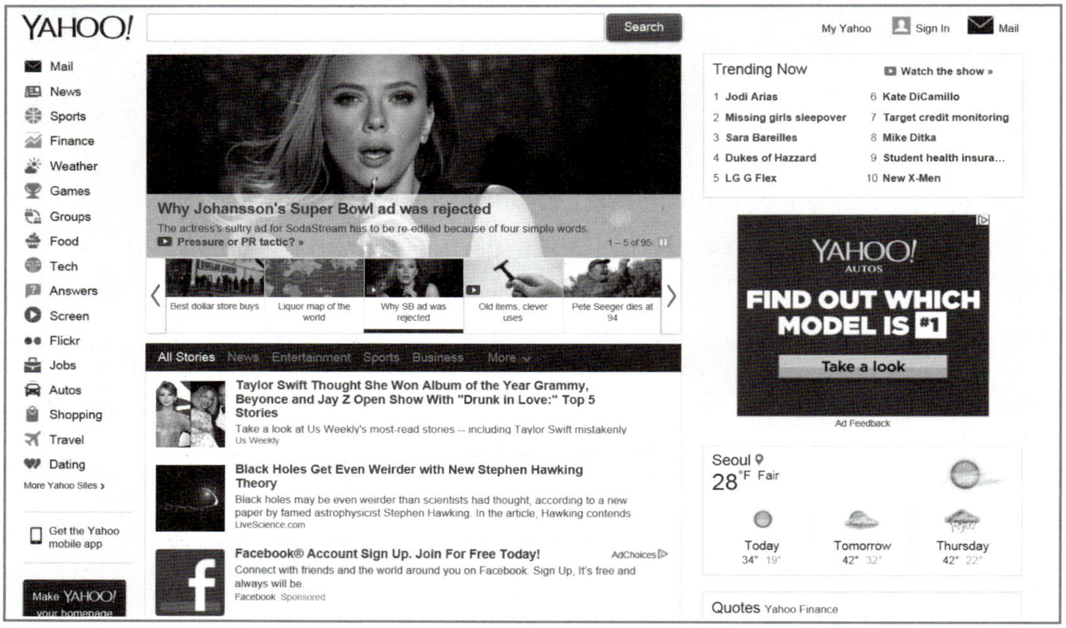

▶ 포털/검색엔진으로 포지셔닝.

대한 보다 다양한 세분화 기준과 방법들이 제시될 것으로 예상된다. 기업의 마케팅 담당자들은 이러한 세분화 결과들을 참조로 하면서 고객 트렌드를 분석하고, 세분 시장간 차이가 마케팅 전략 수립 시에 어떻게 활용될 수 있을 것인가에 대해 고민해봐야 할 필요가 있다.

시장세분화 변수에 의해 규명된 각 세분시장의 특성을 파악한 후에는 표적시장을 선정하여야 하는데, 이는 여러 가능한 세분시장의 특성을 파악한 후에는 표적시장을 선정할 때 기업과 고객들에게 가장 유리한 성과를 제공해 주는 매력적인 시장을 찾아내는 활동이다. 이 때 결정된 시장을 표적시장(target maket)이라고 한다. 선택된 각각의 표적시장은 차별화된 제품들에 의해 높은 가치를 가진 제품으로, 특히 세분집단 고객들의 니즈에 맞도록 포지션화 및 브랜드화해야 한다. 즉, 포지셔닝(positioning)이란 해당기업의 제품이나 서비스가 의미 있고 독특한 경쟁적 우위를 차지하도록 세분시장의 목표고객의 마음 속에 제품과 서비스의 차별화된 혜택이나 속성을 인식시키는 활동이다. 포지셔닝은 일반적으로 속성, 편익, 사용자, 경쟁자, 범주 등에 기반하여 이루어 질 수 있는데, 온라인상에서는 특히 가격, 서비스, 고객화, 최종 목적지 사이트 등에 기반한 포지셔닝이 많이 이용되고 있다. 아마존이나 리바이스(Levis.com)의 경우 개인에 특화된 맞춤 제품과 혜택을 제공하는 사이트로 포지셔닝하고 있으며, 야후(Yahoo.com)는 포털/검색엔진, 시넷(CNET.com)는 제품관련 정보 제공을 하는 최종 목적지 사이트로 포지셔닝하고 있다.

그림 10-12 Cnet.com

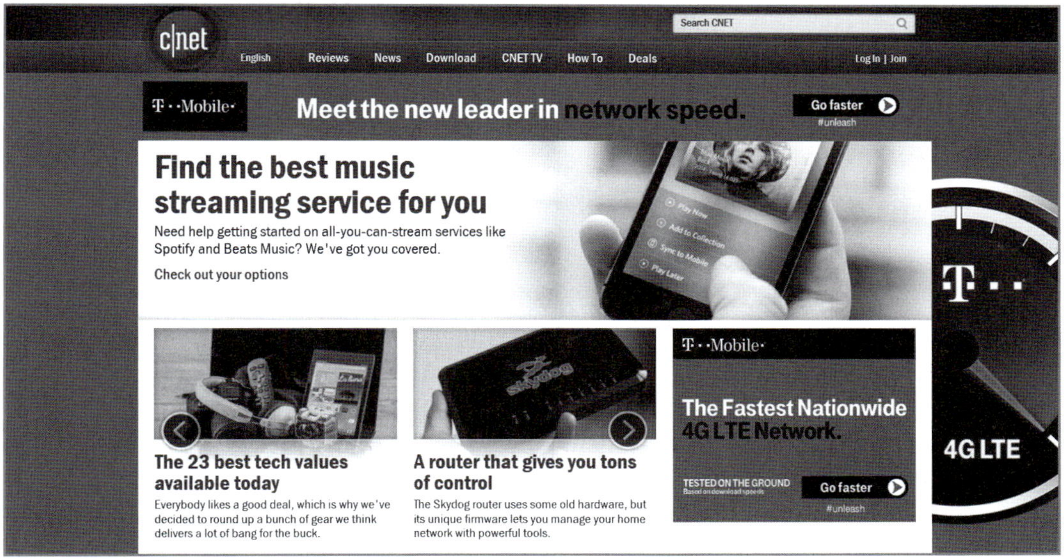

▶ 제품관련 정보를 제공하는 최종 목적지 사이트로 포지셔닝.

10.3 인터넷 마케팅 믹스

인터넷 고객들에 대한 SPT전략이 수립되고 나면 SPT전략을 실행하기 위한 전술적 도구인 4P 믹스(Product, Price, Promotion, Place)에 대한 세부 전략이 수립되어야 한다. 여기에서는 촉진을 제외한 4P의 개념 및 인터넷 환경에서 각 마케팅수단들이 어떻게 전개되어야 하는지에 대한 내용을 다루고자 한다. 마케팅 커뮤니케이션과 관련된 내용은 11장에서 다루도록 하겠다.

제품의 개념

마케팅의 핵심 과제 중 하나는 제품이나 서비스 특성들의 독특하고 차별화된 가치를 규명하고 이것을 고객들에게 잘 알리는 것이다. 그림 10-13은 제품이나 서비스의 세 가지 수준인 핵심(core), 유형(actual), 확장(augmented) 제품에 대해 설명하고 있다. 핵심제품은 제품 특성들의 한가운데에 위치하며 고객이 제품으로부터 얻는 핵심적인 혜택을 의미

그림 10-13 제품의 세 가지 수준

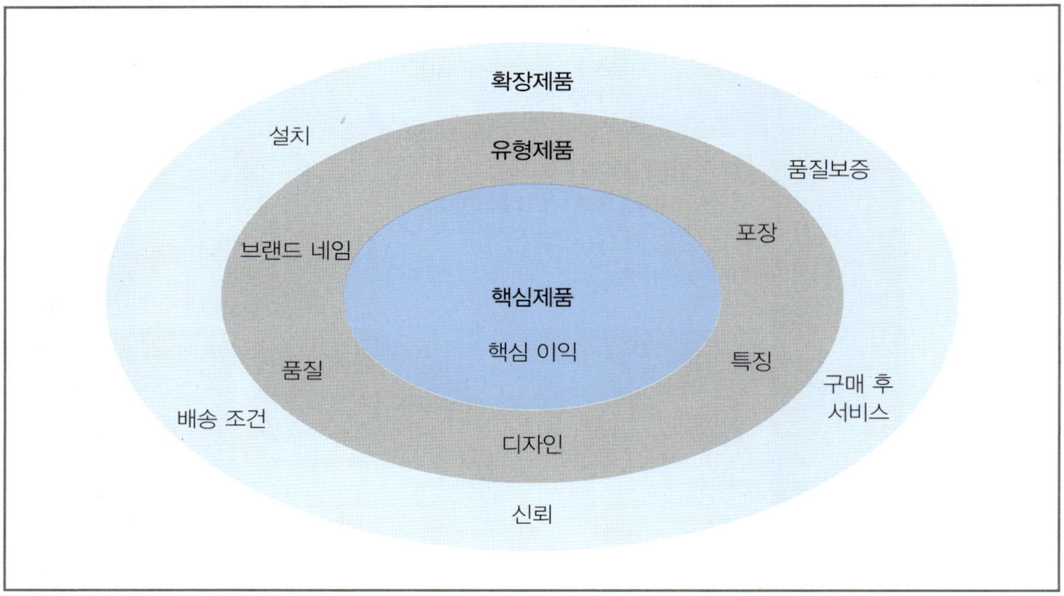

▶ 출처: P. Kotler and G. Armstrong, Principles of Marketing, 2006.

한다. 유형제품은 제품의 핵심 혜택을 전달하기 위한 특성들의 집합이며, 확장제품은 유형제품에 구현된 핵심혜택 이외에 고객들에게 제공되는 추가의 혜택을 의미한다. 삼성전자 세탁기의 경우 3년간 보증, 무료 배달, 지원 서비스, 저비용 설치비 등이 확장제품의 예가 될 수 있다. 소비자들은 제품을 자신들의 니즈를 만족시켜주는 혜택들의 번들로 여기므로, 제품이나 서비스를 개발할 때 고객에게 제공할 수 있는 핵심 혜택이 무엇인지를 규명하고 난 후 유형 제품을 디자인하고 더 나아가 최상의 고객 경험을 제공할 수 있는 혜택들의 번들을 제공하기 위해 제품을 확장할 수 있는 방법을 찾아야 한다. 이러한 확장제품이 궁극적으로는 브랜드를 구축하기 위한 기반을 제공한다.

브랜드 자산 관리

소비자들에게 진정한 의미에서 제품을 독특하게 하며 차별화시키는 것은 제품의 브랜드이다. 브랜드는 특정 기업의 제품이나 서비스를 소비하거나 소비에 대한 생각을 할 때 소비자가 가지게 되는 기대들의 집합이라고 불 수 있다. 무형 자산인 브랜드에 의해 창출 되는 소비자의 기업에 대한 가장 큰 기대는 품질, 신뢰성, 일관성, 신뢰, 애정, 로열티 및 궁극적으로는 평판이다. 마케터들은 고객들에게 약속을 하고, 이러한 약속들이 소비자들의 기대를 만들어낸다. 마케터들은 경쟁자로부터 자신들의 제품을 차별화 시키고 차이점을 시장에 효과적으로 커뮤니케이션하기 위한 계획들의 집합인 브랜드 전략을 수립하고 실행하게 된다.

브랜드 자산(Brand equity)은 비브랜드의 경쟁제품에 비해 브랜드 제품을 사용함으로써 고객들이 기꺼이 지불하고자 하는 프리미엄에 대한 추정된 가치이다. 표 10-4는 대표적인 오프라인 브랜드와 온라인 브랜드의 자산가치를 정리한 것이다. 새로운 전자상거래 브랜드를 개발함에 있어서 브랜드 전략을 기획하고 개발하는 역량은 많은 기업들의 성공과 실패에 결정적이므로 브랜드를 구축하고 관리하는 것은 마케터들의 가장 중요한 업무중 하나이다.

표 10-4 브랜드 자산 가치 표(온라인 vs. 오프라인 비교)

• 오프라인 브랜드(1위~10위)와 자산가치

순위 (2013)	순위 (2012)	브랜드	2013 브랜드 가치 (백만달러)	상승률	국가
1	2	애플	98,316	28%	미국
2	4	구글	93,291	34%	미국
3	1	코카콜라	79,213	2%	미국
4	3	IBM	78,808	4%	미국
5	5	마이크로소프트	59,546	3%	미국
6	6	GE	46,947	7%	미국
7	7	맥도날드	41,992	5%	미국
8	9	삼성	39,610	20%	대한민국
9	8	인텔	37,257	-5%	미국
10	10	도요타	35,346	17%	일본

• 온라인 업체순위(100위 안에 들어가 있는 것)와 자산가치

순위 (2013)	순위 (2012)	브랜드	2013 브랜드 가치 (백만달러)	상승률	국가
2	4	구글	93,291	34%	미국
5	5	마이크로소프트	59,546	3%	미국
19	20	아마존	23,620	27%	미국
28	36	이베이	13,162	20%	미국
52	69	페이스북	7,732	43%	미국

▶ 출처: Interbrand, 2013.

인터넷상에서 브랜드 파워

가격이 소비자 행동의 유일한 결정요소는 아니므로, 전자상거래 기업들도 고객을 유인하고 프리미엄 가격을 부과하기 위해 브랜드에 많이 의존한다. 즉, 개인화, 고객화 및 커뮤니티 마케팅 기술을 사용하여 제품을 차별화하고 있으며, 낮은 탐색비용으로 인한 가격 저하 효과를 극복하기 위해 여러 가지 인터넷 기술들을 활용하고 있다. 여러 선행연구들에 의하면 인터넷상에서의 책, CD, 소프트웨어들의 가격이 전통적인 상점이나 카탈로그에 비해 아주 낮은 것은 아니다(Bailey & Brynjolfsson, 1997). 몇몇 연구들은 인터넷상의 가격이 오프라인에 비해 대략 9~16%정도 낮기는 하나 오프라인 상점과 마찬가지로 온라인 상점에서도 가격의 차이가 상당히 존재한다는 것을 밝히고 있다(Brynjolfsson & Smith, 2000). 온라인상에서는 공급자수가 많고 직접비교가 어렵기 때문에 소비자들은 신뢰할 수 있는 높은 가격의 공급자에게서 빨리 구매를 함으로써 효율성을 달성하고자 한다. 예를 들어 아마존의 경우 인터넷상에서 최고의 브랜드 파워를 가지고 있기 때문에 다른 인터넷 소매상이나 심지어 오프라인 소매상보다 높은 가격을 부과하기도 한다. 소비자들이 일반적으로 가장 빈번하게 방문하고 사용하는 전자상거래 사이트가 반드시 가장 가격이 낮은 사이트는 아니다.

브랜드의 파워와 가격 차이에 관한 최근의 연구들은 브랜드와 고객 로열티의 지속적인 파워와 함께 인터넷 마케팅의 복잡성을 설명하고 있다. 일반적으로 온라인 가격은 오프라인 가격에 비해 지속적으로 높아지고 있다. 나아가, 온라인 제품의 상대적인 가격 차이가 증가하고 있는데, 이것은 일부 온라인 판매자가 특정 아이템에 대해 다른 판매자보다 더 가격을 높이 부과한다는 것이다. 판매자도 자신들의 제품과 서비스를 차별화 시키기 위해 투자를 하고 많은 제품들에서 높은 가격을 매길 수 있는 온라인 브랜드를 창조한다. 이러한 브랜드 창출은 똑같은 제품에 대해 소비자들이 다른 가격 민감도를 보이게 되는 결과를 가져온다. 예를 들어 아마존 가격 1% 인상은 세일즈의 0.5% 인하를 가져오는 반면 반즈앤노블의 1%가격 인상은 4% 세일즈 인하를 야기한다(Baye et al., 2002).

브랜드에 관한 여러 선행 연구들은 브랜드는 살아있는 것이고 웹에서도 잘 적용된다는 것을 강조하고 있다. 즉, 소비자들은 자신들이 다르다고 인지하는 제품과 서비스에 대해 프리미엄 가격을 지불한 의향이 있으며 제품의 다양성이 높은 오프라인 상점보다 온라인에서 쇼핑할 의향이 높다. 대부분의 경우 온라인 구매의 편리성 때문에 프리미엄을 지불하고서도 오프라인보다 온라인매장에서 구매를 하게 된다.

현 · 장 · 사 · 례

Electronic Commerce

Google, 시가총액 1,600억 달러: 세계적인 브랜드 우뚝

지금으로부터 10년 전인 1997년 스탠포드 대학생이었던 24살 청년인 래리 페이지(Larry Page)와 세르게이 브린(Sergey Brin)은 인터넷 홈페이지 도메인 '구글닷컴(http://google.com)'을 등록했다. 10년이 지난 지금 '구글'이라는 영문 6자는 2007년 9월 현재 1,600억 달러(약 150조원, 시가총액 기준) 가치를 지닌 세계적인 브랜드가 됐다. 2007년 9월 15일은 구글이 인터넷에 등장한 지 10년이 되는 날이다. 구글이라는 도메인은 미국 수학자 에드워드 캐스너(Edward kasner)가 만들어 낸 신조어 '구골(googol)'에서 유래했다. 구골은 10의 100제곱이 되는 큰 수를 뜻하는 것으로, 인터넷의 모든 의미를 구글에 담겠다는 의미다. 거침없던 두 젊은 세대들의 예상은 너무나 정확하게 들어맞았다. 구글은 10년만에 전 세계 수십억 웹페이지에 담겨져 있는 문서 자료, 이미지, 영상 정보 등을 색인(인덱싱)해 인간의 지식을 모아 둔 '전자 센터'로 성장했다.

1997년 도메인 등록 후 약 1년 뒤인 1998년 9월 7일 캘리포니아 복부 스탠퍼드대 인근 고급주택 지역 멘로파크의 한 차고를 빌려 본격적으로 창업했다. AFP 통신 등 해외 언론들은 "구글은 지난 10년 동안 특유의 알고리듬을 통해 검색엔진 결과를 효과적으로 도출해 내면서, 인터넷에서 정보를 검색하는데 가장 익숙한 방식으로 자리 잡았다"고 호평했다. 구글 검색엔진은 하루에 수십억 페이지를 빨아들이는 거대한 '자동차'가 됐다. 특히 구글은 미국 국내뿐만 아니라 중국, 일본, 러시아 등 해외서도 하루 5억 명이 방문하는 인기 웹사이트다. 구글은 2000년부터 키워드에 맞춘 '광고 링크'를 팔기 시작했다. 당시 닷컴 거품이 터지면서 웹 기반 업체들이 도산하는 등 악조건 속에서도 수익구조 다지기에 전념했다. 2004년 8월 주당 85달러에 기업공개(IPO)를 감행했을 때 첫날부터 100달러를 뛰어 넘으며 검색 황제다운 위력을 발휘했다. 그러나 이건 시작에 불과했다. 2007년 현재는 주당 500달러가 넘으면서 창업자들과 초기 스톡옵션을 받았던 사람들이 돈방석에 앉았다. 페이지와 브린은 보유 자산규모만 160억 달러로 신흥 30대 부호로 떠올랐다.

구글의 연간 매출은 134억 달러(2006년 기준), 이익 규모는 37억 달러에 이른다. 전 세계직원 수는 10년만에 1만 3,700명으로 크게 늘었다. 구글은 필요하다고 생각되면 크고 작은 기업들을 주저하지 않고 사들이는 기업으로도 유명하다. 지난해에는 유튜브(YouTubu)를 16억 5,000만 달러에 인수했고, 온라인 광고 서비스 더블클릭(DoubleClick)도 현금 31억 달러에 사들였다.

구글은 닷컴 기업 문화의 기준도 바꿔 놓았다. 구글은 전체 근무 역량의 20%를 개인 자율에 맡기고, 구글플렉스(Googleplex)를 선망의 대상으로 키워내는 등 독특한 '구글 문화'를 주창하고 있다. 구글은 지난해부터 'CCO(chief culture officer)'를 두고 있을 정도다.

'악마가 되지 말자(Don't be Evil)'라는 모토를 내걸고 거침 없이 성장하고 있는 구글. 그러나 한국시장에서는 몇 년째 맥을 추지 못하고 있는 모습이 어색할 정도다. 하루가 멀다 하고 흥망성쇠가 계속되는 격변의 닷컴 시장에서 10년 뒤인 2017년에도 구글이 지금처럼 건실한 모습을 이어갈지 귀추가 주목된다.

▶ 출처: 조선일보, 2007. 9. 17; ZD넷 코리아, 2014. 2. 8.

가격 전략

마케팅 4P 믹스 중 하나인 가격은 판매, 시장점유율 및 이윤 등에 직접적인 영향을 미치는 중요한 마케팅 도구이다. 마케팅 믹스의 제품, 유통, 촉진 등의 요소들이 비용을 의미하는 반면 가격은 마케팅 믹스 요소 중 유일하게 이윤을 창출하는 요소이며 가격 정책

그림 10-14 익스피디아(www.expedia.co.kr), 다나와(www.danawa.com)

▶ 제품 안내 및 가격 비교 사이트.

을 실시하는 것은, 타 정책에 비해서 큰 비용 지출을 야기하지 않는다(Kotler & Armstrong, 2006). 또한 가격에 대한 결정은 제품, 광고, 유통전략에 비해 쉽게 그리고 즉각적으로 변경이 가능하여 마케팅 믹스 중 가장 유연한 요소이다. 가격에 대한 탄력성은 광고 탄력성보다 높기 때문에 마케팅 4P 중의 다른 요소를 변경하였을 때보다 가격을 바꿀 때 판매효과가 더 빨리 나타난다.

제품과 서비스에 가치를 매기는 프라이싱은 마케팅 전략의 핵심적인 부분이다. 가격과 품질 두 가지가 고객의 가치를 결정한다. 가격 차별화는 개인이나 집단의 지불의향을 근거로 다른 사람과 집단에 판매하는 것이다. 다양한 가격 비교 사이트의 등장 및 소비자 정보 커뮤니티 등의 등장으로 인해 가격의 투명화가 이루어졌다. 예를 들어, 가전 제품의 비교 가격 정보를 제공하는 에누리 닷컴의 경우 제휴 쇼핑몰이 850개에 달한다. 방대한 제품 가격 정보를 소비자에게 실시간으로 제공하여 차선의 제품이 선택될 여지를 없애고 있다. 이처럼 새로운 시장 환경에서의 가격 경쟁은 기업에게 다양한 영역에서의 노력을 동시에 요구하고 있으므로 시장의 변화 흐름을 읽고 통찰력을 가지고 한 발 앞서 대응해야 한다.

가격 결정은 제품을 한 단위 더 생산하는 데 드는 비용인 한계 비용과 제품을 한 단위 더 생산하는 데 따른 매출 증가분인 한계 수입이 동일해 지는 곳에서 결정된다. 하지만 인터넷상에서 이러한 원칙을 적용하기는 어려운데, 그 이유는 인터넷상에서 유통되는 많은 재화는 정보재이므로 한계비용이 0이기 때문이다. 인터넷의 특성을 고려한 가격결정방법은 다음과 같다.

무료 가격 전략

전자 상거래 초창기 시설, 기업들은 무료 PC, 무료 데이터 저장, 무료 음악, 무료 웹사이트, 무료 사진 저장 및 무료 인터넷 연결 등의 서비스를 소비자들에게 제공하였다. 무료 콘텐츠는 기업들이 시장 인지도를 구축하는 데 도움이 되며 연관 제품의 판매를 이끌어낼 수 있다. 또한 이런 무료 제품과 서비스는 잠재 혹은 실제 경쟁자들을 무너뜨릴 수도 있다. 하지만 무료라는 가격 전략은 몇 가지 한계점을 가지고 있다. 무료를 좋아하는 사람들을 비용을 지불하는 고객들로 바꾸는 것은 대부분의 전자상거래 기업들에게 어려운 과제이다. 무료 사이트들은 가격에 민감한 무임 승차자들을 끌어들였지만 이들은 언제든지 다른 공짜 사이트로 옮겨갈 준비가 되어 있기 때문에 무임 승차 전략은 크게 성공하지 못했다. 웹 최대 정기구독 서비스는 Wall Street Journal인데, 고객들에게 1년에 $49에서 $99를 지불하게 하여 764,000명의 정기 구독자들을 가지고 있는 반면 가장 큰 무료 재무사이트에는 하루에 5백만 고객들이 방문하고 있다. 과거에 많은 기업들이 서비스를 무료로 제공하는 것으로 비즈니스를 시작했지만, 현재는 연간 구독료를 지불하도록 하는 방식으로 바꾸었다.

버저닝(Versioning)

이러한 무료 정보재의 문제에 대한 하나의 해결책은 버저닝이다. 버저닝은 다양한 고객의 니즈를 파악하여 제품의 버전을 다양화하여 고객의 느끼는 가치에 따라 버전간 가격을 달리 설정하여 고객이 최대의 가격을 지불하도록 만드는 것이다. 즉, 버저닝은 콘텐츠를 작은 단위로 조각내고 잘라내는 과정으로, 잘라낸 단위들은 인터넷에서 아이템별로 별도의 가격으로 판매된다. 가치가 아주 낮은 버전의 경우 무료로 제공될 수 있고, 반면 프리미엄은 높은 가격으로 판매된다. 정보재, 온라인 잡지, 음반 회사 및 출판업체 등이 샘플 콘텐츠를 무료로 제공하고 좀더 가치 있는 내용에 대해서는 요금을 부과한다. 버저닝은 소비자가 필요로 하는 것 이상에 대한 콘텐츠에 비용을 지불하게 되는 비효율성과 과대 비용지불의 문제를 해결해 줄 수 있다.

번들링(Bundling)

번들링은 두 가지 이상의 재화를 묶어서 하나의 가격으로 판매하는 것이다. 번들링의 핵심 아이디어는 소비자들이 전형적으로 단일제품에 대해 다양한 생각을 가지고 있음에도 불구하고 고정가격으로 제공되는 번들 제품의 가치의 대해서는 대개 호의적으로 보는 경향이 있다는 것이다. 사실 번들 제품 구매 시 제품에 지불하는 가격은 대개 제품들이 따로 팔릴 때보다 높은 편이다. 따라서 번들링은 개별 제품에 대한 시장 수요의 편차를 줄여주

그림 10-15 Mckinseyquarterly.com

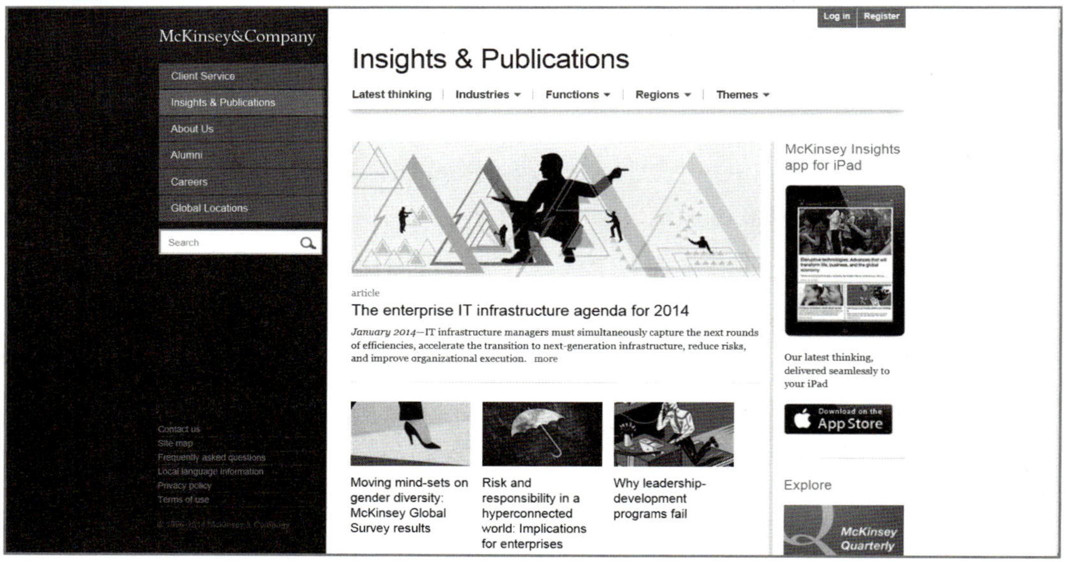

▶ 비즈니스 관련 여러 가지 발간물들을 번들링하여 판매하고 있음.

게 되며, 정보재의 경우에 많이 발견된다. 마이크로소프트(MicroSoft)는 여러 오피스툴들을 하나의 MS 사무용 패키지로 묶어 판매한다. 웹상에서, 많은 콘텐츠 사이트들은 개별 가격이 아닌 번들로 가격을 책정한다. 예를 들어, 온라인 도서관인 netlibrary.com은 고정 연회비로 수천 가지 발간물에 접근할 수 있도록 한다. 이론적으로 번들러(bundlers)는 번들을 하지 않거나 하지 못하는 번들러에 비해 확실한 경쟁우위를 가진다. 특히 공급자의 측면에서, 번들러 기업은 단일 제품 생산 기업에 비해 콘텐츠에 대해 높은 가격을 부과할 수 있다(Bakos & Brynjolfsson, 2000).

동태적 가격 결정(Dynamic Pricing)

동태적 가격결정은 기업이 사전에 제품에 대한 가격을 미리 결정하는 것이 아니라 실시간으로 수요와 공급의 조건에 따라 가격이 결정되도록 시장의 역동성에 맡기는 가격결정 메커니즘이다. 예를 들어 아마존의 경우 구축된 데이터베이스를 활용하여 특정 고객이 원하는 것을 파악한 후, 고객의 행동에 맞게끔 제품을 변경하고 동시에 가격을 결정한다. 온라인 음악 소매상인 MusicRebellion.com도 고객의 수요에 따라 음악 다운로드 가격을 결정하고 있다. 모든 음악이 처음에는 10센트에 다운로드 가능하나 수요가 증가함에 따라 가격이 한 곡당 $1까지 높아진다.

동태적 가격 결정의 대표적인 것은 경매(auction)이다. 경매는 제품에 대한 즉각적인 가격을 매기기 위해 수백년간 존재해왔다. 특히 경매는 일반적인 제품뿐만 아니라 독특하고 일반적이지 않은 제품의 가격을 매기는 유연하고 효율적인 시장 메커니즘이다. 전통적인 경매의 유형에는 영국식 경매와 네덜란드식 경매가 있는데 영국식 경매는 최저 호가로부터 점차 가격을 높여 가다가 최고 호가의 매수 희망자, 곧 마지막 매수 희망자에게 매도하는 방식을 취하는데, 가장 일반적인 형태의 경매방식이다. 그러나 네덜란드식 경매는 이와는 반대로 매도자가 최고 호가로부터 점차 가격을 낮추어 가다가 매수 희망자가 나오면 최초의 매수 희망자에게 일괄 매도하는 가격결정 방법이다. 이베이(www.ebay.com)가 경매를 통해 가격을 결정하는 대표적인 사이트이다.

한편 역경매는 경매와 정반대인 소비자 중심의 거래방식이다. 즉, 수요자보다 공급자의 수가 월등히 많을 때, 판매자간에 가격흥정을 붙여 소비자가 가장 낮은 가격에 상품을 구입할 수 있도록 해 주는 매매방식이다. 이와 같은 거래방식은 최근 인터넷의 확산과 함께 급속한 증가추세를 보이고 있는데, 인터넷에서 역경매를 통해 최초로 상품 거래를 중개한 업체는 미국의 프라이스라인(www.priceline.com)사이다. 프라이스라인은 비행기의 공석률이 30~35%로, 하루 평균 약 50만 명에 해당하는 공석이 발생하는 것에 주목하고 어떻게 하면 이 공석을 줄일 수 있을까를 고민하다가, 각 항공사와 비행기표를 싸게 구매하려는 구

그림 10-16 ebay.com

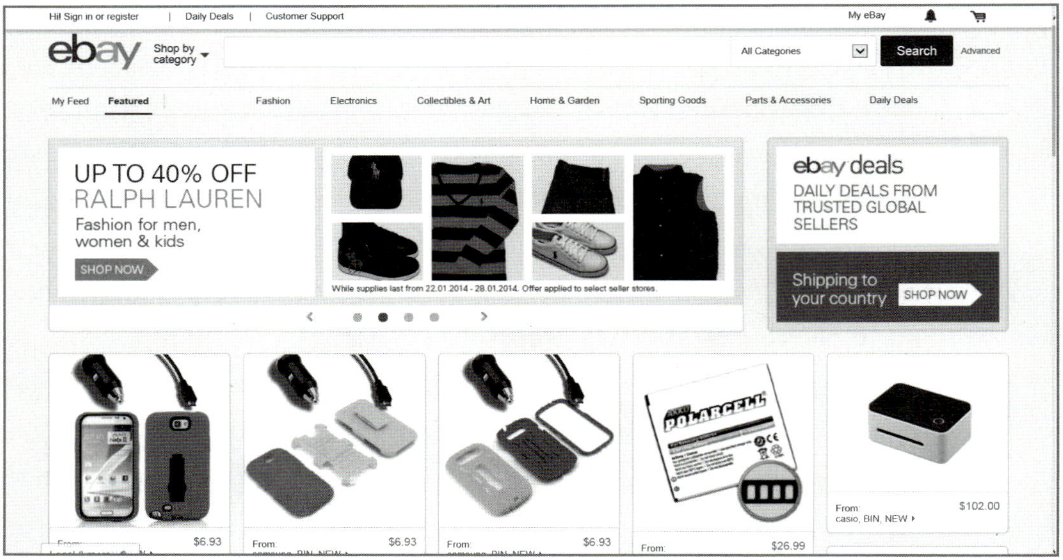

▶ 대표적 온라인 경매사이트.

그림 10-17 priceline.com

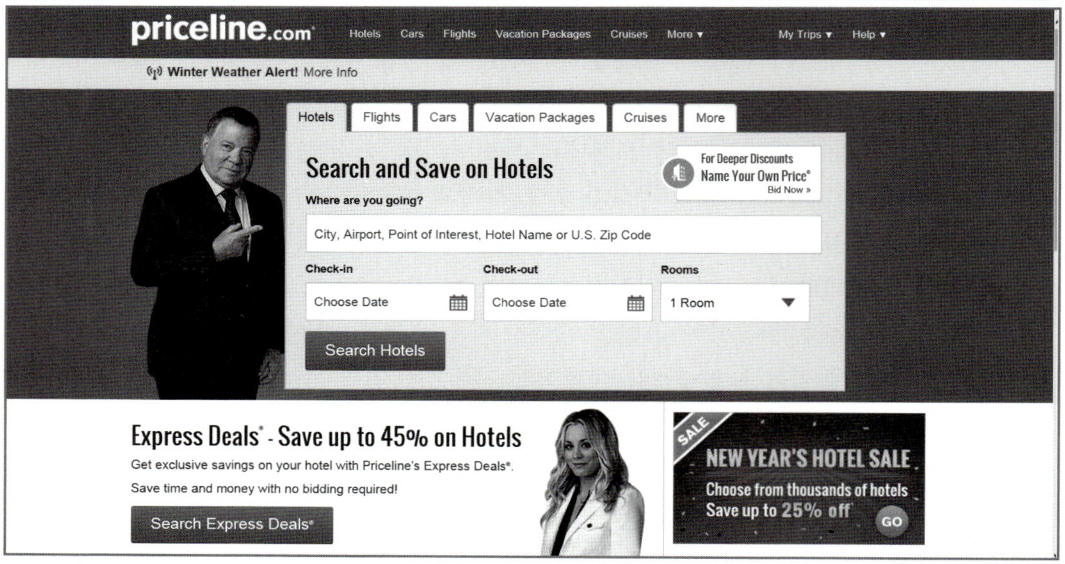

▶ 소비자 중심의 거래 방식을 채택한 최초의 역경매사이트.

매자를 연결하여 구매자가 부르는 값으로 티켓을 판매한다면 공석을 크게 줄일 수 있을 것이라는 아이디어를 얻고, 인터넷상에서 역경매를 통한 항공권 판매 사업을 벌이게 되었다.

이와 같이 역경매는 소비자들이 싼 값에 필요한 상품이나 서비스를 구매할 수 있는 장점이 있으며 또한 기업은 재고품이나, 시간이 지나면 가치가 소멸하는 상품을 헐값에라도 매각할 수 있는 기회를 얻을 수 있다. 이와 같은 장점 때문에 최근 역경매를 이용한 사업이 국내에서도 기하급수적으로 늘어나고 있는데, 항공권을 비롯해, PC, 가전제품, 도서, 음반, 부동산 등 거의 대부분의 상품이나 서비스의 거래에 역경매가 활용되고 있는 상황이다. 향후 역경매를 통한 상품거래는 산업 전 분야로 확산될 것이 예상되는데, 역경매의 확산은 가격 결정마저 공급자 중심에서 소비자 중심으로 전환되는 것을 의미한다.

공동구매(collaborative purchasing)는 인터넷 사용의 증가로 인해 전자 상거래가 발전된 하나의 형태로, 한 상품을 필요로 하는 구매자들이 주축이 되어 물건을 구입할 때 적용된다. 즉, 단체로 제품이나 서비스를 구입함으로써 대량구매를 통한 차별적인 가격 할인을 통해 기존의 가격보다 저렴하게 구입하게 되는 것을 의미한다. 일반적으로 구매자가 많을수록 구매가격은 하락한다.

채널 전략: 채널 갈등 관리

채널(channel)은 재화를 유통시키고 판매하기 위한 다양한 방법을 의미한다. 전통적인 채널은 생산자의 직접판매나 도매상, 소매상 등의 중간 매개체를 활용한 세일즈를 포함한다. 채널 갈등은 제품이나 서비스를 판매하기 위한 새로운 채널이 기존의 판매 채널을 파괴하기 위해 위협할 때 발생한다. 전자상거래의 등장은 새로운 채널을 만들었고 이는 채널간의 갈등을 유발시키는 결과를 가져왔다. 채널 갈등이 새로운 것은 아니나, 웹은 소비자들과 직접적인 관계를 맺고자 하는 재화나 서비스의 생산자가 도매상이나 소매상과 같은 중간상을 없애려는 동기를 부여한다. 즉, 인터넷이 보편화된 후 유통채널이 오프라인과 온라인에서 서로 경쟁관계에 놓이며 갈등관계를 유발하였다. 기업이 인터넷을 통해 새로운 유통망을 구축할 때 그 기업과 오랫동안 관계를 유지해 온 오프라인 유통업체가 반발할 수 있으며, 증권회사나 자동차 판매회사와 같은 영업위주의 기업이 온라인화 했을 때 그 기업 내부에서 반발이 생길 수 있다. 또 기존 온라인 유통채널이 후발 온라인 유통채널에 대한 반발을 일으킬 수도 있다. 상대적으로 기존 오프라인 서점이 인터넷서점에 대해 제대로 적응하지 못하는 것도 마찬가지의 예가 된다. 전자상거래에서는 이 갈등을 해소하는 것이 성공의 중요한 열쇠로 떠오르고 있다.

웹상에서 소비자들에게 직접적인 판매를 하고자 했던 생산자들 중 일부는 오프라인 채널들의 반발 때문에 이러한 시도를 포기하기도 하였다. Levi Stauss & Co.는 Levi의 진과 Doker를 Levi.com과 Docker.com 사이트를 통해 판매하고자 하였다. 동시에 소매상들에게는 온라인으로 Levi 제품을 판매하는 것을 금지하였다. 하지만 소매상들의 엄청난 항의, 세일즈 격감 및 이윤 감소 등의 이유로 Levi는 자신들의 사이트에서 제품 판매를 중지하고 소매상들의 사이트를 통해 판매를 하도록 허락할 수 밖에 없게 되었다. Ford와 GM도 비슷하게 온라인상에서 직접 세일을 가능하게 하는 판매 대리점을 사들이려는 시도를 철회하였다. 이 외에도 많은 제조업체들이 기존의 다른 유통채널과의 직접적인 대립보다는 파트너십 모델을 선택하였다. 예를 들어, 가구업체인 이튼알렌(Ethan Allen.com)의 경우 온라인상에서 직접 제품을 판매하는 웹사이트를 개발하였지만, 지역 소매점의 배달, 서비스와 지원 등의 중요성을 인지하여 인터넷 판매액의 25%를 나누어주고, 지역 소매업체가 전혀 관여를 하지 않았다고 하더라도 판매액의 10%를 지원해 주고 있다(Third Wave Research Group, 2003).

10.4 인터넷 고객관계 관리

이번 절에서는 시장진입, 고객 획득 및 획득한 고객의 유지를 위한 다양한 인터넷 마케팅 전략들에 대해 살펴보도록 한다.

시장 진입 전략

신규 기업이나 기존의 전통적인 기업 모두 시장 진입방법 및 온라인 채널 구축 목적 수립 방법에 대해 여러 가지 선택권을 가지고 있다. **그림 10-18**은 기본적인 시장 진입 전략 방법 네 가지에 대해 소개하고 있다. 신규기업과 전통 기업 모두 전자상거래 시장에 진입할 때 '순수 온라인(clicks)' 혹은 '온-오프라인 병행(brick and clicks)' 전략 중 하나를 선택하게 된다. 1사분면과 2사분면은 신규 기업이 직면하는 상황이다. 전자상거래의 초창기의 전형적인 시장 진입은 Amazon, eBay, eTrade 등의 기업이 활용한 순수 온라인(clicks pure play)/시장최초진입우위(first mover advantage) 전략(1사분면)이다. 이 전략의 기본 아이디어는 시장에 최초로 진입함으로써 최초 진입자로서 우위를 얻고 궁극적으로 브랜드력을 강화하는 것이다. 이 전략을 추구하는 기업은 마케팅 예산의 대부분을 TV, 라디오, 신문, 잡지 등과 같은 전통적인 매스 미디어를 활용하여 높은 가시성을 가진 광고를 함으로써 브랜드 인지도를 구축하는 데 사용한다. 만약 시장최초 진입기업이 특정 카테코리 안에 있는 많은 고객들을 획득하는 데 성공한다면, 소비자들의 높은 전환비용 때문에 새로운 경쟁기업이 이 시장 내에 진입하기가 쉽지 않다고 여길 수 있다. 하지만 마케팅 전략으로 시장최초 진입전략을 구사하는 것이 대부분의 기업에 그렇게 성공적이지만은 않았다. 진입초기에는 상당한 우위를 점할 수 있었지만, 장기적인 관점에서 경쟁할 자본집적도, 마케팅 및 세일즈 자원, 충성고객, 강력 브랜드, 일단 제품이 성공한 후의 생산 설비 등이 부족하였다(Ellison, 2000).

신규 기업이 택할 수 있는 다른 대안은 '온-오프라인(brick-and-clicks)'을 병행하여 사용하는 전략이다(2사분면). 하지만, 신규기업이 오프라인 전략을 활용하기가 쉽지 않다. 따라서 이러한 전략을 사용하는 기업은 대부분 이미 브랜드 명성, 생산과 유통 시설, 성공적인 인터넷 서비스를 시작하기 위해 필요한 재정적 자원을 구축한 기존기업들과 제휴를 하게 된다. 예를 들어, 어린이용품의 인터넷 소매상인 Brainplay Inc.는 KBkids.com이라는 온라인 기업을 만들기 위해 기구축된 연합상점기업인 KB Toys와 제휴를 맺었다.

전통적인 기업들은 오랜 기간에 걸쳐 전자상거래 벤처를 설립하기 위한 충분한 현금흐름과 자본을 가지고 있다. 세계에서 가장 큰 서점인 Barnes & Noble의 경우 갑자기 등장한 Amazon.com의 성공에 직면하여 Barnesandnoble.com을 설립하였다(제3분면). 기존의 전통기업이 취할 수 있는 가장 일반적인 전략은 온라인 마케팅이 오프라인 물리적 상점과 밀접하게 통합되는 '온-오프라인(bricks-and-clicks)' 전략을 사용하여 비즈니스와 브랜드를 확장하는 것이다(4사분면). REL, L.L.Bean, Wal-Mart 등이 이러한 '브랜드 확장' 전략을 사용한 대표적 기업이다. 이 경우 기존의 브랜드와 관계망을 활용할 수 있다는 장점이 있다.

그림 10-18 일반적 시장 진입 전략

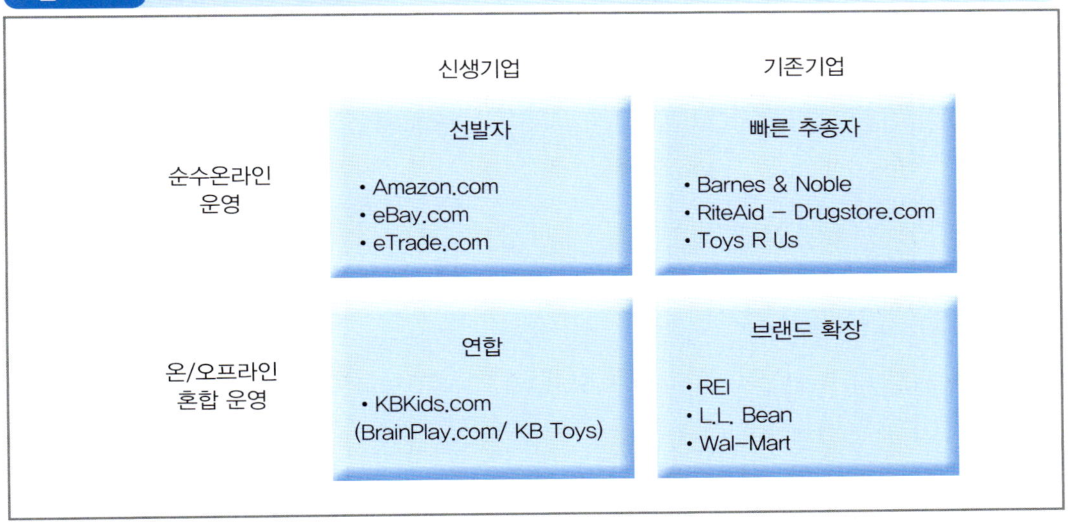

▶ 출처: K. C. Laudon and C. G. Traver, E-commerce, 2007.

시장진입전략의 궁극적인 선택은 기업이 가지고 있는 기존의 브랜드, 관리 역량, 운영상의 강점 및 자본력(Gulati and Garino, 2000)에 의해 결정되겠지만, 오늘날 많은 기업들은 수익성을 좀 더 빨리 달성하고자 하는 목적으로 '온-오프라인 병행(bricks-and-clicks)' 전략을 선호하고 있다.

고객과의 관계 구축

시장진입 전략에 대한 결정 후에는 고객들과의 장기적인 관계를 구축하는 중요한 과제가 남아있다. 전통적인 PR이나 광고 매체가 기업이나 브랜드에 대한 인지도를 구축하는 데 결정적으로 중요하지만, 온라인의 경우 웹사이트 트래픽이나 구매의 강력한 동인으로 밝혀진 독특한 온라인 마케팅기법들이 등장했다. 여기에서는 온라인에 특화된 몇 가지 마케팅 기법들에 대해 살펴보도록 하겠다.

퍼미션 마케팅(Permission Maketing)

퍼미션 마케팅은 컨설턴트인 세스 고딘(Seth Godin)에 의하여 고안된 개념으로 정보나 프로모션 메시지들을 소비자들에게 보내기 전에 소비자들로부터 동의를 얻기 위한 전략을 의미한다. 퍼미션 마케팅의 전제는 소비자들에게 정보를 보내기 위해 동의를 구함으로써 고객과의 관계를 좀더 발전시킬 수 있다는 것이다. 소비자들이 프로모션 메시지를 받기로 동의할 경우 고객들은 옵트인(opt-in)한 것이고, 메시지를 받지 않겠다고 한 경우 그들은

그림 10-19 삼성경제연구소(seri.org)의 퍼미션 마케팅

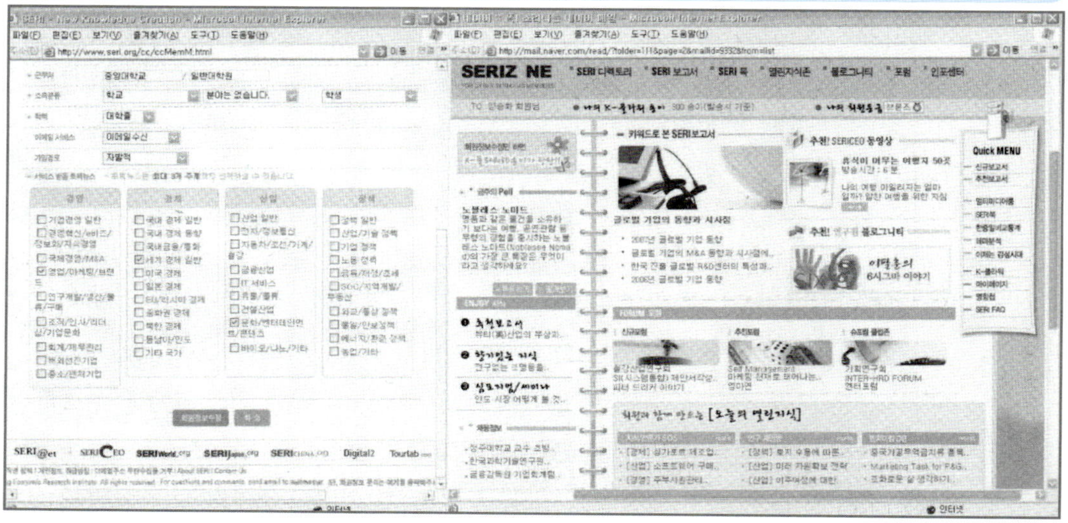

옵트아웃(opt-out)한 것이다. 이처럼 퍼미션 마케팅은 소비자와의 장기적인 대화식 접근법으로 소비자를 자발적으로 마케팅과정에 참여하게 하는 것으로, 시간과 관심이 부족한 소비자 개인으로부터 자발적이고 점차적인 허락(permission)의 수준을 얻어냄으로써 장기적인 거래관계를 형성하는 방법이다. 퍼미션 마케팅을 위해서는 소비자들에게 동의를 얻어낼 수준의 인센티브가 제공되어야 하고, 마케터로부터 전달되는 메시지는 소비자 개인과 직접적으로 관계 있는 것들이어야 하며, 또한 소비자들의 가치증진에 도움이 되는 것들이어야 한다. 퍼미션 마케팅의 핵심 요소는 이메일이다. 기업들은 고객들에게 이메일 주소를 요청하고 고객들이 잠재적으로 흥미가 있는 분야에 대한 마케팅 메시지를 전달한다. 이메일은 비용이 저렴할 뿐만 아니라 타겟화 되어 있고 측정가능하며 효과적이다. 마케팅커뮤니케이션 수단으로서의 이메일에 대한 설명은 11장에서 다루고 있다.

제휴 마케팅(Affiliate Marketing)

최근 몇 년 동안 제휴 마케팅은 웹 마케팅에 있어 없어서는 안 될 중요한 부분을 차지하게 되었다, 현재 수천 개의 전자상거래 사이트들이 제휴 마케팅을 사용하고 있으며 앞으로 그 수는 계속 빠르게 늘어날 것으로 전망된다. 오프라인에서 추천은 유망한 가능고객을 얻을 수 있는 가장 좋은 방법들 중의 하나이다. 제휴 마케팅은 이러한 추천을 온라인에서 적용한 것으로, 하나의 웹사이트가 다른 웹사이트로 비즈니스를 확장시키면서 제휴 사이트를 통하여 방문한 고객이 제품을 구입했을 때 발생하는 수익을 제휴 사이트와 함께 공유하는 장기적인 마케팅 프로그램을 말한다. 즉, 하나의 웹사이트가 다른 웹사이트에게 그 사이트를 소개함에 따라 새로운 비즈니스 기회를 갖는 것에 대한 커미션을 지불하기로 동의하는 것이다. 일부 제휴는 생성된 세일즈를 기준으로 커미션을 제공하고 다른 경우에는 클릭률이나 신규 등록 혹은 이 둘의 결합 빈도에 따라 수수료를 지불한다. 이러한 협력 프로그램을 활용하면 기업의 브랜드를 널리 홍보할 수 있으며 새로운 고객창출과 보상프로그램을 통한 고객 재방문의 효과도 얻을 수 있다.

최근 각광받고 있는 제휴 마케팅은 세계 최대의 인터넷 서점인 아마존이 1996년 7월에 "Associates program"이란 제휴 프로그램을 도입하면서 대중에게 처음 알려졌는데, 현재 이 프로그램에 참여하고 있는 제휴업체 수는 약 900,000개에 이르며, 제휴 프로그램을 통해 방문한 사용자가 실제로 구매를 할 경우 판매액의 10%까지 수수료를 지급한다. 이베이의 제휴프로그램 회원들의 경우 이베이에 보내진 활동적인 등록 사용자의 경우에 대해 $20에서 $45를 지불한다. 하지만 취급하는 품목이 고가인 전자상거래 사이트의 경우에는 제품구매에 따른 수수료 지급 방식이 아닌 다른 방식을 채택하기도 하는데, 예를 들면 방문객이 이런 전자상거래 사이트의 회원으로 가입하는 등의 어떤 행위가 이루어 졌을 때 수수료를

그림 10-20 Link share.com

▶ 전자상거래 기업들의 중개인 역할을 하는 제휴 네트워크.

그림 10-21 Linkprice.com

▶ 링크프라이스에 가입하면 링크프라이스에 가입된 개인이나 기업의 홈페이지를 지사와 영업점처럼 활용할 수 있어 여기에 기업이 판매하고자 하는 상품의 배너를 게재하고 구매가 일어난 경우 상품판매에 따른 일정한 금액의 커미션을 제공하게 된다.

지급하는 방식을 채택하고 있다. 금융 서비스의 경우, LendingTree는 회원 가입을 할 경우 가입 회원당 14달러를, NextCard는 방문객이 카드 회원으로 등록할 경우에 한 명당 20달러를 지급하고, FogDog 및 다른 소매 유통 회사들은 5%를 제공한다.

제휴 프로그램을 이용하고자 하는 작은 전자상거래 기업들의 경우 중개인의 역할을 하는 제휴 네트워크에 조인할 수 있다. 제휴 네트워크 회사로는 Commission Junction, Linkshare 등이 있으며, 현재 국내에 이러한 협력 프로그램을 전개할 수 있도록 지원하는 대표적인 업체로는 링크프라이스가 있다.

제휴 마케팅의 가장 큰 장점은 성과에 따른 지불(pay for performance)기반에 근거하여 운영된다는 것이다. 제휴업체들은 미리 약정된 보상을 대가로 하여 훌륭한 세일즈 가망고객을 제공한다. 다른 장점 중의 하나는 마케터들이 제휴업체를 통해 쉽게 접근할 수 있는 구축된 사용자 베이스를 활용할 수 있다는 것이다. 하지만 제휴마케팅도 제대로 관리되지 않을 경우 심각한 문제점을 야기할 수 있다. 기업의 핵심 관심사와 관련되지 않은 링크들의 경우 소비자들에게 브랜드에 대한 혼돈을 줄 수 있다. 제휴 마케팅은 제휴업체들이 자신들의 웹사이트와 잘 조화가 되고, 자신들의 웹사이트의 콘텐츠를 보완해 줄 수 있는 제품과 서비스를 선택할 때 가장 효과적이라고 할 수 있다.

현 · 장 · 사 · 례 Electronic Commerce

아이패드 갈아버린 믹서기, 역대 최고 바이럴 광고로 선정

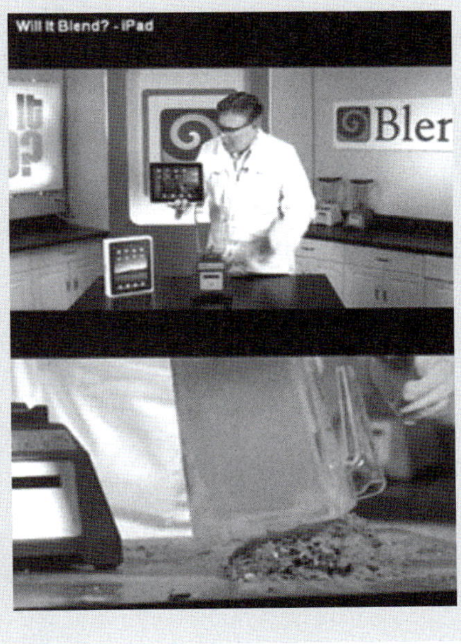

바이럴 광고라는 말을 들어본 적이 있는가? 바이럴 광고는 유튜브 덕분에 탄생한 비디오 광고의 한 장르라고 정의할 수 있다. 기존의 광고는 100이면 100 모두 광고주나 대행사가 유료 매체를 구입해 집행하는 방식으로 이루어진다. 반면, 바이럴 광고는 광고주나 대행사가 발표한 동영상이 소비자 집단에 의해 블로그나 기타 소셜 미디어 등을 통해 '복제' 및 '증식'되는 방식으로 '집행'된다. '바이럴(viral)'이라는 형용사 역시 자체적으로 증식 · 복제되는 바이러스의 성격에서 따온 것이다.

매체를 구입하지 않아도 소비자들이 자발적으로 자신의 블로그나 소셜 미디어를 통해 광고를 퍼뜨리게 할 비결은 무엇일까? 정답은 당연히 '재미'이다. '가치'있는 일이나 '명예'로운 일보다는 재미있는 일을 선호하는 인간의 본성이 바이럴 광고의 '숙주'를 자처하게 만드는 것이다. 저렴한 비용으로 소비자 참여를 유도하고 충성도를 높일 수 있다는 점에서 마케팅 담당자들이 특히 주목해야 할 현상이다.

미국의 광고 전문지 애드에이지(AdAge)에서는 지난 2일 역대 최고의 바이럴 광고 10개를 선정했다. 1위는 줄을 서서 대기해도 살까 말까 한 아이패드 신제품을 보란 듯이 '갈아버려' 자사의 블렌더 성능을 과시한 블렌테크(Blendtec)의 바이럴 동영상이 차지했다. 귀여운 아기들이 대거 등장하는 에비앙의 '젊게 삽시다(Live Young)', 잘 빠진 미남이 우스꽝스럽고 과장된 몸짓으로 소비자들의 질문에 대답하는 올드 스파이스의 '대답'이 조회수를 기초로 각각 2위와 3위를 차지했다.

▶ 출처 : 뉴시스, 2010. 09. 03.

바이러스 마케팅(Viral Maketing)

바이러스 마케팅은 고객들이 기업의 마케팅 메시지를 친구, 가족 혹은 동료들에게 전달하면서 새로운 고객을 획득하는 과정으로 온라인 매체를 타고 네티즌들의 PC로 옮겨 다니는 컴퓨터 바이러스처럼 강력한 전파력을 구사한다고 해서 붙여진 이름이다. 이것은 온라인 버전의 구전 마케팅이며 실제 오프라인보다 훨씬 빨리 퍼지는 속성을 가지고 있다. 고객의 추천은 기업의 고객 사이즈를 증가시키는 것 이외에 다른 장점도 가지고 있다. 고객 확보에 드는 비용이 다른 기법들에 비해 저렴하기 때문에 저렴한 비용으로 장기적인 효과를 얻을 수 있으며 기업주도형의 마케팅이 아닌 고객주도형의 마케팅이란 점에서 그 파급력이나 영향력이 대단하다. 주로 사용되는 바이러스 마케팅 기법은 자사가 제공하는 무료 전자우편 끝부분에 가입을 유도하는 문안을 넣는 방법, 사이트 광고를 주변 사람들에게 재전송할 때 경품이나 현금을 주는 방법, 전자우편이나 사이트 하단에 '친구에게 보내기' 기능을 넣어 주위사람에게 이메일로 해당 사이트나 내용을 추천할 수 있게 하는 방법 등이다.

Half.com의 Take Five Program이 바이러스 마케팅의 예인데, 사이트에 등록한 사용자가 중고 서적을 팔 경우 친구들에게 그 사이트를 소개하도록 음악, 영화, 게임 등이 인센티브로 주어진다. 사용자가 친구의 이름과 이메일 주소를 Take Five Program에 제공할 경우 친구에게 $5 쿠폰을 제공한다. 이 친구가 Take Five Program에서 제공한 쿠폰을 활용하여 구매할 경우 소개한 사용자에게 소개비 명목으로 $5 쿠폰을 지불한다.

바이러스 마케팅 프로세스는 서로 모르는 사용자들에게도 적용될 수 있다. 소비자가 중요한 구매의사결정을 하려고 할 경우, 그 제품을 소유한 소비자들의 의견이나 충고를 받아들이는 것이 첫 번째 시작이다. 인터넷의 등장으로 똑똑한 소비자가 작성한 리뷰를 찾아서 읽는 것은 전혀 어렵지 않다. 이피니언즈(Epinions.com)이나 컨슈머리포트(ConsumerReports.org) 등은 제품을 구매하여 오랜 기간 동안 사용한 사람들이 작성한 객관적인 제품 리뷰를 제공하고 있다. 이러한 온라인 열렬애호가로부터의 피드백과 정보로

그림 10-22 SNS를 활용한 유니세프의 바이럴 마케팅

그림 10-23 Epinions.com

▶ 구매 정보 사이트,가격별, 브랜드별, 주제별 제품 안내 및 가격 비교 제공.

무장한 소비자들이 전자상거래 사이트에 접속하고 구매를 한다. 이피니언즈는 제휴 온라인 매장들과 연결이 되어 있는데, 이러한 제휴 업체들은 이피니언즈에서 발생한 매 구매에 대

해 수수료를 지급하고 있다.

블로그 마케팅(Blog Maketing)

오늘날 블로그는 주류 온라인 문화의 한 부분이다. 2005년 1사분기에 5천만 미국인이 블로그를 방문하였고, 온라인 인구의 7% 정도가 개인 블로그를 만들었다(Pew Internet & American Life Project, 2005). 이에 마케터들은 블로그를 제품과 서비스를 광고하고 판매하는 좋은 수단으로 활용하기 시작하였다. 다른 일반 웹사이트와 마찬가지로 블로그는 판매를 목적으로 하는 광고뿐만 아니라 판매를 직접적인 목적으로 하지 않는 브랜드 광고를 게재하는 데 활용될 수 있다. 하지만 블로그는 자신들의 의견을 대중들에게 알리고자 하는 개인들에 의해 만들어지는 것이기 때문에, 블로거들은 큰 기업들과 같은 마케팅 및 광고 자원을 가지고 있지 못하며 포털 웹사이트에 비해 특정 사이트를 방문하는 사람들의 비중도 미미하다. 따라서 문제는 이러한 작은 고객들을 어떻게 효과적으로 광고자의 관심을 끌 수 있는 가치 있는 중요한 고객으로 바꾸느냐 하는 것이다(Ord, 2004).

한 가지 방법은 블로거들의 광고 네트워크를 구축하여 블로거들이 이 네트워크 및 그들의 블로그에 광고를 게재하는 것에 동의하게 한 후 게재된 광고를 클릭하는 각 방문자들에게 대한 수수료를 이들에게 지불하는 것이다. CrispAds.com도 이러한 네트워크 중의 하나이다. 이 서비스의 사용자들은 광고 카테고리들 중에서 전시할 광고를 선택한다.

그림 10-24 CrispAds.com

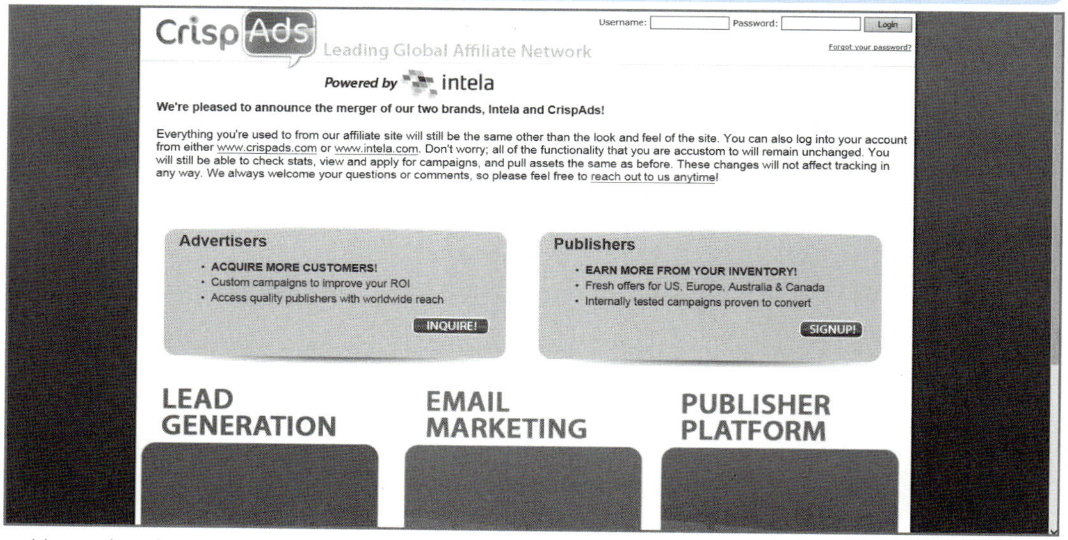

▶ 블로그 광고 네트워크 회사로 블로거들이 원하는 광고를 블로그에 게재하게 하고 방문자가 광고를 클릭하면 수수료를 지불함.

그림 10-25 Google의 애드센스

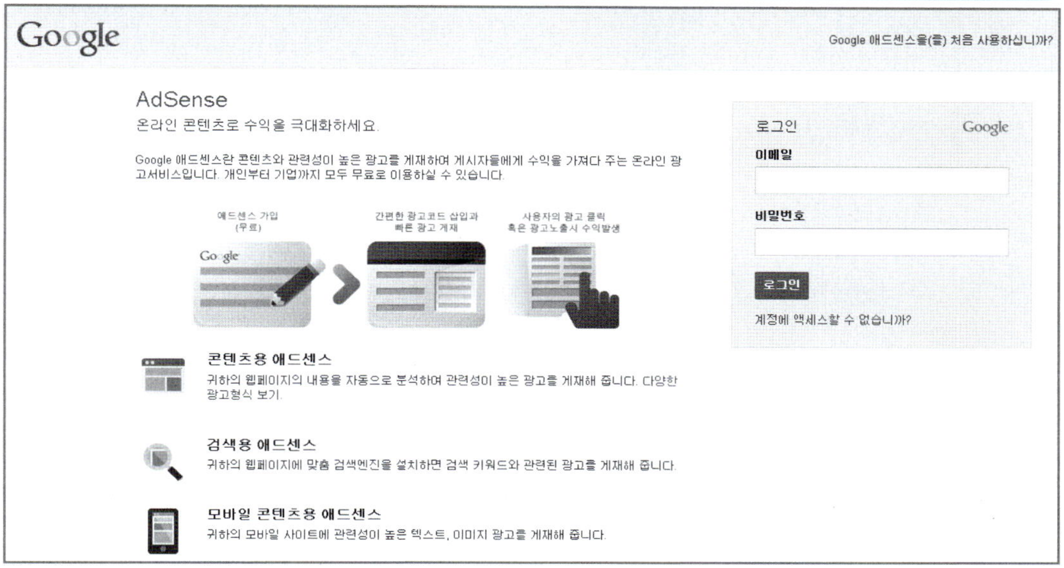

▶ 구글이 제공하는 광고를 본인의 사이트에 게재하고 클릭 수에 따라 광고수익을 배분받는 프로그램.

Blogads.com도 비슷한 서비스를 제공한다. 구글(Google)의 애드센스(AdSense)도 주요 블로거 마케터이다. 애드센스 서비스는 블로그의 내용을 파악한 후에 블로그에 게재할 주제를 찾아낸 후 블로그의 내용에 맞추어 적절한 광고를 게재한다. 나아가 블로거는 구글의 검색바를 다운로드하여 자신의 블로그에 올려 둘 수 있는데, 이 때 방문자가 검색 아이템을 클릭한 후 결과 페이지에 있는 구글 광고를 클릭했을 때 수수료를 지불받는다. 하지만 블로그 마케팅의 매트릭스는 아직까지 잘 이해되고 있지 않아, 아무도 블로그 마케팅 현상의 사이즈나 블로그 마케팅에 의해 창출되는 수익에 대해 파악하지 못하고 있다.

현·장·사·례 Electronic Commerce

SNS마케팅 가장 튀는 기업은?

■ **SKT·코카콜라·관광공사 등 소통지수 높아**
'재미·쉬움·만족' 3박자 갖춰야 홍보효과 커

하루 중 페이스북, 카카오스토리, 싸이월드 등 소셜네트워크서비스(SNS)를 이용하는 시간이 얼마나 될까.

지난 4월 정보통신정책연구원(KISDI)이 발표한 'SNS 이용현황 보고서'에 따르면 한국인 5명 중 1명은 SNS를 이용하며 하루 평균 SNS를 이용하는 시간은 음성과 영상 통화, 문자, 채팅, 모바일 메신저 시간보다 많은 73.2분인 것으로 나타났다. 연령대별로 살펴보면 SNS 이용률은 20대가 61%로 가장 높았고, 30대 35.5%, 10대 35.3%, 40대 16.9%, 50대 2.6%, 10대 미만이 1.3%로 각각 나타났다.

기업도 새로운 소식을 전달하고 고객과 소통하는 수단으로 SNS를 적극 활용하고 있다. SNS는 전통 매체에 비해 비용부담이 덜한 데다 댓글이나 리트윗, 멘션 등으로 바로 고객들 반응을 살펴볼 수 있다. 또 확산속도가 빠르고 고객과 양방향 소통이 가능하다는 장점 때문에 기업들이 선호하고 있다.

반대로 '남양유업'이나 '라면상무' 사태처럼 때로 SNS는 양날의 검이 되곤 한다. 잘 쓰면 약이 되기도 하고 못 쓰면 독이 되기도 하는 SNS를 제대로 활용하는 기업은 어디일까.

한국인터넷소통협회(KICOA)는 지난 6월 1,200개 기업과 800개 공공기관 SNS 활동을 종합적으로 평가한 결과 SK텔레콤, 코카콜라, 에버랜드 등 기업과 한국관광공사, 기상청, 병무청 등 공공기관이 '인터넷소통지수(ICSI)'와 '소셜소통지수(SCSI)' 평가에서 AA(65점 이상) 등급을 받으면서 SNS로 고객과 잘 소통하고 있는 곳으로 선정됐다고 밝혔다.

SK텔레콤은 소비자 참여를 통해 광고 모델, 만화, 어록 등 재미있는 콘텐츠를 직접 만들 수 있는 마케팅 도구로 소셜미디어를 활용한다. 대부분 기업이 소셜마케팅 업무를 사내 마케팅팀 가운데 1~2명 정도에 맡기는 것과 달리 SK텔레콤은 전담팀을 구성하고 SNS를 통해 고객들과 소통하고 있는 것으로 알려졌다. 최근에는 소비자들이 영상과 모델을 직접 고르는 '누+ㅌ 플레이어' 토너먼트를 진행해 6명 광고 모델 중 소비자들 호응이 가장 좋은 광고 모델을 선발하기도 했다. 먼저 온라인이나 SNS상에 광고영상을 노출하고 그중 고객들 댓글이나 반응이 좋은 콘텐츠를 TV나 영화관 광고로 활용하는 방식을 취했다.

코카콜라는 해외에서 '행복 자판기(Happiness Machine)' 캠페인을 벌이고 있다. 코카콜라 자판기를 활용해 춤을 추거나 자판기를 안고, 연인임을 증명하는 등 자판기 앞에서 미션을 수행하면 코카콜라를 공짜로 주는 이벤트다. 국내에서는 아이돌그룹 2PM과 함께 '코크 댄스 자판기' 캠페인을 진행했다. 코카콜라 자판기를 설치하고 그 안에 스크린 화면이 참여자의 동작을 인식해 몸을 움직이면서 간단한 게임에 참여할 수 있도록 했다. 이 모습을 촬영한 동영상은 유튜브에서 한 달 만에 조회수 120만건을 기록했다.

온 · 오프라인을 연계한 체험을 통해 친근한 기업 이미지와 호감을 상승시키는 소셜마케팅을 구사한 것이다. 이 밖에 한국관광공사는 소셜데이터 분석을 활용해 '한국인이 꼭 가봐야 할 국내 관광지 99곳'을 선정하기도 했다.

쏟아지는 정보들 중 고객들이 선택하고 관심을 갖는 것은 일부다.

성공하기도 어렵고 주목을 끌기도 쉽지 않다. 한 SNS 전문가는 "한정된 시간과 관심에 비해 정보는 셀 수 없이 방대하다"며 "결국 고객은 '재미' '쉬움' '만족'에 의해 관심과 참여를 결정한다"고 말한다.

박영락 KICOA 부회장은 "소셜마케팅은 고객들 스스로 참여하고, 나누고, 배우면서 즐길 수 있도록 하는 분위기를 조성하는 게 중요하다"며 "온라인과 오프라인을 넘나드는 흥미로운 소재 발굴과 참여, 개방, 공유, 상호작용이 필요하다"고 말했다.

▶ 출처 : 매일경제, 2013. 08. 09.

소셜 네트워크 마케팅(Social Network Marketing)

소셜 네트워크는 오랜 시간에 걸쳐 자발적으로 타인과 커뮤니케이션 하고자 하는 사람들의 집합이다. Yub.com, Myspace.com, Facebook.com, Tickle.com, Cyworld.com 등의 온라인 소셜 네트워크는 사용자가 다른 사람들과 의사 소통하게 해 주고, 가까운 집단 및

그림 10-26 Yub.com

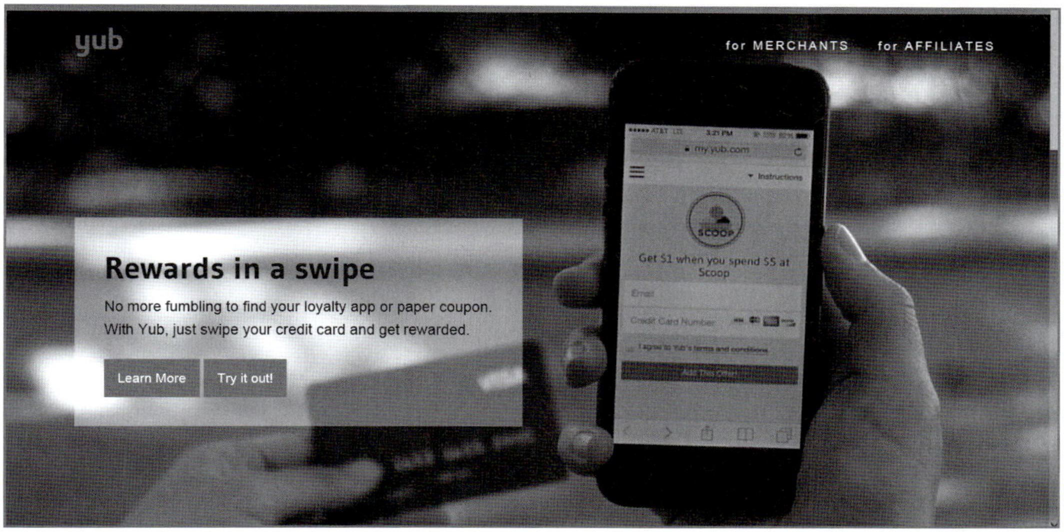

▶ 제휴 파트너 상점 쇼핑을 하면서 친구나 지인에게 제품 관련 정보를 공유, 추천하고 수수료를 받는 온라인 쇼핑 사이트.

그림 10-27 facebook.com

▶ 인맥기반 커뮤니티 사이트.

개인적인 관계를 형성하며 나아가 흥미나 가치, 아이디어 등을 공유하게 해주는 웹사이트들의 프로파일을 연결한다. 네트워크는 구전이나 이메일 링크를 통해 계속 커진다. 기업들은 네트워크 참가자들에게 마케팅을 함으로써 소셜 네트워크 사이트의 괄목할 만한 인기와 성장을 이용하기 시작하였다. 소셜 마케팅의 아이디어는 소비자들이 친구들이 사거나 추천하는 것을 구매하는 경향을 보인다는 것이다. Yub.com에서는 사용자들은 그들의 친구들의 구매이력과 관심사를 볼 수 있으며 제품의 이미지를 클릭할 수 있고 그 제품을 살 수 있는 웹사이트에 연결될 수 있다. Yub.com은 소개비용으로 10~15%의 수수료를 받고 있다. 이 외 다른 온라인 기업들은 커뮤니티를 활용하고 있다. Overstock.com의 경우 새로운 옥션 서비스를 사용한 사람들은 무료 온라인 프로파일을 만들 수 있으며 사이트에서 그들의 최근 구매에 대한 정보를 공유할 수 있다.

고객유지: 고객과의 관계 강화

인터넷은 고객과의 관계를 강화하고 제품 및 서비스를 차별화하는데 도움이 되는 탁월한 마케팅 기법을 제공한다.

개인화 및 1:1 마케팅

1:1 마케팅은 정확하고 시의적절한 고객의 니즈에 대한 이해, 고객들에 대한 구체적인 마케팅 메시지의 타겟화, 독특한 포지셔닝에 기반하여 개인에 근거를 두어 시장을 세분화한다(Pepper & Rogers, 1997). 1:1 마케팅은 궁극적인 형태의 시장 세분화, 타켓팅, 포지셔닝의 형태이며 세분집단이 개인이다. 즉 웹사이트에서 사용자 개인의 특성과 기호에 맞게 페이지 화면을 편집하여 볼 수 있는 기능이다. 사용자가 자신의 기호, 관심, 구매 경험 등의 정보를 웹사이트에 제공하면 웹사이트는 사용자가 제공한 자료를 기초로 사용자에게 가장 알맞은 정보를 선별하여 볼 수 있게 해 준다. 개인화(Personalization)를 통해서 마케터는 사용자에 대한 정보를 얻고 사용자의 지속적인 이용이나 구매를 얻어낼 수 있게 되며 사용자는 자신에게 가장 알맞은 정보를 편리한 방법으로 얻을 수 있다.

개인화된 1:1 마케팅은 개인의 취향에 따라 아주 복잡한 형태로 생산될 수 있는 제품, 가격이 개인화의 정도에 따라 조정될 수 있는 제품, 개인별 취향과 선호도가 적절하게 평가될 수 있는 제품에 적합하다. 개인화의 대표적인 예는 Amazon.com과 Barnesandnoble.com이다. 두 사이트 모두 쿠키 프로파일에 근거하여 등록된 방문자를 환영하고, 개별 선호에 근거하여 최근 도서들을 추천하며 과거 구매기록에 근거하여 체크아웃 절차를 신속히 처리한다. 하지만 이러한 개인화가 반드시 좋은 것만은 아니다. 몇몇 연구들에 의하면 대부

그림 10-28 개인화 화면 (http://www.amazon.com)

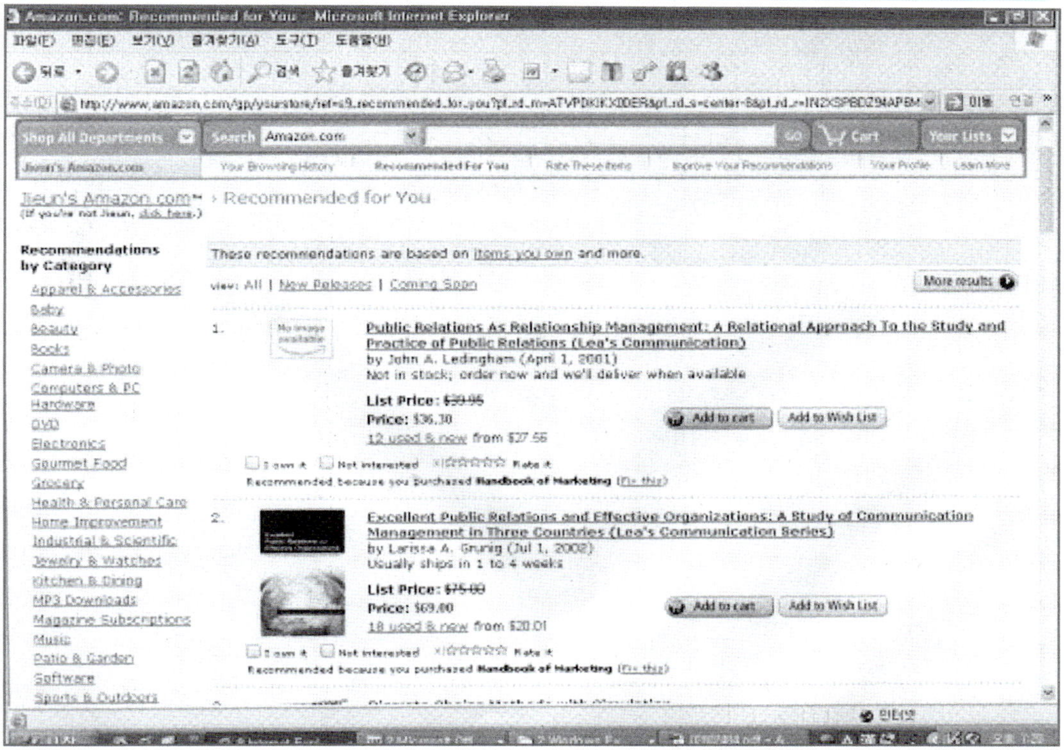

▶ 이전 구매이력을 바탕으로 개인화된 추천도서를 제안.

분의 소비자들은 개인화가 - 개인화된 주문 추적, 구매 이력, 신속한 거래를 보장하기 위한 개인화된 정보의 데이터베이스, 신상품과 특별 프로모션을 알리는 옵트인 이메일 등 - 자신들의 통제력과 자유로움을 향상시키는 경우에만 이를 선호한다. 또한 개인화 기술의 발달에도 불구하고 고객들의 흥미와 니즈를 정확하게 이해하고 예상하는 것이 여전히 어렵다. 개인화가 잘못 사용될 경우 소비자 만족보다는 소비자의 불만을 야기시킬 수 있다.

고객화 및 고객 공동 생산

고객화(customization)는 개인화가 확장된 것으로 사용자의 자신의 선호에 따라 제품을 변화시킬 수 있도록 해주는 것이다. 웹상에서 고객 공동생산은 고객들에게 혁신에 대해 고민하게 하고 실제 제품을 생산하도록 하는 것을 의미한다. 예를 들어 신제품이나 제품의 개선과 관련된 연구들은 많은 경우 신제품에 대한 아이디어가 제품을 많이 사용하는 사용자에게서 나온 것으로 밝히고 있다. 많은 선도기업들은 제품을 차별화하고 고객의 충성도를 제고하기 위해 '주문 후 생산' 고객화된 제품을 온라인상에서 대형규모로 생산해 내

그림 10-29 M&M사이트

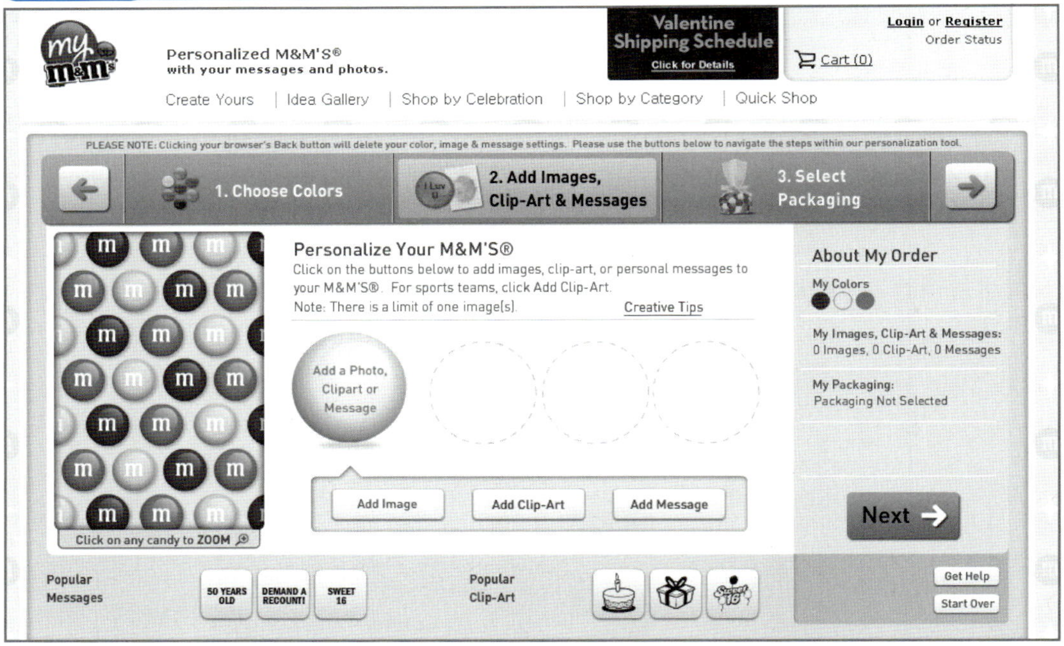

▶ customized M&M section에서 원하는 색상과 메시지로 만든 특별한 캔디를 주문할 수 있음.

기 시작했다. 고객들은 독특한 제품을 위해 조금 더 지불할 의사가 충분히 있다. 이 프로세스를 좀 더 가능하게 만들기 위해서는 표준화된 소비자들이 다양한 선택권을 조합할 수 있는 아키텍처를 수립하는 것이다. 예를 들어 나이키는 1999년부터 웹사이트상에서 나이키 ID 프로그램을 통해 고객화된 운동화를 제공하고 있다. 소비자들은 신발의 모양, 색상, 재질 , 로고까지도 선택할 수 있다. 이 운동화의 추가 비용은 $10 정도이며, 고객들에게 배달되는데 약 3주가 소요된다. M & M 웹사이트에서도 고객들은 자신들이 디자인한 M & M에 자신이 원하는 메시지를 넣을 수 있다. 정보재의 경우 역시 이러한 차별화에 이상적이다. New York Times의 경우 고객들이 그들이 보고 싶은 뉴스들을 일단위로 선택하게 해준다. Yahoo, MSM, Metscape, AOL 등도 고객들이 그들만의 고객화된 버전을 만드는 것을 가능하게 한다.

토 · 의 · 문 · 제 Electronic Commerce

01 소비자들의 구매의사결정과정의 5가지 단계 및 각 단계에 영향을 줄 수 있는 온라인 및 오프라인 마케팅 활동들에 대해 설명하시오.

02 강력한 브랜드를 가지는 것의 주요 장점에 대해 설명하고 강력한 브랜드가 소비자들의 구매에 어떻게 긍정적으로 영향을 미치는지에 대해 논하시오.

03 시장조사의 두 가지 종류에 대해 설명하고 두 가지 시장조사가 온라인에서 어떻게 활용될 수 있는지에 대해 설명하시오.

04 온라인에서 판매되고 있는 디지털 콘텐츠 제품 하나를 선택하여 이 제품의 세 가지 제품 수준을 기술하시오.

05 인터넷 STP 전략을 성공적으로 실시하고 있는 사이트를 하나 찾고 이들 사이트의 시장 세분화 기준, 타겟 집단 및 포지셔닝 전략에 대해 설명하시오.

06 고객과의 관계 강화를 위해 새롭게 등장하고 있는 마케팅 기법인 블로그 마케팅, 소셜네트워크 마케팅 등의 장점과 단점을 기술하고 이러한 방법들이 좀 더 효과적으로 수행되기 위해 고려되어야 할 부분에 대해 설명하시오.

참 · 고 · 문 · 헌 Electronic Commerce

- 김민희 · 김나중, "검색데이터를 보면 소비트렌드가 보인다," LG Business Insight, 2013. 11. 10.
- Global view 미국 - 소셜 네트워크 마케팅, LG 애드, 2007. 9.
- 뉴시스, "아이패드 갈아버린 믹서기, 역대 최고 바이럴 광고로 선정," 2010. 9. 3.
- 매일경제, "SNS 마케팅 가장 튀는 기업은?" 2013. 8. 9.
- 미 기업 '블로그 경영 뜬다,' 헤럴드 경제, 2005. 7. 15.
- 브랜드 구축 사례: Google, 시가총액 1,600억 달러: 세계적인 브랜드 우뚝, 조선일보, 2007. 9. 17.
- 스포츠조선, "위즈위드, 미 최대 보석상 '블루나일' 단독 런칭," 2013. 10. 25.
- 통계청, 2006년 전자상거래 현황조사, 2007.
- 한국인터넷진흥원(NIDA) 통계보고서, 2001, 2004, 2006, 2007, 2013.
- 헤럴드 경제, www.webpronews.com, Financial Times, 2005. 7. 15.
- Ba, Sulin and Paul Pavlou, "Evidence on the Effect of Trust Building Technology in Electronic Markets: price Premiums and Buyer Behavior," *MIS Quarterly*, september, 2002.
- Bailey, J. and Erik Brynjolfsson, "An Exploratory Study of the Emerging Role of Electronic

Intermediaries," *Internatinal Journal of Electronic Commerce*, Spring, 1997.

- Bakos, J.Y and Erik Brynjolfsson, "Bundling and Competition on the Internet: Aggregation Strategies for Information Goods," *Marketing Science*, January 2000.
- Baye, Michael R., John Morgan and Patrick Scholten, The Value of Information in and Online Consumer Market," *Journal of Public Policy and Marketing*, August, 2002.
- Brynjolfsson, Erik and M. D. Smith, "Frictionless Commerce? A Comparison of Internet and Conventional Retailer," *Management Science*, April, 2000.
- BusinessWeek, Special Report, August,2007.
- Ellison, Sarah, "Wed-Brand Study Says Awareness Isn't Trust," *Wall Street Journal*, June 7, 2000.
- eMarketer, Inc., "B2C E-commerce in the U.S." July, 2004.
- eMarketer, Inc., "Looking Around the Whole Internet World," January, 2007.
- eMarkerter, Inc., "Worldwide B2C Ecommerce: 2013 Forecast and Comparative Estimates," June, 2013.
- Gulati, Ranjay and Jason Garino, "Getting the Right Mix of Bricks and Clicks," Harvard Business Review, May- June, 2000.
- Internet World Stats, "Usage and Population Statistics," Q2, 2012.
- Kotler, Pilip and Gary Armstrong, *Principles of Marketing*, 11th Edition. Upper Saddle River, NJ: Prentice Hall, 2007.
- Mckinsey Marketing Practice, "All Visitors Are Not Created Equal," *Mckinsey Company*, November, 2000.
- Mishra, D,P., J.B. Heide and S.G.Cort, "Information Asymmetry and Levels of Agency Relationsips," *Journal of Marketing Researh*, 1998.
- Ord, Rich, "The Blog Marketing Explosion,{ Webpronews.com, October, 10, 2004.
- Pavlou, Paul, "Institution-Based Trust in Interorganizational Exchange Relationships: The Role of Online B2B Marketplaces on Trust Formation," *Journal of Strategic Information Systems*, 2002.
- Pew Internet & American Life Project, "The State of Blogging," January, 2005.
- PWC & IAB, "IAB internet advertising revenue report," April, 2013.
- Rao, Sidhart, "Instant Surveys on the Internet," *The Economic Times*, December 2, 2000.
- Rozanski, Horecio, Gerry Bollman and Martin Lipman, "Seize the Occasion: Usage based Segmentation for Internet Marketers," *BoozeAllen & NetRatings*, April, 2001.
- Third Wave Research group, "How New Technology Has Affected Location." Bcentral.com, 2003 .
- U.S.C Annenberg School Center for the Digital Future, "The Digital Future Report, Surveying the Digital Future, Year Four, Ten Years, Ten Trends." September, 2004.

사례연구

소셜 네트워크 마케팅 - '문화현상'으로 자리한 광고수익의 새 원천

인터넷이 미국 국민의 일상의 한 부분을 차지한 지는 이미 오래다. 그런데 최근 바이럴 마케팅과 인터넷상의 소셜 네트워크 사이트를 이용한 마케팅이 미국 내 광고주와 마케터들의 화두가 되고 있다. 이마케터(e-maketer)가 발표한 보고서에 따르면 대한민국이 소셜네트워크 사이트 이용에서 세계 1위를 차지했는데, 미국에서는 1995년, 인터넷에서 초등학교 동창 찾기 열풍을 일으켰던 대한민국의 'iloveschool.co.kr'과 비슷한 'classmates.com'이 최초의 소셜 네트워크 사이트로 서비스를 시작했다. 이후 마이스페이스 (MySpace.com)와 페이스북(Facebook.com)과 같은 소셜 네트워크 사이트의 등장은 폭발적인 사이트 트래픽을 기록하며, 마케팅 활동의 새로운 총아로 떠올랐다. 이에 미국 내 소셜 네트워크 마케팅의 현황과 실례를 살펴보자.

미국 대학생 (18~24세) 신제품 정보 취득 선호도

	남자	여자	전체
구전(WOM)	61%	57&	59&
TV광고	35%	44%	39%
무료 샘플(점포 내)	26%	35%	29%
무료 샘플(캠퍼스)	20%	19%	19%
무료 샘플(우편)	16%	20%	18%
제품 후기(온라인)	21%	5%	13%
제품 구매시 무료 선물	7%	17%	12%
라디오 광고	11%	8%	9%
이메일	8%	9%	9%
기업 웹사이트	11%	5%	8%

온라인 광고 형태별 지출(단위: 백만 달러)

	2006	2007	2011(예상)
전국 광고	16,879	21,119	38,897
지역 광고	6,384	8,376	10,200
소셜 네트워크 광고	350	900	2,745
블로그, PODCAST, RSS	78	196	1,128

소셜 네트워크 사이트 광고 수입 (단위: 백만달러)

	2007	2008
마이 스페이스	525	820
페이스 북	125	215
포털 기반 소셜 네트워크	180	225
니치/마케터 기반 소셜 네트워크	70	120
총계	900	1,380

■ 바이럴 마케팅에 근간

소셜 네트워크 마케팅은 일반적으로 소셜 네트워크 사이트를 통한 바이럴 마케팅(Viral Maketing) 활동을 총칭하는 신조어다. 소셜 네트워크 마케팅의 근간이 되는 바이럴 마케팅은 '소비자들 사이에 급속하게 퍼질 만한 마케팅 메시지를 주입하기 위해 벌이는 각종 노력'을 지칭한다. 이런 노력은 이메일 메시지나 동영상의 형태로 주로 시도되는데, 최상의 효과는 바이럴 메시지가 긍정적인 입소문 (Word of Mouth)를 타게 되지만, 소비자가 이러한 메시지를 또 하나의 끼어들기 마케팅 사례로 느낄 수도 있다는 부정적인 측면도 지니고 있다. 그런데 미국 대학생들은 새로운 제품이나 브랜드에 관한 정보를 취득하는데 있어 전통적인 프로모션 방법인 TV 또는 라디오 광고나 샘플보다도 친구들의 입소문을 더욱 중요시 하는 것으로 나타났다. 이러한 조사 결과는 향후 소비의 주요 계층인 대학생들이 타겟으로 하는 많은 기업들에게 바이럴 마케팅이나 소셜 네트워크 마케팅이 얼마나 중요한지 일깨우는 자료인 것이다.

바이럴 마케팅의 가장 성공적인 사례로는 무료 이메일 서비스인 핫메일(Hotmail)을 꼽을 수 있다. 핫메일은 정식 서비스를 개시한 지 1년 6개월만에 850만 사용자를 확보할 정도로 급성장하여 1997년 12월 마이크로소프트(Microsoft)에 인수됐는데, 이런 성공 뒤에는 바이럴 마케팅이 결정적인 역할을 했다. 누군가가 핫메일 계정을 통해 메일을 보내면, 화면 아래에 '핫메일로 무료 이메일을 보내세요(Get your free email at Hotmail)' 라는 문구가 있어서 핫메일을 사용하는 행위 자체가 무료 마케팅 역할을 톡톡히 한 것이다. 핫메일의 이러한 바이럴 마케팅이 크게 성공한 이후 수많은 기업들이 바이럴 마케팅을 시도했다. 하지만 기대만큼 좋은 결과를 얻은 경우는 많지 않았다. 특히 사람들 사이에 어떤 메시지를 많이 퍼트리는 데에는 성공했을지라도 이런 성공이 구체적인 사업 성과로 이어진 경우는 극히 드물었다.

■ MySpace, Facebook이 견인

미국 내 온라인 광고지출은 닷컴버블로 불리며 인터넷 기업들의 몰락을 불러왔던 2001년 이후 기하 급수적으로 성장하고 있다. 지난해 169억 달러의

▶ Facebook과 Google의 Orkut.

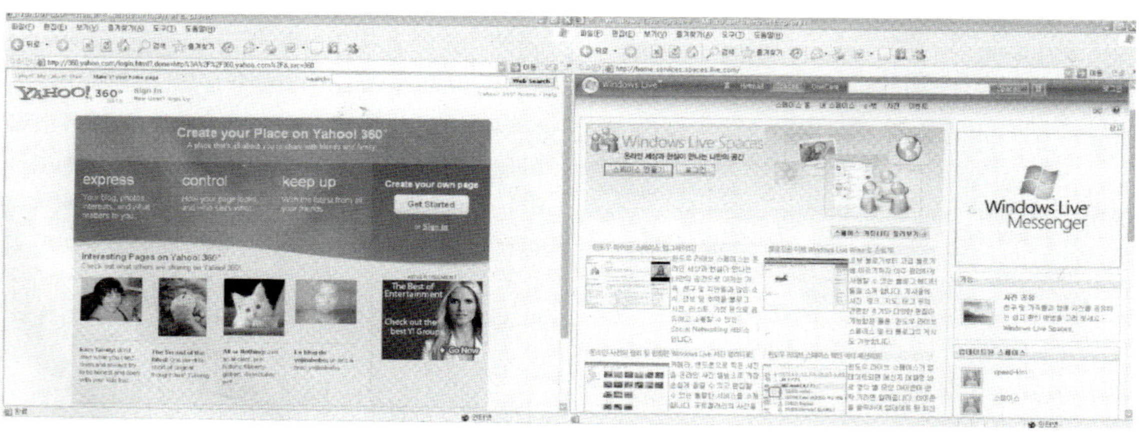

▶ Yahoo! 360과 Windows Live Spaces/MSN Spaces.

광고수입을 올린 전국 광고뿐 아니라 지역광고, 소셜 네트워크 광고, 블로그 광고 등 온라인 광고 전반에 걸쳐 꾸준한 성장세를 기록하고 있는 것이다. 특히 마이페이스와 페이스북이 견인한 소셜 네트워크는 미국 내에서 9세에서 17세 사이 청소년의 90% 이상이 사용하고 있는 문화적 현상이 되었을 뿐만 아니라, 사이트 운영자들에게는 지속적인 광고수입을 보장하는 수익모델이 되었다.

미국에서 2006년에는 광고 및 마케팅 비용으로 3억 5,000만 달러가 소셜 네트워크 사이트에 투자되었으며 국제 시장에는 7,000억 달러가 투자되었다. 더욱이 전문가들은 향후 온라인 광고시장의 전망이 밝아 모든 분야에 걸쳐 상승세를 점치고 있는데, 2011년에는 약 600억 달러가 온라인 광고 형태로 지출될 것으로 예상하고 있다.

현재 미국내 최고의 소셜 네트워크 사이트는 방문자 수 5,700만명을 기록하고 있는 마이스페이스이고, 그 뒤를 페이스북이 따르고 있다. 이 외에 구글 · 야후 · MSM 등의 각종 포털 사이트들이 제공하고 있는 소셜 네트워크 사이트들이 그 뒤를 잇고 있다.

우선 마이스페이스를 살펴보면 올 8월 초, 루퍼트머독이 이끄는 뉴스 코페레이션(News Coporation: 마이스페이스의 모기업)이 발표한 2006 회계연도 수입보고서에 따르면 마이스페이스를 관리하고 있는 Fox Interacive Media가 지난해 5억 5,000만 달러의 수입을 올렸는데, 이 중 약 80%인 4억 4,000만달러가 마이스페이스를 통한 광고수입이었다. 2005년 마이스페이스를 인수한 News Corp.은 당시 2,300만 달러의 수입을 올리던 웹사이트를 불과 1년만에 황금알을 낳는 최고의 소셜 네트워크 사이트로 탈바꿈시킨 것이다.

마이스페이스는 월 평균 페이지뷰에서 MSM과 AOL을 일찌감치 따돌렸으며 트랙픽도 명실상부한 웹1인자인 야후와 비슷한 수준인 75%를 유지하고 있다. 현재 온라인을 통해 FOX사의 TV 프로그램을 방송하고 있는 마이스페이스는 최근 자매회사인 뉴욕타임스, 내셔널 지오그래픽과 콘텐츠 제휴 계획을 발표하기도 하여 포털 사이트로 변모하고 있음을 보여주었다. 전문가들은 마이스페이스의 광고매체로서의 성공 요인을 크게 세 가지로 분석한다. 첫째, Beta-Testing이라 불리는 새로운 표적광고기법의 도입으로 향상된 CPMs(Cost-per-thousands), 둘째, 구글과의 파트너십을 통한 서치 기능의 보완, 셋째, 마이 스페이스의 세계화 등이 그것이다.

한편 페이스북은 올 8월 현재, 3,100만 명의 사이트 이용자, 월 평균 400억 페이지뷰를 기록하며 소셜 네트워크 사이트 중 2위를 기록하고 있다. 전문가들은 페이스북이 올해 1억 2,000만 달러의 광고수입을 기록할 것으로 예상하고 있으나, 실제로는 이를 능가할 것이라는 관측이 압도적이다. 이와 같은 페이스북의 광고수입 증가는 마이크로소프트사와의 애플리케이션이 사용되고 있는 페이스북에 최근 광고 네트워크 회사인 Videoegg가 비디오 배너광고를 초기화면에 게재하면서 높은 타겟 도달률을 보이며 온라인 매체에서는 유례가 없는 $10CPM을 기록하고 있다.

마이스페이스와 페이스북의 이러한 성공은 각종 유명 포털 사이트들의 소셜 네트워크 사이트 런칭에도 일조한 것으로 평가되고 있다.

지난 2004년 Google.com은 사이트 제작자의 이름을 딴 Orkut.com를 런칭했다. 커뮤니티 제작이 손쉬운 특징을 가진 Orkut은 전 세계적으로 약 6,700만 명의 가입자를 보유하고 있지만, 가입자 중 53%가 브라질인, 15%가 인도인이어서 미국 내 마케터들의 많은 관심을 받지 못하고 있다. 또한 야후는 2005년 3월 초대받은 사용자만이 가입할 수 있는 소셜 네트워크 및 블로그 사이트인 Yahoo! 360을 런칭했다. 하지만 예상보다 적은 사이트 사용자수에 따라 같은 해 6월 초대 기능을 없애고 18세 이상의 성인남녀 누구나 가입할 수 있게 했는데, 최근에는 야후 메신저와 통합할 수 있는 기능을 보유해 사이트 방문자가 많이 증가한 것으로 알려졌다. 한편 MSN은 2004년 MSN Spaces를 런칭했지만 실효를 거두지 못하고 올해 초 Windows Live Spaces로 이름을 변경, 새롭게 출발했다.

■ 미국 해병대와 MySpace

231년 전통의 미국 해병대(USMC: United Stated Marines Corps)는 올 4월부터 마이스페이스에 프로필을 내걸고 마케팅 활동을 시작했다. 프로필의 주된 목적은 17세~24세의 젊은이들이 마이스페이스를 통해 해병대 웹사이트인 Marines.com을 방문하여 해병대에 관한 긍정적인 정보를 전달하고 모병관과의 대면 인터뷰 신청을 늘리기 위함이다.

미디어 매트릭스(Media Matrix)의 분석에 따르면 현재 마이스페이스 방문객 중 약 600만명이 15세~24세의 젊은이인데, 이들은 평균적으로 하루 25분 정도를 마이스페이스에서 보내고 있다. 결국 해병대에 자원하는 연령층이 18세부터 24세의 젊은이임을 고려한다면, 인구통계학적으로 마이스페이스는 미 해병대 입대를 홍보하기 위한 매력적인 매체임에 틀림없다.

사실 2005년 8월 대행사인 RMC Connect와 JWT Arlanta가 마이스페이스를 통한 마케팅 활동을 처음으로 권유했을 때 해병대의 마케팅 담당자는 머뭇거리지 않을 수 없었다. 해병대는 남색 제복과 함께 '소수 정예의 자랑스러운 미국인 (The Few, The Proud)'이라는 슬로건을 내세운 이미지 캠페인을 줄곧 전개하고 있다. 그런데 2005년 당시 마이스페이스가 성 범죄자들로부터 어린이를 보호할 만한 체계적인 방안이 없다는 비난을 받고 있었으므로 이곳에 해병대 프로필을 내거는 것이 해병대 이미지 제고에 도움이 되지 않는다고 판단하였기 때문이다. 하지만 마이스페이스가 아동성범죄 관련 전문가를 고용하고 성 범죄자를 차단할 수 있는 제도적 장치를 실행함에 따라 해병대 담당자는 대행사의 조언을 받아들여 마이스페이스에 프로필을 내걸게 되었다. 해병대 프로필을 살펴보면, 몇 가지 특이사항을 발견할 수 있다. 일반적으로 마이스페이스에 친구가입을 하면 사진과 동영상 파일을 자유롭게 프로필 사이트에 업로드하고, 프로필 사이트를 통한 질의 응답 등의 다양한 기능을 사용할 수 있지만, 해병대 프로필은 이와 같은 기능이 전혀 없다. 또한 다른 마케터들의 배너광고 삽입도 불가능하다. 일반적으로 마케터들은 24명의 친구를 프로필을 통해 보여줄 수 있지만, 해병대 프로필을 보여줄 수 있는 친구 숫자를 7명으로 축소했다. 하지만 해병대 동영상 광고 파일과 화면보호기 파일은 쉽게 다운로드하여 다른 친구들과 공유할 수 있도록 했다. 이와 같은 조치는 익명의 사이트 이용자가 음란물이나 악성 댓글을 해병대 프로필에 남기는 것을 쉽게 차단할 수 있게 했고, 또한 친구들의 메시지를 일일이 검색해 답변해야 하는 프로필 관리 필요성을 축소시켰다. 결국 마이스페이스의 일반 기능을 축소, 제한한 최초의 마케터로 기록된 해병대 프로필은 광고주의 필요에 따라 사이트가 맞춤 서비스를 제공하고 있는 좋은 사례로 꼽힌다.

현재까지 약 11만 달러를 마이스페

이스 마케팅활동(배너광고와 프로필 페이지)으로 지출한 해병대는 올 4월 이후 3만 3,000명의 친구와 10만 건의 프로필 클릭을 기록하고 있는데, 그 중 26명의 방문자가 해병대 지원에 대한 구체적 문의를 해온 것으로 전해졌다. 이는 친구 숫자와 클릭 횟수에 비해 초라한 수치이기는 하지만, 해병대 관계자는 정보문의자중 실제 지원율이 높다는 것을 강조하며 마이스페이스가 광고회상률 증가 및 브랜드 이미지 제고에 기여했다고 평가, 향후에도 지속적으로 다른 소셜 네트워크 사이트를 찾아 마케팅 활동을 전개 할 것임을 밝혔다.

■ 미국 대통령 선거전과 소셜 네트워크 사이트

내년에 있을 미국 대통령 선거를 준비하고 있는 각 당의 후보들은 당내 경선에 소셜 네트워크 마케팅을 이용한 캠페인을 활발하게 전개하고 있다. 마이스페이스는 MTV와 공동으로 '대통령 후보와의 대화'를 주최해 대학생과 각 대선 후보들 간의 일대일 대화를 MTV와 mtvU를 통해 9월 27일부터 방영하기로 했다. MTV 시청자나 마이스페이스 회원들은 누구나 참여할 수 있는 이 프로그램은 해당 후보자에게 이메일, 텍스트 메시지, IM(Instant Message)를 통해 질문을 제출할 수 있고, MTV.com사용자들은 동영상으로 질문을 제작하여 제출할 수 있다. 이렇게 제출된 질문 중 가장 좋은 질문을 엄선해 채택된 대학생은 '대통령 후보와의 대화'에 직접 참여할 수 있게 된다. 프로그램 제작을 위한 마이스페이스와 MTV의 이번 연합은 최근 폭발적인 성장을 한 소셜 네트워크 사이트와 동영상 UCC(User Created Content)를 중심으로 한 인터넷 활동이 이번 2008년 미국 대선에서 얼마나 지대한 영향을 미칠 것이지는 보여주는 사례로 평가받고 있다.

또 다른 사례는 민주당 대선 후보 오바마 상원의원 이야기. 그동안 오바다 의원의 공식 선거홍보사이트 역할을 했던 '마이스페이스의 버락 오바마 사이트' 운영을 놓고 개인 운영자와 때 아닌 심각한 갈등을 겪고 있기 때문이다.

로스엔젤레스 출신의 법률보조원 앤서니가 2년 6개월 전부터 운영해온 이 사이트는 그 동안 등록된 친구의 수가 16만명을 넘어서면서 오바마 의원을 지지하는 네티즌들의 힘을 결집하는 구심점역할을 톡톡히 해왔고, 밑바닥의 지지를 호소하는 해온 오바마 의원의 선거전략과도 잘 맞아 떨어졌다. 하지만 오바마 의원의 최근 여론 지지도에서 힐러리 클린턴 상원의원을 처음으로 앞지르는 등 대선 주자로서의 위상이 날로 높아지면서 문제가 생겼다.

오바마 의원의 선거캠프는 향후 대선 판세에 큰 영향을 미칠수 있는 내용인것처럼 계속 오르고 있는 데다 사이트 운영자를 계속 믿고 내버려 둘 수 없으며, 또한 개인이 하루 24시간에 걸쳐 네티즌의 요구에 일일이 반응하기는 무리가 있다는 판단, 마이스페이스 닷컴의 사장에게 직접 요청해 이 사이트의 운영 권한 확보에 나서게 됐다. 마이스페이스는 성명을 통해 "오바마 의원이 자신이 이름과 선거 공식자료가 들어있는 사이트의 운영권을 갖는 것이 정당하다고 본다"면서 "하지만 사이트 개설

자 또한 등록된 친구들을 포함, 그 동안 축적한 기본 자료를 보유할 수 있다"고 밝혔다.

이와 관련해 ABC 방송은 이 사이트 운영권을 둘러싼 갈등으로 "오바마 의원이 16만명의 친구를 잃었다"고 평가하기도 했다. 현재 미국 내 새로운 문화코드로 자리매김한 동영상 UCC(User Created Content), 또는 UGC(User Generated Content)는 유튜브(Youtube.com)를 중심으로 이루어지고 있다. 2005년 중반 실리콘밸리의 작은 창고에서 처음으로 동영상 UCC 공유 사이트로 출발한 유튜브는 폭발적인 성장을 거듭, 이듬해 11월 16억 5,000만 달러라는 천문학적인 돈을 지불한 구글에 판매되었다. 그런데 2008년 대선과 관련, 지난 7월에는 미국 역사상 처음으로 동영상 UCC를 이용한 대통령 후보토론회가 열렸다. 동영상으로 후보에게 묻고싶은 질문을 제작한 미 국민은 Youtube.com의 동호회 사이트에 파일을 업로드하고, CNN 담당자가 질문을 선별하고 토론회 당일 인터넷을 통해 동영상 파일을 재생, 후보들에게 질문을 할 수 있도록 했다. CNN과 공동으로 주최된 이번 토론회에 참석한 민주당의 8명의 대선후보는 사전에 질문에 대한 정보를 전혀 취득하지 않아, 미 국민은 준비되지 않은 각 후보의 정책관과 이념을 볼 수 있었다. 지난 6월 열린 소셜 네트워크 관련 컨퍼런스에서 사파 라츠키(Safa Rashtchy)는 올 3월에 방문객 수 5,000만명을 넘어선 마이스페이스의 성장에 놀라움을 금치 못하며 "구글도 마이스페이스처럼 급성장하지는 않았다. 구글의 성장속도는 마이스페이스보다 느렸다"고 지적했다.

이러한 성장세와 마케팅 활동에 있어서의 중요성은 다양한 브랜드들이 소셜 네트워크 사이트를 런칭해 일조했지만, 다양한 실패사례 (코카콜라의 The Coke Show, 월마트의 The Hub, 앤호이저 부시의 Bud.tv 등)에서 보듯이 브랜드 고유의 특성과 관련이 없는 소셜 네트워크 사이트들은 인터넷 사용자에게 외면당하게 된다. 또한 아직 마케팅이나 광고활동에서 주요 매체로 자리잡고 있지 못한 소셜네트워크 사이트들에 대해 비관론자들은 소셜 네트워크와 유튜브닷컴(Youtube.com) 등의 비디오 UCC 공유 사이트를 둘러싼 현상을 과거의 인터넷 거품에 비유하며 이들 사이트가 아직은 수익구조가 취약함을 지적하며, 향후 확고한 비즈니스 모델을 채택하지 않을 시에는 또 다른 버블붕괴를 경험할 수도 있다고 전망하고 있다.

▶ **출처** : LG 애드, 2007. 9; 매일경제, 2014. 2. 13.

사·례·연·구·토·의·문·제

Electronic Commerce

01 소셜네트워크 사이트들의 성공요인은 무엇이라고 생각하는가? 이들 사이트들은 소비자들의 어떤 니즈를 가장 만족시켰는가?

02 소셜 네트워크 사이트들의 특성을 감안한 향후 수익모델은 어떤 방향이 되어야 할 것이라고 생각하는가?

03 마이스페이스와 페이스북의 사이트를 방문해 보고 이들 사이트에서 제공하는 온라인 광고기법의 특징 및 차이점은 무엇인지에 대해 알아보자.

04 마이스페이스가 광고매체로서 성공하게 된 요인은 무엇인지에 대해 알아보자.

제 11 장

Electronic Commerce

전자상거래 마케팅 커뮤니케이션

개념 사례

구글사례 - "우리는 구글 사용자인 당신을 사랑합니다. 그리고, 우리의 광고주들 역시 사랑합니다!"

초기 닷컴 붐 시대에는 창의적이고 재능있는 직원들을 고용하기 위해 독특한 업무 환경을 제공하는 특이하고 젊은 기업가들의 무모한 창업들이 유행이었다. 웹 검색 서비스 제공회사인 구글 역시 다르지 않았다. 구글은 1998년 후반에 세르게이 브린과 레리 페이지에 의해 설립되었는데, 이 당시 두 설립자의 나이는 겨우 25세와 29세였으며 구글의 첫 출발은 세탁기와 건조기, 그리고 욕조만이 있는 임대 창고에서였다.

그 후, 구글은 3명의 직원에서 1,900명 이상의 직원을 거느린 기업으로 성장하였다. 그러나 구글은 여전히 닷컴 형태의 근무환경을 제공하고 있다. 구글 플렉스(구글 본사)에 근무할 경우 회사 안마사로부터 마사지를 받을 수 있고 식사는 구글의 전담 요리사에 의해 제공되며 원할 경우 빵을 직접 구울 수도 있다.

이러한 출발에 대한 얘기는 예전의 닷컴 기업들과 흡사해 보이지만, 사실 구글은 매우 큰 차이점을 갖고 있었다. 다른 닷컴 기업들이 고군분투해온 반면에 구글은 경이로운 성장을 하였다. 구글은 현재, 전 세계에서 가장 큰 검색 엔진 기업으로 그 영향력은 전체 웹 검색의 거의 절반을 차지한다. 8,200만 명 이상의 순 방문자가 매달 구글 검색엔진을 사용한다. 그리고 매 초마다 3,000개 이상의 질문들이 생성되며, 매일 2억 5,900만 건 정도의 검색이 이루어진다. 더 놀라운 것은 이들 검색의 대부분이 0.25초 안에 답을 얻는다는 것이다. 결국 다른 닷컴 기업들과 달리 구글은 이익을 얻게 되는 것이다. 실제로, 구글은 이베이가 구글과 같은 발전단계에 있던 때보다 3배나 더 많은 수익을 내고 있다.

이 대단한 성공에는 구글의 검색 기술이 많은 부분을 차지하고 있다. 구글의 페이지랭크(PageRank) 검색 기술은 인터넷 검색에 있어서 대변혁을 일으켰다. 그러나 구글은 이러한 혁명적 검색 엔진 기술 이상으로, 사용자들의 검색을 돕는데 모든 초점을 맞추는 방법으로 크게 성공하였다. 야후! 및 다른 경쟁자들과 달리, 구글은 뉴스, 쇼핑 등의 다른 서비스를 제공하지 않기로 하였다. 구글의 홈페이지에서는 '각각의 그리고 모든 질문에 딱 맞는 답을 찾는데 레이저와 같은 초점'을 약속한다고 밝히고 있다. 실제로 회사의 처음 이름은 googol이었는데, 이는 10의 100제곱이 되는 큰 수를 뜻하는 것으로 구글은 웹에서 가능한 어마어마한 양의 정보에 대한 접근을 쉽게 하고 체계화하기 위한 그들의 사명을 반영하기 위해 이 이름을 선택했다. 사용자들은 뉴스기사나 배너광고 없이 정돈되어있는 홈페이지에서 가능한 검색 방식을 사용한 구글의 정확하며 쉬운 사용법에 대해서 극찬을 한다.

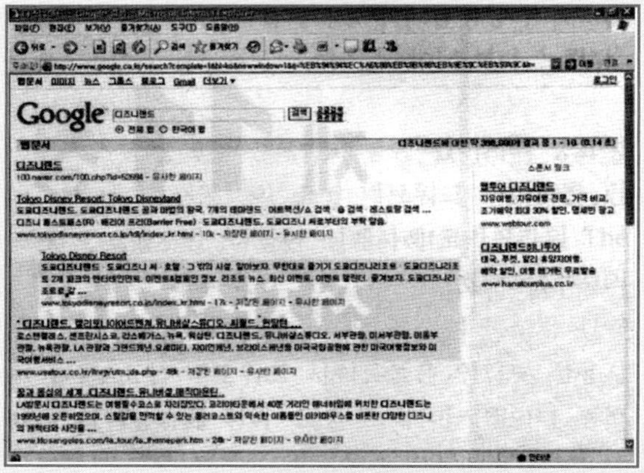

이 중 최고는 이러한 구글의 훌륭한 서비스가 사용자들에게 무료라는 것이다. 그렇다면 구글은 어떻게 돈을 버는 것일까? 구글의 수익 중 일부는 그들 자신의 인터넷과 인트라넷 사이트의 검색 서비스를 제공하는 파트너 기업과의 계약을 통해 얻어진다. 오늘날 30개국의 130개 이상의 기업들이 그들의 웹사이트에서 검색 서비스를 강화하기 위해 구글의 웹검색(WebSearch)과 사이트검색(Site Search) 기술에 의존하고 있다. 이들 파트너 기업들에는 Washington Post, Cisco, Red Hat, Palm, Nextel, Virgin, Netscape, Sony, 그리고 Cingular Wireless가 있다.

그러나 구글 수익의 대부분은 광고 매출로부터 발생한다. 실제로 지난 해 구글은 광고 수익으로 9억 1,600만 달러 이상을 벌어들였고, 이 수치는 아마 올해 두 배로 될 것이다. 세계 최대 온라인 검색 지지자들을 끌어 모음으로써 구글은 그들 스스로 매우 매력적인 매체를 만들어왔다.

이런 방법들이 어떻게 작동하는지에 대해 알아보자. 끊임없는 데이터 마이닝을 통해 구글은 검색 조건이 대중적인 것인지를 결정한다. 그리고 나서 이러한 카테고리 내에서 판매를 할 기업들에게 접근해, 그들의 광고 메시지와 링크를 후원해줌으로써 그들에게 공간을 제공해주고 수수료를 받는 것이다. 그리고 나서 광고주들은 검색 조건에 값을 매기고, 가장 높은 입찰자가 페이지의 가장 높은 위치를 차지한다. 이후, 구글에서 그 스폰서의 제품이나 서비스와 관계된 토픽을 검색하면, 구글의 결과 페이지의 상단이나 측면에 해당 스폰서의 감각적인 광고 박스가 간단한 광고메시지와 해당 웹사이트로의 링크와 함께 나타나게 되는 것이다.

여러분들도 구글 사이트로 가서(www.google.com), 단어나 문구를 넣으면, 광고주의 메시지와 링크를 볼 수 있을 것이다. 예를 들어, 만약 당신이 "디즈니랜드"를 검색했다면, 당신은 검색결과 상단에 Expedia(온라인 여행사)나 다른 온라인 여행 서비스의 리스트의 광고와 링크를 볼 수 있고 호텔과 리조트 티켓을 살 수 있을 것이다. "바베큐 그릴"을 검색하면, 당신은 바베큐를 하는 데 필요한 모든 것, 그리고 www.sears.com로의 링크를 만나게 될 것이다. 그리고 검색 결과 화면 측면의 스폰서 박스는 GasGrillsDirect.com, grillstuff.com, woodstoves.com, flaminggrills.com 그리고, Amazon.com을 포함한, 여섯 개의 판매상을 볼 수 있다. 또한 "여행용품(outdoor gear)" 검색은 다음과 같은 결과를 보여준다. "REI.com에서 최고의 선택을 하세요" 이것 역시 5가지 다른 여행용품에 대한 측면 광고 박스와 함께 볼 수 있다. 이곳에서 당신은 아이디어를 얻게 된다.

구글의 문맥 광고(contextual advertising)는 다른 사이트의 스쳐 지나가는 팝업 광고와는 달리 정교하며 아주 유용하다. 한 리포트는 "구글은 당신이 검색한 것과 관련된 모든 것이 그 페이지에 나타나기를 원합니다. 그렇기 때문에 자동차 회사는 당신의 검색이 '향수'와 관련된 것이라면 그 페이지의 광고를 살 수 없습니다"라고 이야기한다. 구글의 최고 광고 책임자 중 한 사람인 Sheryl Sandberg는 사람들이 구글이 광고를 하고 있다는 사실조차 깨닫지 못했다고 말할 때가 가장 기쁘다고 이야기한다. "이것은 그들의 광고 경험이 그들의 검색 경험을 침해하지 않았다는 것을 결과만큼 유용하게 만드는 것입니다"라고 그녀는 설명한다.

온라인 광고의 다른 형태가 광고주들에게 미심쩍은 결과를 제공해줄 수도 있는 반면에, 구글은 사용자들이 정보를 검색하고 나면, 매우 잘 타겟팅 된 광고를 적절한 사용자에게 보여준다. 구글의 광고 책임자에 따르면, 구글은 광고를 "실제로 당신의 제품 혹은 서비스의 관심이 있고 원하는" 사람에게 도달하게 해준다고 이야기한다. 더군다나 구글의 매칭 프로세스는 광고주들이 그들의 광고 메시지 혹은 사이트를 사용자들의 검색 질문과 밀접하게 맞추도록 한다.

구글은 자신들의 사이트에서의 광고를 좀더 효과적으로 만들기 위해 열심히 노력한다. 구글은 그들의 성공을 보장하기 위해 광고를 미래 지향적으로 모니터링한다. "광고주들은 결과를 찾는다."라고 구글의 마케터는 말한다. "당신이 비용을 지출할 때,

당신은 실제로 그것이 얼마나 나에게 돌아올 수 있을지를 측정한다." 구글은 심지어 광고주들이 그들의 광고가 제대로 작동하고 있지 않을 경우 이를 알려준다. 한 작은 사업체의 소유주는 구글로부터 그의 광고를 내리라는 이메일을 받았을 때, 매우 놀랐다고 한다. "구글은 내가 이미 생각하고 있던 것(광고가 나의 돈을 허비하고 있다는)에 대해 이메일을 통해 전달했어요."라고 말한다.

광고 공간을 팔기 위한 이런 독특한 접근은 구글의 의뢰인들에게 충성도와 만족도를 제공한다. Acura, Expedia, EddieBauer, Ernst & Young, REI과 같은 온라인 광고주들은 전 세계에 150,000명 이상이고, 그들은 온라인 광고 선택시 언제나 구글을 첫 번째로 선택한다. 이것은 결과적으로 기업의 재무적 성공을 가져오게 된다.

초기부터 구글은 하나의 문화적 현상이었다. 구글의 성공은 그들의 사이트에 모인 사용자들과 구글에 광고를 내기를 원하는 광고주들 모두에게 가치를 제공해 준 그들의 강렬한 열정으로부터 나왔다. 그들이 입을 모아 하는 말은 항상 같다. "우리는 구글의 사용자 당신을 사랑합니다." 그들은 아마 이렇게 덧붙일지도 모른다. "그리고, 구글의 광고주인 당신 역시 사랑합니다."

▶ 출처 : P. Kotler and G. Armstrong, Principles of Marketing, 2013; 이데일리, 2014. 1. 20.

11.1 온라인 마케팅 커뮤니케이션

마케팅 커뮤니케이션의 두 가지 목표는 강력한 브랜드 구축과 판매 증대이다. 즉, 커뮤니케이션 활동을 통해 기업의 제품과 서비스의 차별화된 특성을 소비자들에게 알림으로써 기업의 브랜드를 개발하고 강화시킬 수 있다. 또한 소비자들에게 제품이나 서비스를 구매하도록 장려하여 직접적으로 판매를 증진시키기 위한 목적도 가지고 있다. 온라인 마케팅 커뮤니케이션은 온라인 기업이 고객들과 의사 소통하여 고객들에게 강력한 브랜드 기대를 창출하게 하고 판매를 장려하기 위해 사용하는 방법들을 의미한다. 이번 절에서는 가망 고객(prospect customers)들을 웹사이트로 끌어들여 구매자로 전환시킬 수 있는 효과적인 방법에 대해 다루도록 하겠다.

마케팅 커뮤니케이션 프레임워크

온라인 기업들이 새로운 고객들을 유치하기 위해 사용하는 마케팅 커뮤니케이션 전략은 커뮤니케이션 미디어의 종류와 고객 포커스 정도에 따라 크게 4가지로 나누어질 수 있

그림 11-1 마케팅 커뮤니케이션 프레임워크

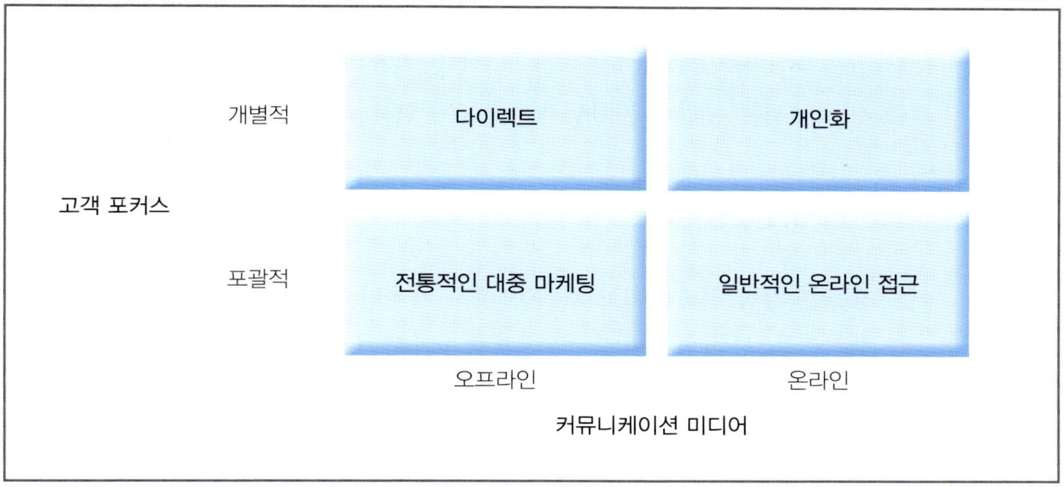

▶ 출처: J. Rayport and B. Jaworski, Introduction to E-commerce, 2003.

그림 11-2 커뮤니케이션의 4가지 분류

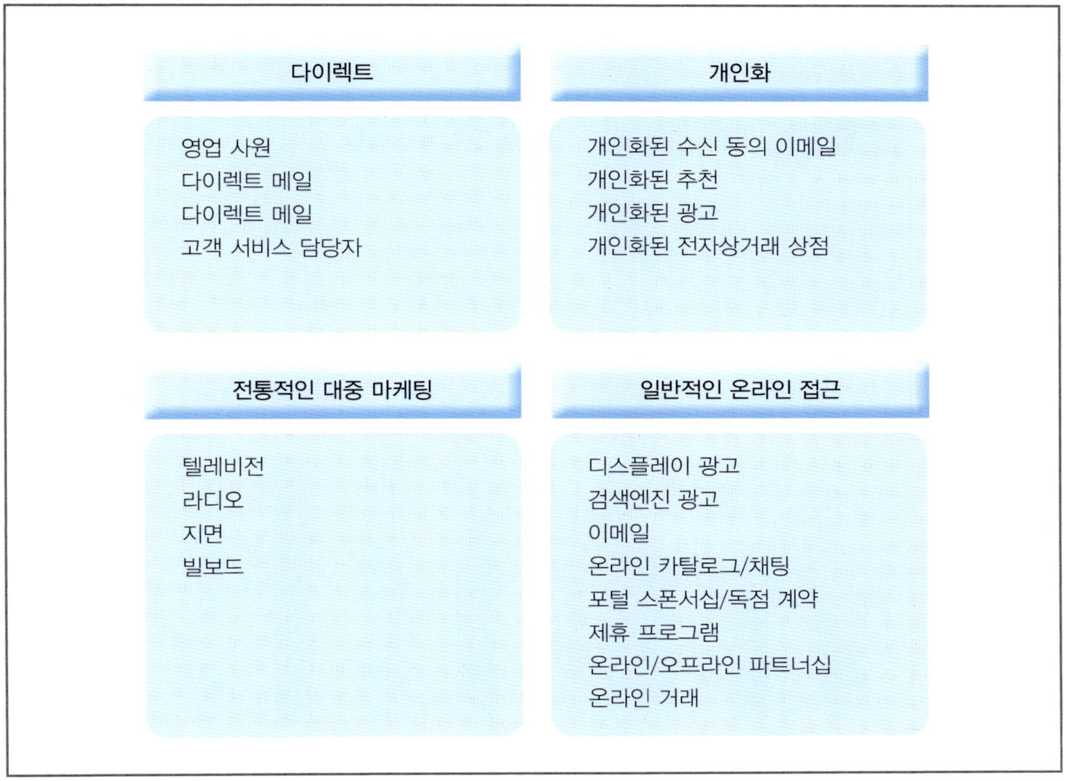

▶ 출처: J. Rayport and B. Jaworski, Introduction to E-commerce, 2003.

다. 이 네 가지 카테고리는 일반적인 온라인 커뮤니케이션, 개인화된 온라인 커뮤니케이션, 전통적인 대중 마케팅 및 직접 커뮤니케이션이다(**그림 11-1** 참고). 각각의 마케팅 커뮤니케이션 카테고리에 해당되는 마케팅 커뮤니케이션 도구들은 **그림 11-2**에 나타나 있다. 아래에서는 온라인 커뮤니케이션 접근법을 중심으로 설명하도록 하겠다.

온라인 광고

광고는 가장 일반적이고 널리 알려진 마케팅 커뮤니케이션 도구이다. 이 중 온라인 광고는 웹사이트, 온라인 서비스 및 상호작용적 매체를 활용한 유료의 메시지를 의미한다. 온라인 광고 시장은 지난 5년간 폭발적으로 그 규모가 커지고 있다. 과거 온라인 광고의 효과에 의문을 가지던 때를 지나 이제는 광고의 진행 시 인터넷 광고를 반드시 포함하는 방식으로 트렌드가 바뀌고 있다. 실제로 오프라인 광고와 온라인 광고를 동시에 진행했을 때의 그 시너지 효과는 오프라인 광고만을 진행했을 때보다 훨씬 높다.

현재 온라인 광고 시장의 절반 이상을 차지하여 가장 큰 광고시장을 형성하고 있는 곳은 미국이다. 인터넷 광고의 표준 책정 단체인 미국 인터넷 광고 협회(Interactive Advertising Bureau, IAB)와 PricewaterhouseCoopers(PwC)의 2013년 발표에 의하면

그림 11-3 미국 온라인 광고 매출(2012)($ billions)

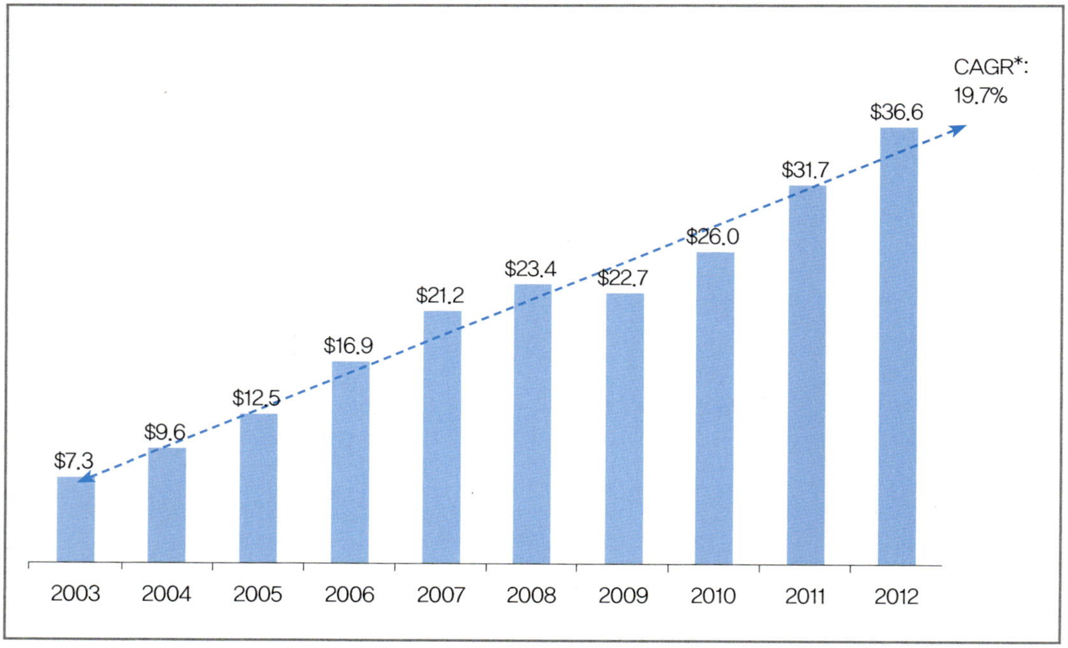

▶ IAB & PwC, 2013. 04.

그림 11-4 온라인 전체 광고비 비중 (2011, 2012년)

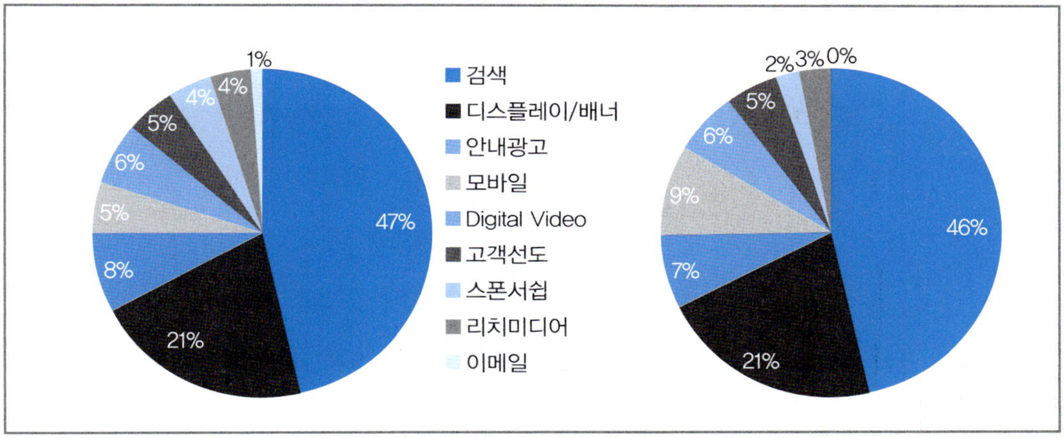

▶ 출처: IAB & PwC, 2013. 04.

2012년 미국시장에서의 온라인 광고 매출은 366억 달러로 2011년 총매출인 317억 달러에 비해 15% 정도의 상승률을 보이고 있다. 2003년부터 2012년 사이의 전체적인 연평균성장률(CAGR)은 19.7%이다(그림 11-3 참조). 총 미디어 광고 비용중 온라인 광고 비용이 차지하는 비용은 2013년 현재 25%이며 지속적으로 증가하여 2017년에는 31%까지 성장할 것으로 예측된다(eMarketer, 2013).

광고 종류별로 보면 46%는 검색, 디스플레이/배너 광고는 21%, 모바일 광고가 9%, Classifieds(텍스트, 로고 형태의 광고)가 7%를 차지하였다(그림 11-4 참조). 집행된 광고 비중을 주요 산업별로 보면, 소비재 관련 종목이 22%로 가장 큰 비중을 차지하였고, 그 다음으로 금융(13%), 통신(12%), 자동차(11%)의 순이었다(그림 11-5 참조).

주요 미디어별로 광고 비중을 살펴보면 TV 광고의 비중이 396억달러로 가장 높으며 다음으로 인터넷 광고가 366억달러인 것으로 나타났다.

다음으로 국내 광고시장에 대해 살펴보겠다. 국내 총 광고시장은 2012년 9조 7,706억원으로 2011년 대비 2.2% 성장하였다. 매체별 총 광고비 통계에 따르면 2012년을 기점으로 인터넷 광고매출(1조 9,540억 원)이 지상파 TV의 광고 매출(1조 9,307억 원)보다 더 높게 나타나기 시작하였다(제일기획, 2013).

또한 한국방송광고진흥공사(2013)의 자료에 의하면 2013년 3분기 국내 총광고시장은 1조 8,077억원이며, 이 중 온라인 광고비는 전체 광고비의 20.7%인 4,829억원으로 가장 높으며 이외 지상파 TV, 신문, 케이블 TV의 순서로 나타났다.

온라인 광고의 가장 큰 장점은 세분시장을 좁혀 타겟화된 광고를 할 수 있으며 실시간으로 광고의 효과에 대해 측정할 수 있다는 것이다. 즉, 마케터들이 온라인 광고를 통해 오

그림 11-5 산업별 인터넷 광고비 비교(미국, 2011 vs. 2012)

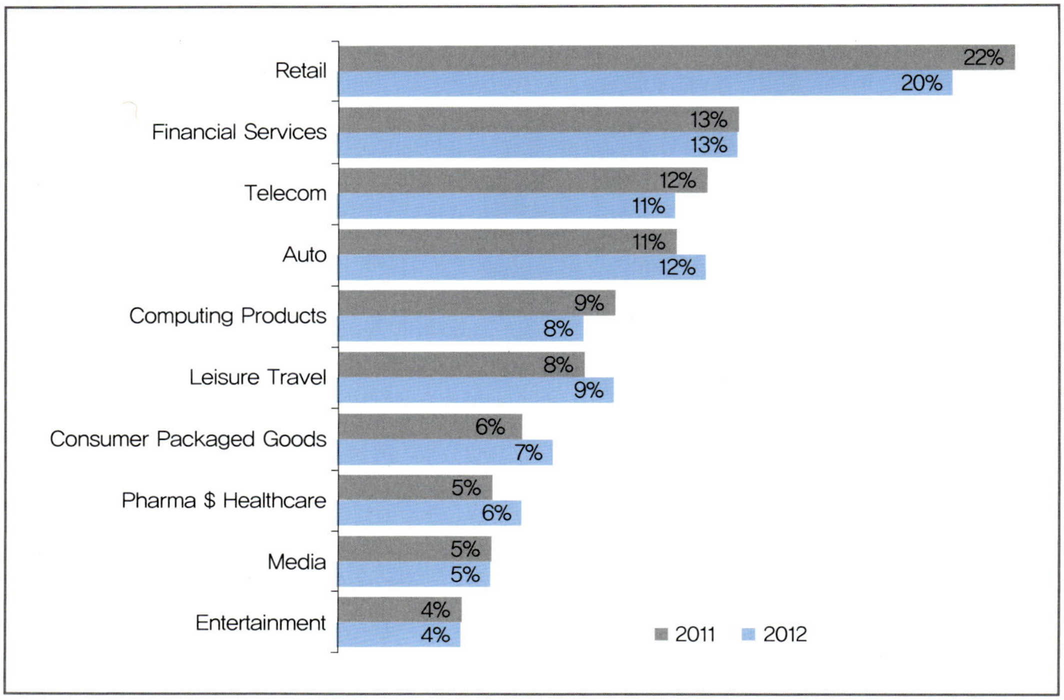

▶ 출처: IAB & PwC, 2013. 04.

그림 11-6 주요 미디어별 광고 비중(미국, 2012)

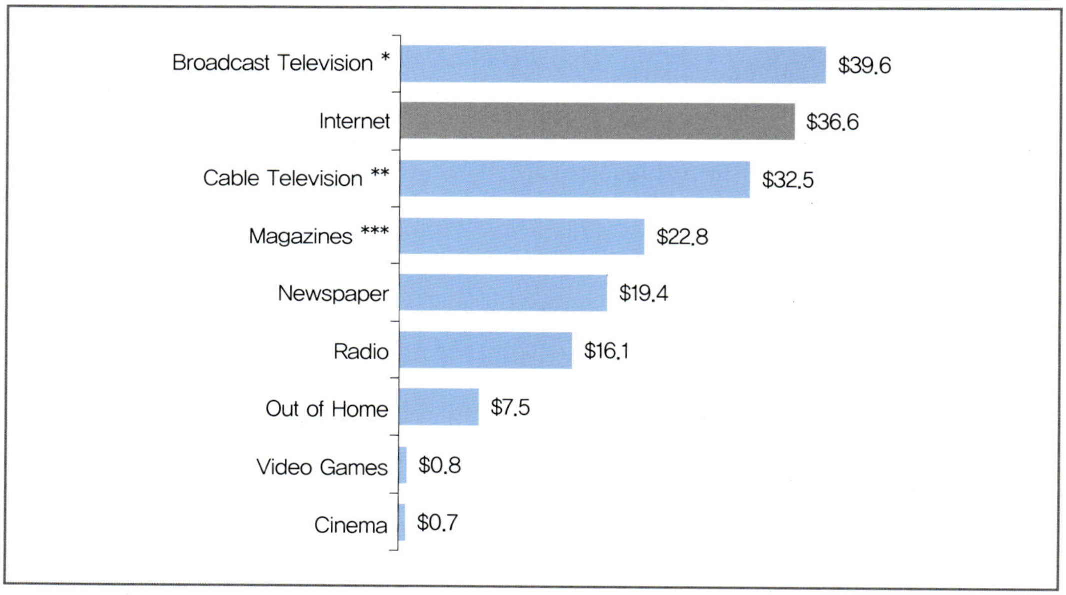

▶ 출처: IAB & PwC, 2013. 04.

표 11-1 온라인과 미디어 광고 비용(미국, 2006~2011년)(단위: 십억 달러)

	인터넷	총미디어	총미디어 중 인터넷 비율
2011	$ 32.0	$ 158.3	20%
2012	$ 36.8	$ 165.0	22%
2013	$ 42.3	$ 171.0	25%
2014	$ 47.6	$ 177.8	27%
2015	$ 52.5	$ 183.4	29%
2016	$ 57.3	$ 190.9	30%
2017	$ 61.4	$ 197.0	31%

▶ 출처: eMarketer, 2013. 08. 22.

그림 11-7 국내 광고비 구성비와 매체별 광고비(2013년 3분기)

2013년 3분기 매체별 광고비 구성비

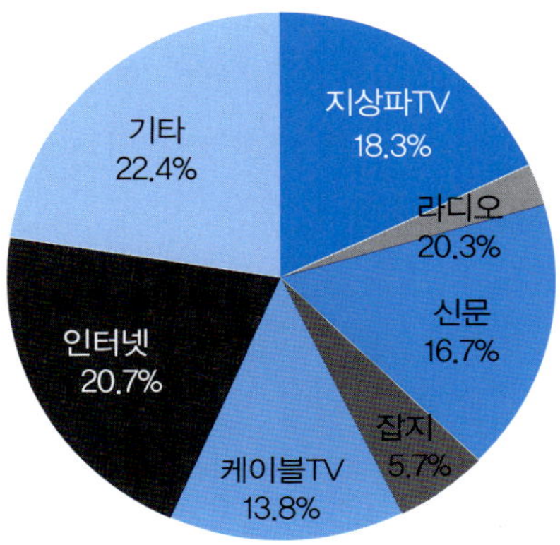

2013년 3분기 매체별 광고비 산정

매체	매체별 광고비 산정
지상파TV	4,273억 원
라디오	543억 원
신문	3,892억 원
잡지	1,329억 원
케이블TV	3,211억 원
인터넷	4,829억 원
기타(*)	5,214억 원
6대 메체(**)	1조 8,077억 원

* 기타: 옥외광고, 모바일, 제작 등
**6대 매체: 지상파TV, 라디오, 신문, 잡지 케이블TV, 인터넷

▶ 출처: 한국인터넷진흥원(NIDA) 통계보고서, 2013.

프라인 광고와는 비교할 수 없을 정도로 높은 효율성과 효과 측정성을 기반으로 소비자들에게 접근할 수 있게 되었기 때문에 온라인 광고 매출이 지속적으로 성장하는 것이다. 온라인 광고의 종류인 배너나 팝업과 같은 디스플레이 광고, 리치 미디어 광고, 검색 엔진마케팅, 스폰서십, 이메일 마케팅, 온라인 카탈로그, 온라인 채팅, 블로그 광고 등에 대해 구체적으로 살펴보도록 하겠다.

디스플레이 광고: 배너광고, 버튼형 광고, 팝업 광고

배너광고(Banner ad)는 최초로 등장한 온라인 광고의 형태로 웹페이지 내의 특정 위치에 4각형의 띠 모양으로 나타나는 광고이다. 배너를 클릭하게 되면 광고주의 웹페이지나 이벤트 참여 사이트로 바로 이동하게 된다. 따라서 클릭률을 높이는 것이 배너광고의 최대 목적처럼 인식되어 왔으나 배너광고는 클릭 없는 노출만으로도 인지도를 높이는 역할을 하고 있다. 배너광고는 표현 방법에 따라 고정, 애니메이션, 상호작용 배너의 세 가지로 구분된다. 고정(static) 배너광고는 정지되어 있어 광고메시지나 그림이 변화되지 않고 동일한 형태로 표현되기 때문에 방문자들의 주의를 끌기가 어렵다. 애니메이션(animated) 배너광고는 광고 카피나 그림 등의 구성요소들이 바뀌면서 보여지는 광고로 움직이는 GIF나 플래시(Flash) 등의 기술을 사용하는데, 정적 배너광고보다 클릭률이 훨씬 높다. 상호작용(interactive) 배너광고는 배너광고 안에서 소비자와 광고 내용간에 상호작용이 일어나는 광고로 자바(JAVA), 쇼크웨이브(Shockwave), 플래시 등을 이용하여 제작한다.

버튼형 광고(Button ad)는 영구적인 형태의 배너광고로 배너광고보다는 사이즈가 작아 웹페이지 어느 곳에나 위치할 수 있다. 버튼 광고는 이름이 의미하는 것처럼 소비자에게 '버튼을 누르도록' 유도하여 버튼을 누르면 어떤 반응이 일어날 것이라고 기대하게 만든다. 버튼 광고는 넷스케이프사의 'Download Netscape Now'라는 광고가 가장 대표적이며 이외 인터넷 익스플로러와 쇼크웨이브 등이 있다. 이들 다운로드 버튼을 클릭하면 해당 소프트웨어의 다운로드 사이트의 홈페이지로 이동하게 된다. 이 외에 '회원 가입하기', '설문참여하기' 등도 버튼광고의 예이다. 다운로드 버튼을 포함한 버튼 광고의 장점은 제공하는 내용이 간단하고 명확하기 때문에 광고의 효과가 즉각적으로 나타난다는 것이다.

팝업(Pop-up) **광고**는 웹 브라우저가 새로 열릴 때마다 새로 뜬 창과 함께 그 위에 나타나는 윈도우 타입의 배너광고로 해당사이트나 웹페이지 위에 겹쳐서 단독으로 뜨게 된다. 팝언더(Pop-under) 광고는 팝업 광고의 변형된 형태로 웹 브라우저가 새로 열릴 때마다 새로운 창과 함께 그 아래에 나타나는 배너광고를 말한다. 웹페이지나 웹 사이트를 새롭게 접속할 때마다 뜨는 이러한 팝업광고들은 소비자들에게 팝업 광고에 대한 적대적인 감정을 유발시킬 수 있다. 온라인 소비자들은 텔레마케팅과 함께 팝업 광고를 가장 성가신 마케팅 커뮤니케이션 형태로 여기고 있다(Hostway, 2005). 때문에 구글, 아메리칸 온라인, 야후, 어스링크, MS 등 일부 소프트웨어 개발업체들은 소비자들이 쉽게 설치할 수 있는 팝업 차단 소프트웨어를 무료로 제공하고 있다. 광고업계에 따르면 전체 인터넷 사용자의 30% 정도가 현재 팝업차단 소프트웨어를 사용하고 있는 것으로 추산된다. 여러 연구들에 의하면 팝업광고의 클릭률이 일반적인 배너광고에 비해 2배나 높은데, 이는 소비자들이 무심결에 팝업광고를 클릭하는 경우가 많기 때문이다. 이러한 이유로 팝업광고의 사용비율은 낮아지

그림 11-8 배너 광고 예

그림 11-9 버튼형 광고 예

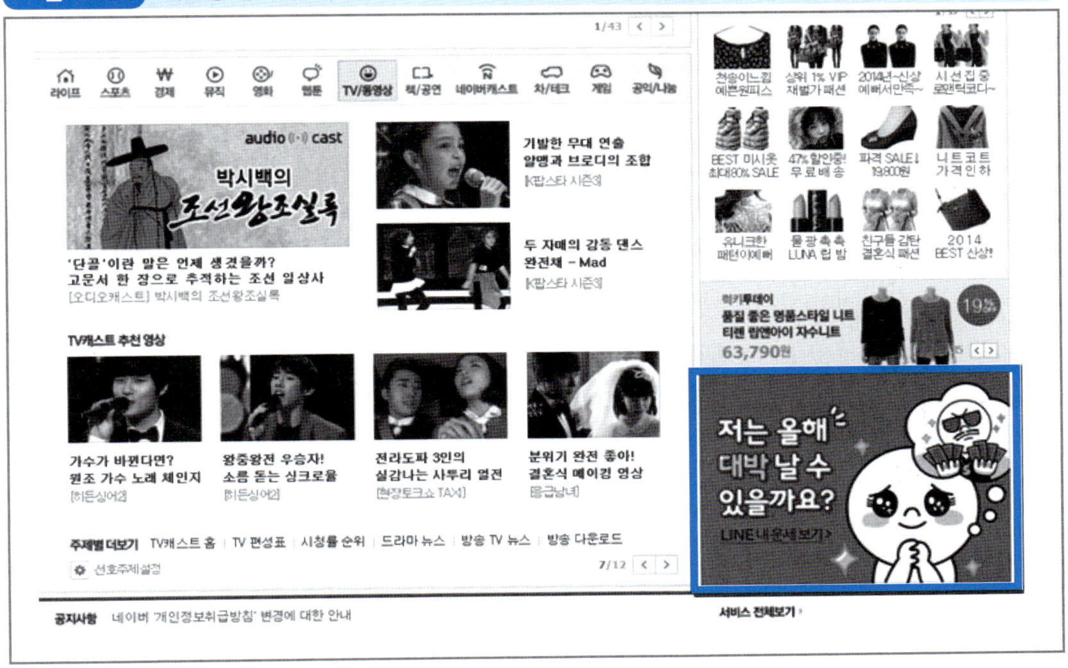

그림 11-10 팝업 광고 예

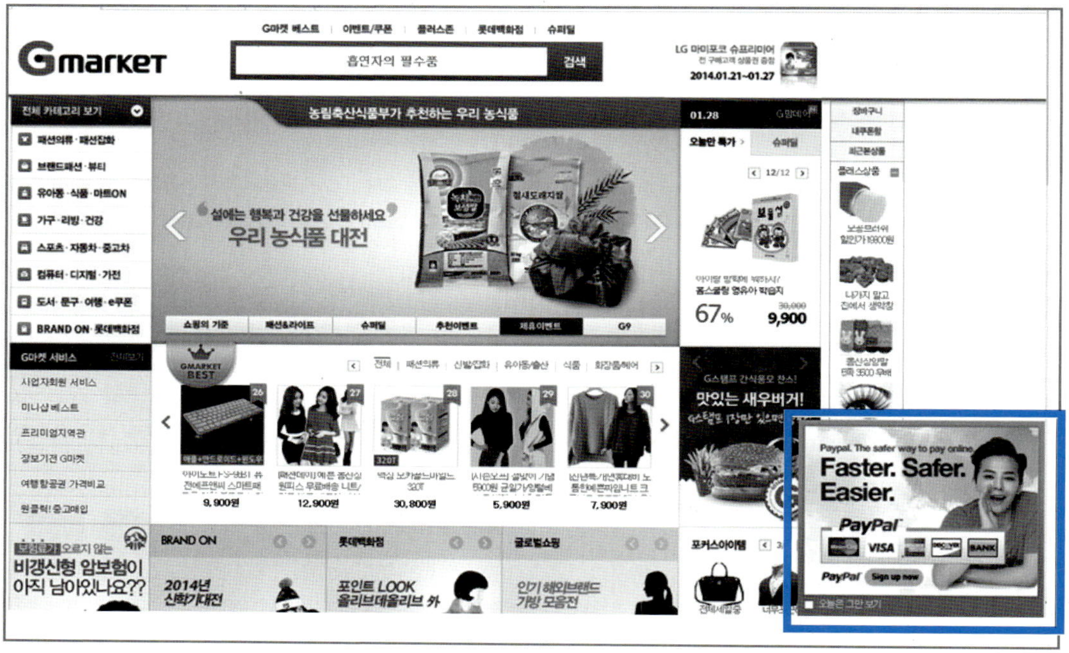

고 있지만 광고주들은 여전히 팝업광고를 이용하고 있다.

리치 미디어 광고

최근에 들어 리치 미디어(Rich Media) 광고의 사용이 증가하고 있는데, 리치 미디어 광고는 사용자들에게 광고와 일정 형태로 상호작용하도록 하는 것이다. 예를 들어 게임을 제공하거나 주문을 하고 설문에 응답할 수 있는 패턴을 취한다. 리치 미디어는 표현기법이 풍부한 광고를 일컫는 말로 리치 미디어를 표현하는 도구는 배너를 비롯 인터엑티브 멀티미디어가 채용되는 콘텐츠면 어디든지 구현이 가능하다. 온라인 리치 미디어 광고 기법은 클릭율의 향상에 초점이 맞춰져 있다. 기존의 정적인 GIF 배너는 푸쉬(push) 기법을 활용한 것으로 네티즌의 관심을 끄는 데 한계가 있는 반면 리치 미디어 광고는 풀(pull) 기법을 가미한 광고로 보다 많은 클릭을 유도해 내고자 하는 목적을 가지고 있다. 최근 리치 미디어 배너는 크게 두 가지 방향으로 전개되고 있다. 첫 번째 방향은 기존 배너에 다양한 상호작용멀티미디어 기술을 채용하는 것과 두 번째 방향은 기존 배너 포맷을 탈피하여 다양한 형태의 리치미디어 광고를 구현하는 것이다.

인터스티셜(Interstitials) **광고**도 일종의 리치 미디어 광고이다. 현재 페이지에서 다음 페이지로 화면이 바뀌는 중에 나타나는 전체 화면 크기로 광고메시지를 보여주는 형태를 취하는데, 강제적 노출이 가능하여 주목률을 극대화한 광고의 방식이다. 인터스티셜은 단일 웹사이트 안에 삽입되어 사용자가 한 페이지에서 다음 페이지로 움직일 때 나타나는데, 일반적으로 사용자에게 광고를 읽을 시간을 충분히 준 후에 다음 페이지로 자동적으로 넘어간다. 인터스티셜은 광고 네트워크간에도 활용될 수 있어 웹사이트 사용자가 다른 웹사이트로 이동할 때도 나타나게 할 수 있다. 광고 메시지에 관심이 없는 사용자들을 위해서는 통과 혹은 중지 등의 선택을 할 수 있도록 해주는 사용자를 배려하는 인터스티셜 광고도 있다. 방문자들에게 광고를 무조건 노출시킨다는 점에서 광고주에게는 인터스티셜이 효과적이라고 할 수 있으나 방문자 측면에서는 시간낭비 및 웹사이트의 입장에서는 불필요한 공간 제공이라는 부작용을 유발할 수도 있다.

슈퍼스티셜(Superstitial) **광고**는 일반적인 배너광고와는 달리 광고 사이즈가 일반 배너보다 현격하게 크거나 표현이 풍부하고, 유니캐스트의 쌍방향적인 광고 서비스를 위한 온라인 광고 형식을 의미한다. 광고 시간이 20초 정도로 길며 애니메이션, 소리, 그래픽 등 다양한 형태가 조합된 삽입 광고 형태로서 온라인상에서 풍부한 광고 표현이 가능하다는 장점이 있다. 슈퍼스티셜은 이용자가 홈페이지에 접속할 때 광고를 컴퓨터의 임시 기억장치에 저장해 뒀다가 다른 홈페이지로 이동할 때 화려한 광고가 나타나게 만든다. 1999년에 유니캐스트 사에 의해 개발된 이 광고 기법은 현재 500개 이상의 웹사이트와 글로벌 기업의 광고에 활용되고 있다.

검색엔진 광고

최근 온라인 마케팅에서의 중요한 변화 중의 하나는 검색엔진 마케팅의 폭발적인 성장이다. 또한 검색엔진 마케팅 형태의 마케팅 커뮤니케이션은 가장 빠르게 성장하고 있는 마케팅 커뮤니케이션 도구의 하나로 검색엔진을 통한 광고는 최첨단 기법의 광고라고 할 수 있다. 검색엔진 최적화(Search Engine Optimization: SEO)는 검색사이트의 표시결과에서 자사 사이트를 상위에 올려놓기 위해 활용하는 다양한 기술을 총칭한 말이다. 검색엔진 마케팅의 고객의 수는 이메일 사용자 인구만큼이나 많다. 미국의 경우 하루에 평균 온라인 인구의 40% 이상이 검색엔진을 사용한다(Pew Internet & American Life Project, 2005). 다시 말해 사용자들이 가장 높은 관심을 보이기 때문에 광고가 가장 효과적인 곳이 바로 검색엔진이다. 국내 검색광고 시장의 규모는 2006년 5,500억원으로 2005년 대비 89% 성장하였으며 2010년에는 10,000억원의 시장규모가 될 것으로 예상된다(**그림 11-11** 참조).

현재 인터넷상에 수백 개의 검색엔진이 존재하지만 대략 20개 정도의 주요 검색엔진이 대부분의 검색 트래픽을 발생시키고 있다. 구글, 야후!, MSN 등 상위 3개의 검색엔진 제공사이트가 상위 20개 사이트 검색들의 95% 이상을 제공하고 있다. 많은 검색엔진들은 다른

그림 11-11 국내 검색광고 시장규모(괄호 안은 네이버 검색광고 수입액)(단위: 억 원)

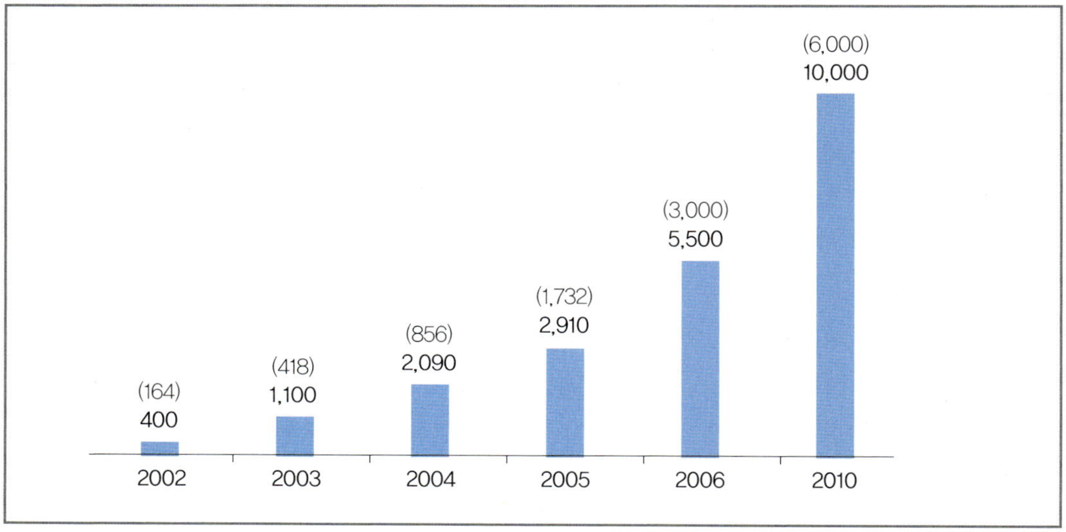

▶ 출처: 세계일보, 2006. 12. 13.

검색엔진에 검색결과나 기술을 판매하는 검색엔진 제공회사로부터 결과를 얻는다. 가장 유명한 검색엔진 제공자는 구글로 2005년의 전 시장점유율 50%를 차지하였다.

검색엔진 마케팅의 종류에는 유료 키워드 포함/순위(keyword paid inclusions/rank), 광고 키워드, 검색엔진 기반 광고 네트워크 등의 세 가지 형태가 있다. 검색엔진 사이트는 원래 웹사이트의 방대한 웹페이지에 대해 공정한 검색을 수행했고 수익의 대부분은 배너 광고로부터 발생하였다. 이러한 형태의 검색엔진 결과를 유기적(organic)검색이라 부르는데, 그 이유는 웹사이트의 포함이나 랭킹이 검색엔진에 의해 부과된 일련의 규칙들의 공평한(unbiased) 적용에 근거하여 얻어지기 때문이다. 1998년 이후 검색엔진 사이트들이 점점 디지털 전화번호로 변하기 시작했는데 이 때부터 기업들은 자사 사이트를 검색엔진 인덱스에 포함시키거나 특별한 위치에 자리를 잡거나 혹은 검색 결과 안의 특정 랭킹을 위해 비용을 지불하기 시작하였다. 이를 유료 배치(paid placement) 혹은 유료 순위(paid rank)라고 부른다. 야후와 MSN은 일정 비용을 받고 유료 포함(paid inclusion) 프로그램을 제공하는데, 이 프로그램은 검색 결과의 리스트 안에 웹사이트를 포함하고 웹 크롤러가 좀 더 자주 찾도록 하는 방법 및 유기적 검색의 결과를 향상시킬 수 있는 방법 등을 제안해 주는 서비스를 제공한다.

최근의 조사결과에 의하면 유기적 검색과 유료 배치 둘 다 중요하지만 사용자는 유기적 검색의 결과에 더 관심을 갖는다. 검색엔진에서의 사용자의 눈의 움직임을 조사하는 도구를 활용한 마케팅 조사 결과에 따르면 사용자들은 단서를 찾기 위해 좌측의 유기적 검색

결과에 더 많은 관심을 보인 반면 화면의 오른쪽에 있는 유료 검색 광고에는 시간을 덜 할애하고 대략 최상위 3개 정도의 광고에만 관심을 보인다. 또한 사용자들은 상위 3개의 유기적 검색 리스트는 항상 보지만, 스폰서 된 리스팅에는 관심을 훨씬 덜 가지는 것으로 나타났다(Laudon & Traver, 2007).

검색엔진 마케팅의 다른 2가지 형태는 온라인 경매를 통해 키워드를 판매하는 것과 연관된다. 키워드 광고(구글의 AdWords, 오버추어의 ContentMatch)와 네트워크 키워드 광고(구글의 AdSense)는 검색엔진 마케팅에서의 수익 증가의 대부분을 차지하고 있다. 구글 수익의 50% 정도는 애드워드를 통한 광고 키워드 판매에서 나오며 나머지는 애드센스라 불리는 제휴 광고 네트워크들인 수천 개의 웹사이트들에 광고를 게재함으로써 창출된다.

키워드광고는 현재까지 존재하는 검색엔진 광고 수단 중 최고의 광고 수단으로 검색엔진에서 많이 조회가 될 만한 단어를 일정한 비용을 들여 구매하고, 같은 단어의 키워드를 조회하는 검색 유저들에게 사이트를 상단에 노출시켜 주는 방식이다. 최근 배너광고 등의 효과가 사라지고 있어 대부분의 기업들에게 키워드 광고는 최고의 홍보수단이 되고 있다. 업체가 입찰 프로세스를 통해 검색사이트에서 키워드를 구매하여 소비자가 그 단어를 검색할 때마다 페이지의 상단에 리스팅 될 뿐 아니라 업체의 광고가 페이지에 나타나게 된다. 더 많은 비용을 지불하게 되면 랭크 순위가 높아지고 광고가 더 잘 보이게 된다. 네이버의 경우 스폰서링크, 파워링크, 플러스프로 등에 나타나는 사이트는 모두 해당 키워드 광고를 집행하고 있는 사이트가 노출이 되는 것이다. 이름이 조금씩 다를 뿐 각 포털의 상위에 박스형태로 노출되는 사이트는 모두 키워드를 구매한 사이트이다.

네트워크 키워드 광고는 2002년에 구글에 의해 도입된 것으로 일반 키워드 광고와는 다르다. 과거에는 포털들이 광고를 올리는 페이지가 자기 사이트로 한정되었는데, 그 이유는 재미있고 유익한 모든 정보를 자신의 사이트 안에 담아둠으로써 사람들이 자신의 사이트를 더욱 많이 방문하게 되고, 많이 방문할수록 그곳에 게재된 광고 효과가 향상되기 때문이다. 그런데 구글 애드센스는 이러한 생각을 완전히 바꾸었다. 즉, 광고주의 광고를 다른 웹페이지에도 게재하면 광고 시장도 커지고 광고 효과도 커질 것이라는 발상의 전환을 한 것이다. 이에 구글은 누구나 손쉽게 광고주가 되고 누구나 광고 게시자가 될 수 있는 플랫폼인 구글 애드센스를 개발했는데, 현재 전 세계의 유명 홈페이지 상당수가 구글 애드센스를 자발적으로 달고 있다. 애드센스를 만드는 방법은, 먼저 검색엔진이 구글에 위치한 광고를 게시자들의 사이트에 올리는 조건으로 일정 비용을 지불하기로 하고 게시자들의 제휴 네트워크를 만든다. 광고 게시자의 홈페이지에 구글의 광고판을 끼워 넣고 광고수익을 광고 게시자에게 일정 배분하는 방식으로, 구글이 그들의 광고를 허락하는 대신, 구글은 네트워크 참가자들에게 클릭률 비용의 대부분을 지불하고 일정 부분은 가지게 되는 것이다. 구글은 키워드에 근거한 소프트웨어 프로그램을 활용하여 콘텐츠를 파악하고 네트워크 게시자

그림 11-12 키워드 광고 예

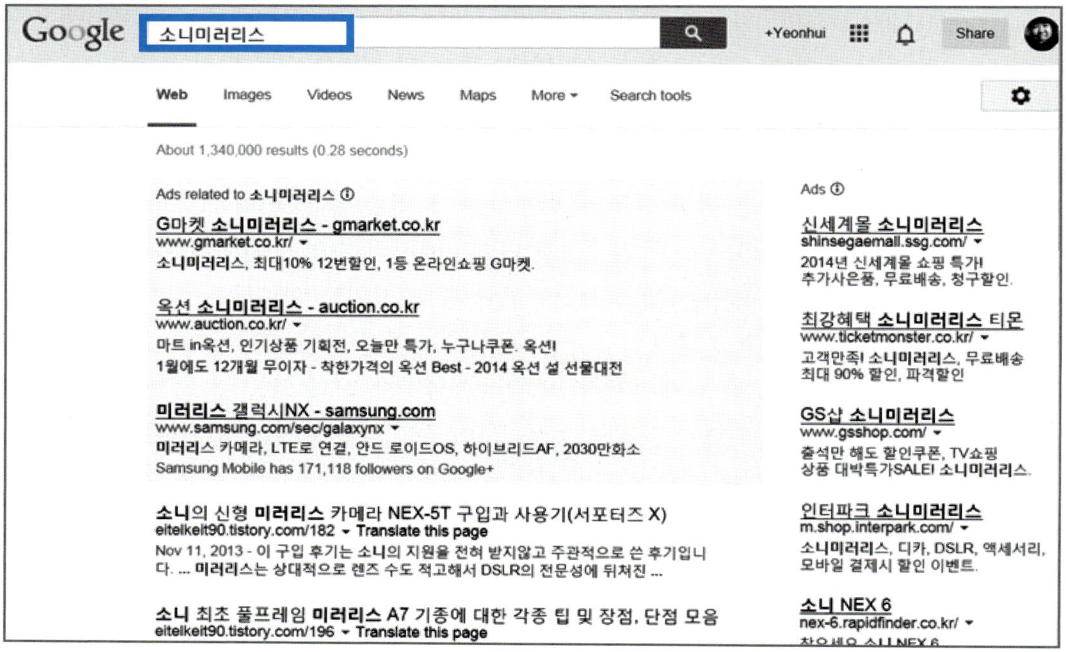

의 사이트에 나타나는 키워드 경향을 파악함으로써 연관성 있는 광고를 게재할 수 있다.

위의 두 가지 형태의 키워드 광고에서 키워드의 가격은 아이템에 따라 많은 차이가 난다. 고객이 여러분의 회사가 제공하는 제품을 찾는 바로 그 순간에 고객에게 그 제품을 보여주기 위해 얼마를 지불할 수 있는가? 혹은 지불해야 하는가의 문제인데, 물론 이것은 고객들이 그 기업의 사이트에서 얼마나 돈을 지출하는지에 의해 결정된다. 검색엔진 마케팅은 고객이 제품을 찾는 그 정확한 순간에 제품의 광고를 보여주는 이상적인 마케팅 기법이다. 전통적인 온/오프라인 타켓 마케팅 접근법은 고객들의 프로필과 정보의 방대한 검색에 기초하고 있는 반면, 검색엔진 마케팅은 보다 효과적이고 효율적으로 키워드 검색에 응답하는 방식에 기반을 두고 있다. 클릭동향이나 인구통계학적 특정이 요구되지 않으며, 검색엔진 마케터에게 가장 주요한 사실은 고객들이 판매상에 의해 판매되는 형태의 제품을 찾고 있다는 것이다. 이처럼 검색엔진 마케팅이 높은 인기를 누리게 된 이유는 온라인 기업에게 검색엔진 마케팅은 판매 홍보에 있어 이상적인 것에 가깝기 때문이다. 검색엔진을 사고, 그곳에 자신의 광고를 배치하는 것은 웹상에서 이루어지는 마케팅 커뮤니케이션 중에 가장 효과적인 수단 중 하나이다. 수 많은 인터넷 사용자들은 그들이 원하는 특정 제품이나 서비스를 찾고자 검색엔진을 이용한다. 이들이 바로 마케터들이 핵심 가망 고객(hot prospective)이라고 부르는 사람들이다. 왜냐하면 이들은 정보를 찾고 있으며 제품이

그림 11-13 오버추어 광고

나 서비스를 구매하려는 의도를 갖고 있기 때문이다. 게다가 검색 엔진은 사이트의 클릭률에 따라 과금을 한다. 그러므로, 기업들은 광고가 클릭되지 않았을 때는 요금을 지불할 필요가 없다. 구글의 애드센스는 웹페이지에 연관성 있는 광고를 게재하고 이용자들이 클릭한 수익의 일부를 매달 받을 수 있는 CPC(Cost per Click, 클릭한 만큼 광고주로부터 광고비를 받는 종량제 광고 방식) 모델의 광고 비즈니스이다. 키워드 광고의 또 다른 형태인 오버추어(overture.com)는 검색엔진에 사이트를 등록하는 방법 중 하나로 오버추어에 광고를 내게 되면 오버추어와 계약된 네이버, 야후 등 우리나라 주요 포털(검색 점유율 기준으로 80~85%)에서의 검색 결과 시 최상단에 노출이 되며 결과물로 나타나는 것이 스폰서 링크이다. 오버추어 역시 클릭당 광고료를 내는 CPC방식의 검색광고이다. 광고의 방식 중 노출의 효과는 가장 좋으나, 그 대신 키워드별로 치열한 경쟁이 있을 경우 엄청난 광고비 지출이 있을 수 있다. 부정클릭으로 인한 문제도 오래도록 제기되고 있다.

후원형 광고

후원형 광고에서 스폰서십은 눈에 띄게 상업적이지 않은 방식으로 브랜드를 긍정적인 방향으로 강화시키기 위해 특정 정보나 이벤트, 모임 등과 광고주의 이름을 연관시키려고 하는 지불된 노력이다. 스폰서십은 웹사이트의 내용을 광고주의 지원으로 제작하는 방식으로 즉각적인 매출보다 브랜드 강화에 초점이 맞추어져 있다. 가장 일반적인 형태의 스폰서십은 타겟화된 콘텐츠(advetorials)로 광고의 메시지를 의도한 고객에게 더 가치 있고 매력적으로 보이게끔 하기 위해 사설적인 내용이 광고 메시지와 함께 나타난다. 온라인 스폰서십은 브랜드 인지도, 광고 인지도, 스폰서십 연상, 브랜드 호감도, 그리고 구매의도 등을 증가 시킨다(Cohen, 2005). 2006년 온라인 광고 비중 중 스폰서십이 차지하는 비중은 2%로 7.3억 달러 정도를 차지하였다(IAB & PwC, 2013).

이메일 마케팅

전자상거래 초창기 시절, 다이렉트 이메일 마케팅은 가장 효과적인 마케팅 커뮤니케이션의 하나였다. 다이렉트 이메일 마케팅 메시지는 인터넷 사용자 중 광고주로부터 특정 메시지를 받는 것에 관심을 표명한 옵트인 고객에게 보내진다. 이러한 방법으로 광고주들은 관심있는 소비자들을 타겟화할 수 있었다. 타겟과 리스트의 최신성에 따라 차이가 있기는 하지만 합법적인 옵트인 이메일 캠페인에 대한 응답률은 대략 6% 정도이다. 현재까지는 회사 내 이메일 리스트가 구매한 이메일 리스트보다 효과적인 것으로 알려져 있다. 상대적으로 높은 응답률과 낮은 비용 때문에, 다이렉트 이메일 마케팅은 온라인 마케팅 커뮤니케이션의 가장 일반적인 형태이다. 2006년에 이메일 마케팅에 쓰여진 비용은 3.38억 달러로 나타났으며 매년 5%씩 증가하고 있다(IAB & PwC, 2007).

이메일은 거의 추가 비용을 들이지 않고도 전 세계 어디라도 많은 메시지 그리고 멀티미디어까지 한꺼번에 가장 빠르게 보낼 수 있다. 또한 이메일은 개인화된 메시지를 보내는 것이 가능하기 때문에 데이터베이스를 이용한 정밀한 타겟 마케팅이 가능하다는 장점이 있다. 하지만 이메일이 비용면에서 효율적이고 효과적인 마케팅 커뮤니케이션 도구로서 자리를 잡아 가면서 이것을 악용하는 사례가 증가하여 선의의 마케터들에게까지 피해를 주고 있다. 사용자가 원하지 않는 광고나 홍보성 메시지를 불특정 다수에게 보내어 마케팅효과를 노리려는 의도로 이용되고 있는 스팸메일(spam mail)이 바로 이 부작용의 대표적인 예이다. 이러한 스팸메일은 메일 수신자에게 아무런 도움도 되지 못하고 대부분 읽히지도 않고 삭제되며, 읽혀지더라도 수신자들에게 부정적인 이미지를 줄 수 있다. 뿐만 아니라 현행법에서는 수신자가 신고할 경우 스팸메일 발송자는 법적 처벌까지 받을 수도 있다. 따라서 스팸메일이 아니라 이메일을 정상적인 마케팅 커뮤니케이션으로 사용할 수 있게 해 주는 옵트인/옵트아웃 방식의 이메일을 활용해야 한다.

온라인 카탈로그

온라인 카탈로그는 종이로 만들어진 카탈로그가 인터넷 방식으로 구현된 것이다. 온라인 카탈로그는 전자상거래 초기에 많이 활용되었지만, 이후로는 광고주들 사이에서 급속히 인기를 잃었는데, 그 이유는 해당 페이지가 보여지는 데 걸리는 로딩 시간이 너무 길었기 때문이다. 하지만, 초고속 인터넷의 보급률이 높아지면서 사진이 많은 페이지를 사용하는 것이 증가하였고, 이에 따라 온라인 카탈로그도 다시 사용되기 시작했다.

온라인 카탈로그의 기본 기능은 온라인 업체의 제품들을 전시하는 것이다. 전자 버전은 각 제품들의 칼라 이미지와 사이즈, 색깔, 소재, 가격 등 각 아이템에 대한 설명을 포함하고 있다. 온라인 카탈로그에는 전체 페이지가 펼쳐지는 것과 격자형 구성의 2가지 유형이 있다. 대부분의 온라인 소매점은 다양한 제품들이 아주 작은 우표 모양의 사진 안에 나타나는 격자형 구성을 이용하지만 하나나 두 개 정도의 제품을 보여주기 위해 큰 사진을 이용하여 좀더 큰 면적을 활용하기도 한다.

온라인과 오프라인 카탈로그가 보완적이며, 서로 잠식하거나 대체되지 않기 때문에, 온

그림 11-14 유니클로(UNIQLO) 온라인 카탈로그

라인 및 오프라인 기업들은 온라인 카탈로그와 오프라인 카탈로그를 병행하여 사용하고 있다. 즉, 기업들이 온/오프라인 채널을 동시에 활용할 때, 전체적인 기업의 브랜드 인지도가 높아지고, 고객들의 주문도 증가하는 흐름을 보이고 있다. 하지만, 이에 대한 효과는 아직까지 뚜렷하게 나타나고 있지 않은데, 효과의 정도는 고객의 형태와 고객들의 사전 인터넷 경험에 많이 의존한다.

온라인 채팅

오프라인 매장에서 쇼핑을 할 때 매장에서 종업원의 서비스를 받게 되는데, 웹사이트는 이런 서비스가 온라인 채팅을 통해 이루어진다. 예를 들어, 오버스탁(Overstock.com)은 LivePerson.com의 온라인 채팅 소프트웨어를 사용하는데 이 소프트웨어는 팝업 창을 띄워 고객을 온라인 채팅 창으로 유도하여 고객 서비스를 실시한다. 만약 고객이 수락할 경우, 고객 서비스 센터는 고객이 지금 어느 웹페이지에 있고 무엇을 보는지 정확하게 알 수 있으며, 물음에 즉각적으로 응답할 수 있고, 필요하다면 고객의 계산 절차까지도 수행 할 수 있다. 오버스탁은 고객이 판매원과 온라인 채팅에 임할 때, 평균적으로 구매가 2배 정도 늘어나며 고객의 대략 10% 정도는 온라인 채팅 초대에 응한다고 한다. 물론 모두가 이런 온라인 채팅에 응하는 것이 아니고, 대부분의 인터넷 검색자들은 누군가 앞서서 자신을 도와주는 것보다 자신이 필요할 때 도움을 요청하는 방식을 선호한다고 한다. 이러한 소비자의 특성과 흐름에 따라, 옥션이나 지마켓, 인터파크 등의 국내 인터넷 쇼핑몰과 포털에서는 판매자의 입장에서 먼저 고객에게 다가가는 것이 아니라, 온라인 채팅 서비스의 기반은 마련해 놓고, 고객이 도움을 요청할 경우, 일대일 채팅을 실행시키는 서비스를 운영하고 있다. 또한 최근 젊은 세대들의 경우 온라인 채팅을 필수적인 커뮤니케이션 도구로 여기고 있고, 또한 이 그룹이 온라인 구매자 집단에서 빠르게 성장하고 있기 때문에 앞으로 더 많은 고객들이 온라인 채팅을 이용할 것이라고 예측되어진다.

블로그 광고

블로그는 최근 새롭게 등장하는 강력한 온라인 광고와 커뮤니케이션 도구이다. 2010년 현재 미국에 2천 6백만 명의 블로거가 존재하며 블로그를 읽는 사람의 숫자가 급격히 증가하고 있는 반면 블로그에 글을 쓰는 사람의 숫자는 아주 미미하게 증가하고 있다(eMarketer, 2010). Blogads.com과 같은 새로운 서비스는 블로거와 광고주가 만날 수 있는 장소를 제공하고 광고를 준비한다. 구글의 애드센스 프로그램 역시 블로그에서 다루어지는 토픽에 근거하여 블로그에 광고를 게재한다. 블로그 광고는 새로운 광고의 형태이므로 효과에 대해서는 많이 알려져 있지 않다. 블로그의 독자와 블로그 생성자가 교육 수준이 높고 소득이 높으며 의견 선도자의 경향이 있으므로, 이들은 많은 제품과 서비스의 이상적인 수용자이다.

우리나라의 경우 전체 인터넷 이용자의 65.7%가 최근 1년이내 SNS를 이용한 'SNS 이용자'이며 SNS 이용자의 83.2%가 블로그 형태의 SNS를 이용하고 있는 것으로 나타났다(한국인터넷진흥원, 2010). 블로그 광고의 시작은 구글의 애드센스와 다음(Daum)의 애드클릭스 같은 광고 프로그램이었다. 국내에서도 최근 몇 년 사이에 블로그 광고의 효율성이 알려지기 시작했고, 성공 사례를 찾아볼 수 있으며, 2007년에 들어 구글 애드센스의 국내 파트너는 1년 전에 비해 3배 이상 증가하였으며, 개인 블로그를 통해 수입을 올리는 사람들도 늘어나고 있다.

그림 11-15 블로그 광고 예

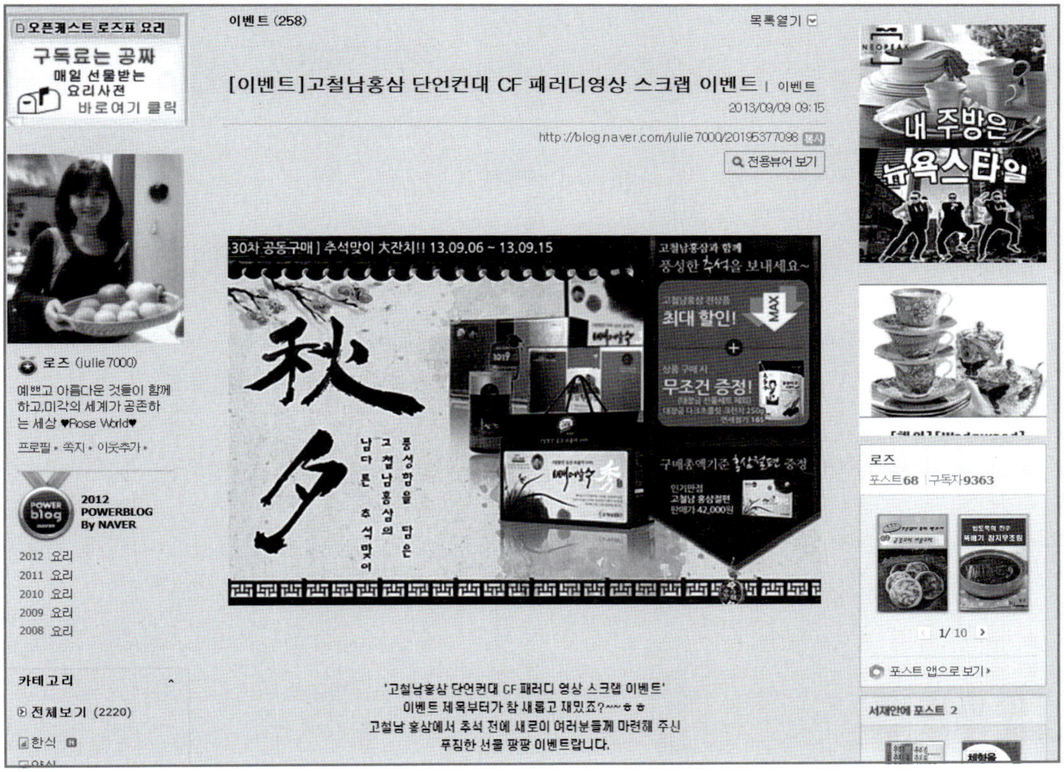

현·장·사·례

Electronic Commerce

모바일 광고 1년새 250% 늘었다.

직장인 한수진 씨(28, 가명)는 옷을 사러 가기 전에 카카오톡부터 확인한다. 카카오톡 플러스 친구를 맺은 패션브랜드에서 보내준 다양한 할인쿠폰이나 이벤트를 확인하기 위해서다. 한씨는 "작년에 플러스 친구를 맺은 유니클로에서 보낸 메신저를 통해 1만 9,900원 하는 히트텍을 9,900원에 살 수 있었다"며 "덕분에 다른 옷까지 한 벌 더 살 수 있었다"며 좋아했다.

국내 스마트폰 사용자가 3,200만명을 넘기면서 기업들은 모바일 마케팅`에 점점 주력하고 있다. 제일기획의 광고 시장 보고서에 따르면 2011년에 600억원 규모였던 모바일 시장이 지난해엔 250% 성장한 2,000억원대로 커졌다. 스마트폰 확대에 따른 검색 광고와 노출형 광고가 모두 모바일로 이동한 결과다.

와이파이 존이 늘어나면서 무선 인터넷 사용이 원활해지고 스마트폰 애플리케이션(앱)으로 다양한 체험까지 할 수 있게 되면서 모바일 마케팅은 더욱 활발해지고 있다.

26일 닐슨코리아와 닐슨코리안클릭이 지난해 12월 진행한 국내 '하루 평균 미디어별 이용시간' 조사에 따르면 하루 평균 TV 이용시간은 3.7시간, PC는 1.2시간인 반면 모바일은 5시간이나 된다. 비용 측면에서도 모바일 마케팅은 기존 광고보다 훨씬 싸다.

유니클로는 히트텍 모바일 마케팅으로 톡톡히 재미를 봤다. 히트텍 할인 정보를 플러스 친구 메신저로 모두 149만건 전달했는데 이를 열어본 사람이 절반 이상에 달했다. 기존 오프라인 마케팅에서는 생각할 수 없는 효과다. 베를린 포스터를 설치한 CJ E&M도 베를린 개봉 이후 2주간 영화 홈페이지를 찾은 사람 중 28.5%가 "와이파이 포스터를 통해 들어왔다"고 밝혔다.

멀티미디어를 활용한 모바일 광고 기법들은 갈수록 진화하고 있다. 최근 한국GM은 국내 최초로 스마트폰 사용자의 음성인식으로 작동하는 쉐보레 트랙스 모바일 광고를 선보여 화제가 됐다.

트랙스의 모바일 음성 인식 광고는 스마트폰 화면 하단 배너가 지시하는 문구를 소리를 내 읽으면 트랙스 광고 모델인 정준영과 로이킴이 등장하는 트랙스 홈페이지로 연결되는 방식이다.

회사 측은 "스마트폰 음성 인식과 연동되는 트랙스 인포테인먼트 시스템을 활용했다"며 "일방적인 광고 전달이 아니라 소비자가 직접 참여하는 인터랙티브(Interactive)광고라는 점에서 차별화된다"고 설명했다. 기업들 광고가 전통 매체인 TV에서 동영상 공유 사이트인 '유튜브'로 옮겨가고 있는 것도 같은 맥락이다.

초기엔 TV 광고 영상을 그대로 유튜브에도 올리는 기업이 많았지만, 요즘엔 아예 처음부터 유튜브를 겨냥해 동영상을 제작한다. 분식 프랜차이즈 죠스떡볶이가 지난 달부터 매장에서 촬영한 4분짜리 시트콤 '매콤한 인생'을 유튜브에 차례차례 선보이고 있는 게 좋은 예다.

▶ 출처: 매일경제, 2013. 03. 26.

통합적 마케팅 커뮤니케이션 (오프라인과 온라인 마케팅 커뮤니케이션 믹스)

트래픽을 웹사이트로 유인하는 데 가장 성공적인 마케팅 커뮤니케이션 캠페인은 온라인이나 오프라인 중 한 가지 방법에만 주로 의존하는 것이 아니라 온라인과 오프라인 도구를 통합한 것이다. 왜냐하면 가장 효과적인 온라인 광고는 다른 미디어에서 동시에 진행되고 있는 광고와 일관된 이미지를 주는 광고이기 때문이다(Briggs 1999). 많은 온라인 기업들은 자신들의 웹사이트로 트래픽을 유도하고 브랜드 자산을 구축하기 위해 오프라인 마케팅 기법들을 활용해 오고 있다. 멀티 채널 마케팅과 커뮤니케이션의 발달은 소비자들의 행동이 점점 멀티 - 채널로 바뀌고 있다는 사실을 반영하고 있다. 예를 들어 오프라인에서 제품을 구매한 소비자의 40% 정도가 온라인을 통해 제품을 검색하였고(Dieringer Research Group, 2005), 이와 같은 이유로 많은 기업들이 마케팅 커뮤니케이션의 효과를 극대화하기 위해 온라인과 오프라인 마케팅 커뮤니케이션을 통합적으로 활용하고 있다.

미국인터넷광고협회(IAB)의 매체간 광고 최적화 연구(Cross Media Optimization: XMOS)는 마케팅 목표를 달성하기 위해 최적의 미디어 믹스에 대한 답을 연구하는 데 초점을 두고 있다. XMOS 연구에서는 최적의 믹스와 각 미디어의 가중치를 결정하기 위해 온라인 광고의 효과가 오프라인 광고와 함께 측정된다.

현 · 장 · 사 · 례

Electronic Commerce

매체간 최적화 연구: The Cross Media Optimization Study(XMOS)

캠페인을 성공적으로 이끌기 위해서는 서로 다른 매체들간 가중치와 최적화된 미디어 믹스를 측정하고 이를 통해서, 얼마를 투여하여야 하는지에 대한 답을 얻는 것이 필요하다. 아래의 사례는 2004년 2월까지 진행된 Ford의 대규모 캠페인 분석자료로 온라인광고와 타 매체간의 광고효과를 비교하고 있다.

■ The Challenge

2003년 말에 Ford Motors는 픽업 형태의 트럭인, F-150을 새롭게 런칭했다. F-150은 20년 동안 미국 내에서 가장 많이 팔린 자동차 모델로 본 런칭은 포드 내에서 사활을 걸고 새롭게 도전을 하는 순간이었다.

■ The Campaign

본 캠페인은 영어와 스페인어로 광고되었고, TV/라디오/인쇄/온라인/옥외/DM 등 동원될 수 있는 대부분의 매체에 집행되었다. 이번 캠페인의 규모는 포드 50년만에 가장 큰 규모였다. 특히, 온라인은 크게 3가지로 나누어 진행되었는데, 첫 번째로는 자동차 관련한 사이트에 일반적인 배너(Standard, Rectangle, Skyscraper)형태로 진행되었고, 두 번째

▶ TV Ads Sample

▶ Magazine Ads Sample

▶ 포털 트래픽이 높은 지면에 진행된 take over광고

▶ 자동차 관련 사이트에 진행된 배너샘플

그림 1 'Integrated Communications Plan

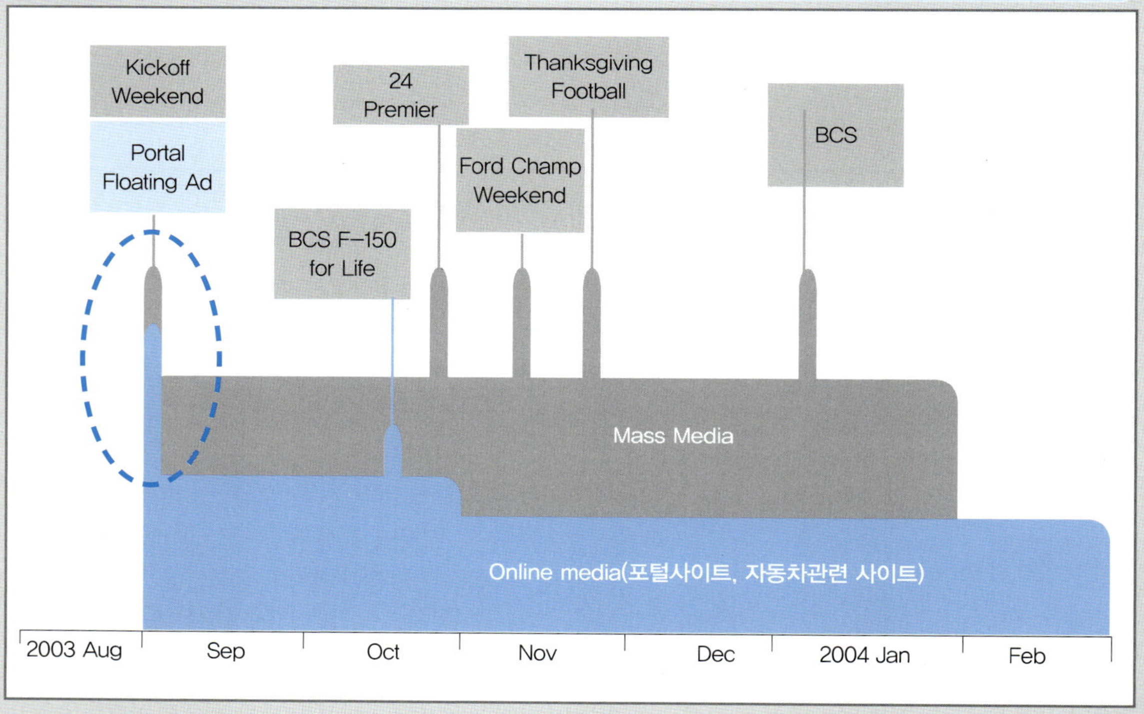

그림 2 캠페인 광고회상도(2003년 8월~2004년 2월)

Have you recently seen or heard advertising for…?
(All New 2004 Ford F-150: "Yes-have Seen or heard advertising recently")

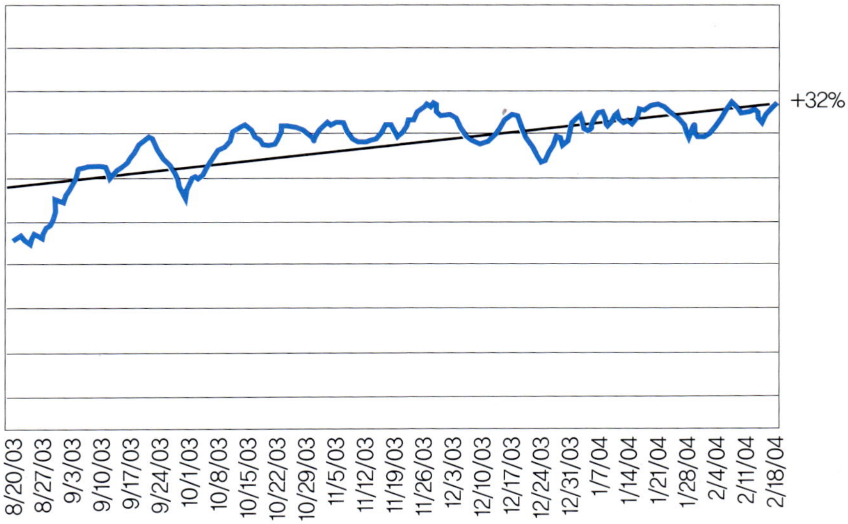

그림 3 캠페인을 통한 구매의향률 변화

The next time are in the market for a new vehicle, how likely are you to purchase or lease the following Pick up trucks?
(All new Ford F-150: "Definitely Would Buy / Lease" and "probably Would")

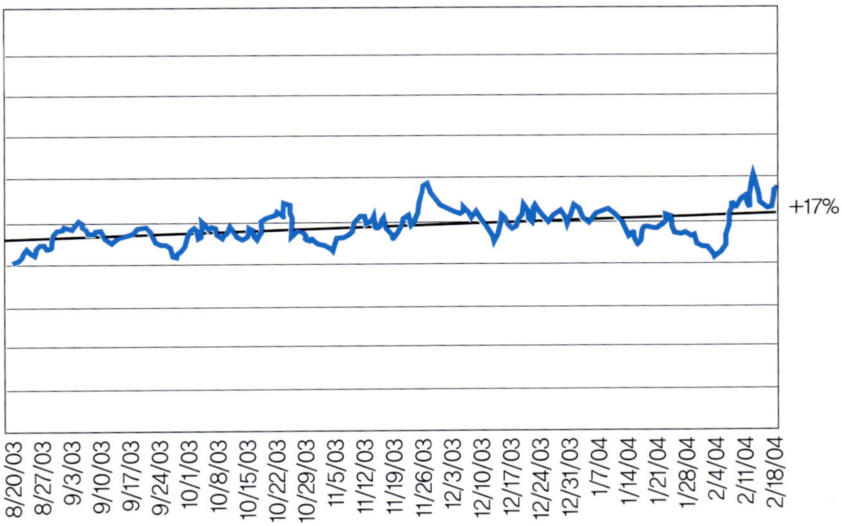

개별/미디어 효과 – 브랜딩 매트릭스 요약

	TV	Magazine	Roadblock (TakeOver)	Online (Banner)
광고 회상(Ad Recall)	+3pts	+13pts	+6pts	+15pts
친숙도(Familiarity)	Not Sig	+11pts	Not Sig	+10pts
평균 브랜드 이미지 속성(Average Brand Image Attributes)	Not Sig	+8pts	Not Sig	+9pts
구매 의향(Purchase Consideration)	+5pts	+6pts	+4pts	+6pts
쇼핑(Shopping)	Not Sig	+4pts	+6pts	+6pts
구매 의도(비보조)(Puchase Intention(unaided))	+2pts	+3pts	+5pts	+12pts

로는 최대 많은 유저에게 도달하기 위해서, 대형포탈의 방문자가 많은 페이지에 Take Over광고형태로 진행되었다. 그리고 마지막으로 웹사이트를 제작하고, 고객을 대상으로 이메일도 발송하였다.

캠페인은 TV > 인쇄광고 > 온라인으로 순차적이고 유기적으로 진행되었다.

■ Methodology

대규모 집행캠페인을 진행하고, 그 효과를 측정하기 위한 방법으로는 광고캠페인에 노출되었을 광고 시청자를 대상으로 서베이를 진행하여 비교하였다. TV시청자와 잡지 구독자를 대상으로 서베이를 진행하고, 또한 온라인으로 광고를 노출한 사람들에게도 광고 노출 전후를 대상으로 각 과정을 추정하는 서베이를 진행하였다.

■ Results

캠페인 결과를 매체별로 살펴보면, TV는 이미 알고 있듯이 도달률(Reach Rate)이 매우 높고, 구매의향률도 매우 높게 나타났으나, 비용 효율적인 부분에 있어서는 다른 매체대비 매우 낮게 나타났다. 온라인광고는 자동차관련 사이트에 집행한 경우 구매의향률을 향상시키는 데 있어서는 그 어떤 매체보다 가장 효율적인 결과를 일으켰다. 이에 비하면 포털에 집행하는 Take Over광고와 잡지광고는 구매 의향률에 있어서 자동차사이트에 집행한 것보다는 비용효율이 떨어졌으나, 텔레비전보다는 더 효율적이었다.

■ Implications

본 캠페인이 온라인광고는 비용효율과 일별 타겟광고 도달 두 가지 측면에서 모두 효과적인 것으로 나타났다. 타겟광고 도달률은 23~54세 남자기준으로 40%를 차지할 정도였다. 자동차 구매 니즈가 있는 타겟을 대상으로 관련 사이트에 광고를 집행할 때 가장 비용효율적인 것으로 나타났으며 이것은, 구매 의사 결정을 할 때, 그 최접점에 도달할 수 있는 웹의 막강한 매체파워 가능성에 의미를 부여할 수 있다.

▶ 출처: IAB, XMOS Case Study, All New 2004 Ford F-150: Driving Sales Online.

11.2 온라인 마케팅 커뮤니케이션의 효과 및 비용

온라인 커뮤니케이션이 아직까지 전체 마케팅 커뮤니케이션의 일부분만을 차지하고 있는 가장 큰 이유 중의 하나는 온라인 광고가 정말 효과가 있는가와 온라인 광고의 비용과 효과에 대해 적절하게 평가할 수 있는 특정도구가 있는가 하는 문제와 관련이 있다. 이번 절에서는 온라인 광고의 효과를 측정하는 중요한 용어들에 대해 다루도록 하겠다.

온라인 마케팅 매트릭스

마케팅 커뮤니케이션을 통해 가망고객을 자사 기업의 웹사이트로 유인하여 구매자로 전환시키기 위한 프로세스를 이해하기 위해서는 온라인 마케팅의 용어에 대한 이해가 필요하다. 표 11-2는 온라인 마케팅의 영향과 결과를 설명하기 위해 많이 사용되는 지표들로 일반적 마케팅 e-매트릭스와 매트릭스로 나뉘어 설명되어 있다.

온라인 광고 효과

가장 효과적인 형태의 온라인 광고는 무엇인가? 온라인 광고의 효과를 오프라인 광고와 비교하면 어떠한가? 클릭률이 많이 이용되기는 하지만 궁극적으로 광고 캠페인에서 가장 중요한 결과는 투자 수익률(ROI)이다. 표 11-3은 여러 온라인 마케팅 커뮤니케이션 도구들의 클릭률이다. 타겟화된 이메일 캠페인이 가장 높은 응답률을 보이고 있으며 클릭률은 대략 8~9%대를 보이고 있다. 하지만 소비자들이 새로운 온라인 광고 포맷에 익숙해 짐에 따라 클릭률이 낮아지고 있다. 온라인 광고와 오프라인 광고의 효과를 비교하면 일반적으로 온라인 패널이 전통적인 채널에 비해 효과가 높은 편이다. 특히 이메일이 비용대비 성과가 가장 높다. 만약 이메일이 타겟화된다면 응답률이 6~8% 정도 될 것이고 이 경우 투자 수익률이 훨씬 높게 나타날 것이다.

표 11-2 마케팅 성과측정 지표들 리스트

일반적 마케팅 e-매트릭스	설명
임프레션(Impressions)	어떤 광고물에 대한 개인이나 가구의 노출량. 광고가 노출된 횟수
클릭 비율(CTR)	광고의 클릭 비율
보여진 비율(VTR)	광고가 즉시 클릭되지는 않았으나 30일 안에 웹사이트를 방문한 비율
히트(Hits)	http가 요청되어진 수
페이지 뷰(Page Views)	보여진 웹페이지 수
고착성(지속성)(Stickiness, Duration)	웹사이트에 머무른 평균 시간
순방문자(Unique visitors)	한 기간 동안 고유의 ID값을 가진 방문자 수
충성도(Loyalty)	페이지가 보여진 횟수, 한 사용자가 웹사이트에 방문한 빈도, 혹은 또 다른 구매를 하기 위해 일년 내에 해당 사이트로 돌아온 고객의 비율 등을 통해 다양하게 측정
도달성(Reach)	잠재적 구매자인 웹사이트 방문자의 비율 혹은 해당 사이트에서 구매를 한 총마켓 구매자의 비율
최근성(Recency)	구매자로서 웹사이트를 방문하거나 구매하는 행동을 마지막으로 한 이후 경과된 시간
획득률(Acquisition rate)	제품의 페이지에 가입하거나 방문함으로써 해당 웹사이트의 제품에 관심을 나타낸 방문자의 비율
전환율(Conversion rate)	고객이 된 방문자의 백분율
노출 후 구매된 비율(Browse-to-buy ratio)	보여진 제품이 구매된 비율
본 후 장바구니에 담은 비율(View-to-cart ratio)	본 제품을 "장바구니"에 담은 비율
장바구니 전환율(Cart conversion rate)	"장바구니"에 있던 제품을 실제 주문한 비율
체크아웃 전환율(Checkout conversion rate)	계산을 시작한 후 실제 주문한 비율
포기율(Abandonment rate)	제품을 사려고 쇼핑 카트에 담았으나 구매를 완료하지 않고 웹사이트를 떠난 구매자의 백분율 (체크아웃 전환율과 비슷)
유지율(Retention rate)	정기적으로 구매를 유지하는 고객의 백분율(충성도와 비슷)
감소율(Attrition rate)	첫 번째 구매 이후 그 다음해 동안 돌아오지 않은 고객의 백분율
e-메일 매트릭스	
개봉 비율(Open rate)	이메일을 열어보고, 메시지에 노출된 수신자의 비율
배달률(Delivery rate)	이메일을 받은 수신자의 비율
클릭률(이메일)(Click-through rate)	이메일을 받고 클릭을 한 수신자의 비율
반송률(Bounce-back rate)	배달되지 못한 이메일의 비율
수신 거부율(Unsubscribe rate)	수신거부를 클릭한 수신자의 비율
전환율(이메일)(Conversion rate)	실제 구매를 한 수신자의 비율

표 11-3 온라인 마케팅 커뮤니케이션 클릭률

온라인 마케팅 툴	전형적인 클릭률 (%)
배너광고	.25~.4
인터스티셜	2~3
슈퍼스티셜	5~7
검색엔진 유료 포함/배치	3~7
스폰서십	1.5
제휴관계	2~5 +
다이렉트 이메일	1.5~8
온라인 카탈로그	3~6

▶ 출처: R. Laudon & C. Traver, E-commerce, 2007.

오프라인과 온라인 광고의 상대적인 영향력을 비교한 연구들 중 가장 강력한 마케팅 캠페인은 온라인, 카탈로그, TV, 라디오, 신문, 소매상 등 다양한 형태의 마케팅을 활용한 것이라고 결론내리고 있다. 또한 멀티 채널을 쇼핑하는 소비자 단 한 개의 채널에서만 쇼핑하는 소비자에 비해 더 많은 비용을 지출한다고 보고하고 있다. 이것은 이들이 자유재량 소득이 더 높아서 뿐만 아니라 마케터가 소비자들을 만날 수 있는 접점이 더 많기 때문이기도 하다. 소비자 마케팅에서 가장 빠르게 성장하고 있는 채널이 바로 멀티채널 쇼퍼이다.

온라인 광고 비용

온라인 광고의 효과를 제대로 평가하기 위해서는 온라인 광고 비용 분석도 함께 이루어져야 한다. 온라인 광고비 산정 방식에는 크게 cost per thousand(CPM), cost per click (CPC), cost per action(CPA)과 이상에서 언급한 방식들을 2가지 이상 합한 혼합모델 (hybrid)로 나누어 진다.

CPM(M은 라틴어의 천을 의미함) 방식은 인터넷 광고와 함께 시작된 가장 오래된 광고비 산정 방식이다. CPM 방식은 1,000번의 노출에 대해 광고비를 지급하는 정액제 방식으로 대부분의 배너광고들이 채택하고 있는 방식이다. CPM 방식은 초기 광고 비용을 산정하고 집행함으로써 모든 절차가 끝나며, 계약기간 동안 광고를 보장받을 수 있어 다른 광고주의 침해를 받지 않고 관리가 간편하다는 장점이 있다. 또한 오프라인 광고와 가장 흡사한 방식이기 때문에, 인터넷 광고를 처음 접하는 사람들이 이해하기 쉽다는 장점도 있다. 하지만 광고가 게재된 후 광고의 효과를 보장받을 수 없다는 문제점을 보완하기 위해 CPC와 CPA방식의 광고비용 책정방법이 등장하게 되었다.

CPC 방식은 검색이 일어난 후에 노출이 되는 횟수에 상관없이 이용자가 광고를 한 번 클릭할 때마다 비용이 발생하는 종량제 방식이다. 광고의 각 클릭당 사전에 협의된 비용을 광고주가 지불하는 방식으로 광고주가 원하는 금액만큼 일정금액을 먼저 예치시키고 해당 키워드에 관심이 있는 유저들에게 노출시키며 여기서 노출되어진 링크를 클릭했을 때에만 클릭당 비용을 차감시켜 나간다. 대표적인 CPC 방식을 택하는 광고로는 오버추어를 통해 대형 포털에 동시 노출되는 "스폰서링크" 광고가 있으며, 세계 인터넷 광고시장의 상당 부분을 점유하고 있는 구글의 애드센스 역시 CPC방식을 이용하고 있다. CPC의 특성을 잘 이해하고 활용하면 다른 광고 방식에 비해 적은 비용으로 최대의 효과를 기대할 수 있지만, 이를 위해서는 노출순위와 광고비용에 대한 이해와 지속적인 관리가 선행되어야 한다. CPC방식은 좀더 합리적으로 광고를 집행할 수 있고, 광고 비용이나 제반 상황에 따라 언제라도 광고를 중단하거나 재개할 수 있어 효율적인 광고전략을 수립할 수 있는 장점이 있다. 하지만 아직까지 경쟁사의 부정클릭을 위한 대책은 완벽하지 않아 피해를 입는 광고주가 종종 생겨난다. 이러한 문제를 해결하고자, 구글 애드센스에서는 클릭 영역을 바꾸었다. 예전에는 광고의 설명 부분 (텍스트)을 클릭해도 클릭으로 인정되었지만 현재는 광고의 제목과 URL만 클릭으로 인정하고 있다. 그러나 이러한 변화는 단기적으로는 클릭률 감소, 수익 감소로 이루어지지만 장기적으로는 애드센스에 대한 신뢰성 증가 및 수익 증가로 이어질 가능성이 더 많다.

CPA는 CPC에서 광고주 입장으로 한 발짝 더 다가선 광고 방식이다. CPC 광고가 클릭을 통한 사이트의 방문자(=트래픽)까지만 보장한다면, CPA 방식은 광고주가 원하는 반응을 보일 때만 광고비가 과금되어 확실한 효과를 보장해준다. 즉, CPA방식은 사용자가 등록이나 구매 등의 구체적인 행동을 취할 때만 광고주가 비용을 지불하는 것이다. CPA방식은 일반적으로 회원가입 시 정해진 광고비용을, 매출발생시 매출의 일정 퍼센트를 지불하는 방식으로 진행되며 이에 대한 광고 단가는 다른 방식에 비해 조금 높은 편이다.

IAB & PwC(2013)의 미국 양방향 광고 가격 정책별 매출을 비교한 자료에 의하면 2012년에 퍼포먼스 기반 모델을 채택한 광고가 66%로 가장 비중이 높은 것으로 나타났으며 CPM 방식(32%)이 그 다음 순서로 나타났다. 반면 하이브리드 방식의 광고는 2005년의 13%에서 2012년 2%로 크게 줄어들었다(그림 11-16 참조).

온라인 마케팅의 장점 중의 하나는 온라인 세일즈가 온라인 마케팅 노력과 직접적으로 연관되어 있다는 것이다. 온라인 기업은 특정 배너나 가망 고객에게 보내진 이메일 메시지가 얼마만큼의 이윤을 창출했는지를 정확하게 측정할 수 있다. 온라인 마케팅의 효과성을 측정하는 하나의 방법은 추가 이윤을 창출했는지를 정확하게 측정할 수 있다. 온라인 마케팅의 효과성을 측정하는 하나의 방법은 추가 이윤을 캠페인의 비용으로 나누는 것이다. 좀 더 복잡한 상황은 온라인과 오프라인 세일즈 모두가 온라인 마케팅 노력에 의해 영향을 받

그림 11-16 미국 양방향 광고 가격정책별 매출 비교

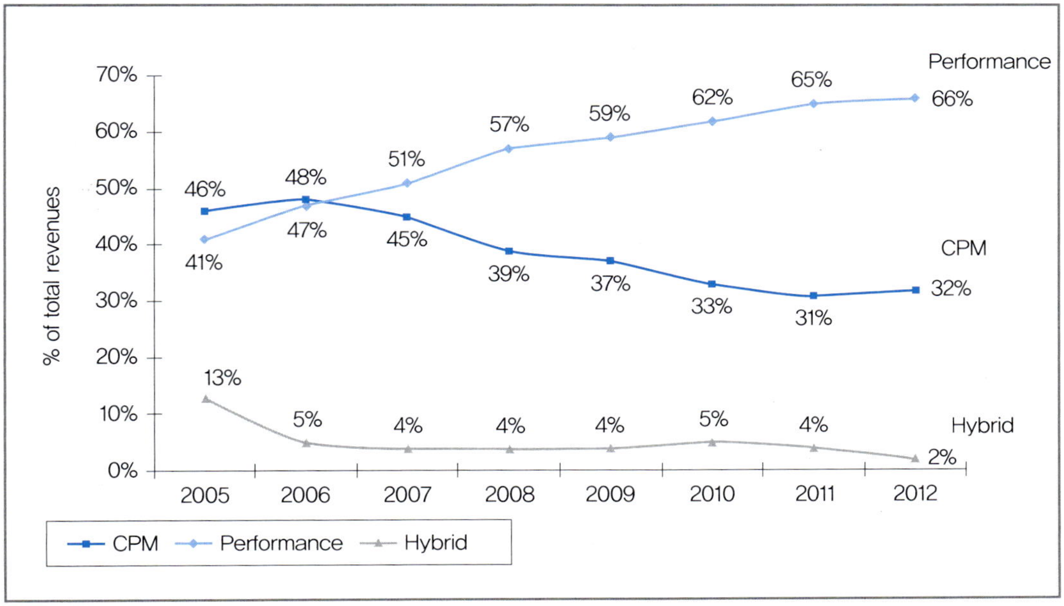

▶ 출처: IAB & PwC 2013. 04.

을 때 발생하는데, 온라인 고객의 상당수가 웹에서는 탐색만 하고 구매는 오프라인에서 하기 때문이다.

예를 들어 특별할인에 대한 이메일을 발송한 경우 일부 고객은 온라인에서 구매를 하고 일부 고객은 오프라인에서 구매를 하는데, 오프라인 상점에서의 구매는 온라인 이메일 캠페인과 바로 연결되지는 않는다. 이 경우 온라인 캠페인의 효과를 측정하기 위해 실제 매장에서의 고객 서베이와 같은 덜 정확한 방법들에 의존할 수밖에 없다. 어느 경우든 온라인 마케팅 커뮤니케이션의 효과를 측정하고 캠페인의 목적을 분명히 하는 것은 수익성에 아주 중요하다. 마케팅의 효과를 측정하기 위해서는 다양한 마케팅 미디어의 비용과 온라인 가망고객을 실제 구매자로 전환시키는 과정에 대한 이해가 필요하다. 일반적으로 온라인 마케팅 커뮤니케이션은 매스 미디어 마케팅에 비해 CPM 기준으로 더 비싸지만 세일즈를 창출하는 데 더 효과적이다.

현 · 장 · 사 · 례

Electronic Commerce

보상받는 재미, 모바일 리워드 광고

아침 저녁으로 선선한 바람을 느끼며 가을이 성큼 다가옴을 느끼는 요즘, 주변에 스마트폰으로 광고를 보면서 공짜 커피를 먹었다고 자랑하는 젊은 친구가 많아졌다. 대중교통을 이용할 때처럼 자투리 시간을 활용해 광고를 보고 용돈을 벌 수 있는 리워드앱(Reward App)이 모바일 광고시장에 새로운 바람을 불러일으키고 있는 것이다. 스마트폰으로 30초짜리 광고를 시청한 뒤 간단한 퀴즈를 풀면 1원에서 100원 상당의 포인트가 적립되고, 이렇게 모은 포인트는 카페나 편의점, 레스토랑 등에서 언제든 원할 때 사용할 수 있다. 국내 리워드앱의 효시라 할 수 있는 애드라떼는 2011년 서비스를 시작해 2년 만에 850만명이 이용하는 서비스로 급성장했고, 그동안 사용자들은 180억원 이상을 보상받았다고 한다.

▶ 모바일 리워드 광고 앱 '애드라떼'와 'kiip'

모바일 광고는 시간과 공간의 제약 없이 소비자 개개인에게 다가갈 수 있다는 장점 때문에 주목받았다. 그러나 기존의 모바일 광고는 앱 화면의 일부 공간을 할당하여 광고를 배치하거나, 동영상 재생 시작 전후 또는 중간에 광고를 보여주는 방식이 일반적이었다. 소비자는 작은 화면 때문에 피로감을 느끼고, 광고주는 광고효과에 만족하지 못하는 것이 현실이었다. 이러한 모바일 광고시장이 리워드 광고를 중심으로 소비자가 참여하여 주도하는 방식으로 변화하고 있다. 기존의 모바일 광고가 소비자는 무관심한 일방적인 연애 방식이었다면, 리워드 광고는 서로가 열광적인 연애 방식인 셈이다.

실제로 시장조사기관인 DMC미디어의 조사 결과에 따르면 국내 스마트폰 이용자 10명 중 7명은 리워드앱을 인지하고 있는 것으로 나타났다. 또 사용자의 약 70%는 리워드앱에 만족해 향후에도 지속적으로 사용할 의향이 있다고 응답했다. 광고 시청 시 보상을 해주는 앱의 경우, 광고 시청 후 10명 중 7명이 제품 및 서비스에 호감을 표시했고, 6명 가까이가 구입 의향을 보이는 것으로 나타났다.

결국 리워드 광고의 성장은 광고를 더 이상 쓸모없는 '스팸'이 아닌 '투자'의 개념으로 바꿔놓은 인식의 전환이 있었기에 가능했다고 할 수 있다. 모바일 광고가 소비자에게 실질적인 혜택을 제공해 소비자와 광고주가 모두 만족하는 광고 플랫폼으로 발전하고 있으며, 광고의 형태와 보상방식 역시 소비자의 높은 참여를 이끌어내기 위해 소비자가 원하는 방향으로 다양하게 진화하고 있는 것이다.

초창기 앱을 실행시켜 광고를 시청하는 단순한 형태의 광고방식은 이제 설문에 응답하거나 특정 앱을 설치하는 미션을 부과하는 방식 등으로 진화했다. 최근에는 게임을 하면서 일정 레벨까지 올라가면 보상을 제공하는 방식도 등장하고 있다. 미국의 신생 벤처업체 Kiip은 2011년 모바일 게임에서 특정 수준 이상의 성취를 거둔 이용자에게 실제 상품으로 교환 가능한 무료 쿠폰이나 상품 할인 쿠폰을 발송해주는 방식의 보상 광고 플랫폼을 출시했다. 베스트바이, 디즈니 등 40곳이 넘는 업체들이 이 플랫폼을 활용했다. 또한 보상 방식 역시 적립 포인트를 현금으로 환급해줬던 것에서 영화관람권 및 주유권, 나아가 음원·영상 등 유료 콘텐츠나 모바일 데이터 사용량을 제공하는 데까지 계속해서 새로운 방식이 생겨나고 있다. 미국의 kickbit은 통신사와 제휴해 광고영상을 시청하면 5~10MB 정도의 데이터를 제공하는 방식으로 현재 미국, 프랑스, 독일을 비롯한 10개국에서 서비스 중이다.

모바일 리워드 광고는 더 이상 소비자를 귀찮게 하는 존재가 아니라 새로운 재미와 정보를 주는 채널이며 동시에 보상까지 제공한다는 점에서 시간을 투자할 만한 대상이 되었다. 협소한 화면 크기에도 불구하고 다양한 광고기법을 활용해 성장해온 모바일 리워드 광고시장에 향후 대형 포털까지 가세하면 모바일 광고시장이 어떤 변화를 맞을지도 주목된다. 무한경쟁의 스마트 생태계에서 정보통신기술 사업자가 지속적으로 성장하려면 단순히 서비스를 제공하는 것을 넘어 소비자를 중심에 두고 소비자가 원하는 가치가 무엇인지 파악해 전달하는 혁신과 노력이 필요하다는 것을 다시 한 번 새기게 된다.

▶ 출처 : 유태열, KT경제경영연구소 소장, 주간경향 2013. 09. 17.

현·장·사·례

Electronic Commerce

'마케팅의 P&G', 마케터 대거 자른 이유는?

세계 최대 생활용품 업체 프록터앤드갬블(P&G)이 최근 "비생산직 인력 1,600명을 감원한다"고 발표했다. 이 중 대부분은 마케팅 인력이다. 비용 절감을 위해서라는 게 회사의 설명이다. 그러나 액면 그대로 받아들이기 힘들다는 게 미국 언론들의 평가다. P&G가 대규모 적자에 시달리는 상태가 아니기 때문이다. 또 '마케팅의 P&G'로 불리는 회사가 영업인력을 먼저 정리하는 것도 이례적이다. 전문가들은 P&G가 감원에 나선 것은 새로운 마케팅 전략에 따른 것이라고 보고 있다. 급부상하고 있는 '소셜네트워크서비스(SNS)'를 마케팅에 적극 활용하기 위한 대안 마련에 들어갔다는 것이다.

P&G 주요 마케팅 사례 P&G

연도	사례
1882년	미국에서 최초로 잡지 전국 광고 시작
1924년	세계 최초로 마케팅 부서 조직
1932년	세계 최초 라디오 드라마에 협찬(비누), 'soap opera' 용어 생겨남
1939년	미국에서 최초로 TV방송 시작 P&G가 최초로 TV광고 내보냄
1990년	현지인 네트워크 조직해 중국 지방도시 공략
2001년	입소문 마케팅 전담 조직 '트래머' 구성
2009년	윔블던 테니스대회에 프링글스 '앰부시 마케팅'

■ SNS 중심으로 마케팅 재조직

P&G가 주로 판매하는 상품은 비누, 세제, 치약 등의 생활용품이다. 제품 특성상 기능이나 질적인 면에서 경쟁사와 차별화하기 쉽지 않은 제품들이다. P&G가 연간 100억달러를 광고에 쏟아부으며 공을 들이는 이유이기도 하다. P&G는 덕분에 마케

팅이 특별히 강한 회사로 자리매김했다. 세계 최고의 생활용품 기업으로 성장한 비결이다. '마케팅의 P&G'로 불리는 회사가 마케팅 부문 인력부터 줄이기로 한 것은 SNS를 끌어안기 위해서다. 로버트 맥도널드 최고경영자(CEO)는 감원을 발표하면서 "SNS 등장으로 기업들의 광고 수단이 폭발적으로 증가하고 있다"며 "구글이나 페이스북을 활용한 광고가 기존 미디어를 통한 마케팅보다 더 효율적일 것으로 기대한다"고 말했다. 마케팅 부문을 SNS를 중심으로 재편성하겠다는 얘기다. 기존 영업인력 중심의 네트워크가 아닌 SNS를 통해 새로운 마케팅 네트워크를 만드는 작업을 진행할 예정이다.

▶ old spice TV광고.

■ '올드 스파이스'의 재탄생

전문가들이 P&G의 '변신'에 주목하는 이유는 P&G가 그동안 마케팅의 혁신을 주도해왔기 때문이다. P&G는 1924년 세계에서 최초로 소매상인을 상대로 한 마케팅 부서를 만들었다. 브랜드 매니저라는 직책도 처음 만들었다. 1932년 'The Puddle Family'라는 라디오 드라마에 비누를 협찬하면서 일일 연속극을 뜻하는 '소프 오페라(soap opera)'라는 단어도 생겨났다. 2000년대엔 체험단을 통한 마케팅 전략인 '입소문 마케팅'을 주도했다. 입소문 마케팅을 위해 '트레머'라는 자회사도 만들었다.

SNS 마케팅에서 후발주자이긴 하지만 P&G의 SNS 광고는 벌써부터 관심을 모으고 있다. P&G는 최근 전 미식축구 선수 이시아 무스타파를 캐스팅해 남성 화장품 브랜드 '올드 스파이스(old spice)'의 땀냄새 제거제 광고를 제작했다. P&G는 이 TV 광고를 회사 공식 트위터에 올려 소비자 질문을 샤워를 막 마친 '올드 스파이스 맨'이 영상 답변을 달아주는 방식의 광고 캠페인을 실시했다. 반응은 폭발적이다. 지금까지 올드 스파이스의 광고 노출 횟수는 18억건에 달한다. 유튜브에서의 조회 수도 5,000만건을 넘어섰다. 전문가들은 "1960, 70년대 아버지 세대 제품이었던 올드 스파이스가 재탄생했다"고 평가했다.

시두 시타라만 워싱턴대 경영대학원 교수는 "사람이 아닌 SNS가 마케팅의 축이 되는 새로운 시대가 올 것"이라고 말했다. P&G의 마케팅 전략 수정은 다른 소비재 기업에도 큰 영향을 미칠 것으로 전망된다.

▶ 출처: 한국경제, 2012. 2. 7.

토·의·문·제

Electronic Commerce

01 어떤 특성을 가진 제품이 온라인 상에서 광고하기에 적합한지에 대해 설명하시오.

02 두 개의 각각 다른 웹사이트를 방문하여 각 사이트에서 진행하고 있는 마케팅 커뮤니케이션 도구들에 대해 설명하시오. 다양한 마케팅 커뮤니케이션 도구들 중에서 어떤 것이 가장 효과적이라고 생각하는지 그 이유에 대해서 설명하시오.

03 CPM, CPC, CPA에 대해 설명하고 장·단점에 대해 기술하시오.

04 검색엔진 광고가 폭발적으로 성장하고 있는 이유는 무엇인지에 대해 설명하고 향후 발전방향에 대해 예측해 보시오. 구글과 네이버의 사이트를 방문하여 키워드 검색을 해보고 결과에 대해 비교해 보시오.

05 온라인 광고의 향후 성장 가능성 및 변화 방향에 대해 논하시오.

06 온라인 마케팅의 효과를 측정하기 위해 사용되는 여러 방법들에 대해 설명하고 현재 문제점을 보완하기 위해 어떤 점들이 보완되어야 할지 설명해 보시오.

참·고·문·헌

Electronic Commerce

- 김중태, "국내외 온라인 광고 시장의 현황과 전망." 한국인터넷진흥원(NIDA), 이슈리포트, 2007년 9호.
- 매일경제, "모바일 광고 1년새 250% 늘었다." 2013. 3. 26.
- 세계일보, "국내 검색광고 시장규모." 2006. 12. 13.
- 유태열, "보상받는 재미, 모바일 키워드 광고." 주간경향, 2013. 9. 17.
- 제일기획, "광고 연감 2012." 2012. 10.
- 최우승, "온라인 브랜딩 광고사례: 딤플." Voice of Korea Advertiser, 마케팅 트렌드, 한국광고주협회(KAA), 2004년 1월·2월.
- 한국경제, "마케팅의 P&G, 마케터 대거 자른 이유는," 2012, 2, 7.
- 한국방송광고진흥공사, "2013년 광고시장 분석." 2013, 3, 20.
- 한국인터넷진흥원(NIDA), "2010년 인터넷 이용실태조사보고서," 2010.
- Briggs, Rex, "How Internet Advertising Works." ESO-MAR, "Net Effects," Conference,Londen, February 22, 1999.
- Cohen, Heidi, "Not Your Grandfather's Sponsorships." Clickz.com, January 20, 2005.
- Dieringer Research Group, "Internet Impacts More Spending Offline Than Online." Thedrg.

com, April 2005.
- eMarketer, Inc.(Jeffrey Grau), "Online Consumer Silling: A Multi-channel Perspective," February, 2005.
- eMarketer, Inc., "Online Advertising on a Rocket Ride," Novermber 7, 2007.
- eMarketer, Inc., "The Blogosphere: Colliding with Social and Mainstream Media," August 2010.
- eMarketer, Inc., "US Total Media Ad Spend Inches Up, Pushed by Digital," August 22, 2013.
- Hostway, Inc., "Hostway Pet Peeves Survey: Top-Line Results," Hstway.com, 2014. 2. 20. 참조.
- Interactive Adversing Bureau(IAB), Internet Advertising Revenue Report Conducted by PricewaterhouseCoopoers(PWC), "Internet Advertising Revenues Soar Again," Near $5 Billion in Q1 Q7, June 6, 2007.
- Interactive Advertising Bureau(IAB), "XMOS Case Study: All New 2004 Ford F-150: Driving Sales Online," May 4, 2004.
- Interactive Advertising Bureau(IAB) & PWC, "IAB internet advertising revenue report," 2013. 4.
- Kotler, Phlip and Gary Amstrong, *Principles of Marketing*, 15th ed., Upper Saddle River, N.J.: Prentice Hall, 2013.
- Laudon, Kenneth C. and Carol Guericio Traver, *E-commerce 2014: Business, Technology, Society*, 10th ed., Upper Saddle River, N.J.: Prentice Hall, 2013.
- NY10020: McGraw-Hill/Irwin, 2003.
- Pew Internet & American Life Project(Lee Rainie), "The State of Blogging," January 2, 2005.
- Rayport, Jeffrey F. and Bernard J. Jaworski, *Introduction to E-commerce*, 2nd ed., McGraw-Hill/Irwin, 2004.
- Welcomm ZenithOptimedia, 2014.

사례연구 딤플 인터넷 마케팅 커뮤니케이션

지난해 여름, 'MSN메신저 딤플 양주광고 눈살'이라는 기사가 언론을 통해 이슈화 돼 인터넷 광고에 대한 관심을 불러일으킨 적이 있었다. 그 내용인 즉, 하루 국내 사용자 숫자만 650만명에 달하고 이 가운데 10대 비중만 14.5%에 달하는 대표적인 인스턴트 메신저인 MSN메신저에 술 광고가 웬 말이냐는 것이다. 공중파 방송은 방송심의 관련규정을 통해 음주행위 미화/음주가 사회적 성공에 필요하다는 것을 암시하는 표현 등을 내보내지 못하게 하고 있다. 그에 따라 양주광고는 아예 금지하고 있으며 광고가 허용된 주류는 밤 10시 이후에만 방영하도록 제한한다며 인터넷 광고에 대한 우려를 표명했다.

■ 딤플은 왜 인터넷으로 갔는가?

2003년 딤플의 영업권이 하이스코트에서 디아지오코리아로 넘어오게 됐다. 2002년 하반기 영업권 이전이 결정됨에 따라 하이스코트는 딤플의 모든 마케팅 활동을 중단했고 결국 딤플은 판매량, 선호도,

인지도 등 모든 부분에서 곤두박질 치기 시작했다. 디아지오코리아에서는 딤플을 살려야 했다. 브랜드가 죽어가는 것을 방치할 수는 없었기 때문이다. 이에 디아지오코리아는 히든 카드를 꺼냈고 김주혁, 정준호, 한재석 등 준스타급 모델 3명과 '오늘 밤 멤버가 좋다'라는 컨셉으로 딤플 살리기에 적극적으로 나섰다. 그러나 딤플은 희생의 기미가 보이지 않았고, 다시 한 번의 결단을 내려야 했다. 디아지오코리아는 딤플이 가지고 있는 강한 향과 맛을 개선하고 올드한 이미지의 술에서 젊은 직장인들이 즐길 수 있는 부드럽고 젊은 브랜드로 재포지셔닝을 단행했다. 디아지오코리아는 다시 태어난 새 딤플의 젊은 이미지를 25~34세 남성 타겟에서 효과적으로 알려야 했지만 기존의 제한적 오프라인 광고 매체로는 만족할 만한 효과를 기대하기 어려웠고 대안 매체로 인터넷을 이용한 마케팅 플랜을 수립했다.

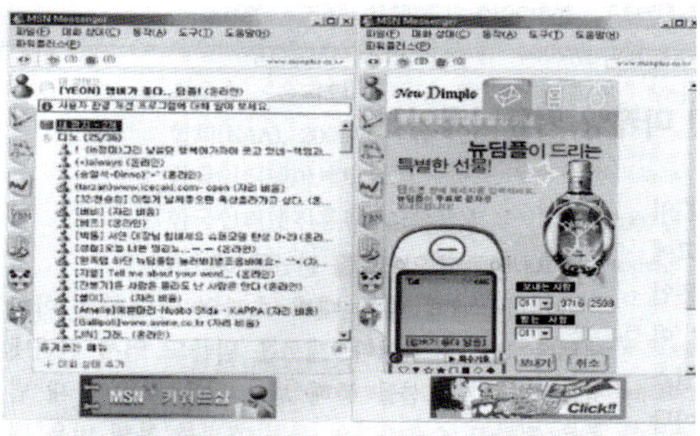

▶ 세계 최초 MSN 메신저 탭을 활용한 새 딤플 인터넷 광고.

▶ 새 딤플의 휴대폰 바탕화면.

■ 새 딤플이 인터넷을 만났을 때

마케터들에게 비용 대비 효과의 극대화는 이미 새로운 고민은 아니다. 새로운 딤플도 역시 인터넷 광고 및 프로모션을 통해 보다 많은 사람이 새 딤플을 접하고 수용자간의 구전 효과를 통해 비용 대비 효율을 극대화하는 것이 필요했다. 인터넷 마케팅 전략을 세우는 데 있어서 첫 번째 목표는 새 딤플의 변화된 이미지를 효과적으로 알릴 수 있는 방법을 찾는 것이었다. '오늘 밤 멤버가 좋다'라는 슬로건을 채택했다. 먼저 인터넷상의 커뮤니케이션 서비스인 E-mail을 이용한 Viral Markting의 경우 기존 프로모션 시 많이 사용되었던 탓에 식상한 느낌을 줄 수 있다는 이유로 제외했다. 메신저의 경우, MSN 메신저 서비스 내에 프로모션을 위한 탭 서비스가 국내에서 최초로 시도된다면 언론에 기사회까지 기대할 수 있다는 점도 역시 장점으로 꼽혔다. 그리고 이와 함께 일반적인 프로모션에서 탈피, 무료 SMS 발송이라는 프로모션도 연계해 준비했다. 또한 이동통신 3사의 휴대폰을 통해 새 딤플만을 위한 WAP Page를 구축, '멤버가 좋다'는 컨셉을 담은 휴대폰 바탕화면을 무료로 제공

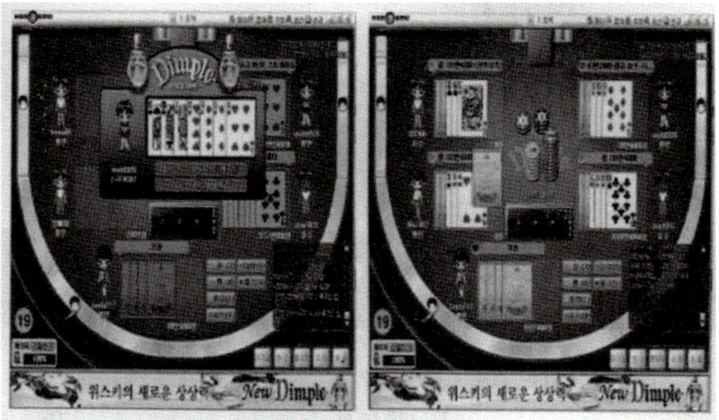

▶ 한게임에 개설된 새 딤플 포커방

했다. 물론 휴대폰의 무선인터넷으로 접속하지 않고 웹을 통한 이용도 가능할 수 있도록 하는 유무선 연동서비스도 가능토록 했다. 이같은 과정을 거쳐 탄생한 새 딤플 인터넷 캠페인은 큰 반향을 일으켰다. 일단 광고 집행 단 하루만에 신문에 기사거리가 될 만큼의 이슈가 되었다는 점에서 이미 시작부터 절반의 성공을 거두었다. 술 관련 마케팅 캠페인이라는 점 때문에 성인만 접근가능 하도록 했는데 이는 인터넷이기 때문에 가능했다. 그리고 MSN 메신저를 통한 새로운 형태의 광고라는 것이 호기심 많은 고객들로 하여금 메신저를 더욱 눈여겨보게 만드는 효과도 함께 MSN측에 안겨주었다.

'1일 사용자 650만명, 사용자의 70%가 실질구매력이 있는 20~30대 직장인' 등은 코리안클릭이 최근 발표한 MSN 메신저 이용자 분석자료의 일부다. 이 자료의 핵심은 MSN 메신저 사용 고객 가운데 455만명은 지불능력이 있다는 점이었다. MSN 메신저의 광고효과는 어느 정도였을까? 한마디로 '대박'이었다. 지난 8월부터 광고를 해온 새 딤플은 8월 한 달 동안 4만 5,000상자(약 47억원)가 팔렸다. 광고 집행 전인 7월에 2만 4,000상자(약 22억원)가 팔린 것을 감안하면 광고가 나간 뒤 매출이 2배 가량 늘어난 셈이다. 새 딤플은 메신저 노출과 동시에 포커를 즐기는 성인층 네티즌을 타겟으로 공략했다. 영화나 드라마에서 주로 사용하는 PPL(Produt Placement) 마케팅 기법을 온라인게임에도 적용한 것이다. 새 딤플 포커방을 개설하고 딤플 로고가 새겨진 카드와 포커판을 통해 네티즌에게 자연스럽게 브랜드가 노출되도록 했다. 영화나 드라마를 볼 때 주인공이 들고 있는 음료수나 입고 있는 옷, 타고 다니는 자동차에 자연스럽게 눈길이 가듯 네티즌도 역시 온라인 게임사이트에 들어왔을 때 포커 한판이나 신나게 게임을 즐기고 난 뒤에 노출된 딤플의 로고와 병 모양 등이 무의식 속에 각인되도록 했다.

■ 새 딤플 프로모션의 의미

지난해 8월부터 9월까지 새 딤플의 런칭 캠페인이 진행되는 약 60일 동안 45만명 이상이 성인 인증을 거쳐 새 딤플 공짜 문자 메시지 400만건을 보냈으며, 사전 및 사후 설문 조사에서 인지, 선호, 구매에 있어 향상된 결과를 나타냈으며, 실 매출 증대에도 영향을 끼친 것으로 분석되었고 한 게임 포커방의 PPL을 통해서 1백 60만명의 성인에게 새 딤플이 노출되었다.

2003년 12월 MSN메신저 탭 프로모션을 통해 수집된 DB를 활용해 다시 한 번 인터넷을 공략했다. 연말 연시 술자리 정보를 입력만 하면 추첨을 통해 모임 장소로 찾아가 샘플링 자리를 제공하는 행사를 진행했다. 20명 이상의 모임을 지원하는 응모조건을 내건 행사에 약 3천여 팀이 응모했다. MSN메신저의 탭 서비스 대비 10분의 1의 비용이 소요되었다. 실제 모임 자리에 앉아 가면서 모임 참석자뿐만 아니라 해당 업소에 있던 다른 사람에게도 브랜드를 노출시킬 수 있었다. 행사에 당첨된 팀에게는 해당 모임명으로 자선기금 기부 행사까지 벌여 연말연시 술자리 모임을 더욱 의미있는 것으로 만들었다. 행사 마감 후 응모 데이터를 분석해 본 결과 전체 응모자의 50%이상이 MSN메신저 탭을 통해 새 딤플을 접했던 이용자로 나타나 새 딤플의 2003년 12월 샘플링 이벤트는 이미 확보된 브랜드 고인지 이용자를 적절히 활용한 사례로서 남게 되었다. 기존의 인터넷 젊은 층을 대상으로 한 단순한 프로모션 도구 및 광고 매체에 불과했지만 새 딤플 사례를 필두로 인터넷을 통한 다양한 브랜드 광고 등이 현재 진행되고 있고 또 준비중이다. 2004년은 인터넷이 프로모션의 구현 툴을 넘어서 브랜딩 강화를 위한 매체로 거듭나는 한 해가 될 것으로 판단된다.

※MSN메신저 탭 이벤트에서는 뉴 딤플이라는 브랜드 네임으로 행사가 진행되었으나, 2003년 11월 새 딤플로 브랜드 네임이 변경됨.

▶ 출처: 최우승, "온라인 브랜딩 광고 사례: 딤플", 마케팅 트렌드, Voice of Korea Advertiser, 한국광고주협회(KAA)저널, 2004년 1월 · 2월; www.diageo.co.kr, 2014. 2. 20. 참조.

사 · 례 · 연 · 구 · 토 · 의 · 문 · 제

Electronic Commerce

01 딤플이 기존의 오프라인이 아닌 온라인 마케팅 커뮤니케이션을 실시하게 된 배경에 대해 설명하시오.

02 딤플이 시도한 온라인 마케팅 커뮤니케이션 활동에 대해 설명하시오.

03 딤플이 포커나 고스톱 등 온라인게임 PPL(Product Placement)을 시도한 목적과 성과에 대해 설명하시오.

04 딤플이 시도한 온라인 마케팅 커뮤니케이션 활동의 장 · 단점, 성과에 대해 평가해 보시오.

05 딤플이 현재 시점에서 새로운 형태의 온라인 마케팅 커뮤니메이션을 실시한다면 어떤 형태로 진행되어야 할지 기획해 보시오.

Electronic Commerce

국문색인

【 ㄱ 】

【 ㄴ 】

【 ㅇ 】

【 ㅈ 】

【 ㅊ 】

【 ㅋ 】

영문색인

저자약력

• 홍일유 교수

미국 Indiana University 경영학사
미국 University of Illinois 경영학석사
미국 University of Arizona 경영학박사(경영정보시스템 전공)
미국 Western Kentucky University 경영대학 조교수,
한국경영정보학회 이사,
(주)대교 부설대학원 원격교육과정 자문교수,
한국능률협회 자문교수 등 역임
미국 UCLA Anderson School of Management 방문교수(2002~2003)
현, 중앙대학교 경영대학 경영정보시스템 교수(www.ihong.cau.ca.kr)
현, 한국웹사이트평가개발원 원장(www.kwi.or.kr)

• 이지은 교수

서울대학교 소비자 아동학과 졸업(학사, 석사)
미국 Purdue University, Ph. D.(소비자 경영 및 소매유통 전공)
서울대학교 박사 후 연구원, 광운대학교 경영대학원 겸임교수 역임
삼성전자 글로벌마케팅연구소 차장(2001~2007)
현, 중앙대학교 경영대학 마케팅 전공 교수

경영자 관점의 **전자상거래** [제2판]

2008년 3월 2일 초판 발행
2014년 2월 25일 제2판 발행

저 자 홍 일 유 · 이 지 은
발행인 배 효 선
발행처 도서출판 法 文 社
주 소 413-120 경기도 파주시 회동길 37-29
등 록 1957년 12월 12일 제2-76호(윤)
TEL (031)955-6500~6 FAX (031)955-6525
e-mail (영업) bms@bobmunsa.co.kr
(편집) edit66@bobmunsa.co.kr
홈페이지 http://www.bobmunsa.co.kr
조 판 한 미 문 화 사

정가 30,000원 ISBN 978-89-18-12351-6